# 西學東漸
# 中學西傳

甲午年陽春 崔尔定 題

总第三十二集
2022年春夏卷
CSSCI来源集刊
北京语言大学主办

阎纯德　主编

漢學研究
Chinese Studies

學苑出版社

图书在版编目（CIP）数据

汉学研究．总第三十二集：2022年．春夏卷／阎纯德主编．－－北京：学苑出版社，2022.9
ISBN 978-7-5077-6492-5

Ⅰ．①汉…　Ⅱ．①阎…　Ⅲ．①汉学－文集　Ⅳ．① K207.8-53

中国版本图书馆 CIP 数据核字（2022）第 160078 号

责任编辑：杨　雷
出版发行：学苑出版社
社　　址：北京市丰台区南方庄 2 号院 1 号楼
邮政编码：100079
网　　址：www.book001.com
电子信箱：xueyuanpress@163.com
销售电话：010-67601101（销售部）　67603091（总编室）
经　　销：新华书店
印　刷　厂：北京虎彩文化传播有限公司
开本尺寸：710mm×1000mm　1/16
印　　张：40.5
字　　数：668 千字
版　　次：2022 年 9 月第 1 版
印　　次：2022 年 9 月第 1 次印刷
定　　价：80.00 元

# 汉学研究编辑委员会

顾　　问：乐黛云　袁行霈　李宇明　倪海东
　　　　　崔希亮　李向玉　安平秋
主　　任：刘利
副 主 任：韩经太
主　　编：阎纯德
副 主 编：周阅
编辑部主任：陈翾
编　　委：万　明　王　宁　王晓平　方　铭
　　　　　严绍璗　李明滨　李庆本　宋绍香
　　　　　杜道明　张西平　张国刚　张　华
　　　　　何培忠　杨玉英　陈戎女　陈　翾
　　　　　周　阅　郑杰文　欧阳哲生　段江丽
　　　　　唐　磊　耿幼壮　柴剑虹　钱林森
　　　　　钱婉约　徐志啸　郭　鹏　阎纯德
　　　　　阎国栋　黄晓敏　熊文华

# 卷 前 絮 语

## 一

穿过冰天雪地，带着冬奥会的温暖，以载歌载舞的心情，我来到海南兴隆山下；当夜深人静，仰望久违的满天星斗，它们调皮地挤眉弄眼，挑逗我无法抑制的情绪。我问它们，你们经常躲到哪里？常不见你们的踪影！星星们笑而不答，此时，太阳河畔飘来一片蛙声，笑我年老幼稚不懂时代。

我很想爬上高高的椰子树，敲着手鼓大小的金椰子，继续与星星聊天。这时，树影婆娑新月高，黛眉含娇羞，嫉妒老翁装"年少"；接着，月牙又跳到棕榈树上，一面打秋千，一面细声细语规劝我：回去吧，夜阑人静了……

我回首北方，脑海里跳出 2022 年 2 月 4 日北京"冬残奥会"开幕式，点燃火炬的盲人站在火炬台前，虽经数次艰难寻找，他还是点亮了光明，赢得台下万众欢呼！几千年来，以慈悲、博爱为怀的中华民族，曾经重重苦难，百姓不变的希冀就是拥有太平！平安，是百姓之福、国家之福、人类之福！

## 二

书也像人，要有自己的灵魂。当一百多篇精美文稿在编辑部排队等待入编时，我们满怀谢忱，不知如何向学者、教授、研究生和汉学家们表达我们的崇高敬意！文化交流、文明互鉴、理解和包容，永远是人类进步的旗帜。这些文章，都负载着作者关于中外文化交融的善意和精神，它们有"各美其美，美美与共"的新视野，是人类不绝于耳的和平之音！

在这个时代，做好一本书，支撑起一个学术平台，需要资金，更需要一种信仰和精神。我们的《汉学研究》能生存到 21 世纪 20 年代，完全因为它有一个强大的灵魂！它跋涉了 27 个春秋，有过难以言说的"艰辛"！曾经的

"一个人"的编辑部,仅凭我一双手,除了组稿、审稿,跑邮局寄样刊、寄稿费,还曾经羞涩地从北京到澳门"乞讨"资助,然后一把泥一把汗地将它修筑成一个可以让中国学者和外国汉学家面对面磋商"汉学"(Sinology)历史、发展和繁荣,以及其当下中国文化之于世界影响的平台。感谢南京大学CSSCI中心,在2014年将它收留为"来源集刊",也感谢北京语言大学和学苑出版社,使《汉学研究》获得真正的新生,彻底摆脱"一穷二白"的窘境,使它拥有了由专职副主编和编辑部主任组成的编辑部。

虽然有专家说《汉学研究》其名"不正",但我至今坚持"汉学研究"的"汉学"是始自明末清初以来,外国汉学家们至今普遍认同的代表中国文化国际传播的"Sinology"!我们的《汉学研究》,则是中外学者对数百年以来世界各国汉学家们对中国文化研究的研究!

我热爱《汉学研究》,但我还得把它交给不谋功利而真心爱它、守护它,乐于为人做嫁衣的年轻学者。现在,这个交班的铃声已经响了……

夜深了,纷纷扰扰的世界依然不肯平静。但黑夜总会过去,再寒冷的严冬也无法阻止春暖花开!我的心,此时已经飞上兴隆山顶向天祈祷,祈祷和平。我看见无边的霞光里,在努力跋涉的人群……

阎纯德<br>
2022年3月20日春分　于兴隆山下

# 目 录

卷前絮语     阎纯德（ 1 ）

### ·国学特稿·
《天问》主题问题辨析     方 铭（ 1 ）
曾子孝道思想三境界及其现实意义     李金坤（ 19 ）

### ·窗外的风景·
19世纪西方汉学/戏曲研究的兴起     廖琳达（ 31 ）
中、日、西三维文化框架中的孔子形象
　　——以佐藤春夫《曾皙的回答》《雉鸡的烤肉》为中心     杨威威（ 46 ）
汉学、汉学研究与西学中医     贺 霆 尹 明 黄在委（ 56 ）
从"情感"视角探查海外汉学史的理论意义和实践价值     任增强（ 68 ）

### ·张西平专栏·
梵蒂冈图书馆所藏西学汉籍刻本特点研究     张西平（ 81 ）

### ·法国汉学研究·
《论语》在19世纪法国的传播与接收（下）     成 蕾 钱林森（ 95 ）
中国道经典籍在20世纪法国的翻译与研究考述     张 粲（106）
《聊斋志异》在法国的译介与传播     陈恒新 赵薇清（118）
论法国当代诗人亨利·米修的道家接受     徐 臻（139）
18世纪法国本土汉学家对中国语言的认识
　　——论格鲁贤《中国通典》的汉语知识译介     李 真（151）
法国诗人对中国古典诗歌的接受
　　——以弗朗索瓦丝·韩为例     王 瑜著 许玉婷译（163）
高第《中国书目》索引问题考（上）     张明明（172）

· 俄罗斯汉学研究 ·

意识形态与乌托邦
——《庄子》在俄罗斯的传播与接受　　　　　　　　　张鸿彦（180）

东方比较诗学中的文学作用论
——布拉金斯基对印度诗学与中国古代诗论的比较研究
　　　　　　　　　　　　　　　　　　　　　　杨星丽　李逸津（192）

彼得堡汉学学派及其汉学研究综述
　　　　　［俄］弗·斯·米亚斯尼科夫著　张海鹰　张立岩译（207）

"莫斯科的孔夫子"
——俄罗斯汉学家嵇辽拉儒家思想研究述评　　　　栾东丽（220）

前古典主义时期（汉朝与六朝）的诗歌创作
　　　　　　　　　　　［俄］玛·叶·克拉夫佐娃著　万海松译（232）

· 美国汉学研究 ·

美国汉学界论苏诗中的贬谪书写　　　　　　　　　　万　燚（241）

民国时期美国汉学著作在中美学界的不同回响及其启示
——基于学术书评的考察　　　　　　　　　　　　吴原元（252）

内容·逻辑·视野：卜寿珊的中国古代文人画论研究
——以《中国文人论画》为考察中心　　　　　　　魏　刚（271）

· 德国汉学研究 ·

赫尔曼·黑塞评中国叙事文学　　　　　　　　　　　马　剑（285）

视角·建构·方法：顾彬的中国诗史书写与研究
——以《中国诗歌史》为考察中心　　　　　　　　胡　炜（295）

21 世纪以来德语系三国学界中国文学研究的现状与趋势（下）
　　　　　　　　　　　　　　　　　　　　　　　　周　睿（308）

· 英国汉学研究 ·

在"关联"中"论道"：葛瑞汉的汉学思想探微　刘　杰　刘耘华（320）

理雅各《孟子》英译本中的人物形象　　　　　　陈逸鸣　胡　旭（331）

论英国外交官司登得与同治时期的沪上京剧　　　　姚　伟　金　倩（348）

· 西班牙汉学研究 ·

浅析 17 世纪新一代西班牙在华方济各会传教策略的转型期
　　　　——以"将乐教案"为例　　　　　　　　　　　　叶君洋（366）
文明交流互鉴：汉语在西班牙的传播流变　　　　　　　　李秋杨（379）

· 葡萄牙汉学研究 ·

葡萄牙汉学的形成和发展（17 世纪—18 世纪初）　　　　张敏芬（393）

· 意大利汉学研究 ·

历史书写与文化透镜
　　　　——论《鞑靼战纪》中的他者叙事　　　　　杨和晴　朱睿达（408）

· 拉丁美洲汉学研究 ·

墨西哥汉学家莉亚娜治学之道的嬗变　　　　　　孙洪波　孙新堂（418）

· 日本汉学（中国学）研究 ·

从学风到学派
　　　　——朱舜水对近世日本汉学的传播与影响　　　　唐季冲（429）
日本明治时期"汉学"杂志初探
　　　　——以《大同新报》为中心　　　　　　　　　　边明江（448）
禅宗思想与夏目漱石的《草枕》
　　　　——以"无住"观念为中心　　　　　　　　　　王广生（458）
江户时代折中派对清代诗歌的接受
　　　　——以广濑淡窗《淡窗诗话》为中心　　　　　　张宇超（467）

· 朝鲜半岛汉学研究 ·

朝鲜古代诗学思想史研究的文体意识　　　　　　　　　　王　成（477）
韩愈辞赋海东容受的文化探因　　　　　　　　　　　　　安　生（491）
论柳宗元《非国语》在朝鲜王朝的批评生态及其文化心理　贾文霞（506）
林椿汉诗的中国典故运用考　　　　　　　　　　　　　　吴野迪（522）

· 中国新文学传播与研究 ·

海外汉学文献资料的重新发现与研究
　　　　——以 1947 年英美出版的《中国抗战小说集》为例　张红扬（530）

## ·春秋论坛·

明清两代中国外销青花瓷的海外嬗变
　　　　——以代尔夫特陶瓷的模仿与创新研究为例　　　尹成君　杨子媛（542）

从《金陵十三钗》外译看全球化翻译出版活动中的文化霸权
　　　　——兼谈当下中国文学译介的"被接受焦虑"　　　程弋洋　李彼蔚（558）

一位化学家的"上古中国"研究
　　　　——陈光宇的"朱砂考古"　　　　　　　　　　　　　　赵世昌（572）

## ·汉语教学国际传播研究·

《唐话纂要》的汉语观和汉语教学观透视　　　　　　　　　　　刘海燕（586）

翟理斯《字学举隅》探析　　　　　　　　　　　　　　　　　　岳　岚（598）

## ·书评与信息·

中西文化的转移空间与文明体侨易问题
　　　　——以《中西文化关系通史》为例考察学术范式的变化　　叶　隽（608）

双向交流多元书写
　　　　——评肖玉秋主编《中俄文化交流史》　　　　　　　　张淑娟（620）

悼念严绍璗教授　　　　　　　　　　　　　　　　　　　　　　阎纯德（628）

# Contents

**Chief Editor's Remarks**      Yan Chunde ( 1 )

**Special Manuscripts Resulted from Studies of Chinese National Culture**

A Discrimination and Analysis of the Thematic Problems in *Inquiries of Heaven*
     Fang Ming ( 1 )

The Three Realms of Zeng Zi's Thought of Filial Piety and Its Practical Significance      Li Jinkun ( 19 )

**Views Outside Windows: Special Manuscripts**

The Rise of the Researches of Chinese Opera in the West in the 19th Century      Liao Linda ( 31 )

The Image of Confucius in the Three-dimensional Cultural Framework of China, Japan and the West      Yang Weiwei ( 46 )

Overseas Chinese Medicine Studies and Western Chinese Medicine
     He Ting   Yin Ming   Huang Zaiwei ( 56 )

Exploring the Theoretical Significance and Practical Value of the History of Overseas Sinology from "Emotions"      Ren Zengqiang ( 68 )

**Special Column Dedicated to Zhang Xiping**

A Study on the Characteristics of the Chinese Books on Western Learning Stored in the Vatican Library      Zhang Xiping ( 81 )

**Sinology in France**

The Dissemination and Reception of *The Analects* in France in the 19th Century (II)      Cheng Lei   Qian Linsen ( 95 )

A Textual Research of the Translations and Researches of Chinese Taoist
　　Classics in France in the 20th Century　　　　　　　Zhang Can （106）
On the Translations and Dissemination of *Strange Stories from a Chinese Studio*
　　in France　　　　　　　　　　　　Chen Hengxin　Zhao Weiqing （118）
On the Acceptance of Taoism by the French Contemporary Poet Henri Michaux
　　　　　　　　　　　　　　　　　　　　　　　　　　Xu Zhen （139）
On the Understanding of Chinese Language by the French Sinologists in the 18th
　　Century from Abbe Grosier's *Description générale da la Chine*　　Li Zhen （151）
French Poets' Acceptance of Chinese Classical Poetry: A Case Study of
　　Françoise Han　　　　　　　Wang Yu, translated by Xu Yuting （163）
A Study on the Question of Index of Henri Cordier's *Bibliotheca sinica* （Ⅰ）
　　　　　　　　　　　　　　　　　　　　　　　Zhang Mingming （172）

## Sinology in Russia

Ideology and Utopia: The Dissemination and Reception of *Zhuangzi* in Russia
　　　　　　　　　　　　　　　　　　　　　　　 Zhang Hongyan （180）
Braginsky's Comparative Study of Indian Poetics and Ancient Chinese Poetics
　　　　　　　　　　　　　　　　　　　　　Yang Xingli, Li Yijin （192）
A Review of Petersburg School of Sinology and Its Sinology Studies
　　　　　［Russia］V. S. Myasnikov, translated by Zhang Haiying, Zhang Liyan （207）
"Confucius in Moscow" —A Commentary on the Researches of
　　Confucianism by Russian Sinologist L. S. Perelomov　　Luan Dongli （220）
Poetry Creation of Pre-Classicism（Han Dynasty and Six Dynasties）
　　　　　　　　　　　М. Е. вгеньевна Кравцова, traslated by Wan Haisong （232）

## Sinology in America

On the Writings of Relegation in Su Shi's Poems in American Sinology
　　　　　　　　　　　　　　　　　　　　　　　　　　　Wan Yi （241）
On the Different Echoes and Enlightenment of American Sinologists' Works in
　　the Chinese and American Fields during the Republic of China
　　　　　　　　　　　　　　　　　　　　　　　　Wu Yuanyuan （252）

Connotation, Logic and Vision: Susan Bush's Study of Ancient Chinese literati
　　Painting theory—Taking "Chinese Literation Painting " as the research center
　　　　　　　　　　　　　　　　　　　　　　　　　　　　Wei Gang （271）

## Sinology in Germany

Hermann Hesse on Chinese Narrative Literature　　　　　　Ma Jian （285）
Perspective, Construction, Method: Wolfgang Kubin's Writing and
　　Researches on the History of Chinese Poetry —A Case Study of
　　His *Die Chinesische Dichtkunst*　　　　　　　　　　　　Hu Wei （295）
The Current Situation and Trend of Chinese Literature Researches in
　　the Three German-speaking Countries since the New Century (II)
　　　　　　　　　　　　　　　　　　　　　　　　　　　Zhou Rui （308）

## Sinology in Britain

Researches of the "Tao" in the "Relevance" —A Probe into Angus Charles
　　Graham's Sinology Thought　　　　　　　　Liu Jie　Liu Yunhua （320）
The Characters in James Legge's English Version of *Mencius*
　　　　　　　　　　　　　　　　　　　　　　　Chen Yiming　Hu Xu （331）
On British Diplomat George Carter Stent's Surveys and Translations of
　　Shanghai Peking Opera in Tongzhi Period　　Yao Wei　Jin Qian （348）

## Sinology in Spain

An Analysis of the Transitional Phase of Spanish Franciscans' Preaching
　　Strategies in China during the 17th Century —A Case Study of Jiangle
　　Persecution　　　　　　　　　　　　　　　　　　Ye Junyamg （366）
Communication and Mutual Learning of Civilizations: The Changes
　　in the Spread of Chinese in Spain　　　　　　　　　Li Qiuyang （379）

## Sinology in Portugal

On the Formation and Development of Portuguese Sinology
　　(17th-18th Century Early)　　　　　　　　　　Zhang Minfen （393）

## Sinology in Italy

History Writing and Cultural Lens: On the Other's Narrative in
　　*De Bello Tartarico Historia*　　　　　　　Yang Heqing　Zhu Ruida （408）

## Sinology in Latin America

On the Transmutation of Mexican Sinologist Lilijana Arsovska's Way of Studies
                 Sun Hongbo Sun Xintang（418）

## Sinology in Japan

From the Style of Study to the School of Thought: Zhu Shunshui's Spread
 and His Influence towards Modern Japanese Sinology  Tang Jichong（429）

A Preliminary Exploration of the Journal of Sinology in the Meiji
 Period—A Case Study of *Daidoushinpou*     Bian Mingjiang（448）

Zen Thought and Natsume Soseki's *Kusamakura*—Centering on the Concept
 of "Wuzhu"             Wang Guansheng（458）

On Compromise Group's Acceptance of the Qing Poetry of in the Edo
 Period—Focusing on Tanso Hirose's *Tanso Shiwa*   Zhang Yuchao（467）

## Sinology on the Korean Peninsula

The Stylistic Consciousness of the Researches on the History of
 Korean Ancient Poetic Thought        Wang Cheng（477）

On the Cultural Causes of the Acceptance of Han Yu's *Ci* and *Fu* Poetry
 in the Ancient Korean Dynasty         An Sheng（491）

The Critical Ecology and Cultural Psychology of Liu Zongyuan's
 *Fei Guo Yu* in the Ancient Korean Dynasty     Jia Wenxia（506）

A Research on the Application of the Chinese Allusions in Yim Chun's Poetry
                     Wu Yedi（522）

## Dissemination and Research of Chinese New Literature

Rediscovery and Studies of the Overseas Sinology Documents—Taking *Stories
 of China at War* edited by Wang Chi-chen and Published in London and
 New York in 1947 as an Example      Zhang Hongyang（530）

## Spring and Autumn Forum

On the Overseas Transmutation of Chinese Exported Blue and White Porcelain
 in the Ming and Qing Dynasties—Taking the Imitation and Innovation
 Researches of Delft Ceramics as an Example Yin Chengjun Yang Ziyuan（542）

Seeing the Cultural Hegemony in Global Translation and Publishing
　　Activities from the Foreign Translation of *The Flowers of War*
　　　　　　　　　　　　　　　　　　　　　　Cheng Yiyang　Li Biwei　(558)

A Chemist's "Ancient China" Studies—Chen Guangyu's "Cinnabar Archaeology"
　　　　　　　　　　　　　　　　　　　　　　　　　Zhao Shichang　(572)

**International Spread and Research of Chinese**

A Perspective on the Views of Chinese and Chinese Teaching in *Tōwasanyō*
　　　　　　　　　　　　　　　　　　　　　　　　　Liu Haiyan　(586)

A Preliminary Study on Herbert Allen Giles's
　　*Synoptical Studies in Chinese Character*　　　　Yue Lan　(598)

**Book Review and Message**

The Transfer Space of Chinese and Western Cultures and the Problem of *Kiao-Iing*
　　of Civilization—Taking *General History of Sino-Western Cultural Relations* as
　　an Example to Investigate the Changes of Academic Paradigm　Ye Juan　(608)

Double Exchange, Multiple Writing—A Comment on *History of*
　　*Sino-Russian Cultural Exchange* Edited by Xiao Yuqiu　Zhang Shujuan　(620)

Mourning Professor Yan Shaodang　　　　　　　　Yan Chunde　(628)

　　　　　　　　　　　　　　　　　　　　Translated by Yang Yuying
　　　　　　　　　　　　　　　　　　　　Revised by Xiong Wenhua

·国学特稿·

# 《天问》主题问题辨析[*]

方 铭

**摘 要**：通过对《天问》一文的内容解读，详细辨析了《天问》的基本内容，并认为《天问》关于上古历史以及天文、地理问题的讨论，都是讨论过去发生过的与人类知识相关的古史传说，应该属于人文历史的范畴。《天问》中写现实的部分，则更是屈原对过去遭遇的质疑。因此《天问》应该是一首寻求中国上古历史真相的抒情长诗。《天问》问历史，不是历史大事记，而是重在兴亡变迁，重在君王素质，重在用人之策，这里充满了屈原个人的人生感喟与政治观点。不能简单地把《天问》等同于来自西方的"哲理诗"。《天问》虽然内容是"咏史"，但仍然是"言志"的抒情诗。不能因为《天问》的"文义不次序"，就认为《天问》存在错简问题。《天问》作为抒情的"奇文"，其奇特性就体现在"文义不次序"。

**关键词**：屈原 楚辞 天问 主题

一般认为，《天问》是屈原采用诘问的句式创作的一首长篇咏史诗，也有人认为是一首长篇哲理诗。其写作的时代大约在屈原创作《离骚》之后的流亡时期。全诗差不多有 1600 字。两千多年以来，在解读《天问》的过程中，关于《天问》的主题问题，学者们有许多分歧，并因此衍生出了《天问》的错简等问题。要解决这些问题，需要我们立足于《天问》文本的细读，来寻

---

[*] 本成果受北京语言大学院级项目资助（中央高校基本科研业务费专项资金，项目批准号：22YJ180002），国家社科基金重点项目"中国文学史书写的西化与化西问题研究"（项目批准号：19AZW015）。

找答案。

## 一、《天问》内容述论之一

《天问》首先从古史传说中的开天辟地开始,从"曰遂古之初,谁传道之"到"角宿未旦,曜灵安藏"① 一段说远古之初,没有人类,又是谁把远古的情态告知后代的？天地还没有形成,凭什么知道？日夜未分,谁又能了解？天地是一团气体的时候,人类又是如何知道的？昼与夜是怎么分别的？阴气与阳气又是怎么变化和为什么变化的？浑圆的天盖共有九层,谁去度量的？这工程多么巨大,当初造它的又是何人？天的周而复始的运行是靠什么缚系的,天盖是怎样架起的？支撑天的八根柱子又怎样支持的,为什么东南的地势会偏低？天有九重,又是如何衔接相连的？之间有多少个角落？天与地在哪里会合？十二辰是怎样划分？日月怎样安放？星星又怎样分布？太阳从汤谷升起,在蒙汜住宿,从白天到黑夜走了多远？月光消逝后,为什么还会复活？为什么月亮里有个兔子？为什么女歧没有遇合,可以生出九个孩子？风神平时在哪里？惠风又在哪里？天门为什么关上就是黑夜,打开就是白天？天没有亮的时候,太阳在哪里？

可以看出,屈原这些疑问,主要是针对人类关于天空与星辰的解释提出的,认为人类的很多认识可能并不是事情的真相,大都来源于捕风捉影的生造。沿着这个思路,可以理解屈原从此看到人类的认识可能经常是不可靠的,这也就可以理解楚国的君主不辨是非,颠倒黑白、混淆是非的人能青云直上,而真正的忠臣却被隐藏在光明之外。

在讨论了有关天空与日月星辰的知识以后,屈原接着讨论唐尧虞舜时期鲧、禹治水的历史,从"不任汨鸿,师何以尚之"到"鲧何所营,禹何所成"一段,屈原继续质疑,鲧不能胜任治理洪水,大家为什么还要推举他？人人都说不必担忧鲧的能力,为什么不先试而后用？那鸱龟一个个牵引相衔,鲧为何会受到启发？鲧要用息壤堵塞河水为什么不成功,帝尧为何要惩罚他？为什么长期把鲧拘禁在羽山,过了三年仍然不释放他？鲧这样刚愎自用的人

---

① 本文有关《楚辞》的引文,依据(汉)刘向编,(汉)王逸注,(宋)洪兴祖补,白化文等点校《楚辞补注》卷第三,中华书局,1983 年。并参考方铭《楚辞全注》,人民文学出版社,2019 年。

生出的儿子，为什么会和父亲大不同？大禹继承了前人的事业，终于完成了治水之功，为什么大禹治水，和他父亲采用不同的方式？洪水深广，怎么能用息壤将它填平？禹将九州分列九等，这是根据什么进行划分？传说中应龙曾经帮助大禹规划治水路线，应龙为什么要帮助大禹划出路线？河水又是如何流入大海之中？鲧究竟做了什么？禹究竟是为何取得成功的？

《尚书·尧典》载帝尧寻找治水之人，众人推荐鲧，帝尧认为鲧"方命圮族"，五岳认为"试可乃已"，结果"九载，绩用弗成"。①此事也见于《史记·五帝本纪》，②鲧在众人眼里是一位人才，而帝尧英明神武，有知人之明，知道鲧并不合适，但也得顺从民意，委任鲧治水。《尚书·尧典序》说："昔在帝尧，聪明文思，光宅天下。将逊于位，让于虞舜，作《尧典》。"《尚书·尧典》说："曰若稽古，帝尧曰放勋，钦、明、文、思、安安，允恭克让，光被四表，格于上下。克明俊德，以亲九族。九族既睦，平章百姓。百姓昭明，协和万邦。黎民于变时雍。"③显然，屈原对众人为什么赞扬鲧有质疑，也对鲧的遭遇有质疑，对夏禹的成功细节有质疑。众人说好未必好，一个自以为是、投机取巧的人是不可能成功的。鲧治水意图走捷径，用息壤阻止河水外溢，必然带来极大的灾难，唐尧惩罚他，毫无疑问体现了远见卓识。没有唐尧重用夏禹，夏禹不可能有机会成功治水；虞舜选贤举能，夏禹因此有机会脱颖而出。夏禹的成功，也是源于他在位期间能效法唐尧虞舜之治，知人善任。

《礼记·祭法》说："鲧障洪水而殛死，禹能修鲧之功。"④这说明鲧因试图阻止洪水的方式一定给人民带来了大灾难，所以他被惩罚，属于唐尧和虞舜治理渎职的一种积极行为。在《离骚》中，女媭劝说屈原的时候说："鲧婞直以亡身兮，终然殀乎羽之野。汝何博謇而好修兮，纷独有此姱节？薋菉葹以盈室兮，判独离而不服。"《九章·惜诵》说："行婞直而不豫兮，鲧功用而不就。"《离骚》说到鲧的"婞直"，是女媭之言，但《惜诵》说鲧"婞

---

① （汉）孔安国传，（唐）孔颖达正义《尚书正义》卷第二第26页，《十三经注疏》第1册，台湾艺文印书馆，2007年。
② （汉）司马迁《史记》卷一第20页，中华书局，1982年。
③ 《尚书正义》卷第二，第18—20页。
④ （汉）郑玄注，（唐）孔颖达正义《礼记正义》卷第四十六第803页，《十三经注疏》第5册，台湾艺文印书馆，2007年。

直",则是屈原自己所写。但唐尧和虞舜是屈原崇敬的圣君,也没有任何证据证明鲧之死是因为奸佞陷害。屈原的作品中出现这样的矛盾,可能是屈原在不同时间和不同角度,对鲧的认识视角也会发生变化吧。

在讨论了鲧禹治水的问题以后,屈原又讨论唐尧虞舜时期非常有名的恶人共工:"康回冯怒,墬何故以东南倾?"这里的康回,即共工。《尚书·尧典》载帝尧选择接班人,众人推荐帝尧之子丹朱,帝尧否决,众人又推荐共工,帝尧曰:"吁!静言庸违,象恭滔天。"① 《史记·五帝本纪》也记载了唐尧先后否决儿子丹朱和共工的事情,帝尧曰:"共工善言,其用僻,似恭漫天,不可。"② 可见共工的特点是口是心非,阴险狡诈。

唐尧虞舜是孔子及原始儒家推崇的"大同"时代的最体现"天下为公"宗旨的圣人,唐尧为了防止"天下为公"的禅让制度被世袭制破坏,所以以自己的儿子丹朱不贤,把丹朱排除在继承人之外。我们现在推测,如果丹朱真的不贤,放齐说丹朱"启明",就涉嫌溜须拍马了。真实的情况可能是丹朱并不一定真的顽凶。后来帝舜也以儿子商均不贤,把商均排除在继承人之外。到夏禹的时候,先是选择皋陶做接班人,但皋陶年长早逝,夏禹又选择益做接班人,可能并没有给益摄政的时间,也没有积极限制儿子夏后启的权势,所以夏禹死后,继承人后益被夏后启颠覆,夏后启开启了天下为家的世袭制度。

《尚书·舜典序》曰:"虞舜侧微,尧闻之聪明,将使嗣位,历试诸难,作《舜典》。"《尚书·舜典》说帝舜曰重华"濬哲文明,温恭允塞",③ 帝舜也是屈原崇敬的圣君,帝舜以共工、欢兜、三苗、鲧为四恶,《尚书·舜典》载舜"流共工于幽州,放欢兜于崇山,窜三苗于三危,殛鲧于羽山,四罪而天下咸服"。④ 帝舜时候的共工,与倾地的康回应该并不是一个人。《史记·律书》说:"昔黄帝有涿鹿之战,以定火灾;颛顼有共工之陈,以平水害;成汤有南巢之伐,以殄夏乱。递兴递废,胜者用事,所受于天也。"⑤ 《史记·楚世家》曰:"共工氏作乱,帝喾使重黎诛之而不尽。"⑥ 可见共工不是一个

---

① 《尚书正义》卷第二第 26 页。
② 《史记》卷一第 20 页。
③ 《尚书正义》卷第三第 34 页。
④ 《尚书正义》卷第三第 40 页。
⑤ 《史记》卷二十五第 1241 页。
⑥ 《史记》卷四十第 1689 页。

人，而是一个氏族，其领袖被称为"共工"，与轩辕氏的"黄帝"、神农氏的"炎帝"类似。

《史记·五帝本纪》载，黄帝崩，颛顼立，颛顼即高阳。颛顼有圣德，"静渊以有谋，疏通而知事；养材以任地，载时以象天，依鬼神以制义，治气以教化，絜诚以祭祀"。颛顼崩，高辛立，是为帝喾，《史记·五帝本纪》说高辛"聪以知远，明以察微。顺天之义，知民之急。仁而威，惠而信，修身而天下服。取地之财而节用之，抚教万民而利诲之，历日月而迎送之，明鬼神而敬事之"。①

颛顼和帝喾都是盛德的圣君，他们惩罚共工，应该是共工罪有应得。《孟子·万章上》载孟子回答弟子万章，说舜流共工于幽州，放驩兜于崇山，杀三苗于三危，殛鲧于羽山，是"诛不仁"，"天下咸服"。②《韩非子·外储说右上》说鲧和共工都反对过尧选舜做接班人，③这个可能是真的。共工和鲧都被人先后推荐给尧，但尧认为他们的人品都有问题，都不愿意用。最后迫不得已用了鲧，结果是灾难性的。唐尧处罚共工和鲧，应该是由于他们之"恶"，而未必是因为他们反对舜。反对舜担任领导人，也是他们"恶"的品性的一部分。尧传位舜这样一位"匹夫"，真正体现了"天下为公"的内涵。《淮南子·原道》说："昔共工之力，触不周之山，使地东南倾。与高辛争为帝，遂潜于渊，宗族残灭，继嗣绝祀。"④ 共工个人是不能推翻不周之山的，但共工的氏族力量强大，或许可以毁坏不周之山。共工以自己势力强大，在颛顼时代，想破坏颛顼禅让帝喾的计划，意图凭借自己的实力夺取权力。可见共工集团是天下为公、选贤授能的政治体制的颠覆者，长期谋求以强力争取权力，这虽然是后代中国的常态，但却是极其恶劣的制度。《淮南子·天文》说："昔者共工与颛顼争为帝，怒而触不周之山。天柱折，地维绝。天倾西北，故日月星辰移焉；地不满东南，故水潦尘埃归焉。"⑤ 这段记载说共工在与帝喾争为帝之前，还与颛顼争帝，争帝不胜，竟然怒触不周之山，导致天地之柱断裂。共工可以说是一个"迁怒"不计后果的小人而已。刘安说共

---

① 《史记》卷一第 10-14 页。
② （清）焦循撰，沈文倬点校《孟子正义》卷十八第 628-633 页，中华书局，1987 年。
③ （清）王先慎撰，钟哲点校《韩非子集解》卷第十三第 350-351 页，中华书局，2013 年。
④ 刘文典撰，冯逸等点校《淮南鸿烈集解》卷一第 26-27 页，中华书局，2013 年。
⑤ 《淮南鸿烈集解》卷三第 95-96 页。

工在与帝喾争为帝失败以后，从此龙潜，没有继嗣。但到了帝尧的时候，显然共工又恢复了领袖的资质，所以能重新兴风作浪。

## 二、《天问》内容述论之二

　　自"九州安错，川谷何洿？东流不溢，孰知其故"以下至"鲮鱼何所，鬿堆焉处"，都是质疑中国的地形地貌以及动植物的有关知识。"羿焉彃日，乌焉解羽"说的是唐尧时后羿射日的故事。自"禹之力献功，降省下土四方。焉得彼嵞山女，而通之于台桑"以下，主要说夏朝的历史，依次提及夏禹娶涂山氏女，夏后启颠覆后益，浇与女歧的淫乱，以及鲧、嫦娥、少康、王子乔、桀、汤、舜的事情。"启代益作后，卒然离蠥"至"何后益作革，而禹播降"一段说夏后启为什么可以破坏禅让体制篡权，而没有危险，人们都屈服于启，夏禹的后代得以实行世袭制。这一段中提及了"启棘宾商，《九辨》《九歌》"，一般认为，其中的"商"当为"帝"之误。"帝降夷羿，革孽夏民"到"何羿之射革，而交吞揆之"说天降夷羿，让他消灭夏人，为什么他要杀河伯，而把雒嫔纳为妻子？为什么夷羿献上野猪肉，而天不喜欢？夷羿的宰相寒浞为什么要和夷羿的妻子纯狐氏女一起商量杀夷羿，夷羿的射箭水平那么高，为什么能被人杀死？"惟浇在户，何求于嫂"到"何颠易厥首，而亲以逢殆"说过浇为什么与其嫂子女歧相好？少康为什么会放恶犬伤害过浇，过浇死了，为什么少康还要威胁女歧？

　　《左传·襄公四年》载魏绛说晋悼公，提到夏代后羿、寒浞等人的事迹，说"昔有夏之方衰也，后羿自鉏迁于穷石，因夏民以代夏政。恃其射也，不修民事而淫于原兽，弃武罗、伯因、熊髡、龙圉，而用寒浞"，"浞行媚于内，而施赂于外，愚弄其民"，"羿犹不悛，将归自田，家众杀而烹之，以食其子。其子不忍食诸，死于穷门。靡奔有鬲氏。浞因羿室生浇及豷，恃其谗慝诈伪而不德于民。使浇用师，灭斟灌及斟寻氏"，"少康灭浇于过，后杼灭豷于戈。有穷由是遂亡，失人故也"。① 杜预注云，靡是夏遗臣，有鬲是国名。斟灌及斟寻氏是夏同姓诸侯，仲康之子后相所依，后杼是少康子。又《左传·哀公

---

① （周）左丘明撰，（晋）杜预注，（唐）孔颖达正义《春秋左传正义》卷第二十九第506-507页，《十三经注疏》第6册，台湾艺文印书馆，2007年。

元年》载伍子胥曰：

> 昔有过浇杀斟灌以伐斟鄩，灭夏后相。后缗方娠，逃出自窦，归于有仍，生少康焉，为仍牧正。惎浇能戒之，浇使椒求之，逃奔有虞，为之庖正，以除其害。虞思于是妻之以二姚，而邑诸纶。有田一成，有众一旅，能布其德，而兆其谋，以收夏众，抚其官职。使女艾谍浇，使季杼诱豷，遂灭过、戈，复禹之绩，祀夏配天，不失旧物。①

杜预注云，浇，寒浞子，封于过。后缗，相妻也。惎，毒也。戒，备也。思为有虞君。纶，虞邑也。虞舜后，诸侯也。庖正，掌膳羞之官。方十五里为成，五百人为旅。女艾，少康臣。豷，浇弟也。季杼，少康子后杼也。

按《太平御览·皇王部七》引《纪年》曰："帝相即位处商丘。元年，征淮夷；二年，征风夷及黄夷。"又引《帝王世纪》曰："帝相，一名相安。自太康已来，夏政凌迟，为羿所逼，乃徙商丘，依同姓诸侯斟灌、斟寻氏。羿遂袭帝号，是为羿帝。"又曰："及有夏之衰，羿自鉏迁于穷石。因夏民之不附，以代夏政，逼篡帝位，故号有穷氏"，"寒浞，有穷氏，既篡羿位，复袭有穷之号。浞因羿之室生浇及豷，多力，能陆地荡舟。浞使夨率师灭斟灌、斟寻氏，杀夏帝相于过，灭豷于戈。恃其诈力，不恤民事"，"初，夏之杀帝相也，妃有仍氏女曰后缗方娠，逃出自窦，归于有仍，生少康焉。初，夏之遗臣曰靡，事羿；羿死，逃奔有鬲氏。收斟寻二国余烬，杀寒浞而立少康"。②《太平御览·皇王部七》引《纪年》曰："后桀命扁伐山民，山民女于桀二人，曰琬，曰琰。桀爱二人，女无子焉。斫其名于苕华之玉，苕是琬，华是琰，而弃其元妃于洛，曰妹喜。桀倾宫饰瑶台，作琼室，立玉门。汤遂灭夏桀，桀逃南巢氏。自禹至桀十七世，有王与无王，用岁四百七十一年。"③妹喜即妹嬉，是桀的元妃。夏朝自夏禹至夏桀，共四百七十一年，其中包括羿、浞代夏的"无王"阶段。传说羿、浞代夏合计四十年。

从"汤谋易旅，何以厚之？覆舟斟寻，何道取之"开始，进入夏末商汤

---

① 《春秋左传正义》卷第五十七第 990—992 页。
② （宋）李昉等编《太平御览》卷八十二第 383—384 页，中华书局，1960 年。
③ 《太平御览》卷八十二第 385 页。

放夏桀的事情。商汤想改变夏人，为什么夏人都喜欢商汤？浇灭斟寻，是用了什么方法？这段话中的"汤"字，有人认为是"康"字之误，是指少康。但这种怀疑并没有任何根据。《天问》在讨论历史问题的时候是跳跃性的。比如，"桀伐蒙山，何所得焉"至"孰期去斯，得两男子"这一段，则更见出跳跃性。夏桀征伐蒙山，究竟得到什么东西？夏桀的妃子妺嬉有什么放肆处吗，商汤为何要杀她？虞舜在家，他的父母亲为什么不给他娶妻？尧为什么不知照舜的父亲就把两个女儿嫁给了舜？事情刚开始的时候，怎么可以预知未来？商纣王做十层高台，箕子怎么就可能预见到商纣王会从玉箸开始，走向奢侈道路？女娲被推举为帝，是谁喜欢她？女娲抟土造人，那么女娲自己的身体是谁造的？虞舜用他的弟弟，但弟弟总想害他，像他弟弟这样猪狗一般的人，为什么没有危险呢？这段话先说夏桀、商汤，又说到尧，再说到商纣王、女娲、舜，最后说到吴泰伯和仲庸。这些人与事不但跨度大，而且或善或恶，或有善报，或无善报，或有恶报，或无恶报，背后的寓意也各有不同。其中《楚辞章句》解释"女娲有体，孰制匠之"说："传言女娲人头蛇身，一日七十化，其体如此，谁所制匠而图之乎？"① 女娲是三皇之一，汉应劭《风俗通义·皇霸》引《春秋运斗枢》说："伏羲、女娲、神农是三皇也。"②《列子·汤问》载女娲补天的故事，③《太平御览·皇王部三》引《风俗通》有女娲抟土造人的事迹，④《楚辞补注》引《山海经·大荒西经》《列子·黄帝》与《淮南子·说林》有女娲身体七十变化的说法，虽然可以解释"女娲有体，孰制匠之"，但无疑抟土造人的传说更符合《天问》的本义。先师褚斌杰先生在《天问笺释》中解释这句话的时候，就认为指的是"女娲抟黄土造人"之事。⑤

自"缘鹄饰玉，后帝是飨"以下，主要说商朝的历史，包括商汤遇见挚，以及玄鸟生商等。伊尹烹调鹄羹而用美玉装饰，这样美好的餐飨献给商汤，为何承担谋取夏桀的重任，终于使夏王朝因此灭亡。商汤巡视四方，发现小臣伊挚。为何在鸣条打败并流放夏桀，黎民百姓一个个欣喜若狂？这是赞扬

---

① 《楚辞补注》卷第三第 104 页。
② 王利器《风俗通义》卷一第 2-3 页，中华书局，2010 年。
③ 杨伯峻《列子集释》卷五第 157-158 页，中华书局，2013 年。
④ 《太平御览》卷七十八第 365 页。
⑤ 褚斌杰《楚辞要论》第 263 页，北京大学出版社，2003 年。

伊尹以卑微的身份最终辅佐商汤成就霸业，受到人民的拥护。"该秉季德，厥父是臧"至"何变化以作诈，而后嗣逢长"，说王亥秉承其父王季的德业，因此受到他父亲表扬，却为什么在放牧牛羊的时候死在了有扈。王亥能跳舞，怎么就可以招引有扈的姑娘？王亥丰肌柔肤，为什么能身体强壮？有扈的牧人为什么会妒火燃烧，和王亥遭遇？王亥在和有扈氏女子约会的时候怎么可以先逃跑，而杀手击床扑空，后来他们命运又是如何？王亥的弟弟王恒也秉承其父王季之德，即位以后，从哪儿弄来几匹驾车的仆牛？为什么去执行颁布有扈君爵禄的公务，事完了还不肯马上往回走？黄昏时分幽静的小路上二人同行，偷偷摸摸总不免有些胆战心惊。为什么酸枣树上停着猫头鹰，女的抱着男的恣意调情？善于骗人的弟兄跟同一个女子淫荡，弟弟终于害死了自己的兄长。为什么兄弟俩要尽了欺诈的花样，商朝的后代子孙仍能够兴旺久长？这段说商朝的一段历史，虽然有复仇的内容，但起源都与女人相关。其中提到的该即王亥，有扈氏即有易。《易经·大壮》六五爻辞说："丧羊于易。"① 指的就是王亥的事情。王亥牧羊被有扈氏所杀，弟王恒为王亥复仇。昏微，一说认为是王亥之子上甲微，② 因父亲被杀，所以不断对有扈氏发动进攻，有狄即指有扈氏。"成汤东巡，有莘爰极"至"不胜心伐帝，夫谁使挑之"几句，说成汤东巡，来到有莘，得到了一位贤德的夫人，而伊尹作为小臣陪嫁。而伊尹是有莘氏采桑女在水边的空桑树中捡得的幼童。有莘把伊尹当作有莘女陪嫁的仆从，难道是因为厌恶他这样一位贤才吗？汤在重泉遭囚禁终被放回，既已无罪被释为何又生怨尤？难忍耻辱举兵伐桀，又是谁触动商汤决定消灭夏桀的？

## 三、《天问》内容述论之三

自"会朝争盟，何践吾期"至"周幽谁诛？焉得夫褒姒"一段，涉及周代历史的一些重大事件，如武王、昭王、穆王、幽王的历史。八百诸侯会于孟津，宣誓伐纣。周公旦辅佐武王伐纣，但并不同意诛杀商纣王，感叹商纣

---

① （魏）王弼、（东晋）韩康伯注，（唐）孔颖达正义《周易正义》卷第四第86页，《十三经注疏》第1册，台湾艺文印书馆，2007年。
② 褚斌杰《天问笺释》，载《楚辞要论》第271页。

王之命运。天授天下给殷，最终又亡国，究竟是犯了什么罪行。周武王是怎么样率领诸侯消灭商纣王的？周昭王为什么要南巡荆楚，迎接白雉，导致殒命？周穆王为什么要巡游天下，究竟想找什么？周幽王为什么会得到褒姒，而导致覆亡。"齐桓九会，卒然身杀"至"梅伯受醢，箕子佯狂"几句，则说到春秋时期齐桓公被杀，以及商纣王无道，忠臣受害的历史。殷纣王作为一国之君，是谁使他头脑发昏？为什么讨厌辅佐他的忠臣，而任用爱进谗言的奸佞？比干有何悖逆之处，遭到贬抑打击？雷开是怎样阿谀奉承，而被封爵赏金？为什么圣人的品德相同，而最终行事的方法却不同。梅伯为什么被剁成肉酱，而箕子却披发装疯？

"稷维元子，帝何笃之"至"载尸集战，何所急"这一段说后稷是姜嫄所生太子，为什么帝喾不保护？姜嫄把后稷投到冰上，为什么鸟会保护？为什么后稷后来才能那么大，他的后代那么兴旺？周文王怎么可以在商衰以后接受天命？周太王迁岐山，为什么百姓都跟着他？商纣王有惑妇妲己，为什么受到百姓的讥刺？商纣王为什么杀忠臣梅伯，把梅伯剁成肉酱分赐诸侯，西伯禀告天帝纣王不道，怎么就能得到上天的佑助，把商纣王消灭了呢？姜太公吕望在市场做屠夫，为什么就能被周文王姬昌发现？周武王为什么满腔愤懑，载着周文王的灵位去和商纣王作战？

蒋骥《山带阁注楚辞》说："梅伯，即鄂侯也。"① 《史记·殷本纪》载：

> 帝纣资辨捷疾，闻见甚敏；材力过人，手格猛兽；知足以拒谏，言足以饰非；矜人臣以能，高天下以声，以为皆出己之下。好酒淫乐，嬖于妇人。爱妲己，妲己之言是从……纣乃重刑辟，有炮烙之法。以西伯昌、九侯、鄂侯为三公。九侯有好女，入之纣。九侯女不憙淫，纣怒，杀之，而醢九侯。鄂侯争之疆，辨之疾，并脯鄂侯。西伯昌闻之，窃叹。崇侯虎知之，以告纣，纣囚西伯羑里……纣愈淫乱不止。微子数谏不听，乃与大师、少师谋，遂去。比干曰："为人臣者，不得不以死争。"乃彊谏纣。纣怒曰："吾闻圣人心有七窍。"剖比干，观其心。箕子惧，乃佯狂为奴，纣又囚之……周武王于是遂率诸侯伐纣。纣亦发兵距之牧野。甲子日，纣兵败。纣走入，登鹿台，衣其宝玉衣，赴火而死。周武王遂

---

① （清）蒋骥撰，于淑娟点校《山带阁注楚辞》卷三第89页，上海古籍出版社，2019年。

斩纣头，县之白旗。杀妲己。释箕子之囚，封比干之墓，表商容之闾。封纣子武庚、禄父，以续殷祀，令修行盘庚之政。殷民大说。于是周武王为天子。其后世贬帝号，号为王。而封殷后为诸侯，属周。①

屈原在楚国的经历，与商纣王时期的忠臣故事几乎是一个模式。而商朝的昏君奸臣，也与屈原时期的楚国相类似。正因此，这样的故事对屈原的触动会非常大。

"伯林雉经，维其何故"至"受礼天下，又使至代之"几句说为什么晋献公太子申生被骊姬诬陷，究竟是为什么？这样的事情惊动天地，为什么他们不害怕？天授命君主管理天下，如果他们不知戒惧，不能为百姓服务，最终天一定会收回成命的。王逸《楚辞章句》解释"伯林雉经"说："伯，长也；林，君也。谓晋太子申生为后母骊姬所谮，遂雉经而自杀。"《楚辞章句》解释"何感天抑墬，夫谁畏惧"说："言骊姬谗杀申生，其冤感天，又谗逐群公子，当复谁畏惧也。"《楚辞补注》说"墬即地字。《左传》云：狐突适下国，遇太子曰：'夷吾无礼，余得请于帝矣。'又曰：'帝许我罚有罪矣，敝于韩。'此言申生之冤感天抑地，而谁畏惧之乎。"王逸和洪兴祖的说法持之有故，言之成理。有人认为"伯林"指的是商纣王，似无道理。

"初汤臣挚，后兹承辅"至"何壮武厉，能流厥严"这几句是说明君成就贤臣，贤臣也能成就明君。当初伊尹不过是一位家奴，后来被商汤用为辅政大臣，为什么能忠心耿耿，配享宗庙？吴王寿梦的孙子吴王阖闾功勋卓著，为什么早年流浪，最后能建立威名？伊尹得商汤任用，所以能成就功名；而吴王阖闾则是得到贤臣伍子胥的帮助，因此能建立威名。"彭铿斟雉，帝何飨"至"蜂蛾微命，力何固"几句中的彭铿即彭祖，以长寿著名，据说活了800岁。彭铿曾经给帝尧做过鸡羹。屈原质疑说彭祖为什么可以活那么长久。周天子分裂诸侯，共治天下，为什么有君主互相攻伐？蜂蛾这样的贱命，为什么还要挣扎？

此后几句当中，王逸《楚辞章句》注释"惊女采薇，鹿何祐"一句曰："祐，福也。言昔者有女子采薇菜，有所惊而走，因获得鹿，其家遂昌炽，乃天祐之。"又注释"北至回水，萃何喜"一句说："萃，止也。言女子惊而北

---

① 《史记》卷三第105-109页。

走,至于回水之上,止而得鹿,遂有禧喜也。"① 柳宗元《天对》对说:"萃回偶昌,鹿曷祐以女。"② 这都是认为采薇女被惊吓,为什么鹿会保佑她? 北到回水,到了又有什么喜讯? 但《史记·伯夷叔齐列传》说"伯夷、叔齐,孤竹君之二子也",不愿意继承君主之位,逃亡周,曾阻止武王伐纣,武王平殷乱,"而伯夷、叔齐耻之,义不食周粟,隐于首阳山,采薇而食之","遂饿死于首阳山"。③ 李善注《文选》刘孝标《辩命论》"夷叔毙淑媛之言,子舆困臧仓之诉"引"《古史考》曰:伯夷、叔齐者,殷之末世孤竹君之二子也。隐于首阳山,采薇而食之。野有妇人谓之曰:'子义不食周粟,此亦周之草木也。'于是饿死。"李周翰注"夷,谓伯夷也;叔,谓叔齐也。毙,死也;淑媛,妇人也;诉,毁也。"如果李善注可靠,则采薇似乎是指伯夷、叔齐的故事,但鹿如何佑助伯夷、叔齐,似乎并没有记载。孤竹国在今唐山一带,首阳山在今河南洛阳偃师市邙岭。"北至回水"可能也是与伯夷叔齐的事迹相关。

"兄有噬犬,弟何欲? 易之以百两,卒无禄?"秦景公有一只咬人的犬,为什么弟弟公子鍼想要? 用百辆车换,最后还丢了禄位? 《史记·秦本纪》载,"景公母弟后子鍼有宠,景公母弟富,或谮之,恐诛,乃奔晋,车重千乘。晋平公曰:'后子富如此,何以自亡?'对曰:'秦公无道,畏诛,欲待其后世乃归'","景公立四十年卒,子哀公立。后子复来归秦",公子鍼是秦景公的同母弟,一般称"后子鍼"。

"薄暮雷电,归何忧"至"何试上自予,忠名弥彰"这段一般认为是屈原写现实。在傍晚雷电之中,我既然决定归去,又何必担忧楚国? 楚王自己不自律,能有什么未来呢? 自己浪迹在外,每日躲藏,住在洞穴之中,有什么可说的呢? 楚国自不量力,和强秦打仗,国运怎么可能长久? 如果楚王能悔过改正,我又有什么可说? 吴太子光争国,即位为吴王以后,让吴国兴盛,大胜楚国。大夫伯比穿墙逾屋,和䢵国女子在閒社丘陵私会,怎么就可以生出子文这样优秀的人才? 我告诉堵敖说楚国命运不会长久了,我并不想让楚王失败,使我的预言成真,让自己的忠臣之名流芳百世。吴公子光即吴王阖

---

① 《楚辞补注》卷第三第116-117页。
② (唐)柳宗元《柳河东集》卷十四第181页,中国书店,1991年。
③ 《史记》卷一第2123页。

间。《楚辞补注》说"何环闾穿社，以及丘陵，是淫是荡，爰出子文"一段提到的子文即楚令尹子文，其母郧公之女穿闾社通于丘陵以淫而生子文。又曰："堵敖，楚贤人也。屈原放时，语堵敖曰：'楚国将衰，不复能久长也。'"一本以下有"楚"字。即"吾告堵敖以不长"一本作"吾告堵敖以楚不长"。①

## 四、《天问》主题与错简问题

由于断句的不同，对《天问》包含的句子数目的统计会略有不同，根据周秉高教授《楚辞探析》的统计，《天问》全诗有 353 句，174 问。写天文问题的 30 问，共 44 句；写地理问题的 42 问，共 68 句；写历史问题的 95 问，共 228 句；写现实问题的 7 问，共 13 句。② 周秉高教授把鲧禹治水一段 13 问共 24 句算在写地理一类，事实上这一部分也应该是上古历史的一部分。剩余的有关天文、地理的问题，都是讨论过去发生过的与人类知识相关的古史传说，从严格意义上来说，也应该属于人文历史的范畴。至于写现实的部分，则更是屈原对过去遭遇的质疑。因此说，《天问》应该是一首寻求中国上古历史真相的抒情长诗。

屈原生活在特定的历史时期和特定的地域，他的性格和遭遇，以及最终的人生轨迹，冥冥之中都由历史的前缘所决定。没有特定的历史机缘，屈原不可能生活在楚国这个时间段，如果屈原不是生活在楚国这个时间段，也不可能遇到影响他人生轨迹的人和事，如果造物没有给他创造出塑造他性格的机缘，他也不可能有这样特立独行的人格境界。因此，屈原探究历史的真相，也就意味着他在寻求自己人生悲剧命运的真相。那种认为《天问》是要探究宇宙奥秘，或者认为《天问》在书写神话的观点，可能都背离了屈原写作的初衷。《天问》不是询问宇宙奥秘，虽然其中内容涉及天地日月星辰，但都是与我们人类的知识相牵扯，屈原主要是询问人类关于宇宙这些知识的来源，而不是询问日月星辰产生本身。人类关于天地日月星辰的传说，是人类文明史的一部分。屈原需要探究的是人类的历史，包括人类对客观世界的知

---

① 《楚辞补注》卷第三第 117-118 页。
② 周秉高《楚辞探析》第 148 页，台北：台湾五南图书出版股份有限公司，2016 年。

识来源。

王逸《楚辞章句》曰：

> 《天问》者，屈原之所作也。何不言问天？天尊不可问，故曰天问也。屈原放逐，忧心愁悴，彷徨山泽，经历陵陆，嗟号昊旻，仰天叹息，见楚有先王之庙及公卿祠堂，图画天地山川，神灵琦玮僪佹及古贤圣怪物行事，周流罢倦，休息其下，仰见图画，因书其壁，何而问之。以渫愤懑，舒泻愁思，楚人哀惜屈原，因共论述，故其文义不次序云尔。①

王逸不但理解屈原写作《天问》的动机，而且，也说《天问》是在见过楚国先王庙及公卿祠堂以后有感而发所写的。

此段文字中的"何而问之"又作"呵而问之"。王逸说屈原是在楚先王庙及公卿祠堂里看到有关图画天地山川、神灵琦玮僪佹及古贤圣怪物行事而有感而发，也就是说，屈原奇怪于楚先王庙和公卿祠堂中的有关楚国及楚国之前中国上古的历史记载，想寻找隐藏在这些故事后面的真相。但历史不可能重复，只有"天"默默地见证了这些故事的发生，所以屈原只有向"天"寻求答案。所以，"天问"是人"问天"，而不是"天问"人。

林云铭《楚辞灯》说："一部楚辞，最难解者，莫如《天问》一篇。以其重复倒置，且所引用典实多荒远无稽……兹细味其立言之旨，以三代之兴亡作骨。其所以兴，在贤臣；其所以亡，在惑妇。惟其有惑妇，所以贤臣被斥逐，谗谀益张。全为自己抒胸中不平之恨耳。篇中点出妹喜、妲己、褒姒为郑袖写照，点出雷开为子兰、上官、靳尚写照，点出伊尹、太公、梅伯、箕、比为自己写照。末段转入楚事，一字一泪，总以天命作线，见得国家兴亡皆本于天。无论贤臣、即惑妇谗谀，未必不由天降。"② 林云铭以"三代之兴亡作骨"来概括《天问》的内容，这是非常精辟的。

《天问》问历史，不是历史大事记，而是重在兴亡变迁，重在君王素质，重在用人之策，这里充满了屈原个人的政治观点与人生感喟。屈原从不同角度对被一般人所广泛传播和认同的有关天文、地理形成及演变的知识体系，

---

① 《楚辞补注》卷第三第85页。
② （明）林云铭撰，彭丹华点校《楚辞灯》卷之二第75页，华东师范大学出版社，2012年。

以及影响中国上古社会发展的历史人物和历史事件进行诘问,而诘问之中,已经隐含了答案。屈原所提的一百多个问题,是不需要回答的。

很多人把《天问》看作一首哲理诗。这个定位,或许从某种意义上说有一定的合理性,因为《天问》涉及对古往今来许多重大问题的评价。但客观地说,《天问》与来自西方的"哲理诗"仍然有区别。哲理诗是以说理为目的的,而《天问》诘问在作者之前中国人关于历史文化的一些知识和事件的缘由和可能的事实,大体上按照由远及近、自古及今、从宏观到细微、自天道至人道的顺序,层层深入,气势通贯,怨愤外泄,这虽然和中国古代大部分诗歌的表现方式有所不同,所述内容也有差异,但仍然与屈原所创作的其他骚体诗并无二致,终极目的都在表达怨愤之情绪,所以,《天问》虽然内容是"咏史",但仍然是"言志"的抒情诗。假如我们把《天问》看作哲理诗,那么中国古代一切以"言志"为目的的诗歌就都可以称为哲理诗。因此,如果直接把《天问》定义为哲理诗,并不能准确说明《天问》这首诗的独特性,因而也就是一个无意义的定义。

《天问》用独特的叙事视角,把屈原作品的"奇文"特征表现得淋漓尽致。《天问》作为抒情诗,与《离骚》一样,都是以气驭文,以情驭文,即以自己跳跃的情绪,来驾驭自己的所思所想,而这个所思所想在屈原的怨愤情绪驱使下,有一种磅礴的、排山倒海的气势和炽烈的、深沉而哀婉的情感流动的轨迹,这是与其主观宣泄的创作动机相一致的。王逸《楚辞章句·天问序》认为楚人哀惜屈原,因共论述,"故其文义不次序",这句话无疑可以理解为因多人编辑而可能导致了编辑错误,因此,后代多有学者主张《天问》存在"错简"问题。

事实上,提出《天问》有"错简"问题,就如要给《天问》作回答的《天对》的作者一样,都是没有理解屈原作《天问》的初衷。屈原的《天问》,答案就在诘问之中,不需要另外回答。而《天问》思维的跳跃性,也不是"错简"。洪兴祖对"错简"之说,有很清楚的批评。《楚辞补注》曰:

> 《天问》之作,其旨远矣。盖曰遂古以来,天地事物之忧,不可胜穷,欲付之无言乎?而耳目所接,有感于吾心者,不可以不发也。欲具道其所以然乎?而天地变化,岂思虑智识之所能究哉?天固不可问,聊以寄吾之意耳。楚之兴衰,天邪人邪?吾之用舍,天邪人邪?国无人,

> 莫我知也，知我者其天乎？此《天问》所为作也。太史公读《天问》，悲其志者以此。柳宗元作《天对》，失其旨矣。王逸以为文义不次序，夫天地之间，千变万化，岂可以次序陈哉？①

洪兴祖以《天问》寄托屈原之意，因而千变万化，其叙述不依次序。这个看法，正是看到了屈原以气驭文，以情驭文，遵从情感轨迹，不为理智所约束的那种宣泄特征。而黄文焕在《楚辞听直·听天问》中，不但认为王逸等人"错简"之说"殊谬"，还认为洪兴祖关于《天问》所问之事不可以"次序陈"也不得要领，从而提出《天问》"前无古人，后无来者"，"首末中间，做法井井，可谓不次序乎"。并仔细论述了《天问》的"变顺为逆，即逆是顺"，以及字法、句法、段法、章法。② 黄文焕的分析，可以看作不易之论。因此，我们认为，凡是主张《天问》有"错简"的观点，都是不能认识到《天问》的宣泄导致"文义不次序"。因此，那些认为《天问》存在错简问题，并试图恢复《天问》原来面貌的努力，就变成了一件毫无意义的徒劳了。

不过，一些学者按照《天问》"错简"的思路，探讨按照逻辑线索的《天问》应该是什么面貌，这给我们了解屈原《天问》的"文义不次序"提供了线索。金开诚《屈原辞研究》说，《天问》自"缘鹄饰玉，后帝是飨"至"何卒官汤，尊食宗绪"，先讲伊尹说汤，商汤灭夏，其次又追问商族起源及商之先公在夏朝之事；忽然又插入周朝历史，由武王伐纣直到齐桓公的兴衰；又回问商之末世及周之起源和强盛；已讲到晋国申生受害，却又再说商初之事。而按历史发展线索，理当先写简狄生契，商族的起源，而后依次是商之先公该、恒、上甲微三世在夏朝之事；成汤得到伊尹，起意伐夏；伊尹说汤，成汤灭夏；因夏灭而提出对天命的疑问，总结伊尹与汤的关系；再说商纣暴虐无道，姜嫄生稷，周族的起源；周文王壮大并得到吕望，武王始伐纣；武王会诸侯灭殷，又因而提出对天命的疑问；西周的衰落以至灭亡；进入春秋，问齐桓公事，问春秋晋国申生之事。关于夏朝之事，更是与天地开

---

① 《楚辞补注》卷第三第 85 页。
② （明）黄文焕撰，黄灵庚等点校《楚辞听直》第 245-251 页，上海古籍出版社，2019 年。

辟，夏之前之史事相交错。① 周秉高《楚辞解析》认为屈原写夏朝历史 68 句 24 问，错简 24 句 11 问；写商朝 46 句 17 问，周朝 32 句 13 问，共错简 38 句 19 问。② 两组相加，《天问》的错简超过了三分之一。

林庚先生《天问论笺》也曾提到《天问》的错简问题，但他认为从"遂古之初谁传道之"至"覆舟斟寻何道取之"，已占了全诗一半的篇幅，"作品的整个轮廓都一直是有中心有层次的，那么此外个别诗句的难于理解，就不能再把原因归罪于作品本来是零乱无章的，而只能归罪于所问的某些情节的失传，或发生了偶然的错字、错简"③。

《天问》在数千年的流传过程中，并没有因为所谓的"错简"问题给读者带来阅读困惑。一篇流传数千年的长篇诗歌作品，如果有三分之一以上的"错简"，那肯定难以自圆其说。因此，我们认为，如果认为《天问》存在"错简"问题，必然会彻底颠覆对《天问》伟大价值的体认。因为，我们认为林庚先生这个意见，应该是较令人信服的。偶尔的错简或许是可能的，但没有确凿的证据之前，我们也不可以遽下结论。它们现在的面貌，正符合王逸《楚辞章句·天问序》中所说屈原作《天问》之时，"忧心愁悴，彷徨山泽，经历陵陆，嗟号昊旻，仰天叹息"，激情所至，书诗于壁上，一气而成，"以泄愤懑，舒写愁思"的情景。

蒋骥《山带阁注楚辞》云："《天问》一篇，多漫兴语。……盖寓意在若有若无之间，而文体结撰，在可知不可知之间。"④《天问》沿着自己的思绪诘问，也就是"漫兴之语"，正是屈原的激情所带来的一种非理性的直觉状态，有的时候可能是符合逻辑的，有的时候可能并不是符合逻辑的。屈原《天问》，甚至包括《离骚》等抒情诗，回环往复，忠怨之辞一说再说，也正是体现出了屈原骚体诗歌创作的重要特征。刘熙载《艺概·赋概》曰："《离骚》东一句，西一句，天上一句，地下一句，极开阖抑扬之变，而其中自有不变者存。"⑤ 这个看法，无疑是很有见地的。

---

① 金开诚《天问错简试说》，载《屈原辞研究》第五章第 208-244 页，江苏古籍出版社，1992 年。
② 周秉高《楚辞解析》第 100-102 页，内蒙古大学出版社，2003 年。
③ 林庚《天问论笺·三读〈天问〉》第 4 页，人民文学出版社，1983 年。
④ 《山带阁注楚辞》第 204 页。
⑤ （清）刘熙载《艺概》第 88 页，上海古籍出版社，1978 年。

《天问》作为咏史之奇作，其所咏包括大自然的形成、天地开辟、天象、地理的知识，以及夏、商、周三代兴衰，春秋霸主及楚人事迹，以及其自身身世之叹，内容通贯古今上下，而所咏不采取正叙方式，却一概诘问，自开篇至结尾，向读者提出了一系列问题，这些问题的提出就如狂涛拍岸，使人窒息，连缀起来，我们又无法寻得机隙思考和回答。但这些问题本身代表了一种倾向性和立场，其意旨是非常清晰的。屈原采用了那种前无古人、后无来者，气势磅礴的叙述结构，反倒更突出地表现出了屈原的激情和叛逆精神。

方　铭　北京语言大学中华文化研究院教授

# 曾子孝道思想三境界及其现实意义

李金坤

**摘 要**：作为孔子晚年门生之曾子，是春秋末期著名思想家、教育家。他上承孔子之道，下启思孟学派，在儒学发展史乃至中华文化史上具有重要之桥梁作用。尤其是他编撰之《孝经》，大力倡导孝道思想并以身作则，着实为世楷模。其孝道思想三大境界主要体现在养亲、敬亲、贵生三个层面，这在当下仍具有重要的现实意义。弘扬曾子孝道思想，是我国法制的要求，是建立和谐社会的必由之路，是推进文明进步、经济发展的重要途径。

**关键词**：曾子 儒学桥梁 《孝经》 三境界 现实意义

## 一、曾子及《孝经》述略

曾子（前505—前434），名参，字子舆。春秋末期著名思想家、教育家，鲁国南武城人（山东嘉祥县纸坊镇南武山）。16岁拜孔子为师，与其父曾点同是孔子的晚年弟子之一。他比孔子小46岁，孔子73岁去世，曾子跟随孔子亲受教益10多年，勤奋好学，颇得孔子真传，是儒家正统思想的正宗传人，儒家学派的重要代表人物。孔子临终之际，曾将其孙（孔鲤之遗孤）子思托付于曾参，希望他将自己开创的儒家思想体系让孙子子思得以传承并发扬光大。他真不愧为孔子嫡传的出类拔萃的优秀弟子，不仅把孔子的思想和学问授给子思等弟子，又与其他弟子一起将孔子的言行整理编撰为《论语》。他一手精心培养的子思，后来又成了亚圣孟子的老师。因此，曾子上承孔子之道，下开思孟学派，① 无疑成为孔子文化思想长河中一座重要的桥梁和里程碑，在儒学发展史乃至中华文化史上具有承前启后的重要作用与不朽地位。

曾子一生积极实践和推行以仁孝为核心的儒家主张，传播儒家思想。他主张以孝恕忠信为核心的儒家思想，其修齐治平的政治观、内省慎独的修养观、以孝为本的孝道观，至今仍具有极其宝贵的社会意义和实用价值。这些宝贵的思想与观念都体现在他参与编写的《论语》与他自己撰写的《大学》《孝经》《曾子十篇》以及后人的著作《大戴礼记·曾子大孝》等论著中。曾子一生追随孔子，不仅努力践行孝道，而且创造了孝道思想理论体系，是中华孝子的杰出代表。《二十四孝》一书将他"啮指心痛"的孝母故事排在帝舜、汉文帝之后，是"二十四孝"的第三大孝子。鉴于曾子对传承与弘扬儒家文化做出的杰出贡献，后世尊奉为"宗圣"，是配享孔庙的"四配"②，在山东省济宁市嘉祥县南建有曾子庙、曾林（曾子墓）。曾姓后裔把曾参作为自己的鼻祖。

曾子传世影响最大的自撰著作是《孝经》，它是"十三经"之一。十三经，即《易》《书》《诗》《周礼》《仪礼》《礼记》《春秋左传》《春秋公羊传》《春秋穀梁传》《论语》《孝经》《尔雅》《孟子》。是由汉朝的五经逐渐发展而来的，最终形成于南宋。"十三经"是传世文献的始祖，是儒家思想文化的源头、主干。《孝经》能够纳入这样一部代表儒家文化精神的巨著之中，是十分荣耀而值得骄傲与自豪的事。

在"十三经"中，《孝经》是一部字数最少、内容最浅、影响最大、争议最多的经典。全书仅1800余字，可是，两千年来，上至帝王将相，下至黎民百姓，广为传习，备加尊崇，影响所及，远至东亚的朝鲜、日本，欧洲比利时等国家。《孝经》是中国古代儒家的伦理学著作，集中地阐发了以孝为中心的儒家伦理思想。其认为，"夫孝，天之经也，地之义也，人之行也"③。

---

① 思孟学派：即子思学派和孟子学派的合称，因二者思想上具有某种一致性，所以人们往往将其联系在一起，称为思孟学派。

② "四配"：指孔子的四大弟子，又称四公、四圣：复圣公——颜渊、述圣公——子思、宗圣公——曾参、亚圣公——孟轲。旧时以此四人配祀孔子庙。加上至圣公孔子，统称儒家"五圣公"。

③ （宋）佚名绘，陈柱要义《孝经图说·三才章第七》第50页，浙江人民美术出版社，2016年。下引《孝经》，皆出此书，不另作注。

认为孝是诸德之本,"人之行,莫大于孝"。(《孝经·圣治章第九》)"子曰:'夫孝,德之本也,教之所由生也。'"(《孝经·开宗明义章第一》)在孔子创立并倡导的"孔子八德"中,①"孝"居首位,其他七德皆由其率之而紧随其后。"孔子八德"他老人家德育内容的全部精髓,是做人的根本。清人王永彬《围炉夜话》云:"百善孝为先,万恶淫为源。常存仁孝心,则天下凡不可为者,皆不忍为。"②民国年间台湾白水老人《百孝篇》开篇云:"天地重孝孝当先,一个孝字全家安。孝是人道第一步,孝顺子弟必明贤。"《孝经》在中国伦理思想中,首次将孝亲与忠君联系起来,认为"忠"是"孝"的发展和扩大,并把"孝"的社会作用绝对化神秘化,认为"孝悌之至"就能够"通于神明,光于四海,无所不通"。(《孝经·感应章第十六》)总而言之,《孝经》是中华文化史上塑造中华美德、和谐社会关系的最全面最深刻最行之有效的经典杰作之一,它是和谐之源,太平之本,与《论语》并行不悖,仁孝并茂,堪称双璧。

## 二、曾子孝道思想三境界及孝行之美

我们欲了解曾子孝道思想的博大精深之意蕴,得首先从字义学角度理解它的深刻内涵。古代最早一部解释词义的辞书之祖《尔雅》,释"孝"云:"善事父母为孝。"汉代贾谊《新书》解释为:"子爱利亲谓之孝。"(子女敬爱并有利于父母就是孝。)东汉许慎《说文解字》释为:"善事父母者,从老省、从子,子承老也。"许慎认为,"孝"字是由"老"字省去右下角的形体,和"子"字组合而成的一个会意字。老在上,子在下。这是长幼尊卑的次序,礼节。也可以视为子承老,儿子背老父母,这是象形,更是直观的孝行。从这里我们可以看出,"孝"的古文字形与"善事父母"之义是吻合的,因而孝就是子女对父母的一种善行和美德,是家庭中晚辈在处理与长辈的关系时应该具有的道德品质和必须遵守的行为规范。

曾子的孝道思想主要集中于《孝经》与由他参与编写的《论语》、自撰

---

① "孔子八德":指孝、悌、忠、信、礼、义、廉、耻。亦称"朱熹八德",有人认为是朱熹总结概括的。

② (清)王永彬《围炉夜话》第95页,中国社会出版社,2003年。

的《大学》《曾子十篇》及后人所著《大戴礼记·曾子大孝》等论著中。曾子十分推崇并强调孝德感化治理作用，突出孝道的广大。其《孝经·三才章第七》云：

> 曾子曰："甚哉！孝之大也。"子曰："夫孝，天之经也，地之义也，民之行也。天地之经，而民是则之，则天之明，因地之利，以顺天下。是以其教不肃而成，其政不严而治。先王见教之可以化民也，是故先之以博爱，而民莫遗其亲。陈之以德义，而民兴行。先之以敬让，而民不争。道之以礼乐，而民和睦。示之以好恶，而民和禁。《诗》云：'赫赫师尹，民具尔瞻。'"

此一章，是因为曾子赞美孝道的广大，作为老师的孔子，就更进一步给他说明孝道的本源，是取法于天地，立为政教，以教化世人。正因为孝道的本然性、必要性与重要性诸元素是如此的鲜明，所以，曾子在吸收恩师孔子关于孝道思想精髓的同时，创立了自己一套独立的孝道思想理论体系。在这套独放异彩的思想理论体系中，尤其值得注意的是他所创立的孝道思想三境界，这是很值得探讨研究的一个重要课题。

曾子孝道思想的三境界，主要体现在养亲、敬亲、贵生三个层面。

第一，养亲——物质生活有保障。父母为养育儿女成人，历尽艰辛困难，备尝酸咸苦辣；子女成人后则当尽其所能供养双亲，使父母在物质生活上尽可能得到满足，这是曾子孝论最低限度的要求。民间流传很广的关于"羔羊跪乳""乌鸦反哺"的动物孝亲故事，正是人们借此努力倡导社会行孝的美好愿望。"曾子孝于父母，昏定晨省，调寒温，适轻重，勉之于糜粥之间，行之于衽席之上，而德美重于后世。"（汉人陆贾《新语·慎微》）曾子对待后母，与自己的亲生母亲一样关爱与呵护。《孔子家语》云："参后母遇之无恩，而供养不衰。"曾子的后母对曾子没有慈爱之恩情，但是曾子照样供养，丝毫不马虎懈怠。为了很好地照顾双亲，他宁可辞官，也不忍撇开父母而远走高飞。《孔子家语》云："齐尝聘，欲与为卿，而不就，曰：'吾父母老，食人之禄，则忧人之事，故吾不忍远亲而为人役。'"齐国曾经要聘请曾子为卿之官员，他没有应聘，是因为不忍心远离亲人，不能照顾年迈的父母。这种以父母为重的可贵精神，与孔子"父母在，不远游"(《论语·里仁》)的思想是一脉相承的。但曾子对于出仕养亲的问题,有他自己的行事尺度。对于出仕地点离家太远而难以照顾父母之地,他是不去的;而对于离家较近比较方便照顾双亲之地,他还是乐意赴就。《韩诗外传》卷七载:"曾子曰:'椎牛而祭墓,不如鸡豚逮亲存也。故吾尝仕齐为吏,禄不过钟釜,尚犹忻忻而喜者,非以为多也,乐其逮亲也。'"① 因为为孔子守孝3年,曾子的家境已经很贫穷了。为了赡养好父母,他屈身到齐国莒邑做了个小官。俸禄尽管很少,但毕竟能在父母在世时能尽绵薄感恩之心,多多少少能让父母得到些许安慰。这样总比自己虽然做了大官赚了大钱,然后杀头大牛到父母坟上去祭奠更有价值与意义。曾子对亲人的关爱是全方位而全身心的毫无保留的。他的母亲年老时因眼疾时常感觉不适,视力模糊。曾子为人至孝,经孔子指点,于寒露上候(寒露节的前5天)单日单时,采阳面菊花若干,晾干后,用山泉水冲泡,内服外用,不久其母眼疾治愈。汉人蔡邕所著《琴操》卷下载:"《梁山操》者,曾子之所作也。曾子幼少,慈仁质孝,在孔子门有令誉。居贫无业,以事父母,躬耕力作,随五土之利,四时惟宜,以进甘脆。"曾子年少的时候就对父母十分敬爱,秉性孝顺,在孔子的学生中有美好的声誉。他家贫没有固定职业,靠竭力耕作奉养父母。从各种农田上求取收益,根据春夏秋冬四时气候的变化调节饮食,适时给父母送上可口的食品。总之一句话,为了双亲有一个较为安稳、身体较为舒服的生活,曾子必定是要想方设法、拼尽全力来基本满足父母需求的。这就是实实在在、真真切切、勤勤恳恳、任劳任怨的养亲。

此外,值得重视的是,曾子还是较早提出"厚养薄葬"思想与"尽孝趁早"观念者之一。所谓"厚养薄葬",一般常指长辈健在的时候要多多的孝顺,给他们好的生活使他们安度晚年,让老人在晚年吃好穿好,有病很好地治疗,使其居安食美,心畅神爽,颐养天年,当他们去世后下葬的时候就简约一点。所谓"尽孝趁早",就是子女在父母健在时即使自己经济条件虽然不太好也要及早尽力报答父母,不能总以为自己经济能力较弱、父母年纪尚轻,可以待自己经济条件好了再去好好孝顺父母,到那时父母老了病了去世了,再表孝顺就为时已晚、后悔莫及了。所以《韩诗外传》卷七中记载了曾子一

---

① (汉)韩婴辑,许维遹校释《韩诗外传》第246页,中华书局,1980年。

段感人至深的肺腑之言：

> 曾子曰："往而不可还者亲也，至而不可加者年也。是故孝子欲养而亲不待也，木欲直而时不待也……既没之后，吾尝南游于楚，得尊官焉，堂高九仞，榱题（提）三围，转毂百乘，犹北乡（向）而泣涕者，非为贱也，悲不逮吾亲也。故家贫亲老，不择官而仕；若夫信其志、约其亲者，非孝也。"《诗》曰："有母之尸饔。"①

在这段话中，曾子从亲人去世不可复生、时间流逝无法挽回以及子欲养而亲不在、树欲静而风不止的客观事实逻辑出发，警示人们应该在父母生前尽己所能好好侍养他们，而在他们死后简单下葬即可。他又列举自己后来虽然做了大官、排场豪华、好不威风，但北向家乡父母的墓地，顿然泪流满面，不能自已，因为父母已享受不到儿子的报恩之情了。他认为那些只顾自己埋头奋斗而淡忘了父母、不能赡养父母的人，是不孝的。曾子还指出："故人之生也……故孝有不及，弟有不时，其此之谓与？"（《大戴礼记·疾病》）他谆谆告诫人们孝敬父母要及时，友爱兄弟也要及时，否则是要后悔的。两千多年的曾子，就提倡"厚养薄葬"与"尽孝趁早"的思想观念，委实是难能可贵的。直至今天，仍然具有现实意义。

第二，敬亲——精神愉悦增荣光。何谓"敬"？曾子自释："君子之孝也，忠爱以敬，反是乱也。"（《大戴礼记解诂》卷四《曾子立孝》）敬亲是指建立在自然情感基础上的敬爱之心。孔子说得好："今之孝者，是谓能养；至于犬马，皆能有养。不敬，何以别乎？"（《论语·为政第二》）强调了"敬养"的重要性与特殊性。曾子有一位学生问他说："事父母有道乎？"曾子答："有，爱而敬。"（《大戴礼记解诂》卷四《曾子事父母》）敬亲是养亲的伦理尺度，敬亲前提下的养亲才合乎人伦之孝。敬亲，强调的是子女在尽己所能从衣食住行等物质需求满足老人外，还必须帮助消除孤独等精神层面来关爱父母。《孟子·离娄上》中孟子讲了一个故事，意蕴深厚，耐人寻味。曾子奉养父亲曾晳，每餐必有酒肉；将撤除的时候，曾子必定要问剩下的给谁。如果曾晳问厨房里还有剩余的吗，一定会回答说"有"。曾晳死后，曾元奉养父

---

① 《韩诗外传》第246-247页。

亲曾参时，每餐也有酒肉；将撤除的时候，曾元没有问剩下的给谁。曾子问厨房里还有剩余的吗，回答说"没有了"。意思是准备留下来，再给父亲吃。对此孟子议论道："此所谓养口体者也。若曾子，则可谓养志也。事亲若曾子者，可也。"这个故事很有趣，将曾晳——曾参——曾元三代人，儿子对父亲的侍奉做了对比：曾参对其父不仅"养口体"，而且是"养志"。他孝而顺、孝而敬，考虑周全，一切询问清楚，按照父亲的意思去办。然而下一代曾元对其父则只是"养口体"，没有"养志"了。有些事情只是按自己的意图去办，而不管其父的意愿了，那么虽养而不顺不敬了。所谓"养口体"，就是侍养亲人的口腹、身体；"养志"则养亲人的心志、精神了，即除了"口体"之养，还得让父母精神愉悦。孟子提出的"养志"，是比"养口体"更近一层的"养亲"态度，实际上就是"敬亲"。

现实生活中不少人对孝的认识多有模糊，认为只要满足了父母衣、食、住、行等方面的需要，便是孝了。殊不知在"养亲"之外，"孝"还有更高的境界和层次。按照《礼记》的说法，"孝有三：大孝尊亲，其次弗辱，其下能养"。意思是说，孝的最高层次是立德立功，为广大民众谋福利，使父母因自己的行为而得到他人、社会的颂扬和尊重；中间层次是守规矩，明礼法，避免让父母因自己的不当行为而蒙羞受辱；最低层次才是供养，满足父母的衣、食、住、行之需。

就曾子孝道思想境界观之，其"敬亲"之"敬"字，当包含四个方面的意蕴：一是耀亲，二是谏亲，三是护亲，四是祭亲。

所谓"耀亲"，就是耀祖光宗之意。《孝经·开宗明义章第一》云："立身行道，扬名于后世，以显父母，孝之终也。"何谓"立身"？一方面指个人事业的成功，即勤勉自励，建功立业。另一方面就是道德修养的提升。《周易》云："君子以进德、修业。"进德与修业的完美结合，方能称得上"立身"。也就是"太上有立德，其次有立功，其次有立言，虽久不废，此之谓不朽"（《左传·襄公二十四年》）的"三不朽"功业。如此，自是耀祖光宗的家门幸事！

所谓"谏亲"，就是不掩饰父母的不当及错误之处，及时规劝，加以纠正，使保持做父母应有的良好形象。《孝经·谏诤章第十五》云：

曾子曰："若夫慈爱恭敬，安亲扬名，则闻命矣。敢问子从父之令，可谓孝乎?"子曰:"是何言与?是何言与?昔者天子有争臣三人,虽无道不失其天下。诸侯有争臣三人,虽无道不失其国。大夫有争臣三人,虽无道不失其家。士有争友,则身不离于令名。父有争子,则身不陷于不义。故当不义,则子不可以不争于父,臣不可以不争于君,故当不义则争之,从父之令,又焉得为孝乎?"

这段曾子与老师孔子的对话,必须明白,从天子、诸侯、大夫、士以及父等各种不同身份的人,都难免会犯错误,作为儿子与大臣们,都有义务、有责任主动及时加以规谏与劝说,使得他们迷途知返,形象雅正。如果不分青红皂白一味听从父亲之令,那是算不得孝顺的。

所谓"护亲",就是维护父母的尊严与名声,不受他人欺凌与侮辱,使他们活得自尊、自在与自豪。《礼记》云:"孝有三:大孝尊亲,其次弗辱,其下能养。""不辱为孝"是中孝。即:不要因自己不合乎礼的言行而连累父母受到侮辱。不辱,包括两方面内容:一是保其身,不辱父母之遗体;一是慎其行,不辱父母之人格。就"保其身"而言,就是要维护好父母的墓地,不能让它被水淹,或遭野生动物任意打洞破坏墓地。更要防止盗墓者的恶意破坏,如果让父母尸骨曝于荒野让鸟兽啃噬,那简直是大逆不道的有辱双亲的大事。所以,决不能让父母遗体受到任何的伤害。清人王永彬说得好:"守身不敢妄为,恐贻羞于父母;创业还需深虑,恐贻害于子孙。"[1] 清人李毓秀《弟子规》(原名《训蒙文》)说:"身有伤,贻亲忧;德有伤,贻亲羞。"[2] 因此,父母的人格是绝对不能受到侮辱,若遭受侮辱,这就是不孝。这实际上是"中孝用劳"的层面,是孝道的中间阶段。

所谓"祭亲",就是时时祭祀悼念父母,铭记他们的恩德,承继传统,家和事顺。《孝经·丧亲章第十八章》就是专门讲如何悼怀父母的一篇专文。其云:

子曰:孝子之丧亲也,哭不偯,礼无容,言不文,服美不安,闻乐不乐,食旨不甘,此哀戚之情也。三日而食,教民无以死伤生,毁不灭

---

[1] 《围炉夜话》第44页。
[2] (清)李毓秀《弟子规》第2页,南京大学出版社,2014年。

性，此圣人之政也。丧不过三年，示民有终也。为之棺椁衣衾而举之，陈其簠簋而哀戚之。擗踊哭泣，哀以送之，卜其宅兆，而安厝之。为之宗庙，以鬼享之。春秋祭祀，以时思之。生事爱敬，死事哀戚，生民之本尽矣，死生之义备矣，孝子之事亲终矣。

曾子所记录的孔子这段话，对于丧亲的哭泣、语言、服饰、闻乐、食脂等"哀戚之情"都有详细要求。至于守丧的时间、棺椁的安厝等，都是应当值得注意的。这样，最终才能达到"春秋祭祀，以时思之。生事爱敬，死事哀戚，生民之本尽矣，死生之义备矣，孝子之事亲终矣。"只有对父母适时祭祀、经常怀念，才能真正做到父母健在时处处孝顺敬爱、父母去世后记得纪念悼怀，对父母生死的全过程尽心、尽责、尽力，那么，作为子女就尽了孝之本分了。

第三，贵生——身体自母倍珍惜。《孝经·开宗明义章第一》云："身体发肤，受之父母，不敢毁伤，孝之始也。"曾子云："父母全而生之，子全而归之，可谓孝矣。"（《大戴礼记·曾子大孝篇》）曾子又云："身者，父母之遗体也。行父母之遗体，敢不敬乎？"（《吕氏春秋·孝行览第二》）曾子还云："大辱加于身，肢体毁伤，即君不臣，士不交，祭不得为昭穆之尸，食不得昭穆之牲，死不得葬昭穆之域也。"（《白虎通义·丧服篇》引《礼记·曾子记》）曾子此类有关"贵生""全生"的说法较多，概而言之，就是一句话：我们的身体全部来自母亲，我们不能轻易损坏母亲所给身体的任何部分，哪怕是一根头发、一块皮肤，都要尽量保护好。保护得好，就是基本的孝，轻易损坏了，就是不孝。对此，曾子确实是做得很好的。《论语·泰伯篇》云："曾子有疾，召门弟子曰：启予足！启予手！《诗》云：'战战兢兢，如临深渊，如履薄冰。'而今而后，吾知免夫！小子！""启"，显露出的意思。这段话的意思说，曾子病了他召集弟子们说："看看我的脚，看看我的手，都完好无缺。为何会保护得这么完好？是因为我像《诗经·小雅·小旻》所说的那样，平素行事，就如面临深渊与行走在薄冰上一样，非常小心谨慎，不敢有半点差错。从此以后，我知道可以免除灾祸了。学生们啊。"这件事充分说明了曾子是极其爱护母亲所给的"身体发肤"的，这正是其孝道思想的真实体现。

曾子将孝划分为三类："大孝尊亲，其次弗辱，其下能养。"（《礼记·祭义》）其实，我们换一种说法就是：大孝尊亲，中孝弗辱，小孝能养。对照上文论述的"养亲""敬亲""贵生"三境界来衡量，"尊亲"与"弗辱"属于"敬亲"一类，"能养"属于"养亲"一类。这"养亲""敬亲""贵生"孝道思想三境界，贯穿于儿女孝顺父母的生前与生后，作为子女必须始终要怀有一颗真诚而善良的孝心，这样，就一定能达到理想的孝的理想境界。如果说"养亲"是侧重于物质层面孝敬父母，"敬亲"是侧重于精神层面孝敬父母的话，那么，"贵生"则是侧重于自爱层面孝敬父母。而"养亲""敬亲""贵生"孝道思想三境界，皆统领于一个"孝"字之下。一个"孝"字美天下，两千年来对中国家庭伦理道德思想的浸润，对和谐文化的弘扬、对社会主义大家庭凝聚力的加强，都起到了不可低估的重要作用！

## 三、曾子孝道思想之现实意义

《孝经·广扬名章第十四》云："子曰：'君子之事亲孝，故忠可移于君。事兄悌，故顺可移于长。居家理，故治可移于官。是以行成于内，而名立于后世矣。'"孔子既把至德要道，分解得明明白白，又将家中儿女对父母之敬爱、弟弟对兄长之友好的和谐情义扩展到对于社会、国家之忠诚及对家庭之外世界兄弟姐妹的友爱。将有条不紊地处理家务的经验运用于治理政府方面来。这样，在家庭中养成的孝悌之美德，必将有美誉流传后世。可见，在家行"孝"，扩而言之，在社会、在国家就是尽"忠"，这是"孝"之内涵与外延自然而然地顺势扩大。中华文化素有"家国"概念，曾子在《大学》中开宗明义便云："格物、致知、诚意、正心、修身、齐家、治国、平天下。"在这完善人格精神、成就人生事业的"八目"中，"修身""齐家"是实现"治国、平天下"的重要基础。而"修身""齐家"的关键就在做到"孝""悌"。由此观之，曾子堪称是最早将"家国"概念明确化的第一人。明代东林党领袖顾宪成为无锡东林书院所撰对联云："风声雨声读书声声声入耳；家事国事天下事事事关心。"则更强调了家国一体思想观念的重要性。我们常说，家庭是社会与国家的细胞，这正是"家国一体"形象生动的比喻。社会主义核心价值观 24 个字，在国家、社会、公民三个层面中，其公民层面的修为要求是"爱国""敬业""诚信""友善"8 个字，实则它就是曾子所倡导的"孝""悌"思想精髓由家而国推衍而成的现代解读。由公民层面，到社会层面，再到国家层面，正好构成了"家国一体"金字塔式的图形。因此，作为"修身""齐家"必须具有的"孝""悌"美德，对于"治国、平天下"的伟业，其作用是何其至大。

唐代诗人方愚《读孝经》云："星彩满天朝北极，源流是处赴东溟。为臣为子不忠孝，辜负宣尼一卷经。"① 中国被称为"礼仪之邦"，主要是指孝道思想等伦理方面，在社会主义制度下，尤其是在改革开放，建设有中国特色的社会主义市场经济的新的历史条件下，继承和弘扬曾子孝道思想的传统美德，具有十分重要的现实意义。

第一，提倡孝道，是我国法制的要求。我国宪法第49条明文规定："父母有抚养教育未成年子女的义务，成年子女有赡养扶助父母的义务。"这条宪法规定及《老年人权益保障法》的规定正是对中国传统"孝道"的改造、继承和弘扬。社会主义核心价值观中，要求公民"爱国""敬业""诚信""友善"，其最核心的基本精神就是"孝""悌"。这些都为弘扬孝道思想这一传统美德提供了法制根据。

第二，提倡孝道，是建立和谐社会的必由之路。孝是一种扩展性和开放性的伦理规范，它体现出中国传统伦理始于家庭而伸展向社会、始于私德而扩展为公德的特点。孝是最基本的伦理道德，是人自幼就有的一种朴素感情。作为人们调整家庭关系的重要规范，有利于建立民主和睦家庭生活，如果孝由小到大，由爱家推而广之去爱社会，爱天下，爱世界万物，则孝文化有助于培养良好的社会氛围，整个世界就会少了许多战乱、冲突和纷争，而多了团结、和谐与温情。

第三，提倡孝道，是推进文明进步、经济发展的重要途径。尽管党中央、国务院等中央有关部门颁布了一系列敬老养老的文件，但由于全国各地经济发展不平衡的客观因素，加之年轻人对于优秀传统文化的冷漠以及受到个性张扬、自私自利、贪图享受等思想的侵蚀，只顾自己，不顾父母，冷落父母，甚至抛弃父母的可悲可怜现象依然存在，要解决这些严重的社会问题，就必须提倡曾子孝道思想。做到子女有孝心、有担当，这样，才能使父母老有所养，老有所安，老有所乐，老有所终。只有在物质与精神层面真正履行孝道，

---

① 宣尼，即孔子。关于《孝经》作者问题，历来众说纷纭，莫衷一是。大致有孔子说、曾子说、孔子门人说、曾子门人说等8种之多。笔者采用通常说法，认定《孝经》乃曾子及其门人所作。

必然是全家老少乐、家和万事兴。家庭和睦了，社会和谐了，国家和美，世界和平了，那么，我国社会主义精神文明建设面貌必定焕然一新，祖国经济建设必定繁荣昌盛！

张岱年、程宜山指出："中国文化以家族为本位，注意个人的职责与义务。"① 李树杰认为："历史也是一位长者，从与它的对话切磋中，我们才能活跃了思维，深邃了思想，试炼了精神，发现了新图景。"② 曾子是两千年前的历史人物，他的孝道思想三境界就是强调子女必须担当孝敬父母的"职责与义务"，如此天经地义的思想光辉，至今仍有其温情脉脉而永垂不朽的精神魅力。

李金坤　江苏大学文学院教授

---

① 张岱年、程宜山《中国文化精神》第 51 页，北京大学出版社，2015 年。
② 李树杰《锤炼"历史眼光"》，载《人民日报》2018 年 11 月 19 日第 4 版。

·窗外的风景·

# 19世纪西方汉学/戏曲研究的兴起[*]

廖琳达

**摘　要**：19世纪西方兴起的汉学/戏曲研究，摆脱了宗教目的，成为纯粹学术研究。它质疑传教士和游记作者浮光掠影式的中国印象，倡导从通俗作品里直接感受中国，取得了初步成绩。西方汉学/戏曲研究主要酝酿于两个中心：英国东印度公司广州商馆和法国巴黎高校。以后越来越多拥有相当数量汉籍的大学开设汉学讲席，各国研究者纷纷成立有关学会，办学刊、开年会、进行学术交流，促进了汉学/戏曲研究的开展。

**关键词**：汉学/戏曲研究　两个中心　汉学阵地

19世纪西方兴起的中国研究，是在18世纪传教士汉学基础上展开的，不同的是它已经由宗教开辟向纯粹学术研究深入，进入大学学科的经院式教学与传授，在早期传教士汉学的语言钻进和经典发掘成果基础上，广泛深入中国文化的各个领域，包括中国戏曲的翻译与研究。西方对于中国戏曲的兴趣系18世纪前叶由法国耶稣会士马若瑟（Joseph de Prémare，1666—1736）奠定，在19世纪初叶广泛展开，成为西方汉学的重要组成部分。

## 一、文化与认识背景

与18世纪充满了远东向往的文化氛围不同，19世纪欧洲对中国文化的毁

---

[*] 本文为国家社科基金重大项目"中外戏剧经典的跨文化阐释与传播"（20&ZD283）的阶段性成果。

损之声日益强劲,但是仍然有相当多的学者在学术领域深入探查中国文化,推动了西方专业汉学的产生。这些专业学者对中国的理解超越了早期游记和传教士的浮光掠影阶段,更注重通过中国戏曲和小说对日常生活与风俗的描写来探查中国人的内心。英国小斯当东(George Thomas Staunton, 1781—1859)说:"中国作家向读者展示了许多这个民族的习惯和性格,而这些远远超出了时下我们与这个国家交往所获得的个人观察视野。"①

伦敦《每季评论》(*The Quarterly Review*)杂志1817年10月号在评论戴维斯(John F. Davis, 1795—1890,旧译德庇时)译本《老生儿》时也持同样观点:

> 这一特殊的文学分支(指小说戏曲——笔者)使我们能够真实评估其民族性格,然而我们恰恰缺乏对其深入的了解——在所有文学分支中,它似乎最能向我们展示这个奇异的民族在普通的生活中是如何行动和思考的,以及在他们屋里、寺庙里、道路两旁和所有公共场所到处书写着的孔子所说的美好道德情操,在现实生活中究竟实现了多少。②

该杂志1829年发文评论戴维斯译本《汉宫秋》时仍然说:

> 我们坦率地承认,他们由戏剧、诗歌和浪漫故事或小说这三种体裁组成的美文作品,在我们心目中始终占有最高的位置。我们也肯定,在与一个民族亲密接触方面,似乎没有一种更容易或更令人愉快的方式,能比这种取之不尽、用之不竭的通俗文学作品更让欧洲汲取到经验的了。③

英国汉学家道格拉斯(Robert K. Douglas, 1838—1913)甚至说:"(小说戏曲作品)作为中国通俗文学的例证……它们就像镜子映照着人们的生活,

---

① Tu-li-shin, Tulišen, *Narrative of the Chinese embassy to the Khan of the Tourgouthtartars*, in the years 1712, 13, 14 & 15, translated from the chinese and accompanied by an appendix of miscellaneous translations by Sir George Thomas Staunton, London: John Murray, 1821, pp. xxii-xxiii.

② "Chinese Drama", *The Quarterly Review*, vol. xvi (1817), p. 397.

③ "Chinese Drama, Poetry, and Romance", *The Quarterly Review*, vol. xli (1829), p. 86.

从而使我们意识到人类的情感和感觉是一样的，无论是在扬子江畔还是泰晤士河沿岸。"① 上述众多作家一而再，再而三地论说戏曲小说对于了解东方帝国的重要性，这种认识推动了西方的中国戏曲小说翻译与研究。

19世纪前叶欧洲学界的这种议论之声甚至形成了一股强大思潮：质疑传教士和游记作者浮光掠影式的中国印象，倡导从中国通俗文学作品里直接感受中国生活和思想的真谛。这种思潮的内涵，正如法兰西学院首任汉学教授雷慕沙（Jean-Pierre Abel Rémusat, 1788—1832）《玉娇梨》译本序所描述：

> 中国小说在这方面可以填补一个重要的空白。对我们来说，它们比旅行者的描写更准确，也更有趣。哪个欧洲人敢自称了解一个民族能像这个民族了解它自己一样清楚？在这种情况下，旅行者哪敢吹嘘自己能像小说家一样诚实？小说家的描述必须得到更多的信任，因为这些描述不是他刻意做出来的。传教士经常有机会在政治生活和礼仪活动中观察中国人，但他们很少进入他们的内心、参与其家庭事务。事实上，还有另一半他们几乎看不见的人众，如果这正是我们要研究的最有趣的一半，我们就更加倚仗于小说。至于随行英国和荷兰大使访问北京的其他欧洲人，他们在那里受到的接待，足以解释为什么他们几乎不能给耶稣会士的描述增添新内容。我想只有一个英国人坦率地承认了这一点，他说：我们被像乞丐一样接待，像囚犯一样对待，像小偷一样送走。这三种人，人们当然不会把他们当作知己，他们也就没有机会去进行深入的观察。然而，那些什么也没看到没多少可说的人回到欧洲，远离了中国以后，旅行的质量使他们感到舒适，传教士的著作为他们提供了取之不尽的知识和评论来源。这时，如果他们经常随机根据唯一被允许交往的中国人——礼宾司的五六名成员和六十到八十名抬轿子的仆役来判断两亿人的情形，有时蔑视那个几乎没看见的民族的才华，就不足为奇了。②

这种思潮激励和动员着学者们从事戏曲小说的翻译和研究工作，从而推

---

① Robert K. Douglas, ed. and trans., *Chinese Stories*, Edinburgh and London: William Blackwood and Son, 1893, p. xxxvii.

② Abel Remusat, *Iu-Kiao-Li ou Les Deux Cousines*, Paris: Moutardier, Libraire, 1826, pp.11—13.

动了西方汉学、戏曲研究的深入开展。

## 二、汉学/戏曲研究肇始

19世纪初西方汉学主要发端于两个中心：英国东印度公司广州商馆和法国巴黎高校。

英国东印度公司（British East India Company）1715年开始在广州设立商馆，从中国进口茶叶和丝绸，销售粗绒布和鸦片。广州商馆于是成为了解中国文化的前沿阵地。（图1）19世纪后广州商馆规模扩大，开始为培训本部职员开设汉语课程，并建了一座中文图书馆，其藏品包括众多汉语典籍和戏曲剧本。戴维斯曾经在《中华帝国及其居民概述》里说："在东印度公司一个中等规模的中国图书馆里，有不少于两百卷的戏剧书籍，而其中一部四十卷的书里就包含了一百部戏剧作品（指《元曲选》——笔者）。"① 这些戏剧作品

**图1　19世纪绘制的广州十三行英美等国商馆**
《户部归来的景观》，未知中国艺术家，现存于香港艺术博物馆。

---

① John Francis Davis, The Chinese: A General Description of the Empire of China and its inhabitants, London: Charles Kniget& CO., 1836, vol. 2, p. 177.

成为诱发学习汉语者兴趣的某种源头。19世纪初期英国涌现出一批汉学家如马礼逊（Robert Morrison，1782—1834）、小斯当东、戴维斯、汤姆斯（Peter Perring Thoms，1790—1855）等，都是在广州商馆成就的，其中戴维斯还成为戏曲翻译研究的大家。

19世纪初广州因为是对外唯一通商口岸，十三行中国商人和外国商人云集，全国乃至世界商货汇聚，成为中国南方第一财埠，包括昆曲、秦腔、皮黄、乱弹在内的外江戏班也常来常往，见于广州外江梨园会馆乾隆二十七年（1762）《建造会馆碑记》、乾隆三十一年（1766）不知名碑记、乾隆四十五年（1780）《外江梨园会馆碑记》、乾隆五十六年（1791）《重修梨园会馆碑记》《梨园会馆上会碑记》、嘉庆五年（1800）《重修圣帝金身碑记》、嘉庆十年（1805）《重修会馆碑记》《重修会馆各殿碑记》、嘉庆十六年（1811）《重修大士殿碑记》、道光三年（1823）《财神会碑记》、道光十七年（1837）《重起长庚会碑记》、光绪十二年（1886）《重修梨园会馆碑记》等12个碑记里的外江班就有上百个，其中知道原籍的主要来自江苏、安徽、江西、湖南等地。巴罗（John Barrow，1764—1848）1805年出版的《中国行纪》一书记叙他1794年见到的情形说："一些出名的演员时而从南京去广州演出，似乎得到行商①和当地富绅的经济赞助。英国人有时会去看这种演出。"② 到了1836年戴维斯仍然说："最好的演员是从南京来的，他们有时会在有钱人给朋友提供的演出中得到非常可观的报酬。"③ 美国归正会士雅裨理（David Abeel，1804—1846）1830年到广州传教，在1835年于伦敦出版的《1830—1833年旅居中国及其邻国记事》一书里描述广州演戏情形说：

---

① 指广州十三行的商人。乾隆皇帝1757年发布仅留粤海关一口对外通商的上谕后，清朝的对外贸易便锁定在广州口岸。广州十三行是当时专做对外贸易的牙行，是清政府指定专营的垄断机构，几乎所有亚洲、欧洲、美洲的主要国家和地区都与十三行发生过直接的贸易关系。十三行商人从垄断外贸特权中崛起为清朝的三大商人集团之一，经济实力显赫，是近代以前中国最富有的商人群体。

② John Barrow, *Travels in China, Containing Descriptions, Observations, and Comparisons, Made and Collected in the Course of a Short Residence at the Imperial Palace of Yuen-Min-Yuen, and on a Subsequent Journey through the Country from Pekin to Canton*, Philadelphia: Printed and Sold by W. F. M'Laughlin, 1805, p. 149.

③ *The Chinese: A General Description of the Empire of China and its inhabitants*, p. 177.

每年都会在最宽阔开敞的街道上建戏台,也经常建在富人家的地上。如果演出是面向公众的,据说费用由该街区的居民支付。有钱人雇戏剧演员来给自己和家人演出,也用以招待客人。有时只是为了保证他们在世俗事务中取得成功,因为他们奇怪地把生意兴隆和许多愚蠢的表演联系在一起,往往用这些表演来愉悦和满足他们的神明。寺庙是最常见的演出地点,演出有时会持续七天七夜。①

而广州十三行的行商更是在家中建有戏台,为与外商联谊也经常宴请西方人看戏,例如英国人希基(William Hickey,1749—1830)回忆录记载,1769 年 10 月 1 日、2 日他在广州同文行行商潘启官(Puanknequa,1714—1788)家参加晚宴,看了打斗武戏和哑剧。② 1793 年英国马戛尔尼(George Macartney,1737—1806)使团、1795 年荷兰德胜(Isaac Titsingh,1745—1812)使团、1817 年英国阿美士德(William P. Amherst,1773—1857)使团访华返程抵达广州时,也曾在行商来官(Lopqua,名陈远来)、章官(Chunqua,?—1825,名刘德章)家里赴宴看戏。③ 例如巴罗《中国行纪》里记载马戛尔尼使团在行商家里看戏的观感说:

我们一到这里,就看见一班戏曲演员正在努力演戏,这场戏似乎是从早上就开始演起的。但他们的叫喊声和刺耳聒噪的音乐实在太可怕了,以至于当我们在正对戏台的廊下用晚餐时,艰难地叫停了他们。然而第二天一早,太阳刚一升起,他们又开始演出了。在大使和使团全体成员的特别要求下,他们被遣散了。这让我们的中国东道主感到十分惊讶,根据这种情况他们得出结论:英国人对高雅娱乐缺乏品位。看来演员是按天雇的,他们越是连续不断地演出,就越是受到称赞。他们总是准备好上演一张剧目清单上二三十个剧目里的任意一出戏,清单交给主要来

---

① David Abeel, *Journal of a Residence in China and the Neighboring Countries from 1830—1833*, London: James Nisbet and Co., 1835, p. 90.
② Edited by Peter Quennell, *The Prodigal Rake: Memoirs of William Hickey*, New York: E. P. Dutton&Co. Inc, 1962, p. 143.
③ 参见陈雅新《十三行行商与清代戏曲关系考》,《戏曲研究》2018 年第 4 期。

宾，让他做出选择。①

看来马戛尔尼使团成员已经厌恶了戏曲演出，这样粗鲁地打断特意为他们准备的接风演出是很失礼的。这些频繁的戏曲演出活动，住在广州商馆里的英国人如小斯当东、戴维斯这些戏曲研究者一定会有机会参加。

英国商馆位于珠江口的广州十三行街，此街上充斥着中国各商行的店铺，包括出售戏曲服装帽盔髯口和刀枪把子的商铺、为官私堂会提供戏筵的商铺、为演戏搭建临时戏台的商铺以及各种戏曲乐器铺等。② 另外，商业街上还有固定书铺和游动售书摊贩，出售的书籍内容包括四书五经和戏曲小说读本等，后者更普遍。我们在梅森（George Henry Mason）1800年于伦敦出版的《中国服饰》一书里见到广州画匠蒲官（Pu-Qùa）绘的街头卖书小贩（A bookseller）图（图2），③ 亚历山大（William Alexander，1767—1816）1814年在伦敦出版的《中国衣冠风俗图解》一书里也绘有一幅书贩图，其说明里提道："他们的戏剧作品与希腊的构成模式相同，不必说到其地位是极其低下的。他们的小说和道德故事要好一些，但最受尊敬的作品是据说为孔子撰写或编纂的四部经典著作。"④ 从中可以知道这些摊贩所售书籍的主要内容。而布列东（Joseph Breton，1777—1852）1811年在巴黎出版的《中国服装、艺术与制品》一书第二册第4页图画"一个游动书摊"（Un Libraire colporteur）说明文字为："中国像我们在欧洲一样经营书店：这是一个书贩的小摊，他卖

---

① *Travels in China*, p. 413.
② 陈雅新根据大英博物馆（British Museum）和美国迪美博物馆（Peabody Essex Museum）所藏240幅清代广州外销画所绘广州十三行商铺统计，其中即绘有3个戏服铺、3个戏筵铺、1个搭戏台铺。参见陈雅新《西方史料中的19世纪岭南竹棚剧场——以图像为中心的考察》，《戏曲研究》2019年第4期。
③ George Henry Mason, *The costume of China: Illustrated by sixty engravings: with explanations in English and French*, London: William Miller, 1800, p. 6.
④ William Alexander, *Picturesque Representations of the Dress and Manners of the Chinese*, London: W. Bulmer and Co., 1814, p. 23.

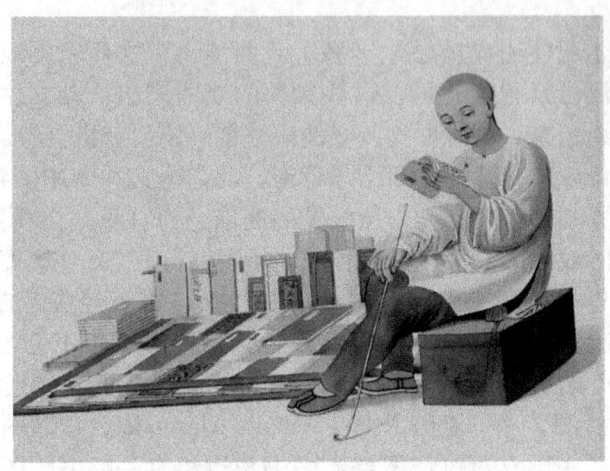

图 2　蒲官绘卖书小贩

的不是供学者使用的严肃作品，而是提供给大众的小说或戏曲。"①（图 3）由此知道书贩售卖的主要是面向大众的戏曲小说等通俗读物。广州商馆里的英国人平日在这些商铺里和街道上游逛，会受到其氛围熏染，由此激发起对戏曲的兴趣也是很自然的。

例如戴维斯在广州看了不少中国戏，翻译出版了元杂剧《老生儿》（1817）、《汉宫秋》（1829），并撰有中国戏曲专论，在欧洲产生了极大影响。戴维斯是马若瑟之后，欧洲第二个把中国戏曲剧本翻译到欧洲的人。法国汉学家雷慕沙的追随者索尔松（Andrébruguière de Sorsum，1773—1823）两年后的 1819 年将戴维斯《老生儿》转译成了法语，并为其出版说明和序言做了详尽注释。或许是受到这一刺激，法国汉学界遂有了儒莲（Stanislas Aignan Julien，1797—1873）、巴赞（Antoine Bazin，1799—1863）对元杂剧翻译不遗余力的投入。与戴维斯不同，法国学者都没有在东方的工作便利，也没有到过印度和中国，他们的汉语是自学的，更没有看过中国戏曲的舞台演出，但他们对于中国文化和戏曲的心得都经由经院式的沉淀而来，他们对汉学、戏

---

① Joseph Breton, *La Chine en miniature : ouchoix de costumes, arts etmétiers de cet empire*. Paris: Nepveu Libraire, 1811, tome second, p. 5.

图 3　布列东书插图"游动书摊"

曲的研究完全是专业行为，在大学里成为开宗立派的奠基人。

　　法国发展汉学和戏曲研究却有着较英国便利的自身条件。18 世纪时英国只在中国港口做生意，而广泛深入中国内地的法国耶稣会士却是中国最重要的西方传教势力，他们向法国传播了大量中国文化信息，输送了大批中国文化典籍，并创造了深厚的传教士汉学成果。例如西方译介戏曲的先驱马若瑟曾搜集并捐献给法国皇家文库 217 部汉籍，①他翻译元杂剧《赵氏孤儿》的举动则带动了 18 世纪法国朝野的中国戏剧热，而他带给法兰西学院东方学教授傅尔蒙（Étienne Fourmont，1683—1745）的万历刊本《元曲选》，则成为后来法国学者连续翻译元杂剧剧作的文本来源。1814 年法兰西学院在欧洲第一个开设了汉学讲座，将汉学研究设立为专门学科，由此法国汉学展开了全新的面貌。

　　法兰西学院首任汉文、蒙古文和满文讲座教授雷慕沙十分关注英国汉学

---

① 马若瑟 1733 年 10 月 6 日写给傅尔蒙的信中提到。参见［丹麦］龙伯格著，李真、骆洁译《清代来华传教士马若瑟研究》第 80 页，大象出版社，2009 年。

研究的进展,由中而生出危机感。他看到英国汉学/戏曲研究在广州先行开展,推出了一批成果,包括马礼逊的汉语词典、戴维斯和汤姆斯的小说翻译①以及戴维斯的戏曲翻译成果,领先了法国汉学界,因而在1815年的开席演讲里就强调:"如果我们不想永远失去原来的权利,如果我们想在自己开拓的这个领域中保持住原本高枕无忧的唯一领先地位,战胜竞争对手,我们需要集中力量做出新的努力。"② 8年之后,他又在1822年汉学讲席创办总结中说:"在过去的几年里,英国人比我们做得更多,他们对汉语的研究几乎达到了我们的水平。要保住传教士给我们带来的优势,我们有很多工作要做。"③ 正是他的这种危机意识,促使他的学生儒莲奋起直追,又带动了儒莲的学生巴赞,在汉学/戏曲研究领域勉力耕耘,取得举世瞩目的成就。

雷慕沙是法国汉学的开创者,一生成就非凡,出版了《中国语言文学论》《汉语语法基础》《中国短篇小说》等著作,翻译了《中庸》、法显《佛国记》和小说《玉娇梨》等,其私人藏书里有《西厢记》《琵琶记》《六十种曲》《缀白裘》。雷慕沙接触到了戏曲材料,他至少从马若瑟《汉语札记》手稿里见到了戏曲引文语例,也从马若瑟的介绍文字里知道了《元人百种曲》,而这套书就躺在法国皇家图书馆。巴赞1838年《中国戏剧选》导言里提到,15年前出版商拉沃卡出版了25卷《外国戏剧名著:德、英、中、丹麦等》,其中每卷都标明中国戏剧部分由雷慕沙翻译,说明他已经正式制订了计划,只是未能施行。1829年雷慕沙的朋友、德国汉学家柯恒儒(Heinrich Julieu Klaproth,1783—1835)在《汉宫秋》英译本书评中提到雷慕沙当时已有翻译计划:"雷慕沙先生打算在巴黎翻译戏曲剧本,我们有望在不久的将来见到他的

---

① 戴维斯1815年出版了《三与楼》,1822年出版了《中国小说选》(包括《合影楼》《夺锦楼》和《三与楼》),1829年出版了《好逑传》。汤姆斯1820至1821年在《亚洲杂志》上分三期连载了《三国志演义》前九回节译,1824年出版了《花笺记》。

② Rémusat, "Discoursprononcéàl'ouverture du cours de langue et de littérature chinois au collège royal, le 16 janvier 1815, sur l'origine, les progrès, et l'utilité de l'étude du chinois en Europe", *Mélanges Asiatiques*. Paris: Librairie Orientale de Dondey-Dupré père et fils, 1826, Tome second, p. 8.

③ Rémusat, "Lettre au rédacteur du journal asiatique sur l'état et les progrès de la littératurechinoiseen Europe", *Mélanges Asiatiques*. Paris: Librairie Orientale de Dondey-Dupré père et fils, 1826, Tome second, p. 24.

《汉宫秋》全译本问世。"① 但后来雷慕沙44岁就过早去世了，未见有关出版物和手稿。

雷慕沙的学生儒莲1832年8月6日接替雷慕沙担任法兰西学院汉文、蒙文和满文讲座教授直至去世。儒莲的研究兴趣十分广泛，对中国语言学、儒学、佛学、道学、文学以及蚕桑等都有涉猎，甚至对中国的造纸术、雕版印刷术、活字印刷术也体现出极大的热情，著述累累，成为欧洲一代汉学大师，尤其是，他是法国第一位戏曲研究家。儒莲翻译出版了元杂剧《灰阑记》、《看钱奴》（部分）、《赵氏孤儿》和《西厢记》，又带动了学生巴赞在戏曲研究领域的勉力耕耘。

巴赞是19世纪西方汉学家里戏曲翻译成绩最为引人注目者，他把翻译和研究戏曲当作终生事业来做。巴赞1838年出版的《中国戏剧选》里收录了《㑇梅香》《窦娥冤》《合汗衫》《货郎担》4个元杂剧译本，并为之撰写了论述中国戏曲历史的长篇导言。这是西方人出版的首部中国戏曲剧本集，也是西方人首篇中国戏曲通论。随后巴赞于1841年出版了《琵琶记》译本，这是欧洲人第一次翻译元明南戏。1842年巴赞被巴黎东方语言学院正式聘为讲席教授，不能说不是他翻译和研究成果的促成。随后的近十年时间里，巴赞一直在辛勤耕耘元杂剧，1851年在《亚洲学报》（*Journal Asiatique*）上分5期刊载完了百部元杂剧剧本的译介文字，让西方人得以了解《元曲选》里的全部剧情。1842年法国评论家马格宁（Charles Magnin，1793—1862）由衷赞叹巴赞的成绩说："巴赞先生把更多的中国戏剧提供给了我们，比他所有杰出而勤奋的前辈翻译得还要多。"②

于是，法国汉学研究反超英国，并成为欧洲汉学/戏曲研究的中心。美国汉学家卫三畏（Samuel Wells Williams，1812—1884）曾高度评价法国汉学家的成就，他在1849年3月号《中国丛报》（*The Chinese Repository*）上为巴赞译本《合汗衫》写评论时说：

> 法国汉学家在中国文学的广泛领域所做的努力值得高度赞扬，与英

---

① Klaproth, "Observations critiques sur la traduction anglaise d'un drame chinois, publiée par M. Davis", *Nouveau journal asiatique*, juillet 1829, p. 21.

② Charles Magnin, "Premier article sur le théâtre chinois", *Journal des savants*, mai 1842, p. 266.

美学者在同一领域的微薄努力形成了强烈反差，而法国与中国的贸易以及法国公民在中国的旅游，与其他两个国家相比是那么的少。法国这种关注很大程度上归功于从路易十四时代起法国政府的扶助，法国皇家图书馆（the Bibliotheque Royale）丰富的中文藏书，仍然为研究提供了便利条件。在一个像巴黎这样的文学城市里，有这样一批藏书，人们自然想了解它的内容。还有一些有进取心的学者榜样，如傅尔蒙、雷慕沙和圣马丁，激发了其他人效仿他们的决心，改正他们的错误，把知识的范围进一步扩展到这些鲜为人知的领域。①

这种评价是公允的。

## 三、欧洲的汉学/戏曲研究阵地

1814年法兰西学院开设中文和满文特别讲座，这是西方大学把中文列入正式课程并作为学科研究的开始。以后英国伦敦大学（1837）、俄国喀山大学（1837）、法国巴黎东方语言文化学院（1843）、英国伦敦国王学院（1846）、荷兰莱顿大学（1875）、英国牛津大学（1876）、美国耶鲁大学（1878）、美国哈佛大学（1879）、德国柏林大学（1887）、英国剑桥大学（1888）、美国伯克利加州大学（1896）也将"汉学"列入大学课程，从此西方汉学正式登上了历史舞台。

西方大学开设汉学讲席，首要条件是具有符合资质与教学要求的教授，而教授经常是聘请长期在中国工作过的传教士和外交官员担任。例如俄国喀山大学1850年聘任了在北京10年的东正教士瓦西里耶夫（В. П. Васильев，1818—1900），英国牛津大学1875年聘任了在香港30年的伦敦传道会士理雅各（James Legge，1815—1897），美国耶鲁大学1878年聘任了在广州43年的新教教士卫三畏（Samuel Wells Williams，1812—1884），英国剑桥大学1888年聘任了在中国担任外交官43年的威妥玛（Sir Thomas Francis Wade，1818—1895）、1897年聘任了在英国驻中国各地领馆工作25年的翟理斯（Herbert Allen Giles，1845—1935）等。

---

① "Theatres in China", *The Chinese Repository*, vol. xviii, March, No. 3 (1849), p. 113.

开设汉学讲席的大学，通常也都有收藏相当数量汉籍的图书馆作为支撑。例如法国汉学家所依赖的皇家图书馆于1739年编印了第一部馆藏汉籍文献目录，题为《皇家图书馆写本目录》(Catologus Codicum Manuscriptorum Bibliothecae Regiae)，为旅法华人黄嘉略编撰，包括《正字通》《康熙字典》《史记》《周易折中》《资治通鉴纲目》等汉籍300余种。这些图书后经傅尔蒙编订成《皇家图书馆藏中文图书目录》(Catalogogus Librorum Bibliothecae Regiae Sinicorum)，发表于1742年巴黎出版的《中国官话》(Linguae Sinarum Mandarinicaehieroglyphicae Grammatica duplex)第343—511页。这部分图书后来被编入傅尔蒙皇家文库专藏，专藏目录共收书225种，含天主教类89种，儒家类80种（含小学类24种），正史类、编年类22种，医学类14种，道家类4种，文学类6种，兵家类2种，政书类6种，丛书2种。这些藏书是法国国家图书馆藏汉籍中最具版本价值的部分。法国汉学家戴密微（Paul Demiéville，1894—1979）论述这部分藏书说："黄接受了王家图书馆的聘请，管理陆续由耶稣会士从中国寄来的数量可观的中国图书（就这一方面来说，正是这第一批藏书，在十九世纪汉学领域内，使法国取得了远比其他欧洲国家先进的地位）。"① 而在此工作的雷慕沙、儒莲则成为著名汉学家。雷慕沙曾负责皇家图书馆汉文书籍的编目，儒莲1827年担任法兰西研究院图书馆副馆长，1839年成为法国皇家图书馆的工作人员。柏林皇家图书馆在普鲁士腓特烈二世支持下，从荷兰东印度公司收购大量东方图书，先后有1822年柯恒儒（Julius Klaproth，1783—1835）编制的《柏林皇家图书馆中文、满文书籍索引》② 和1840年肖特（Wilhelm Schott，1802—1889）编制的续编《御书房满汉书广录》③ 刊行，一共收书约250种。1838年，英国第一任汉学教授基德（Samuel Kidd，1799—1843）为伦敦皇家亚洲文会编订《皇家亚洲文会中文图

---

① ［法］保罗·戴密微著，秦时月译《法国汉学研究史概述》，《中国文化研究》1993年第2期。

② *Verzeichniss der Chinesischen und MandshuischenBücher der KöniglichenBibliothekzu Berlin*. Paris：KöniglicheDruckerei，1822.

③ *Verzeichniß der Chinesischen und Mandschu-TungusischenBücher und Handschriften der KöniglichenBibliothekzu Berlin. Eine Fortsetzung des im Jahre 1822 erschienenenKlaproth'schenVerzeichnisses.* Berlin：Druckerei der Königlichen Akademie der Wissenschaften，1840.

书馆书目》①，著录汉籍约 200 种。1877 年英国汉学家道格拉斯（Robert Kennaway Douglas, 1838—1913）在伦敦出版的《大英博物院图书馆藏中文刻本、写本、绘本目录》②，著录了大英博物院当时收藏的汉籍约 2500 种。英国艾约瑟（Joseph Edkins, 1823—1905）为牛津大学博德利图书馆编、1876 年由牛津大学出版的《博德利图书馆藏中文典籍目录》③，著录汉籍 299 部。英国何为霖（Henry F. Holt）编《皇家亚洲学会图书馆藏中文典籍目录》④ 载录汉籍 559 种，1890 年发表于《皇家亚洲学会会刊》⑤ 第 22 卷。英国翟理思（Herbert Allen Giles, 1845—1935）编，1898 年剑桥大学出版的《剑桥大学图书馆威妥玛文库汉、满文书籍目录》⑥，收录汉籍 883 部。

这些汉籍里有着许多戏曲剧集和剧本，一些目录家著录时也偶然留下评价文字。例如德国汉学家肖特 1840 年为柏林皇家图书馆编撰满汉籍目录，辑为《御书房满汉书广录》一书，其中在小说和剧本部分记录《西厢记》说：

> 《西厢记》，一部 1782 年重刻的剧本。它的审美偏离十分严重，常常阻断了场与场之间的联系。此剧主要表现的是一位年轻书生与一位富有的寡妇之女之间的爱情。殷勤的张君瑞和美丽的莺莺在一次旅途中相识，这位年轻人和母女俩借住在同一座佛寺里。⑦

《西厢记》剧本自然主要不是用来读的，而其中的飞扬辞藻也不是肖特能够欣赏的，加上中国戏曲时空自由的流动场景完全不同于西方戏剧的分幕，因此肖特从剧本得出"审美偏离十分严重，常常阻断了场与场之间的联系"

---

① *Catalogue of the Chinese Library of the Royal Asiatic Society*, 1838.

② *Catalogue of Chinese Printed Books, Manuscripts and Drawings in the Library of the British Museum*, 1877.

③ *A Catalogue of Chinese Works in the Bodleian Library*, 1876.

④ *A Catalogue of the Chinese Manuscripts in the Library of the Royal Asiatic Society*, 1890.

⑤ *Journal of the Royal Asiatic Society of Great Britain and Ireland*.

⑥ *A Catalogue of the Wade Collection of Chinese and Manchu Books in the Library of the University of Cambridge*.

⑦ Wilhelm Schott, *Verzeichniß der Chinesischen und Mandschu-TungusischenBücher und Handschriften der KöniglichenBibliothekzu Berlin. Eine Fortsetzung des im Jahre 1822 erschienenenKlaproth'schenVerzeichnisses*. Berlin: Druckerei der Königlichen Akademie der Wissenschaften, 1840. S. 92.

的印象，也是意料中事。

　　研究东方学/汉学的专门人才逐渐增多，于是西方各国志趣相投者纷纷成立有关研究学会，办学刊、开年会、进行学术交流，促进了东方与中国研究的开展。1781年荷兰人在后属印度尼西亚的爪哇岛创立了巴达维亚（即雅加达）艺术与科学协会（Batavisch Genootschap van Kunstenen Wetenschappen），一批志同道合者在这里进行自然与人文科学的交流。但严格说这是一个科学机构，还不是专门研究东方的学会，尽管其对象集中于东方。1784年英国东方学家琼斯（William Jones，1746—1794）在印度加尔各答创立了亚洲学会（The Asiatic Society of Bengal），这是西方人正式创立的第一个有关学会，琼斯担任第一任会长。1822年法国汉学家雷慕沙与德国汉学家柯恒儒发起在巴黎创立亚洲协会（Sociétéasiatique），发行会刊《亚洲学报》（Journal Asiatique），雷慕沙担任第一任主席。1823年英国人在伦敦成立皇家亚洲学会（Royal Asiatic Society），办有《皇家亚洲学会学报》（Journal of the Royal Asiatic Studies）。1842年美国人在波士顿成立东方学会（American Oriental Society），办有《美国东方学会学报》（Journal of the American Oriental Society）。1847年德国东方学家派普（Carl Rudolf Samuel Peiper，1798—1879）创建德国东方学会（the German Oriental Society）。1846年俄罗斯帝国考古学会成立，其中最重要的分支是东方考古分会，主要搜集中国文物。

　　19世纪报纸杂志作为一种新的传播媒介迅速发展起来，除了上述刊物外，另有一些以亚洲和中国为主题的英法文报刊出现，例如1816年英国东印度公司在伦敦创办的《亚洲杂志》（The Asiatic Journal and Monthly Register）、1822年法国亚洲协会在巴黎创办的《新亚洲学报》（Nouveau Journal Asiatique）、1832年美国传教士裨治文（Elijah Coleman Bridgman，1801—1861）在广州创办的《中国丛报》（The Chinese Repository）、1872年英国人但尼士（N. B. Dennys）在香港创办的《中国评论》（The China Review, or Notes and Queries on the Far East）等，成为汉学研究的重要阵地。另外1665年法国议院参事戴·萨罗（Denys de Sallo）在巴黎创办的《学者杂志》（Journal des Savants）也加入其中。它们都刊载过中国戏曲的译文及介绍，早期有关戏曲翻译的评论文章大多发表在《亚洲杂志》《新亚洲杂志》《学者杂志》上，例如巴赞的许多戏曲译著都刊载于法国亚洲学会的《亚洲杂志》上。

廖琳达　北京外国语大学国际中国文化研究院博士研究生

# 中、日、西三维文化框架中的孔子形象
## ——以佐藤春夫《曾晳的回答》《雉鸡的烤肉》为中心*

杨威威

**摘 要**：《论语》是日本最早有文字记载的儒家经典，孔子也成为日本自古以来汉学家、中国学家及文学家研究和描摹的对象。明治维新之后，在日本"脱亚入欧""文明开化"以及儒学、儒教不再被奉为圭臬的背景下，作家佐藤春夫在《曾晳的回答》和《雉鸡的烤肉》两篇小说中，塑造了一位极具现代气息，又不失"圣人"色彩的孔子形象，呈现出近代日本文化史对孔子接受的一种独特方式。本文超越中日文学的局限，将佐藤春夫笔下的孔子形象置于中、日、西三维文化框架中，在20世纪初的历史坐标中进行探讨，阐述佐藤春夫如何吸收以尼采、托尔斯泰为代表的西方现代哲学来建构孔子形象。这种建构孔子形象的方式不仅折射出佐藤春夫对中国传统文化的认识，也揭示了处在东方与西方之间的日本在特殊的时代语境下，看待并接受中国传统文化的一种样态。

**关键词**：佐藤春夫 《论语》 孔子形象 尼采 托尔斯泰

成书于公元712年的神话及传说《古事记》和成书于公元720年的日本第一部正史《日本书纪》均记载，百济人王仁曾于应神天皇十六年（405）将一批中国典籍带入日本，其中包括10卷《论语》和1卷《千字文》。① 自

---

\* 本成果受北京语言大学校级科研项目（中央高校基本科研业务专项资金）资助，项目编号为16YBB18。

① 据王家骅《中日文化交流史大系·思想卷》中对日本学者考订研究成果的总结，应神天皇十六年应相当于公元405年，按此说法，儒学传入日本应是5世纪初。

此之后，以《论语》为代表的中国儒学文化，以及作为儒学文化基石的人物孔子在日本的影响可谓绵延千年。进入近代以来，在西学思潮的冲击及"脱亚入欧""文明开化"的背景下，日本近代文学对孔子的描摹则呈现出特殊的时代色彩。其中，著名作家佐藤春夫（1892—1964）笔下的孔子形象就极具代表性。佐藤春夫的创作生涯跨越明治、大正、昭和三个时期，他一直标榜自己热爱中国传统文化，并创作了大量中国题材作品。1914 年和 1916 年，佐藤春夫分别以《论语·先进》篇中的"侍坐章"和《论语·乡党》篇中"色斯举矣，翔而后集。曰：'山梁雌雉，时哉时哉！'子路共之，三嗅而作"一章为主要底本，创作了《曾皙的回答》和《雉鸡的烤肉》两篇短篇小说。

　　在时间节点上，两篇作品均发表于第一次世界大战前后，如英国历史学家霍布斯鲍姆所指出的："20 世纪由第一次世界大战开始，这也是 19 世纪西方现代文明崩溃的起点。"① 也就是说，两篇作品均发表于西方现代文明面临危机的时代背景下。不过，此时西方文明内部已经出现了反思的声音，曾任日本首相兼外相的大隈重信（1838—1922）就指出："此次欧战（笔者注：第一次世界大战）是尼采主义、托尔斯泰主义与旧文明之间的较量。"② 佐藤春夫则恰因师承，深受尼采、托尔斯泰哲学影响。他的老师生田长江被誉为日本翻译尼采第一人，不仅翻译了《尼采全集》，还翻译了托尔斯泰的诸多作品。1909 年，佐藤春夫离开家乡只身前往东京，就寄居在生田长江家中，彼时的生田长江正在全力翻译尼采的《查拉图斯特拉如是说》。佐藤春夫曾在《追忆长江先生》一文中这样回忆道："先生喜欢尼采"，但"先生更喜欢东洋的古典，比如说四书五经，尤其喜欢孔子"，并"经常引用孔子的言论"。③ 创作《曾皙的回答》和《雉鸡的烤肉》两篇作品的阶段正是佐藤春夫文学生涯的早期，也是受生田长江影响最直接的阶段，他笔下的孔子形象中就大量融入了尼采哲学和托尔斯泰主义。下文将从拒绝"形而上学"、向往诗意栖居、不为俗众理解以及悲壮的孔子四个侧面，透过表象，还原佐藤春夫笔下孔子形象的精神实质，并借此指出佐藤春夫接受中国传统文化的独特方式。

--------

① ［英］霍布斯鲍姆著，郑明萱译《极端的年代》第 9 页，江苏人民出版社，1999 年。
② ［日］大隈重信著，许家庆译《大隈伯之回转时代论》，《东方杂志》1915 年第 12 卷第 3 号。
③ 佐藤春夫「長江先生を憶う」、『定本佐藤春夫全集』第二十五巻第 281-282 頁、東京：臨川書店、1998 年。

## 一、拒绝"形而上学"的孔子

《曾皙的回答》以《论语》中的"侍坐章"为主要底本,主要写孔子周游列国推行己见却不为采纳,返回鲁国后听取曾皙等几位弟子谈论各自志向。小说中的孔子在齐国听到《韶》乐,"想到美与善的关系"①,他蜻蜓点水般自问"善的极致是美,美的极致是善吗"② 后,很快放弃了思考,不耐烦地想道:"思考这些问题都是没用的!"③ 佐藤春夫则补充道:"对形而上学不感兴趣的孔子认为没必要再思考这个问题。"④ 凸显出主动放弃"形而上学"思考的孔子形象。

小说中拒绝思考"形而上学"问题的孔子却转而陶醉在音乐的世界中。尽管"侍坐章"中关于曾皙鼓瑟只有"鼓瑟希,铿尔,舍瑟而作"⑤ 一句,佐藤春夫却对曾皙鼓瑟进行了一种循环往复式的描写,刻意渲染令人陶醉的艺术氛围,心无杂念鼓瑟的曾皙俨然一位陶醉在音乐中的艺术家,孔子则沉醉于静谧瑟声营造的艺术世界中,达到了忘我的境界。不仅如此,小说中的孔子常常是在想到自己的不遇处境或时代弊病的背景下,要求曾皙鼓瑟,音乐似乎具有某种不可思议的抚慰功能。孔子先是感慨"觚不觚,觚哉!觚哉!"⑥ 这本是说孔子对觚这一器物造型的变化所反映出礼崩乐坏社会状况的叹息,佐藤春夫笔下的孔子却在发出这样的感叹后马上转而选择专心聆听曾皙鼓瑟带来的瑟声,并因此面容渐趋平和。随后,孔子又感慨"凤鸟不至"⑦,凤鸟为圣王出现的象征,孔子慨叹"凤鸟不至"意味着深感王道理想难以实现,小说中的孔子再一次转而说道:"不过,这三个月,我听到了舜王的韶乐,以至于都忘记了肉的香味,音乐原来如此美妙。"⑧ 如此,佐藤春夫

---

① 佐藤春夫「曾皙の回答」、『定本佐藤春夫全集』第三卷第 15 頁、東京:臨川書店、1998 年。
② 「曾皙の回答」、『定本佐藤春夫全集』第三卷。
③ 「曾皙の回答」、『定本佐藤春夫全集』第三卷。
④ 「曾皙の回答」、『定本佐藤春夫全集』第三卷。
⑤ 程树德《论语集释》(第三册) 第 805 页,中华书局,1990 年。
⑥ 「曾皙の回答」、『定本佐藤春夫全集』第三卷。
⑦ 「曾皙の回答」、『定本佐藤春夫全集』第三卷。
⑧ 「曾皙の回答」、『定本佐藤春夫全集』第三卷。

将《论语》中不同篇章中"凤鸟不至"和"三月不知肉味"的内容整合在一起，强调了音乐超越现实、抚慰灵魂的特殊功用。

其实，"形而上学"本是西方哲学的主要内容，作为日语词汇于1881年才首次出现在著名哲学家井上哲次郎编写的哲学字典《哲学字汇》中。"形而上学"虽然深刻地影响了西方哲学衍生的进程，但在西方现代哲学中却成为被批判的对象，尼采则是较早对传统"形而上学"展开全面批判的哲学家。对这一点，佐藤春夫的老师生田长江也多次指出："尼采彻底否定那些以往被视为无上大法的形而上观念""认为所谓超越于万物之上的形而上的东西并不存在，它们只是虚无的幻影。"① 不过，尼采否定传统的"形而上学"，却以艺术"形而上学"或曰审美"形而上学"取而代之。音乐恰是尼采哲学中的重要论题，尼采热爱音乐，并将音乐艺术置于理性主义的对立面。佐藤春夫也曾在文中这样描述音乐："音乐不必凭借理念，便可蛊惑人们对某个世界产生憧憬，我一直最向往这样的艺术。"② 亦强调了音乐的"非理性"特点。不仅如此，在功用上，尼采哲学认为正是音乐的创造精神及其中蕴含的审美的眼光，可以用以重新审视这个充满幻象和痛苦的世界。小说中感叹"觚不觚"、感叹"凤鸟不至"后，转而陶醉于音乐中的孔子形象也暗合了尼采对音乐功用的看法，这样的孔子形象在很大程度上融入了尼采哲学的影响，也因此被赋予了浓厚的现代气息。

## 二、向往诗意栖居的孔子

《曾晳的回答》中孔子对其他弟子的志向均不置可否，唯独对曾晳"浴乎沂，咏而归"③的志向点头称是。正如小说的题目定为《曾晳的回答》，佐藤春夫尤为想要表现的内容也是曾晳的志向以及孔子对其志向的认可。其实，对于积极用世的孔子何以认可曾晳的志向，历来众说纷纭，佐藤春夫在《论语》诸多内容中选择这一部分来表现，也有其背后的原因。

《曾晳的回答》创作两年前，佐藤春夫就曾创作过一首名为《诗》的诗

---

① 生田長江「ニイチエの超人哲学」、『近代思想十六講』第138頁、東京：新潮社、1924年。
② 佐藤春夫「恋、野心、芸術」、『定本佐藤春夫全集』第十九卷第81頁、東京：臨川書店、1998年。
③ 「曾晳の回答」、『定本佐藤春夫全集』第三卷。

作,《诗》中写道:"钟表、书、和大学""把它们都扔进海底吧""和草一样 和虫一样,和鱼和鸟和山和天和木一样""像云那样,像雨那样,像风那样""像孩子像大海像野兽那样""为天地间可悲叹的事情而悲叹,为天地间可快乐的事情而快乐。"①《诗》中呈现的这种纵情任性,在天地间自由徜徉的境界与曾晳的志向颇为相似。多年后,佐藤春夫在《论语的趣味性》一文中就认为孔子认可"曾晳诗一样的志向"②是让人怀念的,明确将曾晳的志向视为"诗"一样的志向。

不过,佐藤春夫在《诗》的题记中,却明确指出要将这首诗献给《查拉图斯特拉如是说》的作者和《托尔斯泰语录》的作者(笔者注:即生田长江)。的确,《诗》中拒绝书籍、大学等内容清晰可见尼采"非理性"哲学的痕迹。《查拉图斯特拉如是说》中更是有和《诗》中描绘极为类似的画面:"谁要是静卧青青草丛,或寄神寂寞山野,侧耳倾听,澄怀领会天地间的天籁;谁要是感受到那脉脉柔情,诗人们会认为那是自然在与他们交感。"③

如生田长江根据自己的理解所指出的,在尼采哲学思想中,"人类应该像鸟那样无忧无虑""没有特别的不安、渴望甚至努力,只享受属于生命本来的喜悦"。④《查拉图斯特拉》中的查氏隐居山野、陶冶性情,教导人们摒弃一切文明的束缚和"盲目的信仰""去追求一种诗一般的人生"。⑤佐藤春夫在两年后发表的《雉鸡的烤肉》中,也将孔子视为唯一能够聆听自然启示的自然之子,孔子在看到雉鸡时心生羡慕地想道:"雉鸡十步一啄,百步一饮""它们的生活多么逍遥,人类要若也能如此便好了。"⑥也可见孔子对诗意栖居的向往之情。

除尼采哲学,佐藤春夫选择《论语》中孔子认可曾晳志向这一内容来表现,也与托尔斯泰主义的影响有关。托尔斯泰对现代理性主义美学的批判贯

---

① 佐藤春夫「詩」、『定本佐藤春夫全集』第二卷第 119 頁、東京:臨川書店、1998 年。
② 佐藤春夫「論語の面白さ」、『定本佐藤春夫全集』第三十五卷第 459 頁、東京:臨川書店、1998 年。
③ [德] 尼采著,孙周兴译《查拉图斯特拉如是说》第 276 页,商务印书馆,2010 年。
④ 生田長江「東洋人の時代が來る」、『超近代派の宣言』第 261 頁、東京:至上社、1925 年。
⑤ 刘小枫《诗化哲学》第 178 页,华东师范大学出版社,2007 年。
⑥ 佐藤春夫「雉子の炙肉」、『定本佐藤春夫全集』第三卷第 27 頁、東京:臨川書店、1998 年。

穿于一生，他的很多作品都表现出对现代文明的排斥、对乡居田园生活及心灵牧歌般宁静生活的偏爱。写作过《托尔斯泰语录》的生田长江就受其影响，认为现代人的悲哀是远离阳光、空气、土地这些最自然不过的事物。同样，将托尔斯泰的作品视为"一生伴侣"① 的佐藤春夫也曾多次表达对现代都市生活的不满和对田园生活的向往，常常以"农村人"自居的他来到东京后一度对喧嚣的都市生活感到非常不适，甚至携妻子隐居东京郊外，其成名作《田园的忧郁》就是以此段生活为背景创作的。

佐藤春夫从《论语》丰富的内容中有意选择"侍坐章"的内容，着重展现认可曾皙志向的孔子形象，正是在特殊的时代语境中，吸收尼采哲学与托尔斯泰主义反对西方现代文明，呼唤回归人类自由自适本然生活的内容，这样的孔子形象也在很大程度上具有了向往诗意栖居的现代性意蕴。

## 三、不为众人理解的孔子

《雉鸡的烤肉》中，佐藤春夫将《论语》中"子路共之，三嗅而作"这部分内容铺陈为子路反复琢磨老师的话，将其理解为"现在正好是吃雉鸡的时候"②，于是把烤好的雉鸡呈送给孔子食用，孔子对此涕泪交流。对于这一情节设置，佐藤春夫在《论语的趣味性》一文中写道："子路将烤好的雉鸡呈送给孔子，说明子路并没有领会孔子的真意""这样的做法给人一种悲哀的滑稽之感。"③ 可知，佐藤春夫是有意要呈现给读者这样一个既悲哀又滑稽的故事。小说的题目定为《雉鸡的烤肉》，亦说明这一悲哀又滑稽的内容也是佐藤春夫尤为想要让读者领会的。

《雉鸡的烤肉》正文前，佐藤春夫附加了一部分《圣经》的内容："门徒渡到对岸去，忘了带饼，耶稣对他们说：'你们要谨慎，防备法利赛人和撒都该人的酵'，门徒彼此议论说：'这是因为我们没有带饼吧……'"④ 虽然佐

---

① 佐藤春夫「生涯不変の好」、『定本佐藤春夫全集』第三十五巻第 30 頁、東京：臨川書店，1998 年。
② 「雉子の炙肉」、『定本佐藤春夫全集』第三巻。
③ 佐藤春夫「論語の面白さ」、『定本佐藤春夫全集』第三十五巻第 459 頁、東京：臨川書店，1998 年。
④ 「雉子の炙肉」、『定本佐藤春夫全集』第三巻。

藤春夫故作神秘地用省略号省略了后面的内容，但后来周作人在翻译《雉鸡的烤肉》一文时，却将这些内容添加了进去："耶稣听完弟子们的话之后有些不高兴地说'要防备法利赛人和撒都该人的酵'这话不是指着饼说的，你们怎么不明白呢？"①　原来，佐藤春夫故意说半截话的背后，想要说明的就是弟子们没能正确理解耶稣的意思。直到小说末尾，佐藤春夫才终于直抒胸臆，说出了这个故事的隐喻："某个人说了一些话，可听的人绝对不会领会说话人的意思，这时候大家也不必生气！"②　弟子不理解耶稣，子路不理解孔子，二者构成了互文关系，也由此形成了不为俗众理解的孔子形象。

　　1909 年，年轻气盛、一身反骨的佐藤春夫，因一次激进的演讲受到家乡普通百姓的排挤，甚至遭到停学的处分，倍觉孤独的他因此毅然选择离开家乡前往东京，寄居于老师生田长江家中，前文已述，当时的生田长江正在全心翻译尼采的《查拉图斯特拉如是说》。《查拉图斯特拉如是说》中，查氏对民众宣讲"超人"哲学，遇到的却是普通民众的麻木和嘲讽，经历了种种挫折。正如生田长江指出的："尼采的哲学是少数人的哲学""他的追随者是在愚众和多数人中站起来的少数人。"③　佐藤春夫因现实生活的刺激，又在老师生田长江的影响下，很容易对尼采"超人"与"末人"、"多数"与"少数"的哲学思想产生共鸣，他曾在文中直接写道："手捧尼采的庄重艺术《查拉图斯特拉如是说》"④，呼吁日本人要摆脱"末人"成为"超人"。

　　1909 年，佐藤春夫还创作过一首名为《年轻的雕》的诗作，设置了"小雕"与"普通的水鸟"、"天上世界"与"地面世界"这种二元对立的意象。⑤　日本佐藤春夫研究者山中千春在博士论文中就指出：佐藤春夫在《年轻的雕》中设置上述二元对立意象，很可能将自己想象为"小雕"，梦想着在天上世界，孤独却又超然，独自向着危险的暴风骤雨飞去后跌落水中，而"普

---

① 周作人编译《现代日本小说集》第 257 页，上海商务印书馆，1923 年。
② 「雉子の炙肉」、『定本佐藤春夫全集』第三卷。
③ 「ニイチエの超人哲学」、『近代思想十六講』。
④ 佐藤春夫「日本人脱却論の序論」、『定本佐藤春夫全集』第十九卷第 5 頁、東京：臨川書店、1998 年。
⑤ 佐藤春夫「若きの鷲の子」、『定本佐藤春夫全集』第二卷第 106 頁、東京：臨川書店、1998 年。

通海鸟"则是讽刺新宫那些不理解自己的百姓。山中千春同时敏锐地指出，这样的设置是受到《查拉图斯特拉如是说》及尼采"超人"与"末人"哲学的影响。①

这样看来，佐藤春夫创作的《雉鸡的烤肉》也与《年轻的雕》构成了互文关系，他笔下不为俗众理解的孔子形象中也蕴含了其对"超人"与"末人"、"多数"与"少数"这类哲学命题的思考，这样的孔子虽然依旧是"圣人"形象，但此"圣人"已非彼"圣人"，而成为与俗众对立、带有"超人"色彩的圣人形象。

## 四、悲壮的孔子

《雉鸡的烤肉》中，孔子看到在自然中悠闲踱步的雉鸡后对子路说："《易经》中有和这只雉鸡不同的故事，那只雉鸡受了伤，愕然飞走后却摇摇晃晃掉到地上。"② 就笔者管见，《易经》中仅"明夷卦"中出现过雉鸡的故事，③ 且是以鸟在昏暗中垂翼低飞比喻"君子"自晦其明。佐藤春夫将其写成雉鸡受伤后坠落于地的故事，更容易让人联想到的，其实是《年轻的雕》中那只不顾暴风骤雨冲向云霄，最后跌落水中的小雕的故事。紧接着，小说中的孔子又想到"某年春天看到麒麟尸体的故事"④。在中国传统文化中，麒麟乃嘉瑞之兆，"西狩获麟"出现在周道不兴之时，孔子也因"西狩获麟"而感叹道难行于世。佐藤春夫笔下，孔子连续想到雉鸡殒身和"西狩获麟"的故事，均与《年轻的雕》中冲上云霄却跌落大海的小雕的故事同构，都象征着追求理想的过程中充满危险。

随后，小说中的孔子想道："我有时候常想，像林类那样，或者像和子路说话的守门人那样，或者像听到我击磬而嘲笑我的人那样，一狠心弃世也无所谓。"⑤ 其中，林类是《列子》中有名的隐者，"守门人"和嘲笑孔子击磬

---

① 山中千春『佐藤春夫研究：大逆事件前後から「美しき町」まで-』博士論文、日本大学、2010年。
② 「雉子の炙肉」、『定本佐藤春夫全集』第三卷。
③ 金景芳、吕绍纲著《周易全解》第293页，上海古籍出版社，2005年。
④ 「雉子の炙肉」、『定本佐藤春夫全集』第三卷。
⑤ 「雉子の炙肉」、『定本佐藤春夫全集』第三卷。

的人（笔者注：何蒉），分别是出自《论语》不同篇章中的有名隐者形象。正如"守门人"嘲笑孔子"知其不可而为之"①，上述提到的几个人物的共同特点都是不解或嘲讽孔子的积极用世。这些隐者和一直坚持周游列国推行己见的孔子构成鲜明的对比，让人联想到的则是《年轻的雕》中那些讥讽嘲笑"小雕"的"普通水鸟"。

在经历了上述一连串内心波动后，佐藤春夫笔下的孔子感叹道："我有时的确会因自己对理想的坚持而崇拜自己，但有时也会像听到我击磬而嘲笑我的人那样嘲笑自己。"② 但说完这番话后孔子却转而毅然说道："由呀，我们回去吧，我要早一天将《春秋》写完。"③ 佐藤春夫在叙述周围人对孔子的不解与质疑后，又通过先抑后扬的写作手法，凸显出孔子自己内心的思想斗争，将孔子战胜自我的过程生动展现出来。正如小说结尾处佐藤春夫自己说到的："无论如何，我还是想让自己的理想，哪怕一点也好，能够为世人所了解和认可。"④ 面对不解、质疑、嘲讽甚至死亡压力，孔子经历种种自我否定，最终超越并战胜自我，继续选择坚守理想，也寄托了佐藤春夫彼时的精神追求。

佐藤春夫在《论语的趣味性》一文中曾写道："孔子越是知道自己的理想难以实现，越是对自己的理想充满希望和憧憬""《论语》作为东洋的悲壮剧，和尼采的《查拉斯图特拉如是说》有一脉相通之处。"⑤ 的确，《查拉图斯特拉如是说》中的查氏经历了各种挫折，但却从未放弃。正如生田长江所指出的："尼采哲学中，人生是充满苦痛的，正是在与苦痛战斗的过程中，人生才充满意义。"⑥ 佐藤春夫笔下的孔子，也是在经历了旁人的嘲讽和自我的否定后，依然坚持理想，在这个角度上，同样颇富悲壮色彩。至此，东方"圣人"孔子已然成为东方的"查拉图斯特拉"，成为东方的"超人"。

---

① 参见《论语·宪问》，原文为"子路宿于石门。晨门曰：'奚自？'子路曰：'自孔氏。'曰：'是知其不可而为之者与？'"
② 「雉子の炙肉」、『定本佐藤春夫全集』第三卷。
③ 「雉子の炙肉」、『定本佐藤春夫全集』第三卷。
④ 「雉子の炙肉」、『定本佐藤春夫全集』第三卷。
⑤ 「論語の面白さ」、『定本佐藤春夫全集』第三十五卷。
⑥ 「ニイチエの超人哲学」、『近代思想十六講』。

## 结　语

　　日本文化深受中华文明影响，孔子则是举世公认的中华传统文化的代表。直至明治维新以前，孔子一直作为圣人在日本受到尊崇，日本研究孔子及儒学的著述可谓汗牛充栋。这一现象在明治维新之后的西化风潮中逐渐发生了变化，这种变化在日本近代文学作品中也有所反映。《曾皙的回答》和《雉鸡的烤肉》两篇作品中，佐藤春夫基于自己的生命体验及对尼采、托尔斯泰等西方现代哲学的理解，建构起独具特色的孔子形象。在 20 世纪初这一特定的历史坐标中，在西学东渐而西方现代文明本身却面临危机和反思的时代语境中，佐藤春夫笔下的孔子以及以孔子为代表的中国传统文化之内涵被悄然置换。佐藤春夫建构孔子形象的方式不仅代表了他本人接受中国传统文化的方式，更揭示出处在东方和西方之间的日本在当时的时代背景下，看待并接受中国传统文化的某种重要方式。

　　其实，无论是尼采哲学，还是孔子学说，都是人类智慧的经典，都具有丰富的阐释空间，佐藤春夫在特殊时代语境下建构孔子形象，也是对孔子的再发现和再阐释。然而，正如生田长江所说："尼采、托尔斯泰这些哲学家的共同特点，就是认为东洋文明将要取代西洋文明""他们对西洋文明彻底绝望，却狂热地热衷于东洋文明。"① 不同于以尼采哲学为代表的西方内部的"他者"，古老的东方文明作为西方外在"他者"的角色，更多是被想象与建构的，佐藤春夫笔下的孔子形象也充分体现了这一点。佐藤春夫后期越来越狂热地让东方文明主动饰演"他者"的角色，更将"东洋"与"西洋"极端对峙起来，这是需要深刻反思的。通过分析其笔下的孔子形象及其生成过程，一方面能够进一步反思近代日本文化史对孔子及中国传统文化的接受方式，另一方面则可通过呈现不同文化内部的丰富性，还原文化的流动性与生成性，进一步理清"东洋"与"西洋"二元对立的思维模式。

杨威威　北京语言大学学校办公室

---

①　生田長江「徹底的破壊力としての東洋文化」、『超近代派の宣言』第 298 頁、東京：至上社、1925 年。

# 汉学、汉学研究与西学中医

贺 霆 尹 明 黄在委

**摘 要**：西方居民自20世纪20年代末开始通过研习中医经典创造出一批临床理论及技术，其有别于中国国内中医形态，属于境外视角下的中国研究，即汉学。但此类西方汉学内容并非我们所习惯的书斋知识，而是鲜活的医疗实践，目前尚未进入国内汉学研究界视野。本文即以西学中医为例，探讨建立汉学中医研究新学科的重要性、可能性及具体方法。

**关键词**：西学中医 汉学研究 汉学中医研究

本文第一作者自1994年在法国读人类学博士起，就关心当地本土化的中医；之后又借在云南中医学院（今云南中医药大学）创建中医西学博物馆收集文物的机会，于2011—2018年期间对此做了更加广泛深入的人类学田野调查，确认这是西方居民对中医的创造性解读，应该属于汉学，是汉学研究的理想对象。为此曾在《汉学研究》2016年秋冬卷发表过一篇文章，建议国内汉学研究界把西学中医（当时称其为"西方中医"）纳入视野。①承蒙编辑部诸公厚爱，得以在本期对此话题作进一步探讨。本文其他作者对中医汉学及研究理念相同，并曾合作推动。

## 一、传统上的汉学、汉学研究以及与其关联的中医内容

国内学界在国学（国故学）、汉学、汉学研究的定义上并非十分清楚。本

---

① 贺霆《西方中医人类学研究对海外汉学研究的启示》（外一篇），《汉学研究》2016年秋冬卷。

文讨论的汉学，即 Sinology（与中国古人为区别于宋学而划分的"汉学"迥异），也包括"中国学（China studies）"，两者合起来指外国学者对古代及现代中国的研究，区别于国内学者研究的"国学"；而本文讨论的"汉学研究"，特指20世纪30年代开始并于80年代确立的中国学者（主要是外语、翻译界）对海外汉学的研究，英文应该是 Studies on sinology。这很像成语"螳螂捕蝉黄雀在后"：外国的汉学家（"螳螂"）研究有关中国事物并获取汉学知识（"蝉"），而中国的汉学研究学者（"黄雀"）又试图通过观察解读外国汉学家的立场方法观点产出新的学问。

中医作为"中国"的一个内容很早就出现在汉学作品中，可以是综述性著作的一部分，如法国杜赫德（Jean Baptiste du Halde，1674—1743）于1735年编著的《中华帝国全志》中有关中医知识的记载；也可以是专著，如波兰的卜弥格（Michel Boym，1612—1659）的《中医的秘密》（1671）、《中医指南》（1682）、《医学的钥匙》（1686），法国的雷慕沙（Jean Pierre Abel Rémusat，1788—1832）的《中国舌诊》（1813）、德国的许宝德（Franz Hübotter，1881—1967）的《中华医学》（1929）。不过，由于传统汉学的旨趣及学术格局，这些作品中绝大部分对中医只是介绍性描述，内容也局限于中医药经典。因此迄今为止的国内汉学研究界也只能以这些西方作品为研究对象，致力于海外汉学家有关中医发展史著作、中医药经典介绍的回译、解读，以及相关的中国文化传播研究。因此，我们今天看到的国内有关中医的汉学研究内容都鲜有涉及现今题材，特别是临床题材，于是西学中医在汉学研究领域的重要性便凸显出来。

## 二、汉学奇葩——西学中医

西学中医之"学"乃名词，意为西方（欧洲、北美、大洋洲）当地居民有关中医的学问，它的英文表述为"western studies on Chinese medicine"，指由西方当地居民参照中医传统医典所载及亚洲地区（新文化运动前的中国及日本、韩国、越南、印尼等国）民间针灸业者所授，借助自己的文化资源，顺应当地需求而创立的理论、技能及其传播、传承体系。因此，西学中医不涉及移民西方的国内中医生，也不涉及20世纪70年代后经内地体制内中医机构培训的西方中医业者，当然也不涉及脱离了传统中医理论的西方生物医

学针灸（国内称"科学针灸"）；而被国内学界忽略的西方中兽医针灸，倒应该符合西学中医定义。（学派见后附录）

因此，西学中医是西方"本土化"的知识技能系统，是西方人从外部对中国文化中一类特殊知识即中医观看、进而利用自己的文化资源解读创造出来的，所以称其"西学"，其有别于师承于国内的西方中医业者（他们虽然是西方人，但复制了国内中医"原汁原味"的临床理论、技能，因此乃"中学"非"西学"）。同时，西学中医针灸创造的源泉是古代中医知识，所遵循的是中国文化原逻辑如阴阳五行，所以称其"中医"，其有别于科学针灸或生物医学针灸（后者当然是正宗"西学"，但非"中医"）。

很明显，西学中医属于西方汉学范畴而不属于"国学"，不过它与传统汉学中的中医研究内容相比，又有不同之处：

第一，汉学家研究中医时知道自己在做"汉学"，可以是一种"冷冰冰"、与研究对象保持距离的学问；西学中医业者对中医研究的目的是临床应用，即治病防病、安身立业。除了小部分对古汉字等传统汉学内容感兴趣的学者，西学中医业者一般都不会认为自己是"汉学家"，但他们对中医以及支撑它的中国传统文化无一例外有近乎宗教虔诚的热爱，当然，他们热爱的是自己解读出来的"中医"及"中国文化"。

第二，西学中医业者与传统汉学家"纯学问研究"不同，他们不管是撰写中医的介绍性文章、翻译中医经典，还是撰写自己对中医临床应用的心得，都有明确的临床功用目的。除了这些"文本"，西学中医特别由临床及教学活动"书写"出来的非文字的、活生生的"汉学作品"组成，是能被直接观察的有关行为和器具。

第三，虽然西学中医业者在解读中医经典时借助了西方汉学家的成果，甚至直接得到后者的帮助，但他们并非臣服于汉学家；相反，他们甚至会借助自己特有的中医临床研究成果挑战"正统"汉学家的权威。比如法国中医汉学家腊味爱（Jacques-André Lavier，1922—1987）生前就曾在汉学学术会议上介绍自己对古汉字的新解读，并对学院派汉学家们的质疑反唇相讥：对汉字的解读不能只从语言学层面，如果它出现在中医文献中，则需要考虑它此处的临床语义。

第四，与所有西方汉学一样，汉学作品"西学中医"是在西方本地产生并自我传承的。但今天的汉学家都会主动与中国的国学家就共同研究对象互相交流、互相学习，而西学中医业者与中国中医界始终无交集，好比一批西方人自己查字典发明了一种"中文"，只有他们自己明白、使用，只在他们中间传播、传承。

第五，与传统汉学悠久历史（包括汉学对中医的关注，卜弥格的第一部中医专著迄今已350年）相比，西学中医只存在了约90年，但却门派繁多，就笔者迄今亲自实地观察过的就有23支，各有特色（见后）。好比西方人不但发明了与中国人不同的"中文"，还演变为许多"方言"，各有特色、互不相通。

第六，学院派汉学家里不谙汉语的不多，而西学中医业者基本上都不会说中国话、不会写中国字，也不像汉学家那样了解中国文化、中国社会。但他们对中医的兴趣以及所花费的时间精力却超过一般的汉学家，对某些中国经典（如道德经、易经、内经）或一些中国文化的特殊内容如古汉字理解的程度也超过一般的汉学家。

这些特点都说明西学中医是一种特殊的汉学，笔者称其为"临床中医汉学"（Clinical Sinonogy），或者简称"汉学中医"（Sinological medicine），以区别于之前有关中医内容的文本性汉学（中医汉学）；而西学中医业者也是一批"临床中医"汉学家（Clinical Sinologist）或简称汉学中医生（Sinological medicin），以区别传统上研究中医历史及传播的汉学家。

## 三、海外中医汉学对国内汉学研究界的挑战

国内汉学研究学者近30年来取得了丰硕成果，研究方法也很成熟；不过由于自身学识背景和学术结构，对汉学中的中医内容以文本研究为主，而且重点关注正统汉学家的著作、经典著作。西学中医的发现，特别是其"海外汉学"的归属定义，为目前的汉学研究界提供了一种新的研究对象，带来发展的机遇。同时，由于西学中医的临床性、鲜活性，要求目前的汉学研究学者更新现有的研究观念及方法，对原语言背景的汉学研究学者是一个挑战。

如果主动将西学中医业者的中医论述及临床实践纳入研究视野，那么，传统海外汉学研究的对象将得到极大丰富。西学中医业者不像汉学研究界所熟悉的汉学家，但我们不能因他们非学院派背景而小觑他们"作品"的汉学

意义。对此,北京大学跨文化研究学者乐黛云教授有卓越见解:

> 一个文化对另外一种文化产生影响,存在共鸣很重要。也许他们(外国人)对中国文化并不是特别了解,也没有认真研究,可是有一种共鸣,产生一种灵感,比如通过伏尔泰、庞德等人,他们不是汉学家,甚至不懂得汉语,可是借助一些知识触发了灵感,进而将中国文化引入自身的主流文化。这是一个十分复杂的过程,灵感的共鸣不是一般汉学研究所能代替。①

如果愿意在对汉学的研究中加入中医临床视角解读,如果能够在原来的文本研究、语言研究方法之外增加对西学中医业者的实地人类学田野调查方法,则汉学研究的中医内容会超越传统的文本研究,覆盖更宽泛的外国人有关中医的临床行为及观念,这一类"书写"将引起传统汉学研究界的革命。

有一个例子可以说明西学中医给汉学研究带来的挑战与机遇。刚刚辞世的荷兰籍法国汉学家施舟人(Kristofer Schipper,1934—2021)是世界知名的学者,他的《道教在近代中国的变迁》是其道教研究的成果,也被译为汉语,被国内学者引用、解读、讨论。这可以说是一个"螳螂捕蝉,黄雀在后"的经典范例:施舟人捕了道教之"蝉"(汉学),他自己("螳螂")又成为中国学者("黄雀")借鉴、研究的对象,即汉学研究。但我们知道,施舟人不但作为汉学学者研究道教,同时还在台湾真的当过7年道士,会敲锣吹笛、念经拜忏、执板行香、步虚踏罡,被正式授箓、道号"鼎清",因此是个地道的"洋道士"。②如果中国学者不但研究施舟人严肃的汉学作品,也关注他的道教感悟(不是作为学者而是作为道士,如果有的话),甚至通过人类学田野调查去观察他当时在台湾道观中的言行、访谈他当道士的感受(当然现在太迟了)……那么这种汉学研究需要全新的观念与方法,也会带来全新的成果。明白了这个例子,就知道将汉学研究从外国汉学家对中医的描述文本,扩展

---

① 乐黛云《关于中国文化面向世界的几点思考》,在《文史参考》杂志社和北大新闻与传播学院主办的讲座上的演讲,2012年5月31日,http://www.labpku.com/site/viewmp/id/225625.html。

② 俞森林《"洋道士"施舟人的道教研究》,《中国宗教》2012年第5期。

到对西学中医业者的临床著作乃至他们的临床行为，会给汉学研究带来的变化。

## 四、海外中医汉学对国内中医界的教益

把西学中医作为海外汉学，以中国学者身份及视角对其进行研究（汉学研究），无疑有助于中医界以宽容、理解、欣赏的态度对待自己的西方文化"他者"，像国内汉学研究学者对待海外汉学那样看到西学中医业者"误读"中医的合理性。[1]中国的国学家与西方的汉学家互相尊重、互相学习的传统正值得国内中医界借鉴，而中国的汉学研究界把西方汉学作为研究对象，从中得到的教益更值得中医界仿效。汉学家由于不受国学传统规范约束，其研究方法有独特之处。如高本汉（Klas Bernhard Johannes Karlgren，1889—1978）用现代语音学的理论研究中国古代音韵、李约瑟（Joseph Terence Montgomery Needham，1900—1995）运用现代科技思想整理中国历史、费正清（John King Fairbank，1907—1991）用现代社会科学的研究方法研究中国近代社会……都使国学发生革命性的突变。国内中医界应该也可以通过研究西学中医得到方法论上的启发（这里不是指科学实证方法论，因为后者当然很"革命"，不过一旦脱离了基础理论就不是中医了，比如生物医学针灸）。而国内汉学研究界形成的"世界性"心态更值得中医界学习：汉学的存在标志着中国自己的学问已成为一门世界性的学问，揭示出中国文化的世界性意义。中国学术走向世界首要一步就是要了解海外汉学，中国文化要显示其世界文化的意义，最重要的就是要做好与汉学的沟通与互动。[2]按同样的逻辑，我们可以认为：西学中医的存在标志着中医这门中国自己的学问已成为世界性的学问、具备了世界性意义（而国人及中医界熟知且引以为荣的那些老老实实在中国学习"原汁原味"中医的外国人及成果却不是中医成为世界性学问的标志，这个道理如同汉学家并非学习"原汁原味"的国学，而是以自己的方法解读国学形成新的学问——汉学，后者才真正标志着中国学问的世界性）；中医走向世界第一步就是要了解西学中医（以及可能存在的其他海外本土化中医）；要显示世

---

[1] 李雪涛《误解的对话——德国汉学家的中国记忆》，新星出版社，2014年。
[2] 张西平《汉学研究三题》，《国际汉学》2003年第2期。

界性意义就需要与西学中医（及其他本土化中医）沟通与互动。

## 五、海外中医汉学对文化传播界及对外翻译界的启示

中国文化走出去已成为"国策"，而中医的特殊文化传播作用也为学界认可，不过主流传播界还只是思考如何借助国内中医界来完成这一使命。①汉学研究界却关注海外汉学家及作品如何传播中国文化，这使得我们明白西学中医所讲的"中国故事"也许不是"原汁原味"，但恰好是西方民众最容易接受的，因此传播中国文化的效果更好。西学中医特别注重中国传统文化，在文化传播中以健康这一普世性价值为切入点，传播者与受众又同属西方社会，因此这种传播方式并未引起反感与冲突，优势显而易见。西方居民借助中医重塑的中国文化，非但没有因为"他者性"变成西方"自我"的敌对面，反而自然地实现了"积极的跨文化交通，称作互动知识（reciprocal knowledge）"，即"他者文化必须能够成为一个创造性的源泉而导致自身文化的重新创作"。②从这个意义上讲，西方人可以"讲好中国故事"，而且可以比中国人讲得更好：因为这是在西方讲"中国故事"，西方讲述者更了解本国同胞想听什么、哪些故事对后者更有意义。由此看来，让西方人间接地传播中国文化，应该比中国人直接传播更有效，而且不会引起文化冲突。③

如果我们接受这个理念，中文著作（包括中医经典）的译介就应该由汉学家完成；这可能会使国内有关学者不解、反感：他们认为最能体会、掌握中国文化特别是中医的当然是中国人，后者当然应该是译介主体，掌握"话语权"。④ 其实这种看起来"政治正确"的观点是混淆了文化认同、文化传播及文化理解三者的关系。那些会外语并足够聪明的中国传播界学者，不应该

---

① 刘雷等《广州中医药大学中医药翻译与国际传播研究中心正式揭牌成立》，《广东科技报》2020年12月7日。
② 赵汀阳《文化为什么成了个问题？》，《哲学研究》2004年第3期。
③ 贺霆、何明星《中华文化海外传播的有益尝试——中医在欧洲本土化研究》，《理论动态》2016年第4期。
④ 刘雷等《广州中医药大学中医药翻译与国际传播研究中心正式揭牌成立》，《广东科技报》2020年12月7日。

花所有时间、精力去和外国人谈中国文化，最好去研究那些汉学家以及他们与自己同胞谈论中国及中国文化的内容与方式，看看中国文化在异域发生了哪些变化、给当地居民带来什么意义。如此就取得了另一个层次的"话语权"，就好像海外汉学对中国及文化有自己的话语权（不同于国内学者对同样研究内容的"话语权"），而汉学研究又通过对海外汉学的观察、解读建立起自己的"话语权"。

## 六、建立海外中医汉学研究学科的可能性

通过以上讨论我们知道，中国丰富的文化吸引外国学者研究形成汉学，汉学家及成果又吸引中国学者关注形成汉学研究；同样，西方学者研究并实践中医形成汉学中独特的西学中医，而笔者对此的研究又形成了西学中医研究。而将西学中医研究引入传统的汉学研究领域不但对汉学研究界，也对中医界、人类学界、文化传播外译界有重大意义，因此，笔者建议建立海外中医汉学研究新学科（Studies on clinical sinology），更准确的翻译应该是临床中医汉学研究，这里的关键词仍然是汉学研究，只是将汉学的内容精确为海外临床中医，以便与国内已经开展的针对传统文本的中医汉学研究相区别。按照前述逻辑，该未来学科也可以简洁地称为"汉学中医研究"（Studies on sinological medicine）。

国内语言背景学者的汉学研究已有 30 年积累，理念清晰、方法成熟、成果丰富，将研究视野扩展至西学中医，特别是其中人物、文献部分，驾轻就熟；而对西学中医的人类学研究，经过笔者及云南中医学院中医西学研究所同事 8 年的努力，也有了基础，包括文物、照片、访谈、出版物、会议记录等，均为中医汉学原材料，是理想的研究内容；已经获得的成果也是今后大规模开展中医汉学研究的基础。

在操作上，笔者认为未来的中医汉学研究的大本营应该设在汉学研究基础牢靠的语言院校（临床中医汉学研究），或者中医院校的外语机构（汉学中医研究）。通过培训现有学者，使其在语言、汉学研究能力外，了解中医知识及人类学方法，并且与有西学中医研究经验的中医院校、人类学院系学者合作。道理很简单：进行中医汉学研究，首要能力是外语，不管是做经典的汉学著作翻译还是到西方社会去做人类学田野调查；而外语训练需要的时间最

长。让已经具有外语能力的学者，特别是了解汉学研究路数的学者，进修中医及人类学课程作为补充，选择合适的内容研究，事半功倍；反之则事倍功半。还有一个实际的却并非不重要的考虑，即出国机会。外语院校师生由于专业关系，出国进修乃常态，正可以借机开展对西学中医的汉学研究，一石二鸟。

在研究内容及方法上，笔者建议按照先易后难的金字塔渐进方式。即首先借助汉学研究界熟悉的文本、文献、人物传记方法，在原来传教士、汉学家著作基础上，增加汉学-中医两栖型学者著作的回译、解读，如德国满晰博（Manfred Porkert, 1933—2015）、文树德（Paul Ulrich Unschuld, 1943—）、英国蒋熙德（Volker Scheid, 1958—）等，可以加入对其中健在者的人类学田野调查（参与性观察、深入访谈），使原来的文本研究更丰满；然后选择西学中医业者接近传统汉学但具有临床应用功能的著作（如腊味爱的古文字研究、法国针灸学会对针灸穴名的研究、法国中医读经会对医典的研究等）回译、解读，辅以中医临床视角及人类学视角；最后就是对西学中医业者临床活动的研究，包括著作、讲学、诊疗等。

笔者曾这样评价汉学、汉学研究对西学中医的意义：

> 西学中医的发现，令今天的中国居民受到自鸦片战争以来又一次更严峻的西方挑战：因为我们面对的，已经不再是200年来的洋枪洋炮、科学理念、民主精神、资本市场等西方物质、精神文化，而是被"西化（更准确地讲是西式的'过中国化'）"后自己的老祖宗遗产。我们今天已经被迫或主动地"全盘西化"了的肠胃还能消化这同样是来自西方的但口味奇特的"中医""中华文化"，并且还能与其"美美与共"？有一个先例也许能帮助我们咽下这枚"苦果"，这就是汉学及汉学研究之间的良性互动。①

希望汉学研究与西学中医研究嫁接后的中医汉学研究之树能结出更多、更新的果实。

---

① 贺霆《医学人类学》第七章——中医人类学及西学中医研究，第85-97页，复旦大学出版社，2020年。

## 附：汉学研究新内容——西学中医学派简介

根：法国外交官苏理耶（George Soulie De Morant，1878—1955）1901—1909 年在北京、上海、昆明（云南府）等地见到并学习、使用中医针灸知识、技能，1929 年起在法国几位顺势疗法医生推动下，苏氏开始在法国传授针灸术并著书。①西学中医各派掌门人都或多或少受其影响，特别是继承了其"溯古""自创"两个传统，故称苏氏为"根"。

干：苏理耶 1955 年辞世后，西方针灸由单线传承变为多头并进、群雄并起。

干1：首先苏理耶弟子分道扬镳，成为"科学派"及"传统派"。后者即西学中医针灸主干，代表是 La De Füye 医生于 1945 年所建法国针灸学会（AFA）。

支1-1：另一位对 AFA 影响巨大的是越南人 Nguyen van Nghi（阮文仪），其 20 世纪 30 年代赴法学医，学成后在法国乡村行医，1954 年开始自学针灸。

支1-2：AFA 协会荣誉会长 Kespi 医生以"心理针灸"为主要特色。

支1-3：AFA 协会现任会长 Andres 医生则对穴名汉字词源学颇有造诣，创"穴名针灸"。

支1-4：其资深会员 Eyssalet 医生则另创"读经针灸"，并融合瑜伽冥想。

干2：西学中医针灸另一条主干首先是法国人 Charles Laville Méry 所创的学派。徒弟中有四人在此后的传承中有重要地位。

支2-1：Faubert，这一支弟子于 20 世纪 70 年代开始建"中医大学"，请当时香港医生梁觉玄到法国斯特拉斯堡授课；从 1993 年起该"大学"部分学生在巴黎建杵针中医学院（叶2-1-1）；而其中一位 Potaufeu 先生坚持追随梁觉玄，他建立的学校叫"民族医学研究会 CEDRE"（叶2-1-2）。

支2-2：Borsarello，他原为法国军医，曾在印度支那服役期间接触过针灸，是日后正骨-针灸学派（叶2-2-1）的源头，该派精神领袖是已故法国正骨疗法师 Pialoux。

---

① 贺霆《中医西传的源头——法国针灸之父——苏理耶》，《云南中医学院学报》2013 年第 2 期。

支2-3：Schatz，瑞士籍针灸医生，1976年与传教士汉学家Larre神父（即《利氏汉法大字典》主编）合作办欧洲针灸学校（EEA）。

支2-4：Bollet，法国人，自认是Charles Laville Méry学派嫡系。

干3：西学中医针灸再一条主干是法国牙医Jacques Lavier（腊味爱，1922—1987）所创学派，该派成就可被视为西学中医针灸创造力的巅峰。目前腊氏弟子组成三个团体，传承宗师衣钵，即：

支3-1：中国针灸医学会（SMAC），教授腊氏生前所传针灸课程。

支3-2：内经研读会，以甲骨文翻译《内经》等医典，解读并应用于临床。

支3-3：五运六气研究会，致力于腊氏未尽之"天学"。

支3-4：腊氏一位学生Mestrallet，法国里昂妇产科医生，根据自己对医典"天地人"理论的领悟，创造出一套不孕症诊治针法。

其他自成一派者：

干4：英国五行针灸学派，宗师J.-R. Worsley，其离世后其遗孀（叶3-5-1）及一学生Nora（叶3-5-2）均称自己为五行针灸继承者，英国五行针灸详情请参考云南中医学院祁天培硕士论文。①

干5：英国天干地支学派，该派宗师van Burry是荷兰医生，详情请见云南中医学院江南硕士论文。②

干6：法国五行辨病针灸学派，法国五行辨病针灸是20世纪七八十年代越南针灸医生Tran Tien Hy通过学习法国针灸前辈著作，在传统针灸基础上创新而成，传入法国后又被Daniel Laurent先生改造。

干7：西班牙内经学派，其宗师为西班牙医生Padilla。

干8：美国体质-条件针灸学派，为美国医生Eckman所创。

干9：西方产科针灸学派，该派最早由法国针灸医生及助产士一起创立。

干10：法国时空针灸学派，这是法国医生Simmeler受"子午流注"内容启发所创。不过，笔者认为该法称为"时间针灸"或"记忆取穴法"更贴切。

干11：西方兽医中医针灸，起源于20世纪70年代世界针灸热后。

---

① 祁天培《英国五行针灸学术源流与诊疗特点研究》，云南中医学院硕士论文，2016年。
② 江南《英国天干地支针灸学术思想源流研究》，云南中医学院硕士论文，2016年。

干12：法国耳疗/耳医，由Paul Nogier医生于20世纪50年代创立。笔者认为也属于中西文化混血儿，但与上述西学中医方向相反，是受中医针灸知识的启发将西方民间疗法丰富发展而来。

以上是笔者调查清楚的西学中医各派，均为未来中医汉学研究的理想对象。

    贺 霆 法国西学中医成果研究会秘书长、原云南中医学院教授
    尹 明 云南财经大学国际语言文化学院教授
    黄在委 浙江中医药大学国际教育学院副研究员

# 从"情感"视角探查海外汉学史的
# 理论意义和实践价值[*]

任增强

**摘 要**：中国国内的海外汉学史研究，长期以来受思想文化史影响为多，多从理性角度偏向于关注汉学家的思想逻辑，以及对汉学成果所处社会背景的思考与分析，而往往忽视情感等非理性因素的介入。情感更多与具体的、现场的生命体验和感受有关，是海外汉学史研究中一个不容忽视的角度。从情感视角开展海外汉学史研究，可以探查情感因素对中国文化海外传播的影响作用，揭示汉学家等海外人士的情感活动与中国文化认知二者间的影响关系，破译海外汉学史上的未解之谜，建构汉学家与中国文化之间的情感——认知共同体。

**关键词**：情感 海外汉学史 汉学家 情感共同体

海外汉学，作为以汉学家为主体的海外人士观察、评论与研究中国文化的一门学问，历史悠久而成果丰赡。中国学界自20世纪初期，便规模性地着力于海外汉学，特别是法国汉学与日本汉学的译介和研究，以求所谓科学的方法。彼时，来华汉学家与中国学者多有交流切磋，归国留学生译介海外汉学成果，中国国内的图书馆和研究机构购藏汉学著作，国内发行的中外文报刊也刊载了大量海外汉学的学术资讯。[①] 改革开放以降，伴随着国门的打开，海外汉学作为一种具有方法论意义的学术资源，再一次被中国学界大规模地

---

[*] 基金项目：本文为国家社科基金重大项目"法国国家图书馆所藏中文古籍的编目、复制与整理研究"的成果，批准号17ZDA167。

[①] 关于20世纪上半叶代表性的汉学译介著述，详见李孝迁所编校《近代中国域外汉学评论萃编》，上海古籍出版社，2014年。

加以引介与研究。① 其中，来自中外关系史、外国语言文学、中国语言文学等专业领域的学者结合自身的学术背景，从不同向度对海外汉学这一前沿学术热点开展了多方位的研治。但就目前的研究情况而言，国内对海外汉学史的研究，长期以来受思想文化史影响为多，因此往往从理性角度考察汉学家的思想逻辑及其所处的社会历史背景，而多忽视情感等非理性因素的介入，而后者因更多与具体的、现场的生命体验与感受有关，也是一个不容忽视的角度。

近年来，西方情感史（the history of emotions）研究的勃兴，进一步引发了人文社会科学等学术领域对情感问题的关注。② 由此，借鉴情感史研究相关的理论和方法，结合海外汉学自身的特点而开展情感视域下的海外汉学史研究，是当下国内海外汉学研究值得探索的一个新向度。

## 一、情感与汉学

所谓在情感视域中检视汉学，其目的旨在裨补先前中国国内对于海外汉学史研究之不足，突破单纯以思想文化史相关理论对汉学家和汉学成果开展思想逻辑与社会语境分析的研究路数，而倡导海外汉学史研究的"情感向度"，即从情感因素的视角，对海外汉学史开展相关研究。

此处的汉学，指的是以汉学家等为主体的海外人士对中国文化所开展的评论与研究。关于汉学、中国学等概念，学界历来聚讼纷纭，不曾有统一之用法。但是从狭义角度观之，汉学重在开展对中国文学、历史、哲学等人文学科的研究；而中国学，侧重于以社会学理论对近代以降中外关系、中国政

---

① 代表性的成果，比如江苏人民出版社推出的刘东主编的"海外中国研究丛书"、上海古籍出版社推出的王元化主编的"海外汉学丛书"、花城出版社推出的乐黛云主编的"中国文学在国外丛书"、中华书局推出的"中外关系史名著译丛"，大象出版社推出的张西平主编"20世纪中国古代文化经典在域外的传播与影响研究"，乃至规模更为宏大的学苑出版社推出的阎纯德主编"汉学研究大系"等丛书。

② 2015年国际史学大会在济南召开，"情感史"被列为会议四大主题之一，让中国史学界首次感受到其重要影响。而后《史学月刊》2018年第4期所刊发的一组题为《情感史研究与当代史学的新走向》的笔谈文章，以及《社会科学战线》2020年第5期的《情感史学研究》专栏文章，进一步对这一话题进行了集中阐发。

治、经济等社会内容的研究。当然,二者间也有融合的倾向。① 相对而言,社会科学领域重在研究人类社会的一般规律,而人文领域更倾向于研究人的精神观念、情感和价值。故而,就情感视角而言,更侧重于研究与人文领域密切关联的汉学,而非中国学。

至于情感,其本身是一个难以界定的概念,关于情感的本质与一贯性,毫无疑问是一个开放性的问题。② 有西方情感史研究学者甚至认为,"盲目信仰我们这个时代的科学范畴,试图为'情感'下一个清晰而封闭性的定义,不但注定徒劳无功,而且又将会是把毁灭性的科学主义投射至可塑性的人类现实之上"。③ 这一看法有其深刻性,但亦失之偏执。公允而言,情感,应视为具有生物-文化性(bio-cultural)的存在。

在情感史研究的早期,如 1971 年至 1983 年,美国心理学家保罗·艾克曼(Paul Ekman)等人提出了 6 种基本的情感,即惊(surprise)、喜(joy)、哀(sadness)、怒(anger)、惧(fear)与恶(disgust),而其他情感则是上述 6 种基本情感的混合;并受达尔文主义的影响,艾克曼等认为此 6 种情感独立于所有的文化构型(cultural configurations)和话语框架(discursive grids)。然而事实上,情感虽包括本能反射和进而引发的身体上的化学反应,但是对于情感史而言,最为关键的是情感涉及认知或理智的评估。换言之,情感,部分是由文化所建构的,包含有社会因素,④ 如唐代韩愈在《原性》篇中亦曾言道,"情也者,接于物而生也"。而且,情感不仅具有社会因素,因外界环境而生,同样也会对外部世界施以重要的影响。情感史研究专家威廉·雷迪(William M. Reddy)借鉴语言学家奥斯丁(J. L. Austin)的言语行为理论(speech act theory),指出既然语言不仅具有描述性,还具有施为性(performative),那么情感表达也应被视为是"施情性"(emotive)的,雷迪认为,

---

① 阎纯德《汉学是什么》,《光明日报》2017 年第 13 期。

② Alix Cohen and Robert Stern, *Thinking about the Emotions: A Philosophical History*, Oxford: Oxford University Press, 2017, p. 1.

③ Damien Boquet and Piroska Nagy, *Medieval Sensibilities: A History of Emotions in the Middle Ages*, Cambridge: Polity, 2018, p. 6.

④ Katie Barclay, Sharon Crozier-De Rosa, Peter N. Stearns, *Sources for the history of emotions: a guide*, NY: Routledge, 2020, p. 5.

"情感表达理应被视为是一种改造世界的行为"①，是"施为性的、关系性的、实践性、象征性的，是极为重要的"②。

此外，认知心理学的研究发现，情感和思维是不可分的，由此打破了将情感与理性相对立的传统认知模式。"现代以来关于理性与情感的二分法是粗暴、轻率而幼稚的。理性与情感的分离是现代历史学的一个主题，也是现代历史记录的一种主导性修辞，是对大男子主义政治的一种保值，服务于政治利益。"③ 严格来说，理性与情感的分立，是西方文化传统的产物。西方话语通常将情感建构为人类心理器官的一个部分，近似于动物性的：原始的、本能的、生物驱动的、自发的、不可控的、女性的。相反，将理性建构为情感的对立面，是更为高级的一种思考，是意识性的、反思性的、计算的、可控的、严谨的、男性的。④ 而20世纪80年代以来，据人类学学者的考察，在西方世界之外，通常的情况是人们并不认为情感与理性或者说与思想是截然对立的，各自表征着自我所具有的相分离的部分或者功能。⑤ 在非西方传统中，比如传统中国，"心"（heart）被视为兼具思想和感情的双重功用，思与情并非截然对立的概念。⑥

具体至汉学家等海外人士，作为具体存在的生命体，一个关于中国文化的思考者和传播者，不仅是观念与理性的存在；同时，也是一个有意志、有情感的个体。只有将两者综合起来加以考量，方可能做到全面与准确。以海外汉学家为主体的海外人士，其生命体验、宗教信仰、情感活动与汉学之间存在着紧密的关联。作为异域人士，出于种种机缘而对非本国文化产生兴趣，

---

① William M. Reddy, "The Unavoidable Intentionality of Affect：The History of Emotions and the Neurosciences of the Present Day", *Emotion Review*, Vol. 12, no. 3, (2020), p. 176.

② Rob Boddice, "DamienBoquet and Piroska Nagy, Medieval Sensibilities：A History of Emotions in the Middle Ages", *The Medieval History Journal*, Vol. 23, no. 1, (2020), p. 168.

③ "Damien Boquet and Piroska Nagy, Medieval Sensibilities：A History of Emotions in the Middle Ages".

④ Ronald Grigor Suny, "Why We Hate You：The Passions of National Identity and Ethnic Violence", Berkeley Program in Soviet and Post-Soviet Studies, *Working Paper Series*, 2004, p. 15.

⑤ "The Unavoidable Intentionality of Affect：The History of Emotions and the Neurosciences of the Present Day".

⑥ Judith T. Zeitlin, *Historian of the Strange：Pu Songling and the Chinese Classical Tale*, Stanford：Stanford University Press, 1993, p. 154.

或通过著书立说，或由长期与中国的接触而开展对中国文化的评论与研究，逐步走上海外汉学之路，这背后的支撑力量无疑离不开某种深沉的情感，这种情感或许是好奇、热爱，也可能是一种蔑视，甚至是敌意。

情感因素对中国文化海外传播有何影响作用，汉学家等海外人士本人的情感活动如何影响其心理，进而影响其汉学研究与对中国文化的认知，这是海外汉学史研究中长期被忽视的内容。从情感角度考察海外汉学史，在理论层面可以裨补先前海外汉学史研究中对非理性因素关注度的不足，在实践层面则可以破译海外汉学研究中的未解之谜，解决先前单纯对汉学家和汉学成果开展思想逻辑与社会语境分析时所存在的某些学术疑难。

## 二、情感之于海外汉学史研究的理论意义

相对于经济与政治因素，情感的力量虽然无形却更具有穿透力。在彰显中国文化自信，推动中外文明交流与互鉴等方面，从情感视角开展海外汉学史研究，有着独特的理论价值；而在全球未有之大变局的形势下，如何为中国的发展营造和平友好的外部环境，通过汉学建构起中外之间的情感共同体，也是一种重要的现实考量。

第一，情感视角将海外汉学史研究的方法由西方话语中心转至东西方平等对话。海外汉学较早是由历史领域，特别是中外关系史方向的学者比如冯承钧、阎宗临、方豪等先贤加以引入的，故而历史研究中的理论与方法很自然地为海外汉学研究所遵循，比如早期兰克史学对海外汉学的影响。近代自然科学的出现，改变了人们的观念，一切都要向科学看齐。兰克史学即强调以理性、客观实证的态度对待历史文献，这非但影响了20世纪初的德、法汉学，而且因日本汉学的中介，进而影响到了中国学界。如早于1917年，《新青年》第3卷第3号便刊发了日本学者桑原骘藏的《中国学研究者之任务》一文，列数欧美汉学家的科学研究方法；而后1917年7月，胡适在由美归国途中的日记里亦写道："日本人桑原骘藏博士之《中国学研究者之任务》一文，其大旨以为治中国学宜采用科学的方法，其言极是……'整理'即英文之 Systematize 也"，① 遂提倡以科学的方法整理国故。所谓"吾国往昔学者之

---

① 胡适《胡适留学日记》，第393页，海南出版社，1994年。

考订故实,大率求证于古籍,而折衷于经义。其立论则焦劳于心者多,实验于目者少。乏进化之观念,少分析之能力。甚或以谶纬解经,以小说证史"。① 由此,所谓"焦劳于心""谶纬解经""以小说证史"等涉及非理性因素的中国传统阐释方法,被认定为是不科学的;似乎只有运用西方所谓的科学的研究方法,方是学术研究的正途。

而20世纪80年代以降,当国门打开后,国内学界引介与研究包括汉学在内的各类西学成果时,所看重者亦是所谓科学的研究方法。反观中国学界对海外汉学史的研究,无论是对汉学家的传记研究、中国典籍的译介、传播、接受与影响以及以国别汉学史或海外汉学通史等形式的研究,无不缺少从"情感"视角的介入与学术观照。在理性主义思潮主导下所谓科学的方法,往往排斥情感、想象、直觉等鲜活的、充满个性色彩的非理性因素,而"真正的理性主义应该很好地承认非理性的东西。不可能我们做每一件事都是理性的,不承认非理性的地位反而是不科学不理性"。②

回观传统中国,思与情并非截然对立的概念。中国人早就意识到思想和感情作为一个不可分割的整体而对人产生的影响,这一认知被汉学家文树德(Paul Unschuld)形容为"灵与肉的完美统一"。在文树德看来,情感由人体产生同时又反过来影响人体,这种情感与人体的统一性也意味着起初纯粹是身体反应,终会影响到理智。③ 在中国文化中感性与理性、情感与思想、主体与客体往往被认为是不可分割的。而情感史的出现,引发西方学界对情感因素的重视,必将会使中国古代的文化资源为西方学者所认可。我们发掘和激活中国传统文化中的情感话语资源,并以之为考察和分析海外汉学史的方法,这将会逐步改变汉学研究中西方话语居中心地位的现状,而使我国古代话语资源成为与西方话语平等的对话者。

第二,从情感角度开展汉学史研究,有助于探寻情感等非理性因素对汉学的规约和影响,裨补现有研究之不足。近年来,随着西方史学界情感史研究的勃兴,出现了对之前理性主义思潮的反拨与对历史宏大叙事的消解,作

---

① 梁绳祎《外国汉学研究概观》,《国学丛刊》1941年第5期。
② 何兆武、邓京力《没有哲学深度,就不能真正理解历史——何兆武先生访谈》,《历史教学问题》2002年第3期。
③ Paul Unschuld, *Medicine in China: A History of Ideas*, Berkeley: University of California press, 1985, p. 216.

为非理性因素的情感，逐步浮出地表而成为历史研究的关键词。情感因素的凸显，对长期以来忽视非理性因素的海外汉学史研究而言，不但是一种有益的学术补充，而且可以探索汉学家幽秘的情感因素及其对汉学的规约和影响。情感视角的出现，标志着中国学界对汉学的总体认识由狭隘的"理性主义"而向理性与感性相统一的学术认知方式加以转变。纵览海外汉学史，可以发现汉学家等海外人士的情感往往是其开展汉学研究的原初性动因，这体现在其走上汉学研究的道路是在某种情感的刺激下，其对中国文化的研究也是在某种情感影响下，由此对中国文化做出了或正面或负面的评价，制约或推动了其对中国的研究。这要求我们在开展海外汉学史研究时，应突破对历史档案和专著等传统文献的单纯依赖，而从传记、日记、书信、回忆录、文学作品等各类文字资料，乃至图像、实物等感性材料入手，探究汉学家的内心世界，揭橥情感与汉学之间的直接或间接性关联。可以说，我们从情感视角开展情感与汉学之间关系的探讨，无疑发现了一块近乎空白的学术领域。

第三，推动建构海外汉学与中国文化间的情感共同体。如前所述，一位异国人士对中国文化产生好感，并走上汉学学术之路，最终成长为一名汉学家，情感因素是不容忽视的重要动因。汉学家是中国与外部世界之间沟通与联系的重要纽带。汉学家的研究，一方面将中国文化介绍到全世界，推动了中国文化在海外的传播；另一方面，将海外的学术思想和社会思潮通过其著述传递到中国，促进了中外之间的文化交流。还有一点不容忽视的是，汉学家，特别是关注中国问题的海外文化名人，如下文将提及的有着英国乃至欧洲"第一位小说家"之称的作家笛福（Daniel Defoe，1660—1731），以及作为汉学家，同时也曾任美国社会科学研究理事会主席、美国历史学会主席、伯克利大学东亚研究所所长的魏斐德（Frederic Evans Wakeman，1937—2006），这些海外人士的言论在欧美往往具有强大的文化影响力和辐射力，其对中国的认知与评论很大程度上会影响到本国民众对华的态度，乃至本国政府对华政策的制定。故而，在当前世界百年未有之大变局的历史形势下，从情感的角度研究汉学家与中国文化间的关联，对于培养外国青年学者对中国文化的兴趣与热爱，并最终成长为知华、友华的海外汉学家，无疑也具有重要的现实意义。

## 三、情感对于海外汉学史研究的实践价值

此前因"情感"视角的缺失,对海外汉学史的理解往往不够周全,对于汉学史上的某些现象无法解释,而以"情感"视角加以探析,可以得出更为全面合理的答案。

(一)情感因素与启蒙时期中国文学的西传

关于中国文化在欧洲启蒙时期的传播,之前学界多从启蒙运动对"理性"推崇的角度,探讨儒家思想进入欧洲特别是法国的时代动因,而忽视了同时期欧洲对小说、戏曲等中国通俗文学的译介与引入,与当时所流行的"情感主义"(sentimentalism)思潮之间的关系。

18世纪中后期,欧洲资本主义迅速崛起,英、法、德等国的日常生活日渐繁荣,文学艺术也获得了极大的发展空间。自然科学对感官经验的高度重视,哲学与伦理学对道德情感的着重强调,虔敬派等强调信仰体验的基督教派深入人心,婚姻家庭观念的进步以及女权意识的觉醒,塑造了"情感时代"的整体社会文化环境。在这样的社会文化背景之下,一场推崇高尚的道德情感,热衷表现细腻温柔等内在感受的文学、文化思潮在欧洲各国蓬勃兴起。[①] 英国感伤主义代表作家斯特恩(Laurence Sterne)的小说、法国狄德罗(Diderot)的正剧、卢梭(Rousseau)的《新爱洛依丝》无不具有浓烈的感情色彩。这一派作家张扬感情的作用,细致描写人物的心情和不幸遭遇,以引起读者的同情和共鸣,有时对受压迫的百姓的疾苦表示怜悯,具有人道主义思想。[②] 而正是在18世纪欧洲"情感主义"思潮下,中国通俗戏曲与小说进入了汉学家的译介视野,比如载于1735年的《中华帝国全志》,收录由法国传教士殷弘绪(Francois-Xavier d'Entrecolles,1664—1741)迻译的《今古奇观》中的《庄子休鼓盆成大道》《怀私怨狠仆告主》《吕大郎还金完骨肉》3篇故事,以及马若瑟(Joseph de Premare,1666—1736)译出的元曲《赵氏孤儿》;再有即《好逑传》,1761年伦敦出版的帕西本,以及1766年、1776年相继出现的法、德、荷兰文译本。《赵氏孤儿》与《好逑传》中蕴含的道德

---

① 朱研《十八世纪欧洲情感主义思潮与文学现代性的起源》,西北大学博士学位论文,2016年。
② 李赋宁《欧洲文学史》,第466-467页,商务印书馆,2019年。

情感，无疑契合了当时欧洲的"情感主义"思潮。《赵氏孤儿》后由伏尔泰（François-Marie Arouet）、英国剧作家亚瑟·墨菲（Arthur Murphy）分别改编为《中国孤儿》。伏尔泰的《中国孤儿》又名《孔子之道》，墨菲的《中国孤儿》也到处谈论至德要道；① 《好逑传》则引起了席勒（Egon Schiele）、歌德（Johann Wolfgang von Goethe）等欧洲文化界名流的关注，比如歌德读后指出，"中国人在思想、行为和情感方面几乎和我们一样，使我们很快感到他们是我们的同类人，只是在他们那里一切都比我们这里更明朗、更纯洁，也更合乎道德"；② 《今古奇观》作为明末编选、刊行的一部白话短篇小说集，反映了当时市民阶层的生活面貌和思想感情，其被转译至欧洲，除了"观风俗"的理性诉求外，其中蕴含的情感因素无疑扮演了重要的角色，以至19世纪英国汉学家汤姆斯（P. P. Thoms, 1791—1855）在选译《今古奇观》时，仍这样指出"对于那些意欲了解中国风俗习惯的人们来说，这或许是一些有趣的故事，然而重要的是，这些故事向欧洲展现的是中国人并不缺乏仁慈、同情和爱这些细微的情感"。③

以上从宏观视角考察群体情感因素对于中国文化海外传播的积极影响；从微观方面而言，汉学家等海外人士的个体情感，亦可能会对海外中国形象的建构造成负面的消极影响。

（二）笛福因宗教仇恨而对中国形象的诋毁

笛福，因其1719年所出版的小说《鲁宾孙漂流记》（*The adventures of Robinson Crusoe*）被马克思（Karl Heinrich Marx）所提及，而为中国的普通读者所熟知。然而诸多学者也发现，笛福在随后出版的《鲁宾孙漂流记续集》（*The Further Adventures of Robinson Crusoe*）、《鲁宾孙的沉思录》（*Serious Reflections of Robinson Crusoe*）中却大肆贬抑中国的综合国力，攻击孔子的儒家学说和中国宗教。④ 笛福显然没有到过中国，其关于中国的知识和见闻来自早期欧洲旅行者的记叙，特别是耶稣会士的报告，"笛福广为了解这一类作品。随便

---

① 范存忠《中国文化在启蒙时期的英国》，第158页，译林出版社，2010年。
② ［德］艾克曼著，洪天富译《歌德谈话录（全译本）》，第220页，译林出版社，2002年。
③ P. P. Thoms, The Affectionate Pair; or, *The History of Sung-kin*, London: Printed for Black, Kingsbury, Parbury, andAllen, Leadenhall Street, 1982, pp. iii-iv.
④ 张国刚《文明的对话：中西关系史论》，第230-232页，北京师范大学出版社，2013年。

翻阅一下笛福书房中的藏书，就会发现数量可观的关于陆路与航海远行的著作"。① 但是笛福却完全颠覆了耶稣会士对中国的正面描述，作为英国乃至欧洲的"第一位小说家"②，通过其自身的文化影响力，为 17 世纪以来风行一时的欧洲"中国热"覆上了一层浓厚的阴影。

个中缘由，学界从理性与逻辑的角度多有探查，但是情感的视角也不容忽视。笛福生活在英国历史上的转折时期，出身于一个"不信奉国教者"家庭，在他出生的前 10 年，英国开始了第一次有巨大影响的资产阶级革命，资产阶级以暴力推翻了斯图亚特王朝的专制政权，处死了国王查理一世；在他出生的 1660 年，斯图亚特王朝的查理二世又在本国发动贵族，并在法国王室的帮助下成功复辟，查理二世和他的继承者詹姆斯二世，与议会中的资产阶级、新贵族一直进行着或明或暗的斗争。詹姆斯二世是天主教徒，企图在英国恢复天主教的统治，残酷迫害新教徒。笛福本人因在 1702 年发表《惩治不从国教者的捷径》来讽刺和控诉托利党人对非国教教徒的迫害，结果被逮捕，判以枷刑示众和半年监禁，最终导致其经营的砖瓦厂破产，而"当时英国的政治斗争，往往以宗教斗争为其表现形式，封建贵族与资产阶级都惯于以宗教为名谋求自己的阶级利益"。③

由此看来，笛福亦通过攻击天主教的形式来谋求自身的阶级利益，但是正面形式的斗争往往会遭到对方各种形式的打击报复，宗教斗争的残酷使得笛福内心充满了焦虑、仇恨与恐惧，故而借助于间接的方式，转而诋毁作为天主教徒的耶稣会士所描述的光辉的中国形象，经由戳穿耶稣会士说谎的方式，来攻击天主教徒的虚伪与腐败。作为政治斗争的表现形式，笛福以"中国"之矛，攻击"天主教"之盾，或本是一种政治策略；但作为欧洲的文化名人，他大肆地诋毁中国，对当时欧洲人的中国观产生了严重的负面影响。

在这一案例中需要指出的是，笛福所生活的时代正是中国的康乾盛世时期（1662—1795），中国在综合国力上远强于当时的英国，这里似乎不存在"落后就要挨打"的问题，而是某一具有重要文化影响力的个体的私人情感引

---

① Arthur Wellesley Secord, *Studies in the Narrative Method of Defoe*, Urbana-Champaign: The University of Illinois Press, 1924, pp. 25-26.

② ［美］伊恩·P. 瓦特著，高原、董红钧译《小说的兴起——笛福、理查逊、菲尔丁研究》，第 83 页，生活·读书·新知三联书店，1992 年。

③ ［英］笛福著，何青译《笛福文选》，第 4 页，商务印书馆，1960 年。

爆了欧洲的群体情感，导致之前传教士对中国的赞美发生了反转，从而助推了19世纪西方对中国的各种歧视和偏见。

（三）魏斐德的爱情与汉学研究转向

汉学家个体的情感经历，如何影响其心理，进而对其汉学研究产生关联性影响，此亦是借助情感汉学研究，可以破译的未解之谜。此处以美国著名汉学家魏斐德的爱情与其"上海三部曲"等著述为例加以说明。

1985年之前，魏斐德的研究重点集中于中国清代史，出版有《洪业：清朝开国史》《中华帝制的衰落》《大门口的陌生人：1839—1861年间华南的社会动乱》等著作，"他一直许诺要写一本关于18世纪乾隆腐败统治的书……但魏斐德余下的大部分职业生涯都用于探索20世纪早期中国的犯罪、间谍和腐败"，①"他先前并不研究上海史，但他后半生，大部分精力放在了上海史研究方面。除了'上海三部曲'之外，《间谍王》也有相当的内容涉及上海，还有一大批关于上海史的论文"。②魏斐德有些令人意外地改变研究方向，转入对"上海史"的研究，并推出了包括大批论文和《上海警察》《上海歹土》《红星照耀上海城》所谓的"上海三部曲"，其中的动因不排除理性因素的存在，比如魏斐德在《上海歹土》"中文版自序"中言道，"我对这场秘密战争的研究，最终是受原始资料，尤其是公共租界工部局警务处政治部档案的驱使"，③但另一个重要的动因不容忽视，即情感因素。

据魏斐德的夫人、出生并长大于中国上海的梁禾女士充满浪漫与伤感的回忆，在20世纪90年代初，在一个"命定的周日之夜"，参加美国全国人文中心的一个晚宴招待会上，梁禾女士遇到了"冥冥中想象的那种爱情"，对汉学家魏斐德一见钟情，因为有非常爱自己的前夫而不敢去追求这份爱，但是当魏斐德因手术失败而下肢瘫痪后，梁禾终于迈出了这一步，义无反顾地来到魏斐德身边。中国夫人的爱情与付出，对作为汉学家的魏斐德而言是震撼性的！在一次遇到梁禾的前夫后，魏斐德如此感慨道："真没想到，你为我放

---

① ［美］欧立德《他走后，谁还能继续为我们讲故事》，载梁禾编《魏斐德：壮阔人生远航者》第96页，人民出版社，2018年。

② 熊月之《从上海瞭望中国——魏斐德教授与上海史研究》，载梁禾编《魏斐德：壮阔人生远航者》第128页，人民出版社，2018年。

③ ［美］魏斐德著，芮传明译《上海歹土——战时恐怖活动与城市犯罪1937—1941》，第1页，上海古籍出版社，2003年。

弃了这么优秀的男人！我从事中国研究四十来年，颇能辨识中国人，而他属我见过的最优秀的类型！你不知道这个短暂见面对我的震撼：我震撼你爱我的程度和质量及付出！"说完，魏斐德竟哽咽起来。① 在夫人梁禾的回忆录中，频繁使用"感叹号"，足见这段感情与婚姻对魏斐德心灵的强烈震撼。夫妻二人作为"知音伴侣"，魏斐德被爱情的力量所震撼，出于"爱屋及乌"与酬谢知己的动机而改变自己的研究方向，将目光锁定妻子出生并生活了二十余年的上海，研究上海史，似应是一种情感的驱动与需要。② 情感的力量不仅改变了汉学家魏斐德的研究领域，重要的是其中体现出的价值倾向。

在60年代早期，魏斐德曾想象自己带有某种为了美国的爱国使命，将"红色中国"视为冷战与战争的一部分，但是"60年代的3件事打开了我的眼界，让我认识到了冷战期间顽固的美帝国主义在亚洲存在的危险"，进而降低了冷战热情，甚至改变了政治观念。③ 从《上海警察》，到《上海歹土》，最后至《红星照耀上海城》，围绕1927年至1952年间上海的公共治安开展研究，对国民政府时期、抗战时期、解放战争时期与新中国成立初期进行前后对比，并将最后一部著作命名为《红星照耀上海城》（Red Star Over Shanghai），让人联想到美国著名左翼人士埃德加·斯诺（Edgar Snow）的《红星照耀中国》（Red Star Over China），其中隐含的价值倾向，不言而喻。

## 结 语

情感，是影响中国文化对外传播与接受的重要因素。中国文化的海外传播与落地，不仅是中外之间思想与观念的交流，也是情感的交互与交融，情感因素是思想观念背后更具有根本性意义的长久问题。情感层面的友好互动，会促使海外民众产生"移情"和"共情"效果，推动中国文化深入民心，植入心灵；而汉学家，特别是海外知名文化人士的个体情感因具有强大的影响

---

① 梁禾《知音伴侣》，载梁禾编《魏斐德：壮阔人生远航者》，第36—37页，人民出版社，2018年。

② 此外，另一位美国汉学家周锡瑞（Joseph W. Esherick）之所以著有《叶：百年动荡中的一个中国家庭》，讲述其中国夫人叶娃的家族故事，应亦是出于情感的驱动。

③ ［美］魏斐德著，梁禾编《远航：魏斐德演讲访谈录》，第257—258页，新星出版社，2018年。

力和辐射力，往往会左右群体情感的生成与强化，从而对中国文化和中国形象产生正面或负面的评价，甚至会影响到官方对华政策的制定。

当今世界面临百年未有之大变局，如何从情感视角重新梳理海外汉学史，对汉学家为代表的海外人士的情感进行追踪与勘察，总结历史的经验得失，唤起这一群体以及海外民众对中国文化的情感认同，消弭负面误解而培养正面情感，增进中外间的情感认同与互通互信，不仅具有重要的学术价值，无疑也是当前海外汉学研究所亟须回应的时代命题。

任增强　山东大学儒学高等研究院副教授

·张西平专栏·

# 梵蒂冈图书馆所藏西学汉籍刻本特点研究[*]

张西平

**摘 要**：明清之际的西学汉籍是近代中西文化交流史的重要历史文献，由于历史的各种原因，这批历史文献绝大多数藏在欧洲，藏在国内的较少。梵蒂冈图书馆是全球各大图书馆中收藏明清之际西学汉籍最多的图书馆之一。梵蒂冈图书馆的中文藏书来源多种多样，从而使藏书的类型十分复杂。收藏最多的自然是刻本。这些刻本大多是国内天主教的各个教堂刻印发行的，此外，官刻本也有，像《崇祯历书》等天算之学的书籍大多是官府所刻。本文对梵蒂冈图书馆所藏明清之际西学汉籍刻本中天算历法刻本、清廷刻本、多样性刻本文献的特点做了分析。

**关键词**：梵蒂冈图书馆　西学汉籍　文献

梵蒂冈图书馆的明清之际西学收藏很有特点，除了明清之际各个堂口的西学刻本以外，稿本也有很多。例如，白晋（Joachim Bouvet，1656—1730）等耶稣会士在宫中研修《易经》时留下的一批稿本以及一些信教文人所写的护教论辩性稿本。同时还有相当数量的中文与法文或者其他欧洲语言混杂在一起的稿本、笔记等。

如何从总体上概括梵蒂冈图书馆所藏明清之际西学汉籍的特点？笔者认为，这应放在国内外学术界已经出版的几套明清天主教史文献丛书中加以比

---

[*] 本文为国家社科基金重大项目《梵蒂冈图书馆藏明清天主教文献收集与整理》的阶段性成果，批准号14ZDB116。

较。20世纪由我国台湾出版的《天主教东传文献》《天主教东传文献续编》《天主教东传文献三编》拉开了对明清之际天主教史文献的整理序幕,此后1996年出版的《徐家汇藏书楼明清天主教文献》,2002年出版的《耶稣会罗马档案馆明清天主教文献》,2005年出版的《东传福音》,2009年出版的《法国国家图书馆明清天主教文献》和2013年出版的《徐家汇藏书楼明清天主教文献续编》使这批文献以前所未有的速度在学术界展现。2014年、2019年由笔者和意大利汉学家马西尼(Federico Masini)、任大援教授、梵蒂冈图书馆副馆长裴佐宁(Ambrogio M. Piazzoni)共同主编的《梵蒂冈图书馆藏明清中西文化交流史文献丛刊》第一辑、第二辑的出版标志着大规模的文献整理出版告一段落。① 如果放在这个文献系列中来考察,梵蒂冈图书馆所藏明清之际西学汉籍刻本文献有以下三大特点。

## 一、天算历法书籍是梵蒂冈图书馆所藏刻本的重要内容

目前除《梵蒂冈图书馆藏明清中西文化交流史文献丛刊》第一辑、第二辑以外,其余几套大型文献整理丛书都有一个共同的不足,就是缺乏对来华传教士中文天算历法等科学刻本文献的整理。如果看陈纶绪神父(AlbertChan, S. J., 1915—2005)对罗马耶稣会士档案馆所藏中文文献的编目 *Chinese Books and Documents in the Jesuit Archives in Rome*,在其第二卷中有汤若望(J. A. Schall von Bell, 1592—1666)的《恒星经纬图说》《恒星出没表》《恒星历指》《恒星经纬》《远镜说》《新法西传》《新历晓惑》《浑天仪说》《交食表》《测食略》,邓玉函(Johann Terrenz, 1576—1630)的《测天约说》,南怀仁(Ferdinand Verbiest, 1623—1688)的《新制灵台仪象志》,罗雅谷(Jacques Rho, 1593—1638)的《五纬历指》《五纬表》《测量全义》等43部天算及科学的中文刻本,② 但这些在《耶稣会罗马档案馆明清天主教文献》中均无整理出版。在2009年出版的《法国国家图书馆明清天主教文献》中虽然收录了龙华民(Nicolas Longobardi, 1559—1654)的《地震解》、

---

① 尽管在世界范围内仍有部分图书馆藏有明清之际来华传教士的中文文献,例如意大利的国家图书馆、卡萨纳特图书馆、法国里昂图书馆、俄罗斯的彼得堡档案馆等,但其文献所藏规模都不太大,当然,继续寻找与整理出版仍是学术界的重要任务。

② Albert Chan, S. J., *Chinese Books and Documents in the Jesuit Archives in Rome*, New York, 2007.

汤若望的《测食略》、闵明我（Philippe Marie Grimaldi，1639—1712）的《交食表》《方星图解》等几部著作，但实际上从古郎（Maurice Courant，1865—1935）书目可以看出，在法国国家图书馆中还藏有《治历缘起》《历书总目》《学历小辩》《新法表异》《新法历引》《历法西传》《黄赤道距度表》《崇祯历书·日躔历指》《西洋新法历书·日躔历指》《月离历指》《交食历指》《月离表》《古今交食考》《恒星历指》《崇祯历书》《恒星经纬表》《恒星经纬图说》《无纬历指》《西洋新法历书·五纬表》《恒星出没表》《大清康熙五十年岁次辛卯时宪历》等二十余部天算刻本，① 很遗憾 2009 年出版的《法国国家图书馆明清天主教文献》对这些天算西学汉籍刻本绝大多数没有收录。当然，这或许有出版经费方面的具体考虑，但这样的编辑涉及如何理解中国天主教史这一基本问题。

在整理明清之际的中国天主教史文献时，来华传教士的科技类著作是不可或缺的。在研究中国天主教史时，这也是必须具有的一个维度。

同时，这个传教策略也符合了中国文人对当时西学的认识。确实，在明末的中国，人们对于一种外来宗教不仅不会有太多的新奇感，反倒可能会生出极大的戒心。但是，由于时势变化及其所引发的社会思潮的转变，在当时的一些士人中间却滋长出一股对于"有用之学"的兴趣，并突出表现在历算之学上。这一方面是因为当时官方的《大统历》误差日益明显但钦天监的历官们却束手无策，另外一方面也是由于学风的转变，早在明朝中期时曾官至刑部尚书的顾应祥（1483—1565）评论《回回历法》时就说过："予尝阅《元史》，见耶律楚材所造《庚午元历》亦详细，楚材亦胡人也。盖外夷之人不为文义牵绕，故其用心精密如此。我中国之儒，错用心于无益之虚文，而于数学知之者鲜，宁不可惜哉。"②

晚明时实学兴起，对心学所空谈心性的倾向不满，"相继涌现出以李时珍（1518—1593）、朱载堉（1536—1611）、徐光启（1562—1633）和宋应星（1587—约1666）等人为代表的一批有用知识的探寻者和编纂者"③。所以，耶稣会士进入中国后与这些"实学"者相遇。为适应中国文人们对"实学"

---

① 张西平主编《欧洲藏汉籍目录丛编》第四卷，广东人民出版社，2019 年。
② （明）顾应祥《静虚斋惜阴录》（卷六）第 22-23 页，明刻本。
③ 石云里《梵蒂冈图书馆藏明清中西文化交流史文献丛刊》第二辑前言，大象出版社，2019 年。

的兴趣，传教士们开始以科学器物，例如三棱镜、地球仪、地图等吸引儒家的官员和士人。

在西方科学技术吸引了一些中国士人后，他们就希望学习西方著作，这样翻译工作就开始了。最早翻译《几何原本》的就是瞿太素。西学汉籍、西学知识首先是从刊印天文历算书籍开始的。所以，这批传教士的科技著作是其传教路线的重要组成部分，他们想借西方数学严密推理和精确计算的新异特点打动中国人，以其数学知识的精确性和天文知识的有效性来间接证明西方学术整体的有效性，以其逻辑推理的严密性来间接证明西方学术整体的可信性，证明西方数学等学术比中国学术"强"，以打入上层社会，推广其宗教。①

所以，科学是传教的手段与策略，如果不研究其手段和策略，如何能做好中国天主教史？

笔者认为，应该将来华传教士的这部分工作作为中国天主教史的重要内容之一来展开研究，不然我们无法说清传教士的整体活动，无法揭示出这一时期传教士传教的特点与特征，无法揭示出中国天主教在其初期发展阶段的特殊性。天主教在中国的传播成败与如何处理好宗教传播与为清廷服务这两者之间的关系是紧密联系在一起的。这样的综合性研究或许打破了以往传教学或者宗教史写作的模式，但却符合中国天主教史发展的实际。很遗憾，无论是国外还是国内，对这两者之间的复杂关系至今没有很好地厘清，中国天主教史叙述的一个薄弱环节就在于此。传教士将自己的学问称为"天学"，这里既是指天算之学，也是指天主教之学。李之藻的《天学初函》就是将这两部分包含在一起。邵辅忠在《天学说》一书中说："我明国从来不知有天主也，自神宗朝泰西利玛窦始倡天主之教，其所立言，以天文历数著，一时士大夫争慕向之，遂名天学云。"② 所以，"天学"的双重性正是传教士的重要传教策略——将宗教与科学相勾连。目前在学术界的研究中，从传教士的天

---

① 宋芝业《会通与嬗变：明末清初东传数学与中国数学及儒学"理"的观念的演化》第212页，上海古籍出版社，2016年。

② 吴相湘编《天主教东传文献续编》（第1册）第3页，台湾学生书局，1966年。

文历算著作探究其宗教特点还做得不够。①

## 二、清廷珍稀历史文献的收藏是梵蒂冈
## 　　图书馆中文文献的重要特点

　　由于梵蒂冈图书馆所藏的中文文献大都是由来华传教士所带回的，而这些传教士有些长期生活在京城，这样一些珍稀的清廷重要历史文献也被带回了罗马，使梵蒂冈图书馆有了这类收藏。这些历史文献主要有以下几种类型：

　　第一类：诰命。

　　诰命又称诰书，是皇帝任命当朝官员、授赠给官员家属的荣誉证书。所谓"诰"是"以上告下"的意思。诰作为王命文书开始于西周。如《尚书·周书》载有《大诰》《汤诰》《康王之诰》等篇，是周王用以告诫臣工的文书。从宋代开始，凡文武官员的迁改职秩、追赠大臣、贬罚有罪、封赠其祖父妻室，都用诰命。清沿明制，有制度规定：封赠官员首先由吏部和兵部提准被封赠人的职务及姓名，而后翰林院依式撰拟文字。届封典时，中书科缮写，经内阁诰敕房核对无误后，加盖御宝颁发。清代诰命是用五色或三色纻丝织成的。由于各官员的品级不同，诰命封赠的范围及轴数、图案也各有不同。清朝规定，凡封镇国公以下、奉恩将军以上，用龙边诰命，锦面、玉轴。封蒙古贝子、镇国公、辅国公、札萨克台吉、塔布囊、蒙古王公福晋及封外国王妃、世子、世孙的诰命，为锦面、犀轴。诰命由翰林院撰拟，有固定的程式，用骈体文，按品级高低增减字句，由内阁颁发。梵蒂冈所藏的诰命文献刻本最著名的有顺治、康熙两朝分别给汤若望的诰命四份。

　　第一份是顺治十六年（1659）赠封汤若望一家的诰命，文献编号R. G. Oriente. Ⅲ-2。诰命原文分以满、汉文缮写，在周边印有双龙戏珠花样。汤若望在此诰命中授获光禄大夫阶，其曾祖笃璆、祖父玉函以及父亲利国也因此被赠为"光禄大夫、通政使司通政使，用二品顶戴加一级"，曾祖母赵氏、祖母郎氏以及母亲谢氏均获赠为一品夫人。这份诰命黄缎封面，共29

---

① 目前做中国天主教史的学者，基本不涉及对来华传教士科学著作中的宗教思想的研究，而做中国科技史的学者大都只是对这批著作的科技内容或者历史过程加以研究，很少有学者对这些著作的宗教思想展开研究。即便是国外大名鼎鼎的汉学家，其实也缺少对来华传教士科技著作宗教思想的研究。

页，落款是"康熙元年二月二十五日"。这份文献奥地利国家图书馆也藏有一份题为《思荣四世绿》的刻本（文献编号 Sin. 57），封面的拉丁文如下：

> Libelluscontinens encomia et titulos quosImperator sinensis deditp Ioanni Adamo Schall Coloniensi Societatis Iesueiusparentibuset avis et proavisin tertiam scilicet generationemanno imperi suioctavoob restauratam ab eoapud Sinasatronomiameditissinice libris①

第二份是顺治帝所写的《御制天主堂碑记有铭》，文献编号 R. G. Oriente. Ⅲ-3，时间是"顺治十有四年岁丁酉二月望日"。文献是黄缎面，以汉文书写，共八页。历史记载顺治

> 十四年二月，上巡幸南苑，偶经位于宣武门内新修的天主堂，乃以"若望入中国已数十年，而能守教奉神，肇新祠宇，敬慎蠲洁，始终不渝，孜孜之诚，良有可尚，人臣怀此心以事君，未有不敬其事者也，朕甚嘉之"，而赐亲书的"通玄佳境"堂额一方以及御制的《天主堂碑记》一篇。②

封面的拉丁文是：

> apographumeiuselogiiquo sinarum imperatortam legem Dei quameiuspraeconem p IoannemAdamum Schall Soc Iesuextollitquodquemarmoriinsculptum ante fores ecclesiae in ipso atrio statuit anno imperii sui decimo quarto③

---

① Little booklet containing praises and distinctions that the emperor Chinese gave to Father Schall Coloniensi and his parents and ancestors and remote ancestors up to the third generation in the year 8th of his rule, because he updated the astronomy and edited Chinese books. 英文是由麦克雷教授翻译的，在此表示感谢。

② 黄一农在《华裔学志》研究所看到的复制本，标题是根据拉丁文所拼出的，所以应为《恩荣四世考》，参见黄一农《耶稣会士汤若望在华恩荣考》，《中国文化》1992 年第 7 期。

③ Transcript of the praises that the emperor of China as if it is a divine law and he the herald gave to Fr Iohannes Adam Schall Jesuit and erected carved into marble and put at the entrance of the gates of the church and in the year of his rule 14. 英文是由麦克雷教授翻译的，在此表示感谢。

第三份是《特赐嘉名》，文献编号 R. G. Oriente. Ⅲ-4，黄缎封面，满文、汉文缮写，周边印有双龙戏珠花样，时间是顺治十年（1653）三月初四。因汤若望完成清时宪历呈现皇帝，顺治"今特赐尔嘉名通微教师"。全文 24 页。《汤若望传》作者魏特（Alfons Vath，1874—1937）将《正教奉褒》中记载的"通微教师"写成了"通玄教师"，这是不对的，梵蒂冈图书馆的诰命是"通微教师"。① 封面的拉丁文是：

Titulushonorificus et laudesquas Sinarum Imperatore Xun Chi dictoanno imperii sui decimodedit P Ioanni Adamo Schallsocietatis Iesuob nauatam in restaurandamAstronomiaoperam②

第四份是无标题的 R. G. Oriente. Ⅲ-5，黄缎封面，汉文缮写，周边印有双龙戏珠花样，时间是顺治八年（1651）二月十一日。八年正月，顺治因亲政而颁恩诏，封赠内外满汉官员，汤若望作为太常寺管钦天监正事，嘉封其父汤利国，其母谢氏，祖父汤玉函，祖母郎氏两代人。封面的拉丁文是：

Libellusitidemcontinens encomia et titulos quos sinarumImperator contulitP Ioanni Adamo Schall Societatis Iesueiusparentibusavis et proavis in quartam scilicet generationem anno imperi suidecimooctavus a filiosuccessore anno primo impericonfirmatos et traditos③

---

① 参见［德］魏特著，杨丙辰译《汤若望传》第二册第 38 页，世界知识出版社，2015 年；辅仁大学天主教史料研究中心编《中国天主教史籍汇编》第 486 页，台湾辅仁大学出版社，2003 年。

② Honorific distinction and praises that the emperor of China called Xun Chi gave in the 10th year of his rule to Father Iohannes Adam Schall Jesuit for his efforts in renewing the work of astronomy. 英文是由麦克雷教授翻译的，在此表示感谢。

③ Similar booklet containing praises and distinctions that the emperor Chinese gave to Father Iohannes Adam Schall Jesuit and his parents and ancestors and remote ancestors up to the fourth generation in the year 18th of his rule, confirmed and handed over by his son and successor in the first year of his rule. 英文是麦克雷教授翻译的，在此表示感谢。

清廷给汤若望的诰命文献在欧洲其他图书馆也有藏本，例如法国巴黎的国家图书馆（Bibliothèque nationale de France）曾有一题为"敕谕"的刻本（编号 BNP 1324），是顺治八年（1651）八月二十一日颁赐汤氏的三件诰命。汤若望被特授以通议大夫阶，其祖父玉函及父亲利国均被赠为"通议大夫、太常寺卿"，祖母郎氏及母亲谢氏则获赠为淑人。

顺治帝特授汤若望为"通微教师"的诰命在维也纳奥地利国家图书馆（Austrian National Libraryin Vienna）也藏有一份，编号 Sin. 56，① 但相比之下，只有梵蒂冈图书馆的藏本最为完整，具有重要的学术与文献价值。

清廷的诰命文献还有康熙在十六年（1677）四月初六日关于安文思去世所发的《上谕》。梵蒂冈图书馆有多份诰命文献，这里不再一一赘述。

第二类：奏疏。

奏疏是中国古文书的一种类别，又称奏议，是古代社会历代臣僚向帝王进言使用文书的统称，属于上行公文。唐宋以后上奏文书统称奏议，多数称为奏疏。奏疏的文种名称，汉代有章、奏、表、议等，魏晋南北朝时期除沿用章、表、议等外又增加了启文；隋、唐、宋时期一般用表和状两种。明、清两代有题本、奏本、表、笺、启以及康熙朝后广泛使用的奏折等。作为一种具有政治性和工具性的应用文体，奏疏有其确定的阅读对象、明确的行文目的、强烈的针对性和时效性，因而有着自己独特的文体功能和写作特点。梵蒂冈图书馆所藏的奏疏主要是汤若望的《奏疏》四卷（文献编号 R. G. Oriente. III. 232. 1-4），这些奏疏是汤若望在顺治年间主持清朝历法期间所上报的各种奏章以及礼部、吏部、工部所发的相关文件，真实记录了西洋历法在中国官方化的真实历史过程。《奏疏》中记载了他自荐修历以及通过预报天象和测绘击败了回回历和大统历的经历。他在掌握了钦天监后通过新人选拔和考试等办法对钦天监完成重组，罢黜了回回历，彻底掌握了钦天监的权力。在完成《西洋新法历书》后他获得了各种奖励和封赐。因此，这些奏疏是研究明清之际西学东渐的重要的第一手文献。②

---

① 《耶稣会士汤若望在华恩荣考》，载《中国文化》1992 年第 2 期。
② 石云里、汪前进主编《梵蒂冈图书馆藏明清中西文化交流史文献丛刊》第二辑（第 5 册）第 4-5 页，大象出版社，2019 年。

## 三、天主教文献刻本的多样性是梵蒂冈图书馆所藏刻本的重要特征

梵蒂冈图书馆所藏的西学汉籍来源多样，其西学汉籍的类型也多样化。

第一类：舆图与版画。

梵蒂冈图书馆所藏的舆图中最重要的是利玛窦（Matteo Ricci，1552—1610）的《坤舆万国全图》（Barberini Orient150），这幅《坤舆万国全图》由6条屏幅构成，每条屏幅的尺寸为1.79米×0.69米，地图总长度达到了4.14米。地图呈椭圆形，内容详备，上有三枚耶稣会印章，背面则写有拉丁文，意大利汉学家德礼贤（Pasquale M. D'Elia，1890—1963）认为这幅地图是1602年的李之藻版利氏地图。1911—1913年，为纪念利玛窦逝世300周年，耶稣会神父、意大利学者汾屠立（Pietro Tacchi Venturi，1861—1956）编订《利玛窦全集》（Opere storiche del P. Matteo Ricci S. I.），共两册，其中展示了藏于梵蒂冈图书馆的利玛窦世界地图的十二分之一，这份地图的原貌开始为人所知。①

梵蒂冈图书馆所藏的舆图还有南怀仁的《坤舆图说》（Borg. cin. 350-30），艾儒略（Giulio Aleni, S. J., 1582—1649）的《万国全图》（Barberini Orient151）和毕方济（Francois Sambiasi，1582—1649）地图，这些均为刻本

---

① 关于利玛窦地图的研究是一门大学问，这门学问源于梵蒂冈图书馆所藏的这幅利玛窦地图的出版。禹贡学会1936年将刊布的第五卷第三、四期合刊设为"利玛窦研究专号"，其中包括洪煨莲的《考利玛窦的世界地图》和陈观胜的《利玛窦对中国地理学之贡献及其影响》等论文，系统总结了截至当时国内外利玛窦世界地图研究领域的研究成果。1939年德礼贤出版了《利玛窦神父的中文世界地图》，其全名为《藏于梵蒂冈图书馆的利玛窦神父的中文世界地图，由本书评论、翻译、注解，另附30幅地图与16幅插图》（Il Mappamondo Cinese Del P. Matteo Ricci S. I., conservvato pressola Biblioteca Vaticana, commentato tradottoe annotato. Con XXX tavole geografichee 16 illustrazioni fuoritesto）。该书长58厘米、宽44厘米，"版式硕大无朋，刷印装帧皆甚精"，其内容包含前言、正文、附录索引。其正文又分为三个部分：历史部分、地图部分与注解部分。2004年黄时鉴、龚缨晏所著的《利玛窦世界地图研究》是国内首部利玛窦世界地图研究专著，这本书总结了100多年海内外学者对利玛窦世界地图的研究成果，是目前国内外研究的最新成果。2015年，学者高翔出版了《〈坤舆万国全图〉地名索引》，这是国内、国际第一本针对利玛窦世界地图地名的研究专著，作者参考当时西方、东方的多幅古地图，对《坤舆万国全图》中的所有地名做了逐一考证，填补了该领域地名专项研究的空白。

地图，尚不包括卜弥格（Michel Boym，1612—1659）的手绘中国地图。

此外还有马国贤（Matteo Ripa，1692—1746）的《避暑山庄三十六景》（Barberini Orient151）。此书并无标题，在扉页有拉丁文"中国或鞑靼之风景的书，是内蒙古热河的传教士马国贤于1720年赠送给红衣主教巴尔贝里尼的，四册本"。这里并非展开《避暑山庄三十六景》本身的研究，① 而是从梵蒂冈图书馆刻本文献收藏的多样性来介绍，这份文献是马国贤亲自带到罗马的，画册黄缎包装，估计应该是《避暑山庄三十六》的第一版，因此文献版本价值较高。

第二类：西文与中文混刻文献。

在古代和中世纪时，拉丁语并非唯一支配教会生活的语言，基督教传入罗马时用的就是希腊语。拉丁语直到三四世纪才获得了在宗教仪式中的支配地位。② 西方传教士进入中国，这种教会的官方语言也开始进入中国的文化生活中。要说最早的拉丁语与中文混合文献应该是罗明坚（Michele Ruggieri，1543—1607）在澳门学习汉语时所编辑的《葡华辞典》，③ 罗明坚在辞典所附散页中用拉丁文写下了一篇学习汉语的《宾主问答辞义》，④ 同时用罗马字母注音词典中的汉字，这或许是最早的拉丁文与中文的混合文献，但《葡华辞典》只是手稿，并非出版物。梵蒂冈图书馆的刻本文献中有一批拉丁文与中文的混合出版物，这些出版物在中国印刷出版史上具有重要的学术价值。

《西字奇迹》（Barberini Orient231），方豪认为此文献出版于万历三十二年（1604）⑤，此书被收入《程氏墨苑》之中，陈垣先生在《跋明季之欧化美术

---

① 参见莫小也《十七—十八世纪传教士与西画东渐》，中国美术学院出版社，2002年；莫小也《马国贤与〈避暑山庄三十六景图〉》，载《新美术》1997年第3期；刘亚轩《铜版画〈避暑山庄三十六景图〉与欧洲18世纪中国园林热》，载《南京艺术学院学报》2010年第4期。
② [法] 弗朗索瓦·瓦克著，陈绮文译《拉丁文帝国》，生活·读书·新知三联书店，2016年。
③ [美] 魏若望编《葡华辞典》，葡萄牙国家图书馆等，2001年。
④ 杨少芳《西人汉语学习第一篇：〈宾主问答辞义〉初探》，载《国际汉学》2018年第2期。
⑤ 方豪《拉丁文传入中国考》，载方豪《方豪六十自定稿》上册第1—35页，台湾学生书局，1960年。

及罗马字注音》中提到此事。① 尽管中国学术界对此事从陈垣先生开始就进行了讨论，但直到尹斌庸先生时才真正依据梵蒂冈图书馆所藏《西字奇迹》展开研究。方豪先生是从拉丁文传入中国的角度来讨论的，尹斌庸先生是从汉语拼音历史的角度来讨论的，这里我们从中国印刷出版的角度来指出《西字奇迹》的学术价值，它是中国历史上第一个欧洲语言和中文混合印刷的出版物，开启了中国印刷出版史的新的领域。② 在《西字奇迹》后耶稣会沿着这个方面开始出版欧洲语言与中文混合印刷出版物，例如，1662 年郭纳爵（Ignace da Costa，1599—1666）与殷铎泽（Prosper Intorcetta，1625—1669）在中国出版的《中国智慧》是中国第一次出版的中文和拉丁文混编文献，具有重要的出版史意义。

1667 年至 1669 年，在中国和果阿出版了由殷铎泽翻译，由其中国助手保罗所完成的《中国政治道德学说》（ *Sinarum Scientia Politico-Moralis* ）的中文和拉丁文版。③ 这方面梵蒂冈图书馆的藏书都提供了直接的证据，这就是由耶稣会士何大化（Antione de Gouvea，1592—1667）所编辑的《无罪获胜》一书，这本书 1671 年用拉丁文和汉文混刻，在广州印刷出版。

《无罪获胜》（ *Innocentia Victrix Siue Sententia ComitiorumImperiiSinici Pro InnocentiaChristianaeReligionis* ）是一份耶稣会士在清初历狱的斗争中获得了胜利后所作的一份文件。清初历狱是中西文化交流史的大事件，关于这方面的研究很

---

① 参见陈垣《跋明季之欧化美术及罗马字注音》，载《陈垣学术论文集》第一集第 132-134 页，中华书局，1980 年；尹斌庸《西字奇迹考》，载《中国语文天地》1986 年第 2 期；尹斌庸《利玛窦等创制汉语拼写方案考证》，载《中国学林》（第四期），上海远东出版社，1995 年。

② 学术界至今尚未对明清之际的中文与拉丁文混杂文献，以及拉丁文文献在中国的刻印出版进行系统研究。参见张秀民《中国印刷史》，浙江古籍出版社，2006 年。基督新教入华后，讨论出版史的著作较多。参见金多士《在华传教士出版简史》，中央编译出版社，2017 年；汪家熔辑注《中国出版史料》，河北教育出版社，2004 年；张静庐辑注《中国近现代出版史料》，上海书店，2003 年；苏精《铸以代刻：十九世纪中文印刷变局》，中华书局，2019 年。学术界关注的重点仍在晚清。

③ 罗莹《儒学概念早期西译初探：以〈中国哲学家孔子·中庸〉为中心》第 37-38 页，外语教学与研究出版社，2014 年。

多，① 这里主要从汉字西传的角度展开研究。② 这份文献有 12 种：

（1）康熙八年（1669）五月初五日利类思、安文思、南怀仁奏控杨光先并请昭雪汤若望呈文；（2）礼部等衙门为详查利类思等呈控各由题本；（3）康熙八年（1669）七月二十六日上谕议政王贝勒大臣九卿科道会同再详议具奏；（4）议政王大臣等复议昭雪汤若望、许缵曾、李祖白等，并议请将杨光先处斩、妻子流徙宁古塔题本；（5）上谕免杨光先死，并免其妻子流徙，天主教除南怀仁等照常奉行外，仍禁立堂传教；（6）康熙帝赐祭汤若望文；（7）康熙九年（1670）十一月二十日利类思、安文思、南怀仁等奏请赦免栗安当等二十余人题本；（8）康熙九年（1670）十一月二十八日上谕礼部将利类思等所奏之本确议具奏；（9）礼部会议恐栗安当等各处归本堂日久复立堂传教，因拟将利类思等具题之处无庸再议题本；（10）礼部议羁留广东之栗安当等二十余人内有十余人通晓历法，可俱取来京城与南怀仁等一同居住题本；（11）康熙九年（1670）十二月二十一日上谕，准羁留广东之栗安当等二十余人内通晓历法者来京与南怀仁等同居，其不晓历法者各归本堂，但仍禁止直隶各省一应人等入教；（12）康熙十年（1671）正月十八日兵部行咨各省总督抚院查明栗安当等二十五人内有通晓历法者几名即行起送来京，其不治历法者即令各归本堂文。

这 12 份文献共有 2696 个汉字，666 个不同的汉字，447 个不同的汉语语音。③ 罗常培和陈辉主要从语音学的角度对这份文献的学术价值做了探讨，如果从中国印刷出版史角度来看，《无罪获胜》是在中国的汉字与欧洲语言混合出版中汉字最为丰富的出版文献。其中的 12 份文档中字体并非完全一致，其中用楷书书写的有 8 篇，用草书书写的有 2 篇，用隶书书写的有 1 篇，用篆书

---

① 参见李天纲《中国礼仪之争：历史、文献和意义》，上海古籍出版社，1998 年；吴伯娅《康雍乾三帝与西学》，宗教文化出版社，2003 年。

② 国内学术界首次研究此文献的是罗常培先生，他的《耶稣会士在音韵学上的贡献》一文就是专门研究此文献的音韵问题的。罗先生这篇文章原准备发表在北京大学《国学季刊》上，后来他发现了问题，就将稿件撤出，只做了内部用的抽印本，注明"请勿外传"。因此，这份文献极为难寻。此文献藏在欧洲多个图书馆，罗常培先生所用的是大英博物馆藏本（British Museum, 20 MY, 98），由向达先生复制回来的。1999 年葡萄牙里斯本重新出版了这份文献，在复印原文献的同时，对文中的拉丁文做了重新转写整理。

③ 参见罗常培《耶稣会士在音韵学上的贡献》，抽印本；陈辉《〈无罪获胜〉语言学探微》，载《浙江大学学报》（人文社会科学版）2009 年第 1 期。

书写的有 1 篇，这样中文书写的 4 种主要字体都有了。《无罪获胜》是用于国内传教士的汉语学习教材，因此在汉字字体的表现上更为平实。①

第三类：东亚及东南亚多国刻本。

明清之际耶稣会在中国出版的西学汉籍也先后传入了东亚和东南亚多个国家，并在这些国家中产生了影响。梵蒂冈图书馆西学汉籍的丰富性和多样性也表现在这一方面。

例如，韩国天主教会的教理书之一，原著为在华传教士所著的汉文本《圣教要理问答》（R. G. Oriente. V. 444-1），安敦伊主教（Daveluy, M. N. A.）翻译了此书，韩文本包括了"要经六端"和"圣教要经"之外的全书内容。1864 年该书由张敬一主教（Berneux, S. F.）刊准，在韩国出版。

又如，法国来华传教士沙守信（Emerie de Chavagnac 1670—1717），1701 年入华，后派至江西传教。沙守信在华只有 16 年时间，《真道自证》（R. G. Oriente. III. 176）是他留下的唯一的一部中文著作。按照费赖之的说法，此书有 1718 年的二卷本，1796 年的四卷本。此书后来在越南被重新出版，梵蒂冈档案馆藏有安南主教赠给教皇利奥十三世（Leo XIII, 1810—1903）的一批中文刻本的传教书籍，其中就包含了《真道自证》这本书。

再如，菲律宾出版史起源于在菲律宾的西班牙传教士用中文出版的四本书。梵蒂冈图书馆藏有一篇西班牙传教士在菲律宾出版的中文文献《天主教理》，这也是在菲律宾出版的中文印刷品的第一本书，于 1593 年出版。

因为梵蒂冈图书馆中文图书的来源比较复杂，多元渠道是它的重要来源特点。例如，康和子（Carlo Orazi da Castorano, 1673—1755）和蒙突奇（Antonio Montucci, 1762—1829）这两个人是其图书的重要提供者，从而形成了梵蒂冈中文藏书多元化的特点。康和子的藏书虽然不多，但他提供了一些罕见的托钵修会的作品，例如万济国（Francisco Varo, 1627—1687）的《官话语法》（Arte de la Lengua mandarina），白若望的《经典记略问答》，利安定（Agustin de San Pascal）的《永福天衢》等作品。这都是很难得的。蒙突奇是早期汉语语言学家，他提供给图书馆的汉外双语词典表面上似乎和宗教史没

---

① 《〈无罪获胜〉语言学探微》，载《浙江大学学报》；张西平《17 世纪汉字在欧洲的传播》，载《交错的文化史：早期传教士汉学研究导论》第 249-283 页，学苑出版社，2017 年；金国平《何大化——一位被历史遗忘的耶稣会历史学家》，载《国际汉学》2005 年第 1 期；董少新《葡萄牙耶稣会士何大化在中国》，社会科学文献出版社，2017 年。

有太大关系，但其实涉及了中国天主教史研究中长期忽视的一个问题，即天主教神学词汇的本地化问题。从利玛窦以来，如何用中文表达基督宗教思想，一直是一个被不断探索的问题。词典是词汇形成的标志性文本，从罗明坚、利玛窦的《葡华辞典》到万济国的词典，天主教词汇的本地化是一个不断演化的过程。蒙突奇提供给图书馆的几十部汉外双语词典是研究基督宗教汉语化的极其重要的历史文献。放眼全球，这样的收藏只有在梵蒂冈图书馆才能见到。

张西平　北京外国语大学教授
北京语言大学特聘教授

·法国汉学研究·

# 《论语》在19世纪法国的传播与接收\*（下）

成 蕾　钱林森

## 一、19世纪下半叶法国传教士汉学家顾赛芬对《论语》的译介与传播

（一）译者与译本概况

19世纪末产生的顾赛芬拉丁文和法文双语版《四书》堪称最经典的译本，国内学界对它的研究探讨颇多。顾赛芬酷爱中国古典文学，他曾于1870年和1904年两次来到中国，在直隶省河间府担任传教工作。在华期间他学习汉语，编撰汉语辞典，并翻译中文典籍，为这一时期的汉学研究做出了卓越贡献。他翻译了多部儒家典籍，第一部出版的便是《四书》。

此后，1896年在河间府出版了《诗经》（*Cheu king*）法语和拉丁语译著第一版。1967年，台湾光启出版社再次出版法语和拉丁语译著①。1992年光启出版社又一次出版这个法语和拉丁语译本。1897年在河间府出版了《书经》（*Chou king*），1950年，这部法语和拉丁语的译著被重新编辑整理，在巴黎卡塔西亚出版社（Cathasia）出版②。这一版中，书名被翻译为 *Les annales*

---

\* 本文为国家社科基金项目："19世纪中法文学交流史研究"（项目批准号：19BZW104）和国家社科基金青年项目："法语世界的孔子形象研究"（项目编号：17CWW003）的阶段性成果。

① Couvreur (Séraphin), *Cheu king*, textes en chinois, avec une double traduction en français et en latin, une introduction et un vocabulaire par Taiwan : Kuangchi presse, 1967.

② Couvreur (Séraphin), *Les Annales de la Chine*, texte chinois avec transcription et traduction en français et en latin. Paris : Cathasia & Les Belles lettres, 1950.

de la Chine，意思是"中国编年史"。1999年，巴黎友丰出版社再次出版了顾赛芬的译本①，这个译本中有多种语言和文字对照：中文象形字、汉语拼音、法语和拉丁语。

1899年以《礼记：有关礼节和仪式的记载》（*Li Ki ou Mémoires sur les bienséances et les cérémonies*）标题出版了两卷本，顾赛芬将它全文译成了法文和拉丁文，以法文、拉丁文和汉文原文三者对照。此版在法国国家图书馆黎塞留分馆有收藏，但并非像其他古代典籍作品一样收藏在"原稿部"，而是被置于"音乐部"。大概因为被翻译成法语的反映中国古代音乐的作品太少，法国便把"礼""乐"合一，将这部作品归为音乐类作品收藏。此书于1913年经过重新编辑在河间府出第二版。1950年，这部法语和拉丁语的译著被重新编辑整理，在巴黎卡塔西亚出版社出版。2015年，巴黎友丰出版社重新出版法语译文②。这个版本中有中文、拼音和法语对照。

此外，他还将《春秋左传》翻译成法文，共3卷，于1914年出版③。法国国家图书馆黎塞留分馆"原稿部"收藏有这个版本。1951年，这部译著的法语译本被重新编辑整理，在巴黎卡塔西亚出版社出版，书名也略有改动④。2015年，巴黎友丰出版社再次出版了法语译本，其中用中文、拼音和法语对照列出文本⑤。

1928年，顾赛芬翻译的《仪礼》被出版⑥，法国国家图书馆黎塞留分馆"原稿部"也收藏有这个版本。1951年《仪礼》的法语译本被重新编辑，在巴黎卡塔西亚出版社出版⑦。顾赛芬《四书》的经典之处首先体现为译本内容的严谨、完备与丰富。顾赛芬译本的中文底本是朱熹的《四书章句集注》，

---

① Couvreur (Séraphin)，*Les Annales de la Chine*. Paris：You-Feng, 1999.

② Couvreur (Séraphin)，*Mémoires sur les bienséances et les cérémonies*. Paris：You-Feng, 2015.

③ Couvreur (Séraphin)，*Tch'ouen ts'iou et tso'tchouan*，textes chinois avec traduction français. Ho kien fou：Imprimerie de la Mission catholique, 1914.

④ Couvreur (Séraphin)，*La Chronique de la principauté de Lou*. Paris：Les Belles lettres & Cathasia, 1951.

⑤ Couvreur (Séraphin)，*La Chronique de la principauté de lòu*. Paris：You-Feng, 2015.

⑥ Couvreur (Séraphin)，*Cérémonial*，texte chinois et traduction. Sien Hsien：Imprimerie de la Mission caholique, 1928.

⑦ Couvreur (Séraphin)，*Cérémonial*, texte avec transcription et traduction français. Paris：Cathasia, 1951.

他的拉丁文、法文双语译本全文翻译了包括注释在内的中文原文，反映出译者严谨的研究态度和深厚的汉学功底。同时，译本的经典之处也体现为译文语言上的高质量和对原文的忠实度。顾赛芬的法语和拉丁语的译本，特别是拉丁文具有简洁性，行文自由，能逐字逐句地直译汉语原文，用它进行翻译使译文显得精练可读。他的翻译严格忠于当时中国官方推崇的朱熹学派的诠注，对于注释他并不做进一步的阐释。他的译作十分严谨，很少带有个人的见解，为后人研究提供了比较客观的依据。

（二）顾赛芬《论语》译介的策略与特点

本部分将通过与上文分析波蒂耶译本的相同角度，来探讨顾赛芬译本的特色。

1.《论语》书名翻译及各章标题的翻译

顾赛芬译本和雷威安译本将书名译为 Entretiens de Confucius et de ses disciples，相比大多数译文的 Entretiens de Confucius（"孔子的会谈录"），这两个译本加入了 et de ses disciples（"与他的弟子们"），回译为"孔子和其弟子会谈录"。

顾赛芬对标题的翻译采取的是用韦氏拼音进行音译的方式。如前几篇的标题译文依次为：

CHAPITRE I. HIO EUL（学而篇第一）
CHAPITRE II. WEI TCHENG（为政篇第二）
CHAPITRE III. PA I（八佾篇第三）

这种直接音译的方式是顾赛芬《论语》译本总体特色的反映——忠实度较高。如同前文对顾赛芬译本的介绍，译本最大的特色是追求细节，尽可能忠实地传达《四书》的注解和主要的扩申意义。要将本就不具有完整、独立含义的中文标题译为法语，而且要追求"忠实"，几乎是不可能的。大概正因翻译出标题中的含义这一困难会影响译文的忠实度，因此顾赛芬选择了音译的方式。

2. 代表性儒家思想关键词的翻译

与波蒂耶的翻译相比，顾赛芬的翻译显得更为传统、守正，没有太多附加的阐释。同时，由于顾赛芬的《四书》译本是法文和拉丁文双语译本，而

《论语》在此之前已有拉丁文译本,所以顾氏的拉丁文翻译可能也受到之前版本的影响,从而导致法文翻译也随之受到了影响。

《论语》开篇第一句中就提到了"学",

子曰:"学而时习之,不亦乐乎?"

顾赛芬的译文为:Le Maître dit :"Celui qui cultive la sagesse et ne cesse de la cultiver, n'ytrouve-t-il pas de la satisfaction ?"

顾赛芬将"学"译为"修炼自己的行为品德",这一用词十分符合译者的身份。这一短语中没有选用法语中常规的表示"学、学习"的 étude 一词,而是用了表示"耕耘""培养"之意的 cultiver,表明译者认为原文中的"学"字是比一般意义上的学习更为沉静深刻的一种活动。而对于"学"的内容,顾氏的理解是"严谨、谦虚的品德和恭敬谦卑的行为"(sagesse)①,这一理解可被认为是沿袭了欧洲早期传教士的译介成果。再看对"礼"的翻译:

颜渊问仁。子曰:"克己复礼为仁。一日克己复礼,天下归仁焉。"

顾赛芬的译文为:

IenIuenayantinterrogé Confucius sur la vertu parfaite, le Maître répondit :"Se vaincre soi-même(maîtriserses passions), rendre à son coeurl'honnêteté qu'il tenait de la nature, voilà la vertu parfaite. Si un jour vousparvenez à vousvaincrevous-même, à recouvrerentièrementl'honnêteté du cœur, aussitôt tout l'univers dira que votre vertu est parfaite."

这段译文中,顾氏将"礼"译为"honnêteté qu'il tenait de la nature",意思是"与生俱来的诚实"。他将"礼"理解为"诚实",与波蒂耶的阐释相去甚远:顾氏依旧是从人与神的角度出发,将"礼"理解为合乎宗教禁欲主义的一种诚实,而波蒂耶更多是从人与社会的角度出发,将"礼"归纳为一种

---

① 据《阿歇特图解百科全书词典》(*Dictionnaire HACHETTE Encyclopédique illustré*),sagesse 一词的两个意义为:1. Modération, prudence, circonspection. 2. Réserve dans la conduite, dans les mœurs. 见:Dictionnaire Hachette encyclopédique illustré, Hachette Livre, 1998, p. 1676.

理性的法则与惯例。相比之下，顾氏对"礼"的理解与"诚"字有些重合之处，而后世的译者们更多地选取了与波蒂耶相同的译法。

下面再来探讨顾赛芬对"仁""孝""君子"等词的翻译。

子曰："不仁者①不可以久处约，不可以长处乐。仁者②安仁③，知者利仁④。

顾赛芬译文为：

Le Maître dit : "un homme qui n'est pas vertueux①, ne peutdemeurer-longtempsdansl'indigenceoudansl'opulence（sans devenir plus mauvais）. Un homme vertueux②trouve son bonheurdans la vertu③ ; un homme sage n'ambitionne que le trésor de la vertu④."①

顾赛芬将原文中含"仁"字的四个词分别译为：

不仁者：un homme qui n'est pas vertueux，意思是"没有美好德行的人"；
仁者：Un homme vertueux，意思是"德行高尚的人"；
安仁：trouve son bonheurdans la vertu，意思是"在道德中寻求幸福"；
利仁：n'ambitionne que le trésor de la vertu，意思是"只是从道德中寻求财富"。

整段话可以回译为：

夫子说："没有美好德行的人，不能长久地处于贫困或者富足中（而不变得更糟）。品行高尚的人在道德中寻求幸福；有智慧的人只是渴望从道德中寻求财富。"

---

① Couvreur (Séraphin), *Les Quatre livres*, tome III, Entretiens de Confucius et de ses disciples, Traduction en français et en latin. Paris : CATHASIA ; Les Belles Lettres, 1949, p. 101.

顾赛芬将"仁"字翻译为 la vertu，意思是"道德、善行"。与先于他的译本约半个世纪的波蒂耶的翻译方式相比较，vertu 一词相比 humanité，都有"仁慈、善良"的含义，但后者更偏重"人性""人道"的层面，而前者道德层面的含义更为强烈，同时也具有宗教层面的含义。由于受到欧洲传教士长期以来的影响，加之顾赛芬本人的神父身份，他对《论语》及儒家思想的认识应该更多地建立在将它理解为"儒教"的基础之上。再如：

有子曰："其为人也<u>孝弟</u>①，而好犯上者，鲜矣；不好犯上，而好作乱者，未之有也。<u>君子</u>②<u>务本</u>③，本立而<u>道</u>④生。孝弟也者，其为<u>仁</u>⑤之本与！"

此例中集中包括了"君子""孝""仁"多个儒家思想核心词，顾赛芬译文为：

Ioutzeu dit : " Parmi les hommesnaturellementenclins à <u>respecter leurs parents，à honorerceux qui sont au-dessus d'eux ( par le rang ou par l'âge )</u> ①，peuaiment à résister à leurs supérieurs. Un homme qui n'aime pas à résister l'autorité, et cependantaime à exciter du trouble, ne s'est jamais rencontré. <u>Le sage</u>② donne son principal soin à <u>la racine</u>③. La racine unefoisaffermie, donne naissance au <u>tronc et aux branches</u>④. L'affection envers nos parents et le respect envers ceux qui sont au-dessus de nous, sontcomme la racine de <u>la vertu</u>⑤. 》( Ioutzeu, nommé Jo, était disciple de Confucius ) ."①

顾赛芬将"孝弟"一词译为 respecter leurs parents，à honorerceux qui sont au-dessus d'eux ( par le rang ou par l'âge )，意思是"尊敬父母，敬重（在排位和年龄上）高于他的人"。对这个词的翻译也是解释性译法，但对于"弟"一字，他并未按照"兄长"来理解；他的译文是包含了"排位和年龄上"更长的人，比"兄长"所指的范围更大。

顾赛芬将"君子"译为 le sage，意思是"圣贤之人"，这个词的含义包括

---

① Les Quatre livres, p. 71.

两个方面：一是有智慧，二是有品德。但它仅涵盖了"德"这个方面的含义，而忽略了"君子"一词所包含的"位"的指向。"君子务本，本立而道生"一句，顾赛芬的译文可回译为："圣贤之人注重根本。根稳固了，才会生出干和枝。"他将"本"译为 La racine（树根；根），"道"译为 le tronc et les branches（树干和树枝）。顾赛芬的译文是以朱熹的《四书章句集注》为底本的，朱熹书中对此句的解释为："务，专力也。本，犹根也。仁者，爱之理，心之德也。为仁，犹曰行仁。与者，疑辞，谦退不敢质言也。言君子凡事专用力于根本，根本既立，则其道自生。若上文所谓孝弟，乃是为仁之本，学者务此，则仁道自此而生也。"朱熹将"本"理解为"根"，所以顾赛芬依此翻译"本"字。而朱熹的解释中并未对"道"一词作明确注解，依照"则仁道自此而生也"一句，可以认为他认为"道"即"仁道"。因此此处顾赛芬对"道"的翻译进行了自己的创造性、形象的处理，认为"道"是由"本"生出的"枝干"。

（三）顾赛芬《论语》译介和意义

费乐仁认为，"传教士汉学家对研习儒家经籍的贡献，顾赛芬又进益之。……顾赛芬采纳了理雅各的众多标准，并有一些自己的创举，特别是音译每个汉字，以及在大部分译作中有法语、拉丁语双重翻译"[1]。法国汉学家戴密微也十分推崇顾赛芬的译文，他认为"顾赛芬的法文、拉丁文准确优美，无可挑剔。——顾赛芬的译文是可靠的，至今仍有很强的实用价值"[2]。

基于以上两个最突出的特点，顾赛芬的《四书》译本自问世以来的一百多年间被多次重版和再版，其法语译本因此成为《论语》法译史上被出版次数最多的译本。首次及早期出版的版本兼有拉丁语和法语两种语言的译文，后来随着拉丁语完全退出法国常用语（包括书面用语和日常用语）的舞台，重版、再版的版本中便仅保留了法语译文。

20 世纪末至今，顾赛芬译本在法语世界的传播出现了新的特点。第一个特点是由于顾赛芬译本越来越普及，为了方便读者阅读，重新出版的法语译

---

[1] ［瑞士］费乐仁著，衷鑫恣译《传教士汉学家的中国经典出版的比较：理雅各、顾赛芬、卫礼贤》，载《国际汉学》2013 年第 24 期。

[2] ［法］保罗·戴密微著，秦时月译《法国汉学研究史概述（中）》，载《中国文化研究》1994 年第 1 期。

本越来越简化，不再保留译者在最初版本中翻译的朱熹《四书章句集注》中的注释内容，仅保留包括《论语》在内的四书原文。第二个特点体现在新时期的传播新形式——音像制品的制作与发行。多个制作公司将顾赛芬《论语》原文的法语译本制作成朗读版的有声读物并发行，这一形式充分体现了《论语》在法国的被接受程度，同时也体现出了顾赛芬译本的经典性受到法语读者的充分认同。

## 二、19世纪法国人对孔夫子道德哲学思想的研究

在19世纪法国问世的，除了经典译作外，还有丰富的儒家文化研究成果，产生了一些研究孔子及其思想的著作。其中代表性著作包括：1851年法国巴黎出版了一部未署名的著作《孔子及多位中国作家的道德哲学》①，介绍中国古代的道德哲学思想；1867年，埃尔瓦神父（L'Abbé Herval）的著作《孔子的历史性和哲学性研究》② 在法国外省城市勒阿弗尔出版；1874年，一位署名F. G. 的神父在罗马出版了《孔子：历史研究》③ 一书；1887年，赫尔维-圣德尼侯爵（le Marquis d'Hervey-Saint-Denys，1822—1892）在巴黎出版《孔子及儒士宗教思想回忆录》④。这些代表作的内容大致概括在下文中。

《孔子及多位中国作者的道德思想》可被认为是早期研究角度的延续，它以箴言集的形式呈现了孔子及主要儒家思想，学术性不强，属于大众读物。这部作品也是一部译著，译者在书中说明，此选集是"从雷翁迪耶夫先生的俄语版忠实地翻译而来，而雷氏的翻译是基于满语文献。雍正皇帝是这些文献著作的作者。"⑤ 译者给予雍正极高的评价，言语之中传达出他对雍正的崇敬之意。"他是一位明君，审慎而宽厚；救护贫穷者，镇压造乱

---

① *Pensées morales de Confucius et de divers auteurs chinois*. Paris：chez Victor Lecou，1851.
② *Étude historique et philosophique sur Confucius*. Havre：Imprimerie Lepelletier，1867.
③ *Confucius，essai historique*. Rome：Polyglotte，1874.
④ *Mémoire sur les doctrines religieuses de Confucius et de l'école des lettrés*. Paris：Imprimerie Nationale，1887.
⑤ 笔者自译，法语原文见："Avis du Traducteur"，*Pensées morales de Confucius et de divers auteurs chinois*，p. 189.

者，鼓励农业，实施法治。……他爱民如子，本能地要保护他疆土之内的一切。"①

全书的主体部分主要包括3章，内容是对儒家思想进行介绍和阐释，形式是独立成段的箴言体。根据译者的介绍，这3章内容的原作者是雍正皇帝。虽然笔者尚未查证到原文，但从译者的自述特别是上文最后一句颇有"溥天之下，莫非王土；率土之滨，莫非王臣"意味的引文中，可以看出，这部作品主要给法语读者带去的是中国封建社会"家天下"的统治思想。儒家思想对封建社会的影响本就很大，被封建统治者长期奉为正统。中国历代王朝尊崇儒学和孔子，而雍正也是公认的将尊孔热潮推至无以复加地步的一位皇帝。书中收录的儒家思想箴言，都是围绕适应和服务于封建统治需要的主题的，例如"亲亲""尊尊"的立法原则，维护"礼治"，提倡"德治"等。

此外的几部出版物，基本都出现了研究主题上的转向。准确地说，《关于孔子的历史和哲学研究》是一篇20来页的文章，被收录在一部合集里出版。从几个角度来看，此文开后世以孔子研究为主题的著作之先河。首先从结构上说，文章主要从3个方面对孔子进行研究：孔子生平、孔子主要思想、孔子倡导的行为准则。之后的关于孔子研究的著作，包括大部头作品，基本都是以这个框架结构呈现。其次，从研究角度上说，这篇文章从历史和哲学研究孔子。作者把孔子生活的时代与西方的古希腊时期相比较，对孔子进行历史性的研究；作者也通过将西方世界中与孔子基本同时代的巨匠苏格拉底等与孔子相比较，从哲学的角度注重研究孔子的主要思想、孔子所倡导的行为准则等方面中的哲学性。因此，这篇文章也可称得上一篇用比较文学的研究思路对孔子进行接受研究的典范。

《孔子：历史研究》一书的作者是一位传教士，该书1874年在罗马出版。全书包含6章：生平简介、主要思想、道德训诫、孔子思想代表作品、后人对他的崇拜、不同的评价。

在介绍孔子思想的代表作品时，作者首先用"经"这个词作为归类概括。随即他介绍道："孔子'不作'，他仅编撰、评注、整理、补充古代著作。有两部作品的编撰工作是他一人独立完成，其他则是他的弟子们在他的影响之

---

① 笔者自译，法语原文见：*Pensées morales de Confucius et de divers auteurs chinois*, p. 189.

下完成的。每一部著作的名字中都有'经'字，意思是神圣的书、经典的书，跟《圣经》一样。"随即，他继续介绍并分析了这些"经"："分为三个类型，第一类是五部经典，即五经；第二类是四部道德书籍，即四书；第三类是其余的一些论著。"在这位传教士看来，"这些作品构成了中国人科学观、道德观、政治观、宗教观的基础。士大夫阶层对这些作品已经不仅是认可和尊重，而是已经到了膜拜的地步；他们背诵这些经典，将之用于自己的写作中、对话中，不那么熟知经典的人被他们视为未开化的野蛮人；他们由此产生自己可笑的自傲，以及对异类的蔑视。"①

从以上内容可以看出，这位传教士根据自己在中国的经历，全面描述并向西方介绍了中国社会中的"孔子"——包括孔子的思想以及孔子在中国社会的形象。而且，对于他观察到的中国的"尊孔"现象，这位西方传教士并不是完全赞同的，他认为这是一种甚至盲目的"膜拜"。相比之前几个世纪传教士向西方传回的数量众多，但零散甚至杂乱的关于"中国礼仪""中国人的信仰"甚至"中国人的道德"方面的书信、文章、著作。这部作品主题相对鲜明集中（以介绍孔子为目标），内容基本涵盖了关于孔子个人、思想、成就、地位、影响等各个方面，可以说是第一部比较全面、相对客观地向法国人"科普"孔子其人其思想的著作。

《孔子及知识分子宗教思想回忆录》也是一篇 20 来页的文章，从一部合集中节选而来，合集为在法国乃至欧洲都以权威著称的法兰西学院（Institut de France）下设的 5 个学术院之一的法兰西铭文与美文学院（Académie des inscriptions et belles-lettres）编写的回忆录。被收录在这部权威出版物中，也足以体现儒学在当时法国思想界的重要性。这篇文章集中讨论中国古代的宗教问题，开篇便树立一个靶子，"古代中国人是唯物主义者，孔子是无神论者"。通过层层论证和旁征博引，文末提出作者的观点：远古时代起的中国人就信仰"一神论"，并相信灵魂不死，孔子对远古也抱有爱和敬仰。②

诸类著作的问世，大致反映出这个时期儒家思想在法国的接受特点：首先，从作者身份可以明显看出，这个时期儒家思想的接受群体开始出现转向的萌芽，即由汉学家为主的精英阶层转向大众层面。其次，从著作的内容来

---

① 本段引文均为笔者自译，法语原文见：Confucius, essai historique, pp. 75-76.
② 参见：Mémoire sur les doctrines religieuses de Confucius et de l'école des lettres 1887.

看，这一时期出现了较多的孔子研究；同时较前一时期也有了主题上的转向，关注点从之前聚焦"道德"，开始转向到历史、哲学等层面。虽然前期对道德的关注也属于哲学体系，但从19世纪著作的内容上来看，已经有了从内容到本质上的改变。将这些现象与之前相比，体现出19世纪法国的儒学研究范围更广，也更为深入。最后，从作品的出版地点也可以看出，此前的这类著作基本在巴黎出版，这一时期已发展至法国外省及欧洲邻国。总之，以上状况都明显标志着儒学之风由精英之都巴黎吹向了整个法国，也覆盖了更广大的群体。这也为随后20世纪儒学传播的全面大众化奠定了基础。

## 结　语

19世纪《论语》在法国的传播和接受成果既享受了欧洲早期译介成果的滋养，同时被18世纪启蒙思想注入了新的血液。这不仅造就了这一时期《论语》乃至儒家思想在法国译介研究的诸多转向，如逐渐去宗教化、学术化等，同时也开启了20世纪以后儒家思想在法国接受状况的新篇章，即世俗化、多样化、专业化等。因此，19世纪是法国儒家思想接受史上的一个承上启下的重要时期，对它的关注和研究十分必要。

成　蕾　西南交通大学外国语学院副教授
钱林森　南京大学文学院教授

# 中国道经典籍在20世纪法国的翻译与研究考述

张 粲

**摘 要**：法国是海外汉学研究的重镇，其对于中国道经典籍的翻译和研究大致经历了3个阶段：明清时期传教士的初步接触、19世纪经院汉学的正式关注、20世纪的科学翻译与研究。在前两个时期的基础上，20世纪法国汉学对于道经典籍的翻译与研究取得了丰硕的成果，涌现了众多译介和研究名家。他们成为法国道教研究的中坚力量，巩固了法国汉学的地位，对于增进法国对于道教文化的了解做出了重要贡献。

**关键词**：道经典籍 20世纪 法国 翻译与研究

道教是中国土生土长的宗教。鲁迅先生曾言："中国根柢全在道教。"道教植根于中国文化土壤，糅合了道家思想、神话传说、阴阳五行、谶纬之说、神仙方术等，"和儒、释一起构成我国传统文化的三大支柱"[①]，"是理解中国人以及中国文化，特别是理解中国民众文化的关键"[②]。道经典籍包罗万象，涵盖了中国古代经济、政治、历史、科技、医药、天文等方面的大量资料。法国作为海外汉学研究的重镇，在翻译和研究中国道经典籍方面取得了重大成就。本文拟通过回顾法国翻译研究道经典籍的历史，考述20世纪法国取得的重要成果，以阐明法国在相关研究领域的重要地位。

---

\* 本文为国家社会科学基金项目"道教典籍在法国的译介与传播研究"的阶段性研究成果，批准号16CZJ019。

① 卿希泰主编《中国道教史（修订本）》（第一卷）第1页，四川人民出版社，1996年。
② ［日］福井康顺等监修，朱越利译《道教》（第一卷）第1页，上海古籍出版社，1990年。

## 一、历史回顾

（一）明清时期欧洲传教士对于道经典籍的初步接触

法国对于中国道经典籍的翻译与研究可追溯到中国的明清时期。其时，在华的欧洲传教士认识到儒家思想在中国社会的统治地位而着重翻译儒家经典，对道经典籍甚为冷漠。据费赖之（Louis Pfister, 1833—1891）《在华耶稣会士列传及书目》可知，法国耶稣会士马若瑟（Joseph-Henri-Marie de Prémare, 1666—1736）曾作《道德经说》，共 2 页①；傅圣泽（Jean-François Foucquet, 1663—1740）著有《道德经评注》，"附有拉丁文及法文译注，写本二册"②。这当是欧洲最早的有关《道德经》的翻译与研究。为了传教，传教士还试图在《道德经》中寻找暗含基督教教义的语句，如法国耶稣会士李明（Louis Le Comte, 1655—1729）认为，老子反复讲"道生一，一生二，二生三，三生万物"，这"表明他似乎对三位一体有所认识"③。同时，传教士还视道教为迷信，如法国耶稣会士刘应（Claude Visdelou, 1656—1737）曾将佛道二教描述为"两种毒恶之源"和"令人生畏的祸患"④。

总之，这一时期传教士翻译研究的道经典籍不仅数量极少，对于道经典籍的贬斥态度亦显示了传教士"基督教至上"的立场。这是由传教士的传教使命决定的。

（二）19 世纪法国汉学家正式翻译研究道经典籍

1814 年，法兰西学院（Collège de France）设立了国外第一个汉学讲座，由雷慕沙（Jean Pierre Abel-Rémusat, 1788—1832）担任首位汉学教授。这成为法国经院汉学研究的滥觞，而雷慕沙也成为法国经院汉学的鼻祖。1816 年，雷慕沙翻译了《太上感应篇》（*Le livre des récompenses et des peines*）以及此书所附故事中的 16 则。雷氏沿袭了传教士对于道经典籍的贬斥态度，称这些故

---

① ［法］费赖之著，冯承钧译《在华耶稣会士列传及书目》第 536 页，中华书局，1995 年。
② 《在华耶稣会士列传及书目》第 559 页。
③ Louis Le Comte, *Nouveaux Mémoires sur l'État présent de la Chine*. Tome Second, Troisième Édition. Paris: Jean Anisson, 1696, p. 121.
④ ［法］谢和耐、戴密微等著，耿昇译《明清间耶稣会士入华与中西汇通》第 429 页，东方出版社，2011 年。

事"几乎无一不体现了'思想的幼稚'"①。1823年雷氏又发表论文《老子的生平和学说》(*Mémoire sur la vie et les opinions de Lao-Tseu*),并试译了《道德经》的第1、14、25、41、42章,这些译文被日本学者福井文雅(1934—2017)称为"《老子》的第一部法译本"②。他探讨了老子的生平传说,将《道德经》与古希腊哲学进行比附,提出老子的思想可以归于毕达哥拉斯和柏拉图以及二者的弟子们,并认为《道德经》第14章"视之不见名曰夷,听之不闻名曰希,搏之不得名曰微"中"夷希微"的发音"I""Hi""Wei"包含了"耶和华(Jehovah)"的名字。雷慕沙认为《道德经》晦涩难解,因此未能全译。但他的译文让欧洲开始正式关注并翻译研究道经典籍。随后,跟随雷慕沙学习汉语的鲍狄埃(Guillaume Pauthier,1801—1873)于1831年撰写了长篇论文《论老子所创"道"之教义的起源和传播》(*Mémoire sur l'origine et la propagation de la doctrine du Tao, fondée par Lao-tseu*),文中将《搜神记》之"道教源流"译为法文;1838年又宣称首次用法语全译了《道德经》,但译本实际上仅有前9章译文,且佶屈聱牙,影响不大。儒莲(Stanislas Julien,1797—1873)亦是雷慕沙的弟子,他于1835年翻译了《太上感应篇》,完整地译出了原书的注解和所附的故事,译本堪称皇皇译著。与雷慕沙不同,儒莲重视原书所有故事的价值,称"倘若将它们省略不译,恐将遗漏人类精神史上的珍贵材料"③。1842年,儒莲在参照多种《道德经》注本的基础上,完整、客观地翻译了《道德经》(*Le Livre de la Voie et de le Vertu*),修正了传教士和雷慕沙的某些观点,"结束了18世纪以降道家哲学的基督教神话"④,成为《道德经》外译史上的里程碑事件。

罗斯奈(Léon de Rosny,1837—1914)主要从事日本学研究,对中国的宗教哲学亦颇有造诣。1856年,他首次翻译了道教劝善书《阴骘文》(*Le livre de la récompense des bienfaits secrets*),又于1892年完成《道家》(*Le taoïsme*)一书。该书是对于道家和道教的研究力作。大致而言,罗斯奈对道家哲学评

---

① Abel Rémusat, *Le livre des récompenses et des peines*. Paris:Imprimerie de Doublet,1816,p.6.

② [日]福井康顺等监修,朱越利、冯佐哲等译《道教》(第三卷)第226页,上海古籍出版社,1992年。

③ Stanislas Julien, *Le livre des récompenses et des peines*. Paris:Printed for the Oriental Translation Fund of Great Britain and Ireland,1835,p.14.

④ René Étiemble, *Connaissons-nous la Chine*? Paris:Gallimard,1964,p.96.

价较高，但称道教"使民心愚蠢"①、"是价值不大的宗教（religion de bas aloi）"②；并反复强调应使用 taoïsme 指称"道家"、用 taosséisme 指称"道教"。罗斯奈的学生马塞伦（D. Marceron, 1823—?）于 1898 年出版了《道教研究文献目录》（*Bibliographie du Taoïsme*），这是一部珍贵的资料集，它详细地介绍了部分欧洲汉学家、中国及日本学者的相关研究。与其师相同，马塞伦亦对道家和道教进行了二元式的划分和评价。

综上所述，19 世纪法国汉学家开始正式关注道经典籍并进行翻译和研究。其翻译研究的主流仍是《道德经》，同时也涉及少许道教劝善书。但这一时期翻译研究的广度和深度均十分有限，例如，较少《庄子》《列子》《淮南子》的翻译，对道经典籍大多依然一概贬斥，尚不属于严谨的科学研究。然而，这一时期的翻译和研究成果为 20 世纪法国进行科学研究积累了相当丰富的文献材料并奠定了坚实的基础。

## 二、20 世纪法国道经典籍翻译研究的代表成果

及至 20 世纪，法国汉学在 19 世纪的基础上蓬勃发展，出现了沙畹（Édouard Chavannes, 1865—1918）、马伯乐（Henri Maspero, 1883—1945）、戴密微（Paul Demiéville, 1894—1979）、康德谟（Maxime Kaltenmark, 1910—2002）、施舟人（Kristopher Schipper, 1934—2021）等享誉世界的汉学家，法国对于道经典籍的翻译和研究亦呈现了繁荣的景象。

首先必须提到的是在中国河间府传教数十年的戴遂良神父（Léon Wieger, 1856—1933）。他于 1911 年、1913 年分别出版了《道教总目》（*Bibliographie générale*）和《道教体系之父》（*Les Pères du système taoïste*）（另译《道教的天师》）。《道教总目》共两部分，一是对于《道藏》的介绍（*Le Canon*），二是"官修引得"和"私修引得"（*Les Index officiels et privés*）。该书简要地介绍了《道藏》所收的全部书籍。戴遂良神父认为："要进行严肃的道教研究，必须进行两个索引的编写：一是《道藏》的索引，二是对在公元 1 世纪至 17 世

---

① Léon de Rosny, *Le taoïsme*. Paris: Ernest Leroux, 1892, p. 166.
② *Le taoïsme*, p. 172.

纪期间形成的、官方和私家收藏的道教经书做的索引。"① 尽管颇有错漏，但该书在法国道教研究史上首次明确了《道藏》的重要性，为欧洲研究道教文献指引了方向。《道教体系之父》则是对《老子》《庄子》《列子》的完整翻译，其中，《庄子》《列子》译本均是首个法语全译本。戴遂良的翻译偏好自由的发挥，译文中时而评论原作、时而引入个人观点。

沙畹首先是位历史学家，其最突出的贡献是用法文翻译《史记》并加以注释。沙畹也关心中国道教和民间宗教信仰，将碑铭学引入道教研究，是法国汉学家中以科学的方法研究道教的先驱。他于1910年发表《泰山：有关一种中国崇拜的专论》(Le T'ai Chan：Essai de monographie d'un culte chinois)，其后附有一篇文章，名为《古代中国的社神》(Le dieu du sol dans la Chine antique)，文中第一次指出了道教科仪的重要性。1911年沙畹与伯希和（Paul Pelliot，1878—1945）把一部分《道藏》运到巴黎，次年在《通报》(T'oung Pao)上发表论文《〈道藏〉本》(Exemplaires du Canon taoïste)。论文《投龙简》(Le jet des Dragons，1919)在沙畹逝后发表，是法国第一篇有关道教仪式研究的论文，文中翻译了唐末五代著名高道杜光庭所编的《太上灵宝玉匮明真大斋言功仪》。

马伯乐是沙畹的高足，其道教研究著作中最著名的是由戴密微于1971年整理出版的遗稿，名为《道教和中国宗教》(Le taoïsme et la religion chinoise)，《不列颠百科全书》称之为"关于道教的最优秀的先驱者的著作"和"西方权威著作"②。如果说沙畹是20世纪最早用现代学术方法研究道教的开创者，马伯乐则是"法国学界对中国道教的研究形成新典范的人物"③，其对于道教历史、神祇、修炼方法等方面的研究开创了法国道教研究的新局面。

"二战"后，法国道教研究的带头人物首推康德谟。他生于奥地利，是伯希和的学生，曾任法国高等实践研究学院（École Pratique des Hautes Études）第五系"中国宗教"讲席教授，为法国培养了大批道教研究骨干。1953年，康德谟出版了《列仙传译注》(Le Lie-sien tchouan：traduit et annoté)，在翻译

---

① Léon Wieger S. J., *Taoïsme*, Tome I, *Bibliographie générale*. Hien-hien：Imprimerie de Ho-kien-fou，1911, Préface，p. 5.

② 陈耀庭《道教在海外》第169页，福建人民出版社，2000年。

③ [法]马伯乐著，伎晓笛、盛丰等译《马伯乐汉学论著选译·序言》第3页，中华书局，2014年。

《列仙传》原文的同时,进行了富有创见的、翔实而严谨的注释,考察了此书的成书年代、版本、篇目、作者等,对这部关于古代道教仙人的传说、传记与神话做了研究,开创了法国汉学对于道教神仙传记的系统研究。1965 年,康德谟出版了《老子与道教》(Lao Tseu et le taoïsme),翻译了《道德经》的某些篇章,探讨了老子的核心思想,亦探讨了《庄子》和《淮南子》,认为在道家道教体系中,"如果说《道德经》是最著名的,《庄子》则无疑是最重要的,因为它使我们得以认识古代道家哲人和道教徒的思想和生存处境"①。

施舟人祖籍荷兰,师从康德谟和石泰安(Rolf Alfred Stein,1911—1999),以道教研究著称于世。为了亲身体认道教科仪,他于 1962 年前往中国台湾学习,并在那里受箓为道士。施舟人 1965 年完成了博士论文《道教传说中的汉武帝》(L'empereur Wou des Han dans la légende taoïste),文中用法语翻译了《汉武帝内传》,考察了《汉武帝内传》的作者、成书年代、内容结构、版本流传等,探讨了汉武帝与道教的关系。1975 年,施舟人在实地观察道教仪式的基础上写成《分灯:道教的仪式》(Le Fen-teng: rituel taoïste)一书,书中解析的道教科仪文献有《金箓分灯卷帘科仪全集》《灵宝分灯卷帘科仪》《灵宝开钟磬卷帘分灯科仪》《太上分灯科》。该书在法国第一次系统地阐释了道教科仪,是法国道教学界将文献与田野完美结合而产生的道教仪式研究的典范,意义十分重大。如果说沙畹的《投龙简》开启了法国对于道教仪式的研究,那么,施舟人的《分灯:道教的仪式》则"大概是第一部用西文编写的论述道教的一种仪式的专著"②。施舟人最有影响力的是《道体论》(另译《道教之体》)(Le corps taoïste: corps physique-corps social,1982)和他主持的"欧洲《道藏》工程"。《道体论》旨在让西方世界全面认识中国社会,分述了道教的核心概念、历史、宫观、历法、节庆、饮食、神灵谱系、宇宙论、神职人员、符箓、科仪、身体观、长生之术,等等。"欧洲《道藏》工程"则是在施舟人的带领下,集合多国道教研究学者之力,系统考证《道藏》中的经文,确定其作者、流派和成书年代,并编制索引。该项研究历时 20 余年,最终成果为施舟人和傅飞岚(Franciscus Verellen)主编的 3 卷本《道藏通考》(The Taoist Canon: A historical companion to the Daozang,2004)。此书共

---

① Maxime Kaltenmark, *Lao Tseu et le taoïsme*. Paris: Seuil, 1965, p. 87.
② 《道教在海外》第 176 页。

1637页，堪称皇皇巨著，是欧美道教研究的集大成之作和"世界汉学研究史上的一座里程碑"①，也是欧美道教学者的案头必备之书。由于施舟人的卓越贡献，他成为"不仅在法国，而且在欧洲以至全世界从事道教研究的第一线人物"②。

贺碧来（Isabelle Robinet，1932—2000）亦是康德谟的学生，擅长研究上清派道教，是位多产的道教研究学者。她曾对《道德经》的注本做过深入研究，著有《7世纪为止的〈道德经〉注疏》（*Les commentaires du Tao-tö king jusqu' au VII<sup>e</sup> siècle*，1977）。此书系统地研究了西汉至唐代《道德经》的主要注本，阐释了严遵、河上公、王弼、顾欢、梁武帝、周弘正、成玄英等人对《道德经》的注疏，对于西方客观地理解《道德经》的内容大有裨益。贺碧来还参与了《淮南子》的翻译，与顾从义（Claude Larre，1919—2001）、罗妤（Élisabeth Rochat de la Vallée）合作出版了《淮南子诸训》（*Les grands traités du Huainan zi*，1993），合译了《淮南子》第1、7、11、13、18篇。在贺碧来的著作中，最为享誉学界的乃是扛鼎之作《道教史上的上清降授》（*La révélation du Shangqing dans l'histoire du taoïsme*，1984）。该书分2册，上册通过梳理早期上清经和晚出上清经的复杂关系，以确立道教上清派思想的传承谱系；下册则对于140多篇重要的上清经进行了解题分析，并从《道藏》中重新整理出大约260篇上清经并将之分类、考其真伪，以此尝试重建某些上清经的结构和行文。该书征引之广博、考证之精密，无不体现了作者深厚的文献功底，令人叹为观止。迄今为止，该书仍是世界范围内关于上清经研究中功力最深的权威之作。

索安（Anna Seidel，1938—1991），又名赛德尔，中文名石秀娜，师从康德谟，是优秀的法籍德裔道教研究学者。其博士论文《汉代道教中老子的神化》（*La divinisation de Lao tseu dans le taoïsme des Han*，1969）受到学界极高的评价。文中将汉代一块纪念老子的石碑铭文《老子铭》译为法文。索安没有巨著留世，但论述颇丰，其最有影响力、最具代表性的作品当推1990年出版的《西方道教研究编年史（1950—1990）》（*A Chronicle of Taoist Studies in the West 1950—1990*）。该书篇幅不长但信息量极大，几乎能用一句话或一段文字

---

① 樊昕《〈道藏通考〉：欧洲的"道藏工程"》，载《文史知识》2008年第7期。
② 《道教》（第三卷）第245页。

就能概括出某一研究论著的内容；书中近一半篇幅介绍了 1950 至 1990 年间西方主要道教学者的论著，能让国内外的学者对于西方道教研究的成果一目了然。

劳格文（John Lagerwey）是法籍美裔汉学家、人类学家、道教研究学者，师从施舟人。其道教研究的代表作是《〈无上秘要〉：6 世纪的道教类书》（*Wu-shang pi-yao：somme taoïste du VI$^e$ siècle*，1981）。该书考证了北周武帝宇文邕敕纂的道教类书《无上秘要》的成书过程、历史背景以及该书反映的佛道论争等，翻译了敦煌写本《无上秘要》的目录以及目录中的道经名称和各义类的描述性文字，将《无上秘要》征引的道经进行了汇总。劳格文此书是研究六朝道教文献的重要著作，索安曾称赞该书，并表示"研究《道藏》中的类书和卷帙浩繁的仪式类书，可以借鉴劳格文探讨《无上秘要》的佳作"①。

戴思博（Catherine Despeux）师从康德谟和施舟人，最初研究太极拳，后研究中医、中国古代哲学和道教。1975 年出版《太极拳——长生术，武术》（*T'ai-ki k'iuan-Technique de longue vie，technique de combat*），1979 年翻译了晚清民国时期道教龙门派赵避尘的《卫生生理学明指》（*Zhao Bichen：Traité d'alchimie et de physiologie taoïste*），用法语介绍了内丹的基础知识。1984 年翻译了明人周履靖的《赤凤髓》（*La moelle du phénix rouge*），介绍了关于导引、行气、内丹的著名经文。1990 年发表《古代中国的女仙——道教和女丹》（*Immortelles de la Chine ancienne：taoïsme et alchimie féminin*），探讨了中国古代女性内丹术的理论和实践问题，对于道教信仰中的女性崇拜进行了详细的文献考证，分析了自金元到明清时期有关女性丹功的历史、人物、功法、经典等。

穆瑞明（Christine Mollier）也是施舟人的学生，主要研究敦煌学和中古时期的道教启示文献，尤以研究《洞渊神咒经》而著名，并于 1990 年以《5 世纪的一部道教末世论著作：洞渊神咒经》（*Une apocalypse taoïste du V$^e$ siècle：le Livre des Incantations Divines des Grottes Abyssales*）获得博士学位。这篇博士论文分析了《洞渊神咒经》的版本、成书过程、历史背景，以及此经所反映的末世论主题、佛道关系等，并完整地翻译了《洞渊神咒经》第 1 品的内容，总

---

① ［法］索安著，吕鹏志、陈平等译《西方道教研究编年史（1950—1990）》第 122 页，中华书局，2002 年。

结并翻译了第 2 品至第 10 品以及第 19、20 品的内容。穆瑞明通过《洞渊神咒经》研究中国的末世论，是一项试验性和开创性的探索，被施舟人赞为"划时代的研究"①。

戴密微主要研究佛教和敦煌学，道教虽不是其研究专长，但其道教论著仍享有极高声誉。他整编并出版了马伯乐的遗稿《道教和中国宗教》，对《庄子》中的《逍遥游》《齐物论》《秋水》等篇做过深刻论述；1945 年发表《道教之谜》(Énigmes taoïstes)，分析了《庄子·天运篇》中的问答；1954、1955 年在《通报》上发表书评，对荷兰汉学家戴闻达（Jan Julius Lodewijk Duyvendak, 1889—1954）的《道德经》法文译本和康德谟的《列仙传》译注分别进行了详细的评论。1980 年，戴密微与法国著名比较文学文化大师艾田蒲（René Etiemble, 1909—2002）、康德谟共同审订了法籍华裔汉学家刘嘉槐（Liou Kia-hway, 1908—?）与格林巴斯（Benedykt Grynpas）合作的《老子》《庄子》《列子》译文；此三种译本合称《道教哲学家》（Philosophes taoïstes, 1980），由巴黎伽利玛出版社（Gallimard）收入著名的七星诗社丛书（La Pléiade）出版。

另外还必须提到傅飞岚。他主要研究中国道教史和地方文化史，对《道藏》以及唐末五代著名高道杜光庭的思想有深入研究。傅飞岚于 1989 年出版了《杜光庭（850—933）：中古中国末叶的皇家道士》(Du Guangting 850—933 : taoïste de cour à la fin de la Chine médiévale)。在此之前，沙畹《投龙简》曾对杜光庭所编《太上灵宝玉匮明真大斋言功仪》进行了翻译和研究，当是国外关于杜光庭研究的先锋之作；而傅飞岚则首次深入地研究了杜光庭的生平和作品。书末还附有一份注释，将杜光庭的作品划分为传奇、仙道传记与圣地、科仪、铭文、编撰和评注、回忆录和正史记载、诗歌、其他共八类。另外，傅飞岚还主持和参与了诸多国际会议和研究计划，如参与了施舟人的"欧洲《道藏》工程"，上文提到的 3 卷本《道藏通考》即由施舟人与傅飞岚合编而成。

除以上主要道教研究学者的研究外，20 世纪法国的道经译介研究还有以下成果：法籍华裔学者、著名敦煌学专家吴其昱（Wu Chi-yu, 1915—2011）

---

① Christine Mollier, *Une apocalypse taoïste du V^e siècle, le Livre des Incantations Divines des Grottes A-byssales*. Paris : Institut des Hautes Études Chinoises, 1990, Préface par Kristopher Schipper, p. 2.

的长篇论文《〈本际经〉：7 世纪的未刊道书》（Pen-tsi king，livre du terme o-riginal：ouvrage taoïste inédit du VII<sup>e</sup> siècle，1960），此文介绍了《本际经》的馆藏情况及卷目、经文题名的来源及涵义、经文的作者及流布情况、经文的重要性；再如，康德谟的德国籍学生巴德里安·侯赛因（Farzeen Baldrian-Hussein）的博士论文《灵宝毕法：11 世纪的道教丹经》（Procédés secrets du joyau magique：Traité d'Alchimie Taoïste du XI<sup>e</sup> siècle，1984），系对宋代道教内丹经典《灵宝毕法》的研究和翻译等。

## 三、20 世纪法国翻译研究道经典籍的特色及原因

较之于明清时期和 19 世纪，20 世纪法国对于道经典籍的译介和研究呈现出以下特点。

第一，译介的道经更加丰富，翻译水准普遍更高。明清之际的传教士为了在中国古籍中找寻基督教教义而孤立地翻译《道德经》的某些文句，尚未正式关注道经典籍。19 世纪，法国译介的道经典籍主要是《道德经》《太上感应篇》《阴骘文》；从翻译的对象来看，内容较为单一，《庄子》《列子》等仅有零星的译文；从阐释的方法来看，多有将道家道教典籍与古希腊哲学相比附的现象。及至 20 世纪，除了出现更多的《道德经》译本之外，亦出现了《庄子》《列子》《淮南子》的译本。除传统道家典籍之外，《太上灵宝玉匮明真大斋言功仪》《洞渊神咒经》《本际经》《灵宝毕法》等道经也得到了翻译和研究。

第二，20 世纪法国翻译的道经涉及了道教的方方面面，并出现了道教专题研究，如道教科仪（沙畹、施舟人、傅飞岚）、道教养生（戴思博）、仙道传记（康德谟、施舟人、傅飞岚）、道教碑铭（沙畹、索安）、《道藏》文献（戴遂良、施舟人）、敦煌道经（劳格文、吴其昱）、道教末世论（穆瑞明）等。道经典籍的译介与研究紧密结合，大多数道经译本的前言或序言往往融合了研究者对道教、道经的研究和诠释。而在道经典籍的研究过程中，研究者并不把道经典籍仅仅作为宗教典籍对待，而是融合了多门学科的知识进行了多角度的综合研究。

第三，20 世纪法国吸引了世界各地的优秀人才参与道经译介与研究，不少学者并非来自法国本土，如康德谟（奥地利）、施舟人（荷兰）、劳格文

（美国）、索安（德国）、侯赛因（德国）、吴其昱（中国），他们曾在多国求学或从教，具有多国学术背景。例如，索安长于德国，后求学于巴黎，后又赴日本和美国从事教学和研究工作，因此"综合了德国汉学传统和法国汉学传统，又带有日本汉学和美国汉学的印迹"①。再如，施舟人主持的"欧洲《道藏》工程"便分为巴黎小组、罗马小组、威尔茨保小组、苏黎世小组，每个小组各有分工，研究成员来自法国、美国、德国、意大利、瑞士、丹麦、荷兰等国。这些不同国籍的学者为法国汉学研究注入了新鲜血液，使得"二战"后法国的道教研究在与美国和日本的三足鼎立之势中一直保持了重要的地位。

　　出现上述特点的原因也是多方面的。首先，从事道经典籍译介与研究的主体进一步职业化。明清时期翻译道经典籍的主体多是传教士，翻译主要为传教活动服务，有着浓厚的传教功利色彩；19世纪法国出现了一批职业汉学家，但他们多受早前传教士的影响，其道经翻译过程中多有将道经典籍与西方宗教哲学相比附之举。及至20世纪，法国汉学研究者多接受过正规的高等教育，精通汉语，能阅读第一手资料，有的学者甚至能够亲赴中国进行实地调查，这就为客观、科学地翻译研究道经典籍提供了必要条件。

　　其次，20世纪法国对于道经典籍的翻译研究活动得到了诸多汉学研究机构和学术刊物的支持。自1814年法兰西学院设立第一个汉学讲座以来，汉学研究始终受到高等学术机构的重视，其中，至今仍活跃在汉学研究领域的有法国高等实践研究学院、法国远东学院（École française d'Extrême-Orient）、法兰西学院高等汉学研究所（Institut des Hautes Études chinoises）、法国国家科学研究中心（Centre national de la recherche scientifique），等等。这些机构享有国际盛誉，吸引了全世界的道教研究者纷至沓来。另外，众多与汉学研究相关的学术刊物如《通报》《法国远东学院通报》（Bulletin de l'École française d'Extrême-Orient）、《远东亚洲丛刊》（Cahiers d'Extrême-Asie）、《亚洲学报》（Journal Asiatique）等，皆是道经典籍的译介研究和传播的学术阵地。

---

① 《西方道教研究编年史（1950—1990）》译者前言第3页。

## 结　语

　　20世纪法国对于道经典籍的译介研究在早前的基础上取得了丰硕的成果，进一步传播了中国的道家和道教文化。法国从最初在《道德经》中寻求基督教教义、视道教为迷信，到最终科学地认识和研究道教，这并非朝夕之功。从某种程度上讲，道经典籍在法国的翻译过程正是法国认识道教的过程。西方欲认识中国传统文化，必先翻译中国文化典籍；欲研究道教，必先翻译道经典籍。道经典籍的翻译是西方道教学术研究的基础和先决条件。如果没有20世纪法国对道经典籍的译介与传播，法国乃至欧洲的道教学术研究便不可能取得长足的发展，亦不能客观科学地审视中国传统文化，中西文化交流必会受到相当大的阻碍。

张　粲　西南交通大学外国语学院副教授

# 《聊斋志异》在法国的译介与传播

陈恒新　赵薇清

**摘　要**：本文将《聊斋志异》在法国的译介与传播，归纳为 3 个阶段：一、鸦片战争后，传教士视野下的《聊斋》译介；二、中法战争后，《聊斋》译介重铸"中国形象"；三、"二战"后忠实原著，由译介转入研究。

**关键词**：《聊斋志异》　法国　译介与传播

《聊斋志异》是中国文言小说史上的巅峰之作，自《聊斋志异》成书以来，先后被翻译到东亚日韩等国、西欧各国以及美国等。译介版本多、译介范围广，许多国外译者、汉学家均对《聊斋志异》展现出浓厚的兴趣，并做出了不同程度的努力。其中，法国汉学界不同时期对《聊斋志异》的译介态度具有鲜明的差异性，因而对《聊斋志异》在法国的译介历程的研究探讨具有研究价值。

鸦片战争后，西方列强以坚船利炮打开了中国的大门，以《聊斋志异》为代表的一批中国文学作品也随之传入西方。但中国因战争失败，国际地位一落千丈，《聊斋志异》译介伊始，其价值内涵未能得到重视，反而成为传教士批判中国的工具。后随着一批批传教士来华，法国社会对中国的认识与了解逐步加深，以戴遂良为代表的不少译者逐步发现了《聊斋志异》的更深层次价值，并愿意部分还原原著风貌，以加深中法文化交流。同时以陈季同为代表的在法中国人，怀抱着爱国赤子心，渴望通过译介《聊斋志异》重塑"中国形象"，但也难免因"情之过切"在译介过程中对原著风貌造成一定损

---

\* 本文为 2019 年国家社科基金青年项目"法国国家图书馆藏稀见中文古籍研究"的成果，批准号 19CZW032。

伤。第二次世界大战之后，中国真正在世界有了立足之地，世界对中国看法扭转，《聊斋志异》的最真实内核也开始受到重视。在雷威安的努力下，"忠于原文"的《聊斋志异》全译本诞生，并开启了《聊斋》研究进程，不少法国高校学子从民俗、性爱观等多个方面展开了对《聊斋志异》的研究与探讨。

## 一、首创期：鸦片战争打破国门，传教士视野下的《聊斋》译介

要探究《聊斋志异》在法国的译介与传播，绕不开英国这一译介"先锋"。《聊斋志异》诞生于清政府统治时期，清朝坚持实施"闭关锁国"的政策，国内外文化沟通长期受阻，国内无法得知国外先进发展，国外也无法获取中国最新文化成果，因而尽管 1766 年《聊斋》已刊刻成书，却迟迟未获译者青睐。直至 1840 年鸦片战争爆发，"闭关锁国"的清政府被迫打开国门，割地香港，英国人开始在香港这一特殊地点进行《聊斋志异》及其他中国文学名著的译介工作。鸦片战争战败，击碎了清朝"天朝上国"的美梦，中国的国际形象一落千丈，成为"愚昧、落后"的代名词。受政治因素影响，这一时期的来华传教士成为译介工作的主要落实者，他们以高高在上的"西方中心主义"为准则看待中国文学作品。《聊斋志异》的译介历程便是在这一时期开启的。

1842 年，郭实腊[①]借助《中国丛报》首次译介了《聊斋志异》，选取了其中的 9 则故事：《祝翁》《张诚》《曾友于》《续黄粱》《瞳人语》《宫梦弼》《章阿端》《云萝公主》《武孝廉》。这次的译介严格意义上算不得严肃的翻译：并未注明作品来源；每篇作品均缺失标题[②]；每段粗陈梗概介绍一篇故事；译者主观臆断、肆意解读原著，严重偏离作者原意，翻译漏洞百出。郭

---

[①] 郭实腊（Karl Friedrich August Gützlaff, 1803—1851）：晚清来华德国传教士，其身份备受争议。一方面他以《中国丛报》为阵地，广泛译介了《聊斋志异》《红楼梦》《三国演义》《苏东坡全集》《海国图志》等中国文学作品，是最早一批的西方译者。另一方面他曾从事中国间谍活动，直接帮助西方殖民者在中国的殖民扩张，严重威胁中国主权安全。

[②] 王燕《试论聊斋志异在西方的最早译介》，载《明清小说研究》2008 年第 2 期。

实腊把《聊斋志异》看作反映道家思想的宗教读物,① 在"宗教一元论"的背景下,他认为中国人所信奉的"大道混沌""生生不息"与上帝创世论相悖,道家体现的"人神杂糅"在他看来也是不可理喻的,中国社会急需西方宗教的拯救。② 郭实腊以一己之力将《聊斋志异》狠狠打上"异教信仰"的烙印,大刀阔斧地改写、增添故事情节主旨,丝毫不顾原文的"体面"。在此之后的很长一段时期,《聊斋志异》的译介均深受郭实腊思想观点的影响。他旨在宣扬中国文化"愚昧落后""迷信、没有理性"的特点,并鼓吹中国"需要基督教和西方文明的教化",选译的 9 则《聊斋志异》故事都是为其在论述文字中表达的"道家学说是迷信"服务的。③

郭实腊虽然意图展现道家学说的落后性,但那些与道教相关的篇目郭实腊却一篇也未选用,这恰恰说明郭实腊并未真正读懂《聊斋》,他既未能做到站在宗教立场上阐发故事内容,对作品的文学性也只字不提。尽管如此,我们仍不可否认,郭实腊是将《聊斋志异》引出国门走向世界的"拓荒者"。

在郭实腊译介《聊斋》之后的近半个世纪内,又出现了众多的译介篇目版本,这一时段的译介总体呈现出以下特点:首先,从事篇目翻译工作的以传教士、外交官为主,而非真正意义的汉学家;其次,以殖民地为依托发展"侨居地汉学",以外交官、传教士等侨居中国人士为主要受众对象;再次,受中华文化知识素养影响,此时的译介大都仅限于单篇译文;最后,译者往往抱有"宗教自恋"心态,习惯从宗教视角分析看待文学作品,对《聊斋》中作者寄托的民俗、文化内容表示出深刻的偏见与无知。④ 由于 19 世纪大部分法国汉学学者从未到过中国,他们对中国的认识也就只能借助不成体系的由来华传教士译介的文本和由旅行者或商人来华购买带回法国的中文图书。而这些传播贡献者的教育知识水平参差不齐,兴趣品位也各不相同,因而呈现在法国社会上的中文图书往往无法代表最先进的中国文化与文学成果。这

---

① 李海军《传教目的下的跨文化操纵——论聊斋志异在英语世界的最早译介》,载《上海翻译》2011 年第 2 期。

② Karl Friedrich August Gutzlaff, "Liau Chai I Chi, or Ex-traordinary Legends from Liau Chai", *Chinese Repository*, no. 4, (1842), pp. 202-210.

③ 《传教目的下的跨文化操纵——论聊斋志异在英语世界的最早译介》,载《上海翻译》。

④ 朱振武、杨世祥《〈聊斋志异〉在英语世界的百年传播 1842—1949》,载《蒲松龄研究》2015 年第 1 期。

种对中国的无知，也直接导致了法国学界对中国文化停滞落后、迂腐堕落的偏见迟迟无法转变。

## 二、中法战争后，《聊斋》译介重铸"中国形象"

（一）陈季同的《聊斋志异》译介

1877 年，陈季同①以翻译的身份，随官派留欧生进入法国政治学堂，学习"公法律例"。后担任驻德、法参赞，代理驻法公使，在巴黎居住长达 16 年之久。陈季同客居法国时，适逢中法战争爆发，陈季同一方面饱尝思乡之苦，另一方面看到了法国长期对中国文化持有的无知与偏见。为了扭转法国对中国的看法认识，反抗对中国的无端歪曲诋毁，重塑中国礼仪之邦、政通人和的国际形象，宣传中国经典文学，陈季同做出了努力。1889 年，巴黎卡尔曼出版社出版陈季同《聊斋志异》法文选译本，并命名《中国故事》，这也是《聊斋志异》首部法文节译本。②陈季同之所以首先选择《聊斋志异》进行译介，究其原因，与《聊斋志异》本身的文学属性以及 19 世纪法国盛行的文学风潮不无关系。《聊斋志异》表面上是一部现实主义题材的作品，但蒲松龄奇异的想象与灵动的笔法使其作品又带有了浓厚的浪漫主义气息，这恰恰迎合了西方的浪漫主义思潮。③ 19 世纪上半叶，法国浪漫主义思潮达到高潮，浪漫主义文学风靡一时，为迎合当时法国读者口味，陈季同选取了更能吸引法国读者的、带有浪漫主义色彩的《聊斋志异》进行选译，可见译者为迎合法国读者所做出的努力。《中国故事》从《聊斋》中选取了 26 篇故事：《王桂庵》《白秋练》《陆判》《乔女》《仇大娘》《香玉》《青梅》《侠女》《画皮》《恒娘》《罗刹海市》《黄英》《云萝公主》《婴宁》《张鸿渐》《晚霞》《巩仙》《崔猛》《聂小倩》《莲花公主》《宦娘》《金生色》《珠儿》《续黄粱》《阿宝》《辛十四娘》。与过往译者采取的"直译"策略不同，陈季同

---

① 陈季同（Tcheng ki-tong，1851—1907）：晚清外交官，中国驻巴黎公使馆的总兵衔军事参赞。字敬如，一作镜如，号三乘槎客，福建侯官（今属福州）人。
② 王菁：《"译者视野"下翻译立场的确立——陈季同法译本〈聊斋志异〉研究》，载《中国翻译》2020 年第 2 期。
③ 李志红：《〈聊斋志异〉海外传播及其特点》，载《山东理工大学学报》（社会科学版）2017 年第 2 期。

坚持以"意译"方式翻译《聊斋》，即表述清楚文章意义，对形式是否忠实原文不作强求。在翻译策略上采取外文的"归化"策略，即在语言、文化与美学等层面上的价值取向均有意向译介地法国靠拢①，努力迎合法国读者阅读习惯与阅读需求。在故事情节的翻译中陈季同也一以贯之，对《中国故事》选译的故事情节及篇章结构进行了有意识的改写、删除。以下是陈季同译本中对原著进行改写的几点特征：

1. 情感上"忠于原著"，译介中"大胆改译"

陈季同总体上秉持了"忠于原著"的原则。《聊斋志异》中许多标题就是主人公的姓名，过往译者往往直接"音译"题目，这不免会使法国读者一头雾水、不明所以，而陈季同选择根据人物特点或故事情节进行总结，另取新题。例如：《白秋练》译为《水之恋》（"Un amour aquatique"），《画皮》译为《吸血鬼》（"Le vampire"），《婴宁》译为《爱笑姑娘》（"Unejeun-erieuse"），《阿宝》以主人公变成的鹦鹉为题（"Le perroquet"），《聂小倩》则以故事中捉鬼的匣子为题即《神奇匣子》（"L'étuimerveilleux"）。② 译法简单直白，大大促进了法国读者对篇目的理解。对其他中法差异较大的部分，陈季同也相应地向目的语语境进行改译，句法结构上也不拘泥于原文，更贴近法国读者阅读习惯。对于某些中国特色风俗，陈季同也站在文化传播者的视角上，积极对原文进行注解解释，帮助法国读者加深对中华文化的理解。例如《白秋练》译文注释中增添了一段对主人公职业活动的介绍：

> 京城有位慕姓商人，每年都前往湖南省同全国范围的商人进行贸易。他乘船走水路前往。
>
> Un négociant du nom de Moh, habitant de Pékin, entreprenaittous les ans un voyage dans la province de Hou-Nang, pour y échangersesmarchandis-escontre les produits du pays. Le trajets'effectuaiten bateau, par les fleuves. ③

---

① 黄惠铮《陈季同〈中国故事〉翻译研究》，载《齐齐哈尔大学学报》（哲学社会科学版）2016年第7期。
② 《"译者视野"下翻译立场的确立——陈季同法译本〈聊斋志异〉研究》，载《中国翻译》。
③ Tcheng Ki-tong, *Les Contes Chinois*. Paris: Calmann Lévy, 1889, p.17.

对于《聊斋》中的诗歌，尽管陈季同坚持诗歌具有不可译性，但仍坚持将所有诗歌译出，这也体现出陈季同迫切想把自己引以为豪的中华文化传递给全世界看到的拳拳赤子之心。以《宫词》选段为例：

  罗衫叶叶绣重重，金凤银鹅各一丛。
  Les robes de gaze aux feuillessuperposées et les broderies de couleur, fontressortir le phénix d'or et les oiseauxd'argent plus étincelants encore.①

2. 对爱情的省略改写

《聊斋志异》中充分展现了清朝底层人民生活的真实图景，寄托了蒲松龄本人所提倡的自由理念。蒲松龄主张人人享有爱的权利、反对儒学的束缚；强烈反对包办婚姻、买卖婚姻、门当户对、一夫多妻制等传统家庭观念。② 这些观念表现出强烈的超前性，非当时社会所能理解包容，更是与法国文化具有强烈冲突，但均在《聊斋》中淋漓尽致地体现出来。

蒲松龄在《聊斋》中还涉及了众多同性恋、婚外恋题材，例如《侠女》《黄九郎》《封三娘》《人妖》中均包含对同性恋的正面表现。以《黄九郎》为例：

  ……转视少年，年可十五六，丰采过于姝丽。何生素有断袖之癖，睹之，神出于舍，翘足目送，影灭方归。次日，早伺之，落日冥濛，少年始过。生曲意承迎，笑问所来……酒数行，欲辞去。生掉臂遮留，下管钥。九郎无如何，赪颜复坐。挑灯共语，温若处子，而词涉游戏，便含羞，面向壁。未几，引与同衾，九郎不许，坚以睡恶为辞。强之再三，乃解上下衣，着裤卧床上。生灭烛，少时，移与同枕，曲肘加髀而狎抱之，苦求私昵……九郎曰："缠绵之意，已镂肺膈，然亲爱何必在此？"生甘言纠缠，但求一亲玉肌，九郎从之。生俟其睡寐，潜就轻薄。③

---

①  *Les Contes Chinois*, p. 21.
②  Yves Hervouet, *Contes Extraordinaires du Pavillon du Loisir*. Paris：Gallimard, 1969.
③  （清）蒲松龄著，于天池注，孙通海、于天池等译《聊斋志异》第 405 页，中华书局，2015 年。

在《莲香》《巧娘》《青梅》《小谢》《香玉》《竹青》等篇目中也广泛涉及了婚外恋、三角恋的情节。以《青凤》为例：

> 太原耿氏，故大家，第宅弘阔……耿有从子去病，狂放不羁……生谈竟而饮，瞻顾女郎，停睇不转。女觉之，辄俯其首。生隐蹑莲钩，女急敛足，亦无愠怒。生神志飞扬，不能自主，拍案曰："得妇如此，南面王不易也！"……归与妻谋，欲携家而居之，冀得一遇。妻不从，生乃自往，读于楼下……生固哀之云："亦不敢望肌肤之亲，但一见颜色足矣。"女似肯可，启关出，捉之臂而曳之。生狂喜，相将入楼下，拥而加诸膝。①

为达到重塑中国形象的译介目的，陈季同必然要删掉与法国道德观念相冲突的情节，因而陈季同对这些涉及同性恋、婚外恋的情节一律删去了。在《聊斋志异》众多涉及爱情的故事中，男主人公往往有结发妻子和孩子，而在陈季同笔下这些人物均被一概抹去，这也就避免了婚外恋情节的出现，保证了一夫一妻的纯洁性。而面对婚外恋情节，陈季同也同样采取了直接删掉的处理手段。例如，《香玉》中原文为：

> 后生妻卒，生遂入山，不复归……后十余年，忽病。其子至，对之而哀。生笑曰："此我生期，非死期也，何哀为！"……子舆之归家，即卒。②

而在陈季同笔下，故事变为：

> 书生自从与香玉重逢，就决计永远寄居在观中……十五年后，黄生病死。③

---

① 《聊斋志异》第 225 页。
② 《聊斋志异》第 2971 页。
③ 转引自钱林森编《法国汉学家论中国文学》第 271 页，外语教学与研究出版社，2009 年。

这样大刀阔斧的删除某种程度上有些不负责任，不可避免地破坏了译文故事的合理性与协调性，仅进行了删改而未能对残缺的故事线索进行润色重铸。

《聊斋志异》中的"狐女"是最受西方人关注的角色，他们认为中国的狐女真正具有自主权及性爱的自由，无须受人神的束缚，仅受自己的意愿和身体冲动的支配。狐女不受世俗约束，可以自由坦荡地与"有妇之夫"产生情感。并且蒲松龄大方、直率地在合适的情节中进行了短小精美的性爱描写，精巧而不黯媚，性爱描写与文章浑然一体，往往充当着情节转换、情绪推进等重要职能。例如在《阿霞》中：

> 女虑无可托者。陈请暂寄其家，女从之。既归，挑灯审视，丰韵殊绝。大悦，欲乱之。女厉声抗拒，纷纭之声，达于间壁。景生逾垣来窥，陈乃释女。女见景，凝眸停睇，久乃奔去……景归，阖户欲寝，则女子盈盈自房中出。惊问之，答曰："彼德薄福浅，不可终托。"景大喜……笑不甚拒，遂与寝处……既去，景思斋居不可常，移诸内，又虑妻妒，计不如出妻。志既决，妻至辄诟厉。妻不堪其辱，涕欲死。①

阿霞作为狐女，暂住在陈生家，却机缘爱上了景生，后又与郑生白头偕老，先后在3个男人之中自由选择最终的伴侣。阿霞与景生同居时，景生还有结发妻子，阿霞直接促成了景生妻子被休改嫁的悲惨命运。而其中具有推动作用的情节中虽涉及了性爱描写，但仅在"遂与寝处"后便点到为止。即使这样，这些性爱描写仍未能逃过被直接省略或是改写的命运。以"棋酒之交"代替"床笫之欢"、用"美好的邂逅""迷人的约会"隐晦地传递意境，成为陈季同翻译性爱情节的处理手法。

3. 对原著作者避而不谈

尽管许多法国译者在译介《聊斋志异》时未能对蒲松龄作尽可能真实生动的介绍，但对蒲松龄只字不提的译者却唯有陈季同一人。究其原因，我们不难发现陈季同译介《聊斋》仅在于展示中国风俗文化，而对原著本身的传播宣传并不关心。《中国故事》的序言也印证了这一点，序言全篇聚焦于小说在宣传中国文化的意义作用上，而与蒲松龄毫无关系。作为首个《聊斋》法

---

① 《聊斋志异》第841页。

译本,《中国故事》对蒲松龄只字不提,直接导致了法国读者对《聊斋志异》原著的误解,认为其是"与贝洛或格林兄弟作品类似的、源于悠久民间传统的民间故事"①,与事实上原著的"记史""孤愤之书"设定背道而驰。

4. 删除篇尾"异史氏曰"部分

蒲松龄在《聊斋》中承袭模仿了司马迁写作《史记》使用的文学形式。②《史记》中每篇结尾均以"太史公曰"表明作者评述,对全篇进行中心思想的阐述与作者观点的突出。蒲松龄也以"异史氏曰"为开头,在每个篇目末尾缀写评述主旨。然而在《中国故事》出版的19世纪下半叶,法国正盛行自然主义文学③,追求绝对的客观性,要求作家采取客观中立的叙事模式,因而《聊斋志异》中表达作者主观看法的"异史氏曰"部分被陈季同通通删去了。陈季同仅对故事内容本身进行了译介,使法译文本内容更具客观性。

陈季同对《聊斋》原著的删除与改写,一定程度上破除了法国读者与中国文学之间的障碍,拉近了中法两国文学间的距离。陈季同明确的文化传播意识,使法国读者大大加深了对中国传统文化特色精髓的理解。明确的题材选择意识,使他精心保留了原著中"能引导读者了解我们同胞的思想和性格的部分"④,"如果外在形式已变得尽可能的法国式,那么相反,其本质和民族色彩却完全保留了原样"⑤。但我们同样应明确的是,陈季同笔下所传递出的"中国"仅代表符合西方世界心理预期的、被修改润色的、合乎法国"道德"的"中国",而非真正的中国。

(二)戴遂良的《聊斋志异》译介

19世纪法国汉学的杰出代表人物,法国耶稣会传教士戴遂良⑥对中国文

---

① Muriel Détrie, *Franc-Asi, unsiécled' échangeslittéraires*. Paris: Libraire-Editeur You Feng, 2001, p. 40.

② 姬艳芳《法国汉学家戴遂良对志怪小说的译介》,载《国际汉学》2020年第3期。

③ 自然主义文学:19世纪下半叶产生于法国,偏重于描绘客观精确的现实生活,要求作者具有理性、实验的态度。

④ 黄惠铮《陈季同〈中国故事〉翻译研究》,载《齐齐哈尔大学学报》(哲学社会科学版)2016年第7期。

⑤ 梁晔《浅析〈聊斋志异〉中文化负载词的法语翻译——以陈季同、李风白、拉卢瓦三种法译本重合篇目为例》,载《法语国家与地区研究(中法文)》2019年第1期。

⑥ 戴遂良(Léon Wieger, 1856—1933年):法国著名汉学家。1881年来华,在直隶东南耶稣会任教职,大部分时间在献县。开始为医师,后致力于汉学。

化深有研究。戴遂良1881年抵达中国河间府（今河北献县），与著名汉学家顾赛芬共事，进行传教。后被中国文化吸引，致力于汉学研究，为后世留下30余册不同领域的汉学研究著作。例如：《中国现代民俗》《现代中国》《道教》。他精通汉语（北方官话），对中华文化有着深入的了解。在《聊斋志异》的译介历程中戴遂良也积极贡献智慧，使之成为沟通中法两国文化的桥梁。

戴遂良对中国文学作品的译介可能是从其个人兴趣出发的，而非严格意义上的文学价值。① 戴遂良个人偏爱超现实、志怪题材的文学作品，从4世纪的《搜神记》到19世纪的《暗室灯》，戴遂良均做了不同程度的翻译解读，《聊斋志异》也不例外。在河北献县，戴遂良出版了多部译作：1903年，《汉语入门五、六：民间叙事》出版，该书收录《聊斋》故事共5篇，戴遂良将原文文言改写为白话译文再翻译为法语；1909年，戴遂良出版《中国现代民间故事》，该书收录《聊斋》故事共12篇，收录志怪故事共222篇。两书正文均为竖排繁体，版面为左右中法双语对照，篇尾带有脚注，脚注多为解释文化差异词或进行编者评述。②

戴遂良编纂的《汉语入门》于1895年由河间府天主教会印刷所出版，它的本质是一本帮助法国读者学习汉语的"工具书"，因而均设中法双语对照。在《汉语入门》的五、六卷中，戴遂良选取了当时流行于中国的小说，主要包括《聊斋志异》《今古奇观》《家宝二集》的知名篇目，以通行白话为主要语言形态，同时设置法文译文进行对照。其中选取自《聊斋志异》的篇目主要有：《赵城虎》《考城隍》《劳山道士》《狐嫁女》《长清僧》《陆判》《种梨》《妖术》《任秀》。《汉语入门》作为一本拥有较高价值的汉语学习教材，兼顾了教学实践与文学价值的双重职能，展现了戴遂良较为良好的汉语素养。同时创造性地改写原文为白话，也体现了戴遂良文学观、语言观的超前性。

戴遂良对《聊斋志异》的改编主要呈现以下特点：

1. 忠实于原著开篇体例，音译为主

戴遂良从《聊斋志异》中选取的多为传记式篇目，篇名为主人公的姓名，例如《莲香》《任秀》《叶生》《陆判》等，对于这些篇名的翻译，戴遂良统

---

① 宋莉华《〈汉语入门〉的小说改编及其白话语体研究》，载《社会科学》2010年第11期。
② 姬艳芳《法国汉学家戴遂良对志怪小说的译介》，载《国际汉学》2020年第3期。

一采取了"音译"的翻译方式。"音译"的优点是简洁易操作,对一切专有名词或是民族特有词、无对应词的词语均可"音译之";带有鲜明的异域风情,为读者带来更直观的外文译作阅读体验。但同时"音译"的用法也一定程度上增强了读者阅读的难度,不同译者对同一词语的音译可能不同,带来更大程度的差异性;音译而来的词语往往也会失去词语原有的意趣,或是带来错误的引导,不利于读者更好理解原文。

蒲松龄的《聊斋志异》中,许多篇目遵循了《史记》等纪传体史书的开篇叙事传统,开篇首先介绍人物姓名、家世、籍贯、生平。例如:

《王六郎》开篇:

> 许姓,家淄之北郭,业渔。

《陆判》开篇:

> 陵阳朱尔旦,字小明。性豪放,然素钝,学虽笃,尚未知名。

《商三官》开篇:

> 故诸葛城,有商士禹者,士人也。以醉谑忤邑豪,豪嗾家奴乱捶之,舁归而死。禹二子,长曰臣,次曰礼。一女曰三官,年十六,出阁有期,以父故不果。①

针对这类极具特色与代表性的开篇体式,戴遂良采取忠实原文的态度,一概完整译出,对于较难翻译的人名、地名、身份名等则采取音译手法。比如《任秀》篇的译文中:

> 任建之,鱼台人,贩租裘为业。

---

① 《聊斋志异》第 48、279、727 页。

Jenn-kientcheu de U-tai, vendait des pelleteries et des feutres. ①

向西方直观地传递出中国特色的开篇叙事视角，增强了法国读者对中国文学的感知体验。

2. 改写加注评，略去"异史氏曰"

戴遂良深受中法两重文化熏陶，既拥有来自欧洲先进的文法观念，又对中国传统文化具有深入的研究把握。他将文言改写为白话，同时注入欧式文法，一改文言简省的特点，增加了大量细节描写，使句子结构更加完整；较为厚实的汉文化底蕴，也允许他对某些中国民俗能做到详尽的注解。因而戴遂良的译介作品极大地适应了法国读者的阅读、学习需求。对于前人一概采取略去的"异史氏曰"原著作者评述部分，戴遂良也未能将其纳入翻译范围。但戴遂良却首创性地在篇尾加了译者评说。例如在《考城隍》篇末，戴遂良评注：

> 阴间与阳间均设有都城与审判庭，阴间的"神"是没有投胎转世的鬼魂。②

戴遂良将自我的理解与想法灌输全篇，具有较强烈的主观性，使故事传递到法国读者面前时，叙事目的与主旨产生偏离，原著本意的阐发宣传受到阻碍。

3. 视佛道民俗为"异教之风"

戴遂良在职业生涯中不仅从事中国古典翻译，还做过三教相关研究。与同期来华传教士一样，戴遂良视中国宗教（佛、道为主）为异教，一律采取"批判"态度。他认为道教思想意图蛊惑民众，极其虚伪荒谬，同时又对佛教中能够圆寂涅槃的说法提出疑问。③ 戴遂良发现，尽管许多中国民众对佛道知识一窍不通，却对佛道故事深信不疑，这些"荒诞离奇"的佛道故事究竟缘何受到百姓推崇呢？他将视线焦点放到了志怪小说上，受中国民众广泛阅读

---

① Léon Wieger, *Folklore Chinois Modeme*. Paris：imprimerie de la mission catholique/nabu public，2000，p. 55.

② *Folklore Chinois Modeme*，p. 69.

③ 姬艳芳《法国汉学家戴遂良对志怪小说的译介》，载《国际汉学》2020 年第 3 期。

推崇的志怪小说中，或多或少地夹杂着佛、道教元素，使民众耳濡目染到许多佛道文化。戴遂良期望通过研究志怪小说，能找寻到两国文化互通点，为中法两国文学、宗教建立联系。尽管他对中国"佛道文化"表现出排斥，但并未一味"贬低"中国宗教文化，而是意图为法国读者展示中国民间宗教习俗的图卷，这是值得肯定的。

总的来说，戴遂良创造性地用通俗口语改编文言小说，但保留了原著特有的中国式开篇体例，同时凭借自身扎实的汉文化基础为原文加入评注与评述帮助法国读者理解，促进了中国文化在法国的传播。戴遂良对中国民间文化的研究有其严谨的学术研究精神，但其译介成果仍未完全摆脱西方传统的传教士思维带来的局限。

## 三、"二战"后忠实原著，由译介转入研究

第二次世界大战结束，中国作为反法西斯战争太平洋战场的主力军取得胜利，参与了制定维护战后世界秩序的一系列国际制度，并成为联合国五大常任理事国之一，真正具有了较高的国际地位。在这样的国际背景下，法国汉学家开始对中国文化的译介研究重新进行审视，转变思路与视角，本着世界文化平等的原则，以客观冷静的视角重新对中国民俗文化进行研究阐释。也正是由于这个原因，使《聊斋志异》在法国真正开始出现较为忠实的译本。

迄今为止，《聊斋志异》译介研究成就最高的要数法国汉学界巨擘雷威安先生。雷威安[①]具有译者、汉学研究者和教师多重身分，不同的职业要求他须做到对中国文化的融会贯通，将翻译与研究、阐述有机结合起来。雷威安的译介研究成果较其他汉学家具有更高的学术价值。他认为，中国古典小说并非进行社会学或历史学研究的工具，而是严肃的文学作品，"文学既不是对社会简单的反映，亦非意识形态卑微的仆人"[②]。雷威安专研中国古典文学，具有极高造诣。明代"四大奇书"之二的《金瓶梅词话》和《西游记》，以及

---

① 雷威安（AndreLevy）：法国汉学家、翻译家，是中国古典小说与戏剧最重要的法译者之一。
② 陈嘉琨、刘云虹《选择、互动与探索——雷威安与中国文学法译》，载《中国翻译》2020年第4期。

清代文言小说《聊斋志异》的首个法文全译本皆出自他的笔下。由他翻译出版的《聊斋志异》法译本《奇异史话》（Chroniques de l'étrange）是公认的迄今为止《聊斋》最完整、最忠实的法译版本。由于《聊斋志异》是文言短篇小说，各篇目之间相互独立，互不牵涉，因而很长一段时间内，《聊斋》译介都仅停留在缺乏系统性的、部分选译的阶段。雷威安坚持认为"译本完整性"① 对一部作品的译介是极其重要的，因而不管是《金瓶梅词话》《西游记》还是《聊斋志异》，雷威安都以严苛的态度坚持全译，依据原著逐句译出，这是前人所不可及的。

雷威安又一卓越成就在于，他真正做到了"忠于原著"，这种"忠实"是适当的，要忠于原文但不过多藻饰。"既要克服差异""又要表现差异"②。"最理想的是让读者感觉得到在读中文，然而是一种看得懂的中文！他不是在读一部法文小说，而是一部中文小说。"③ 贯彻雷威安中国古典翻译生涯的基本原则是"异化为主，归化为辅"，他始终引导读者不断贴近中国文学，采取更贴近原著作者所使用的表达方式，最大程度地保留了民族文化的特色，向法国民众真实反映了来自中国的异域民族特征与语言风格特色。

雷威安对《聊斋志异》的翻译主要具有以下特点：

1. 明确题材，忠实原著

《聊斋志异》这一书名，完美阐发了作者的写作意图及其宣告功能。"聊斋"是蒲松龄的书房名，"志"动词意为"记，用文字记录"，名词也可理解为"故事、文字"，"异"说明故事记述的主要内容"不同寻常"。但在法译的过程中，译者往往对原书名弃而不用，重新另取，例如陈季同以"中国故事"为名；路易·拉卢瓦以"魔怪集：蒲松龄（留仙）小说选"为书名；皮艾尔·道丹译为"中国故事集：聊斋志异选"。

同时过去汉学家往往习惯将视野焦点放在"异"上，而恰恰无视原著主要强调的"志"的"记史"职能，抹杀了《聊斋》的历史性，使之成为单纯的"奇幻故事"。雷威安敏锐地发现了这一点，因而他依据原著，将书名译为

---

① AndreLevy, Chroniques de l'étrange. Arles：Philippe Picquier, 2005, pp. 7-14.

② 陈嘉琨、刘云虹《选择、互动与探索——雷威安与中国文学法译》，载《中国翻译》2020年第4期。

③ AndreLevy, "Lire le chinois… maisenfrançais!", TaïpeiAujourd'hui, "Proposrecueillis par Laurence Marcout", jan.-fév., (2001), pp. 20-23.

"奇异史话"。他坚决否定西方试图混淆《聊斋》基本题材的做法,他在自己撰写的《奇异史话》前言中明确指出:"《聊斋》在世界文坛独此一种","他的历史故事丝毫不似神话故事","他最关心辟出一个奇异的世界,以逃避枯燥无聊的现实,而不是创作幻想文学作品去撼动颓废的理性"。①

雷威安发现了蒲松龄在作品中对司马迁《史记》"太史公曰"的借鉴,指出:"读完《奇异史话》第一卷……读者不会认为这是唯一的一种声音"②,突出强调其相同于《史记》的"记史"写作形式。针对篇末的"异史氏曰"评述部分,一律逐句译出,并用斜体字排版,与正文内容进行区分。

为了帮助法国读者重新摆正《聊斋》的定位,雷威安还凭借一己之力为其书写了前言与序,并做了大量注解。鉴于蒲松龄独特的人生际遇与其创作"孤愤之书"密不可分,雷威安详尽整理书写了蒲松龄的生平,以期生动展现其文学观、世界观对《聊斋》的深远意义。雷威安在其译本中还明确指明了他所依据的原著版本,即张友鹤依据蒲松龄亲自手抄的版本辑校的"三会本"。并严格依据原著次第编排译本篇目。在他之前从无译者明确指出过所依版本。

2. 再现"文言"形式

《聊斋志异》作为中国文言短篇小说集,全文以文言形式写就,用字精妙简省,一字也蕴含深远意境,且常大量用典,展现了蒲松龄绝妙的文学功底。例如:遂以石压荷盖令侧,雅可幛蔽;又匀铺莲瓣而藉之,忻与狎寝。

原文以简洁清晰的语言描述了阿段与晚霞亲密前的准备工作,用"荷盖"与"莲瓣"搭成一个秘密的"爱巢",也体现了蒲松龄极富浪漫主义与童真的想象力。在吴德明、雷威安之前,没有译者明确过原著的写作语言,这也致使愈多读者误以为《聊斋》原本就是一部通俗白话小说。雷威安在译本前言中明确指出了原著的基本语言是文言。针对文言这种极其考究的书写形式,过往的法国汉学家往往会先将文言文改写为白话文,再将白话文翻译为法语。而雷威安认为,文言文与白话文是中国文化中的两种语言,认为两者"有一点像拉丁语和法语的关系,但并不真正如此"。在"译本完整性""忠于原著"原则的驱动下,雷威安首创了由文言直接译为法语的译介方式,"使用精

---

① *Chroniques de l'étrange*, Introduction.
② *Chroniques de l'étrange*, p. 10.

练的法语，辅之以虚拟式"①，力图以最适合的方式还原原著风采。雷威安期待以这种形式，使读者获得最大程度的阅读自主性，自主体会到原汁原味的《聊斋》意趣。

3. 首译"自志"

《聊斋志异》的首篇题为"自志"，这是蒲松龄为《聊斋志异》写的序言，写于创作过程之中却又已成规模之际，展现了蒲松龄写作《聊斋》的心路历程以及创作宗旨：

> 独是子夜荧荧，灯昏欲蕊；萧斋瑟瑟，案冷疑冰。集腋为裘，妄续《幽冥》之录；浮白载笔，仅成孤愤之书。寄托如此，亦足悲矣！嗟乎！惊霜寒雀，抱树无温；吊月秋虫，偎阑自热。知我者，其在青林黑塞间乎！②

"自志"强调，《聊斋》的创作过程是"集腋为裘"，创作目的是"妄续《幽冥》之录""仅成孤愤之书"，有着现实的劝惩和明确的批判目标。"惊霜寒雀，抱树无温；吊月秋虫，偎阑自热"直言作家孤独灵魂的凄厉呼喊，引人心悸。尽管"自志"篇幅不长，但却是打开"聊斋世界"大门至关重要的钥匙。

然而如此重要的篇目却是直到《奇异史话》的出版，才第一次被呈现在法国读者面前。究其原因，一方面是由于《自志》语言较为晦涩精深，翻译难度大，需要大量注解才能读懂。另一方面是过往译者普遍认为，《自志》中传递出的"孤愤之书"等带有强烈个人风格的信息，会使自身译介观点站不住脚，无法与他们强加给《聊斋》的"民间故事集"定位相配合，不利于达到自身译介目的。因而《自志》迟迟不得翻译，雷威安积极打破了这一僵局。

4. 故事附带插图

在雷威安的译本中，无论是封面还是正文，都设置了数量不等的插图，这些插图主要来自中国民间图绘《聊斋志异》的版画，是名副其实的中国民

---

① AndreLevy, "Traducteurs au travail", *Trans Littérature*, "Proposrecueillis par Jean Bertrand", no. 31（2006），pp. 3-11.

② 《聊斋志异》第6页。

俗文化。以中国民俗文化彰显中国文学文化，是雷威安极为成功的一次试验。每篇故事均配有插图，这些插图生动展示了中国民众生活的真实图景，使西方世界脑海中对中国的幻想逐渐清晰了起来，成为实际。以图画穿插在文字之中，也很大程度上提升了作品的趣味性，帮助法国读者更好深入阅读理解。

雷威安《聊斋志异》全译本于1996年便已成书，但直到2005年才由毕基耶出版社出版。正如雷威安先生本人提到的：

> 1991年，……出版社口头表示把《聊斋志异》全译本列入出版计划。翻译初稿完成后，出版社却改变了计划。我最终于1996年通过菲利普·皮杰出版社发表了第一部……对后几卷的出版，我已经不抱什么希望了。①

究其原因就在于《聊斋志异》法译的两个倾向：将《聊斋志异》等同于西方神话，并对与神话主题不符的内容一概删去或改写；突出西方观念下的"中国特色"。② 这些译者往往随意改动标题或抹掉标题，有针对性地节选删改篇目内容，模糊用词，删除作者评说，并试图将《聊斋志异》与欧洲作品进行比较。而雷威安"在翻译过程中，我参阅了比长篇小说的资料更加翔实丰富的文献，又能够尝试以中国这位优秀散文家的风格进行翻译"③，最大程度地忠实于原文。雷威安《聊斋志异》全译本出版，过往法国读者对《聊斋志异》的刻板印象必将被打破，过往法国译者对中国文学作品的深远偏见也会随之公之于众（这些偏见同样贯穿于中国其他文学作品中）。

雷威安先生身兼教师、汉学研究者和译者三重身份，在其近半个世纪汉学研究生涯中，致力于中国古典文学的研究，共撰写研究专著7部，主持编纂中国文学辞典1部，发表学术论文60余篇、书评50余篇、书目汇编百余则，为合著作品贡献的名词条目更是难以计数。在其职业生涯中，他逐渐着迷于中国文学作品独特的叙事艺术，创造性地将文学作品作为文本研究的对象。意图打破过往偏见，为法国读者重塑一个真实的"中国"形象，将中国

---

① [法]雷威安著，钱林森、傅绍梅译《中国古典文学在法国的接受——法国著名汉学家雷威安一席谈》，载《中国文化研究》2001年第4期。
② FrancAsi, un siécle d'échanges littéraires, p.51.
③ 《中国古典文学在法国的接受——法国著名汉学家雷威安一席谈》，载《中国文化研究》。

文学的"美"挖掘发扬。雷威安是迄今为止《聊斋志异》研究成就最高的汉学家之一，为中国文学在西方世界的流传做出了突出贡献。

雷威安是首个对《聊斋志异》进行研究的法国汉学家，其研究成果收录在其法文全译本《奇异史话》中。在雷威安之后，《聊斋志异》研究的主力逐渐转移为法国高校博士生。1986 年，巴黎第七大学东亚系通过的一篇题为《蒲松龄聊斋志异中的讽刺现象》（*Le phénomène de la satire dans le Liaozhaizhiyi de Pu Songling*）的博士论文开启了《聊斋》研究历史新纪元。自此，一篇篇博士论文合力将法国《聊斋志异》研究推上了高潮。

纵观近 20 年法国高校博士《聊斋志异》相关研究论文，论点主要聚焦在中国狐狸意象、性爱观、民族风俗、讽刺与幻想上，我们分别进行叙述。

1. 中式"狐女"意象研究

《聊斋志异》成书于淄河之畔，齐鲁文化的中心发源地之一，深受儒家学说浸润。同时清代大兴文字狱，文人义士无法通过文学作品直抒胸臆，只能借助比喻意象暗发议论，《聊斋志异》中的"狐女"形象就应运而生了。蒲松龄本人虽深受传统礼教思想影响，但在他笔下，"狐女"却是性爱自由的代表。"狐女"打破了封建纲常礼教，不受世俗约束，自由随性，具有爱情的自主权，她们往往明媚灵动。研究文章《中国文学中的狐狸形象：蒲松龄作品中动物伴侣的情欲》（*La figure littéraire de la renarde en Chine：une érotique de la compagne animale chez Pu Songling*）① 考察了中西方文学作品中的狐狸形象，并对《聊斋志异》"狐女"形象做了解读。论文作者认为，不同于西方文学作品中女性的"献身爱情"和"性偶像"，中国的狐女"不受人控制，没有神的支配，只受自己的意愿和身体冲动的支配，因此有很多自主权及性方面的自由"②。

2. 性爱观研究

《聊斋志异》全书共 491 篇（或 494 篇）故事，其中爱情主题的作品占比重最大，例如《莲香》《小谢》《连城》《宦娘》《鸦头》等，各篇不同程度表现了作者强烈反对封建礼教的精神。2006 年 12 月，巴黎第三大学比较文学

---

① Chan Pit-chu, Bernard Terramorsi, Université de la Réunion, 2004.

② 付岩志《20 世纪以来〈聊斋志异〉海外研究综述》，载《山东大学学报》（哲学社会科学版）2012 年第 2 期。

博士生李金佳写作的《道是晴云却雨云——〈聊斋志异〉早期法译本中对性爱的改写》一文，在法国普罗旺斯大学举办的"中国文学中情、爱、性主题的翻译"研讨会上发表。这篇文章着重对《聊斋志异》中的性爱描写与同性恋、三角恋题材做了探讨。

针对《聊斋志异》性爱描写，作者认为，"纯粹的精神恋爱，在《聊斋志异》中是没有地位的。蒲松龄对性行为的描写笔法直接一笔带过，并非故事重心，但往往承担故事递进转折的重要职能"①。作者还提到，即使蒲松龄原文对性爱描写着墨不多，但"法文译者仍难以接受，甚至直言不讳对性爱描写的反感，凡是涉及肉体行为的细节都以改写的方式予以避免"②。这与西方审美习惯、道德传统不无关系。

相对于性爱描写在《聊斋志异》中的"遍地开花"，与同性恋题材相关的描写仅在《侠女》《黄九郎》《封三娘》《人妖》中有所体现。作者研究认为，"蒲松龄写同性恋，用的是一种直率的白描笔法，仅记述同性恋行为，并不发道德评判"③。通过研究，作者发现蒲松龄对三角恋的观点要明朗得多，从《莲香》《巧娘》《青梅》《小谢》《香玉》《竹青》等篇目中，不难看出"蒲松龄并未把爱情设想为一种排他性的关系，他使爱情超越私人关系而转化为某种三人间的社会关系"④。受西方传统思想与时代思潮影响，早期法译者往往较宽容同性恋题材，而以"爱情忠实"为原则对三角恋情节大肆删改。

正如四川师范大学文学院屈小玲教授所说：该论文作者以比较文学方法，"通过对1880—1930年代《聊斋志异》法文选译本的考察，联系西方宗教文化中的性禁忌，指出法文版的《聊斋志异》的爱情故事中对性爱行为细节的改写，以及对同性恋关系的强调，这正是中西文化的差异所致"⑤。

3. 民族风俗研究

在文学领域研究之外，不少研究者还将视角放在了《聊斋志异》折射出

---

① 钱林森编《法国汉学家论中国文学——古典戏剧和小说》第257页，外语教学与研究出版社，2007年。
② 《法国汉学家论中国文学——古典戏剧和小说》第257页。
③ 《法国汉学家论中国文学——古典戏剧和小说》第269页。
④ 《法国汉学家论中国文学——古典戏剧和小说》第270页。
⑤ 屈小玲《法国高校〈聊斋志异〉研究及其他》，载《文学遗产》2011年第1期。

来的社会属性上。2007年，法国斯特拉斯堡第二大学人类学系博士屈小玲的博士论文《聊斋志异人类学研究：中国十七世纪》（Une étude anthropologique du LiaozhaiZhiyi：Chine XVIIe siècle）发表。作者认为，"《聊斋志异》写作题材大半取材于作者自己及周围所熟悉的士人及其家庭生活，源于田野调查。……因此《聊斋志异》的作品具有了描述人类生存与命运的人类学性质，它实际上是一部反映社会风俗的作品"①。该论文从人类学角度出发，对《聊斋志异》所反映的"中国17世纪乡村社会的士阶层风俗"进行了广泛研究。分别考察了士阶层的社会际遇及社会风俗、不同层次的职业活动及其家庭生活。对士阶层读书、交游、应试、谋生、为官司法、地方民俗以及民间信仰等一系列社会活动均有研究涉及。

4. 幻想研究："怪有过于飞头之国"

蒲松龄在序言《自志》中说："人非化外，事或奇于断发之乡；睫在眼前，怪有过于飞头之国"②。"断发"与中原"身体发肤，受之父母"的孝道相违，故而被视为奇异；而"飞头之国"最早见于晋代张华的《博物志》和干宝所著的《搜神记》，相传头可以飞走再落回，更是怪异称奇。"怪有过于飞头之国"，则是比奇异更奇异。《聊斋志异》蕴含了蒲松龄非凡的艺术想象力，其思维不受时空的局限，自由延展，使作品呈现出"虚实相生、真幻结合"的艺术特点。

针对《聊斋志异》中的幻想情节，1995年，巴黎社会科学高等学院博士研究并发表了博士论文《蒲松龄幻想小说的结构分析》。该文运用西方结构主义理论，"分别从人类与异类相遇的方式、身体和灵魂的漫游、想象与夸张、狐鬼与其他精灵之间的相异、道教阴阳观念与道士法术的想象诸方面进行了分析"③。并以《绿衣女》为代表，探求总结了蒲松龄"幻想小说"的基本写作模式，即"绿衣女子夜访书生，士人与女子产生爱情，绿衣女与书生惜别"④。同时，作者创造性地注意到，蒲松龄为实现幻想与现实的互通设置了"中间通道"，作者研究总结了几种"互通"方式：梦，例如《狐梦》；某些神秘地点，例如《鸽异》；风、雷、雨、雪等自然现象，例如《小翠》《娇

---

① 屈小玲《法国高校〈聊斋志异〉研究及其他》，载《文学遗产》2011年第1期。
② 《聊斋志异》第6页。
③ 屈小玲《法国高校〈聊斋志异〉研究及其他》，载《文学遗产》2011年第1期。
④ 屈小玲《法国高校〈聊斋志异〉研究及其他》，载《文学遗产》2011年第1期。

娜》；壁画或者窗口，例如《画壁》。作者立足于作品的结构主义分析，意图挖掘其内在潜藏意涵，具有一定的学术价值。

  值得注意的是，这些博士研究论文的作者均来自中国，但导师均为法国本土相关领域的著名学者、教授。中国学子在法高校学习研究《聊斋志异》，既受中华传统文化渗透熏陶，又对西方学术研究方法、精神掌握熟稔。受中法双重文化影响得出研究成果，在研究立场的客观性上有了质的飞跃。他们的研究超越了文学领域，拓展到不同学科交叉研究，首创性地挖掘出《聊斋志异》在人类学、社会学研究层面上的意义，拓宽了《聊斋志异》研究的视角。这些博士论文研究很大程度推动了法国学术领域加深对《聊斋志异》意蕴内涵的理解，使研究者超越了时空局限。《聊斋志异》研究队伍自此由知名汉学家团队拓展到更为广阔的高校学术团体，这在《聊斋志异》的研究进程上，又是进了一大步。

陈恒新 天津师范大学古籍保护研究院在站博士后
赵薇清 山东理工大学汉籍整理研究中心助理研究员

# 论法国当代诗人亨利·米修的道家接受

徐 臻

**摘 要:** 法国诗人亨利·米修是研究西方当代诗人对道家选择性接受的典型一例。《道德经》的"道"之玄妙,道家美学的无为而为与自然朴素都是影响其诗歌风格的重要思想因素。诚然,20世纪30年代,米修来到中国,切实感受道家魅力,并在此后的创作中流露出东方风韵。通过分析米修的个人经历及其接触《道德经》的情况,考察其创作前期的《趋于宁静》与创作后期的《走向盈满》两首流传较广的道诗,不难发现诗人与"道"之间的呼应关系。诗人早期对"道"的认知存在偏差与误读;中晚期则受到"致虚极,守静笃"的道家美学熏陶,消除了与"道"的隔阂,从痛苦走向安宁。然而,用东方的眼光来审视米修,他用变形手法表现的"道"仍然难以摆脱西方理性思维的影响,并非纯粹意义上的道家。

**关键词:** 亨利·米修 法国诗歌 《道德经》 "道"(虚)

20世纪40年代初,法国作家纪德(A. Gide)的《让我们发现米修》一文引起了西方世界对法国诗坛怪杰亨利·米修(Henri Michaux, 1899—1984)的关注。最初,西方学者大多从心理学和语言学的角度关注米修诗歌。但米修本人却明确指出:"从'道'的角度读我的诗更能抓住要义,胜过语言学和心理学分析。"[①] 米修一生发表的40余部作品中,除了注重表现自我、独特、晦涩外,还多用东方神秘主义与精神药物进行写作,不少诗作都明显带有道家色彩。如,早期的《野蛮人在亚洲》(1933)、《夜动》(1935)、《遥远的内心》(1938)、《别处》(1948),以及70年代后陆续发表的《转角柱》(1971)、《时刻》(1973)、《中国意象文字》(1975)、《寻路,迷路,超越》

---

① F. Trottet, *Henri Michaux ou Albin Michel*, Paris: la sagesse du Vide, 1992, p. 330.

(1982)、《移动，解脱》（1985）、《迎头痛击》（1986）等诗集都受到道家文化滋润。

谈及西方学者对米修道诗的关注，主要有安田朴（Etiemble）分析了米修诗歌的"言隐唱道"；托岱（F. Trottet）指出米修身上有老子的幽影；高岱尔（Vahé Godel）评论："在文化和诗的交融之中米修开启了西方的《道德经》。"① 国内学界，华人学者程抱一在1982年向中国介绍了米修，对米修的思想与诗歌进行评论②。杜青钢选译米修的作品，编撰了《米修诗选·我曾是谁》（1991）并著有《米修与中国文化》（2000）概述米修"趋虚向道"的历程；钱林森的《光自东方来——法国作家与中国文化》（2004）用整章的篇幅研究米修与中国文化的关系；刘阳的《米修：对中国智慧的追寻》（2007）也有部分篇幅涉及米修与中国道家的关系。上述研究都关注到了《道德经》、道家对米修的影响。但由于语言隔阂和西方理性思维模式的影响，西方学者对东方哲学的了解比较肤浅，对"道"的精髓的领悟常囿于二元分离的模式。而中国学者则多以译介米修诗歌为主，还未来得及充分展开深入研讨。为补其不足，本文着眼于东西方文化与思维模式的差异，研读米修不同创作时期的代表性道诗，讨论"道（虚）"对其诗风与精神世界的影响。

## 一、米修与《道德经》的邂逅

1958年，米修撰写了《59年的生活情况——米修自略传》③ 一文，以第三者的口吻白描式勾勒他的人生轨迹。1899年，米修出生在比利时的纳姆尔（Namur）城，幼年曾被寄养在农村，缺乏母爱，少年体弱多病、性格孤僻。欧洲北方的阴冷气候和同学的粗鲁态度曾一度使他悲伤到拒绝进食。米修不幸的早年经历与悲观性格造成了他成年后与西方社会格格不入，是他对西方文化产生强烈抵触并向往东方异域的根源所在。为摆脱西方世界的影响，米修在20岁时去当了海员并随船往南美游历。关于这段经历，他宣称是"逆反

---

① *Magazine littéraire*，No. 220，p. 18. 译文转引自杜青钢《〈米修与中国文化〉前言》第3页，社会科学文献出版社，2000年。
② 程抱一《法国当代诗人亨利·米修》，载《外国文学研究》1982年第4期。
③ 杜青钢译《米修诗选·我曾是谁》第187-194页，漓江出版社，1991年。

旅行""放逐异国之行"①，为了从心中驱逐出祖国，摆脱与欧洲文化习俗的无形联系。20世纪前半叶，两次世界大战的欧洲动荡与屠戮更使他对西方文化产生怀疑并感到失望。为逃避现实与寻求解脱，1930—1931年间，他又前往印度、中国、日本等亚洲国家旅行，并撰写了游记《野蛮人在亚洲》（*Un Barbare en Asie*, 1933）。他在书中称自己为"野蛮人"，表达对东方文化的倾慕与谦卑，尤其对老子与《道德经》，米修表现出极为推崇的态度。事实上，当老子的《道德经》在19世纪左右被译介到法国后，即成为法国的畅销读物，受到保罗·克洛代尔（Paul Claudel, 1868—1955）、谢阁兰（Victor Segalen, 1878—1919）等知名学者的喜爱。因此，米修极有可能在到访亚洲各国以前就已经接触过老子的《道德经》。

20世纪30年代米修是唯一来过中国的法国学者。他在华旅行期间坚持研读《道德经》，在写给友人的信中说道："我高兴地一再阅读《道德经》，以便在这里有幸不感到厌烦，以便在'道'中获得快乐。"② 并且，米修已经对《道德经》简洁晦涩的特点有所领悟，他在游记中这样论述老子：

> 没有什么东西接近老子的风格。老子向您投了一块石头，然后扬长而去，随后又向您扔下一个大石头，然后又扬长而去，这些石头尽管坚硬，却是一些果实，但这位老哲人当然不会剥去果皮的。老子是一个聪明人，他触及事物的底蕴。他讲明确的语言。然而，他未被理解③。

米修用坚硬的果实比喻《道德经》的文意深奥、包含广博，体会到老子的静思好学与知识渊博。旅华期间的米修还通过阅读《道德经》获得了渴望已久的内心平静，他在《致勃朗书》中写道："旅途中，我读书、观察、学习、沉思，一无倦意，即便在酷热中，仍怀有一种宁静。与道相合，融于一切。"④ 可见米修已经开始思考"道"的含义，通过《道德经》与老子

---

① 《米修诗选·我曾是谁》第192页。
② Brigitte Ouvry-Vial, *HenriMichaux, qui êtes-vous?*, Lyon：Ed. Manufacture, 1989, p. 93.
③ ［法］亨利·米修著，刘阳译《一个野蛮人在中国》，载刘阳《米修：对中国智慧的追寻》第143页，南京大学出版社，2007年。
④ "Henri Michaux, qui êtes-vous？"（笔者译）

对话。

回欧洲后,个性孤僻的米修离群索居、淡泊名利,一心修行悟道。他与赵无极、程抱一等少数中国文化人交好,甚至想与赵无极联袂翻译《道德经》,更为巧合的是这两位中国人的名字正取自《道德经》的"复归于无极"(二十八章)与"载营魄抱一"(十章)之句。米修在中国期间看见道家气功便产生了兴趣,归国后还坚持学习静功,写作《奇术》记录他修习"东方神功"的体会。他还对程抱一谈及:"每周中,我定一天完全静默,不接电话,不见人,一句话也不说。"① 米修在写作中亦直接运用《道德经》中的句子。试举例:

| 《道德经》 | 米修诗歌 |
| --- | --- |
| 四十二章:道生一,一生二,二生三,三生万物。 | 《时刻》:如一,包容一切,一,宇宙,圣化。 |
| 五十八章:祸兮,福之所倚;福兮,祸之所伏。 | 《夜动》:享乐太强,我还未及领略,转眼就变成痛苦。 |
| 二十五章:吾不知其名,字之曰道,强为之名曰大。 | 《一个野蛮人在亚洲》:道多么小,又多么大,多么深不可测! |
| 四十三章:天下之至柔,驰骋天下之至坚。 | 《时刻》:坚实、刚硬、牢固之物被清柔、不可触知之物所动摇。 |
| 三十章:物壮则老,是谓不道。不道早已。<br>十五章:保此道者不欲盈。 | 《过往》:最糟的是成与满,成人—完成—死亡,丢掉了王牌。 |

如上所示,米修在诗歌中化用了老子提出的强弱、刚柔、盈虚、祸福等对立的哲学概念,体现出米修对老子哲学思想中的矛盾普遍性与矛盾相互转化观点的接受。考察米修与《道德经》的接触情况,不难发现通过阅读《道德经》,他摆脱了长期以来的精神焦虑、迷茫与痛苦,同时在创作中解读和直接运用《道德经》的相关语句。

---

① 《米修诗选·我曾是谁》第 186 页。

## 二、米修诗歌对"虚"的接受

道教中的"虚"一般被认为是老子所言之"道"。《道德经》四十二章:"道生一,一生二,二生三,三生万物。"① "道"是宇宙本体,万物依托"道"而存在,"道"创生万物,是人与自然宇宙的更高层秩序的对话。然而"道不可闻,闻而非也;道不可见,见而非也;道不可言,言而非也"②(《庄子·知北游》)。"道"本身"恍兮惚兮",无有定相,很难显现出来。体悟玄之又玄的"道"则需要"致虚极,守静笃"(《道德经》十六章),求道必须在"虚静"上下功夫。米修诗歌中对"虚静"有不少解读,最有代表性的便是早期的《趋于宁静》(1934)与晚期的《走向盈满》(1973)两首道诗。正如布朗硕(Blanchot)所言:"立于空柱之上,米修围绕一个中心展开了诗长期的对话,这个中心即虚。"③

(一)《趋于宁静》:"趋虚向道"的起点

1934年,从东方归国后,米修发表了明显接受道家思想影响的《趋于宁静》,开始转向东方智慧。全诗如下:

    拒不接受世界的人,不会在世界上建屋。冷而不知其冷。热而不觉其热。砍伐白桦,一无举动,然而,桦树一一倒下,他呢,领取相应的报酬,或者,遭到一顿痛打,有如一份无意义的馈赠,随后,若无其事的离去。

    喝水,并不因为渴,钻进岩石而不感到疼痛。

    腿让卡车轧断了,他神色依旧,仍然梦想和平、宁静和平安,难以得到、更难保持的平安,想着平安。

    不出门,能知天下事。他对海了如指掌。海就在他身下,无水的海,但并非无浪,一望无垠的浪。他熟悉河流,穿过他身体的河流,无水而宽广,水面上常常掀起猝不及防的巨浪。

---

① 徐大椿《道德经注》第16页,文渊阁四库全书本。
② 庄周《庄子》第155页,四部丛刊景明世德堂刊本。
③ Maurice Blanchot, *Cahiers de L' Herne*, No. 8, p. 83. 译文转引自《米修与中国文化》第138页。

无风的狂飙在他心中肆虐。属于他的，唯有大地的宁静，公路、车辆、羊群遍布全身。没有纤维素却坚硬挺拔的树在他心中结出了一个硕大的苦果。

伫立一边，赴约，每每只有他一人，从未握住别人的手，心咬诱饵，思念平安，缠人的混账平安，他的平安，人常说的高于平安的平安。①

综览全诗，正如诗人雷伊力（Leirys）所言："虽然作者未点明诗的形而上指意，《趋于宁静》基本上是道家之诗。"② 《趋于宁静》正是米修对于"虚"的探索起点，米修在这首诗里开始突破二元分立的思维模式，学习道家"虚"之哲学。《道德经》第一章的"道可道，非常道，名可名，非常名"③说明永恒常在之"道"的不可言说。"道"不可知不可见，但却实实在在地无处不在。米修虚构的安静而与世无争的主人公以及怪异神秘的自然景物正是对"道"之不可言的西方式解读。诗中的主人公已臻于入化之境，他的内心如一片无水，但并非无浪并有广度的海，寂静感受着无风的狂飙与没有纤维素而坚挺的树。他如道家的隐者一般不出门而熟知天下事④。他又像道家所谓的真人、圣人、神人一样"冷于不冷，热于不热"⑤。他还懂得道术，钻进岩石不感到疼痛⑥。

然而，此时老子在他心中结出的只是一颗"硕大的苦果"，西方现代社会中的暴力倾向使诗人的内心仍旧充满巨大的痛苦、迷茫与焦虑。米修甚至进行暴力写作宣泄负面情绪，如《考验，驱魔》（1944）中"将绝美的暴力与文字的敲击结合，使恶渐渐消融"之句。即使在《趋于宁静》这样的道诗中也不乏"猝不及防的暗流""遭一顿痛打"的表述，流露出痛苦与暴力，明

---

① 《米修诗选·我曾是谁》第 86 页。
② Leirys, *Nouvelle revue française*, No. 265, 1935, pp. 127–130.（笔者译）
③ 老聃《老子河上公注·老子道德经上》第 1 页，四部丛刊景宋本。
④ 出自老子《道德经》第四十七章："不出户，知天下。"
⑤ 化用了《庄子·大宗师》："登高不栗，入水不濡，入火不热"；《庄子·齐物论》："大泽焚而不能热，河汉冱而不能寒，疾雷破山飘风振海而不能惊"之句。
⑥ 在《蛮子游中国》中米修也曾讲述"神能入石"的故事，追赶猎物的猎人看见有人从石头中走出来，追上去问："您怎么能穿石？"答曰："石，什么叫石？"这个故事出自《列子·黄帝第二》中赵襄子率领十万徒众狩猎，偶遇有道术的仙人："从石壁中出，随烟烬上下，众谓鬼物。火过，徐行而出，若无所经涉者。"

显与老庄之"道"的安宁和平不相符合。

　　作为西方诗人,米修对"道"的接受还带有不确定的神秘感,对其内涵的理解甚至会产生具有本位文化特征的偏差。比如"一无举动,然而,桦树——倒下"说明树的不砍自倒,这与《庄子·逍遥游》中"不夭斤斧,物无害者,无所可用,安所困苦哉"① 的本意有所不同。"腿让卡车轧断"却"神情依旧,仍然想着平安"的主人公也与《庄子·德充符》中描述的五个身患残疾的修道者形象不同,这些都反映了米修对老庄经典的理解不够深刻。

　　(二)《走向盈满》：对"虚"的思想转变

　　青壮年时期旅行、思考与写作的丰富阅历使晚年的米修变得淡泊超然,《道德经》给予的"虚"之智慧最终实现了诗人精神世界的自我拯救,"虚"的宇宙论成为他后期作品中必不可少的参照。在《趋于宁静》诞生40年后的1973年,诗人又发表了著名的长诗《走向盈满》,其中关于"虚"的阐释表现出对道家思想的透彻理解。摘录相关章节如下：

> 　　另一个世界接纳我,接受我,吸收我,溶化我,这便是道,肯定,我依附于它……涌动,统一体之涌动,聚集,终于得一……我抵达盈满,瞬间胜于存在,存在胜过众生。所有生命皆无限……无限,不再恐怖的无限。我读,我看,我浏览开阔天空的福音……虚,惟虚,"虚"从罹难中升起,大于庙宇,纯过天神。"虚"足够,别的一切失去意义。闻所未闻,难以置信,和平的无意义。以"虚"祈祷,为了永恒,"虚"悦心,泽被众生……在一切之上,抹去一切,统一,完全地,所有人,与众相同的生存领域。神奇,智慧的大水洼。伸向世界,漠然,沉静,没有竞争,无怨,无雄心……盈满,盈满呼唤我,惟有盈满,永恒的臂抱揽一切。②

　　作为诗人晚期的代表性道诗,《走向盈满》仿佛是对前期作品的否定。诗人激情澎湃地反复吟咏道家的核心词汇"道""一""虚",还模仿道家"在一切之上抹去一切"的思维方式来洞察世界,祈求达到"有我在而无我执"

---

① 《庄子》第4页。
② 杜青钢《米修与中国文化》第256-269页,社会科学文献出版社,2000年。

的梦幻与真实的同一,进入"无我"之境。在悟道后,又尽情歌唱内心解放的盈满之悦"漠然,沉静,没有竞争,无怨,无雄心""盈满,盈满呼唤我,惟有盈满,永恒的臂抱揽一切",既有和谐统一的东方宇宙意识又有西方的理性务实。

对比《趋于宁静》中以第三人称口吻的客观"论道",《走向盈满》中的诗人则已然入"道",与"道"合一。这种转变源于诗人在创作的中晚期对"虚"的认识发生了改变。西方哲学自古就和东方哲学判然有别,他们是从存在,而不是从虚无出发。在西方形而上的哲学传统中,"虚无"从来就没有取得和"存在"同等的地位,甚至根本没有"虚无"的地位。亚里士多德(Aristotle,公元前384—前322)认为"虚"无法验证,所以是恐惧之源。海德格尔(Martin Heidegger,1889—1976)的《形而上学论》认为"虚"是有待克服的消极的东西,不是对于存在的否定,而是本质的欠缺、缺乏。要言之,西方文化专注于逻辑和理性,以一种高傲的、无所谓的态度把"虚"当作没有的东西牺牲了。然而,老庄哲学对"虚"的描述则有抽象的多义性和神秘性。"虚"是"道"的本体,有形而上的不确定性。"虚"可以理解为零,也可理解为无限,"虚"包容一切,却又不同于任何事物,万物的起源、终极者和最高者乃是"虚"。可以说,东西方哲学传统中对"虚"有截然相反的认知。

从青少年时代起就敏感悲观的米修曾用西方"虚"的视角观察周围环境。他对"虚"的认知来源于对欠缺的敏感,这不仅是受西方传统哲学思维的影响,也与他病弱的身体、母爱的缺失、孤僻的性格相关。他在自传中写道:"1900—1906,布鲁塞尔。冷漠。腻食。厌烦气味、交际。骨髓造不出血。血中缺氧。患贫血。"[1] 由于幼年陷入不幸的空虚与痛苦,米修认为虚无、虚空是一种负面情绪,与恐惧、孤独相关,他在诗歌中也频繁谈到"虚":

  他处于洞中,悬于虚空,身体渐小,锐缩,最后只剩一小趾。(《内心空间》)

  虚?虚 虚无!焦虑 焦虑!如海上孤独的大桅杆,无物的恐惧。(《毫毛》)

---

[1] 杜青钢《米修诗选》第187-188页,漓江出版社,1991年。

我的身体被洞穿了，刮过一阵可怕的风。只是胸中的一个洞、一阵风、一个虚空。我有七八个感观，其中之一，对虚缺的觉识。接触它，如抚一木、一树。它将成林，已在欧洲匿迹的森林。……这便是我的生活，与虚交织，以虚为方式的生活。(《厄瓜多尔》)

　　支撑他的，是某种虚无。(《过往》)①

　　从上述诗歌都不难窥见诗人在"虚"中苦苦挣扎求生，寻找自救的道路。为了摆脱西方虚无主义带来的对"虚"的强烈恐惧，中晚期的米修慢慢转向东方哲学，即老庄哲学中的"虚"。在道家文化中，"虚"（道）是最高境界，既是"无"也是"有"，既是"无状之状，无物之象"（《道德经》十四章），又是"其中有物，惚兮恍兮"（《道德经》二十一章）。东方之"虚"还与安静为伍，趋向美满，通往幸福永恒。从东方世界归来后，离群索居的米修经过漫长的"趋虚向道"的修炼，终于领悟到安宁和谐的老庄之"虚"，创作出空寂幽美的诗境。除《走向盈满》外，还有《时刻》"遍地阳光，柔风细雨，心门大开。黑暗消失，温柔裹着我。宁静、安详、丰盈。湖湛蓝，天空无忧，一切转向光明"② 等明显流露道家虚之美学的诗作。

　　显而易见，米修晚期的诗歌更加轻盈透彻，注意在空白中流露真情实感，宛如天籁之声。诗人从诗悟道，从小到大，由弱至强，终于从痛苦转向安泰。早期诗歌中的恐惧、焦忧、暴力渐渐消失，摆脱了西方虚无主义，进入东方道家式的永恒、安宁、纯洁之境。

## 三、米修的诗风与道家美学

（一）米修对道家美学的接受

　　对道家"虚"的追求使米修诗歌带有一种迷离朦胧的东方气质，这不同于传统的西方文学。他的诗歌有一种含蓄神秘的格调，明显受到老庄美学影响。如《时刻》"无执无着的时刻绚然闪耀……无我之游，轻盈，灿烂，生

---

① 《米修诗选》第100-188页。
② 《米修诗选》第50页。

动,微波涌动……没有音节的声音,不见乐器的音声,涌动之美乐"①,在无执无着、顺其自然的道家气韵中展现幽玄诗境。又如《折缝里的人生》"一抖翅,飞走。一扑翼,消失。复抖,又现。稍歇,尔后,不知去向。翅一扑楞,消失在白色的空间"②,时隐时现的运笔营造出"恍兮惚兮"之境。

道家"无为而为""轻斧凿、重天籁"的诗学主张也极大地促成了米修在诗歌中直接自觉地抒发内在精神世界。正如诗人所言:"现实生活是堆积性的,直线朝前的。诗是跃进性的、骤然转向的。转向的效果是启发或爆发内心所掩饰所埋藏的,是揭露生命不可思议的一面,是给予超越的可能。"③ 诗人看重的是内心世界的原始呈现,而并非对诗歌形式和言语的苦心雕琢。他写下"心中的远方""让我迷失在远方""我在遥远的地方给您写信""来自内心的景色"等描述内心空间的诗句,又有"微弱如丝的重压下,暗夜里,夜"这样跳跃式的诗句反映内心的旅行。

米修推崇流露真实情感的诗,他说:"我不会写诗,不认为自己是诗人,在诗歌中尤其找不到诗意……诗是自然的馈赠,一种雅致的东西,不是为写而写。写诗的雄心足以扼杀诗本身。"④ 米修认为写诗要坚持唯心的本能直觉,提倡"有形寓无形""有限表无限"的蕴藉含蓄,这与《庄子·齐物论·内篇第二》"夫大道不称,大辩不言……道昭而不道,言辩而不及"⑤ 的观点以及老子"大音希声,大象无形"(《道德经》四十一章)的论点极为相似。

### (二) 米修与道家美学的相悖

但是,在"趋虚向道"的过程中,米修始终没有理解道家"以物观物""物我合一"的内涵。《庄子》曰:"昔者庄周梦为胡蝶,栩栩然胡蝶也,自喻适志与!不知周也。俄然觉,则蘧蘧然周也。不知周之梦为胡蝶与,胡蝶之梦为周与?周与胡蝶,则必有分矣。此之谓物化。"⑥ 用浪漫的庄周化蝶的故事说明"天地与我并生,万物与我合一"的道理。米修诗歌却一味追求以虚化实,常常出现物我分离的情况。如《超越》:"漫步海滨,一面是波涛,

---

① 《米修诗选》第50页。
② 《米修诗选》第149页。
③ 《法国当代诗人亨利·米修》,载《外国文学研究》。
④ Henri Michaux, "RenéBertelé", Paris: Serges, 1980, p.63. (笔者译)
⑤ 《庄子》第6页。
⑥ 《庄子》第6-7页。

一面是我孤独的身影。"① 他模仿道家"得鱼忘筌，知者不言"的美学要义也仅仅流于形式，如《厄瓜多尔》："什么也未出现，什么也没说……亚马逊在哪？未见，不再说了。"② 一片死寂的宁静中流露不安与焦虑。

　　道家的悟道修行还讲究"惚兮恍兮"，追求整体模糊、统一、和谐之境，西方文化却崇尚逻辑分析与理证。米修在悟道与写作中也崇尚科学精神与实证主义，表现出严密、务实、理性的特点。他用精确的数字界定恍惚之境，行文细密周全，与道家主张的"不着一字，尽得风流"相距甚远。如《夜动》："它们轻盈的抓搔（如同百万分之一厘米之于一米）纷纷协助四处升起，相互支助的微波，微波带来安逸，直达万物之灵。"③ 晚年的米修还通过服用精神药物"验虚神游"，这与道家服用丹药、修身养性的悟道方式截然不同。1956 年，米修写作《悲惨的奇迹》，诗情画意地描述服用毒品后的失常状态，声称领悟到"道境"，甚至把毒品诱发的充满浓厚人工色彩的"天堂"视为老子所言之"大象"。1956—1966 年间，米修持续使用麻醉烟草，探索失常国度并逐一比较各种麻药的种类和剂量，记下体内的反应，又出版了《躁动无限》《得自深渊的知识》《精神大考验》三部以"验虚神游"经历为主题的诗集。他从毒品诱发的失常体验中感受到恐惧无依的虚与宁静和平的虚，这两种不同的"虚"。既尝试了令人恐惧的空中坠落、晕眩、无依，又体验了东方的平安祥和，看到了东方智慧倡导的无执无着之境。

　　综上所述，米修始终未能摆脱西方理性思维的影响，他对老庄之"道"的追求更多地体现为一种反抗西方文化的手段。然而，立足于东西两种文化，米修对道家的接受不仅为西方人找到了形而上的新道路，又以西方的科学实证方法验证了"虚"的境界，弥补了东方哲学重视直观感悟的不足与欠缺。

## 结　论

　　20 世纪 30 年代，两次世界大战的动荡之际，法国诗人米修对老子以春秋战国兴衰的时代背景与自身生活体验写成的《道德经》产生了情感共鸣与人

---

① 《米修诗选》第 31 页。
② 《米修诗选》第 7 页。
③ 《米修诗选》第 79 页。

生思考。并且，米修以在中国的文化旅行为转折点，渐渐走入道家智慧，这是他不同于其他西方文学家的独特生命历程与创作经历。他对"道"（虚）的认知和"趋虚向道"的人生取向与创作转向是摆脱西方文明奔向东方智慧的一种尝试。以《趋于宁静》为代表的前期诗歌开始接受老庄"虚"之智慧，但仍然弥漫着焦虑、痛苦与暴力，以《走向盈满》为代表的后期诗歌则从痛苦走向安宁与和平，这种生活与创作经历的转变印证了老子以柔克刚、顺乎自然的思想。最后，从诗学角度看，米修虽有与道家相悖之处，也吸取了老庄美学的部分要义，呼应了西方非理性主义、神秘主义的艺术思潮，架设起东西文化交流的桥梁。

徐　臻　西南交通大学外国语学院副教授

# 18 世纪法国本土汉学家对中国语言的认识
## ——论格鲁贤《中国通典》的汉语知识译介*

### 李 真

**摘　要**：格鲁贤是法国 18 世纪耶稣会学者，长期从事有关中国哲学、历史、艺术和文学的研究。虽然格鲁贤从没到过中国，但他通过与在华耶稣会士、法国科学院、图书馆的密切联系，获取了丰富的中国研究资料，在 1785 年出版了汉学研究的代表作《中国通典》，成为继《中华帝国全志》之后又一部百科全书式对中国进行介绍的汉学巨著，在欧洲引起热烈反响。目前学界对该书的关注还不多，本文以书中所载有关中国语言的相关内容为基础，进一步挖掘 18 世纪欧洲本土学者借助于来华传教士的资料对汉语所展开的研究，为了解和认识近代以来中西语言接触与交流的历史提供一些新的史料和视角。

**关键词**：18 世纪　耶稣会士　格鲁贤　《中国通典》　中国语言

自晚明罗明坚（Michel Ruggieri, 1543—1607）、利玛窦（Matteo Ricci, 1552—1610）入华始，以耶稣会士为代表的天主教传教士远赴中国，一方面把近代欧洲文明与科技展示给中国，另一方面也把中国文化和典籍译介到欧洲，在相距遥远的中欧之间架起一座沟通的桥梁，于西学东渐和中学西传的历史潮流中，直接推动了中西思想文化的相遇、对话与交流。

17 世纪中叶后，素有"国王数学家"美誉的法国耶稣会士来到中国，他们学识渊博，各有专长；来华后很快在中国形成了一个素质较高的法国传教团体。这批耶稣会士肩负科学、政治和宗教的三重目的，利用所学所长对中

---

\* 本文为教育部中外语言交流合作中心重点项目"近代域外汉语教学文献整理与研究"阶段性成果；同时为中央高校基本科研业务费专项资金资助"北京外国语大学 2018 年度青年创新团队：早期域外汉语教学文献整理与研究"阶段性成果，批准号 2018JT001。

国展开全面考察，从对国情的概括性介绍，发展成对历史、政治、典制、宗教、哲学、自然科学等方面的专题研究，构成了欧洲早期中国知识的重要来源，对18世纪欧洲的"中国热"产生巨大影响。这些持续报道将中国描绘成一个政治清明、秩序井然、国富民强、社会安定的"理想国"形象，激发了法国国内学者的极大兴趣，视之为改造本国现实和革除社会弊端提供参考借鉴之范本。在来华耶稣会士和本土启蒙思想家的共同作用下，中国成为启蒙时代重新诠释与解构欧洲文化的他者。

作为欧洲汉学研究的领头羊，法国本土在18世纪先后出现了多位卓有建树、各具特点的早期汉学家。世俗人文学者中有世人所熟知的傅尔蒙（Étienne Fourmont，1683—1745）、弗雷烈（Nicolas Fréret，1688—1747）、德金父子[①]等，教会学者则以杜赫德（Jean Baptiste du Halde，1674—1743）和格鲁贤（Jean-Baptiste Gabriel Alexandre Grosier，1743—1823）等人为代表。其中，杜赫德与格鲁贤经历颇为相似，二人均为耶稣会学者，终身未曾踏足中国，却利用在华耶稣会士提供的丰富一手资料，编撰了法国传教士汉学时期最重要的3部里程碑式的汉学名著：《耶稣会士中国书简集》[②]《中华帝国全志》[③]《中国杂纂》[④]。《耶稣会士中国书简集》《中华帝国全志》的主编是杜赫德，《中国杂纂》由格鲁贤负责出版，他还另著有一部《中国通典》（*Description Générale de la Chine*）。中外学界对杜赫德的关注很多，有关格鲁贤的研究则相对欠缺，本文将通过对格鲁贤的《中国通典》进行梳理考察，重点分析其中有关中国语言的论述，进一步归纳出在18世纪中晚期法国本土汉学家对汉语的认识，为近代以来中西语言的接触与交流提供一些新的史料和视角。

---

① 父亲被称为大德金（Joseph de Guignes，1721—1800），儿子被称为小德金（Chretien-Louis de Guignes，1759—1845）。

② 法文全名为：*Lettres difiantes et curieuses, écrites des missions étrangères*.

③ 法文全名为：*Description geographique historique chronologique, politique et physique de l'Empire de la Chine et de la tartarie chinoise. Enrichie des Cartes generales et particulieres de ces Pays, de la Carte générale & des Cartes particulieres du Thibet, & de la Coree, & ornée d'un grand nombre de Figures & de Vignettes gravées en taille douce*.

④ 法文全名为：*Mémoires concernant l'histore, les sciences, les arts, les moeurs, les usages, etc. des Chinois：par les missionnaires de Pekin*. 书名直译为：《居住在北京的耶稣会士撰——记述中国人的历史、科学、艺术、风俗、习惯及其他》。

## 一、格鲁贤与《中国通典》

格鲁贤系法国著名的文艺批评家，自小受教于耶稣会，并于 1761 年加入耶稣会。曾任卢浮宫圣-路易教堂（église Saint-Louis-du-Louvre）议事司铎，1817 年起任军火库图书馆（Bibliothèque de l'Arsenal）馆长。他的学术生涯主要集中在文学艺术批评和中国研究方面。

格鲁贤神父专注中国的历史、艺术和文学研究长达 40 余年，其治学与当时 3 部法国汉学名著均产生了极深的渊源。第一部就是《中国杂纂》。18 世纪中叶开始，在北京的钱德明（Jean-Joseph-Marie Amiot，1718—1793）、韩国英（Pierre-Martial Cibot，1727—1780）等人汇编了耶稣会士的通讯报道、科学报告和专题论文，格鲁贤在此基础上进行了整理并负责出版，这些资料都是在京法国耶稣会士应时任国务大臣贝尔坦（Henri Bertin，1720—1792）之邀精心调研后撰写，是当时来华传教士有关中国知识的最新认识成果。

第二部是法国耶稣会士冯秉正（Joseph-Francois-Marie-Anne de Moyriac de Mailla，1669—1748）编译的《中国通史》（l'Histoire générale de la Chine），该书以朱熹《资治通鉴纲目》为底本，从 1777 年到 1784 年在巴黎陆续出版 12 卷，是欧洲当时关于中国历史最全面的权威译著，在精英知识阶层反响热烈。格鲁贤作为两位编纂出版者①之一，对该书的传播推广起到了重要的作用。

第三部就是格鲁贤自己的汉学代表作《中国通典》。他受到前辈杜赫德利用《耶稣会士书简集》之写作资料重新编撰《中华帝国全志》的启发，在出版《中国通史》的过程中也萌生了一个写作计划，即充分利用目前已发行的各类汉学作品，以及最新获取的法国耶稣会士中国专题研究报告，重新整合、编写一部百科全书式的补编。格鲁贤最终于 1785 年完成了《中国通典》这部作品，作为《中国通史》补充卷、第 13 卷单独出版。继杜赫德之后，从未到过中国的格鲁贤也以这部全景式中国报道享誉法国学界。

---

① 另一位合作出版者是汉学家傅尔蒙的侄子，法兰西学院的阿拉伯语教授德奥特莱（Michel Le Roux des Hauterayes，1724—1795），他也是早期的法国本土汉学研究者，翻译过《春秋》，编写过满语字母表，还研究过《赵氏孤儿》对应的历史史实，帮助出版了《中国通史》与《中国通典》。

该书 1785 年和 1787 年在法国出版了两次；到了 19 世纪上半叶，于 1818—1820 年再版一次。1785 年首版为四开本的单行本，共 798 页，分为上、下两编共 8 卷。上编分 4 卷，卷一介绍中国的行政区划，卷二介绍中国的东北地区，卷三介绍当时清朝的藩属国，卷四介绍自然历史，分别讲述中国的基本国情和自然地理状况等。下编也分 4 卷，卷一介绍中国政府、军事和法制，卷二介绍宗教信仰，卷三介绍道德、礼仪和习俗，卷四介绍文学、科学和艺术，集合了有关中国的各领域新知。据《西人论中国书目》（*Bibliotheca Sinica*）所载，1787 年《中国通典》再版，改为八开本上下两册，书中自带插图；19 世纪初的第三版增订为 7 册八开本的新版本①，无插图，仅附两幅中国及其周边的地图。《中国通典》出版后，因资料翔实、题材广泛，加之语言晓畅，被翻译成多国文字发行，推出了英文②、意大利文③、德文④等译本，颇受好评，反映了继《中华帝国全志》出版之后近半个世纪以来法国汉学的新进展，代表了当时法国本土汉学研究的最高水平。

在法国本土生活的格鲁贤不仅仅是一位教会学者，更是受到来华耶稣会士同人的中国报道影响成长起来的汉学家。尽管他与杜赫德一样，从来没有到过中国，但自青年时代起就对东方和中国保持着极大的兴趣，又有着编纂出版大型汉学论著的丰富经验；同本国思想文化界人士，相关科学院、图书馆等学术机构也有良好的学术互动，较之一般的传教士或普通学者在观察异域文明上具有更敏锐和更全面的学术辨别力。格鲁贤一直与在北京的法国传教团保持着密切的通信联系，该书的撰写正是基于北京法国传教团多年在华工作的成果，在资料来源上比一般普及性的汉学读物具有很强的优势，补充了 18 世纪中晚期法国获取的中国知识进展。作品上承《中华帝国全志》百科全书式的叙事风格，布局宏大，内容丰富；体现了作者高超的写作组织能力和综合分析能力，没有简单堆砌材料，而是对领域广泛的一手资料分门别类，有条理地做了恰当的取舍和利用。

---

① 书名调整为：《论中国——根据北京传教团论文集编写的帝国通典》（*De la Chine, ou description générale de cet empire, rédigée d'après les Mémoires de la Mission de Pékin*）。
② 英文译本于 1788 年和 1795 年出版了两次。
③ 意大利文译本出版时间不详。
④ 德文译本于 1789 年出版。

## 二、对中国语言的介绍

《中国通典》全书对于中国传统文化的各个方面给予了较大关注,其中在下编卷四"中国的文学、科学和艺术"部分介绍了中国的语言和文字。在格鲁贤写作那个时代,正值18世纪晚期,虽在社会上和知识界依然有着渴望全面了解中国的愿望,但风靡欧洲的"中国热"开始逐步减退,从全面仰慕褒扬中国的风潮走向了冷峻的思考和严肃的批评;甚至还出现了某些激进的欧洲中心论者散播对中国文明的不满、质疑甚至仇视。对此格鲁贤保持了一个学者的独立思想和客观态度,既对中国文明的成就予以了充分肯定,也不回避现实中国的一些问题。这一点也体现在他对中国语言文字的认识与分析之中。

在下编第四卷的开篇,格鲁贤非常明确地指出汉语是世界上最古老的语言之一,并且很可能是传承至今仍在口头使用的唯一的古代语言。① 为了论证这一观点,格鲁贤随后从7个论据入手试图说明汉语从尧舜那个时代开始就保持着这种语言基础的原貌,经历数千年和朝代更迭也几乎没有发生什么变化。其一,中国从古代先民到当下民众所说的语言保持着较高的一致性,无论在官修正史还是古老传说中都不存在相反的事实。其二,中国人自古定居于此,从未迁徙,其语言长期处于统治地位,即使在历史上曾偶被其他民族入侵,但征服者也接受了汉语的主导地位并努力学习这种语言进行日常交流,就像鞑靼入主中原后所采取的措施一样。其三,中国最古老的典籍如《书经》中所使用之文字,以及对三皇五帝时期贤明君主的言行记载,经过那些最有学问的文人考辨没有发现古今差异。其四,为了说明古老语言的传承,格鲁贤特别举出了自尧那个时代就一直留传至今未曾散佚的两首颂歌。其五,中国保存着不少碑铭可作为直接的证据,因为最古老的铭文上所用的就是现在仍在使用的汉字,如大禹治水的石碑。其六,格鲁贤指出由于天然的地理位置特点导致了中国在某种程度上的政治文化独立,从未引进过外国的文献。

---

① Jean-Baptiste Gabriel Alexandre Grosier, *Description Générale de la Chine*. Paris:Moutard, 1785, p. 691. 参见[法]格鲁贤著,张放、张丹彤译《中国通典》(下部)第435页,大象出版社,2019年。

中国古籍中记载了悠久的历史，庄严的律法以及这个民族的文化情感，因此自皇帝到士大夫和普通人都极为尊崇古代经典，努力学习、背诵、模仿这种语言的词汇、语体和写作范本，不敢有丝毫逾越和改变。对于这一点，格鲁贤提出了自己的思考，认为从语言的发展来看未必是好事，因为过分尊古就意味着语言内部缺乏革新会导致僵化。最后一个论据来自对中国人日常使用之口语语音的考察，他认为千百年来仅有个别汉字发生了微乎其微的语音变化，绝大部分都保持着原来的读音，那些至今仍在上演的古代戏剧还能被现在的人听懂即为明证。①

在阐述了汉语的历史继承性与稳固性后，格鲁贤又进一步从语音、词汇、语法、语体、汉字几个方面来介绍其独特性质。通过对原书内容的查找比对，笔者发现他对中国语言的认知主要包括这样一些来源：既有源于杜赫德编纂的《中华帝国全志》中有关中国语言文字的叙述，也有法国耶稣会士李明（Louis le Comte, 1655—1728）神父在《中国近事报道》［*Nouveaux mémoires sur l'état present de la Chine* (1687—1692)］第 7 封信里提供的信息，还包括葡萄牙耶稣会士安文思（Gabriel de Magalhães, 1609—1677）神父《中国新史》（*Nouvelle Relation de la Chine*, 1688）第 4 章"论中国的语言和文字"，以及《耶稣会士中国书简集》中散见于传教士不同信札的零星介绍；同时，格鲁贤还部分参考了更早一些来华传教士利玛窦和曾德昭（Alvare de Semedo, 1585—1658）的作品。下面分别予以评述。

（一）语音

格鲁贤指出汉语没有字母，汉字都是单音节词，没有曲折变化；在表述一个物品需要用到两个字时，无论是写还是读都是两个独立的部分，不像法语那样"Bonjour"是由"bon"和"jour"拼合起来；但要注意在用西文字母转写和拼读一个汉字的发音时，不可以将元音和辅音分开，要读成一个完整的单一的音节②。由此可见，他把汉字视为汉语里最简单独立的语言单位，即一个汉字就是一个单音节词。很明显，格鲁贤这是受到了来华传教士关于汉语单音节性的认识影响。从利玛窦时代开始，初次接触汉语的传教士就产生了一个直观感受，利玛窦甚至断言汉语里所有的词都是单音节的。其实，汉

---

① *Description Générale de la Chine*, pp. 691-694. 参见《中国通典》（下部）第 435-436 页。

② 参见《中国通典》（下部）第 437 页。

语的字与词、词与音节并不像早期传教士所认为的那样完全对等，不过比起印欧屈折语言和像日语这样的黏着语，汉语词汇的单音节程度算是比较高的，因此来华传教士普遍认为单音节性是汉语的一个基本特征大体也可接受，这个关于汉语单音节性的认识后来也为欧洲学者普遍接受。

格鲁贤接着引用了李明书中的观点，介绍说汉语有大约330个基本词和词根①，但同时他指出这并不代表汉语的贫乏性，相反由于重音、声调、送气不送气等各种变化，使得字音会产生丰富的变化而导致汉字的数量无限增加。比如汉语的声调有"平""仄"之分，平声又进一步分清浊和开口闭口；仄声再细分为上声、去声和入声。因此，即使发同一个音的汉字也会由于声调和重音的变化，产生多种含义。他分别举出了3个音节"tchu""tsin""po"的实例来予以说明。② 其中对"tchu"的4种音节变化和"po"的11种音节变化之分析与杜赫德《中华帝国全志》里面的相关内容基本一致。而且，为了让读者更易理解外语学习者和母语者对语言的天然语感，格鲁贤采用了将汉语与欧洲语言做对比的方式来展示其语音的特质，他告诫读者尽管汉语的语音变化如此丰富，但千万不要受到某些作者夸张说法的影响，认为中国人说话就像是在唱歌；汉语语音的细微差异当然对外国人来说较为困难，但对母语者是很容易区分的，就如同法国人可以听出"l'eau, l'os, lots"几个单词的不同发音，对英国人或德国人来说听起来大概都差不多。③

（二）词汇

对于语言三要素之一的词汇，格鲁贤也敏锐地抓住了其中的一些特质，他充分肯定了汉语词汇的丰富性和多样性。

首先介绍构词法，比如汉语中存在一些基本词汇具有强大的构词能力，可以充当词根来构成新词。通过这些单音节词的组合搭配，能够拓展出数量极为可观的汉语词汇。例如"木"字，可以构成多个新词"木料""木栏""木匣""木箱""木匠""木耳""木星""木棉"等④；"爱"可以构成新词"热爱""慈爱""敬爱""溺爱"等。

---

① 他也补充说在某些中国的字典中有484个基本词或词根。
② *Description Générale de la Chine*, p. 695. 参见《中国通典》（下部）第437页。
③ *Description Générale de la Chine*, p. 695. 参见《中国通典》（下部）第437页。
④ 这部分资料可参阅［葡］安文思著，何高济、李申译《中国新史》第47页，大象出版社，2004年。

他还特别指出，汉语中对同一个事物会有多种不同的称呼，用来区分在不同场合、情感、身份使用之所需，哪怕只有极为细微的差异。在这里，格鲁贤采用了法汉对比的方式进行解说，例如法文中表示牛的五个单词 veau（小牛），taureau（公牛），bœuf（牛），genisse（小母牛），vache（奶牛），在汉语中却有大量的词语来进一步区分牛的不同年龄、特点、用途、颜色、形状等，说明中国古代社会的畜牧生活很发达，因此文字中关于牛羊的词汇繁多。这种区分属性的构词方式使得汉语的词汇具有了多样性。

此外，中国人擅长手工艺和建筑业，因此汉语基本词汇中的某些行业专有名词也是极为丰富的，例如对宫殿建造中的不同构件和不同部分均有专业词汇来指称，在不同社会等级中建筑和房屋名称也会有所差异，各有名称，甚至都可以汇编成一部专业建筑术语词典。类似的情况在汉语词汇中比比皆是。

（三）语法

对于汉语的语法体系，格鲁贤说这本书仅能作一扼要介绍，如果深入展开论述则需要一部语法专著才能完整讲解。他主要强调了汉语语法中较为突出的两个独特性，一是汉语里词无定类的特点，一个词由于其在句子中的不同位置，可以分别用作动词、名词、副词或者形容词；二是汉语不像欧洲语言，没有形态变化，不因性、数、格的变化而发生相应的词尾变化，主要靠词序和虚词来完成词的语法功能。这两个特点在早期来华耶稣会士卫匡国（Martino Martini，1614—1661）的《中国文法》（*Grammatica Sinica*）、马若瑟（Joseph de Prémare，1666—1736）的《汉语札记》（*Notitia Linguae Sinice*）等几部语法书中均有详细论述。可见，格鲁贤在汲取传教士前辈有关汉语语法研究资料的基础上，也形成了自己的看法，明确指出了汉语没有形态变化的重要特征，初步展现出一种语言平等的观念，汉语自有其规律和特点，并不比其他语言低劣，不应因其与印欧语言相比缺少形态变化而被诟病。

（四）语体

近代西方人对于汉语语体的认识也是一个渐进的过程[①]，利玛窦、曾德昭都曾介绍说汉语中的书面语和日常使用的语言有很大的差别；多明我会士万

---

[①] 关于近代西方人汉语语体观的介绍及研究，可参见：内田庆市「近代西洋人学的汉语——他们的汉语语体观」、『東アジア文化交渉研究』2010 年第 3 号。

济国（Fransico Varo，1627—1687）在《华语官话语法》（*Arte de la Lengua Mandarina*，1703）中将汉语的语体分为 3 种："高雅的在受教育阶层使用的""介于高雅和粗俗之间的""粗俗的，最常用的"，大致对应为"文言或书面语""半文半白""口语"。马若瑟也把汉语的语体分为 3 类："老百姓的语言""体面人的语言""书面语言"。① 杜赫德在《中华帝国全志》中沿用了马若瑟的 3 种分类；格鲁贤在书中则提出了四种语体的看法，分别是"古文""文章""官话""乡谈"。他说"古文"体存在于中国最古老的经典之中，文辞简练，含义深奥，很难模仿和超越。"文章"体基本不用于口语，只在书面语中使用，富于表达，文风高雅。"官话"是朝廷官员和士大夫阶层所普遍使用的，也是中国的通行语。"乡谈"主要是指各地的方言，老百姓日常使用。② 这是目前笔者能看到的西人有关中国语言之论述方面最早用 4 种语体来划分的资料，后来有小德金 1808 年在其游记中也提到这四种语体，只不过他更明确指出"古文"和"文章"存在于书面语中，"官话"和"乡谈"是汉语的两种口语。③ 法国传教士汉学家和早期汉学家这种对汉语语体的认识后来被法国专业汉学时期的汉学家如雷慕沙（Jean-Pierre Abel-Rémusat，1788—1832）、巴赞（Antoine Bazin，1799—1862）等人进一步继承并有了新的研究推进。

（五）汉字

关于汉字，格鲁贤也沿袭了来华传教士的看法，认为汉字的总数在八万左右，数量惊人，也认同不少来华传教士的观点，即对外国人来说这么多汉字无须全部学会，只要掌握八千到一万的常用字就能自如表达及阅读书籍。汉字的字体主要分为五种，包括"古文""篆字""隶字""行书""草字"，书写各有特点，在不同的场合和印刷品上使用。相对于绘画来说，中国人更

---

① 参见［法］杜赫德编，郑德弟、吕一民、沈坚译《耶稣会士中国书简集——中国回忆录》（上卷）第 II 卷第 282-283 页，大象出版社，2005 年。

② *Description Générale de la Chine*，pp. 699-700. 参见《中国通典》（下部）第 440 页。

③ "中国只有两种口头语，是'官话'和'乡谈'。不管北京、广东或者其他城市，人们都用'官话'来表现自己的意思，区别只在发音。发音较好的地方主要是江南地方。"M. de Guignes，*Voyages à Péking，Manille et l'Île de France，faits dans l'intervalle des années 1784 à 1801*，Tome Second，1808，pp. 391-395.

重视书法，对于书法精美的作品都怀有深深的敬意。①

从格鲁贤这章对中国语言文字的介绍来看，他对来华传教士有关汉语学习与研究的各类作品是有一定了解的，对当时法国国内早期汉学家的语言研究成果也有所关注，并且在前人研究之基础上形成了自己的汉语观。为了让读者在有限的阅读时间内能快速对中国的语言和文字形成一个较为清晰的整体印象，他在处理这一章的内容时避免使用冗长的解说和过多的例子，而是通过简明扼要分析语言要素的思路，将汉语的主要特征讲得清清楚楚。

## 结 语

欧洲各国汉学的兴起和发展与西方人的汉语研习有着密切的关系，欧洲文化界对于中国语言的认识最早是从传教士和欧洲学者撰写的有关中国的书籍中开始的。16世纪末17世纪初中西初识，经由最早入华的传教士的介绍，汉语开始进入了西方的视野。当传教士直面汉语之初，对这门新的语言自身尚在探索初期，因此在传回国内的那些描述中，要么对中国语言文字优点讲得很多，有时还有过誉之嫌；要么对缺点过分夸大，歪曲贬低。因此，欧洲本土学者辗转从传教士二手材料中得到的关于汉语的印象，难免有部分失真的成分在里面。姚小平先生曾评价说"西方人观察、认识汉语，起初就好比是借助西洋镜，看到的图景有时过于明亮，有时偏于暗昧。因为受制于自身的语言观念和文化立场，又因为受到时代科学水准的限制，早期西士不能看出汉语的真相，是可以想见的。但在一些方面，他们又能不为表象迷惑，通过理性的分析而达到正确的认识。"② 纵观欧洲本土教会内外的学者对汉语认知的过程，从西班牙传教士门多萨（Juan Gonzales de Mendoza，1545—1618）《中华大帝国史》、德国耶稣会学者基歇尔（Athanasius Kircher，1602—1680）《中国图说》中对汉字的初步介绍，到英国学者约翰·韦伯（John Webb，1750—1793）《论中华帝国的语言可能是原始语言的历史论文》、德国汉学家缪勒（Andreas Müller，1630—1694）《中文钥匙》、巴耶（T. S. Bayer，

---

① *Description Générale de la Chine*, pp. 701. 参见《中国通典》（下部）第441页。

② 姚小平《西洋镜中的汉语——17、18世纪西方人如何认识中国语言文字》，收入《语言文化十讲》，外语教学与研究出版社，2006年。

1694—1738)《中国博览》等都在试图探索汉语的本质和成为普遍语言的可能,甚至像培根(Francis Bacon, 1561—1526)、莱布尼茨(Gottfried Wilhelm Leibniz, 1646—1716)这样的大哲学家都对汉语汉字表示出了极大的研究兴趣。可以说,汉语在对 17 世纪欧洲普遍语言学运动的产生和发展的历程中起到了重要的参照作用。

到了 18 世纪,来华传教士终于从对中国语言文字朦胧零星的认知,过渡到深入语言内部进行解析,最终对汉语形成文本性的、系统性的研究,这些资料传回欧洲后成为当时西方人进一步理解和认识中国文化其他领域的基础和前提,也是构建后来欧洲汉学学科的重要基石。传教士最初往往用熟知的拉丁语范式来对汉语做结构分析、类别阐释、范畴归纳,这是学习和研究一种全新语言的可行手段,但有时也会造成过度依赖原有的理论框架,机械照搬拉丁语规则,难以不带偏见地观察和描写汉语,进而阻碍对汉语自身特点的探索。像卫匡国、万济国等早期来华传教士所撰写的汉语语法书均明显受到拉丁文法的影响,尽管他们也注意到了汉语的一些特点,但基本仍是以拉丁语法为纲。直到法国来华耶稣会士马若瑟才有了一个极为重要的突破,他在代表作《汉语札记》中一再表明,自己并不追求语法体系的严格,而是想要将汉语的实际情况说明白,不能将欧洲语言规律盲目照搬到汉语中,鼓励西方读者不要受制于本国语言模式。①

这种思想贯穿了《汉语札记》全书,俄罗斯汉学家比丘林就特别赞赏这种不把汉语牵强地同与之没有任何相似之处的欧洲语言语法特点相联系的做法;而半个多世纪后,马若瑟的同胞、同为耶稣会学者的格鲁贤正是其精神的继承和发扬者。作为 18 世纪晚期法国汉学研究的重要作品,《中国通典》在"中国语言"这章也明确提出了一个重要的观点,"汉语如同讲汉语的这个民族一样都非比寻常,这种语言不同于世界上任何已知的语言,因为其特质出众无可类比"②。格鲁贤直接点明了汉语在整个世界语言体系中不同于印欧语言的独特性,更不能简单用同类规律去比附、理解和分析它。我们要特别注意到,格鲁贤对汉语的这一认识与马若瑟当年所提倡的观点何其相似,他

---

① "……我不想将我们的语法规则应用到汉语中。相反我希望传教士们可以解放他们的思想,摆脱自己本国语言的影响。"参阅:Prémare, *Notitia Linguae Sinicae*, 1831, p. 153; 1847, p. 178.

② *Description Générale de la Chine*, p. 694.

们都在努力跳出大多数来华西人在研究汉语时所陷入的窠臼,即往往采用自身最熟悉的拉丁语系统来处理和解释汉语现象;他们呼吁要尊重汉语的特性和事实,不要将中国的语言硬塞进欧洲任何一个语言的外壳中,试图摆脱这一时期西方学术界,特别是语言学界对汉语的偏见①,鼓励读者真正去认识并发掘东方语言的特性。从这一点来说是值得肯定的。

综上,在《中国通典》这部作品中,以对中国的语言文字的译介为代表,格鲁贤展现出了法国汉学那种纯学术的传统精神和理智倾向,秉持一种独立学者的态度给予公正客观的述评。它为19世纪初法国专业汉学的诞生与发展提供了充足的知识来源和宝贵的一手材料,将其与《中华帝国全志》并称为"18世纪法国本土汉学的双璧之作"是绝无过誉的。

李　真　北京外国语大学国际中国文化研究院副教授,
　　　　北京市中外文化交流基地研究员

---

① 这种偏见即认为缺乏形态变化的汉语是落后、没有发展进化的语言,作为思维工具远逊于屈折语言。

# 法国诗人对中国古典诗歌的接受

## ——以弗朗索瓦丝·韩为例

### 王 瑜著 许玉婷译

弗朗索瓦丝·韩（Françoise Hán, 1928—　）是法国诗人、文学评论家，1956年出版了第一部诗集《人城》①。此后，她又给读者带来了二十几部诗集、印数有限的作品以及墙贴诗，分别由圣日耳曼德佩出版社、鲁泽里出版社、卡带克斯出版社以及雅克·布雷蒙出版社出版。让·布勒东在《当代法语诗歌》中如此评价弗朗索瓦丝·韩的诗："其诗风内敛、沉静，谦逊中带着骄傲……富有女权思想，却带着男子气概，甚至可以说，具有非同寻常的条理性。"②弗朗索瓦丝·韩与远东的关系既近又远。她的姓氏提示了她的中国血统；而她实际上是出生在巴黎的法国-越南混血儿。从三岁起，她就生活在外祖父母家，完全沉浸在法国文化氛围中。在1999年7月24日给程抱一（François Cheng, 1929—　）的信中，弗朗索瓦丝·韩写道："因此，和普通欧洲人身上发生的一样，在很晚的时候，远东拓宽了我的世界观，改变了我与世界的关系，我认为，这种影响主要体现在思想层面，而不是创作层面。"

亨利·米修（Henri Michaux, 1899—1984）是弗朗索瓦丝·韩最欣赏的法国诗人，尽管米修"是彻头彻尾的悲观主义者"③。她的诗集《什么都不想》④标题源自米修的《自然》：那个人信步走在江边，什么都不想。弗朗索瓦丝·韩体会到亨利·米修入木三分的笔力："他言说事物非常深刻，以至于

---

① 巴黎：塞热尔出版社。
② ［法］让·布勒东《当代法语诗歌》卷2第158页，巴黎：法国娱乐出版社，1992年。
③ 弗朗索瓦丝·韩与帕特里克·辛塔斯的对话，文章发表于2011年11月14日，可见于：http://www.lechasseurabstrait.com/revue/spip.php?article6898.
④ ［法］弗朗索瓦丝·韩《什么都不想》，勒穆兰-上-卡尔东：雅克·布雷蒙出版社，2002年。

我们都不知道还能接着说些什么了。"①

除了米修，谢阁兰（Victor Segalen，1878—1919）也是弗朗索瓦丝·韩的"导师"②之一。1950年，谢阁兰还淹没在遗忘的尘埃里，弗朗索瓦丝·韩就在巴黎奥黛昂大街上的一家书店里发现了谢阁兰，这家书店陈列着数本《碑》（1916）和《远征》（1929）。弗朗索瓦丝·韩认为，谢阁兰比他同时代的诗人更超前，更具独创性，而这种独创性很大程度上来自谢阁兰对中国的研究③。在《面对汉字》中，弗朗索瓦丝·韩这样写道："中国所能给予一个西方诗人的一切东西，谢阁兰在与中国进行深刻的、类似情人的接触中统统得到了。"④ 有人问她为什么热爱谢阁兰，她回答："谢阁兰最吸引我的是他与中国的关系，这也是他的作品中我研究最多的部分。"⑤ 她对谢阁兰与中国关系的研究影响了她的创作，她自己如此坦承："在创作《被追问的影子》⑥ 时我肯定想到了谢阁兰，不过我并没有参考他具体哪首诗。"⑦

很久以来，弗朗索瓦丝·韩对汉字痴迷不已，因此1988年退休的时候，她在东方语言文化学院注册学习中文。在上了第一年中文课程以后，她如此写道："我学到了中文的某些基本规则，了解了译者翻译唐绝句所面临的困难。"⑧ 还是在1988年，她发表《面对汉字》一文，她这样写道："汉字的笔迹所向，勾勒了宇宙的运动。"⑨ 她也不指望仅仅学习一年就掌握中文，她这样对程抱一说："我只能继续梦想在语音、字形与词汇层面扩充能指。关于这种文字，我所学甚少，但是我得以窥见一种理解人与周围世界关系的方式，这种方式与笛卡尔逻辑截然不同，这种方式并不意味着人要成为'自然的主宰'。"⑩

---

① 2012年6月5日弗朗索瓦丝·韩与王瑜的对话。
② 《与弗朗索瓦丝·韩对话》第56页，巴黎，1998年6月23日，载琼·C. 司杜特《诗之谜：与21位法国诗人对话》，阿姆斯特丹：罗多比出版社，2010年。
③ 2012年6月5日弗朗索瓦丝·韩与王瑜的对话。
④ [法]弗朗索瓦丝·韩，载《被书写的身体：中国视界》，1988年，第25期，第171页。
⑤ 2012年10月22日弗朗索瓦丝·韩致王瑜的邮件。
⑥ [法]弗朗索瓦丝·韩，载《被追问的影子》，巴黎：法国高等平面设计艺术学院，1998年。
⑦ 2012年6月13日弗朗索瓦丝·韩致王瑜的邮件。
⑧ 2012年5月2日弗朗索瓦丝·韩致王瑜的邮件。
⑨ 《面对汉字》，载《被书写的身体：中国视界》。
⑩ 1999年7月24日弗朗索瓦丝·韩致程抱一的信。

在学习汉字的构造以后，她越来越了解，汉字特别适合诗歌创作。在她的文章《诗乐》中，她如此解释道：

> 中国诗歌字形上的寓意与语音上的寓意一样丰富。请大家重温程抱一的《中国诗歌语言研究》吧，看看伟大诗人（他列举了杜甫、王维）如何在不同层面使用符号的召唤功能，从而在一个诗句中从描述直接过渡到神秘的暗示中。表意文字为诗歌提供更多的视觉可能性，这是表音文字所不具备的。①

关于弗朗索瓦丝·韩，我们感兴趣的话题有两个：一个有关她对中国译诗的阅读，另一个有关她在诗歌创作中对中国诗歌艺术的接受。关于这两个话题，我们可以提出很多问题：她如何利用自己所学的基础汉语阅读翻译成法文的中国诗歌？她对这些译诗态度如何？通过阅读中国诗选，她学到了什么？她如何从中国诗歌艺术中汲取灵感，滋养自己的创作？

## 一、中国诗歌阅读者

弗朗索瓦丝·韩在20世纪50年代开始对中国诗歌产生兴趣。她阅读的第一本中国诗选由帕特里亚·吉耶尔马翻译出版于1957年。从那以后，她不断发现、收藏，以至现在拥有数量庞大的中国诗选。

尽管弗朗索瓦丝·韩几乎只能借助翻译阅读中国诗歌，她还是意识到了译诗的局限："中国古典诗歌极其简约，却也为多重阐释提供了可能性，不仅仅对译者如此，对读者亦然，不管后者文化水平如何。"② 因此，翻译只能揭示中国诗歌的部分内涵，就像她在《面对唐诗》中所言："唐诗之完美，一个西方人如果不是汉学家，就很难领会，不是因为缺乏翻译，而是因为翻译本身会遇到无法逾越的困难。"③ 因此，她对我们坦承："我通常对译诗感到不满意。"④ 然而，即便她对译诗感到满意，心里也会疑窦丛生。比如，说到罗

---

① ［法］弗朗索瓦丝·韩《诗乐》，载《诗意荟萃》2011年4月第4期，。
② ［法］弗朗索瓦丝·韩《面对唐诗》，载《实验花园》2000年10-12月第19期。
③ 《面对唐诗》，载《实验花园》。
④ 2012年5月2日弗朗索瓦丝·韩与王瑜对话。

大冈的翻译,她说:"那个时候我非常喜欢,但是我现在怀疑罗大冈的翻译不忠实。"① 在向我们提供她收藏的中国诗选书目后,弗朗索瓦丝·韩写道:

这份书目足以说明我对中国诗歌有多感兴趣。

然而我不能说这些诗选就让我了解了中国诗歌。诗歌翻译总是一件难事。尤其中文和法文是两种完全不同的语言,文字书写也大相径庭,诗歌翻译只能让我们对原诗管中窥豹,无法深入了解。

我认为,了解中国古典诗歌的最佳途径是阅读程抱一的《中国诗歌语言研究》。②

多亏了程抱一的这部书,弗朗索瓦丝·韩了解了中国诗人的写作技巧,朦朦胧胧体会到中国诗歌与西方诗歌的区别:"是中国的语言与文字赋予中国诗歌以西方诗人所没有的表达方式和简约的可能性。"③ 上了一年中文课后,弗朗索瓦丝·韩偏爱双语对照诗集,因为双语对照诗集不仅提供了译文,还提供了认识原文的可能性。在 2012 年 5 月 5 日的访谈中,她告诉我们:"我试着凝视中国诗歌,尤其是在程抱一的书中。我手边放着译诗,然后我试着理解它们。有那么一个时刻,我终于记住其中几首中文诗,还能默写出来。"她还通过阅读另一部诗集学习中国诗歌,即薛涛的法文译诗《山间溪流》,比如,这部诗选中的《送友人》一诗,她能用汉字在纸上写出来。

"我对中国古典诗人尤其是唐代(8 世纪)诗人感兴趣。"④ 在与帕特里克·辛塔斯(Patrick Cintas)的对话中,弗朗索瓦丝·韩如是说道。她认为,中国诗歌是给她带来"不同的世界视角"⑤ 的外国诗之一种。同时,正是在接近对方的过程中人们更好地认识了自己。在她的散文诗《古灯街》中,弗朗索瓦丝·韩将杰拉尔·奈瓦尔(Gérard de Nerval,1808—1855)与中国诗人杜甫做了一番对比⑥。

---

① 2012 年 5 月 2 日弗朗索瓦丝·韩与王瑜对话。
② 2012 年 5 月 2 日弗朗索瓦丝·韩致王瑜的邮件。
③ 2012 年 6 月 5 日弗朗索瓦丝·韩与王瑜的对话。
④ 弗朗索瓦丝·韩与帕特里克·辛塔斯的对话,前引。
⑤ 弗朗索瓦丝·韩与帕特里克·辛塔斯的对话,前引。
⑥ 文章发表在《欧洲报》2007 年 3 月第 935 期。

通过阅读中国诗选，弗朗索瓦丝·韩尤其了解了两件事。她在写给程抱一的信中提到其中一件："汉字为诗人打开了一个可能的领域，中国古典诗歌提供了完美的例子。"① 另一件关系到中国诗歌艺术："汉字是象征，抽象思想在其中显现，而中国诗人将作为能指的汉字并置一处。在汉字与汉字之间，缺席的句法让位于空白，让位于潜在能量的流动。汉字与汉字的联结中肯独特，让事物之间的关系、支配世界的力量法则显露于眼前。"② 如果说第一件事情，我们无法转移到法语中，第二件事则可以运用到法语诗歌中。实际上，中国诗歌及其诗歌艺术在弗朗索瓦丝·韩的创作中留下了诸多印迹，下文我们将会谈及。

## 二、弗朗索瓦丝·韩与中国诗歌艺术

尽管中国诗歌的思维方式和看待世界的视点与法国诗歌存在巨大差异，但是中国诗歌给弗朗索瓦丝·韩带来了创作灵感，其中一些意象被弗朗索瓦丝·韩吸收到诗歌创作中。以下这首短诗中桃花即为一例：

灵魂的安排③
一阵轻风
吹动桃花
桃树不可见
没有花瓣
坠落
而空气的颜色
转为玫瑰红

这首具有印象派特征的自由诗联想细腻、结尾漂亮、节奏轻快，显得既精巧又清新。我们发现，这首诗简约，令人浮想联翩，或许从中国诗歌中汲

---

① 1999 年 7 月 24 日所写的信。
② 《面对汉字》，载《被书写的身体：中国视界》。
③ ［法］弗朗索瓦丝·韩《四季之外》，鲁泽里出版社，1988 年，该版本没有编页码。独立发表于《当今诗歌》第 69 期。

取了灵感。

在阅读弗朗索瓦丝·韩的诗歌时，我们也找到了与中国文化有关的其他意象。她的诗作《老渔翁》①源自中国诗画一个常见题材，隐约可见诗人阅读《江雪》②的痕迹，比如下面这个诗句："老渔翁安坐扁舟，纹丝不动。"在《光亮》③一诗中，绘画、书法与中国诗歌悉数被提到，该诗节选如下：

汉字写就的诗<br>
在铺展开的画幅中<br>
置于空白里<br>
悬于云雾与山顶上

值得一提的是，主要是中国诗歌艺术，尤其是中国意象与中国题材给弗朗索瓦丝·韩带来了灵感。简约是她最渴望的东西："一句诗，即一个世界，这是很多法国诗人的梦想。言简意丰，这也是我的梦想。"④ 此外，中国诗歌经常运用的空白也吸引着她，她在下面这首诗中表达了她的思考：

页边注释⑤<br>
开放<br>
我们不谈

中国画家／面对开放／用轻盈的笔触／书写文字
夜／有时候／在颜色缺席中／（但这是粗俗的意象）
不可能的／就不是开放的
灯光摇曳之时／从夏天之岸／回流的／不是开放
出现在／音乐之外／爱之外／无言的大罂粟之外的／不是开放

---

① 《什么都不想》第31页。
② 这首诗的译文发表在罗大冈《唐人绝句百首》第27页，纳沙特尔：拉·巴格尼埃尔出版社，1947年。弗朗索瓦丝·韩拥有并阅读过这部诗选。
③ ［法］弗朗索瓦丝·韩《无尽的夏天》第13页，勒穆兰-上-卡尔东：雅克·布雷蒙出版社，2008年。
④ 2012年6月5日弗朗索瓦丝·韩与王瑜的对话。
⑤ ［法］弗朗索瓦丝·韩《超越夏至》第28-29页，巴黎：圣日耳曼德佩出版社，1984年。

因为在音乐中／在爱中／在无言的大罂粟中／一直流淌着／死亡的理念永恒不是／开放

现在／——如果有现在／没有过去／没有未来／未曾被经历／尚未完成／一直在完成之中

现在是否／将会是肖似／让人想起／来自远方的／微弱的／这个

这首诗首先向我们展现了弗朗索瓦丝·韩对中国绘画的认识。在《诗乐》中，弗朗索瓦丝·韩如此提到诗歌与绘画的密切关系："中国诗歌是毛笔的杰作，通常嵌于一幅画的空白处。"① 虽然要深刻理解中国诗歌并非易事，但是绘画作为普通语言显得更容易把握。弗朗索瓦丝·韩在给程抱一的信中如此写道："我必须经过多年学习才配得上谈论古典诗歌，相比于诗歌，我更容易在绘画中领略空白在宇宙中的作用，更确切地说，虚空在人与世界关系中的作用，因为有关这点，我们只能了解我们的理智所能了解的东西。中国古典风景画展现层层叠叠的视野，具有暗示空间的功能，不止一次影响了我的诗歌写作。我想要通过诗歌创作达到画师用毛笔完成的事情：泼墨挥毫，无限诞生。"②

当我们问她《页边注释》一诗灵感来自哪里的时候，弗朗索瓦丝·韩回答："在这首诗中，我尝试道出我眼中的开放。浮现在我脑海里的第一个意象是一幅中国画，在这幅画空白处有一首题诗，这空白不是乌有，不是虚无，相反，这是开放展现扩张力量的所在。同理，在量子物理学中，空白被视为能量之所。"③ 我们知道中国艺术三宝——诗、画与书法——源自同样的精神，而开放这种概念，弗朗索瓦丝·韩得自空白，她认为开放是一种诗歌艺术，让她思绪万千，引领她写下了《页边注释》。

面对西方人难以捉摸的中国诗歌艺术，弗朗索瓦丝·韩求助于她的汉学家朋友尚德兰（Chantal Chen-Andro）。后者给她介绍了袁枚的一篇文章，这位中国诗人将诗人比作弓箭手。以下是弗朗索瓦丝·韩所阅读的袁枚的文章：

---

① 《诗乐》，载《诗意荟萃》。
② 1999年7月24日弗朗索瓦丝·韩致程抱一的信。
③ 2012年11月22日弗朗索瓦丝·韩致王瑜的邮件。

诗，如射也。一题到手，如射之有鹄，能者一箭中，不能者千百箭不能中。能之精者，正中其心；次者中其心之半；再其次者，与鹄相离不远；其下焉者，则旁穿杂出，而无可捉摸焉。其中不中，不离"天分学力"四字。孟子曰："其至尔力，其中非尔力。"至是学力，中是天分。①

从这一文摘中产生了《靶子》一诗：

靶子②<br>致尚德兰

倔强的标枪／指向靶心／刀尖所指之处／不可见之物闪耀／突然灿若群星／蜉蝣麇集／发亮的踪迹／手不予牵绊／任天空闪耀／叶子／泪的森林／清晨的露珠／化为珠宝／片刻绽放为果实／嘴唇吻贴其上／漫步于／熟睡的爱侣雕塑之间／铜铸的肩膀／大地赞叹不已／为这感官／为其他时刻／一动不动／沿着弧线滑落／过渡／分离／标枪忘掉／用刀子刻在树皮／的靶心／指向缺席／流水由此出发／宽广／由着太阳在它的轨道运转／而星星／越来越遥远／悬挂在间隙之间／有时候是绝望留下的间隙／人类的灯火／风吹不灭

弗朗索瓦丝·韩由一篇作文指南出发，创作了富有诗意、创意的诗。我们看到，她借用了袁枚文章的思想与比喻，将它们还原为三个阶段：灵感（直到诗句"发亮的踪迹"），创作（直到诗句"分离"），深化与障碍（其余诗句）。诗歌创作过程由此在《靶子》中展现无遗：诗人一有灵感，马上投入创作，在灵感的推动下，她想走得更远，但是在这种推动下，灵感枯竭，留下绝望；尽管很虚弱，诗人还是坚持，最终以光明结束该诗："人类的灯火/风吹不灭"。这首有节奏的自由诗在形式上体现了其独创性：诗句简短，词语并列，诗句布局呈四处喷射的烟花状。我们还注意到空白的运用，就像

---

① 袁枚：《随园诗话》补遗卷六第 576 页，上海古籍出版社，2002 年。
② ［法］弗朗索瓦丝·韩：《统一或者撕裂》，勒穆兰-上-卡尔东：雅克·布雷蒙出版社，1999 年，该版本没有编页码。

米歇尔·穆拉特（Michel Murat, 1950— ）在《自由诗》中所言："向左、向右倚靠，在中间留下空白。"① 从内容上看，《靶子》以个人的诗意的方式重写袁枚的文章，从形式上看，该诗通过诗句排列的图形书写，通过简约的风格和空白的使用发起挑战。

在与帕特里克·辛塔斯的对话中，弗朗索瓦丝·韩强调："我们非常需要诗歌，不是为了在我们心中'唤起与世界的神秘、晦涩而又脆弱的契合'，而是为了把这个世界看得更清楚，与世界重建关系。"② 诗人与世界所建立的这种崭新关系，或多或少应该归功于中国，就像她本人所感受到的："我在诗歌创作上的追求引导我与世界建立关系，而这种关系必定与中国思想的某些方面不谋而合。"③ 通过完美代表这种思想的中国诗歌，弗朗索瓦丝·韩找到了给她的诗歌创作带来灵感的新源泉。

王　瑜　巴黎四大法国语言文学研究中心研究员
许玉婷　南京工业大学外国语言文学学院讲师

---

① ［法］米歇尔·穆拉特《自由诗》第 203 页，巴黎：尚皮翁出版社，2008 年。
② 弗朗索瓦丝·韩与帕特里克·辛塔斯的对话，前引。
③ 1999 年 7 月 24 日弗朗索瓦丝·韩致程抱一的信。

# 高第《中国书目》索引问题考（上）

## 张明明

**摘　要**：法国学者高第所编《中国书目》系西方汉学文献学领域的代表性作品。历经将近半个世纪的时间、两个版次，高第生前，未有编者自编索引问世。自19世纪80年代以降，《中国书目》之索引即成为学界的一个问题。本文通过追溯《中国书目》之前西方汉学目录作品索引概况、高第作品索引概况、《中国书目》索引编制概况，试图梳理东西方学界最近百余年间的一个学术关怀。

**关键词**：《中国书目》　索引　高第

法国学者高第（Henri Cordier，1849—1925，汉译名作"考狄"等）所编《中国书目：关于中华帝国之作品的目录词典》（*Bibliotheca sinica, Dictionnaire bibliographique des ouvrages relatifs à l'Empire chinois*，第一版1878—1895年刊，第二版1904—1924年刊，汉译名又作"西人论中国书目""中国书志""中国学书目"等）系统收录了至20世纪20年代初以西方主要语言出版的大多数涉华著述及译作，以其较早的刊行时间、全面视角、宏大规模，成为西方汉学文献学的代表性作品，在西方汉学界影响深远。该书甫刊三分册，即于1880年为其编者赢得世界汉学界至高荣誉"儒莲奖"（Prix Stanislas Julien）。索引从来几乎都是目录作品的标准配置，对《中国书目》这般规模者而言犹然。高第自动工之初，即有为该书编制索引的打算。历经将近半个世纪的时间、两个版次，高第生前，受众终未见其自编索引附于卷末或单刊行世。可以说，自19世纪80年代以降，《中国书目》之索引即成为学界的一个问题。本文通过追溯《中国书目》之前西方汉学目录作品索引概况、高第作品索引概况、《中国书目》索引编制概况，试图梳理东西方学界最近百余年间的一个学术关怀，并借此折射西方汉学的些许历程。

## 一、《中国书目》之前西方汉学目录作品索引概况

西方的涉华作品目录起先系作为一部分，收录于地域视野更为宏大的目录作品中。德意志学者 Johann Georg Meusel（1743—1820）以拉丁语编纂的《历史书目》（11 卷，1782 至 1804 年刊于德意志莱比锡）涉及拉丁、葡、西、意、法、德、荷等语种的文献。涉华者集中于 1786 年所刊第 2 卷第 2 部分第 16（第 101-105 页）、17 章（第 106-192 页）。该书各卷不单附索引，第 11 卷第 2 部分系"迄今所刊历史书目 21 部分作者与事物索引"（1804 年刊，544 页，每页 2 列），后附 14 页（每页 2 列）规模的"索引补"及 4 页规模的"索引勘误"。"作者索引"类针对作者可考之书目，在作者姓名后每个页码前给出相应作品标题有区别度的关键词，部分人名则系所录作品各版本的参与者；"事物索引"类主要针对所录作品所涉内容。① 该书系经几代学者数十年增益而成的当时世上视野广阔、规模宏大的跨时代、跨地域巨作，其索引也系精心编纂而成。不过，作为鸿篇巨制而索引设于末卷，对前期各卷的读者而言，等待索引的时间较长，如含涉华内容的第 2 卷，其相应索引在 18 年后方始可查。

1841 年，由法国史学家 Henri Ternaux-Compans（1807—1864）以法语编纂的《亚洲及非洲目录，或自印刷术发明至 1700 年所刊关于亚洲与非洲之作品的目录》在法国巴黎刊行，收录条目 3184 条，附以索引体例编制的"此卷所含题材总表"（第 321-330 页，每页 2 列）、"作者总表"（第 331-347 页，每页 2 列）。该书涉及拉丁、葡、西、意、法、德、荷等语种的作品，全书以作品刊行时间为序，汉学著作的条目散见于各处，凡 400 馀条。② 就该书以作

---

① *Bibliotheca historica*, instructa a B. Burcardo Gotthelf Struvio, aucta a B. Christi. Gottlieb Budero, nunc vero a Ioanne Georgio Meuselio ita digesta, amplificata et emendata, ut paene novum opus videri possit, Lispiae：apud HeredesWeidmanni et Reichium, 11 v., 1782—1804. 22 厘米。该书由德意志学者 Burkhard Gotthelf Struve（1671—1738）初创，其弟子 Christian Gottlieb Buder（1693—1763）增补，后经 Meusel 分卷、扩展、修订而"几能被视为全新作品"。第 11 卷第 1 部分系"对历史书目第 1 卷至第 10 卷第 1 部分之补正"（1802 年刊）。

② Henri Ternaux-Compans, *Bibliothèque asiatique et africaine, ou Catalogue des ouvrages relatifs à l'Asie et à l'Afrique qui ont paru depuis la découverte de l'imprimerie jusqu'en 1700*, Paris：Arthus Bertrand, 1841. VI+347 页, 21.5 厘米。

品刊行时间为序的编排方式而言，书后所附的题材索引及作者索引无疑会为其查阅提供很大便利。

1849 年，美国传教士、汉学家卫三畏（Samuel Wells Williams，1812—1884，1833 年入华）在在华外文刊物《中国丛报》第 18 卷第 8 期（第 402-444 页）上发表以英语编纂的《涉华作品清单：主要以英语、法语刊》，又在同年第 12 期（第 657-661 页）发表《涉华作品清单，第 8 期第 3 篇文章（第 402-444 页）之补编：主要为涉及蒙古语与满洲语之书》。该清单收录英、法、拉丁、西、葡、德、荷等语种之作品的条目 402 条，初编 373 条，附"以上目录所引作者按字母顺序的清单，附包含书名之段落的数字"（第 443-444 页，每页 4 列）；补编 29 条。①《初编》篇幅稍大，设作者索引，较为实用。

1846 年、1861 年，由德意志东方学家、巴黎亚洲学会（Société asiatique）会员 Julius Theodor Zenker（1811—1884）以法语编纂的两卷本《东方书目：东方目录手册》在莱比锡刊行。第一卷针对近东书籍，收录条目 1859 条，设"东方标题索引"（第 231-235 页）、"欧洲作者索引"（第 236-256 页）、"东方作家索引"（第 257-264 页）；第 2 卷针对近东、印度及远东书籍，收录条目 6972 条（涉华作品约 200 馀条），设"东方标题索引"（第 549-570 页）、"欧洲作者索引"（第 571-600 页）、"东方作家索引"（第 601-615 页），均为每页 2 列。② 多种分类索引的设置使得该书成为索引系统较为完备的 19 世纪西方东方学书目。

1864 年，德意志学者 Hermann Viktor Andreae（1817—1889）等以德语编纂的《汉字文法书广总目》在德意志美茵河畔法兰克福刊行，拉丁语主名意

---

① "List of Works upon China, Principally in the English and French Languages", "List of Works upon China, Additions to Art. III. of No. 8 (pp. 402-444), Principally of Books relating the Mongolian and Manchu Languages", *The Chinese Repository*, v. 18, 1849, pp. 402-444, 657-661. 作者之为卫三畏，据陶德民编《卫三畏在东亚：美日所藏资料选编》第 61 页，大象出版社，2016 年。

② Julius Theodor Zenker, *Bibliotheca orientalis, Manuel de bibliographie orientale*, Leipzig: Guillaume Engelmann, 2 v., 1846, 1861. 第 1 卷 XLVII+264 页，第 2 卷 XIV+615 页，23 厘米。1840 年，Zenker 刊有以拉丁语编纂的《东方书目，包括自印刷术发明直至我们时代所刊阿拉伯语、波斯语、土耳其语书籍，第 1 部分》[*Bibliotheca orientalis, libros continens arabicos, persicos, turcicos inde ab arte typographica inventa ad nostra usque tempora impressos, Pars I*, edidit Julius Theodorus Zenker Dr., Lipsiae: Guilielmus Engelmann, 1840. (II) +90 页。无自附索引]，系"阿拉伯语书目"（Bibliotheca arabica）。

即"汉学书目",德语副名意即"汉学文献领域指导性概要汇编",该书系首部专门（仅涉中国）汉学目录作品。较之西文原名,该书中文原名可更好地揭示其内容:《汉字文法书广总目》是一部偏重于语言领域的类专题汉学书目。编者在前言中亦将其书定位为辅助西方人汉语习得的作品。该书正文分:"A. 语文学部分"（第 1-46 页,收录条目 359 条）,附"A 部分补遗"（第 46-49 页,收录条目 38 条）;"B. 辅助性部分"（第 50-103 页,收录条目 586 条）,附"B 部分主题索引"（第 104-108 页）;后接全书"勘误"（第 109 页）。A 部分未按编作者姓氏排序,也非严格按照作品初刊年份排序（B 部分则按编作者姓氏有序排列）,而只对 B 部分设主题索引,条目查找势必不易。① 作为首部专门汉学目录作品,其索引系统不可称完备。

1876 年在上海刊印的《中国目录手册:涉华作品与文章清单》是西方最早的全面汉学目录。署名德国"驻上海及天津领事馆译员"穆麟德（Paul Georg von Möllendorff, 1847—1901）及其胞弟穆林德（Otto Franz von Möllendorff, 1848—1903）,实则全部或主要由前者以英语编纂。该书以号码标注条目,凡 4639 号,实则若干条目重出,间亦有一个号码以附"a"或"a""b"的形式对应两种［第 20、53、67（两处）、153、223、227、228、245、304-305、315、316、319、320（两处）、339（两处）页］或三种作品（第 319 页）者。书后所附"作者索引"（第 345-378 页,每页 2 列）在作者姓名（姓用全称,名用首字母）后每个页码前给出相应作品标题有区别度的

---

① Hermann Viktor Andreae und John Geiger, *Bibliotheca sinologica, Uebersichtliche Zusammenstellungen als Wegweiser durch das Gebiet der sinologischen Literatur*, Frankfurt a. M.: K. Theodor Völcker, 1864. 附《原本汉书宝汇》(*Verzeichniss einer grossen Anzahl zu verkaufender ächt chinesischer Bücher, mit bibliographischer Bemerkungen u. Mittheilung der Büchertitel in chinesischen Schriftzeichen*), 德语名意即"大量待售原本中国书籍之名单,附目录性标注与以汉字形式的书题之通知"), X+108+31+16 页, 23 厘米。设 17 个部分,附补遗 2 种,凡 303 条书目,涉及学科较多,正文条目著录书籍中文原题之发音转写形式、书题大意、版次、规模、(开本)、(内容性提示)、(版本类评价)、售价,所录书名未按字母顺序或其书初刊年份排列,正文版块后集中附有书籍中文原题。当为位于美茵河畔法兰克福的出版商兼旧书店 Karl Theodor Völcker 的售书目录。

关键词。① 在编纂技术上,《中国目录手册》明显优于《中国书目》之处,"作者索引"居其一。

## 二、高第作品索引概况

高第所编撰之作品中,许多附有索引。除下文将述的三大远东书目外,目录类作品间,如,《系统分类的王家亚洲学会北华分会图书馆目录(含伟烈亚力先生藏书)》(1872 年刊)设"作者索引"(第 71-79 页,每页 2 列);②《王家亚洲学会北华分会会刊自该会创立至 1874 年 12 月 31 日所刊文

---

① P. G. & O. F. von Möllendorff, *Manual of Chinese Bibliography, being a List of Works and Essays relating to China*, Shanghai: Kelly & Walsh, 1876. VIII+378 页,8 开。通行汉名作"汉籍目录便览"。拙译"中国目录手册"之"手册",盖因英语 manual 之词源为拉丁语词 manus"手"。穆麟德夫人 Rosalie von Moellendorff(本姓 Holthausen,1848—1943)《穆麟德:一幅人生图景》称:"此时其首部作品《中国目录手册》出版,汇集截至当时全部已刊涉华作品及论文。因其弟穆林德自抵华后一直相助,故在标题页亦署其名"。《中国目录手册》英语前言称:"此作系在中国中部(九江与北京)编就"。1871 年 4 月穆麟德接调九江令,其后至 1874 年 6 月在九江。7 月中旬抵北京,入德国驻华外交部门。后赴广州任职 1 年,1875 年 11 月调北京。1876 年 1 月调驻天津领事馆任译员,3 月调驻上海领事馆任译员。穆林德 1873 年以德国驻华外交部门"翻译学生"身份入华,7 月 8 日抵上海,后在其兄所在的九江盘桓数周,10 月下旬已身在北京,自此至《中国目录手册》刊时在德国驻北京公使馆任译员。《中国目录手册》可能的主要编纂时段为 1871 年中期至 1874 年中期,1874 年夏、秋的三四个月(该秋穆麟德外出在直隶省作科学考察)以及 1875、1876 年之交(该冬穆麟德将德国贸易法手册译成汉语),且应以在九江的 3 年为主。兄弟俩无长期合编《中国目录手册》的机会,可确证该书全部或主体工作系由穆麟德完成,而 1882 年穆林德对《中国书目》的评论以"(我)曾与我兄长一道刊有《中国目录手册》"自设。见 O. von Moellendorff, "Chinesische Landschnecken", *Jahrbücher der Deutschen malakozoologischen Gesellschaft*, B. 2., 1875, S. 118-119. von Möllendorff, *Manual of Chinese Bibliography*, p. v. O. F. von Möllendorff, "Reisen und topographische Aufnahmen in der nord-chinesischen ProvinzDshy-li", *Zeitschrift der Gesellschaft für Erdkundezu Berlin*, B. 16, 1881, S. 94. O. F. von Möllendorff, "Bibliotheca Sinica", *The China Review*, v.10, no. 6, May-June 1882, p. 396. Rosalie von Moellendorff, *P. G. von Moellendorff, ein Lebensbild*, Leipzig: Otto Harrassowitz, 1930, S. 22-26. Hartmut Walravens, "Moellendorff, Paul Georg", *Neue deutsche Biographie*, B. 17, Berlin: Duncker & Humblot, 1994, S. 629-630. Adolf Zilch, "Moellendorff, Otto Franz", *Neue deutsche Biographie*, B. 17, S. 631.

② Henri Cordier, *A Catalogue of the Library of the North China Branch of the Royal Asiatic Society (including the Library of Alex. Wylie, Esq.), Systematically Classed*, Shanghai: "Ching-Foong" General Printing Office, 1872. VIII+86 页,大 8 开。

章分类索引》1875 年先载《王家亚洲学会北华分会会刊》,附"作者索引"(第 216-218 页),同年刊单行本;① 《Beaumarchais 作品目录》(1883 年刊)因传主身份,附分类精细的 6 种索引(每页 2 列):"印商与书商"(第 133-137 页)、"刻工与画工"(第 137-138 页)、"传记作者与注释者"(第 138 页)、"作曲者"(第 139 页)、"旧书商"(第 139 页)、"私人图书馆"(第 140 页);② 《Alain-René Lesage 作品试编目录》(1910 年刊)未附索引;③《Stendhal 书目》(1914 年刊)附"按字母顺序的索引"(第 391-412 页,每页 2 列。系专名索引);④《Gaston Maspero 作品目录》(1922 年刊)附"按字母顺序的索引"(第 137-153 页,每页 2 列。系专名索引);⑤《高第作品目录》(1924 年刊)附"按字母顺序的索引"(第 131-151 页,每页 2 列。系专名索引)。⑥ 非目录类作品间,如,《方济各会僧侣真福修士波代诺内的鄂多立克 14 世纪亚洲游记,附引言与注释》(1891 年刊)附专名索引(第 523-597 页,每页 2 列);⑦《中国之中欧印刷:17、18 世纪欧洲人在华所刊

---

① Henri Cordier, "A Classified Index to the Articles Printed in the *Journal of the North-China Branch of the Royal Asiatic Society, from the Foundation of the Society to the 31$^{st}$ of December 1874*", *Journal of the North-China Branch of the Royal Asiatic Society, for the year 1874*, n. s., no. 9, 1875, pp. 201-219. Henri Cordier, *A Classified Index to the Articles Printed in the* Journal of the North-China Branch of the Royal Asiatic Society, *from the Foundation of the Society to the 31$^{st}$ of December 1874*, Shanghai, 1875. 8 开。

② Henri Cordier, *Bibliographie des œuvres de Beaumarchais*, Paris:Albert Quantin, 1883. VI+143 页,肖像,23 厘米。Pierre-Augustin Caron de Beaumarchais(1732—1799),法国剧作家。

③ Henri Cordier, *Essai bibliographique sur les œuvres d'Alain-René Lesage*, Paris:Henri Leclerc, 1910. 348 页。Alain-René Lesage(1668—1747),法国小说家、剧作家。

④ Henri Cordier, *Bibliographie stendhalienne*, Paris:Honoré Champion, 1914. XIV+416 页,8 开。法国作家 Henri Beyle(1783—1842)之笔名"Stendhal"因源自德国城市名"Stendal",故发音呈德语、法语混合状态。中译名曾作较接近法语发音的"司汤达",今在一定程度上改作较接近实际发音的"斯丹达尔"。

⑤ Henri Cordier, *Bibliographie des œuvres de Gaston Maspero*, Paris:Paul Geuthner, 1922. XVII+153 页,照片,8 开。Gaston Maspero(1846—1916),意大利裔法国埃及学家。

⑥ Henri Cordier, *Bibliographie des œuvres de Henri Cordier, membre de l'Institut, publiée à l'occasion du 75$^e$ anniversaire de sa naissance*, Paris:Paul Geuthner, 1924。VIII+151 页,照片,20 厘米。

⑦ Henri Cordier, *Les voyages en Asie au XIV$^e$ siècle du bienheureux frère Odoric de Pordenone, religieux de Saint-François, publié avec une introduction et des notes*, Paris:Ernest Leroux, 1891. CLVIII+602+XIV 页,插图 74 幅、地图 1 幅,28 厘米。

作品目录》（1901 年刊）附"按字母顺序的被编目作品标题索引"（第 69-73 页，每页 2 列）、"按字母顺序的欧洲作者中文名索引"（第 75 页，每页 3 列）；① 3 卷本《1860 至 1900（1902）年中国同西方列强关系史》（1901 至 1902 年刊）第 3 卷附针对 3 卷的"按字母顺序的索引"（第 557-596 页，每页 2 列。系专名索引）；②《1857 至 1858 年的中国远征：外交史——注释与文献》（1905 年刊）附"按字母顺序的索引"（第 469-475 页，每页 2 列。系专名索引）；③《1860 年的中国远征：外交史——注释与文献》（1906 年刊）附"按字母顺序的索引"（第 453-458 页，每页 2 列。系专名索引）；④《非洲海上之旅：从开普敦到赞比西河及印度洋》（1906 年刊）附"按字母顺序的索引"（第 221-231 页，每页 2 列。系专名索引）；⑤ 4 卷本《中国及其对外关系通史：自远古至满洲朝倾覆》（1920 至 1921 年刊）第 4 卷附针对 4 卷的"按字母顺序的索引"（第 333-425 页，每页 2 列。主要系专名索引）。⑥ 此外，经高第重修的苏格兰东方学家 Henry Yule（1820—1889）编《契丹及通往彼处之路》的第 2 版（1913 至 1916 年刊）将第 1 版的 2 卷重分为 4 卷，增补良多。第 1 版即附详细的主题索引（第 lxvii-xcviii 页，每页 2 列），第 2 版踵事

---

① Henri Cordier, L'imprimerie sino-européenne en Chine, bibliographie des ouvrages publiés en Chine par les européens au XVII$^e$ et au XVIII$^e$ siècle, Paris：Ernest Leroux, 1901. IX+73 页，插图 17 幅，大 8 开。

② Henri Cordier, Histoire des relations de la Chine avec les puissances occidentales, 1860—1900（1902）, 3 v., Paris：Félix Alcan, 1901—1902. 570+650+598 页，8 开。第 3 卷标题截至"1902 年"。

③ Henri Cordier, L'expédition de Chine de 1857-58：histoire diplomatique, notes et documents, Paris：Félix Alcan, 1905. 478 页，插图 2 幅，8 开。

④ Henri Cordier, L'expédition de Chine de 1860：histoire diplomatique, notes et documents, Paris：Félix Alcan, 1906. 460 页，8 开。

⑤ Henri Cordier, Le périple d'Afrique：du Cap au Zambèse et à l'Océan Indien, Paris：E. Guilmoto, 1906. 233 页，插图 15 幅，8 开。

⑥ Henri Cordier, Histoire générale de la Chine et de ses relations avec les pays étrangers：depuis les temps les plus anciens jusqu'à la chute de la dynastie mandchoue, 4 v., Paris：Paul Geuthner, 1920—1921. 574+434+428+427 页，23 厘米。

增华，该版成为此后受众长久的信息源。① 就高第所主编的刊物而言，其所创《远东杂志》19 世纪 80 年代在巴黎发行三期，均无索引。② 其后同德裔荷兰汉学家施古德（Gustaaf Schlegel，1840—1903，在法国学界通行其名之法语形式"Gustave"）合编之远东学杂志《通报》自 1890 年创刊起即对当期附"按字母顺序的索引"，系主题索引。③

张明明　北京外国语大学国际中国文化研究院副研究馆员

---

① 第 1 版：Colonel Henry Yule, trans. and ed. , *Cathay and the Way thither*: *being a Collection of Medieval Notices of China*, *with a Preliminary Essay on the Intercourse between China and the Western Nations previous to the Discovery of the Cape Route*, 2 v. , London：The Hakluyt Society, 1866. ccliii+596+xcviii, 插图、地图多幅，22 厘米。参看 Paul Pelliot, "Henri Cordier (1849—1925)", *T'oung pao*, v. 24, no. 1, 1925-26, p. 8.

② *Revue de l'Extrême-Orient*, t. 1, 1882; t. 2, 1883; t. 3, 1887.

③ *T'oung Pao*, v. 1, pp. 439-442; v. 2, pp. 477-482; v. 3, pp. 571-575; etc.

·俄罗斯汉学研究·

# 意识形态与乌托邦

## ——《庄子》在俄罗斯的传播与接受*

张鸿彦

**摘 要**：利科尔提出的有关社会想象的两级类型理论，为我们理解《庄子》在俄罗斯的传播接受提供了解释框架。任何人类的历史进程在观念的维度上都可以归结在乌托邦与意识形态二者之间，本文以俄罗斯汉学发展为历史主线，将《庄子》在俄罗斯的传播与接受分为了意识形态和乌托邦两个时期，前者是以波兹涅耶娃为代表的苏联时期，后者是以马良文为代表的新俄罗斯时期。分别阐释不同时期《庄子》在俄罗斯的传播与接受，为《庄子》的国际化传播研究提供了有益启示。

**关键词**：《庄子》 汉学 俄罗斯

俄罗斯对中国传统文化典籍的研究由来已久，但对《庄子》的翻译与研究则起步较晚，最早接触到"庄子"的时间可以追溯到18世纪下半叶。1763年12月的《学术情况通讯月刊》（Ежемесячные сочинения и известия о ученых делах）发表了一篇故事译文，故事源于中国话本《今古奇观》中的《庄子休鼓盆成大道》，该译文是由英国作家哥德史密斯（Oliver Goldsmith，1730—1774）信件中的译文转译过来的，这也是俄罗斯第一次相对完整译介的中国文学作品，但英译者哥德史密斯笔下的故事与道教无关，结局与原文也是截然相反，颇具西方式的幽默。俄文译本经过二度翻译，复制了哥德史

---

\* 基金项目：国家社科基金青年项目"'四书'在俄罗斯的传播与接受研究"（项目号20CZW031）阶段性成果，"中央高校基金基本科研业务专项经费"（武汉大学自主科研项目编号：1103-413000060）的阶段性成果。

密斯的改写结局，但英文版译文的最后一句"Choang（庄）是一位哲人"，俄文中并没有译出，且通篇将"庄"误译为了"黄"。到 1785 年，圣彼得堡出版了《庄子与田氏，或公然的不忠》（Чжуан цзы и Тяньши）一书，再次收录了《庄子休鼓盆成大道》的话本小说，据推测是根据杜赫德（Jean-Baptiste Du halde，1674—1743）的法文版《中华帝国通志》（第三卷，第 401-416 页）来翻译的。俄译者删去"入话"，直接从正文开始，总体来说，与原作更为接近，但也并未与道家学说或道教相联系，而是将其作为纯文学作品来进行翻译和摘录。直到 1873 年，《庄子》在俄罗斯才有了真正意义上的节译——王西里（Василий Павлович Васильев，1818—1900）在其著作《东方宗教：儒、释、道》（Религии Востока: Конфуцианство, буддизм, даосизм）中摘译了《庄子外篇》中的"胠箧"，作者摘译的目的主要是突出庄子与儒教的对抗、对仁义礼智信思想的批驳，该书作者在 1880 年出版的《中国文学史纲要》（Очерк истории китайской литературы）中也对《庄子》与《列子》《道德经》《孟子》等作品进行了哲学性的相关分析和对比。由此可见，在 20 世纪之前，在俄罗斯并未出现真正的《庄子》俄译本，且对《庄子》的研究集中在宗教哲学视野，《庄子》本身的文学特性以及语言特点暂未得到重视。

利科尔（Paul Ricoeur，1913—2005）指出："社会想象实践在历史中的多样性表现，最终可以归结在乌托邦与意识形态两极之间。乌托邦是超越的、颠覆性的社会想象，而意识形态则是整合的、巩固性的社会想象。社会想象的历史运动模式，就建立在离心的超越颠覆与向心的整合功能之间的张力上。"① 俄罗斯对《庄子》的翻译与研究也是从其国家的历史文化背景和现实语境出发：一方面，苏联时期深受意识形态的影响，统治集团把利益与学术密切联系在一起，为体现苏联哲学自身的优越性，对《庄子》的研究完全采用苏联模式，以波兹涅耶娃（Любовь Дмитриевна Позднеева，1908—1974）的研究为代表；另一方面，在苏联解体之后，俄罗斯原有主流意识形态受到冲击，希望能够借鉴中国经验，将中国传统文化与智慧视为乌托邦，以照见自身的缺陷，从而改变俄罗斯当下的社会形势，以马良文（Владимир Вячеславович Малявин，1950—   ）的研究为代表。

---

① 周宁《世界之中国：域外中国形象研究》第 3 页，南京大学出版社，2007 年。

## 一、波兹涅耶娃与《庄子》：意识形态桎梏下的研究与翻译

意识形态往往以维护当前的社会存在为目的，是依附于权力背景的思想体系。自 1917 年苏维埃社会主义革命胜利以后，苏联的汉学研究在承续帝俄时期的学术思想和研究成果的基础上，也逐渐开始站在唯物主义和革命化的社会观点上，将中国文学作品看作中国社会经济关系和阶级斗争的反映。这一时期的汉学整体成就相对较少，特别是对中国文化、哲学等问题关注较少，更加重视对中国现实问题的研究，学术研究与现实政治紧密结合。到了 20 世纪中期，苏联领导层把哲学史规定为唯物主义的历史，把历史进步与唯物主义联系起来，对以老子和庄子为代表的道家思想统一归化到苏联哲学的框架内来进行评价和分析。这一时期对老庄学说的研究和认识从神性和先知的宗教视野中解脱出来，以全新的视角和研究手段形成了独特的学术流派。以华侨杨兴顺（1904—1987）的观点为代表，他将老子定义为原始唯物主义者和朴素辩证法家，而庄子则是背离老子的唯心主义者，这也成为苏联学术界的普遍基调。莫斯科大学东方学院教授波兹涅耶娃在继承杨兴顺观点的基础上，发展并形成了自己独特的观点。她于 20 世纪 60 年代出版了自己翻译的《庄子》全译本，载于其著作《中国古代无神论者、唯物主义者、辩证法者：杨朱、列子、庄子》（Атеисты материалисты дифлектики древнего Китая: Ян Чжу, Лецзы, Чжуанцзы вв. до н. э.）之中。全书"庄子"部分共 200 多页，译注 468 条，是俄罗斯第一个《庄子》全译本，集中体现了苏联时期俄罗斯人对于《庄子》思想的吸收和理解以及当时苏联的社会需要，该译本产生了极大的影响，后多次改版和重印。柳若梅教授指出："波兹涅耶娃的《庄子》俄文全译本，既是俄罗斯汉学家庄子思想研究的代表性成就，也是中苏两国特殊历史渊源和文化联系的产物。"①

波兹涅耶娃不同意杨兴顺提出的庄子是唯心主义者的观点，她认为庄子是唯物主义者，庄子的"道"是客观现实，且庄子是无神论者，因为他否定世界的神性起源，也拒绝关于精神转移的教条。波兹涅耶娃还对《庄子》的意义与价值给予了极高的评价，她在其译本的前言部分中写道：

---

① 柳若梅《〈庄子〉的俄语译本小议》，载《国际汉学》2012 年第 2 期。

《庄子》的价值在于它留存了中国文学早期的所有特征，即意识中不可隔断的混合，那个时期的文学作品综合了形象性和地区特性，其中还包括了哲学观念的萌芽、民间历史的萌芽、道德标准的萌芽以及自然科学的萌芽。因此，研究《庄子》的意义在于，拓展我们对于中国作为古希腊文化主要环节的中国文学及哲学起源的观点。①

由此可以看出，波兹涅耶娃的研究十分注重东方哲学同西方哲学之间的相互关联，她认为道家思想与古希腊思想非常相近，古代道家同古代希腊人一样，把物质概念与物质运动的观点联系起来。波兹涅耶娃的研究在哲学和宗教层面的基础上还增加了庄子政治化的内容，她运用阶级分析方法把道家思想家定位为人民利益的维护者，把儒家和道家的对立关系看作两个社会阶层的分立，甚至是两个思想体系、意识形态的斗争。

道家提出人人平等、财产平等的观点，道家是人民起义的旗帜，而儒家思想则被看作是特权阶层的宗教来反对，在2世纪到7世纪间，中国的历史史料和民间书籍都可以证明这一点，所以，儒家和道家的斗争并不只是不同哲学流派间的斗争，更是阶级斗争的表现。②

杨兴顺与波兹涅耶娃对道家学说的研究成为苏联时期的主旋律，但也有许多学者发出了不同的声音，如在 1966 年，贝科夫（Фёдор Степанович Быков）出版专著《中国社会政治和哲学思想的产生》（Зарождение общественно-политической и философской мысли в Китае），对杨兴顺的观点提出疑问，他认为从总体上看《道德经》是客观唯心主义，而《庄子》是主观唯心主义和神秘主义。季塔连科（Михаил Леонтьевич Титаренко，1934—2016）在其 1969 年主编的《世界哲学文选》（Антология мировой философии）第一卷中国哲学部分中提到，老子的学说既是唯心的也是唯物

---

① Л. Д. Позднеева, Атеисты материалисты дифлектики древнего Китая: Ян Чжу. Лецзы. Чжуанзы вв. до. н. э, Москва, издательство Наука, 1967, стр. 5-6.（作者自译，下同）
② Л. Д. Позднеева, Атеисты материалисты дифлектики древнего Китая: Ян Чжу. Лецзы. Чжуанзы вв. до. н. э, Москва, издательство Наука, 1967, стр. 6, 10.

的，庄子加强了"道"与"德"的唯心主义解释，他的学说有许多相对主义和神秘主义的成分。季塔连科的观点客观上反对了杨兴顺和波兹涅耶娃，对于推动俄罗斯庄子研究走向科学诠释起到了一定的作用。1970年苏联科学院东方研究所研究员鲁宾（Виталий Аронович Рубин，1923—1981）在其专著《古代中国的意识形态与文化》（Идеология и культура Древнего Китая）中提出道家反文明的观点，他认为按照庄子的观点，意识和文明是建立在残暴和谎言之上的，或将走向道同的融合，或将促成文明的破坏，他提出："'道'是宇宙的伟大法则，神秘的起因，既不能用感性，也不能用理性来理解，但可以神秘地与道融合。"[1]

虽然这一时期俄苏汉学家对《庄子》的研究大多是将其看作研究中国古代思想的文本，政治意识形态直接影响和参与了对《庄子》文本的研究，从文学性、艺术性角度进行分析的并不多见，但仍有一部分恪守自己学术追求的汉学家从文学角度对《庄子》进行了研究，如苏联汉学的奠基人阿列克谢耶夫（Василий Михайлович Алексеев，1881—1951）就从其语言魅力的角度对《庄子》进行了评价："语言故事是这部书的魅力所在……它的魅力任何时候都没有失去对中国人思维支配的权力，到现在为止，它在中国人的潜意识中仍保存着所有的鲜活和完美，而这种鲜活和完美不会受到岁月的侵蚀。"[2] 上文我们提到的波兹涅耶娃也不仅从哲学和政治的角度对其进行了研究，她打破空间囹圄，在更广阔的社会历史背景下考察各民族文学发展的方向，认为《庄子》以神话的形象性为特点，其中储备了大量的文学资源，奇异的神话形象和主人公提供的丰富论题成为中国古代文学发展的肥沃土壤。

1970年，女汉学家扎瓦茨卡娅（Евгения Владимировна Завадская，1930—2002）发表论文《庄子的哲学言论》（Философия слова в 《Чжуан-цзы》），专门研究了庄子关于语言的学说以及庄子的语言哲学对中国古代诗学的影响。她指出："在中国传统文化中存在着两个语言体系：一种主要同儒家学说相联系，另一种则同道家和佛教哲学相联系。前者认为语言万能，而

---

[1] В. А. Рубин, Идеология и культура Древнего Китая: четыре силуэта, М: вост. лит, 1970. стр. 133, 151.

[2] Л. Д. Позднеева, Атеисты материалисты дифлектики древнего Китая: Ян Чжу. Лецзы. Чжуанзы вв. до. н. э, Москва, издательство Наука, 1967, стр. 5.

后者则断言在语言中说明神和真理是注定不可能的。"① 扎瓦茨卡娅认为《庄子》中的语言最重要的就是实与名的对比，有独特的诗学特性，尤其是它的不合逻辑性和下意识性，庄子语言哲学的许多论点与现代世界一些知名的语言学大师，如维特根斯坦、塔斯基等人的观点极为接近，因此她在文章最后写道："庄子的语言哲学是世界文化遗产的组成部分。它包括一系列问题和解决方式，这些问题吸引了众多时代、众多民族的学者，而它的语言哲学，特别是语言的诗歌本质部分，有时候听起来则是很现代的。"②

在苏联这一特殊时期，对老庄的理解逐渐分化形成两个具有代表性的阵营和观点，即唯物主义与唯心主义之间的斗争，政治意识形态发挥着固定和制衡文学系统的作用，俄罗斯对《庄子》意识形态化的阐释也是一种苏联中心主义的归化解读。

## 二、马良文与《庄子》：乌托邦式的研究与向往

如果说意识形态是以维护当前的社会存在为目的，那么乌托邦则具有引导人们超越现实的能力，对于社会发展而言更具积极意义，乌托邦并不是建立在无理由的想象之上，其核心精神是批判，"批判经验现实中不合理、反理性的东西，并提供一种可供选择的方案"③。20 世纪 80 年代以后，随着意识形态的逐渐淡化，这一时期俄罗斯对中国文化典籍的研究开始逐渐回升，诸多汉学家对中国文化典籍进行了重释和重译。1982 年，莫斯科东方学研究所出版了文集《道和道家思想在中国》，收入了 14 篇论文，其中包括马良文的《庄子的哲学：清心寡欲》。1987 年，莫斯科文学出版社出版了李谢维奇（Игорь Самойлович Лисевич, 1932—2000）所编《圣贤著作选·古代中国散文》（Из книг мудрецов. Проза древнего Китая），其中第二编"道学圣贤的著作"中包括苏霍鲁科夫（Валерий Тимофеевич Сухоруков）翻译的《庄

---

① Е. В. Завадская, Философия слова в《Чжуан-цзы》. В кн.：Теоретические проблемы изучения литератур Дальнего Восток, М：1970, стр. 48.

② Е. В. Завадская, Философия слова в《Чжуан-цзы》. В кн.：Теоретические проблемы изучения литератур Дальнего Восток, М：1970, стр. 53.

③ ［德］尤根·哈贝马斯、［德］米夏埃尔·哈勒著，章国锋译《作为未来的过去》第 122-123 页，浙江人民出版社，2001 年。

子》俄文译本共19篇。1989年,瓦西里耶夫(Леонид Сергеевич Васильев)出版专著《中国思想的起源问题》(Проблемы генезиса китайской мысли)从自然哲学、神秘主义、玄学的角度分析易学及老庄思想,具有一定的影响力。

苏联解体之后,俄罗斯的汉学研究摆脱政治化和意识形态化,原有主流意识形态退席,知识分子特别关注传统文化遗产的现代意义,急于寻找和重建新的价值观念。且在此时期,中国在改革开放上取得的成就引起了世界的瞩目,中国思想文化中的核心价值观成为俄罗斯汉学研究的重要内容。俄罗斯开始重新审视中国文化,重视中国哲学与中国文明的相互关系问题。随着俄罗斯各领域学者对中国关注程度的不断加强,《庄子》成为俄罗斯思想文化界所关注的重要内容,当代汉学家转向运用现代科学方法对道家文献作文本学、语言学、符号学、文化学等多角度、深层次、具体化的研究。

此时,研究者不再把"道家哲学的基本问题"作为研究的主要内容,摆脱了"唯心"与"唯物"两大阵营的论战,正如中国思想研究者费奥克蒂斯托夫(Виталий фйдорович Феоктистов)指出的:

> 如果中国哲学史上没有提出与欧洲文化范畴相同的物质和意识概念,那么使用欧洲人理解的术语将中国哲学家区分为唯物主义者和唯心主义者的尝试就并不令人信服……谈论中国哲学史上存在纯粹的唯物主义与唯心主义之战是不正确的,因为不存在这些欧洲哲学的表达概念。①

在这一时期,俄罗斯的第二部全译本《庄子》面世了,是由著名汉学家马良文翻译的。马良文自20世纪80年代开始庄子相关研究,著有《庄子译注》(1985)、《庄子·列子译注》(1995)以及《道教资料集》(1994)等。他的译本注释选自西晋郭象的《庄子注》,尽可能地保证了《庄子》思想的东方理解,他在翻译的同时也全面介绍作为东方重要的文学家和思想家的庄子及其思想,还附录了一篇论述《庄子》的翻译问题的文章,为俄罗斯的当代庄子研究奠定了基础。马良文的译本曾被俄各出版社争相出版发行,还被

---

① В. ф. Феоктистов, Китайская классическая философия и современность (к методологической постановке вопроса) //Китайская философия и современная цивилизациясб, М: 1997, стр. 34.

收录在《大中华文库：庄子》的汉俄对照中，可见其在学界的研究价值和学术地位。马良文在 2004 年再版的译本前言中明确地肯定了《庄子》所具有的世界意义：

> 这本书有助于揭开我们人类自身内部的不可知，有助于我们思索人类世界最深刻的真理。世界文学宝库中很少有像《庄子》这样充满了深刻的生活智慧、尖锐的观点、锐利的思想、与众不同的风格、自由的想象力、对快乐的真切感受，更重要的是，探寻真理的决心。其中的人物表面上很少有像哲学家的，他们不去寻求真理的外在证明，而是把知识的源头隐匿在自己的内心深处。①

马良文认为，庄子处于一个强权时代，他的思想反映了道家对强权苛政的反抗，从而形成了独特的善恶观念，这点与孔子不同，庄子对政治有复杂的态度，他否定文化成果，对当时的文化卫士持痛斥和嘲笑的态度。庄子塑造出神人形象，但并未指出成神之法，其目的是打破既定法则的局限。其独特之处在于《庄子》全景式地展现了人的认知世界，发现了人的深层危机，即人类认知的局限性与真理的超验性之间的深层矛盾。

马良文把庄子称为哲学怪人，认为庄子的演说是具有讽刺性的，是反对纯理性的，思维的矛盾只有在理智达不到的永恒的循环演变中才能够澄明。人的认识是局限的，世界却是无止境的，没有绝对的准则。由此可以看出马良文对庄子思想的诠释是接近我国学者的观点，但他的理解也未脱离古希腊发展而来的西方哲学的总体框架，同时结合俄罗斯哲学自身特点，将俄罗斯的直觉主义和完整认识的思想与老庄思想相类比，部分否定了理性和全知全能。现如今，俄罗斯读者倾向于转向内部心灵世界去寻求一份无限宽广的乐土，希望可以从极富神秘色彩的老庄哲学中吸取能量，马良文对庄子的译介就体现了当代俄罗斯人对《庄子》所呈现出的乌托邦式的向往。

马良文的译文及其研究相较于波兹涅耶娃有许多不同和独特之处。首先，他们对"道"的理解不同，苏联时期对《庄子》的诠释是唯物化的，波兹涅耶娃将"道"理解为"物体的物质实体"和"客观世界的自然法则"，而马

---

① В. В. Малянвин Чжуан-Цзы, Москва: АСТ. Астрель, 2004, стр. 3—5.

良文则走出意识形态的遮蔽，以直觉去接近"道"的实质，他理解的"道"的概念与西方的神圣之力与绝对精神相联系，同时提及西方哲学中的"形而上学"绝对精神与上帝等一系列概念。他认为，对真实的思考有两条路径：一是超验的，思考的对象指向世界；一是向内探究的，思考的对象指向个人。所以对真实的思考是哲学的诞生形式。① 马良文认为译者在翻译《庄子》时需要找到自己的真理，就像是证明人类存在的生活经验一样，将《庄子》看作精神探索的结果来理解。马良文称庄子是诗人哲学家，可见他偏重于从诗的角度来理解《庄子》，他对原文中出现的关键词如"是非""真伪""有无"等词的翻译选择非常丰富，他认为古代哲学的范畴本质上都是隐喻的，不能用欧洲哲学术语来进行翻译，甚至不能理性地解释，只能猜测，他的这种观点兼顾了翻译词汇的多样性和语言的丰富性，但却在一定程度上破坏了庄子言语节奏明快，辩语反复的特点。

除马良文之外，这一时期涌现出了众多杰出汉学家对《庄子》进行了深入的研究，如陶奇夫（Евгений Алексеевич Торчинов，1956—2003）、克里夫佐夫（Владимир Николаевич Кривцов，1914—1979）、卢基扬诺夫（Анатолий Евгеньевич Лукьянов，1948—　）等。陶奇夫在宗教史博物馆学术论文集《宗教批判的社会哲学方面》（Социально-философские аспекты критики религии）中刊登了关于"道教经典中的道教哲学"的论文，他认为道家与道教没有多大对立，道教具有发达的宗教哲学，这种哲学植根于中国古典哲学著作《道德经》和《庄子》中。卢基扬诺夫运用《道德经》和《庄子》等经典来分析早期道家哲学，确立了"黄帝—老子—庄子"的早期道家哲学体系。并认为"道"是整个古代中国哲学文化的象征。1993 年莫斯科"法布拉"出版社出版了克里夫佐夫教授的专著《道家美学》（Эстетика даосизма），该书根据大量实际材料探析了道教哲学以及中国古代哲学的神秘主义倾向，重视对《道德经》和《庄子》的探讨。

进入 21 世纪，对《庄子》的研究更加多元化，其传播和影响更是渗入寻常百姓家，并与俄罗斯文化产生跨越时空的互动与交流。这一时期出现了两部新的译作，第一本是在 2013 年，由斯科罗霍多夫（В. В. Скороходов）翻译、尼基辛（С. В. Никишин）注释的《老子与庄子的新翻译与哲学诠释》

---

① В. В. Малявин Чжуан-Цзы, Москва: АСТ. Астрель, 2004, стр. 10.

（Новый перевод и филосовский комментарий：Лао-цзы и Чжуан-цзы），尼基辛认为对《庄子》的固定解释是无益的，他的解释也是众多可能的解释之一，能够提供给读者多种解释的空间，他认为这也正是庄子所希望看到的，细读文本也会发现，该部作品的受众对象更为广泛，与其说是一部哲学著述，不如说是一部生活智慧宝典，如尼基辛在译文之前写道：

> 逍遥游——这是一种生活方式，众生皆平等，这种平等的意识会带给我们思想和情感上的满足感和真正的自由，这可以帮助人们了解自然，找到自发控制自己心理和生理状态的方法。知道以何种方式控制自己，从而在这纷扰的社会中仍保持幸福。①

另一部新的《庄子》译本是由维诺戈罗茨基（Бронислав Брониславович Виногродский，1957—）翻译的，他被称为中俄两国文化交流的"民间大使"，几十年来翻译了诸多中国文化原典，把《道德经》《易经》等典籍译介给了俄罗斯人，他于2010年出版"与智者对话系列"其中包含《庄子》的译文，后又于2016年出版其最新译本《庄子，关于知识和权力的书》（Чжуан-Цзы. Книга о знании и власти），和他一贯的翻译和研究风格相同，那就是要将中国的典籍智慧变成俄罗斯人自己的智慧思想，要按照俄罗斯人的思维方式来写，这样更容易促进其在俄罗斯社会的推广，人们更容易理解和接受，因此他对于原文的处理较为自由，是创作一个适合俄语世界的庄子，他在译文的前言部分提到：

> 也许我对原文的处理过于自由，但是原著本身就是自由的，它给予我们反思的机会，这是一个很好的了解自我和理解更高真理的机会。每个读者都会以自己的方式去阅读本书，并从中得出结论。相信读者会不止一次地翻阅此书，当您的认识达到新的阶段，就会对其有全新的解释，而古老智慧会给有思想的读者带来无穷无尽的见识和灵感来源。②

---

① С. В. Никишин, Новый перевод и филосовский комментарий：Лао-цзы и Чжуан-цзы, Астрахань-Воронеж, 2013, стр. 168.
② Б. Б. Виногродский, Чжуан-Цзы. Книга о знании и власти. Изд. "Э", 2016, стр. 3.

《庄子》在俄罗斯经过了一个世纪的流传，其文学思想和哲学思想都一定程度地影响着俄罗斯学者及普通民众，渗透在俄罗斯思想家及文学家的作品当中，与中国典籍形成异域间的隔空互动。就如俄罗斯文评家什克洛夫斯基（Виктор Борисович Шкловский，1893—1984）在《散文理论》（О теории прозы）再版的引言中写道："不久前我被一篇中国小说的语词震慑住了，一个人梦见一只蝴蝶，醒来之后他便陷入沉思，不知是他梦见了蝴蝶，还是蝴蝶梦见了他。"① 他将《庄子》视为小说，惊叹于《庄子》中语词的新奇，以自己独特的视角和理解去挖掘出《庄子》的经典之处。诸多当代俄罗斯作家在文学创作中也加入了《庄子》中所包含的中国传统文化元素，此时他们笔下的庄子，已然不是那个富有诗意逍遥自在的庄子形象，而是隔着薄纱看见的以俄语构建的新的庄子形象。如女诗人雷巴科娃（Лидия Рыбакова）幼时读过俄文的庄子寓言故事，诗人对庄子的理解很独特，她认为庄子是智慧与狂放相融的化身，他能将知识与洞察相结合，将洞察与深思相联系，他拥有内在的自由。从她的诗句也可以看出其对庄子的理解与想象：

　　究竟谁是蝴蝶，谁是老庄？
　　是谁在做梦，置身于梦乡？……
　　说蝴蝶会做梦，并非事实。
　　说老人梦中飞，亦属玄虚。
　　说世界在做梦，那倒是有可能，
　　人们岂不都跟庄子与蝴蝶相同？②
　　……

除此以外还有 2010 年《山雀》第一期女诗人齐泽夫斯卡娅（Екатерина Сергеевна Зизевская）发表了一组诗，总标题是《庄子的梦》，叶夫萨（Ирина Александровна Евса）的《春天》组诗中也提到"临睡前捧读庄子"。可以看出，只要写到庄子，俄罗斯的作家就会与梦、睡觉及蝴蝶等意象联系在一起，这也是信息多元化时代带来的俄罗斯文化和庄子文化多层次多角度

---

① ［俄］维·什克洛夫斯基著，刘宗次译《散文理论》第 1—2 页，百花洲文艺出版社，1994 年。
② 谷羽、刘为民《庄子在俄罗斯》，载《中学语文》2014 年第 9 期。

的融合。

中国古代圣贤的思想是属于全人类的文化遗产。"庄子"跨出国门，走向世界，受到各国文化人的敬重，与俄罗斯本土文化与文学相融合，形成了具有俄罗斯特点的独特的庄子学说，这也是文化经典的存在与经典翻译的意义所在。且俄罗斯人的宗教意识与《庄子》本就有共通之处：哲学方面，俄罗斯的直觉主义和完整认识的理想与庄子思想十分契合，他们认为潜意识的感性材料和超理性的原则之间的联系环节，是只有通过思辨即智力直觉才能认识的抽象观念存在；文学方面，俄罗斯文学特别热衷和擅长对自然景色的描写，就是相信大自然与人类心灵之间的隐秘联系，而庄子通过"化蝶"表现了人类自由意志的舒张；宗教方面，东正教哲学家"赋予个人和宇宙生命里的本体论结合和变化以显著地位"①，故而俄国宗教哲学的传统理念中许多的非理性因素比西方的理性主义更能融合到老庄哲学的中心。

《庄子》较之《易经》和《老子》成书较晚，其在俄罗斯的传播也相对较晚，总体来说，俄罗斯对于《庄子》的理解并没有完全的感情用事和一厢情愿的虚构。在整个传播的过程中，俄罗斯的研究者始终将庄子和道家学说与道教紧密地联系在一起，相对客观地翻译和理解《庄子》并与俄罗斯自身的文化与文学相联系。虽然截至目前《庄子》的俄译本相对较少，但相信随着两国文化交流的不断发展，俄罗斯庄子思想研究的内容还会不断丰富，还会出现更多面向广泛大众市场并反映俄罗斯社会时代思想的《庄子》译本，继续丰富庄子思想的内容，使俄语读者更全面地了解庄子深邃的哲学思想和《庄子》崇高的文学艺术性，使中国传统文化的世界意义得到彰显。

张鸿彦　武汉大学外国语言文学学院俄语系副教授

---

① [俄] 尼·洛斯基著，贾泽林等译《俄国哲学史》第518页，浙江人民出版社，1999年。

# 东方比较诗学中的文学作用论

## ——布拉金斯基对印度诗学与中国古代诗论的比较研究

杨星丽　李逸津

**摘　要**：俄罗斯和英国东方学家、语言学家、古马来文学研究专家弗拉基米尔·约瑟夫维奇·布拉金斯基于1991年出版专著《中世纪东方文学的类型问题：文学文化学研究论文集》，对中世纪东方3个主要地区：印度—东南亚、阿拉伯—穆斯林和中国—远东地区的文学体系作了比较分析。其中有关于印度诗学和中国古代诗论中的文学作用论，我们可抽绎出其在道德伦理、审美品位和宗教冥想三个层面具有呼应关系的内容。梳理并探讨这些内容，以便为进一步作相关研究厘清思路和奠定基础。

**关键词**：布拉金斯基　道德　"味"　冥想

俄罗斯和英国东方学家、语言学家弗拉基米尔·约瑟夫维奇·布拉金斯基（Владимир Иосифович Брагинский）[①]素来对东方语言、文化和文学持有相当深厚的兴趣，如东南亚国家的文学理论、比较文学，就是其功力所致之处。于1991年2月由苏联科学院科学出版社东方文学总编室出版的《中世纪东方文学的类型问题：文学文化学研究论文集》（Проблемы типологии средневековых литератур Востока：Очерки культурологического изуче ния

---

[①] 弗拉基米尔·约瑟夫维奇·布拉金斯基（Владимир Иосифович Брагинский）是俄罗斯和英国东方学家、语言学家，世界知名的古马来文学专家之一，语言学博士。他1945年1月出生于莫斯科，1969年入莫斯科大学东方语言学院学习。1973年毕业后在俄罗斯科学院东方研究所工作，担任东方文化跨学科研究部负责人。曾于1990—1992年在莫斯科国立大学亚非学院任教，1992—1993年任荷兰人文社会科学研究院高级研究员，1993年以后为伦敦大学东方与非洲研究学院东南亚语言和文化学教授。

литературы）便体现他研究东方比较诗学的精湛妙笔。其中，对印度梵文诗学与中国文学批评比较研究的内容多有价值和意义。本文对其中关于二者之文学作用论的部分进行了译介和点评，以供国内研究者阅读学习，并在相关研究中获取启发和参考。

## 一、净化思想

布拉金斯基在其论文集的第二辑"区域文学的自觉性问题"中的第六篇文章《雅文学对读者的影响：语用和审美效应的综合》里，肯定地提出了智能化情感即文学作品中饱含情感的思想内容对读者的影响。他认为：

> 当在作者选择的一种体裁的框架内，智能化的情感在作品的心理结构中被正确地客观化，然后依靠适合于这种体裁的风格，同样正确地形成了与心理相对应的口头结构，根据心理，产生了相应的系统，通过这种系统，智能化的情感由于其所携带的能量而影响了读者。①

这种影响产生在作者因读者接受和参与而重塑自我创作的过程中，也就是说，读者的反馈给原作以新的内涵和意义追加。对读者影响的效果上，有务实（包括道德）的实际教化作用和审美效果的濡染作用，即读者可能感受到价值层面的有益和审美愉悦两种状态。这里先来看诗歌在社会、道德教化上的意义和功能。具体来讲，布拉金斯基告诉我们，自巴拉塔②的《纳塔雅莎》③时代以来，印度梵文诗学就提出4个要素说，即诗歌对读者在伦理、道德层面的影响：对宇宙、社会和道德法则或美德（佛法）的肯定，获得感官

---

① Владимир Иосифович Брагинский, *Проблемы типологии средневековых литератур Востока: Очерки культурологического изучения литературы*, М., 1991. c. 145. （作者自译，下同）

② 巴拉特（Bharat）是印地语中印度的正式名称。巴拉塔（Bharata）是传说中的古代印度皇帝，印度史诗《罗摩衍那》的主人公。

③ 《纳塔雅莎》（关于纳提尔的论文）是用古印度梵文写作的戏剧艺术及戏剧音乐理论著作，也是世界上规模最大、最古老的著作之一。学者们认为其时间跨度为公元前5世纪到公元7—8世纪期间。但在公元前2—2世纪之间，它已获得了目前所知的形式。

享乐（卡玛）和福利（Artha）①，以及伯哈马哈②为了实现这些目标而添加的人生第四个最终目标——从业力的枷锁中解放出来。分别指社会层面的法则的学习（关于宇宙之道将在下文讨论），品德的修行或出世佛法的启示，精神的愉悦和生命的通脱。读者对上述这些要素的领悟，既是一个过程，也是文学接受的效果，都指向高雅文学带给人的精神成长。布拉金斯基借用玛玛塔（Маммата）③的《诗论之光》（Кавьяпракаша）里的相关论述来给我们更深刻的启发：

> 诗歌（卡维亚）孕育了荣耀、财富、认识生活的特点，减轻从所有不幸中带来的压力。它保证了不变的幸福，并最终给出了很好的建议，就像心爱的人的温柔要求。诗歌是创造性礼物的一种非同寻常的雄辩性表达，诗人，与吠陀经和类似作品的禁令有很大不同，后者以口头指示为主导……它在不寻常的动作过程中，获得了极大的欢乐，它超越了单词和含义的直接和间接含义……其使命是友好的建议……她像心爱的妻子一样迷人地教给诗人和其他美的鉴赏家，吸引他们养成良好的道德风范。④

雅文学具有独立的地位，但同时富有提升读者精神境界的使命，相比通过说教和禁令的冰冷和直接，诗歌以温柔熏染的方式，以形象化的手法，在审美愉悦的过程中对读者进行了潜移默化的育化作用。引文中"心爱的""迷人地"的词语是赞美诗歌这种独特文体，"很好的""极大的""友好的""良好的"等词则是强调对读者通过艺术进行实用层面浸染的作用和效果。而玛玛塔的这段批评本身，也深具诗歌理论层对读者的陶冶意味，布拉金斯基肯定和引用其象喻式的论述，也正是对诗歌之"光"的探寻和意义传达。我们

---

① Warder A. K., *Indian Kavya Literature*, Vol. I. Delhi, 1970, p. 18.
② 伯哈马哈（Bhamaha）是 7 世纪下半叶的印度文学理论家，现存梵文诗学理论著作中的第一部《卡维亚兰卡拉》（诗歌修饰）的作者。关于伯哈马哈的生平信息现在所知很少。
③ 玛玛塔·巴塔（Mammata Bhatta，约公元 11 世纪）是一位克什米尔梵语修辞学家，以他的诗学著作《诗论之光》而著称。
④ Ed. by S. N. Ghoshal Sastri, *Kavya-prakasa of Mammata-bhatta*, Vol. I. Varanasi, 1973, pp. 10-12.

再来看布拉金斯基所引用的维斯瓦纳塔①的论文《萨西其亚达尔帕纳（Сахитьядарпана）》② 中的相关内容：

  通过诗歌，如果人们不寻求获得诗歌所产生的美德的短暂成果（如上所述），或者可以通过了解导致诗歌产生的陈述（例如，包含在其中的那些陈述）来实现解放（мокша），如《薄伽梵歌》③ 这样的神圣诗歌。的确，诗歌应该受到别人的赞扬，因为在吠陀经和经书的帮助下获得这四元素是因为它们的新鲜度和干燥度是痛苦的，即使一个人具有成熟的理解，也只有在诗歌的帮助下，因为它会带来许多更高的乐趣，成就。即使是那些头脑很虚弱的人，也能享受到这四个目标。④

  同玛玛塔的行文风格不同，维什瓦纳塔的语言显得更为理性，他认为诗歌超越了经书的枯燥意味，但同时又包含哲学和宗教的内蕴，在充满乐趣的情境中，以独特的陈述解放读者的思想和精神，最终帮助他们实现人生目标。

  比较而言，布拉金斯基发现，中国诗学主要从诗人的创作活动方面来研究创作过程，如物感说、气性说等，更有兴趣讨论作家与作品的关系，比印度诗歌对读者感知的关注要少很多，但在雅文学的影响上，有着与印度诗学相似的观念。根据刘若愚在《中国文学理论》中的划分，中国儒家的诗歌理论属于实用理论，即认为"不学诗无以言"的他们试图将读者转变为道德和社会境界中的人。这一观念的基础尤其来自孔子有关文学的著名语录：

  小子何莫学夫诗？诗可以兴，可以观，可以群，可以怨。迩之事父，

---

① 维什瓦纳塔（Вишванатхи，1626—1708），杰出的克里希纳学者和神学家，著有40篇有关克里希纳神学的著作。（克里希纳即黑天，通常比毗湿奴的其他化身都要重要得多，15世纪晚期在东印度，高迪亚毗湿奴教教导说，克里希纳是最高的神，他是一切的源泉，甚至包括毗湿奴。而且，这种对于克里希纳完全的充满爱慕的虔诚是通向神之路。克里希纳的最常见形象就是作为吹笛牧童出现。——笔者注）

② Сахитьядарпана（梵语意为"构图镜"）是维斯瓦纳塔最著名的作品，是印度美学中最全面的作品之一。

③ 薄伽梵歌（Бхагавадгите），19世纪手稿，是《摩诃波罗多》第六本书的一部分，印度哲学的基本著作之一。

④ *Kavya-prakasa of Mammata-bhatta*, Vol. I., pp. 1-2.

远之事君，多识于鸟兽草木之名。①

学诗的意义可谓丰富多重，知识层面、精神交流层面，最终要达到道德伦理层面，中国古代诗教传统及其终目标可见一斑。回到中国古代诗论中，具体到诗歌文本对人的教育，《毛诗序》给了我们更详细鲜明的解释：

> 《关雎》，后妃之德也，风之始也，所以风天下而正夫妇也。故用之乡人焉，用之邦国焉。风，风也，教也，风以动之，教以化之。……故正得失，动天地，感鬼神，莫近于诗。先王以是经夫妇，成孝敬，厚人伦，美教化，移风俗。②

诗的作用和功能在这里进一步被凸显，不但是作为个体的读者，而且是读者群体将从中受到普遍性的濡染和提升，进而影响到良好社会秩序的建立。《关雎》作为诗经之开篇，教育人们要"发乎情，止乎礼义"，这是儒家"美教化，移风俗"的教化诉求。《关雎》以"关关雎鸠，在河之洲"起兴，朱熹集注云："关关，雌雄相应之和声也。雎鸠……生有定耦而不相乱，耦常并游而不相狎，故《毛传》以为挚而有别。"③ 关雎挚而有别、贞正不乱的品性，符合儒家所提倡的后妃品德准则。《毛诗序》评论《关雎》："乐得淑女以配君子，忧在进贤，不淫其色。"④ 反映了儒家"正夫妇、厚人伦"的教化诉求。另外"乐而不淫，哀而不伤"是古代乐教原则，正可培养中正平和的性情。布拉金斯基对印度诗学和中国诗论中的文学对读者的化育作用这一发现，把握了文学的功能特征。

中国诗论中的实用观念有其理论基础，汉儒王充说："化民须礼义，礼义须文章。"⑤ 魏晋时期曹丕提出文章乃经国大业的主张，刘勰更是提出过一份相当完整的高雅文学社会功能的清单：

---

① 陈晓芬、徐儒宗译注《论语·大学·中庸》第 211 页，中华书局，2011 年。
② （汉）毛亨传、郑玄笺，（唐）陆德明音义，孔祥军点校《毛诗传笺》第 1 页，中华书局，2018 年。
③ （宋）朱熹集传《诗经》第 5 页，上海古籍出版社，2013 年。
④ （汉）毛亨传、郑玄笺，（唐）陆德明音义，孔祥军点校《毛诗传笺》第 2 页。
⑤ 黄晖撰《论衡校释》第 507 页，中华书局，2018 年。

> 唯文章之用，实经典枝条；五礼资之以成，六典因之致用，君臣所以炳焕，军国所以昭明。①

艾布拉姆斯曾提出过文学的四要素说，作品、世界、作家和读者，文学史上不同的理论派别对这些要素间关系的处理并不相同，例如俄国的形式主义诗学，就突出作品本身的自律，割断其与其他三要素的联系。而事实上，四要素的组合才使文学成其为完整的活动。以上关于布拉金斯基对印度诗学和中国诗论的比较，倾向于作品和读者的关系，但无论是从甲到乙还是从乙向甲的向度都不重要，重要的是诗歌在艺术品格中所蕴含的实用价值，正如艾布拉姆斯评价所言：

> 柏拉图的宇宙的结构以及他的辩证法的方式，都不允许我们把诗当作诗——当作具有它本身的标准和存在理由的一种特殊产物。在柏氏《对话录》中，只有一个可能的方向以及一个论题，那就是：改善社会状况和个人的品格；因此，艺术的问题永远无法与真理、正义和道德的问题分开。②

## 二、审美之"味"

诗歌给予人的除了道德教化层面的启示，更有审美愉悦的精神享受。布拉金斯基根据 A. 库马拉斯瓦米的说法，"艺术品在短期内取决于其直接使用的用途，最终是为了获得审美体验"③。并且，这种无功利的美学效果与实用的"道德""有益"是密不可分的，布拉金斯基指出：

> 由于美的吸引力或审美愉悦而带来的好处——精神的（其"智慧幸福"的最高体现是印度、中国和苏菲派④传统的直觉）或发自内心的

---

① （梁）刘勰著，范文澜注《文心雕龙注》第726页，人民文学出版社，1962年。
② ［美］刘若愚著，杜国清译《中国文学理论》第162页，江苏教育出版社，2006年。
③ Coomaraswamy, Ananda Kentish, *The transformation of nature in art*, New York, 1956, p. 46.
④ 苏菲派（al-Sufiyyah）是伊斯兰教神秘主义派别的总称，它赋予伊斯兰教神秘奥义，主张苦行禁欲，虔诚礼拜，与世隔绝。

（遵循了苏菲阿拉伯—穆斯林传统中较低知识水平的心理上的协调）的统一。在特定体裁中，取决于其立即作用，仅强调实用或美学效果，它们在该合成中的比重发生变化，因此该体裁针对特定类型影响的主要方向，其合成本身始终被保留。①

我们只是从学术研究的角度突出其中一个要素，因为在印度梵文诗学中，德赫瓦尼②——"味"③ 是个很重要的概念，尽管它是最初指戏剧文学中的味，包括艳情、滑稽、悲悯、暴戾、英勇、恐惧、奇异和厌恶味，味已经成为抒情作品感染力的指代，体裁上可以超越对戏剧的观看，也是诗歌阅读中对审美快感的体验。重温玛玛塔的表述可以更加深刻地理解这一点，"它在不寻常的动作过程中……带领人们踏上品尝味的道路……诗的主要目的是享受品尝审美体验（味——作者原注）时自发产生的直接幸福，并完全消除了对世俗经验的其他看法。"④ 至于读者感受和体验到的是怎样的味⑤，布拉金斯基认为，稳定的感觉本身并不是审美观的目标，而是与情况的所有组成部分和谐统一。这种"去除形式"的统一是可口的味，可与复杂菜肴的整体味道相媲美，而不同于其每种成分的味道。这是一种高度综合的审美感知。他借

---

① *Проблемы типологии средневековых литератур Востока: Очерки культурологического изучения л итературы.* с. 146.

② 德赫瓦尼（来自梵文 дхвани）意为"回声""提示"。是印度中世纪文艺理论家阿南达瓦达纳（9世纪）在其专著《回声之光》中提出的诗歌学说。在印度，美学思想主要有两种传统：一是戏剧学中的味学说（"品味"），即观众应该感受到的作品的单一情感基调；二是标准诗学框架中的"装饰"学说，即关于艺术表现力的技巧。

③ 味，英文 rasa，俄文 paca，西方学者编纂的梵英辞典将"味（rasa）"解释为"植物的汁液、体液、事物的精华"等（M. Monier Wilianms，*A Sanskrit English Dictionary*，Delhi: Motilal Banarsidass Publishers, 2002, p. 869)。古印度文艺理论家婆罗多（约100—200年）在他的《舞论》第六章提出："情由、情态和不定情的结合产生味"，这便是"味"的定义。参阅尹锡南著《印度诗学导论》第35页，上海古籍出版社，2017年。

④ *Kavya-prakasa of Mammata-bhatta*, Vol. I, pp. 10-12.

⑤ 印度诗学在味的种类上存在不同的观点，味有一种、八种、九种、十种、十二种或无数种，如艳情味、滑稽味、悲悯味、英勇味等。参考 KantiChandra Pandey，*Comparative Aesthetics*，Vol. 1, Varanasi: The Chowkhamba Sanskrit Series Offie, 1959, p. 189.

用阿伯辛纳瓦古波塔①对观众看戏体验的描述阐发了这种感知："其内在本质是无限的纯粹的快乐；我将与所有听众分享这种经验。……心像镜子一样变得清澈，因为世间的一切都被完全遗忘，［一个人］一听到歌声和音乐，便沉浸在快乐中。"② 这种体验本身是无功利的，超越文学体裁的，同样适用诗歌文学的影响。在这个审美鉴赏活动中，读者成了鉴赏家，与阅读对象建立了审美关系。布拉金斯基对此归纳道：

> 鉴赏家的意识抛弃了时间，地点和人格的要素，并允许他自由地影响其他一切。这些其他的审美目标，使自己从三种命名要素中解放出来，在观看者的感知中实现了普世性（Sadharanibhava），变成了具有普遍性的情绪状态（由"刺激物""症状""情绪"表示）的有序配置。③

鉴赏的最高境界是超越鉴赏的对象，进入鉴赏本身的美妙状态，即味不受阻碍，"不打断……思想，欲望，或动作"④，仅以愉悦的品味，成为最大程度的普遍化的对象，该对象不再与任何其他对象相对，而仅与鉴赏家的主题/自我相对。这应该是一个鉴赏者自我沉思、自我沉浸、自我领悟和审美的过程，或者说为艺术而艺术的境界。布拉金斯基为我们揭示了味在诗歌审美中的本质：

> 在最后阶段，就一切而言：鉴赏家更加沉浸在他的"我"中，一种沉稳的感觉隐藏在沉思的领域中，再次"淹没"在潜意识中，鉴赏家的"我"达到了纯粹自我意识的幸福。与低质量的婆罗门的幸福结合，后者本身就是这个"我"。如果在前一个阶段味是饮食的最终对象，那么在最后，"味"一词就代表品尝本身。⑤

---

① 阿伯辛纳瓦古波塔（Абхинавагупта，约950—1020年），印度哲学家，神秘主义者和美学家，出生于克什米尔学者和神秘主义者家庭，对印度文化产生了深远的影响。
② Гринцер П. А., *Основные категории классической индийской поэтики*, М., 1987. с. 165.
③ Алиханова Ю. М., *Индия.—История эстетической мысли*. Т. II*Средневековый Восток. Европа*. XV-XVIII веков. М., 1985. с. 23-24.
④ *Индия.—История эстетической мысли*.
⑤ Pandey K. C, *Comparative Aesthetics*, Vol. I. Indian Aesthetics, Varanasi, 1959, p. 143.

味就是品尝本身，读者所有的情感反应都没有"衡量与切身利益的任何关系"，而是自我意识的最通畅状态。那么，中国诗论中对味又是怎样论述的呢？布拉金斯基引用司空图对诗味的理解：

> 愚以为辨味而后可以言诗也。江岭之南，凡足资于适口者，若醯非不酸也，止于酸而已。若鹾非不咸也，止于咸而已。华之人所以充饥而遽辍者，知其咸酸之外，醇美者有所乏耳。①

许慎《说文解字》曰："味，滋味也，从口，未声。"段玉裁注："滋，言多也②。"③"味"，表示食物给人口舌多种感觉的综合感受。《国语·郑语》对"和五味以调口"④的强调，《礼记·乐记》"大羹不和，有遗味者矣"⑤的倡导，是哲学伦理层面的讨论。"味"运用于文学上，则指作品充实的思想内容，与丰富的艺术形式一起给读者以精神上的感染力。读者通过阅读诗文，在咀嚼和接受中受到不同的情感刺激，与作家感物的情感有所不同，是一种纯粹的审美享受，无形而逼真，所以适合用酸甜苦辣之类的"味道"比拟。汉语语汇中的品味、寻味、意味等也都是指读者对诗文的审美接受。

诗味说在中国文论中有坚实的基础，如《文心雕龙·史传》就曾指出史传文"儒雅彬彬，信有遗味"⑥。钟嵘《诗品》对汉魏至南朝齐、梁时代五言诗的评价——"众作之有滋味者也"，五言诗具有滋味是因其运用了"穷情写物""指事造形"的形式技巧，同时也带给读者对诗歌的审美感知和体验。他还从反面讨论"永嘉时，贵黄、老，稍尚虚谈。于时篇什，理过其辞，淡乎

---

① Проблемы типологии средневековых литератур Востока: Очерки культурологического изучения л итературы. с. 157.
② （梁）钟嵘著，曹旭集注《诗品集注》第 36 页，上海古籍出版社，1994 年。
③ （清）段玉裁撰《说文解字注》第 56 页，中华书局，2013 年。
④ 陈桐生译注《国语》第 573 页，中华书局，2013 年。
⑤ 胡平生、张萌译注《礼记》第 717 页，中华书局，2017 年。
⑥ （梁）刘勰著，范文澜注《文心雕龙注》第 284 页，人民文学出版社，1958 年。

寡味"① 的情形，印度诗学家楼陀罗跋吒②也曾论述过诗文寡味、无味的结果："没有味的作品缺乏光彩，恰如黑夜没有月亮，犹如女子缺少爱人，也如吉祥女神不施恩惠。"③ 到司空图那里，诗味说得到了进一步发展，他的《与李生论诗书》主张"辨于味，而后可以言诗也"④，因此有了上述引文中醯醝酸咸之味具象形态的比喻。但这并非司空图诗味说的终点，他追求的是诗的"韵外之致""味外之旨"，与其所论"象外之象""景外之景"共同构成超越语言层的言近意远、语穷韵深的理论结构。司空图的这一论说获得了后世苏轼等文学家的赞同，苏轼在《书黄子思诗集后》就以"发纤秾于简古，寄至味于澹泊"⑤ 称道韦应物、柳宗元的诗，这个至味与司空图的"咸酸之外"一脉相承。中国诗论中的诗味说，在印度诗学中也有相应之处，布拉金斯基称诗味为美学品质，他详细谈道：

> 就像在印度（特别是考虑到其后来的解释）一样，在中文文本中，作品的整体美学"品味"被比喻成各种美食品味的统一，在这里和那里，美学"品味"都高于其组成部分——不是它们的总和，而是它们产生了一种新的品质（如司空图所说，"味在酸咸之外"，有时甚至是"味外之味"）。审美品质比较精美的文学作品（通常是直觉知识的对象）与味觉有关，对它的感知（与味觉有关）显然是由于这样的事实，即味觉（如美学品质）是看不见的，听不见的，无形的。是他存在于主体中，但仅以某种隐藏的、"深沉的"和"秘密的"形式与气味相提并论，然而，嗅觉认为该气味足够"被动"，而对味觉的理解则需要努力——主动的"品尝"。⑥

---

① 《诗品集注》第 24 页。
② 楼陀罗跋吒，印度梵文诗学家，著有《艳情吉祥痣》，此书与楼陀罗吒的著作《诗庄严论》标志梵语诗学主流开始向味论诗学转折。参阅黄宝生《印度古典诗学》第 300-304 页，北京大学出版社，1999 年。
③ R. Pischel ed., *Rudrata's Srngaratilaka and Ruyyuaka's Sahrdayalila*, Varanasi: Prachya Prakashan, 1968, p. 2.
④ 郭绍虞主编，王文生副主编《中国历代文论选》第 196 页，上海古籍出版社，2001 年。
⑤ （宋）苏轼著，孔凡礼点校《苏诗文集》第 2124 页，中华书局，1988 年。
⑥ Проблемы типологии средневековых литератур Востока: Очерки культурологического изучения литературы. с. 157.

他阐释了审美体验和味觉之间奇妙的异质同构性质,强调了味是对诸种审美感觉的综合提炼,更揭示了味之于读者的"主动品尝"内涵。接着,布拉金斯基进一步比较阿拉伯穆斯林对印度和中国人对"品味"类别的理解,指出在阿拉伯穆斯林传统中,"味的范畴与客体无关,而与创造和理解的过程有关,这看起来像是'品尝'(在这个意义上的味)。此外,在所有三个传统中,口味是直觉的一种,对高雅文学有一种洞察力,在文学理论中起着重要作用"。①

## 三、道与审美冥想

布拉金斯基在本文中还提到两个重要概念:绝对和冥想。他说:

> 对感知的精神世界(精神结构)的较高或较低水平的文学影响方向,取决于我们所知的"绝对"概念,优雅文学作品就是为它建立的。尽管"绝对"是宇宙的精神中心,并且绝对——诗意的传统也以类似的方式被理解(通过各种形式——冥想、回忆来理解它),后者与理性的人的智力水平相关,而前者具有超然的思想,超人的思想。②

绝对,是超越人的宇宙的精神中心,无所不包的宇宙法则,或西方哲学中的逻格斯,是"我会听到并看到我日常体验之外的东西(локоттара)③"④,类似于中国文论中的"道"。道是中国古代哲学的重要命题,被认为是世界的本源。道后来被作为文学的本体,刘勰把"文"这一包括艺术形式在内的天地之间一切具有形式感的存在,"天文""地文""人文",都提升到"道"之"晦/现"的高度来审视,并以此作为《文心雕龙》"雕琢情性,组织辞令"之艺术成规论的坚实理论基础:

---

① *Проблемы типологии средневековых литератур Востока: Очерки культурологического изучения л итературы.* с. 168.

② *Проблемы типологии средневековых литератур Востока: Очерки культурологического изучения л итературы.* с. 146-147.

③ 佛教传统所谓传讲的另一个世界。

④ Гринцер П. А. *Основные категории классической индийской поэтики*. М., 1987. с. 165.

文之为德也大矣，与天地并生者，何哉？夫玄黄色杂；方圆体分；日月叠璧，以垂丽天之象；山川焕绮，以铺理地之形，此盖道之文也。仰观吐曜，俯察含章。高卑定位，故两仪既生矣。惟人参之，性灵所钟，是谓三才。惟五行之秀，实天地之心。心生而言立，言立而文明，自然之道也。①

五代僧虚中在《流类手鉴》中云："夫诗道幽远，理入玄微。凡俗罔知，以为浅近。善诗之人，心含造化，言含万象。且天地、日月、草木、烟云皆随我用，合我晦明。"② 宋代梅尧臣在《续金针诗格》中所谓"诗道虽小，然用意之深，可与天地参功，鬼神争奥"③ 都在证实诗论与宇宙哲学间的联系性。

读诗的过程，应该就是体道的过程，在印度诗学中被称为冥想，实际就是达到品尝本身的味的最高境界，即领悟"梵"为旨趣的宗教神秘体验。布拉金斯基这样阐释：鉴赏家再现的过程不过是诗人的创造过程，而是一种瑜伽冥想行为。因此，当冥想毗湿奴④的形象（作为辅助工具，媒介——它的类似物只是舞台表演或诗歌）时，该形象首先被"吸收"到了自身中，或更确切地说，是通过可视化的力量在脑海中构筑的。⑤ 在进一步关注潜意识深处的可视化图像之后，人们提出了一系列与之对应的心理"实验"，之前积累的，一个一个地出现在心灵的眼前。冥想毗湿奴类似于对佛菩萨的观想，不同的是前者发生在诗歌审美接受的过程中。布拉金斯基接着说，毗湿奴形象的一种"出现"来自冥想者"我"的内心深处，是一种"美学冥想"。继续冥想

---

① 《文心雕龙注》第 1 页。
② 张伯伟《全唐五代诗格汇考》第 418 页，凤凰出版社，2002 年。皎然也云："古人后于语，先于意，因意成语，语不使意。"
③ 《全唐五代诗格汇考》第 519 页。
④ 毗湿奴（Visnu），较确切的音译应为威西努，其他称号有诃利（Hari）、幻ീ天王、那罗延，佛教称为那罗延天或遍入天，印度教三相神之一，梵天主管"创造"、湿婆主掌"毁灭"，而毗湿奴即是"维护"之神。其性格温和，对信仰虔诚的信徒施予恩惠，并且常化身成各种形象拯救危难的世界。
⑤ Проблемы типологии средневековых литератур Востока: Очерки культурологического изучения литературы. с. 152.

最终对象（毗湿奴，味）导致他脱离了意识领域，因为"解散"①和"我"的封闭在对自己的无目的沉思中得以实现，可能就是前文所提四目标中"对业力的消除"的过程。因此，"审美行为不仅是审美对象的视觉（或听觉）感知，而且是鉴赏家对自我复制品的觉醒以及对觉醒图像的冥想理解"②。虽然冥想没有修行中瑜伽士的艰苦和漫长，但"鉴赏家的极乐只达到了最高的瑜伽般的极乐"。印度学者认为，味的品尝或曰味体验（rasanubhuti）的近似含义有 visranti（恬适）、nisptti（成熟，完美）、asvada（品味）、carvana（品味，享受）、bhoga（快乐，欢喜），等等③。这些同义词说明，味的本质是喜悦而非痛苦。印度中世纪诗学中有"虔诚味""超凡味"，"神爱学说是苏非神秘主义极为重要的一个理论，它认为人只有把自己完全淹没于对真主的神秘之爱中，物我皆忘，灵魂才能得以跨越肉体的屏障，达到爱者（指人）-爱-被爱者（指真主）三者和谐完美的统一"④。借用这句话来表达冥想快乐的超凡脱俗和虔诚修行。"由此，我们试图为成功的或优秀的诗歌定下的基本规则就是，诗的本性是宗教的，它由始至终都是激发情感的。"⑤ 在印度诗学中，作诗人、诗论家可能通过诗歌文本和诗学著作表达虔诚的信仰。那么读诗人的终极目的，也就是超越诗歌形象和语言，直抵宇宙的核心，直抵宗教神秘的境界，这应该是对读者最高层次的影响和作用。

中国文论中，受老子"涤除玄鉴"、庄子"心斋虚静"、荀子"虚一而静"思想的影响，陆机《文赋》以"伫中区以玄览""馨澄心以凝思"⑥，刘勰以"思接千载，视通万里"⑦，唐代王昌龄以"心偶照境，率然而生"⑧，来形容神思而有所得的精神经历，布拉金斯基认为这就是"关于古代诗歌以及

---

① 参阅"在'冥想之火'中形象的自我毁灭。"——作者原注。参阅 Семенцов В. С., *Бхагавадгита в традиции и в современнойнаучнойкритике*. М., 1985. c. 102.
② *Comparative Aesthetics*, Vol. I. Indian Aesthetics, pp. 153-154、164.
③ B. M. Chaturvedi, *Some Unexplored Aspects of the Rasa Theory*, Delhi: Vidyanidhi Prakashan, 1996, pp. 36-50.
④ 穆宏燕《波斯古典诗学研究》第113页，昆仑出版社，2011年。
⑤ [英]拉曼·塞尔登编，刘象愚等译《文学批评理论：从柏拉图到现在》第173页，北京大学出版社，2003年。
⑥（晋）陆机撰，张少康集释《文赋集释》第14页，上海古籍出版社，1984年。
⑦《文心雕龙注》第493页。
⑧《全唐五代诗格汇考》第173页。

在精神锻炼中的冥想概念"①。上述讨论看起来都是针对作诗人的体悟,但由于中国古代作诗人、读诗人和批评家兼为一体的特殊身份,"诗人本人是读者,他通过诗歌对冥想文学进行了冥想——道之道不禁让人回想起味的滋味,导致与婆罗门统一梵文理论。"② 而宋代诗论家严羽的"妙悟"说,更是进一步揭示了这种类似宗教的经验。最经典的语段如下:

> 大抵禅道惟在妙悟,诗道亦在妙悟。且孟襄阳学力下韩退之远甚,而其诗独出退之之上者,一味妙悟而已。惟悟乃为当行,乃为本色。
> 夫诗有别材,非关书也;诗有别趣,非关理也。然非多读书、多穷理,则不能极其至,所谓不涉理路、不落言筌者,上也。诗者,吟咏情性也。盛唐诸人惟在兴趣,羚羊挂角无迹可求。故其妙处透彻玲珑不可凑泊,如空中之音、相中之色、水中之月、镜中之象,言有尽而意无穷。近代诸公乃作奇特解会,遂以文字为诗,以才学为诗,以议论为诗,夫岂不工,终非古人之诗也。盖于一唱三叹之音有所歉焉。且其作多务,使事不问兴致,用字必有来历,押韵必有出处,读之反复终篇,不知着到何在;其末流甚者,叫噪怒张,殊失忠厚之风,殆以骂詈为诗,诗而至此可谓一厄也。③

他认为通向诗道的途径就是妙悟。他以禅论诗,认为诗是超乎文字直指宇宙精神的。对诗之宇宙精神的直觉和洞悟,既是作诗人的创作经验,也是读诗人、评诗人的审美经验。这种经验与印度诗学中的冥想有很大的相似性,如布拉金斯基所表述的:"(在宋朝时代),显然并非没有禅宗佛教的影响。"④ 至此,印度诗学和中国古代诗论在审美作用的宗教层面实现了高度契合。

---

① Проблемы типологии средневековых литератур Востока: Очерки культурологического изучения л итературы. с. 155.
② Проблемы типологии средневековых литератур Востока: Очерки культурологического изучения л итературы. с. 156.
③ (宋)严羽著,郭绍虞校释《沧浪诗话校释》第12页,人民文学出版社,1983年。
④ Проблемы типологии средневековых литератур Востока: Очерки культурологического изучени я литературы. с. 155.

布拉金斯基对印度诗学和中国古代诗论关于文学作用论的论述，为我们的学习和研究中印诗学提供了新的有益的视角和方法。并启发我们在诗学研究中应持有哲学、宗教和文化的语境和立场，例如，中国诗论如何最终实现了"形下"层面的形式格法和形上理论的同构，印度诗学何以一度因过于追求宗教情怀和体验而抛弃文学的诗性特征等问题，都会一一迎刃而解。

杨星丽　天津师范大学教育学部讲师
李逸津　天津师范大学文学院教授

# 彼得堡汉学学派及其汉学研究综述

[俄] 弗·斯·米亚斯尼科夫 著  张海鹰 张立岩 译

**摘　要**：本文研究了俄罗斯彼得堡汉学学派的形成和活动，列举了该学派各个发展时期的研究成果，充分肯定了其对创建世界汉学的贡献。

**关键词**：东方学　汉学文化学　东方与俄罗斯欧洲汉学

尊敬的同事们，女士们，先生们！鄙人谨代表俄罗斯科学院历史和语文分所，非常荣幸也非常高兴地欢迎欧洲汉学家协会国际大会在这里，在涅瓦河畔，在世界上最美丽的城市之一——圣彼得堡举行！

"没有民族学派，就像（数学）没有乘法表一样，这是民族的问题，已不再是学术的问题。"这是 1900 年当选为俄罗斯帝国科学院高雅文学名誉院士的安东·帕夫洛维奇·契科夫（Антон Павлович Чехов，1860—1904）在其日记中表述的。我完全同意安东·帕夫洛维奇的观点，认为需要并且有必要谈谈我们的民族学术流派及其在世界学界中的地位。民族学派中形成了一些分支学派，都有其创始人和带头人的名字。

在世界汉学发展中，发挥巨大作用的有：美国的费正清（John Fairbank，1907—1991）学派、英国的李约瑟（Joseph Needham，1900—1995）学派，我国的阿理克（В. М. Алексеев，1881—1951）院士学派。当然，还有我们中国同行和老师们的学术流派，例如，研究中国清朝历史时期的戴仁教授的学派。

因此，东方学和作为其中一个领域的汉学都是世界性的学科。19 世纪末，

---

\* 此文系 2016 年 8 月 24 日圣彼得堡国立大学欧洲汉学家协会国际大会报告，发表于俄罗斯期刊《近现代历史》2017 年第 2 期，第 116—124 页，经原文作者修订，对文中非学术部分进行了删减

开始举行世界东方学者大会时，这些学科就已经被宣布为具有世界级属性的知识领域。东方学者的人文活动需要（全世界学者）共同努力、相互了解和交流研究成果。他们于1872年在巴黎举行了第一次会议，1874年在伦敦举行了第二次会议，1876年在彼得堡举行了第三次会议。选择圣彼得堡举办这届大会是一个非常好的选择。

自俄罗斯科学院成立以来，俄罗斯东方学一直在探索"东方与俄罗斯"问题的方方面面。这个问题很复杂，需要对诸如历史学、语文学、哲学、心理学、经济学、国际关系、文化学、人口学、人类学和遗传学等学科的研究结果进行深入分析。俄罗斯国家有关中国的最早信息来源是前往北京与中国建立外交关系和贸易关系的使团和商队的报告。其中，彼特林（ИванПетлин）的《中国一览》（1618—1619）、巴伊科夫（Ф. И. Байков）和斯帕法里（Н. Г. Спафарий）的《论文目录》（1654—1657；1675—1677）、伊斯布兰特·伊杰斯（ИзбрантИдес）和亚当·勃兰特（АдамБранд）的日志（1692—1695）最具学术价值。[1] 这些文件成为外交史的丰碑，包含了有关中国及其周边国家、清帝国政治局势的各种信息。最重要的发现是开辟了从欧洲经西伯利亚、蒙古和中国东北前往中国的道路，丰富了世界地理科学。[2] 俄国对中国以及通往中国的路线的这些最早描述在欧洲引发了广泛兴趣，还在17世纪，这些描述在大多数欧洲国家的首都就以英语、德语、法语、荷兰语和拉丁语多次出版和再版。[3]

彼得堡汉学学派的诞生是欧洲汉学的一部分，最初的出版物是以拉丁语或德语成文的。第一位汉学家院士当数西奥菲尔·齐格弗里德·拜耶尔（德：Gottlieb Siegfried Bayer，1694—1738）——一位1725年从德国邀请来俄的汉学家、语言学家，欧洲第一部汉语语法的作者。在彼得堡，拜耶尔进行了大量

---

[1] Н. Ф. Демидова, В. С. Мясников, Первые русские дипломаты в Китае, 1966. Идес И, Бранд А, Записки о русском посольстве в Китай, 1692—1695. Вступительная статья, переводи комментарии М. И. Казанина, 1967. Русско-китайские отношения в XVII в, Материалы и документы, 1608—1683, т. I, 1969.

[2] В. В. Бартольд, История изучения Востока в Европе и России., Л, 1925. Д. М. Лебедев, В. А. Есаков, Русские географические открытия и исследования с древних времен до 1917 года, 1971.

[3] Об иностранных изданиях этих отчетов см. соответствующие разделы работ, упомянутых в сносках①-②.

中国文献方面的编纂工作。"尽管科学院宪章规定所有院士,既然生活在俄国人中间,就必须学习俄语并为自己培养后继者,但他并没有做过此类尝试"。① 1732 年中国外交使团第一次访问彼得堡期间,拜耶尔会见了应邀前往科学院的大清使节。他与北京的特使们进行了交谈,但他们所讲的语言是汉语、满语还是拉丁语尚不清楚。在给每位中国使节的礼物中还有一本拜耶尔的书《中文博览》(*Museum Sinicum*)。②

俄罗斯汉学学派的形成受到俄国驻北京传教团的极大影响,其活动由 1727 年的《恰克图条约》第五条以条约形式规定下来。除神职人员外,俄国还可以向北京派遣懂俄语和拉丁语的"四名年幼的和两名稍年长的男学员来'学习语言'"。③ 在前后约 120 年间,直至 1860 年,俄国驻北京传教团既是俄罗斯的外交使团,同时又是对中国及其周边国家的汉语、满语等语言进行实际研究的教学培训中心。在这段时间里,传教团曾有过 60 多名大学生、医生、艺术家和约 100 名神职人员。④

尽管期间历经艰难,但第一批俄国汉学家还是从 18 世纪的北京传教团中脱颖而出。其中最著名的当数罗索欣(И. К. Россохин,1717—1761)和列昂季耶夫(А. Л. Леонтьев,1716—1786)。罗索欣 1740 年奉诏从北京返回,被派往科学院任用,并于 1741 年 3 月 22 日被指派"翻译和教授汉语和满语"。与罗索欣这个名字有关的还有科学院图书馆中国藏书馆的建立,该藏书馆从他的个人图书室中获得了超过一百本赠书。⑤ 1757 年,列昂季耶夫投奔罗索

---

① П. Е. Скачков, История изучения Китая в России в XVII и XVIII вв,(краткий очерк),:Международные связи России в XVII и XVIII вв, 1966. стр. 163.

② П. Е. Скачков, Очерки истории русского китаеведения, Москва, Издательство Наука, 1977. стр. 36.

③ академика В. С Мясникова, Русско-китайские договорно-правовые акты, 1689—1916. Под общ, ред., 2004. стр. 44.

④ П. Е. Скачков, История изучения Китая в России в XVII и XVIII вв, стр. 163.

⑤ Л. Н. Меньшиков, Л. И. Чугуевский, Китаеведение, Ленинградское отделение Института востоковедения АН СССР-Азиатский музей, 1972. стр. 81-82.

欣加入了科学院，他将《四书》中的两本——《大学》和《中庸》①及一系列历史著作首次翻译成俄文。罗索欣和列昂季耶夫的主要成就是由他们共同翻译并于 1784 年由俄罗斯科学院出版的巨著——16 卷的《八旗通志》（"满族八旗的起源及发展史"）。

彼得堡汉学之所以处于领先地位，是因为当时俄罗斯首都（圣彼得堡）既有外事院，又有对中国进行研究的科学院，还有将传教士派往北京的圣务院。在彼得堡科学院治下创办了持续 10 年（1741—1751）之久的汉语和满语学校，由罗索欣领导。1762 年，列昂季耶夫被委派进行了汉语和满语组织教学的新尝试。18 世纪期间在俄罗斯出版的有关中国题材的 120 部图书及文章证明了俄罗斯社会对中国的极大兴趣。②

彼得堡汉学发展的新阶段始于 19 世纪初的几十年。在此后影响到东方研究积极性的事件中，应该提到 1803 年科学院通过的新"规定"③ 和俄罗斯大学的第一部章程（1804），其中将东方学纳入了研究学科。

俄罗斯传教团团长比丘林（Н. Я. Бичурин，1777—1853）在北京的整整 14 年间（1807—1821）一直致力于中国国情、语言、历史、地理、风土习俗的研究。在此期间，他撰写了之后在彼得堡出版的所有主要论著，或为之准备了充足的材料。比丘林认为其学术活动的主要目的是致力描绘他那个时代中国和远东及中亚各邻国最准确而完整的画面。比丘林谈及研究中国的方法时表示："我习惯在描述一件有价值的事情时力求直白且简明扼要。"④ 比丘林的第一部著作完全基于中国原始文献，因此成为俄罗斯汉学史上一个新阶段的开端。比丘林，正如他同时代的英国汉学家罗伯特·马礼逊（Robert Morrison，1782—1834）一样，成为世界汉学科学方法论的创始人之一。⑤

---

① 《Сышугеи》，то есть четыре книги с толкованиями, Книга первая философа Конфуциуса, Перевел с китайского и маньчжурского на русский язык надворный советник Алексей Леонтьев, СПб, 1780. "Джун-юн", то есть закон непреложный, Из преданий китайского философа Кун Дзы, Перевел с китайского и маньчжурского на российский язык Коллегии иностранных дел канцелярии советник Алексей Леонтьев, СПб, 1784.

② П. Е. Скачков, История изучения Китая в России в XVII и XVIII вв, стр. 173.

③ История Академии наук СССР, т. 2, М. -Л, 1964. стр. 663—686.

④ Московитянин№ 9, 1848. стр. 4.

⑤ Myasnikov V. S. Robert Morrison and Nikita Y. Bichurin: *Founders of Science-Based Sinology in the West-Challenging Narratives*: *Blind Spots of Sinology*, Wien-Zurich, 2015, pp. 9-18.

19 世纪中叶，通过传教团的努力，培养出一大批注定要为俄罗斯汉学增添荣耀并充分发展比丘林著作所奠定的优良基础的人：切斯诺伊（А. Честной, 1801—1866）、戈尔斯基（В. В. Горский, 1819—1847）、斯卡奇科夫（К. А. Скачков, 1821—1883）、布列特施耐德（Э. В. Бретшнейдер, 1833—1901）、巴拉第（П. Кафаров, 1817—1878）、杂哈劳（И. И. Захаров, 1814—1885）、王西里（В. П. Васильев, 1818—1900）。也许世界上其他任何一个国家的汉学学派都未曾有过如此杰出的、同时工作在汉学各个领域的学者团队。①

然而，尽管已经取得了一些进展，但至 19 世纪中叶，俄罗斯传教团已经不再可能继续完善东方学人才的培养工作。一届届政府都提出要改革大学东方学学科的教学计划，最终，于 1854 年 10 月发布了一项法令，即建立圣彼得堡大学东方系，由研究中国及其历史、社会思想、语言、习俗的杰出专家王西里领导。②

俄罗斯东方学发展的一个标志性事件是 1818 年在彼得堡创立了亚洲博物馆，现馆内藏有大量无价的东方学相关手稿及古文献手稿。③

俄罗斯科学院院士王西里是一位杰出的汉学家，更是许多全新学派（不仅汉学领域，还有俄罗斯东方学领域）的奠基人。一方面，他的著作弥补了我们中国学的研究空白；另一方面，为俄罗斯的佛学、中国文学史、中国历史史料学奠定了坚实基础。王西里的科学遗产颇丰，他对汉、满、蒙古、藏、梵文极其广博的知识不仅决定了其研究范围的广度，更决定了他大量著作具有原创的史料基础。

王西里的创作特点是对文献具有批判性的态度，力求通过对资料的重新思考来确定其真实性。王西里在其《自传》中提到，当他还在喀山大学学习时，科瓦列夫斯基（О. М. Ковалевский）教授曾说过一段话，"在寻求真理的路途中不应屈服于权威，不应失去激情而只是单纯勤恳地工作，对已经过

---

① Об исследованиях русских китаеведов в смежных областях востоковедения см. работы М. П. Волковой，《Маньчжуроведение》; М. И. Воробьевой-Десятовской и Л. С. Савицкого《Тибетоведение》в книге《Азиатский музей -Ленинградское отделение Института востоковедения АН СССР》.

② А. М. Куликова, Становление университетского востоковедения вП етербурге, 1982.

③ Об этом см.: Азиатский музей -Ленинградское отделение Института востоковедения АН СССР.

去或正在被阐述的事实，只要没有完全摆脱质疑，就不应解除心中的疑问，这是指引我前行的路标"①。

王西里发表了一系列关于中国及其邻国历史的基础性研究成果，其中包括《5—8世纪中亚东部的历史和古迹》（1859）、《元明两朝关于满族人的资料》（1863）、《伊斯兰教在中国的传播》（1867）、《大清初期对蒙古的安抚》（1868）。②王西里于1873年出版的《东方的宗教：儒、释、道》一书是他当时在俄罗斯驻北京传教团做大学生时就开始的大量早期研究成果的综述。王西里另一部综述性著作是《中国文学史纲要》，于1880年问世。在这本著作的筹备中起到关键作用的是王西里在圣彼得堡大学东方系，也是在欧洲首次讲授的"汉满文学史"这门讲座课。③

70年代末王西里提议与中国签署一项条约，并将条约草案递交了政府。条约开篇为："两个伟大的邻国为全世界树立了一个持续230余年友好交往的前所未有的榜样。"第1条（总计16条）指出："一个国家的朋友也会成为另一个国家的朋友，一个国家的敌人也会成为另一个国家的敌人。"条约主体思想可以通过一句中国谚语来表达，"同仇敌忾"。④

王西里编撰了《汉俄词典》（《汉字笔画系统——首部汉俄词典试编》——译者注），可以通过汉字笔画系统检索单词。⑤我想着重提一下这部1867年在彼得堡出版的词典，它在圣彼得堡国立大学孔子学院和东方系的共同努力下于2010年重新再版，这有力证明了彼得堡汉学的时代传承。

1876年8月20日第3届国际东方学大会在彼得堡召开，王西里院士当选为大会第1分部主席，其在大会上的发言引起了广泛关注。⑥在1881年柏林

---

① С. А. Венгеров, Критико-биографический словарь русских писателей и ученых, т. IV, отд. II, СПб, 1895. стр. 150.

② В. Н. Никифоров, Советские историки о проблемах Китая: О значении исторических работ В. П. Васильева в русской историографии Китая, 1970. стр. 11–14.

③ Л. З. Эйдлин, Страны и народы Востока, вып. II: .К 90-летию выхода в свет первого очерка истории китайской литературы, 1970.

④ П. Е. Скачков, Очерки истории русского китаеведения, 1977. стр. 228.

⑤ По этой системе издавались и многие словари в нашей стране, в том числе и четырехтомный 《Большой китайско-русский словарь》 под ред. И. М. Ошанина.

⑥ Труды III съезда ориенталистов, т. I, СПб, 1879—1880. стр. 24–35.

举办的第 5 届国际东方学大会上，受邀参加俄罗斯代表团的王西里当选为远东分部的副主席。

在 19 世纪下半叶杰出的俄罗斯汉学家中，与王西里同时代的巴拉第和杂哈劳占据了特殊地位，他们不仅都为汉学某个流派注入了新观点，同时也站到了世界东方学学科所企及的中国知识全库的顶峰。正是他们的著作奠定了俄罗斯汉学研究的差异化，开创了中国社会经济史和思想史研究、综述性俄文著作编写等方向。

修士大司祭巴拉第三次参加了北京传教团，其中两次都是由他领导。他的学术兴趣范围异常广阔。至今每位汉学者都很熟悉巴拉第和波波夫（П. С. Попов，1892—1964）编撰的汉俄词典（《汉俄合璧韵编》——译者注），这是 19 世纪下半叶汉语语言学的著作典范。这部词典在孔子学院和东方系的努力下于 2010 年在圣彼得堡再版。同样非常重要的还有巴拉第在对中国史料深入研究以及通过 1847 年和 1859 年他在蒙古地区旅行期间的个人观察①基础上完成的蒙古史研究。② 巴拉第曾是第一个去过乌苏里边疆区并讲解其历史古迹的汉学家。③

杂哈劳主要以卓越的《满俄大辞典》和《满语语法》的作者而闻名，④ 但他还是俄罗斯及欧洲第一个对中国土地所有制进行研究的汉学家。⑤ 杂哈劳对中国历史人口学方面的研究著作同样令人瞩目。⑥ 他的大半生都献给了在中国的外交工作以及在彼得堡大学就职教授时所讲授的满语课程。

---

① архимандрита Палладия, Дорожные заметки на пути в Монголию в 1847 и 1859 гг, СПб, 1892.

② Академик Б. Я. Владимирцов назвал П. Кафарова 《тонким и умелым знатоком источников по истории монголов》-Б. Я. Владимирцов, Общественный строй монголов: Монгольский кочевой феодализм, 1934. стр. 9.

③ В. Е. Ларичев，Путешествие в страну восточных иноземцев，Новосибирск，1973.

④ Захаров И, Полный маньчжурско-русский словарь, СПб, 1875. изд. 2-е, Пекин, 1939. его же, Грамматика маньчжурского языка, СПб, 1875.

⑤ Захаров И, Труды членов Российской духовной миссии, т. II: Поземельная собственность в Китае, СПб, 1853.

⑥ Захаров И, Труды членов Российской духовной миссии, т. I: Историческое обозрение народонаселения Китая, СПб, 1852. стр. 247-360.

在 20 世纪最初的 10 年间，波波夫、伊万诺夫（А. И. Иванов，1878—1937）、柳比莫夫（А. Е. Любимов，1879—1955）和科特维奇（В. Л. Котвич，1872—1944）都曾在彼得堡大学东方系成功履职，阿理克（В. М. Алексеев，1881—1951）则刚开始其创作之路。在这一时期俄罗斯学术界对中国地理学、民族学和考古学以及清朝边疆地区研究都做出了巨大贡献。普热瓦利斯基（Н. М. Пржевальский，1839—1888）、波塔宁（Г. Н. Потанин，1835—1920）、亚德林采夫（Н. М. Ядринцев，1842—1894）、科兹洛夫（П. К. Козлов，1863—1935）、罗伯罗夫斯基（В. И. Робровский，1856—1910）和克列缅茨（Д. А. Клеменц，1848—1914）的考察为学术界开辟了广阔的中亚视野，呈现了中亚历史的宏伟及其现状的窘困。

值得一提的是，绝大多数老一辈东方学家都是忠于苏维埃政权的爱国志士。① 他们在探索新东方学的路径上，无疑，要先了解俄罗斯老汉学的所有不足。奥登堡（С. Ф. Ольденбург，1863—1934）院士在评价革命前俄罗斯东方学的研究状况时，曾于 1918 年写道：

> 每个在俄罗斯研究科学史的人都能体会到一种可怕的感觉：大胆的开创、深刻的思想、罕见的天赋、卓绝的智慧，甚至细致而执着的劳作，这样的例子你会发现很多，但悲哀的是这一切往往戛然而止：大量的"第 1 卷"和"第 1 册"再也没有后续；许多动意只是开了个头，一大堆半成品手稿未能出版，埋葬了大量未能实现的事业和梦想。②

俄罗斯科学发展的全部经验表明：必须积极着手组建新型的东方学流派。而实践证明，这方面组织改革的影响在东方学领域立竿见影。东方学方面的期刊开始活跃起来：《东方》（列宁格勒）和《新东方》（莫斯科）以及《新远东》（符拉迪沃斯托克）都相继问世。出现了第一批基于马克思主义方法论为指导的中国学研究，如《中国与苏维埃俄罗斯》。

1930 年苏联科学院东方学研究所在列宁格勒成立。刚刚庆祝了自己 25 周

---

① В. Н. Никифоров, Указ, соч, стр. 76—77.
② С. Ф. Ольдендург, Памяти Василия Павловича Васильева и о его трудах по буддизму: 1818—1918, Известия Российской академии наук, 1918. стр. 531.

年科研生涯并当选为苏联科学院正式院士的阿理克出任了中国研究室主任。① 这一时期的特点是出现了大量的专著研究成果，主要集中在中国近代史方面。② 当然，十月革命后古典东方学在苏联退居第二位，取而代之的是当代研究。东方学研究所——苏联的首席研究机构1950年从列宁格勒迁至莫斯科从组织形式上也巩固了这一点。

在战前时期，列宁格勒的东方学趋向于对中国、印度、土耳其、伊朗、日本进行综合研究，研究它们的悠久历史、文化、对外关系和文学。阿理克、康拉德（Н. И. Конрад, 1891—1970）、奥尔别利（И. А. Орбели, 1887—1961）、克拉奇科夫斯基（И. Ю. Крачковский, 1883—1951）、巴托尔德（В. В. Бартольд, 1869—1930）、科津（С. А. Козин, 1893—1942）、楚紫气（Ю. К. Щуцкий, 1897—1938）、聂历山（Н. А. Невский, 1892—1938）、彼得罗夫（А. А. Петров, 1907—1949）、弗卢克（К. К. Флуг, 1893—1942）、斯卡奇科夫（П. Е. Скачков, 1892—1964）等很多学者的著作成为苏联东方学最宝贵的一部分，进一步巩固了俄罗斯东方学学科在世界东方学研究领域中的地位。例如，聂历山在唐古特文学领域的基础研究就具有世界性意义，因此，他逝世后于1962年被追授列宁勋章。

第二次世界大战后，亚洲发生了翻天覆地的变化，殖民体系瓦解，印度、巴基斯坦、中华人民共和国、朝鲜和韩国等相继成立，无不极大程度地扩大了汉学家的活动范围，并为东方学研究提出了全新的任务。苏联东方学界动员了一切力量来解决这些问题。例如，在1917—1949年间共出版了约100本中国方面的各类书籍，但此后仅在1950—1957年这短短的8年间，出版数量就达到了447本，发行量更是达到2300万册，而在接下来的两年中，又增加了242本。③ 大量中国文学著作被译成俄文，随后以苏联28种民族语言出版，

---

① Некоторые даты жизни и деятельности В. М. Алексеева, отмеченные им самим, см.: Сборник статей к 90-летию со дня рождения академика Василия Михайловича Алексеева: Литература и культура Китая, 1972. стр. 156.

② См: соответствующие разделы П. Е. работы, Скачкова, Библиография Китая, 1960. первое издание которой было подготовлено также в начале 30-х годов и опубликовано в 1932 г.

③ Р. В. Вяткин, Синология, стр. 20. （рукопись）

其发行量更是超过了 2000 万册。①

此类出版中包括东方系毕业生齐赫文（С. Л. Тихвинский, 1918—  ）的《中国变法维新运动和康有为》（1959）、鄂山荫（И. М. Ошанин, 1900—1982）编撰的《汉俄词典》（1952, 1955），该词典是对阿理克在 20 世纪 30 年代所形成的研究领域的工作延续。此外，还有阿理克的学生和同事斯卡奇科夫的《中国图书目录》第 2 版（1960）。1950—1953 年间，比丘林编撰的《古代中亚各民族历史资料集》3 卷册成功再版。

莫斯科东方学研究所以及莫斯科大学和列宁格勒大学的东方系的招生人数都有所增加，在塔什干大学等院校都开设了东方学课程。

但在 1954 年，赫鲁晓夫关闭了最古老的教学中心之一——莫斯科东方学研究所。② 在此期间，东方学研究所列宁格勒分所、莫斯科分所和莫斯科中国研究室的科研工作都有所发展。在许多加盟共和国的科学院下面都成立了东方学研究室、研究组和研究部。但 1960 年，赫鲁晓夫又下令关闭了不久前刚成立的苏联科学院中国研究所。

我们的汉学近些年发展迅猛，这是因为俄中两国之间的关系因两国领导人而达到了俄中关系史前所未有的最好水平。俄罗斯公民对中国及其语言、历史、文化、经济成就和科学成就不断增长的兴趣在其中发挥着重要作用。开设汉学课程的高校数量在不断增加，但想要考取这类专业的学生人数却远超招生人数。例如，在莫斯科国立大学已经有 7 个系在教授汉语，俄罗斯共有 18 所孔子学院，而且圣彼得堡大学孔子学院更是进入了全世界最成功的 3 所孔子学院之列。

俄罗斯科学院各院所也扩大了对中国的研究。俄罗斯科学院东方学研究所前圣彼得堡分所已经改建为独立的俄罗斯科学院东方文献研究所。如今，教学界与学术界不仅在教学过程中，而且在解决重大科研课题方面都在紧密合作，它们的整合正在产生实质性的结果。在圣彼得堡大学建立了中国研究中心，其成果根据出版物的数量和质量进行评判。下面我列举几例。

近年来，现代彼得堡汉学奠基人阿理克院士的著作大量面世。在《俄罗

---

① Р. В. Вяткин, Л. И. Думан, Синология, Советская историческая энциклопедия, т. 12, 1969. стр. 890.

② См: Главы из истории московского востоковедения, Лазаревский институт, Московский институт востоковедения, 2015.

斯东方学经典作品》系列丛书中收录出版了他的中国文学论集（2002年第1卷和2003年第2卷）、他的经典著作《论诗人的长诗——司空图（837—908）的诗品》（2008）。此外，2001年在圣彼得堡出版了阿理克的专著《汉学家工作书目——中国语言和文化学习指导丛书》。读者们还看到了阿理克翻译的《中国古典散文》（莫斯科，2006年第1卷）。在阿理克的学生李福清（Б. Л. Рифтин，1932—　）院士的努力下出版了阿理克的女儿班科夫斯卡娅（М. В. Баньковская，1927—2009）的书《阿理克与中国：关于父亲的书》（莫斯科，2010）。

对中国唐朝刑法方面的翻译和出版也做了大量工作。① 历史学博士雷巴科夫（В. М. Рыбаков，1954—　）的两卷册专著《唐代官僚制度》是他这项旷日持久的艰巨工作的总结。② 值得一提的是俄罗斯科学院东方文献研究所所长、历史学博士波波娃（И. Ф. Попова，1961—　）教授编写了10卷册《中国历史》（齐赫文院士的项目）中中世纪的相应卷册。读者可以在该研究所发行的《东方书写文献》杂志上找到许多中国方面的有趣文章。

俄中关系史文献的出版是俄罗斯汉学发展的重要方向之一。今年是《17—20世纪俄中关系文献》系列文献和资料出版的第48周年。目前，该系列19世纪部分的例行出版卷册正由圣彼得堡大学东方系的同事们在准备。

在中国文化研究方面，《中国精神文化大典》百科全书的出版工作已经完成，俄罗斯科学院东方文献研究所和圣彼得堡大学大批同事都参与了这项筹备工作。还出版了克拉夫佐娃（М. Е. Кравцова）教授的《中国艺术史》（圣彼得堡，2004）。历史学博士斯托罗茹克（А. Г. Сторожук）教授的两本专著《中国汉字学导论》（圣彼得堡，2005）和《三种学说与中国文化》（圣彼得堡，2010）无疑意义非凡。属于这一主题的还有哲学博士佐格拉夫（И. Т. Зограф）的专著《官方文言》（莫斯科，2010）。毫无疑问，还要提及潘克拉托夫（Б. И. Панкратов）、科洛科洛夫（В. С. Колоколов）、梅尼希科夫

---

① В. М. Рыбаков, Уголовные установления Тан с разъяснениями (《Тан люй шу и》), Цзюани 1-8,, Петербургское Востоковедение, СПб, 1999; Уголовные установления Тан с разъяснениями (《Тан люй шу и》), Цзюани 9-16, СПб, 2001; Уголовные установления Тан сразъяснениями (《Тан люй шу и》), Цзюани 17-25. СПб, 2005.

② В. М. Рыбаков, Танская бюрократия. Ч. 1: Генезис и структура, СПб, 2009; его же, Танская бюрократил. Ч. 2.: Правовое саморегулирование, т. 1-2, СПб, 2013—2015.

（Л. Н. Меньшиков）、克恰诺夫（Е. И. Кычанов）、马丁诺夫（А. С. Мартынов）等人的名字，他们的著作都对俄罗斯和欧洲的汉学发展做出了巨大贡献。

在中国史方面，列宁格勒大学东方系毕业生齐赫文院士主持编写的10卷册丛书《中国历史》正在顺利出版，目前已经出版5卷，还有4卷在出版社。齐赫文院士的6卷册文集及其著作《中国对俄罗斯形象的理解》（莫斯科，2008）的出版都曾是轰动一时的大事件。

俄罗斯汉学的发展前景取决于本国总体的学术状况，如今正在进行项目融资，还要面临开展世界汉学状况及其最重要部分（我们中国同行的著作）的研究工作。另有一项任务是将中国现代文学（小说和诗歌）译成俄文。这方面，一个俄中合作项目正在顺利推进：在俄罗斯翻译并出版100部中国当代小说，同时在中国将100部俄罗斯作家的小说翻译成中文并出版。

我们的主要任务是加深两国人民的相互理解。今天，当数十万俄罗斯人民与中国人民交往时，俄罗斯人民应该了解中国的历史、经济、法律、传统文化和现代文化，了解它的民族习俗、礼仪特点。俄罗斯的汉学家们有义务为俄罗斯人民提供这些知识。

2018年我们将与中方一起庆祝两个重要的日子：9月1日——庆祝俄中建交400周年和10月1日——庆祝将中国变成当今世界领袖之一的改革开放40周年。

最后，作为结论，我想简要地谈一下俄罗斯舆论所担忧的一个现象。有作者认为资金匮乏是俄罗斯汉学"危机"的主要特征，但他们没有提及俄罗斯人文科学基金资助了多少部中国方面的著作，也没有写基金中有资助给他们的中俄合作项目，国家已经为此划拨了大量资金。历史学博士玛玛耶娃（Н. Л. Мамаева）编写出版的合著《俄罗斯汉学的基本方向和主要问题》（莫斯科，2014）就深入分析了这个问题。另外还有斯卡奇科夫的学生茹拉夫廖娃（В. П. Журавлева）的专著《中国图书目录》，[①] 堪称其导师著作的续篇。

综上，彼得堡汉学学派是俄罗斯汉学的基础。而彼得堡汉学学派的牢固

---

[①] В. П. Журавлева, Библиография Китая: Философия и общественно-политическая мысль. Этика. Эстетика. Военная мысль. Мифология. Религия. 1958—2008, Форум, М, 2015.

基础则是建立在比丘林对中国史料的严谨态度、王西里处理俄中关系的方法论、阿理克将中国文化放到世界文化大背景下的视野上。我们希望与会的彼得堡汉学学派的所有同行都能为俄罗斯和欧洲的汉学发展再创辉煌！

弗拉基米尔·斯捷潘诺维奇·米亚斯尼科夫（Владимир Степанович Мясников）
俄罗斯科学院院士，俄罗斯科学院远东研究所首席研究员，著名汉学家
张海鹰　吉林大学公共外语教育学院副教授
张立岩　吉林大学公共外语教育学院俄语教研室副教授

# "莫斯科的孔夫子"
## —— 俄罗斯汉学家嵇辽拉儒家思想研究述评

栾东丽

**摘　要**：俄罗斯汉学家嵇辽拉对中国历史和哲学思想有较为深入的研究，早期的秦朝历史和法家思想学术探索奠定了后期研究基础，其《论语》译本内容全面，学术注释丰富，儒家思想研究采用中西对比研究方法，更加突出儒家思想的文化基因作用。嵇辽拉对儒家思想对中国社会发展的襄助作用十分重视，并以自身学术研究号召俄罗斯学术界重视儒家思想研究，学习中国发展模式和儒家思想的文化启示作用，其儒学观体现了新时期俄罗斯汉学界对中国儒家思想认识的新高度，促进了中国传统文化的海外传播和中俄文化交流。

**关键词**：俄罗斯汉学　嵇辽拉　儒家思想　中俄文化交流

俄罗斯汉学家贝列罗莫夫（Л. С. Переломов，1928—2018），是早期中国共产党人嵇直之子，汉语名为"嵇辽拉"，俄罗斯自然科学院院士，曾任国际儒学联合会俄罗斯分会主席，多年来致力于中国历史与思想研究，对中国法家思想、儒家思想均有涉及，其主要成就更为集中在儒家思想的研究中，著有《孔子：〈论语〉》（《Конфуций. Лунь Юй. Исследование; перевод с древнекитайского, комментарии. Факсимильный текст Лунь юя с комментариями Чжу Си》，1998），《中国政治历史上的儒家与法家（公元前六世纪—20世纪80年代）》（《Конфуцианство и легизм в политической истории Китая (6 в. до н. э. -80-е годы XX века)》，1981），《孔子的格言》（《Слово Конфуция》，1992），《孔夫子：生平、学说及命运》（《Конфуций: жизнь, учение, судьба》，1993），《儒家思想和中国当代政策》（《Конфуцианство и современный стратегический курс КНР》，2007），《孔子及儒家思想：从古至

今（公元前 5 世纪—21 世纪）》[《Конфуций и конфуцианство с древности по настоящее время（Ⅴ в. до н. э. -ⅩⅪ в.）》，2009] 等，以其儒家思想研究的广度和深度，被誉为"莫斯科的孔夫子"。

## 一、学术发展轨迹：从法家到儒家

嵇辽拉早期从事中国历史和法家思想研究，他的博士论文《秦朝——中国历史上第一个中央集权国家（前221—前202年）》[《Империя Цинь — первое централизованное государство в истории Китая（221—202 гг. до. н. э.）》，1962] 成为其第一本汉学研究专著。由此开始，嵇辽拉从秦朝历史研究，逐渐转向对法家思想的深入分析，而后延伸到儒家思想，其研究成果相互渗透，研究方法彼此借鉴，使得自身研究独具特色。

嵇辽拉曾在专著《秦朝——中国历史上第一个中央集权国家（公元前221—公元前202年）》中阐述了自身对于秦朝关注的原因，他认为，秦朝在中国5000年的历史发展中占据重要地位，奠定了后期若干朝代政治和经济统一的基础，而秦始皇倡导的一系列改革，也对古代社会发展起到至关重要的作用。然而长期以来，国际学术界对于中国历史中的秦朝关注度不够，除了缺乏相应的学术资料外，嵇辽拉认为，正是历史上有名的"焚书坑儒"事件影响了研究者对于秦朝的客观评价。他认为，学术界应当正视秦朝统治者，关注秦朝的国家统治、农业发展等问题，这也是其写作的初衷之一①。

完成博士论文后，嵇辽拉对秦朝的国家统治思想进行更为深入研究，即法家思想。1968年嵇辽拉的第二本专著问世，在这本书中，作者将法家经典《商君书》翻译成俄文，并加以论述。在《商君书》（《Книга правителя области Шан》，1968）的前半部分，作者除了阐述《商君书》资料收集和翻译中的问题外，为了更为生动地还原商鞅变法的社会状况，嵇辽拉详细描述了公元前5世纪至3世纪中国历史的发展轨迹。除了叙述商鞅变法对社会发展的作用之外，作者还特别强调了这些变化对于后期儒家学派成为正统思想的影响。此外，在对译文的处理上，嵇辽拉更为注重学术性注释的使用，书

---

① Л. С. Переломов, Империя цинь—первое центральзованное государство в Китае（221-202 гг. до н. э.）, Москва, Вост. лит. , 1962. стр. 3-4.

中可见多处为解释历史人物所做的注释，例如在第一卷第一篇《更法第一》中，"孝公平画，公孙鞅、甘龙、杜挚三大夫御于君"，在译文中，嵇辽拉分别对"孝公""公孙鞅""甘龙"等进行介绍，力图提供全面的历史人物和文化信息，使译文更为通畅，历史文化知识更易于理解①。

随着对法家思想的研究深入，嵇辽拉逐渐关注到春秋时期与法家在思想上抗衡的儒家思想，并将研究成果呈现在1981年另一部专著中：《中国政治历史上的儒家和法家》。在著作中，嵇辽拉以丰富的史料为基础，阐述二者对于中国历史发展的影响。此后，嵇辽拉对儒家思想的研究逐步深入，笔耕不辍，陆续发表了儒家经典《论语》的译著及论著，如《孔子的格言》（1992），《孔夫子：生平，学说，命运》（1993），《论语》（1998），《四书》（2004），《儒家思想与当代中国政策》（2007）等。值得注意的是，嵇辽拉始于中国历史的学术研究，无论是研究方法还是视角，都在后期对儒家思想研究中得以延续，前期的研究成果也对后续研究产生重要辅助作用，正如作者所说，春秋战国时期百家争鸣，没有哪一种思想可以独立存在而不受其他思想的影响，而在当时，儒家和法家思想是两种影响范围更为广阔的哲学流派，因此法家思想也必然会在儒家思想中有所渗透，这也将嵇辽拉本人的学术研究轨迹串联起来，形成一种传统继承性②。

## 二、代表性学术成果及研究方法

（一）注释丰富的《论语》译本

《论语》是儒家极具代表性的典籍之一，其中包含从修身，到齐家，再到治国的诸多哲理，其重要性不言而喻，因此《论语》不仅受到中国人的重视，历来也是各国汉学家们关注的对象。俄罗斯汉学界对儒家思想的研究却未始于《论语》，早期汉学家更为青睐具有实用性的历史、律法等方面研究，即便是"俄国第一个大量翻译中国古代思想典籍的汉学家"③，第3届俄国传教团

---

① Л. С. Переломов, Книга правителя области Шан. / Пер. и комм, Москва: Ладомир, 1993. стр. 139.

② Л. С. Переломов, Конфуций и Конфуцианство с древности по настоящее время ( V в. до н. э. -ⅩⅩⅠв.), Москва: Стилсервис, 2009. стр. 443.

③ Конфуций и Конфуцианство с древности по настоящее время ( Vв. дон. э. -ⅩⅩⅠв.), стр. 443.

成员列昂季耶夫（А. Л. Леонтьев，1716—1786）也只翻译了《大学》和《中庸》，却未给予《论语》足够的重视。《论语》的第一个全译本出自汉学家柏百福（П. С. Попов，1842—1913），其译文文风简洁，为早期儒学研究奠定了重要基础。进入20世纪后，俄罗斯的儒学研究领域更加宽广，不乏汉学家对理学等进行研究，但与此同时，对于经典儒家作品的翻译和研究也在同步进行，其中就包括著名儒学研究专家嵇辽拉。嵇辽拉在1998年完成了《论语》全译本，这本著作不仅包括译者所引不同语种的学术性注释，还蕴含着作者对于儒学典籍俄译的问题探索，呈现了嵇辽拉多年研究儒家思想的重要成果，也是其儒学研究的代表作。

嵇辽拉对于《论语》译本的注释十分重视，根据笔者考察，在其笔下，注释的作用有三：其一，对译文的学术背景进行补充；其二，对译文的意义进行解释；其三，也是其注释不同于其他译者的独特之处，即引用其他译者的成果，对译文进行横向对比说明。注释的前两个作用较为普遍，笔者以《论语》开篇的译文为例，对嵇氏学术性注释的第三个作用进行说明：

试看《论语》开篇的译法：
子曰："学而时习之，不亦说乎？有朋自远方来，不亦乐乎？人不知而不愠，不亦君子乎？"（《学而》）
译本：
《учиться и 》
Учитель сказал:
— Учиться и своевременно претворять в жизнь — разве не в этом радость? Вот друг пришел издалека — разве это не удовольствие? Люди его не знают, а он не хмурился, — это ли не благородный муж?

注释的前半部分省去不提，是对原文的学术性背景进行介绍。接下来，译者谈到，俄罗斯译者对于此句中"说"的理解比较一致，而对于"学"和"习"的关系和意义理解差距很大，为了说明不同译者成果之间的差异，以及论述自身译法的来历，嵇辽拉引用了国内外不同译者的译文：

Философ сказал: Не приятно ли учиться и постоянно упражняться?

(Попов, 1910, с. 1.)

Он сказал: Учиться, и притом все время в усвоенном упражняться, — разве это не одна из радостей? (Алексеев, 1978, с. 429.)

Учитель сказал: учиться и время от времени повторять изученное, разве это не приятно? (Кривцов, 1972, с. 140.)

Учитель сказал: Не радостно ль учиться и постоянно совершенствоваться? (Семененко, 1987, с. 263.)

嵇辽拉指出，上述译者在对第一句进行翻译时，采用了相似的译法，即将"习"理解为"复习"，除了上述译法，其他译者另有不同的理解：

Учиться и, когда придет время, прикладывать усвоенное к делу — разве это не прекрасно! (Малявин, 1991, с. 16.)

Учитель сказал: изучая обычаи предков, в свое время вводить их в привычку — не радость ли это? (Головачева, 1992, с. 260.)

嵇氏强调，以上两个译本将"习"理解为"应用到实践中"。

接下来，嵇辽拉又列举了几位欧美译者对于此句的翻译：

The master said, "Is it not pleasant to learn with a constant perseverance and application?" (Легг, 1893, с. 137.)

The Master said, "Toleam and at due times to repeat what one has leamt, is that not after all a pleasure?" (Уэйли, 1938, с. 83.)

The Master said, "Is it not a pleasure, having leamed something, to try it out at due intervals?" (Лау, 1979, с. 59.)

Le Maîtredit: "Etudieruneregle de vie pourlappliquer au bon moment, nest-ce pas source de grandplaisir?" (Чэн, 1981, с. 29.)

除了上述所列举的俄罗斯和欧美译者外，嵇辽拉还列举了中国儒学专家对于此句的翻译，其中包括杨树达、钱穆、杨伯峻、谢冰莹、陈满铭等。

学而时习，即温故也；温故能知新，故说也。（Учиться и время от времени повторять - это значит повторять старое; повторяя старое, можешь постичь новое, поэтому и приходит радосты）（Ян Шуда, 1986, с. 1.）

学能时时反复习之，我心不很觉欣畅吗？（Учиться и временами иметь возможность повторять это - разве сердце мое не возликует от радости?）（Цянь Му, 1985, с. 4.）

学了，然后按一定的时间去实习它，不也高兴吗？（Изучил, затем в соответствующее время осуществил это, разве не в этом радость?）（Ян Боцзюнь, 1984, с. 1.）

为了进一步弄清此句中"习"字的准确译法，嵇辽拉向中国的儒学研究专家讨教，并从中国古代汉语以及春秋"六艺"出发，推论出此句中的"学"本身具有两种意义，即：学习理论和实践知识，而"习"则是指应用到实践中。以此为基础，综合分析以上译者的观点，嵇辽拉认为此句的意思是：只有将所学的知识在恰当的时候应用到生活中，人才会收获快乐，并最终完成了上述译文①。

由此可见，注释的作用被嵇辽拉发挥到极致，同时也体现了其精益求精的学术精神。嵇辽拉的翻译和论证方法在俄罗斯《论语》翻译史尚属首次尝试，不仅可以向中外读者普及中国古典文化知识，同时也为儒学研究者提供珍贵的学术资料。

（二）中西对比的儒家思想研究方法

除了对儒家经典进行翻译外，嵇辽拉还对儒家思想的内涵与对中国文化和社会的影响进行了深入研究，为了凸显儒家文化的中国特色，嵇辽拉采用中西对比研究方法，将儒家思想与西方文化思想进行从代表人物、概念再到社会影响的详细对比，深入阐释儒家思想的文化基因作用。

与西方早期传教士"抑儒扬耶"立场②不同，嵇辽拉在译著《孔子：〈论语〉》前言中开门见山指出，孔子与世界宗教的创始人——基督耶稣、佛陀和穆罕默德齐名。嵇辽拉此言并非将孔子神化，相反，本着历史唯物主义的

---

① Л. С. Переломов, Конфуций:《Лунь юй》, Москва, Вост. лит, 1998. стр. 290-295.
② 许家星《十九世纪前期基督新教徒的儒学观——以柯大卫〈四书〉译注为中心》，载《孔子研究》2018年第5期。

立场，他认为孔子与西方宗教领袖的重要区别正是在于是否神化，"西方宗教的先知把自己的话'神化'，认为神通过他们向信徒传授教义，而孔子自身便可以讲学说法，这是真实世界中的语言"①，从社会功能的角度来看，嵇辽拉认为儒家思想与西方宗教相比并不逊色，"从形式上看，儒家思想并不是宗教，因其没有类似西方教会的机制。但从其重要性、深入人心和对人民思想意识的教育角度来看，儒家思想成功地完成了宗教的功能"②。

在嵇辽拉看来，中国传统文化受到儒家思想的影响，并不比西方落后或逊色。西方的一些文化概念和思想上的探索，在中国文化发展过程中同样存在，只是表现方式和进程有所不同。例如，对于人本性和使命的思考，一直以来是历史学家、哲学家、宗教学家、心理学家等诸多领域学者探讨的话题，这种探讨在早期西欧和东方同时产生。嵇辽拉认为，西方宗教文化中，人的使命和最高追求是"虔诚的教徒"，而在中国儒家文化中，与之对应的是"君子"的概念③，这一概念虽然并不具有宗教意义，但在实质上，也是对于人的最高标准和要求。

除了将儒家思想与西方文明思想进行对比外，嵇辽拉还将其与伊朗的伊斯兰教分支什叶派教义进行对比。对于为什么选取伊朗作为对比参照物，嵇辽拉曾做出解释，他强调，当今时代，文化成为全球视野中决定一个民族特色的重要标志，从这一点来说，拥有古老文明的国家占有很大优势。作为俄罗斯西南方向、东南方向的两大邻国，文明古国伊朗和中国之间文化的相似性，应当引起俄罗斯学者重视，这对于了解邻国并更好地发展国家之间的关系有一定的辅助作用④。通过将儒家思想和伊斯兰教分支什叶派进行对比，嵇辽拉发现二者在教义上具有相似之处，在伊斯兰教中，阿里作为宗教领袖，被认为是完美的人和统治者，是宽容、勇敢、自律、善待下属、博学、谦逊、公正等的典范。关于普通民众和当权者的关系，什叶派教义强调，社会的稳定必须建立在公平的基础上；任何权利都伴随着义务。当权者的主要任务是，让人民生活富足，在商讨的基础上解决国家问题，杜绝告密行为等⑤，嵇辽拉

---

① 《Лунь юй》, стр. 5.
② 《Лунь юй》, стр. 5.
③ 《Лунь юй》, стр. 65.
④ Конфуций и Конфуцианство с древности по настоящее время (Vв. дон. э.-XXIв.), стр. 540.
⑤ Конфуций и Конфуцианство с древности по настоящее время (Vв. дон. э.-XXIв.), стр. 552.

认为以上教义与《论语》中的言论有很多共同之处。

嵇辽拉的儒家思想研究,始于对中国历史的关注,历经法家思想探索,最终归于儒家思想,在研究内容上具有一定的跨度,但前期研究成果在后期研究中均有所体现,更有所助益。从研究方法上看,嵇辽拉将不同国家文化进行对比,选取的文化参照不仅限于西方,同时兼顾亚洲文明古国,其研究具有一定的国际视野。

## 三、儒学观:儒学在俄——东方智慧经典传播与经验借鉴

嵇辽拉认为,儒家思想奠定了中国传统文化的底蕴,是中国文化一抹亮丽的底色,在国家发展的进程中,儒家思想中的古老智慧辅助社会发展,滋养文化土壤,使中国发展独具特色。作为中国的友好邻邦,俄罗斯在3个世纪前就曾接触到孔孟思想,儒家思想亦对俄罗斯社会和文化发展产生了一定影响,当今时代,俄罗斯在国家建设中应当继续借鉴中国发展经验。

在译著《孔子:〈论语〉》中,嵇辽拉回顾了近300年来儒家学说对于俄罗斯文化的影响,认为整个过程可以分成3个阶段,第一阶段为帝俄时代末至戈尔巴乔夫改革前夕,第二阶段自戈尔巴乔夫改革至俄罗斯联邦建立,第三阶段为当代俄罗斯时期,并分阶段阐述了儒家思想对俄罗斯社会发展的影响。

(一)第一阶段:17—18世纪——儒家思想是上流社会的舶来品

嵇辽拉分析,在第一阶段,来自西欧的"中国风"席卷到俄国上层社会,其结果是当权者和文化精英开始推崇中国传统文化。嵇辽拉在文中列举了俄国著名作家普希金对于中国传统文化的关注和推崇,并介绍其与俄国汉学奠基人之一比丘林的交往,"从1828年起,在《西藏志》出版后,比丘林将自己所有的作品都赠送给普希金,并写有动人的题词"①。此外,嵇辽拉还指出,托尔斯泰推崇"不以暴力抗恶"的观点,并从中国儒家和道家思想中寻找可以支撑自身观点的论据。可以看出,在第一阶段,儒家思想对于俄罗斯文化的影响主要停留在上流社会人士、少数汉学家、文学家、思想家身上,对于俄罗斯社会的影响并不特别深入,尤其对于普通民众来说,与西欧文化的普

---

① 《Лунь юй》, стр. 453.

及相比差距较大。

（二）第二阶段：苏联解体之后——儒家思想被看作中国社会发展内在动力

通过嵇辽拉的考察，在第二阶段，即戈尔巴乔夫改革时期直到俄罗斯联邦建立，儒家思想对于中国社会发展的促进作用，逐渐受到俄罗斯政治家以及学者的关注。嵇辽拉认为，在戈尔巴乔夫改革之初，俄国社会的发展以美国等西方国家为范式，但结果却是俄罗斯社会陷入深重的社会和经济危机。改革失败后，俄罗斯社会动荡，物质资源匮乏，精神世界空虚，"向东走还是向西走"成为让所有人困惑的问题，

> 国家处在艰难痛苦的选择时刻。盲目效仿西方的恶果使得一部分俄罗斯政治家开始探寻东方邻居经济成功发展的经验。一些政治家已经明确，俄罗斯是一个欧亚国家，因此国家的发展不能忽视中国社会发展的经验，他们已经开始关注儒家学说以及其在中国现代化进程中发挥的重要作用①。

嵇辽拉强调，第一阶段"俄国对孔子学说的兴趣在于理想的人格教育及人类的心灵世界，而第二阶段的重点则是国家体制及领导问题，孔子学说有关政府及人民的互动原则"②。

（三）第三阶段：俄罗斯联邦时期，儒家思想进入俄罗斯社会更多领域

嵇辽拉认为，经历了戈尔巴乔夫改革的失败后，俄罗斯政治家和学者对于儒家思想的关注度增加，并以第二阶段为过渡期，在当今的俄罗斯社会，已经开始了儒家思想在俄罗斯传播的新阶段，即第三阶段。

在新的发展时期，儒家思想已经逐步深入俄罗斯政治精英群体所代表的政治文化中，诚然，他们对于儒家思想的理解程度不同，因而将此思想应用到实践中的做法也各不相同③。嵇辽拉列举了前俄罗斯联邦上院副议长在党派之争中对"中庸"的解释，高等法院资讯争议事务主任对于"和"和"同"

---

① Конфуций и Конфуцианство с древности по настоящее время（Ｖв. дон. э.-ⅩⅩⅠв.），стр. 522.
② 《Лунь юй》, стр. 452.
③ Конфуций и Конфуцианство с древности по настоящее время（Ｖв. дон. э.-ⅩⅩⅠв.），стр. 522.

的理解和运用等①。除了政治精英，俄罗斯教育界也对儒家思想进行关注。在顿河畔罗斯托夫国立大学的哲学基础教材中，一本名为《与孔子对话：关于俄罗斯命运的思考：〈论语〉的哲学意义与应用》（Беседы с Конфуцием о судьбе России: философское осмысление и актуализация Лунь юй-Бесед и суждений Конфуция, А. Е. Чекалин, 2005）的教科书十分醒目。在此书前言中，作者对写作动机和目的有明确的说明：

> 在这本书中，读者会发现，古罗斯人和古代中国人在世界观、目标定位，道德准则甚至是思维方式等方面有诸多相似之处。虽然此书主要面向中高等院校的学生和教师，但其他读者同样可以从中获得知识和乐趣，此书会给培养幼儿带来实质性帮助，同时对于学龄前和小学时期教育也多有裨益②。

除了上述两个领域外，普通读者对于儒家思想读物的兴趣也愈加深厚。究其原因，嵇辽拉认为，"正是中国经济的快速蓬勃发展，使得中国琳琅满目的商品涌入俄罗斯市场，这不能不激起俄罗斯民众对孔子和儒家思想的兴趣"③，在这种情况下，市场积极参与并促进儒家思想读物的出版和发行。嵇辽拉列举了这一时期儒家思想相关出版物在俄罗斯的出版情况以及大众传媒对于儒家思想的关注，例如，其著作《孔子的格言》，印行一万册，译著《商君书》，再版一千册，《孔夫子：生活、学说及命运》，印行一万册，而对于此类书籍的评论，通常在学术杂志上发表，但在这一时期，除了学术杂志，很多社会问题和商业杂志也刊登了此类文章，如《独立报》发行量十万份，《企业人》——十万份等④。

随着儒家思想读物的普及和流通，对于儒家经典章句的引用也随之增加。但不同群体在不同情境下对于儒家经典语句的引用效果，通常会受到使用者对于儒家思想的理解能力和汉语掌握水平的影响，加之参照的《论语》译本不同，因此在引用时，有时会出现和原文相异的情况。嵇辽拉在其文章《孔

---

① Конфуций и Конфуцианство с древности по настоящее время (Vв. дон. э.-XXIв.), стр. 524.
② Конфуций и Конфуцианство с древности по настоящее время (Vв. дон. э.-XXIв.), стр. 538.
③ Конфуций и Конфуцианство с древности по настоящее время (Vв. дон. э.-XXIв.), стр. 537.
④ 《Лунь юй》, стр. 459.

夫子学说在俄罗斯的过去、现在与未来》中列举了此类引用，"众多的并不是孔子主张的意见中，同时，也是最为大众普遍应用的是'黑猫'观念"①，曾有一部影片引述孔子的话："在暗房里很难捉到黑猫，尤其是，里面根本没有猫"；又如，《论证与事实》曾于头版头条刊登叶利钦总统心脏手术成功后出院，受到百姓热烈欢迎的照片，下附一句被认为是孔子的格言："不要骂黑暗，而要把蜡烛点起来。"②显然，上述两处引用并非来自儒家典籍。

  对于俄罗斯这样一个异邦而言，在思想文化上并没有深厚的儒家思想根基，因此受到儒家思想影响的过程会比在中国本土缓慢且程度较浅。此外，从国外传入本土的文化思想在进入民众的观念之前，通常要经历较为长久的筛选和酝酿，民众受到思想的影响会比直接接触文本更为滞后。这也就不难说明为什么儒家经典读物在俄罗斯不乏再版，但引用量却没有随之增加，且出现了引用不当的情况。虽然上述引用并不完全准确，但却体现了新时期儒家思想对俄罗斯的影响，尤其是引用孔子关于治理国家的言论来劝诫俄罗斯的当政者，这说明俄罗斯部分民众对于儒家思想的内涵已经有了较为深入的了解，并对此持有信任和重视的态度。儒学经典在俄罗斯的不断再版和发行，反映了俄罗斯民众对于中国传统文化的认同，随着中国国力不断增强，中俄两国之间高层往来和民间交往的逐步加深，俄罗斯民众对于中国传统文化经典的熟悉程度会日益提高，相信对于经典的解读和引用也会更加准确。

## 余 论

  嵇辽拉以自身的学术追求为中俄文化交流做出了重要贡献，除了对于儒家典籍的译介与研究外，还十分重视儒家思想在俄罗斯的传播和影响。他认为，书籍作为宣传方式在普及程度和影响力上逊于电视节目，并号召俄罗斯电视媒体应当效仿中国媒体，策划出专门的电视节目进行儒家思想的宣传和讲解③。

  从文化交流的角度来看，嵇辽拉对儒家思想的影响进行了双向关注，既

---

① ［俄］贝列罗莫夫著，陈开科译《孔夫子学说在俄罗斯的过去、现在与未来》，载《云梦学刊》2000年第6期。
② 《孔夫子学说在俄罗斯的过去、现在与未来》，载《云梦学刊》。
③ Конфуций и Конфуцианство с древности по настоящее время ( Vв. дон. э. -XXIв. ), стр. 538.

研究儒家思想对于中国古代和当代社会发展的重要指示作用，他认为，"早期儒家思想对于中国现在和将来的影响是不可怀疑的，20、21世纪乃至此后的中国决策者还将不断回顾儒家思想，并贯彻到现实中"①，同时还在翻译与研究的基础上，深入探究儒家思想对于俄罗斯经济发展和社会进步的影响和指导作用，他强调，俄罗斯在建立依赖精神文明的发展模式时，"中国及儒家文化圈国家、地区的发展，给了我们很好的利用儒家文化宝藏的例子，可以说，21世纪，俄罗斯在亚太地区的战略政策是否成功，大部分将取决于国家的领导阶层是否了解孔夫子学说之精髓"②。

嵇辽拉以自身学术研究与孔子进行跨越时空的思想交流，同时通过科研实践将儒家经典向俄罗斯传播，进行更深入的解读，无愧于"莫斯科的孔夫子"这一称号。

栾东丽　南开大学外国语学院俄语系博士研究生

---

① Л. С. Переломов, Конфуцианство и легизм в политической истории Китая., Москва., Наука, 1981. стр. 11.
② 《孔夫子学说在俄罗斯的过去、现在与未来》，载《云梦学刊》。

# 前古典主义时期（汉朝与六朝）的诗歌创作*

[俄] 玛·叶·克拉夫佐娃著　万海松译

**摘　要：** 汉朝与六朝是中国文学的前古典主义时期。汉朝诗歌的特点主要在于作为散文诗体形式的赋在具名诗歌中占有绝对统治地位，而在抒情诗中占统治地位的则是发源于民间文学（"乐府民歌"）的歌唱——诗歌体裁。中国的文化和精神生活在六朝时期呈现出从多元到统一的过程，魏晋时期因此被称为"文学的自觉时代"。这几百年给人的印象是中国文明史上一个完整而纯粹的阶段，它起着承前启后的作用，承继了中国的上古时期，开启了民族帝国的国家制度的鼎盛阶段。在六朝抒情诗歌的发展过程中，除具名抒情诗得以固定之外，抒情诗的体裁和主题的成分，包括作诗法在内的诗学标准均得以确定，抒情诗的所有类型学特征都已显露无遗。

**关键词：** 汉朝与六朝诗歌　文学理论　诗歌主题　类型学特征

汉朝（公元前202—220）是上古时期第二个最强盛的帝国［继短命的秦帝国（公元前221—公元前207）后］的存续时期。由于国家政变（新朝，8—25），汉朝被分割为两个时期：早期又称西汉（公元前206—8），后期又称东汉（25—220）。

---

\* 本文为国家社科基金重大招标项目"俄罗斯《中国精神文化大典》中文翻译工程"的阶段性成果，批准号12&ZD170。

本文系米·列·季塔连科（М. Л. Титаренко）任总主编的六卷本《中国精神文化大典》（Духовная культура Китая (энциклопедия): в 6 т. М.: Восточная литература, 2006—2010）第3卷《文学、语言与文字》（Том 3. Литература. Язык и письменность, 2008）中的"诗歌"（Поэзия）词条的第二部分（Поэтическое творчество доклассического периода〈эпохи Хань и Шести династий〉）。

汉朝完成了中国民族文化的统一事业，帝国的社会政治和精神基础已经奠定。汉代文学生活中的大事，是诗歌创作最终成为帝国文化有机的、不可分割的组成部分，不论帝国社会的官方文化，还是高级的特权阶层——贵族和作为官吏的知识分子（即"士"）的文化，他们的代表者都会为满足自己的精神乐趣而从事文学。他们既是特权阶层的代言人，又是国家精神价值的创造者。

汉朝诗歌创作的杰出之处，首先在于散文诗体形式的诗歌（"赋"）在具名诗歌中占有绝对统治的地位，而在抒情诗中占统治地位的则是发源于民间文学（"乐府民歌"）的歌唱——诗歌体裁。具名抒情诗的真实状况尚不得而知。保留至今的只有一些典型的佚名诗歌文本（"古诗"）以及为数极少的具名诗歌作品。最著名的有汉武帝（刘彻）、班婕妤、班固和张衡的诗作。具名抒情诗的形成及其成为中国文学的主要文学形式，此阶段发生于六朝时期（3—6 世纪）。

传统的中国史学依据历史-政治的过程和事件的动态发展，将 3—6 世纪划分为几个独立的阶段。三国时期（220—280），在汉帝国的废墟上出现了 3 个拥有独立主权的国家：魏（220—265）、蜀（汉—蜀，221—263）、吴（222—280）。西晋时期（265—317）标志着中国非常短命的再次统一，而东晋时期（317—420）的特点则是局部占领中国，而且在原帝国的残余势力和"蛮族"的军事政治联盟之间存在持续的对抗；南北朝时期（420—589）的典型特点是中国被划分为南北而治，南方（长江流域中下游地区）保存了中国原来的国家制度，而北方（黄河流域地区）则在异族政权的控制之下。根据相应的政权形成（朝代），南北方的政治史依次被划分为各个阶段。南方的这些朝代就是宋或刘宋（420—479）、南齐（479—502）、梁（502—557）、陈（557—589）。

与政治史线索的细碎性相反，中国的文化和精神生活在公元 3—6 世纪的整个阶段倒呈现出一个统一的过程。种种迹象表明，这几百年时间给人留下的印象却是中国文明史上一个完整而纯粹的阶段，它起着承前启后的中间环节的作用，承继了中国的上古时期，开启了民族帝国的国家制度的鼎盛阶段[即唐朝（618—907）]。

在社会和政治都持续动荡（统治制度经常发生变更、没完没了的宫廷政变和叛乱、经济上糟糕透顶、国土只有部分收复）的情况下，六朝时期的精神生活贯穿着疾风骤雨般的革新过程。决定中国传统文化的种种现实与表象得以形成。在这几百年里形成了中国佛教传统，这从各个主要方面都可以看出来：特殊的社会机构——僧人组织在中国社会出现，中国佛教哲学学派发展起来，佛教成为一种积极的政治力量，中国佛教的祭祀艺术开始形成。道教传统（它的两个分支——哲学支派和宗教支派）进入全新的演变阶段。中国帝王社会三大标准的意识形态系统，即"三教"（"三种学说"）——儒、道、佛——鼎足而立，并且在它们之间产生了符合官方意识形态和个人世界观之标准（所谓的宗教混合主义）的互动机制。在文化和艺术方面，最重要的进程则是美学（文学理论和绘画理论）思想的大繁荣，叙事小说的出现，架上绘画和园林风景艺术的确立。

文学理论思想的发展体现在创作于3—6世纪的一系列奠基性的著作上：曹丕的《典论·论文》、陆机的《文赋》、沈约的《史论》、钟嵘的《诗品》、刘勰的《文心雕龙》。这些著作详细研究了自远古以来的中国文学史的发展路径，创造了体裁的分类法，提出并分析了诗歌创作乃至整个文艺创作的自然、本质和功能等问题，对前辈及同时代人的创作均予以点评。还有一个严肃的指标能反映出具体诗人的受欢迎程度：他们的作品收录于6世纪时两部最大型的选集（也是文艺理论思想的重要典籍）——由萧统主持编选的《文选》和由徐陵编选的《玉台新咏》。

对六朝时期的文艺理论思想而言，诗歌发展进程是通过许多单独流派的出现而架构起来的，这是很典型的现象，比如，根据主题的特征，可划分出"玄言诗"（"描写内心的诗歌"）流派，或者，更常见的做法，是根据同时代诗人们的创作积极性划分流派，比如：建安诗歌（"建安风骨"）、正始体诗歌（"正始体"）、太康体诗歌（"太康体"）、永明体诗歌（"永明体"）。这种划分法以具体的社会文化现实为前提条件。在动荡飘摇的社会生活环境下，读书人被迫在军事—政治领袖那里寻求庇护，而领袖的幕府对他们而言不啻于一座座"安全岛"。六朝诗歌发展史的这种格局，均为学术研究著作所采用（带有一定程度的修正）。

在六朝抒情诗歌的发展过程中，除了具名抒情诗得以固定的事实外，抒情诗的体裁和主题的成分，包括作诗法在内的诗学标准，均得以确定，换言之，抒情诗的所有类型学特征都已显露无遗。

诗歌创作向具名抒情诗的转变过程，符合诗歌创作发展的客观规律性。

况且，在这样的历史时代，引起这个转变的，与其说是文学外部的原因，还不如说是文学内在的规律性，具体而言，就是随着汉朝帝国的灭亡，中国社会的价值体系发生了变化。对中央集权的和向往集权主义的国家教育而言，这一体系是非常典型的，它代表着严格的等级秩序和稳定的结构。它全方位地以拥护社会和帝国秩序的统一为目的，限制了个体化的创作活动的自由，而后者本身恰恰是个性的自我体现。充当该体系之基础的则是儒教，儒教在1世纪下半叶被官方宣布为国家学说，并在随后的一个半世纪里成功演变为一整套的保守主义教条。在六朝时期，得益于对同类型的历史时期（过渡期、转型期）的全方位评述，个体的价值开始发挥决定结构之因素的作用。汉朝末期，百姓的意识已经成熟，他们愿意承认每一个单独的个人都是一个独立自主的个体，愿意承认每个人都拥有内心的自由和个性化创作活动的权利。上述变化为对此前的观点——最先的就是儒家诗学观——的修正，为对诗歌创作的本质和功能的新看法的出现，创造了有利的条件。因此，在六朝文化中，一种对"文"的全新看法，即情感审美法瓜熟蒂落，它确信抒情诗的真正用途就是表达人及其个人观感的心理情感状态。它在4—6世纪的文学理论著作中发展和壮大，其实，在更早些，即2—3世纪之交时的诗歌流派"建安风骨"的诗歌实践中就已经生根发芽。

随着危机越演越烈，统治制度轮流执政的动荡越来越明显，个人主义和虚无主义的情绪越来越快地占领百姓的意识：他们对儒家的理想和价值观，对公认的社会制度，乃至对人类社会本身，都充满失望。建立在私人的精神探索之上，受制于道教、稍晚些又受佛教影响的诗歌流派（"太康体""玄言诗"），它们的自我声明反而更能获取人心。

但是，代表中国社会和知识分子精英的人，在现实的日常生活中，并不能随心所欲地表达自己的反社会的情绪，不能随心所欲地拒绝履行社会责任和义务。因此，六朝文化中开始出现一种言行模式，它按照现实性原则运行：作为官吏的知识分子，在公务（就该词的最广泛意义而言）时间，就自视为儒教中的"君子"（"完美男人"），并将自己的活动，包括创作的积极性，统统服从于儒家的道德伦理准则的约束；而在闲暇时分，他则自认为道教（或佛教）徒，并醉心于知识分子的创作事宜，因为创作虽为官方认可的公务之外的事情，却符合他个人的精神需求。鉴于这种模式，各种各样的诗学观点才得以付诸实践，这使诗歌得以在泱泱大国的艺术文化中占据了一片如此独特的空间。

在中国文化中，就诗歌而言存在着外部施加的、人为的绝对命令，这势必导致诗歌出现千篇一律和墨守成规的现象。这种情况的确发生过，只要对六朝抒情诗的主题成分稍加研究就可以确信。尽管这一时期众多诗人的创作呈现出无可争议的特色，但整体而言，抒情诗还是明显分裂为一系列数量相对不多、主题稳定的流派和种类。谏辞这种官方抒情诗，历朝历代都受到朝廷和帝王家族的偏爱，它们经常在举行国家庆典、宫廷典礼以及类似公事的时候，根据皇室的命令被创作出来，实质上已沦为祭祀音乐（"宫乐"）的世俗版。儒教主题的这种诗歌，具有天生的说教—实用主义的特性，它包括：以社会—政治为主题的作品——公民诗歌，它们有的通过描绘人民的悲惨生活，或描绘受到权贵不公正地侮辱的单个人的苦难，来批评作者所处时代的统治制度，有的讲述作者所提出的正面的社会—政治纲领；历史题材作品；军事题材作品——此类选题的作品的内容，总体上可归纳为讲述从军服役的艰难，以及由军事冲突引发的悲惨生活，它们也符合儒家反对战争和暴力的地缘政治观。爱情抒情诗（"情诗"）则涉及各式各样的诗歌种类，可以按文化—文学的来源、内容、情绪及描写方法来细分，其中尤其突出的是"咏"（"歌咏"）和"宫廷诗"（"宫廷风格的诗歌"）。还应该提及的是以男性友谊为主题的一类诗。道教—宗教主题的诗歌，首先以"游仙诗"（"追寻长生不老之旅"）这类诗歌为代表。道教—哲学主题的诗歌——则是讲述道教学说的作品和具有归隐（往往也是反社会的）主题的作品。佛教主题的诗歌也具有抽象概念，不过是为佛教学说辩护的谏辞类诗歌；哲学主题的诗歌则在剖析哲学概念的原理。还有一类描写风景的抒情诗——山水诗（"描写山与水的诗歌"）。

尽管以上列举的流派在每一个具体的文学家的创作中都是以不同的程度和不一样的面貌出现的，但它们在整体上构成了六朝抒情诗乃至汉赋的多样性特征。此外，这些按主题分类的流派，一直延续到唐朝的古典主义抒情诗中。

抒情诗主题成分的局限性，与其两大类型学特征——现实性和传统性完美相符。现实性表明，单个作品的描写对象，不仅可以是生活中的现实之物和跟作者个人经历密切相关的体验，还可以是某种非其自身酝酿，而是由此前的文学语境或大文化传统所营造出的抒情状态。除了纯粹讲故事的线索之外，抒情状态还决定了抒情诗主人公的类型——其内在和外在（性别、年龄）的面貌，情感基调，其世界观所反映的性质（儒家"君子"、道家的智者—隐者、佛教徒），以及诗人世界的时空坐标和特质。抒情诗的状况及一系列反映其状况的标志，往往与诗人的真实形象南辕北辙。譬如，在以分手为主题的爱情抒情诗中，往往是男性作者以抒情女主人公的面目出现，在讲述女性的爱情情感。

中国诗歌的传统性在于诗歌叙事有赖于从整个中国文化中积累下来的、从之前的文学典籍中得到巩固的经验。这一经验通过暗示—"典故"系统而得出，此系统包括直接的和隐蔽的引文、回忆、民族、地名、专有名词、哲学术语、社会—政治和自然科学术语，以及约定俗成的口头禅（下里巴人的惯用语）。所有这些都让读者联想到特定的著作或者某一类作品，如果不了解这些著述，将无法弄懂诗人所言之意。"他人的"文字无论如何都不会单独标出。中国不存在抄袭概念。相反，作品中充满"他人的"文字，反而会得到极高的评价，能显示作者学识渊博。然而，中国文学中被公认为最伟大的文学家的那些诗人，都善于突破艺术上千篇一律的藩篱，在其创作中描绘属于自己的生活现实和同时代发生的事件，也善于表达对这些事件的私人感受，因此，他们就成为新主题或新风格流派的创始者。

诗歌创作成为脑力创造活动的一种最普及和必要（对社会精英的代表者而言）的样式，决定了某种诗歌实践机制的诞生，借助于它，任何一个读书人都能开始写点诗歌，哪怕他连一点文学能力还都没掌握。这种必需的机制在六朝诗歌中也已开始形成并固定下来；作诗法很快就被文学理论家们琢磨透了（沈约关于诗歌的"八病"法）。

弄懂六朝文化中所发生的文学进程以及诗歌遗产的价值，把理解上升为科学，这还是不久前的事。大约从 8—9 世纪起，中国的人文科学（历史学、社会思想、语文学）中出现了一股激烈批评六朝的风气，原因在于这一时期历史—政治冲突此起彼伏。原先认为，在那个时代，大家都肯定漠视治国理政的规则，无视古代智者嘱咐我们的做人准则，并且认为由此导致整个社会的精神生活，首先从雅文学开始全面衰落。这种观点白纸黑字地写在姚铉（968—1020）的论文《〈唐文粹〉序》中："至于魏晋，文风下衰。宋齐以降，益以浇薄。"

对六朝诗歌遗产的兴趣，在明朝（1368—1644）的语义学界再度觉醒，这是受一股总体趋势的影响而产生的，——力图在蒙古族统治［元朝（1206—1368）］之后恢复以往的精神价值。这种兴趣体现于对各种文集和汇编（大部分都是印数不多的雕版印刷品）的编纂上，比如：薛应旗（16 世纪下半叶）的《六朝诗集》、阎光世（16 世纪）的《文选遗集》、曹学佺（1574—1647）的《石仓十二代诗选》、汪士贤（16 世纪）的《汉魏诸名家集》、张燮（16 世纪下半叶—17 世纪初）的《七十二家集》。明朝语文学的最高成就属于张溥（1602—1641）的大型汇编《汉魏六朝百三名家集》，它是张燮的《七十二家集》的扩大版。张溥编的这个总集，在不同地区的各家书坊或出版社一版再版：1877 年、1879 年、1882 年等；民国时期（1911—1949）两次（1917、1918）；中华人民共和国成立后又有好几次（1963、1989、1994）。20 世纪初，还有一部大型的总集曾拟出版，它收录了汉朝和六朝时期最著名的文学家们的作品集，这就是丁福保（1874—1952）的《汉魏六朝名家集》①。

在清朝时期（1616—1911），编纂集子和汇编的工作一直得到了积极的延续，其规模在 19 世纪达到顶峰。主要的出版物有严可均（1762—1843）的《全上古三代秦汉三国六朝文》和前面提到过的丁福保的《全汉三国晋南北朝诗》。这是收录汉朝和六朝的散文、散文诗和抒情诗最完备的两大总集。20 世纪 80 年代，在丁福保汇编的基础上，又出版了由逯钦立（1910—1973）编选的新集子《先秦汉魏晋南北朝诗》。此集 1983 年初版于中国大陆②，后在中国台湾两次重印（1984、1998）。

在 20 世纪前三分之一时间里，中国的文艺学开始着手对六朝的诗歌遗产进行学术研究。其中有两部研究专著值得单独提及——罗常培在抗日战争最关键时候出版的《汉魏六朝专家文研究》③ 以及刘师培的《中国中古文学史讲义》④，从当时文艺学著作的大背景下看，后者的学术视野最为宽广，涉及六朝所有的诗歌流派。然而，由于沿袭旧说，这些著作在很多方面具有不连贯的特点。它们的研究焦点是一些单独的文学现象（如"建安风骨"）、某些单个文学家的生活及创作，而由于这样或那样的原因，这些传统上一直受

---

① 丁福保编《汉魏六朝名家集》，文明书局排印本，清宣统三年（1911）。
② 逯钦立编《先秦汉魏晋南北朝诗（上中下）》，中华书局，1983 年。
③ 罗常培《汉魏六朝专家文研究》，台北现代出版社，1945 年。
④ 刘师培《中国中古文学史讲义》，北京大学出版部，1920 年。

到关注的文学家大多是以下杰出诗人:曹植、嵇康、陶渊明、谢灵运、鲍照、庾信。对于其他潮流,其他的主题流派和作家,则往往根据臆断,多半持怀疑主义的态度。类似的情景能在 20 世纪 50—70 年代的新中国的文艺学中看到,这一情况同样存在于欧洲和俄罗斯(从 20 世纪头几十年开始)的汉学界。他们提出的论点,有的说:3—6 世纪发生的历史—政治事件"对文学的发展和兴盛所起的作用很小"①(赫·翟理斯〈Herbert Allen Giles,1845—1935〉);有的说:"这一时期的诗歌,与其说是百花齐放、一片辉煌的话,还不如说是深刻的、真诚的。"②(巴德〈Charles Budd,1795—1884〉);也有的说:"中国人自己总是不公正地藐视它。"③(阿瑟·韦利〈Arthur Waley,1889—1966〉)这一时期的典型做法,就是只将六朝诗歌分为两三个主题流派(不承认有爱情抒情诗),如"田园诗"("大地和园林的诗歌"),以及"宣扬及时行乐,否定'艺术性'——标准、规则和规律"④[尼·约·康拉德(Николай Иосифович Конрад,1891—1970)的术语]的"山水诗"(风景抒情诗);与此同时,还把这一套观点硬扣在个别文学家——陶渊明、谢灵运、嵇康的创作上。六朝诗歌丧失了历史—文学的独立自主性。在对中国文学史的分期上,六朝诗歌要么被视作汉朝诗歌的终结阶段,要么被视作唐朝诗歌的开端阶段。较大的注意力都投入关注文学理论思想和作诗法的发展史上。直到 20 世纪 80—90 年代,对六朝诗歌遗产的研究态度才出现质的转变。这一时期出版了大量的注释本,专门研究原先被认为是"二流作家"的单个文学家的创作。出版了一些重要著作(包括王锺陵的专著《中国中古诗歌史》⑤),其作者详细研究了文学—诗歌进程中最细枝末节的细节和细微差别,并从历史—文化和思想意识的整体语境出发,试图阐释六朝诗歌的类型学特点——思想性和艺术性,以及六朝诗歌演变的合理性。中国文艺学家们

---

① Herbert Allen Giles, *A History of Chinese Literature*, New York, London: D. Appleton and Company, 1901.
② Charles Budd, trans., *Chinese Poems*, London, NewYork: Oxford University Press, 1912.
③ Arthur Waley, trans., *One Hundred and Seventy Chinese Poems*, London: Constable's Miscellany, 1918.
④ Н. И. Конрад, "Краткий очерк истории китайской литературы", *Китайская литература. Хрестоматия*. М.: Учпедгиз, 1959.
⑤ 王锺陵《中国中古诗歌史》,江苏教育出版社,1988 年。

在目前阶段最了不起的、最有权威的专著,当数《魏晋文学史》[①] 和《南北朝文学史》[②],以及学术指南型著作《魏晋南北朝文学研究》[③],后者系一个规模宏大的系列丛书"20世纪中国文学研究"中的一本。

在西方和我国的汉学界,也有很多专著和学位论文,专门研究六朝时期不同的文学家和诗歌现象;此外,还出版了大量的诗歌作品译本,包括全文版的两部总集《文选》和《玉台新咏》。但是,截至目前尚未有一部综述汉朝和六朝诗歌史的著作出版。

玛丽娜·叶甫盖尼耶芙娜·克拉夫佐娃(Марина Евгеньевна Кравцова)
圣彼得堡国立大学教授
万海松　中国社会科学院外国文学研究所副研究员

---

[①] 徐公持《魏晋文学史》,人民文学出版社,1999年。
[②] 曹道衡、沈玉成《南北朝文学史》,人民文学出版社,1991年。
[③] 吴云《魏晋南北朝文学研究》,北京出版社,2001年。

·美国汉学研究·

# 美国汉学界论苏诗中的贬谪书写*

万 燚

**摘 要**：苏诗中的贬谪书写是美国汉学的关注焦点。郑文君通过对《东坡八首》的文本细读展示诗人从精神的"无根"走向"自我"认同。金斯伯格提出苏诗贬谪书写追慕陶渊明和白居易意味着寻求精神皈依与重塑"自我"。唐凯琳强调回归"自我"与"自然"是苏诗贬谪书写的核心思想。可见诗人如何精神突围、重构"自我"是美国汉学关注之重，其研究视角独特，解读精细，结论合理，彰显西方学术特色，可为国内苏学提供"他者"镜鉴。

**关键词**：美国汉学 苏诗 贬谪书写

宦海沉浮是苏轼发出"吾生如寄耳"感叹的重要原因，屡遭贬谪固然是诗家人生的不幸，但东坡自有天生健笔一支，频繁贬谪生活不仅成为其诗文创作的重要题材，且屡有佳作传世。甚至可以说，贬谪亦可视为造就苏轼伟大文学成就的重要因素。国内学界论之甚繁，欧美汉学界于此亦有言及，如《剑桥中国文学史》（*The Cambridge History of Chinese Literature*）论苏轼，开篇即言"苏轼对改革的直言批评，为他屡困屡踬的宦海生涯带来了第一次挫折；但是，这些挫折反过来又使得他的文学才华结出了累累硕果"，[①] 而《哥伦比亚中国文学史》（*The Columbia History of Chinese Literature*）更是直言，"诗歌

---

\* 本文为国家社科基金一般项目"欧美学界的中国文学史书写话语建构研究"（项目编号：19BWW017）的阶段性研究成果。

① ［美］宇文所安主编，刘倩等译《剑桥中国文学史 上卷 1375 年之前》第 459 页，生活·读书·新知三联书店，2013 年。

能让苏轼——尤其在其贬谪岁月中——以他天才的智慧和兼收并蓄的学识，将经验重新置入精彩的新形式中"。① 美国汉学界的苏学成果中，探究苏轼贬谪时期的"诗人之声"无疑是最引人注目的，艾朗诺（Ronald C. Egan）②、唐凯琳（Kathleen M. Tomlonovic，1941—2019）、郑文君（Alice W. Cheang）、金斯伯格（Stanley Ginsberg）等于此多有关注，拟分述如下。

## 一

美国蒙大拿大学（The University of Montana）郑文君的《诗歌、政治、哲学：作为东坡之"人"的苏轼》（"Poetry, Politics, Philosophy: Su Shih as The Man of The Eastern Slope"）③ 一文，通过探讨《初到黄州》与《东坡八首》，剖析苏轼被贬黄州五年间的自我成长历程，即从精神的"无根"状态到获得"自我"认同。

郑文君认为，被贬黄州期间，苏轼被迫远离政治，这给予他重新审视政治的机会，如1080年春苏轼所作《初到黄州》便是如此：

　　自笑平生为口忙，I laugh at myself, busied all my life on account of my mouth,
　　老来事业转荒唐。The older I get, the more preposterous in what I pursue.
　　长江绕郭知鱼美，Where the long river rounds the city wall, I know the fish will be good,
　　好竹连山觉笋香。Fine bamboo covers the hills-I can detect the fragrance

---

① ［美］梅维恒主编，马小悟、张治、刘文楠译《哥伦比亚中国文学史》第383页，新星出版社，2016年。

② 关于艾朗诺对苏诗贬谪书写的研究，可参见拙文《弥纶群言，而研精一理——论艾朗诺的苏轼研究》，载《中外文化与文论》（第24辑），2013年，本文不再讨论。

③ Alice W. Cheang, "Poetry, Politics, Philosophy: Su Shih as The Man of The Eastern Slope", *Harvard Journal of Asiatic Studies*, Vol. 53, No. 2 (1993), pp. 325-387.

of the shoots.①

郑文君将此诗定义为一首"自我界定"(self-definition)之诗,或更精确地说"自我发现"(self-discovery)之诗,苏轼探究了被贬黄州这一政治失败对他意味着什么。不同寻常的是,该诗讨论了他已经做了什么和他将要做什么,这实际上也是他向朝廷所做的声明。郑文君认为,苏轼在诗中的谦卑姿态让人疑窦丛生,他对贬谪的感激也取得了完全相反的效果。总体来看,该诗"轻松、随意的口吻,并未改变所言内容的严肃性,而这正是该诗成功的关键"②。

郑文君提出,被贬黄州之后,苏轼很快被一种误置(displacement)与被排斥感包围,或称"身份失落感"(the loss of identity),他不得不寻找新身份。如《寓居定惠院之东,杂花满山,有海棠一株,土人不知贵也》("江城地瘴蕃草木,只有名花苦幽独")一诗,塑造了一个具有美德的流放诗人形象。该诗表面上是对海棠的描摹,但从"寓言式阐释"层面来看,诗中的"佳人在空谷"指向苏轼的贬谪与流放;"先生食饱无一事,散步逍遥自扪腹"虚构了一个生活满足与情感自得的艺术形象,即具有戏剧性的艺术人格。总体来看,如果将该诗与《卜算子·黄州定慧院寓居作》结合考察,我们可以发现,二者均体现出"一种强烈的无根意识"(the loss of a stable sense),且其中体现的自我"实质上是不稳定、不成熟、模棱两可的"③。故此,苏轼急于构建一个安定、有根的精神世界,并以新身份安顿其后的黄州生活,《东坡八首》便体现出苏轼的这种努力。

郑文君首先注意到,《东坡八首序》与陶潜《归园田居序》有明显不同,陶渊明自愿从官场返归田园,而苏轼则是由于生存需要被迫从事农事活动,从失望中看到一线希望,他躬耕并非闲居,而是通过开荒种地以苦为乐,以此获得精神慰藉。从很大程度讲,《东坡八首》是"诗人从一个'疏离的自我'(an estranged self)到命运与世界调和的自我"④。与苏轼此前诗歌均不相

---

① 节选自张志烈等校注《苏轼全集校注》第 2150 页,河北人民出版社,2010 年。英译见"Poetry, Politics, Philosophy: Su Shih as The Man of The Eastern Slope".
② "Poetry, Politics, Philosophy: Su Shih as The Man of The Eastern Slope".
③ "Poetry, Politics, Philosophy: Su Shih as The Man of The Eastern Slope".
④ "Poetry, Politics, Philosophy: Su Shih as The Man of The Eastern Slope".

同，它们"建基于一个牢固的物理世界，甚至称为宋代模式，它们力图表现诗人沉思的问题。宋诗的真实恰恰是因为它们已然从'描摹外物'的范式发展为'描写内在'的成长"①。如《东坡八首》（其一）并未以陶潜式眼光来审视世界：

废垒无人顾, An abandoned fort with no one to tend it,
颓垣满蓬蒿。Its tumbled walls all overgrown:
谁能捐筋力, Who's there to lend his strength? ——
岁晚<u>不偿劳</u>。Whom year's end will not recompense.
独有孤旅人, Only this lonely wanderer,
天穷无所逃。Impoverished by heaven, with no escape.
……
喟然释耒叹, I let go the plough and sign aloud:
<u>我廪何时高</u>。"When will my store of grain pile up?"②

郑文君认为，该诗类似六朝时期诗人面对断壁残垣所发出的哀叹。"无人顾""无所逃"是一种痛苦的嘲讽，荒废的田园与被贬诗人之间具有相似的被弃遭遇，无人踏足的荒原与无处可去之诗人也形成某种耦合；"端来拾瓦砾，岁旱土不膏"，诗人特意使用缺乏诗意的语言与意象来呈现一片未被文明触及的蛮荒之地，但却体现了诗人怀疑与自我劝勉（self-exhortation）的结合；尾句"我廪何时高"具有模糊性，这种模糊性源于无望的现实与诗人的战斗欲望之间。总而言之，"诗人等同于诗中的艺术面具"③，苏轼拥有东坡这块荒地意味着其对成为农夫的身份认同，也就昭示了苏轼已然接受难以避免的命运。如果说《东坡八首》（其一）描摹了一幅荒原景象，其二则为此地重新命名（"荒田"）：

荒田虽浪莽, Though waste fields have run wild again,

---

① "Poetry, Politics, Philosophy: Su Shih as The Man of The Eastern Slope".
② 节选自《苏轼全集校注》第 2242 页。英译见"Poetry, Politics, Philosophy: Su Shih as The Man of The Eastern Slope".
③ "Poetry, Politics, Philosophy: Su Shih as The Man of The Eastern Slope".

高庳各有适。High and low each have what they are suited for:
下隰种秔稌,Low-lying wetland for planning rice,
东原莳枣栗。The incline to the east, jujubes and chestnuts.
……
一饱未敢期,A full stomach I daren't yet anticipate,
瓢饮已可必。But already I'm sure of a ladleful of drink.①

东坡已不再是"废垒""颓垣",而仅仅是荒田。其一的尾句"我廪何时高",在本诗中已经告诉答案,只是并非物质充足,而是精神满足。从其一到其二可以视作诗人从疏离到接受(from alienation to acceptance),从"孤旅人"到颜回之乐这一儒家理想精神世界,即"用微笑拥抱苦难"。

如果其一、其二写诗人顺应(resignation)贬谪生活的话,那么,其三("自昔有微泉,来从远岭背")则是表现其重生(regeneration),且诗人的视野也业已拓展。作者已经实现与贬谪之地环境的和解(rapprochement),"一个被贬之人,即从陌生土地上的陌生人,已经转变为田园隐士形象"②,由此,诗人已转变为一个内心获得宁静的人。苏轼也开始思念家乡四川,其四("种稻清明前,乐事我能数")的主体部分描写了大量"乐事",田园生活的和谐场景已然呈现出来,"这是一个极为理想的图景,它重构了苏轼记忆中的家乡画面,并希冀这种画面重现"③,而这是苏轼离朝之后长久的梦想。由此,《东坡八首》前四首形成一个"开启→闭合"模式,每首诗的结尾既是总结,也是对此后的期许。

郑文君进一步发现,《东坡八首》(其五)中的"良农惜地力,幸此十年荒"表明,苏轼已经完全投入劳作与收获的喜悦中,诗人也自称为"良农",生命的"哀歌"已转变为农夫生活的颂歌。如果说陶渊明并未将自己视为真正意义上的"田父"的话,那么,苏轼的诗歌则颠覆了陶潜所建构的模式。农夫关于种地的建议在陶渊明那里只是一个礼貌的回应,但苏轼是发自内心的谦卑与感激,其一中的"孤旅人"此时已置身于"给予与收获、付出与回

---

① 节选自《苏轼全集校注》第 2245 页。英译见 "Poetry, Politics, Philosophy: Su Shih as The Man of The Eastern Slope".
② "Poetry, Politics, Philosophy: Su Shih as The Man of The Eastern Slope".
③ "Poetry, Politics, Philosophy: Su Shih as The Man of The Eastern Slope".

报的人际关系模式中，重新寻找到了属于自己的位置"①。其六中的"种枣期可剥，种松期可斫"更是超越季节框架，已经开始思考十年或者更长时间的景象，后六句充满光与色彩的意象，总体来看是"以极为现实的意图开始，却以纯粹喜悦的幻象作结"②。如果是前五首以特定的评论作结，但其六的结尾首次没有提及衣食问题，由对"饱"的渴望进入"乐"的追求。其七（"潘子久不调，沽酒江南村"）、其八（"马生本穷士，从我二十年"）均系书写诗人在东坡与当地人结下的友谊，郑文君认为，这意味着诗人"自我"的真实呈现。其七为我们描摹了诗人与潘子、郭生、古生之间的友谊，分别是患难中的友谊、宁静田园生活中的友谊与君子之交。在郑文君眼里，其八是《东坡八首》最佳之作：

> 马生本穷士，Master Ma has always been a poor man——
> 从我二十年。And my friend these twenty years：
> 日夜望我贵，Say and night hoping for my success，
> 求分买山钱。That he might beg of me the money to buy a burial plot in the hills.
> ……
> 刮毛龟背上，Scraping the down off a tortoise's back——
> 何时得成毡。When ever would we get a thickness of felt？③

诗人用亲密口吻表达对这位给予帮助最大之人——马生的感激与尊重，苏轼也从对未来虚幻的思考（"虚"）转入在东坡生活这一现实（"实"），但是所有他想获得"实"的努力都可能终归徒劳无功（"刮毛龟背上，何时得成毡"），这也与其一中的"欲刮一寸毛"相呼应。简言之，苏轼面对的困难依旧没有变化，变化的是人生境界，即"苏轼没有改变或改善他的艰辛处境，但他已经以一种新的方式去面对。"④ 紧张的焦虑已然转变为自我调侃，

---

① "Poetry, Politics, Philosophy：Su Shih as The Man of The Eastern Slope".
② "Poetry, Politics, Philosophy：Su Shih as The Man of The Eastern Slope".
③ 节选自《苏轼全集校注》第 2256 页。英译见"Poetry, Politics, Philosophy：Su Shih as The Man of The Eastern Slope".
④ "Poetry, Politics, Philosophy：Su Shih as The Man of The Eastern Slope".

诗人已经战胜困难,虽然不是真正克服,而是在精神方面实现了超越。困境中感受到的点滴满足、愉悦,苏轼正走在类似颜回之乐的路上,其快乐并非建立于"实",而是在自我之中。总而言之,"苏轼躬耕东坡的收获乃其自我"①。

总而言之,在郑文君看来,《东坡八首》中的世界主要包括以下三个维度:一是作为农夫的苏轼;二是作为农夫—诗人的苏轼;三是作为东坡之人的苏轼("贤人"),前两者是通往"作为东坡之人的苏轼"的基础,这也是一个寻求"安"的自我的过程。从其六开始,诗人的关注点从外在客观世界转入内在主观世界,"安"被"乐"取代。《东坡八首》语言平实,但却代表了一种全新的、重要的诗歌实验,且它们"组成一个具有连续性的自我确证过程,在此过程中,诗人为其理想和他想要成为的'自我'命名,通过一系列诗歌写作,他实现了这一理想"②。

## 二

已故西华盛顿大学(Western Washington University)唐凯琳教授在其博士学位论文《"贬"与"归":苏轼贬谪诗研究》["Poetry of Exile and Return: A Study of Su Shi(1037—1101)"]中,对苏轼屡次贬放及其文学回应有较为细致的阐明,尤其是设置专章"流放中的'归'"(themes of return for the exile)充分发掘苏轼"和陶诗"与其自我认同之间的联系,堪称欧美学界讨论苏轼贬谪时期"和陶诗"的代表性成果。

唐凯琳在全面梳理屈原、贾谊、韩愈、柳宗元等前代诗人所构建的贬谪文学传统的基础上,指出苏轼并未从他们之中寻找效仿者,而是将陶渊明作为学习对象。苏轼不仅在精神上追慕陶潜,还创作了大量和陶诗,而且"一旦厘清苏轼的和陶决定,对和陶诗的分析将清晰地揭示苏轼如何形塑他的'回归'(return)概念"③。苏轼在大量诗歌中建立了一个自愿离朝的形象,这与其被迫离开朝廷的事实其实并不一致,苏轼的艺术化处理实际上是其建

---

① "Poetry, Politics, Philosophy: Su Shih as The Man of The Eastern Slope".
② "Poetry, Politics, Philosophy: Su Shih as The Man of The Eastern Slope".
③ Kathleen M. Tomlonovic, "Poetry of Exile and Return: A Study of Su Shi (1037—1101)", Ph. D. diss., University of Washington, 1989, pp. 356-357.

立的一种人格面具（persona）。如苏轼将被迫躬耕东坡的经历与陶渊明主动远离尘俗相联系，凸显"自愿性的类似"（semblance of voluntariness），这无疑显露出苏轼对作为隐士陶渊明的明确认同。唐凯琳认为，在苏轼的《和陶饮酒二十首》中，苏轼一方面显示出对陶渊明隐逸与"真"之人格品质的认同，另一方面又对其文学成就颇为赞赏，因此，苏轼选择"和陶"有艺术与人生价值的双重原因：

> 很显然，崇拜陶诗风格并非和陶的唯一原因。效仿陶潜的行为与态度是苏轼选择和陶的其他因素。①

具体来说，陶诗的主题、风格与意象（这些意象标示了陶渊明的隐士世界）对苏轼颇具吸引力，不管是陶渊明诗歌世界中呈现的简单、自足而非贫苦、艰辛的人生境遇，还是书、琴、酒、菊花等体现隐居生活的象征物，都对贬谪中的苏轼有相当吸引力。不仅如此，苏轼还将陶渊明诗歌的主题、意象、语词运用于诗歌创作中，如在《归去来集字》（其六）（其八）中，他不但从陶渊明的行为中获得创作灵感，还将陶诗的语词嵌入其诗作，而且极力模仿陶渊明诗歌"质而实绮，癯而实腴"的美学风格②。当然，唐凯琳发现，苏诗和陶诗也存在不同，如《和陶九日闲居并引》体现平静和满足的心态，这与陶诗充满对时光流逝的焦虑及战胜困难的决心并不一致。但总体来看，苏轼总是试图在和陶诗中和陶渊明的精神世界保持一致性。

唐凯琳认为，苏轼和陶诗的隐逸主题一言以蔽之曰"归"。因为"苏轼发现陶渊明身上最具有吸引力的，可以浓缩为一个词——'归'"，唯有"归""与陶渊明联系最为紧密，代表陶渊明厌弃官场，回归简单生活，而非妥协原则"。③因此，"归"也成为苏轼和陶诗最为常见的主题与关键词。如在《和陶归园田居》（其一）中，苏轼既赞美简单生活的愉悦，又提及其基本生活需求尚未得以满足，他从颜回、周公、伯夷、叔齐那里寻找精神归宿，表明苏轼试图塑造自己的高洁品性，自然也丰富了诗歌的意蕴；在《和陶归园田居》

---

① "Poetry of Exile and Return: A Study of Su Shi（1037—1101）", p. 371.
② 王宇根也认为，诗歌风格与美学是苏轼学习陶渊明的重要原因，参见王宇根《万卷：黄庭坚和北宋晚期诗学中的阅读与写作》第126页，生活·读书·新知三联书店，2015年。
③ "Poetry of Exile and Return: A Study of Su Shi（1037—1101）", p. 376.

(其二)中,与陶渊明相同,苏轼将自己与动植物的自由与闲适对举;《和陶归园田居》(其三)显示苏轼已经将闲适与拒绝官场生活的人联系在一起,可见苏轼"把陶渊明作为榜样,他强调了闲适与自由的价值"①;在《和陶游斜川》中,苏轼更是直接表明其贬谪如同隐逸,诗中没有不安,而是聚焦于闲适,一切返归自然秩序。总而言之,苏轼和陶渊明都试图从焦虑中得到解放,但二者并非完全相同,这源于苏轼作品中的道佛影响在陶渊明那里并未出现。

在人生境界方面,苏轼将陶渊明建构成效法的榜样。他将自己置于历史上的贫士之列,唐凯琳注意到,在《和陶贫士七首》(其一)(其三)(其五)中,苏轼试图将陶渊明建构成一个可供效仿的典范,且极力超越与陶渊明的时空距离,建立起另一个自我——陶渊明,这成为其回归的基石。因为"在苏轼眼中,陶渊明比拥有地位和财富的古人更高贵"②。在苏轼看来,贫穷并不必然意味着精神匮乏,与陶渊明一样,苏轼也在前代高洁之士那里寻找皈依。而在《和陶贫士七首》(其七)中,苏轼希望家人(主要是孩子)同样能从他在贫士那里寻求的认同中获得慰藉。当然,在苏轼"和陶诗"中,他塑造的精神偶像不限于陶渊明,比如葛洪也曾为苏轼所推崇。苏轼极力与历史上的隐士之间建立关联,此处隐士指的是自我修养(self-cultivation)极高的人。除陶渊明之外,苏轼还注意到葛洪,除经常阅读《抱朴子》外,他也曾在诗中言及葛洪及其隐居之地——罗浮山。苏轼提出,在贬谪生活中,修道当学葛洪,作诗当仿渊明。在《和陶读山海经》(十三首)中,虽然苏轼提及《抱朴子》,但最终依然回到"归"这一主题,而且深化了"归"的内蕴:

  苏轼和陶诗歌中的"归"既指从朝廷走向归隐,也包括隐逸生活中的自我修养。通过把自己置于陶渊明与葛洪之列,苏轼丰富和发展了惯常意义上"归"的内涵。③

唐凯琳对苏轼和陶诗的主要向度及其缘由进行了较为详细的阐明,尤其

---

① "Poetry of Exile and Return: A Study of Su Shi (1037—1101)", p. 380.
② "Poetry of Exile and Return: A Study of Su Shi (1037—1101)", p. 384.
③ "Poetry of Exile and Return: A Study of Su Shi (1037—1101)", pp. 390-391.

是以"归"为核心进行讨论,可谓切中肯綮,亦相当深刻。

## 三

与郑文君相似,威斯康星大学麦迪逊校区(University of Wisconsin-Madison)金斯伯格在其博士学位论文《中国诗人之"疏离"与"和解":苏轼的黄州贬放》("Alienation and Reconciliation of a Chinese Poet: the Huang-Chou Exile of Su Shih")第五章"农夫与诗人"中,也讨论了苏轼黄州贬放期间对白居易、陶渊明追慕的精神之旅。

金斯伯格认为,苏轼被贬黄州、远离朝廷之时,他对自己的贬官身份有明确意识,尤其是与白居易的贬谪经历有相似之处,并自取东坡之名,苏轼诗歌也受到白诗的影响(如关于清明节的诗歌)。苏轼对自己未来的不确定性表现在《东坡八首》之中,金斯伯格通过对其一、其三、其五的分析,他发现苏轼此时在农事方面投入大量精力,对朝廷事务的关注减少,而且陶渊明开始为苏轼所宗,更加重要的是,"在黄州时期,苏轼第一次自觉地将陶渊明诗歌吸纳入自己的诗歌中",而且"陶渊明的道德观也被强烈地植入苏轼的历史和文学意识中"①,在此后的和陶诗中,苏轼表现出对陶渊明的强烈认同。总体而言,"对苏轼来说,无论是白居易还是陶渊明,他们不仅仅是诗艺高超的诗人,还是令人崇敬的儒家伦理道德立场的化身"②。白居易促使苏轼从个人失败的负罪感中解脱出来,陶渊明则为苏轼树立了道德榜样与隐逸典范。陶渊明纵情诗酒的农夫形象对苏轼必然有极强吸引力,而且陶渊明既归隐山林又心系朝廷促使苏轼将自己纳入儒家最高道德境界。金斯伯格还对苏轼学陶、白及其影响有所涉及:

> 苏轼模仿陶渊明、白居易有一个从偶然到有意为之的过程,这给苏轼提供了一条从社会与政治错位困境中解放出来相对容易的路径:如果陶、白因为坚守原则既遭受苦难又受人尊崇,苏轼的处理方式也将同样

---

① Stanley Ginsberg, "Alienation and Reconciliation of a Chinese Poet: the Huang-Chou Exile of Su Shih", Ph. D. diss., University of Wisconsin, 1974, p. 154.
② "Alienation and Reconciliation of a Chinese Poet: the Huang-Chou Exile of Su Shih", pp. 165-166.

被后人辩明。①

这就是说,苏轼追慕陶渊明、白居易亦有为后人理解甚至树立典范的希冀。苏轼将自己的贬谪与陶渊明的归隐田园对举,实际上是试图为自己回归自然率真生活状态寻求精神依托。

## 结　语

综上所述,在美国汉学家眼里,"自我"是苏轼贬谪时期诗歌写作的关键词,或者说回归"自我"、重构"自我"是诗人精神建构的根本,苏诗"和陶""慕陶"更是意味着寻求精神皈依与灵魂拯救,这些看法都有其合理性。同时,部分成果合理运用西方文学批评方法也有新意,尤其是郑文君对《东坡八首》的分析,既注重每首诗歌字、词、句的拆解与融合,又注意到各首诗之间的区别与联系,并以"自我"贯穿始终,颇有结合新批评、结构主义与精神分析的影子,彰显西方学术特色,颇具启发性。

万　燚　四川轻化工大学教授

---

① "Alienation and Reconciliation of a Chinese Poet: the Huang-Chou Exile of Su Shih", p.166.

# 民国时期美国汉学著作在中美学界的不同回响及其启示<sup>*</sup>

## ——基于学术书评的考察

吴原元

**摘　要**：20世纪20年代末以来，一批曾来华留学的美国学人相继出版汉学著作。这些汉学著作在民国学人看来并无太多新意或价值，且多存有史料难以博雅、史料颇多误译、史实与史论常有错讹等问题。与之不同的是，美国学界认为这些著述所探讨的课题具有学术难度、史料多为中文文献、具有填补研究空白之价值，因而给予了极高的肯定与赞誉。对于这些汉学著作，中美学界总体上呈现出近乎相异的评价，折射出中美两国不同的汉学研究面相，即在汉学素养、书评中所寄意趣等皆存差异。可见，跨国学术评议时，关注的并不限于所评著作本身，本国学术及其所处环境亦是关切所在。我们在推进学术研究的国际评价时，既需要认真对待来自异域的声音，亦须注意其所具有的"民族化"面相。

**关键词**：美国汉学著作　中美学界　学术书评回响

20世纪20年代末以来，孙念礼（Nancy Lee Swann，1881—1966）、魏鲁男（James R. Ware，1901—1977）、顾立雅（HerrleeG. Creel，1905—1994）、卜德（Derk Bodde，1909—2003）、富路德（L. Carrington Goodrich，1894—1986）、韦慕庭（C. Martin Wilbur，1907—1997）、嘉德纳（Charles S. Gardner，1900—1966）、宾板桥（Woodbridge Bingham，1901—1986）、费正清

---

\* 本文为上海市马克思主义理论教学研究"中青年拔尖人才"项目《民国时期来华留学的美国学人及其汉学研究》（项目号：2020BJ10）的阶段性成果。

(John K. Fairbank, 1907—1991) 等一批从事汉学研究的美国学人先后来华留学①。回国后，他们相继出版汉学著作。比如，孙念礼出版了以梳理东汉著名才女班昭生平事迹及译注其诗文为旨趣的《班昭传》（Pan Chao: Foremost Woman Scholar of China, 1932）；富路德则出版了考察乾隆时期文字狱为主题的《乾隆禁书考》（The Literary Inquisition of Ch'ien-lung, 1935）；韦慕庭亦出版了以论述西汉时期奴隶制度并译注相关史料为主要内容的《前汉奴隶制度》（Slavery in China During the Former Han Dynasty, 206 B.C.-A.D. 25, 1943）；其他还有顾立雅的《中国之诞生》（The Birth of China, 1936）、卜德的《李斯传》（China's first unifier: a study of the Ch'in dynasty as seen in the life of Lissu 280?-208 B.C, 1938）、宾板桥的《唐代的建立》（The Founding of the T'ang Dynasty, the Fall of Sui and Rise of T'ang, 1941）、嘉德纳的《中国旧史学》（Chinese Traditional Historiography, 1938）以及德效骞（Homer H. Dubs, 1892—1969）的《前汉书译注》（The History of the Former Han Dynasty: Translation, 1938）、恒慕义（Arthur William Hummel, 1884—1975）主编的《清代名人传记》（Eminent Chinese of the Ch'ing Period, 1943&1946）等。颇为值得注意的是，这些汉学著作不仅在美国学界引起热烈回响，同样也在中国学界产生回响，雷海宗、洪煨莲、齐思和、王伊同、聂崇岐、杨联升等人都撰有书评。众所周知，书评是了解学术的窗口。透过书评，我们不仅可了解学术著作本身，亦可借此窥视书评者的学术取向。正如安东尼·格拉夫敦（Anthony Grafton）在《脚注趣史》（The Footnote: A Curious History, 1999）中所言，"谁若是真的跟随历史学家的脚注而回归到他们使用过的史料，相应地花时间查考它那深埋于地下的复杂根茎，很可能会在底层的酸性土壤中发现远超意料之外的人情世故"②。循此思路，本文拟以民国时期中美学人就美国来华访学交流的汉学家所出版的汉学著作撰著的书评为考察对象，探讨他们评述的差异及成因，以期对中美汉学研究之旨趣有更深入理解。

---

① 有关美国学人在华留学的具体情况，可参见顾钧《第一批美国留学生在北京》，大象出版社，2015 年；李孝迁《域外汉学与中国现代史学》，上海古籍出版社，2014 年。
② ［美］安东尼·格拉夫敦著，张弢、王春华译《脚注趣史》第 13-14 页，北京大学出版社，2014 年。

## 一、民国学人对美国汉学著作的评议

　　美国学界出版的这些汉学著作,民国学人多认为并无太多新意或价值。例如,孙念礼所撰的《班昭传》,齐思和虽称"全书大体考证精密,议论平允,足征作者于汉学造诣之深及其用力之勤",但系就西方汉学而言,因为"现今西人研究汉学风气多注重上古与近世,两汉之史,治者尚少"①。在王伊同看来,德效骞的《前汉书译注》,虽"大抵译笔忠实,首尾贯穿,注疏精详,考证明确,贤乎时辈远矣",然仍"或出入原旨,且译工未细,或伤文气。其注释之部,多所剽夺,以为发明,尤失史家公正之态度";②卜德的《李斯传》,其关于秦史及李斯思想渊源之论,不乏"极精者",译笔亦"信达,注释详赡",但秦郡名数与韩非之死,则"摭采异说,令人致惑,不可不论",尤其是"氏既译斯传,复遂节剖分,验其真伪;虽间有精义,而牵附为多"。③对于嘉德纳的《中国旧史学》,朱士嘉认为除"精神固自可钦"外,几无可取之处,不仅"中国典籍征引较少",且著者"仅就校勘学分类法等问题略加论列,似属舍本逐末,隔靴搔痒"④。民国学人多以为,"东周以后,在中国从没有以奴隶为生产中心的社会,已经是一般史家所公认的事",因此杨联陞认为韦慕庭的《前汉奴隶制度》"不过从各方面作详实的分析,使这个论断更加有力"⑤。富路德的《乾隆禁书考》,雷海宗称其所论不过是"综合整理近年来各方面研究的结果,无许多新的贡献"⑥;洪煨莲亦认为,此书所论"与最近几十年来中国学者之间的常识并没有不同"⑦。在民国学人看来,美国所出版的这些汉学著作主要存有以下问题:

　　其一,史料难以博雅。"西文与汉语,性质悬殊,故彼等之通读汉籍,本

---

① 齐思和《班昭传》,载《燕京学报》1937 年第 22 期。
② 王伊同《德氏前汉书译注订正》,载《史学年报》1938 年第 5 期。
③ 王伊同《李斯传》,载《史学年报》1939 年第 1 期。
④ 朱士嘉《中国旧史学》,载《史学年报》1938 年第 5 期。
⑤ 杨联陞《评韦尔柏〈前汉奴隶制度〉》,载《思想与时代》1943 年第 28 期。
⑥ 雷海宗《书评:The Literary Inquisition of Ch'ien-Lung》,载《清华学报》1935 年 第 4 期。
⑦ William Hung, "Book Review: The Literary Inquisition of Ch'ien-Lung", *The Chinese Social and Political Science Review*, Vol. 19, No. 2 (1935), p. 270.

非易事。欲其一目十行，渊贯经史，涉猎百家，旁通当代撰著，殊为奢望。"① 民国学人认为，这些汉学著作在史料的搜集和审别方面大多难以博雅。朱士嘉即认为，嘉德纳对西方学者的论文"搜罗尚属详尽"，但刘知几的《史通》、章学诚的《文史通义》、张采田的《史微》、刘咸炘的《史学述林》等"其最重要之著作"却被忽略。② 在郭斌佳看来，富路德在《乾隆禁书考》中"论康、雍两朝之事，颇为得当，但吾人以为作者所述似太简略"，不仅未将陈恪勤诗案、何之杰诗案及裘琏一案等重要狱讼列入，而且作者在利用中文史料时"常有模糊影响，不能充分了解之苦"，如"锡保举发陆生楠之《通鉴论》，作者不能说明其举发之词，但谓有碍满清，简略了事。"③ 洪煨莲亦认为，富路德"对于材料之审别，亦有可议之处。如对于徐述夔一案，不用掌故丛编而用不足信之清朝野史大观，即是一例"④。韦慕庭对《史记》《汉书》里的史料"辑得很齐备"，但杨联陞认为"时代断限，未免太浅，后汉初的材料，很多没有用，如《后汉书·樊重传》"。⑤ 陈恭禄则就赖德烈（Kenneth Scott Latourette，1884—1968）所撰的《中国史与文化》（The Chinese：their history and culture，1934）指出，"著者在中国多年，但限于言语文字，殆不能多看。故所列举者，或不免于错误，或不免于疏陋"⑥。恒慕义主编的《清代名人传记》亦不例外，王重民认为"诚然很清晰，很有用，胜于 Giles 者不止倍蓰"，但"分纂诸君子未够高明，一则立传之人未有通盘计划，故有有传而不必传与当传而无传者；再则取材稍滥，欲为第一流著作，而采用三四流史料，是其可议处"。⑦

其二，史料颇多误译。汉文史料的英译绝非易事，不仅需要精通古文，还需深厚的中国知识。方志浵批评西方汉学者多半不大了解方块文字的奥妙，认为"不求甚解"可称为他们的标语，并借用英国汉学家庄延龄（Edward

---

① 梁盛志《外国汉学研究之检讨》，载《再建旬刊》1940 年第 9 期。
② 《中国旧史学》，载《史学年报》。
③ 郭斌佳《书评：乾隆之禁书运动》，载《国立武汉大学文哲季刊》1936 年第 3 期。
④ 洪煨莲《评古得林著乾隆书考》，载《史学消息》1937 年第 6 期。
⑤ 《评韦尔柏〈前汉奴隶制度〉》，载《思想与时代》。
⑥ 陈恭禄《评莱道内德著〈中国史与文化〉》，载《武大文哲季刊》1934 年第 2 期。
⑦ 北京大学信息管理系、台北胡适纪念馆编《胡适王重民先生往来书信集》第 39 页，国家图书馆出版社，2009 年。

Harper Parker，1849—1926）的话认为"西方汉学家就是汉文之摧残者，而自相毁伤为业者"①。在民国学人看来，美国学人的史料英译或许就是如此。雷海宗在查阅了富路德的翻译后，直言"不求甚解的综述工作，著者还能勉强担当。翻译是另外一回事，著者的中文程度似乎还不能胜任"，"以致占本书四分之三篇幅的下部全不可用。中国人无需去用，不识中文的西洋人若去应用就要吃大亏。"②聂崇岐在核阅韦慕庭对《史记》《汉书》中有关汉代奴隶制史料的英译后，认为作者治学虽不苟，然"译文讹误甚多"，"仅就翻阅所及，略举第二编不妥处二十则，以见一斑"③。杨联陞在检索后，亦认为"作者似乎很下了一番功夫"，但仍有二十多条错译。④周一良在评述魏鲁男英译的《魏书·释老志》（Wei shou on Buddhism）时，称其"译文确能简洁明白，尤其关于佛教教义那几段，若非译者对佛学与梵文都有相当素养，一定不能胜任愉快的"，但细读即"觉得魏氏译文尚有可商量的地方"，尤其是"《释老志》大体都算明白，魏氏却往往误会原文而错译，偶尔还有脱漏"⑤。德效骞这样"于吾国学艺，致力甚勤"者，王伊同认为其译注《前汉书》仍"或出入原旨，且译工未细，或伤文气"⑥。

当然，民国学人对美国学人英译中所存错讹多抱理解之心。雷海宗在指出富路德的汉语能力无法胜任翻译时，亦指出"本来中国文字一向不加标点，国内读破万卷书的人也不敢自信对前代文字的句读有十稳的把握"⑦。王伊同亦如是言道，"氏以西人，治汉学，文字转绕，尤异寻常。遗漏疏略，误译错解，属难尽免"⑧。杨联陞则认为美国学人细读史料之精神值得民国学人学习：

> 我们现在大学里的研究生，读古籍多少人能有这种成绩，实在很难

---

① 方志澎《佛尔克教授与其名著〈中国哲学史〉》，载《研究与进步》1939年第1期。
② 《书评：The Literary Inquisition of Ch'ien-Lung》，载《清华学报》。
③ 聂崇岐《书评．Slavery in china during the former Han dynasty》，载《燕京学报》1946年第31期。
④ 《评韦尔柏〈前汉奴隶制度〉》，载《思想与时代》。
⑤ 周一良《评魏楷英译〈魏书·释老志〉》，载《史学年报》1937年第4期。
⑥ 《德氏前汉书译注订正》，载《史学年报》。
⑦ 《书评：The Literary Inquisition of Ch'ien-Lung》，载《清华学报》。
⑧ 《李斯传》，载《史学年报》。

说。我以为读古书要有翻译的精神，一字不可放过，在大学史学课程中，遇有重要而难读的史料，教授应当在课堂中与学生共同讲读，不可强不知以为知，囫囵混过。中国人写论文引中国书向来不翻译，实在作者读不懂所引的书，有时候真成问题，西洋人引中国书必须翻译，所以他们的学者读书有时候很细，是我们应该效法的。①

其三，史实与史论常有错讹。由于文字和环境隔阂，民国学人在这些汉学著作中不时发现史实错误。齐思和即发现孙念礼"不知女史之职，由来已久"，故其将班昭谬称为中国唯一女史家，并将班昭所著之赋"俱谓之短赋"，而不知"汉赋无如此之短者，直至六朝始有此体"②。嘉德纳称"孔夫子乃最高之官衔"，并称"《通鉴纲目》乃朱熹所撰"。朱士嘉认为，这是作者不知"夫子乃普通尊敬之称"，而《通鉴纲目》"大抵出于其门人之手，特发凡起例，乃朱子所定"③。有关宋代的史家及其作品，赖德烈皆没有认清，《资治通鉴》始于公元前5世纪末而非4世纪初，《通鉴外纪》的作者为刘恕并非司马光。④

同时，在民国学人看来，不少美国学人的论定千古，多不免隔靴搔痒。例如，赖德烈在书中提出"孔子不懂得幽默（humor），不喜爱儿童，除对已死的母亲略有孝思之外并不尊重女性，连自己的妻子也不恭敬"之观点，雷海宗认为这种说孔子不幽默的论调本身就非常幽默，等于说孔子不是20世纪的美国人。⑤ 又如，德效骞在其译注的《前汉书》导论中提出"汉初大臣有重权，天子不甚专裁"之原因，在于"儒学之影响"。对于此论，王伊同不以为然，指出"诸臣专制，帝不能堪，故加黜抑。犹之郡国骄恣，则有削地之议，推恩之令。统一增强，天子权集，大势所趋，理有宜然，初与儒学乎何

---

① 《评韦尔柏〈前汉奴隶制度〉》，载《思想与时代》。
② S. H. Chi, "Book Review: Pan Chao: Foremost Woman Scholar of China, First Century A. D.", *The Chinese Social and Political Science Review*, Vol. 22, No. 2 (1938), p. 201.
③ 《中国旧史学》，载《史学年报》。
④ 雷海宗《书评：Kenneth Scott Latourette, The Chinese, their History and Culture.》，载《清华学报》1935 年第 2 期。
⑤ 《书评：Kenneth Scott Latourette, The Chinese, their History and Culture.》，载《清华学报》。

有？"① 再如，嘉德纳在书中提出，"中国史学家对于史事之可能性甚少加以精密之估计"，朱士嘉认为"此说全非，盖修史者叙述一事，必胪举若干种不同之材料，而加以比较，考订其曲直是非，而后笔之于书；即达官显宦之事迹，亦必有所依据，若非著者所云，彰善引恶，一唯人君之马首是瞻也"②。

民国学人在评述美国学人的汉学著述时，亦有肯定之处。③ 治汉学之精神与态度，即其中之一。郭斌佳即称富路德"治学之态度非常忠实，一字一句，不稍苟且"④；聂崇岐赞韦慕庭"治学之不苟"⑤；齐思和则赞孙念礼"用心之细"⑥。不受中国固有文化传统之束缚，偶有迥异于中国学者的新颖之观点和见解，是另一所肯定之处。陈恭禄对于赖德烈的《中国史与文化》如是称赞道，"吾人叙述史迹，常或易为古人成见与史论所拘，著者身为外，论断往往出于比较研究之所得，结论虽或不同于吾人，常有深切考虑之价值。⑦ 雷海宗则称富路特的《乾隆禁书考》一书中不乏"有几点很动人的见解"，如乾隆时代对文字的摧残较比清初严重之根本原因在心理，他认为"这虽是难以证明或否证的说法，仍不失为一个很有兴趣并很合情理的解释"⑧。所值得注意的是，民国学人对美国汉学著述之系统性和篇章架构多有肯定。邓嗣禹曾就国内的史学著述如是感慨道，"尝见国人著述，旧派多獭祭为书，新派多章节连篇，令人读完之后，非感茫无断限，则觉漫无联贯；而考证文章之艰涩枯燥，尤可畏也"⑨。正因为如此，富路德的《乾隆禁书考》被认为"很值得我们欢迎"，因为"近年来对于清代文字狱的问题，国人搜集材料与研究的工作虽然不少，但有系统概括一切的专著仍不多见"⑩。顾立雅的《中国之诞生》，亦是因其对商周社会、经济、文化、历史等方面系统而清晰的介绍，故有感于"中国学者似乎是通过使其论文尽可能平淡、抽象和深奥而使读者迷惑"

---

① 《德氏前汉书译注订正》，载《史学年报》。
② 《中国旧史学》，载《史学年报》。
③ 吴原元《民国史家视野中的美国汉学及其启示》，载《华南农业大学学报》2014 年第 3 期。
④ 《书评：乾隆之禁书运动》，载《国立武汉大学文哲季刊》。
⑤ 《书评. Slavery in china during the former Han dynasty, 206B. C-A. D25》，载《燕京学报》。
⑥ 《班昭传》，载《燕京学报》。
⑦ 《评莱道内德著〈中国史与文化〉》，载《武大文哲季刊》。
⑧ 《书评：The Literary Inquisition of Ch'ien-Lung》，载《清华学报》。
⑨ 邓嗣禹《中国印刷术之发明及其西传》，载《图书评论》1934 年第 11 期。
⑩ 《书评：The Literary Inquisition of Ch'ien-Lung》，载《清华学报》。

的雷海宗①，称此书是"迄今为止，包括中文在内的任何语言中，还没有出现对公元前 1400 至 600 年中国发展作如此系统且清晰易懂的研究著作，唯一可与之比肩的可能是马伯乐的《中国古代史》"②。在陈恭禄看来，赖德烈的《中国史与文化》"叙述上古史迹，迄于现时，综合政治上学术上艺术上等等之发展，成一有统系之著作"③，故对其"爱之不忍释手"④。韦慕庭的《前汉奴隶制度》为聂崇岐所肯定，乃在于其就汉代奴隶的论述，"条理颇为清晰"。⑤《图书季刊》愿意向国内读者介绍卜德的《李斯传》，亦是因"国人研究古史者，尚少此类综合性之著述"⑥。

## 二、美国学界对本国汉学著作的评议

与民国学人的评价不同，美国学界对这些汉学著作给予极高的肯定与赞誉。孙念礼的《班昭传》被称为是如此"透彻而博学"⑦；嘉德纳的《中国旧史学》是"一部精彩之著"，它为"汉学研究者提供了真正的帮助。……基于广泛且很好消化阅读所获得的大量信息，塞满了这些页面，确实令人震惊"⑧。卜德关于李斯的研究，被称为"拨开了历史迷雾，重塑了李斯形象，堪称佳作"⑨。顾立雅的《中国之诞生》，在毕士博（Carl Whiting Bishop，

---

① H. T. Lei. "Book Review: The Birth of China: A Survey of the Formative period of Chinese Civilization", *The Chinese Social and Political Science Review*, Vol. 21, No. 2 (Jul. 1937), p. 273.
② "Book Review: The Birth of China: A Survey of the Formative period of Chinese Civilization".
③ 《评莱道内德著〈中国史与文化〉》，载《武大文哲季刊》。
④ 《评莱道内德著〈中国史与文化〉》，载《武大文哲季刊》。
⑤ 《书评. Slavery in china during the former Han dynasty》，载《燕京学报》。
⑥ 毓《附录：China's First Unifier》，载《图书季刊》1939 年第 4 期。
⑦ J. K. Shryock, "Review of Pan Chao, Foremost Woman Scholar of China", *Journal of the American Oriental Society*, Vol. 53, No. 1 (1933), p. 91.
⑧ J. J. L. D, "Review Chinese Traditional Historiography", *T'oung Pao*, Vol. 34. No. 3 (1938), pp. 238–239.
⑨ Homer H. Dubs, "Review of China's First Unifier", *The American Historical Review*, Vol. 44, No. 3 (1939), p. 640.

1881—1942）看来是"迄今西方对于青铜时代中国最好和最完整的描述"①。富路德的《乾隆禁书考》，则被称赞为"证据充分翔实"，"为汉学研究确立了一个非常高的标准"②。1945 年，《远东季刊》（*The Far Eastern Quarterly*）曾组织"最新出版的远东研究优秀著作"评选，德效骞的《前汉书译注》和恒慕义的《清代名人传记》入选 21 部名著之列，韦慕庭的《前汉奴隶制度》则被选为"具有价值的著作"③。这些汉学著作之所以为美国学界所肯定，主要是基于以下原因：

其一，研究课题具有难度。德效骞曾这样言道，"要理解中国人的学术风格具有相当的难度，甚至是一般中国大学研究生对其也不能很好理解"，原因并非缺乏原始文献，"能够利用的可信史料可谓是成吨而非一点点；但它是分散的、碎片化的，没有索引，没有被充分解读"。另外的一个原因就是"缺少一部能够让我们自信地拿起任何史料并透彻理解它的词典，甚至中文界亦不存在这样的词典，这些困难使西方学者望而却步"④。德氏之言，道出了美国学人对这些汉学著作赞誉有加的原因所在。以韦慕庭的《前汉奴隶制度》为例，毕乃德（Knight Biggerstaff，1906—2001）认为该著"非常富有价值"，原因在于"他所面对的研究任务具有非同寻常的困难"，"有关西汉的同时代记载，虽然绝大多数局限于《史记》《汉书》，但这些史籍的编撰者主要关注的是皇家法令和王侯将相等重要人物，有关社会和经济组织仅占很少的篇幅"，其"关于奴隶的材料往往是附带的、片断化的、零散的，作者必须从史籍中将这些零碎的史料爬梳出来，这是相当令人乏味的工作"⑤。柯睿格（E. A. Kracke. Jr，1908—1976）持有相同的观点，"中国古代史家在保存对他们而言具有重要意义的主题材料时是如此细致，但对于作为一种制度的奴隶

---

① H G. Creel, *The Birth of China：A Survey of the Formative period of Chinese Civilization.*, London：Jonathan Cape, 1936, p. 9.

② Carroll B. Malone, "Review The Literary Inquisition of Ch'ien-Lung", *Journal of the American Oriental Society*, Vol. 55, No. 4（1935）, pp. 477-479.

③ Meribeth E. Cameron , "Outstanding Recent Books on the Far East", *The Far Eastern Quarterly*, Vol. 4, No. 4（1945）, pp. 367-369.

④ Homer H. Dubs, "Slavery in China During the Former Han Dynasty, 206B. C-A. D25", *Pacific Affairs*, Vol. 17, No. 3（1944）, pp. 343-344.

⑤ Knight Biggerstaff, "Review Slavery in China During the Former Han Dynasty, 206B. C-A. D25", *The Journal of Economic History*, Vol. 3, No. 2（1943）, pp. 231-233.

却并没有兴趣",故此"必须将从汉代史籍关于其他主题记录中去找寻有关奴隶的零散性材料"①。嘉德纳的《中国旧史学》所以获亚瑟·威利(Arthur Waley, 1888—1966)的称赞,是因为"可用资料的时间及其作者的观点看法,直到最近都还几乎是神话式的"②。

其二,史料多为中文文献。富路德曾就美国学人的汉语能力如是言道,"现在能胜任汉学教师的师资屈指可数;有能力在一流汉学期刊上发表文章之人几乎不存在。在近期美国人所做的西方汉学重要著作调查中,145位作者只有23个美国人,而且其中一半不懂中文"③。20世纪30年代后出版的这些汉学著作,则多能利用中文文献。比如,孙念礼通过查阅《汉书·叙传》及《后汉书》本传等中文史籍,搜集班昭之生平事迹及著作,并对其翻译,恒慕义据此称赞《班昭传》,"简明扼要,且史料翔实"④。富路德的《乾隆禁书考》,利用清代档案、传记及文件等与文字狱有关的中文史料,并注意搜集中国学界有关此问题的研究成果,故此麻伦(Carroll B. Malone, 1886—1973)认为其"史料充分完备,具有很高的学术性"⑤。韦慕庭的《前汉奴隶制度》,主要致力于将《史记》《汉书》中涉及西汉奴隶的史料网罗殆尽,柯睿格称其"在这方面做得非常全面而彻底","是对这一主题完美而最富有价值的贡献"⑥;魏特夫(Karl August Wittfogel, 1896—1988)则认为这种将"翻译原始文献作为社会文化分析的基础,是东方研究最好的传统"⑦。《李斯传》的史料主要为《史记·李斯传》以及有关李斯的其他中文史料,毕士博因此认

---

① E. A. Kracke, Jr., "Review Slavery in China During the Former Han Dynasty, 206B. C-A. D25", *The American Historical Review*, Vol. 49, No. 2 (1944), pp. 291-292.

② Arthur Waley, "Review Chinese Traditional Historiography", *Journal of the Royal Asiatic Society of Great Britain and Ireland*, Vol. 3, No. 1 (1940), pp. 81-82.

③ L. C. Goodrich," Chinese Studies in the United States", *The Chinese Social and Political Science Review*, Vol. 16, No. 1 (1931), p. 75.

④ Arthur W. Hummel, "Reviewed Work (s): Pan Chao, Foremost Woman Scholar of China", *The American Historical Review*, Vol. 38, No. 3 (1933), pp. 562-563.

⑤ "Review the Literary Inquisition of Ch'ien-Lung".

⑥ "Review Slavery in China During the Former Han Dynasty, 206B. C-A. D25".

⑦ Karl. A. Wittfogel, "Review Slavery in China during the Former Han Dynasty, 206B. C-A. D. 25" *Anthropologist*, Vol. 47, No. 1 (1945), pp. 161-162.

为"这部精心编纂的著作,充分利用了中文史料,富有判断力和敏锐的洞察力"①。恒慕义主持编撰的《清代名人传记》,则由于大量使用地方志、年谱、日记等非官方中文史料和中文最新学术成果,梅谷(Franz Michael,1907—1992)如是称赞道,"英语世界没有其他著作像它这样使用如此丰富的文献材料"②。

其三,研究著作具有填补空白的价值。在美国学界看来,20世纪30年代后所出版的这些汉学著作,至少对西方汉学而言多为填补空白之作。比如,卜德以李斯为中心对秦朝所作的研究,即因其"所涉及的历史时期,不仅是中国历史上最令人困惑的时期之一,同时这一时期亦几乎不为现代学者所关注"而具有价值③。富路德关于乾隆文字狱的研究,受到称赞是因这一研究主题"几乎完全被西方世界所忽视,甚至也没有被中国学者充分关注"④。宾板桥的《唐代的建立》,其价值并不是作者在书中所提出的解释和概括,而是他将"历史方法合理的应用到研究一个相对被忽视但却非常重要的历史时期"⑤。柯睿格即称,这是"西方第一次从现代历史角度,对隋亡唐兴这一至关重要历史时期进行重新诠释"⑥。韦慕庭的西汉奴隶制度研究受到肯定的重要原因,系因这是"西方第一次对中国奴隶制度做如此系统而深入的研究"⑦。德效骞译注的《汉书》在美国学术界"倍受欢迎"和赞誉,不仅是因为要对"远东的历史、社会、文学真正有所了解",必须"将大量重要的中文

---

① Carl. Whiting Bishop, "Review China's First Unifier: A study of the Ch'in dynasty as seen in the life of Li Ssu", *Pacific Affairs*, Vol. 12, No. 1 (1939), pp. 87-90.

② Franz Michael, "Review Eminent Chinese of the Ch'ing Period (1644—1912)", *The Far Eastern Quarterly*, Vol. 3, No. 4 (1944), pp. 386-387.

③ E. Edwards, "Review China's First Unifier", *Bulletin of the School of Oriental Studies*, Vol. 9, No. 4 (1939), pp. 1064-1065.

④ "Review the Literary Inquisition of Ch'ien-Lung".

⑤ Meribeth E. Cameron, "Review The Founding of the T'ang Dynasty: The Fall of Sui and Rise of T'ang", *Pacific Historical Review*, Vol. 10, No. 4 (1941), p. 469.

⑥ E. A. Kracke, Jr, "Reviewed Work (s): The Founding of the T'ang Dynasty: The Fall of Sui and Rise of T'ang", *The Far Eastern Quarterly*, Vol. 1, No. 1 (1941), pp. 90-92.

⑦ "Review Slavery in China during the Former Han Dynasty, 206B. C-A. D. 25", p. .

文献翻译过来"①，亦因为这是美国学术界第一次如此大规模地翻译中国史籍，是"美国学术界对国际汉学所作的一大贡献"②。顾立雅的《中国之诞生》"对公众有着无法拒绝的吸引力"，既是因为中华文明起源问题一直为西方学者所感兴趣，"每个有思想的人都对这种文明的起源感兴趣，这种文明已经连续 3000 多年影响着无数人的生活"③，"这是美国汉学界乃至西方学术界仅有的几部对中国上古历史文明做如此系统全面且生动描述的著作之一"亦是重要原因。④ 由于"一直以来西方都缺乏一部系统的有关清代之史著"，故恒慕义主编的《清代名人传记》不仅在于"对我们的中国知识是一显著贡献"，"它事实上是一部以人物传记形式展现中国最近三百年的历史"⑤。

当然，美国学人在评述这些汉学著作时亦会指出其所存在的错误，但通常都是一些细节性的或史实的错误。比如，德效骞在评述韦慕庭的《前汉奴隶制度》时，即指出作者英译中几个不妥之处，并就作者忽视农业与园艺有别、错将汉代奴隶区分为官奴与私奴等几个误解史实之处予以指正⑥。卜德在评述宾板桥的《唐代的建立》一书时，指其所附参考书目的选择不妥，"除了基本的历史文献之外，所列的中国学人著作如此之少"⑦；施赖奥克（John. Knight. Shryock，1890—1953）在评述孙念礼的《班昭传》时，称其存有"一两个小错误"，如"汉初的四位皇帝都不是儒家，并没有把儒家学说作为

---

① Eduard Erkes, "Review The History of the Former Han Dynasty. Translation, Volume One. First Division", *Artiubs Asiae*, Vol. 9, No. 3 (1946), pp. 229-230.

② Nancy Lee Swann, "Review Book: The History of the former Han Dynasty", *The Far Eastern Quarterly*, Vol. 4, No. 1 (1944), pp. 67-70.

③ W. Perceval Yetts, "Reviewed Work (s): The Birth of China. A Survey of the Formative Period of ChineseCivilization ", *The Burlington Magazine for Connoisseurs*, Vol. 69, No. 404 (1936), p. 237.

④ Theodore D. McCown, "Review Book: The Birth of China", *American Anthropologist*, Vol. 40, No. 1 (1938), pp. 160-162.

⑤ K. S. Latourette, "Review Eminent Chinese of the Ch'ing Period (1644—1912)", *The American Historical Review*, Vol. 50, No. 4 (1945), pp. 803-805.

⑥ "Slavery in China During the Former Han Dynasty, 206B. C-A. D25".

⑦ 他认为至少邓之诚的《中华两千年史》、王国良的《中国长城的沿革考》、陶希圣和鞠清远的（《唐代经济史》）这些著述应列入。具体见 DerkBodde, "Reviewed Work (s): The Founding of the T'ang Dynasty: The Fall of Sui and Rise of T'ang", *Journal of the American Oriental Society*, Vol. 61, No. 4 (Dec., 1941), pp. 293-295.

国教的基础""作者依照翟理斯的说法认为淮南子去世时间为公元前 122 年，但其何时去世还有相当大的怀疑""王肃并非比班昭年轻几岁，他们之间相隔了近一个世纪"①。毕士博在评述赖德烈的《中国史与文化》时，同样主要是指出其所存在的史实性错误，如"骑兵开始用于战争并不是始于商朝后期，而是商亡半个多世纪之后""大象并非如作者所称在中国被驯化，并在商朝后期用于战争之中，事实是无论是在中国还是在其他任何地方大象都没有驯服过""茶在周朝已被用作饮料的说法并没有为同时代文献所证实""煤早在唐代就被用于炼铁的说法需要修正，中国一位著名地质学家称煤用于炼铁已经有将近一千年的历史了"等。②

此外，美国学人在评述时也偶尔会就著述中的某一观点提出商榷。卜德在《李斯传》一书中，认为李斯在秦统一中所起作用远大于秦始皇，并批评其在道德上所具有的缺陷。对此，施赖奥克认为，"本书最大的缺陷是过于强调李斯作为时代英雄是自然而然的结果，他完全夺取了皇帝的光辉"。在他看来，"李斯的成功，是因为他得到一位伟大统治者的支持"，而将秦始皇描绘成一个"鲁莽、感情易冲动、迷信、没有文化教养的征服者"，"这样的刻画对一个可能是冷酷无情、有缺点、不道德但却非常伟大的人物来说是不公平的"③。毕士博亦不同意作者过于强调李斯的作用，而将秦始皇仅视为"傀儡"；在他看来，中央集权帝国的思想观念在中国的形成以及货币经济是如何导致封建崩溃是两个本应关注并值得讨论的问题。④ 德效骞则不认同作者对李斯道德的评价，"卜德过于接受儒家通常对李斯的指责"，"没有任何征服者或其大臣是美德的模范"，认为"李斯值得从包裹其的诽谤云层中解救出来"⑤。又如，恒慕义在评论孙念礼的《班昭传》一书时，建议作者应"追溯班氏家

---

① "Reviewed Work（s）：Pan Chao：Foremost Woman Scholar of China".

② C. W. Bishop, "Reviewed Work（s）：The Chinese：Their History and Culture", *Geographical Review*, Vol. 24, No. 4（Oct., 1934）, pp. 686-687.

③ J. K. Shryock, "Review A history of chinese philosophy; China's First Unifier：A study of the Ch'in dynasty as seen in the life of Li Ssu", *Journal of the American Oriental Society*, Vol. 58, No. 3（1938）, pp. 488-492.

④ "Review China's First Unifier".

⑤ "Review China's First Unifier".

族的命运,或者一直到最近的班氏崇拜",认为这"或许会有更多的收获"。①孙念礼在评议德效骞的《前汉书译注》时,主要就汉代赋税的理解,提出不同于德氏的翻译和解释。②赖德烈基于自身对中西关系重要性的认识,认为《清代名人传》中"康熙帝与基督教的关系所占篇幅应该更多一些,太平天国运动的领导人洪秀全同样应占更大篇幅"③。

## 三、中美学界对美国汉学著作不同评价的原因

书评呈现的不仅有所评著作的内容和思想,亦包含书评者自身的思想和价值判断。正因为如此,学人的评议会存有一些差异。然而,面对20世纪30年代美国所出版的这些汉学著作,中美学界却是以整体性的方式呈现出近乎相异的评价。在笔者看来,几近相异的评价背后所折射的是中美不同的汉学研究面相:

首先,学人的汉学素养差异。因经济压力离法赴美出任哈佛燕京学社首任社长的俄籍汉学家叶理绥(Serge Elisseeff, 1889—1975)来美后,曾无奈感叹道,"他们这里完全不了解真正的语文学方法,随意翻译汉文文献。你若给他们讲解,他们经常会问 why,叫你无言作答";不仅如此,作为美国学术团体协会下的中国和日本研究委员会委员的他,发现"大部分成员都是业余汉学家,没有接受过真正的语文学素养训练"④。美国学人的汉学素养确如叶理绥所言。拉铁摩尔(Owen Lattimore, 1900—1989)这样坦承道,"我虽然会说中国话,却不能自由阅读。我所读过的,有许多还不能完全理解。尽管我脑子里装满了民间故事和传说,但不知道这些充满历史事件的中国传说究竟有没有正史的根据"⑤。费正清亦就其汉语能力如是描述:

> 我的汉语口语即将登上有能力同仆役、零售商人和宾客处理生活上紧要事务而交谈的高原,但还远远没有走近为理解某一专业术语而必须

---

① "Reviewed Work(s): Pan Chao, Foremost Woman Scholar of China".
② "Review Book: The History of the former Han Dynasty".
③ "Review Eminent Chinese of the Ch'ing Period (1644—1912)".
④ 朱政惠、崔丕编《北美中国学的历史与现状》第525-526页,上海辞书出版社,2013年。
⑤ [美]拉铁摩尔著,唐晓峰译《中国的亚洲内陆边疆》第2页,江苏人民出版社,2005年。

攀登的连绵不断的山峰，更不用说学者之间在旧式交谈中那些文学典故和不计其数的比兴语句了。①

韦慕庭曾回忆其翻译汉代奴隶制史料的情形，"当我开始翻译没有标点的中文史籍时，我发现需要帮助，于是找到芝加哥大学的研究生虎矫如来帮我。尽管他的专业是地理学，但接受过良好中文教育"②。寻求中国助手的帮助在美国汉学界颇为流行，拉铁摩尔曾如是描述道：

> 在美国职业汉学家中流行的姿态是，声称或者有时假装自己的汉字写得如此之好，以致他们亲自做全部的工作。事实上，他们大多数人依靠懂英语或法语的中国人来承担为其搜集材料的主要工作，自己只是将其润色一下。③

正是因为如此，民国学人对美国学人的汉学素养多有不屑。吴宓在与来华留学的毕格（Cyrus H. Peake，1900—1983）交流后，认为"所谈极泛泛，其人亦无多学识"④。雷海宗则直指富路德"读中文的能力太差"⑤。即使是西方汉学界享有盛誉的名家，在民国学人看来亦不过"桐阳子苦读四十年，始略窥墨学门径"。例如，夏鼐在阅读完劳费（Berthold Laufer，1874—1934）的《汉代的陶器》（*Chinese pottery of the Han dynasty*，1909）后，发现"译文错误之处甚多"，不禁感慨道："氏为西方所崇拜之汉学大师，而此中汉译英之文句多不通句读，不解字义，西方汉学家多如此，又何足怪"⑥。杨联陞则对魏特夫的汉学素养不无讥讽：

---

① ［美］费正清著，陆惠勤等译《费正清对华回忆录》第44页，知识出版社，1991年。
② C. Martin Wilbur，*China in My Life: A Historian's Own History*. Armonk, New York: M. E. Sharpe, 1996, p. 45.
③ ［美］拉铁摩尔著，［日］矶野富士子整理，吴心伯译《蒋介石的美国顾问——欧文·拉铁摩尔回忆录》第42页，复旦大学出版社，1996年。
④ 吴宓著，吴学昭整理注释《吴宓日记》（第四册）第182页，生活·读书·新知三联书店，1998年。
⑤ 《书评：The Literary Inquisition of Ch'ien-Lung》，载《清华学报》。
⑥ 夏鼐《夏鼐日记》（卷二）第47页，华东师范大学出版社，2011年。

这个礼拜 Wittfogel 在这儿讲几点钟，我还没去听，昨天下午碰见他，一块儿在校园里绕了两个弯儿，他说讲中国上古史不可不念王国维、郭沫若的文章，不可不用金文、甲骨文，如司徒即是司土之类不可不知。我说这些知识，对于中人以上的史学系大学生，不过是家常便饭，无甚稀罕。他似乎觉得奇怪。我想这我没有吹牛。我又告诉他甲骨、金文可以用，不过妄用是很危险的。①

即使通晓汉文和汉籍，在民国学人看来依然难以达到所期许的化境。擅长译事的理雅格（James Legge，1815—1897）曾言，中国文字"不是字的代表，而是思想的符号，其于文中的结合不是来表现作者要说的，而是作者所思想的"②。能够翻译中国的句文，却并不意味着能理解和阐释中国思想。1931年，吴宓访欧与伯希和（Paul Pelliot，1878—1945）这位欧洲汉学大师交谈后慨叹，"然彼之工夫，纯属有形的研究，难以言精神文艺"③。其中原因，或如日本学者长与善郎（1888—1961）所说，"关于中国一国知识的深邃、详尽的地方，无论如何，自有其本土人的独擅。在一件调查上，关于文献，大抵不外既有之物，但每每在他国人不得寓目的事物里，却含有那民族性格之文化的真面目与时代相的神髓"④。美国学人的汉学素养不够丰赡，以致民国学人有颇为尖锐之批评。

其次，书评中寄寓有不同的意趣。就民国学人的评述而言，他们在评述中颇为注意维护民族文化之自尊。胡适在评述富路德的著述时，即专门就作者所提出的"中国古代棺木的使用以及在城墙四周修筑护城河以作为防御工事和利用矿井等军事技艺皆借用于外来文明"之观点进行辩驳⑤；雷海宗在评述顾立雅的《中国之诞生》时同样如此，亦专门就"商人青铜铸造技艺系外

---

① 胡适纪念馆编《论学谈诗二十年——胡适杨联陞往来书札》第2页，安徽教育出版社，2001年。
② 恒慕义著，郑德坤译《近百年来中国史学与古史辨》，载《史学年报》1933年第5期。
③ 吴学昭《吴宓与陈寅恪》第78页，清华大学出版社，1992年。
④ 桑兵《国学与汉学——近代中外学界交往录》第27页，浙江人民出版社，1999年。
⑤ Hu Shih, "Review A Short History of the Chinese People", *Pacific Affairs*, Vol. 17, No, 2 (1944), p. 225.

来"这一观点详加驳斥；① 朱士嘉在评述嘉德纳的《中国旧史学》一书时，特别注意对诸如"中国史学家对于档册均认为极可信之史料，而不加以审定与选择"等带有西方偏见的论断进行指正。② 民国学人之所以对西人所持的中国文明外来说以及西方中心论等带有文化偏见的观点多敏感，其原因当然与彼时中国处于积贫积弱状态下，学人多具有强烈的民族文化自尊心有关。在这种文化自尊心态的影响下，面对西方对民族文化的曲解与歧视之观点，捍卫民族文化自尊成为民国学人的应然性要求。

另外，民国学人在评述时，多有与之争胜之意味。王伊同为《前汉书译注》这部被美国人评为"经典名著"一书撰有45页书评，评述时王氏主要是就"导论意有所晦""译文不无遗误""注释有所出入""附录有所未及"进行增补、考证、雠校、添益。③ 雷海宗、洪煨莲、齐思和则不仅各自就赖德烈的《中国史与文化》、富路德的《乾隆禁书考》、孙念礼的《班昭传》撰有中文书评，还撰有英文书评刊于《中国社会及政治学报》（*The Chinese Social and Political Science Review*）④。饶有意味的是，他们在英文书评中不仅就中文书评中所言问题进行了更为细致和翔实的说明，还添补了一些欲与西方学人对话的内容。比如，雷海宗在增补了中文书评中所没有列出的其他错误之同时，意有所指地认为著作出现"汉文帝废除了田税"这样的错误，"一定是我们的作者或他所咨询的权威专家被文帝本纪中一晦涩难懂的语句所误导"⑤；洪煨莲则不仅翔实解释了著者在乾隆禁书数量、材料审别等方面存在的错误，还就作者如何曲解他的观点以证明其关于四库全书与文字狱关系之论具有新意进行详细说明，并语带讽刺地指出，"我们的作者在阅读上述序言时（指《〈四库全书总目〉引得序》），一定是跳过了其中十页只看后两页"⑥。民国学人在书评中，所以有争胜之意味，系因域外汉学已呈"登堂入室"之势，

---

① "Book Review: The Birth of China".
② 《中国旧史学》，载《史学年报》。
③ 《德氏前汉书译注订正》，载《史学年报》。
④ 《中国社会及政治学报》（*The Chinese Social and Political Science Review*），系中国社会政治学会会刊，于1916年创刊，刊名由胡适题写。富路德等美国学人亦曾在此刊刊发论文。
⑤ H. T. Lei, "Book Review: The Chinese, Their History and Culture", *The Chinese Social and Political Science Review*, Vol. 18, No. 4 (1935), p. 603.
⑥ "Book Review: The Literary Inquisition of Ch'ien-Lung".

以致"现在中外学者谈汉学,不是说巴黎如何,就是说日本如何,没有提中国的"①。在民国学人看来,如果"连自己的先民所创造或记述下来的学术遗产,都研究得不及人家,这真是顾亭林所谓'亡天下'之痛了。"② 正因为如此,民国学人多将书评视为捍卫学术自尊的场域,欲通过书评使外人认识到治中国学问,端有赖于中国学人之研究。正如梁容若所说:"研究中国历史文化的学术,如果脱离中国人的阅读批评,自成一个世界,实在是最畸形的事!"③

美国学人在书评中亦同样寄有其意趣,他们在评述时多突出所评之著在国际汉学界的地位与贡献。比如,德效骞的《前汉书译注》,即被评价为"西方史学家将对德效骞和美国学术团体理事会感激不尽"④;恒慕义的《清代名人传记》,不仅是"美国汉学进步的最明显的证据"⑤,而且"这部有着很高学术水准的著作将对西方世界的现代中国历史研究做出不可估量的贡献"⑥;卜德的《李斯传》,被认为"超过了西方语言中所有已知的任何一本著作"⑦。宾板桥的《唐代的建立》系"西方第一次从现代历史的角度出发,对隋亡唐兴这一至关重要历史时期进行重新诠释"⑧。如此强调,系向国际学界彰显美国汉学的进步及其对汉学界的贡献。另外,美国学人在评述中多强调汉学著作的价值。恒慕义的《清代名人传记》,"不仅丰富了我们的中国知识。更为重要的是,它所关注的这一时期正是西方在中国发挥重要影响的时期"⑨。卜德的《李斯传》"值得每一个读者关注",因为"给我们提供了有关中国历史上一段重要历史时期的许多知识"⑩;宾板桥的《唐代的建立》,系关于"中

---

① 冯尔康、郑克晟编《郑天挺学记》第 378 页,三联书店,1991 年。
② 龚鹏程编《读经有什么用?》第 99-102 页,上海人民出版社,2008 年。
③ 梁容若《中日文化交流史论》第 85 页,商务印书馆,1985 年。
④ J. K. Shryock, "Review The History of the former Han Dynasty.", *Journal of the American Oriental Society*, Vol. 58. No. 3 (1938), pp. 485-488.
⑤ "Review Eminent Chinese of the Ch'ing Period (1644—1912)".
⑥ "Review Eminent Chinese of the Ch'ing Period (1644—1912)".
⑦ "Review A history of Chinese philosophy by Fung Yu-lan; Derkbodde; China's First Unifier: A study of the Ch'in dynasty as seen in the life of Li Ssu".
⑧ "Reviewed Work (s): The Founding of the T'ang Dynasty".
⑨ "Review Eminent Chinese of the Ch'ing Period (1644—1912)".
⑩ "Review China's First Unifier".

华帝国兴衰的标本性研究，对此感兴趣的人不容错失"①。之所以如此强调，乃希望借此提高美国社会对汉学的重视。太平洋战争之前，汉学在美国不为人重视。卡梅伦（Meribeth E. Cameron, 1905—1997）沮丧地发现，"既定的学术成见漠视甚至敌视有关远东研究的介绍"②。

葛兆光曾就"历史的旅行"指出，"一个历史事件，在旅行过程中不断夺形换貌，穿上不同的衣衫"③。学术著作的评议亦存在相类似的情形，因为评议者都有自己的学术传统及学术关怀，带着这种学术的"先结构"去评议域外著作，必然会出现不同于其本国的评价。随着中国日益走向世界舞台的中央，有关学术评价已成学界热议之话题。在国际化已成学术评议之底色的当下，无疑需要高度重视中国学术在国际学术场域中的回响，但亦需要注意国际学术评价本身带有的"民族性"烙印，或者说其评价在一定程度上是其本国学术及其历史、文化和价值观的反映。因此，我们在推进学术研究的国际评价时，既需要认真对待来自异域的声音，亦须注意其所具有的"民族化"面相。

吴原元　华东师范大学马克思主义学院教授、博士生导师，华东师范大学海外中国学研究中心研究员

---

① "Reviewed Work（s）: The Founding of the T'ang Dynasty".
② Meribeth. E. Cameron, "Far Eastern Studies in the United States", *The Far Eastern Quaterly*, Vol. 7, No. 2 (1948), pp. 115-116.
③ 葛兆光《一个历史事件的旅行——"文艺复兴"在东亚近代思想和学术中的影响》，载《学术月刊》2016 年第 3 期。

# 内容·逻辑·视野：卜寿珊的中国古代文人画论研究

## ——以《中国文人论画》为考察中心*

### 魏 刚

**摘 要**：卜寿珊对于中国古代文人画论的研究具有较大的学术影响力。通过其代表作《中国文人论画：从苏轼到董其昌》一书来看，她在研究中国古代文人画论的过程中，在逻辑理路方面，架构出了以朝代顺序为经、各代典型论家为纬的学术网络，注重文人画论发展的历史继承关系，善于会通"关键词"以实现具体的文人画思想的凝聚。在具体内容方面，注重文人画家与职业画家的关系、人格与风格的关系、形似与性情的关系。在学术视野与研究方法方面，善于将文献考察与艺术分析相结合，具备中外互观的学术视野，能够回归原始的文艺环境。但同样也存在一些不足，不过终究瑕不掩瑜。

**关键词**：中国古代文人画论 卜寿珊 学术特色

美国学者卜寿珊（Susan Bush），是享誉世界的中国绘画史研究专家，著有《中国文人论画：从苏轼到董其昌》[*The Chinese Literati on Painting*: *Su Shih* (1037—1101) *to Tung Ch'i-ch'ang* (1555—1636)]一书，与石孝严（Hsio-yen Shih）合编《中国早期绘画文献》，与默克（Christian Murck）合编《中国艺术理论》，并有多篇学术论文。其中，以《中国文人论画：从苏轼到董其昌》（简称"《中国文人论画》"）一书最为著名。该书是作者1968年在哈佛大学攻读博士学位的毕业论文，此后于1971年由哈佛大学出版社作为

---

\* 本文为教育部人文社科西部项目"明代文论与画论的关系谱系研究"（批准号：21XJC751002）、西南交通大学科研启动费专项项目"画论视域下的明代文学理论与批评研究"的成果。

《哈佛——燕京学刊》的第 27 卷出版,并于 1978 年再版,后 2012 年香港大学出版社又再次出版。汉译本在 1982 年由姜一涵、张鸿翼翻译了前两章,题为《北宋文人的绘画观》,发表于《"国立"编译馆馆刊》第 11 卷第 2 期,此后直至 2017 年才由皮佳佳翻译出全本,并易名为《心画:中国文人画五百年》。该书首次出版就产生了较大的影响,谢柏轲评价说:"该书一出版就引起了注意,因为它把社会上各阶级的种种目标作为形成画论的主要力量,也因为它试图为文人画的实践、理论和历史评价确立各自独立的编年。"[1] 从而成为卜寿珊的学术代表作,也成为中国绘画史研究领域的经典之作。所以,该书也就是考察卜寿珊研究中国文人画论的最为核心的文献依据,其中所体现的学术特征在很大程度上代表了她本人研究中国古代绘画的学术特色。不可否认,该书所蕴含的学术特色,对于本土学界关于中国古代画论的研究具有较大的学术价值,值得关注。因此,本文以香港大学出版社的版本为中心,并参以皮佳佳译本[2],借以探究卜寿珊研治中国古代文人画论的学术风貌。

## 一、卜寿珊中国文人画论研究的主要内容与学术理念

长期以来,学界关于文人画的定义莫衷一是,以至于实际研究时很难寻找到一个具体的方向进行深入展开。对此,卜寿珊似乎有着清晰的认识,所以她在《中国文人论画》一书的第一章开头就进行了"文人画的定义",列举了滕固、青木正儿(Aoki Masaru, 1887—1964)、高居翰(James Cahill, 1926—2014)等人的定义,但最终大体上遵循了滕固的定义,并在全书中予以展开,从而成为她考察中国文人画论的基本内容,但换一个角度来看,这些内容也是她对中国文人画的认知与理解。

首先,文人画家与职业画家的关系。这一点几乎贯穿《中国文人论画》的全书中,成为卜寿珊考察中国文人画思想发展的一个重要切入点。在第一章里,卜寿珊通过梳理宋代以前文人创作绘画情况的发展,最终确认文人画的兴起是在北宋时期。对此,我们知道宋代以前的中国绘画虽然已经取得较大的发展,但作者身份是以职业画家为主流。卜寿珊在开篇就这样导入,说

---

[1] 洪再辛《海外中国画研究文选(1950—1987)》第 31 页,上海人民美术出版社,1992 年。
[2] 皮佳佳翻译无误者,直接据之引用。

明其目的就是要从画家身份上来展开考察，而这背后蕴含的就是文人画家与职业画家的关系。继而，在第二章开篇，她认为，苏轼提出"士人画"术语目的就是要"以此对抗专业画家"①，直接点明了文人画家与职业画家的关系。经过她的考察，可以看出北宋时期文人画思想的发展主要是在身份及社会地位上作出认同；到南宋前中期，变成了院画家占据画坛主流；再到南宋后期，转变为院体画与文人画开始分野，且文人画家的身份不再局限于士人，变而为与特定主题和风格有关；到元代，文人画成为主流艺术，文人不再倾向于朝廷为官，而是选择隐居，绘画超越诗歌成为代表文人艺术造诣的一种艺术形式；再到明代，院体画和文人画发展都比较活跃，画家的社会地位与题材和风格间已经不存在明显的对应关系。所以，自始至终，文人画家与职业画家的关系，一直都是卜寿珊考察文人画思想发展的一个主要内容。

其次，人格与风格的关系。这同样是卜寿珊较为注重的内容。在定义文人画的时候，她就说："文人们的风格定义更注重人格价值，而不仅仅是纯粹的艺术价值。"② 所以，在梳理每一位经典理论家的时候，卜寿珊就很注意这方面的内容，因为她知道这是文人画思想不可缺少的一方面。卜寿珊通过对苏轼评论文同的话语进行分析，认为苏轼论画也是高度重视人格，在"事物的主题决定了对画面的反应"的情况下，"从画面形式以及传统的文学联想，苏轼都感受到他朋友的高尚人格"③。这背后的意思，就是说苏轼论画注重作家人格其实是受到了其他人的人格理念的影响。到了黄庭坚，卜寿珊考察出他的绘画思想是"认为要在笔法技巧之外有所追求：绘画最终效果是来自画家的修养"④。并将之与苏轼比较："黄庭坚更像一位师长和道学家""强调书画家的内在态度"⑤。南宋时，作家人格的体现开始直接表现为绘画素材的选择，梅花等一类寄托作家艺术品格的绘画大量兴起，满足了作家的"某些精神需求"⑥。到了元代，墨梅和墨竹"有一定政治内涵"，主要是指"文人隐

---

① ［美］卜寿珊著，皮佳佳译《心画：中国文人画五百年》第 52 页，北京大学出版社，2017 年。
② 《心画：中国文人画五百年》第 24 页。
③ 参见《心画：中国文人画五百年》第 52 页。
④ 《心画：中国文人画五百年》第 81 页。
⑤ 《心画：中国文人画五百年》第 87 页。
⑥ 《心画：中国文人画五百年》第 179 页。

士的高尚人格,包含着对蒙古人统治的反抗"①,在汤垕等一类经典理论家的论述中,"艺术家的人格是至关重要的"②。另外,对具体画家绘画作品的品评,也反映出了卜寿珊对作家人格的重视,如其评吴镇:"虽然人们通常认为他的绘画具备文人君子的风格……他也售卖画作。"③ 这语气转折,就说明在卜寿珊看来,"售卖画作"是有损"文人君子风格"的行为。所以,综合起来看,不论是理论思想上的解析,还是绘画作品的品评,卜寿珊都在坚持着对"作家人格"的重视,强调作家人格对绘画风格的影响作用。

最后,形似与性情的关系。这一组关系,换一种说法就是绘画到底表现什么内容的问题。卜寿珊在考察各代理论家的有关说法时,也同样重视这一方面的内容。关于宋代以前的绘画观,卜寿珊通过对宗炳、顾恺之、谢赫、张彦远等人的观点进行分析,最终认为:"唐代及唐以前,作者们一般关心如何忠实再现。"④ 这言外之意,就是说宋代以前的绘画主要是看重形似。但通过卜寿珊对汤垕、吴镇、倪瓒等人论述的考察,可以知晓这种情况最终是在元代获得改变,总体表现为"艺术家不再把形似看作自己的宗旨,而是关注事物的真实天性或心境抒发。……绘画不再注重外在的世界,仅仅描摹事物的表面,而是走向了内心,反映画家的内在世界。"⑤ 这一转变的过程中,宋代就是一个关键的环节。例如,通过对"气韵"解释的发展进行考察,卜寿珊发现了这种转变是在宋代开始,她认为:"在宋代文献中,这一术语的运用基本不同于它的早期意义。"⑥ 但这并不意味着在宋代实现了形似与性情的绝对转变,这从卜寿珊的具体考察中就可看出。如关于董逌,卜寿珊认为他评价山水画将"写实层次提升到了抒情高度"⑦,主张"绘画应该生意盎然……着眼自然的惟妙惟肖,通过自然的生发与演进才能获得"⑧。可见董逌是一个主张作家应将自然融化于心后再进行创作的理论家,强调创作的情感抒发;

---

① 《心画:中国文人画五百年》第 176 页。
② 《心画:中国文人画五百年》第 218 页。
③ 《心画:中国文人画五百年》第 226 页。
④ 《心画:中国文人画五百年》第 26—27 页。
⑤ 《心画:中国文人画五百年》第 34 页。
⑥ 《心画:中国文人画五百年》第 34 页。
⑦ 《心画:中国文人画五百年》第 88 页。
⑧ 《心画:中国文人画五百年》第 96 页。

但是，董迫同时也是一个"没有完全否认绘画的形似方面""能欣赏现实主义作品"的理论家①。所以，通过卜寿珊的考察，可以知道宋代是绘画形似与性情思想交融或共存发展的一段时期，性情思想伴随形似思想逐渐发展、兴盛起来，最终在元代完成彻底的转变。

以上三点，是卜寿珊在《中国文人论画》一书中一直刻意考察的，从性质上来说，是卜寿珊考察中国古代文人画思想发展的基本内容。但如果再进一步审视，可以发现这三方面的内容其实并不是单独存在的，而是存在一种隐秘的逻辑关系。关于文人画家与职业画家的关系，其实是文人画发展的文艺环境；人格与风格关系的考察，其实是关注于画家这个创作主体层面，强调创作主体的作用；形似与性情的关系，实际上关注的是文人画内在表现的东西，也就是强调文人画应该表现出什么样的内容。这样一来，似乎形成了一个"环境—主体—内在"的内容体系，从某种程度上而言，这已经基本展现了考察文人画思想发展需要考察的基本内容与面相。

## 二、卜寿珊中国古代文人画论研究的逻辑理路与内在思维

众所周知，每一部学术名著都有着清晰的逻辑架构。通过《中国文人论绘画》一书可以看出，卜寿珊在探究中国古代文人画论的发展时有着清晰的逻辑思维，并最终以此逻辑思维架构出中国古代文人画论的发展史。总体而言，卜寿珊在探究中国古代文人画论的发展时，在学术观感上主要表现出了以下几方面的逻辑思维。

第一，架构以朝代顺序为经、各代典型论家为纬的学术网络。因为卜寿珊的目的是要考察"不同时期文人艺术理论"②，且要"厘清中国绘画的历史发展进程"③，所以她就以朝代为序，架构出文人画的历史发展进程。在《中国文人论绘画》一书中，第一、二章写的是北宋，第三章是金和南宋，第四章是元，第五章是明。这样的目录架构，看似没有北宋以前各代和清代的内容，但通过具体内容又可看出，卜寿珊并没有忽视。因为在该书第一章中设

---

① 《心画：中国文人画五百年》第98页。
② 《心画：中国文人画五百年》第2页。
③ 《心画：中国文人画五百年》第4页。

有《宋及宋以前的再现观》一节，这一节将后面要重点考察的文人画论的核心内容"再现观"追溯至东晋的顾恺之、南朝的宗炳与谢赫，同时还有关于唐代张彦远的考察。在第五章中，卜寿珊论述了明代的理论家后，又同样继续考察了清初"四王"、中期沈宗骞、晚期卜颜图等人对文人画论的延续。如此，就建构出了文人画论发展完整的历史脉络。但是，在需要对每一朝代进行深入论述时，由于卜寿珊对"要展开并且诠释如此广的主题""感觉力不从心"①，所以她就在每个朝代选取代表性论家进行考察，并没有一味地进行全景呈现。如关于北宋的文人画论，卜寿珊重点选择了苏轼、黄庭坚、董逌、米氏父子和《宣和画谱》的有关理论进行阐述。这样，就形成了一种空间维面，从而与朝代发展的历时脉络相配合，形成了时空结合的逻辑网络，就学术实际而言，这样的逻辑网络无疑是科学的。

第二，注重文人画论发展的历史继承关系。如前所述，卜寿珊虽然以一个时空结合的网络来建构了中国古代的文人画论史，但她并没有随便选取需要摄入这个逻辑网络中的内容，而是充分考虑了内容的历史继承关系。具体来看，这主要有三种表现：其一，朝代层面的继承关系。是指卜寿珊并没有因为朝代更替就忽视了中国文人画论主流发展的历史继承。如，关于金代，卜寿珊认为"因袭北宋，文人阶层支配着绘画领域，题材以山水画为主"②。南宋"更多地回溯到北宋早期、五代，甚至唐代"③。元代"文人艺术家继续画墨竹和水墨花卉，延续着宋代文人的传统"④。明代"在传统与独创、学院规则与自发性之间的那种紧张关系"，早在元代"已经有所预兆"⑤；晚明时期出现的南北宗画史理论，对"清代的绘画也发生了持续的影响，使文人画的风格成了整个绘画界的普遍模式"⑥。其二，同代论家间的继承关系。是指卜寿珊在考察各代文人画论发展的具体情况时，所选取的典型论家间存在或明或隐的继承关系。兹以她关于北宋的阐述为例说明之。她先以苏轼开始，

---

① 《心画：中国文人画五百年》第 2 页。
② 《心画：中国文人画五百年》第 141 页。
③ 《心画：中国文人画五百年》第 141 页。
④ 《心画：中国文人画五百年》第 206 页。
⑤ 《心画：中国文人画五百年》第 206 页。
⑥ 《心画：中国文人画五百年》第 247 页。

既而为黄庭坚，认为黄庭坚"关于艺术创造和鉴赏的探讨"① 受到了苏轼的启发；再而为董逌，他"关于艺术家与自然题材之间关系的理论很有趣，进一步阐述了苏轼和黄庭坚的思想"②，同时集中体现了黄庭坚"关于艺术创作的观点为宋代文人广泛接受"③ 的情况；最后为米氏父子，他们推动了苏轼等人"运用一系列有风格内涵的术语"品评绘画的情况。其三，异代论家间的继承关系。顾名思义，是指卜寿珊在考察具体论家的文人画思想时，往往会追溯其与前代理论家的联系。其中最为突出的，就是卜寿珊考察出的各代论家对苏轼的继承关系，如其认为，在金朝地区，"苏轼无疑是文化影响力最大的人物"④；朱熹论画注重作家品格的思想，与苏轼一脉相承⑤；元好问论述"如何在下笔之前获得心中的影像"的说法，与苏轼评论文同画的思想一致⑥；作为"第一位表达出元代艺术家观点"的汤垕，"更加清楚地阐述了苏轼及其朋友圈的观点"⑦；吴镇"把艺术看作自我表达方式"的思想"使人回想起苏轼忽然跃起在墙上作画"⑧；倪瓒对苏轼论画诗句存在引用及附和的情况⑨；等等，此类论述，如果抛开对其合理性的辩驳，都可看出在卜寿珊梳理出的文人画论发展过程中，苏轼已经俨然是一位影响深远的经典论家。

第三，通过会通"关键词"以实现具体的文人画思想的凝聚。与前述"历史继承关系"相辅的是，卜寿珊在考察时又比较注重对不同论家使用相同或相似"关键词"的串联阐述，形成由点及面的学术覆盖。具体而言，这可以归纳为三种情况：其一，文艺命题的串联。通过《中国文人论画》一书来看，这一类情况中最具代表性的就是"胸有成竹"命题在宋金元三代的演变。具体表现为：宋代部分有苏轼、文与可、苏辙、黄庭坚等人关于这一命题的理解，金代部分有元好问，元代部分有吴镇、吴太素、仲仁、扬无咎等。不

---

① 《心画：中国文人画五百年》第82页。
② 《心画：中国文人画五百年》第88页。
③ 《心画：中国文人画五百年》第87页。
④ 《心画：中国文人画五百年》第146页。
⑤ 参见《心画：中国文人画五百年》第175页。
⑥ 参见《心画：中国文人画五百年》第183—184页。
⑦ 《心画：中国文人画五百年》第213页。
⑧ 《心画：中国文人画五百年》第225页。
⑨ 参见《心画：中国文人画五百年》第232—233页。

难看出，卜寿珊是要通过这一命题的流变考察，提炼出宋金元文人画论中关于艺术创作准备情况的有关说法。其二，美学术语的串联解读。对于画论文本，卜寿珊善于抓住诸多理论家画论文本中的一个或几个关键词语来进行串联解读，从而既挖掘出其中蕴含的文人画思想，同时也显示出这一类语词使用的演变情况。此类情况较为突出，兹举一例。如关于"写意"概念，卜寿珊最早从米芾提出的"无穷之趣"之"趣"开始，继而到米芾的"意趣"，再到米友仁的"真趣"，并认为这是"最接近宋代文人观念中的'写意'"，然后联系到刘道醇的《圣朝名画评》，该书中以"写意"一词评徐熙画，以"好写景趣"一句评巨然画，此处又认为"'趣'经常能够接近'意'"，继而联系到欧阳修论画"意"，转而又联系到米芾的"真意"，过渡到米芾提出的"得意"，认为此术语"类似于另一个术语'写趣'，后来发展为'写意'"；后又补充到元代，"'写意'明确地具有了反现实主义的内涵，在汤垕的陈述里它被用来反对形似"，再回溯宋代："刘道醇所用的术语没有这样的意思，但在二米的论述里已经逐渐融入了这样的含义。"① 在这样一个简单的勾勒里，卜寿珊以"写意"概念串联到了多位理论家、涉及多种美学术语和多个历史时期，形成了文人画"写意"概念发展的一个谱系。其三，文化典故的串联。针对一些能够启发文艺思想且被不同理论家使用的文化典故，卜寿珊也会将其串联起来。相比而言，此类情况并不如前两类情况突出，但也不失为卜寿珊通过《中国文人论画》一书所表现出来的书写特色。具体可如，为了勾勒出北宋文人关于绘画创作过程中"全神贯注"的理论诉求，卜寿珊刻意阐述了黄庭坚、董逌、苏辙、文同等人通过"庖丁解牛"这一典故所表现出来的思想。至此，通过以上3种情况可以看出，卜寿珊很善于抓住众多画论家中集中相似的一个"点"，她通过这个"点"将诸多理论家串联在一起，再通过细致的阐述，从而凝聚出在某种程度上具有内在统一性的文人画思想。

由上可知，卜寿珊在研究中国古代文人画思想发展时，是具有清晰的逻辑思考与理路安排。她能有意无意地将一些逻辑架构植入具体内容之中，从而通过继承关系的勾勒或关键词语的串联，形成了一种由点及面的学术网络，最终科学、有效地呈现出了文人画思想发展的历史脉络。

---

① 关于卜寿珊对"写意"概念的串联，参见《心画：中国文人画五百年》第114-119页。

## 三、卜寿珊中国文人画论研究的学术视野与研究方法

卜寿珊考察中国古代文人画思想的发展,不仅具有科学的逻辑架构、导向鲜明的内容体系,还具有广阔的学术视野以及较具特色的方法,这一方面在《中国文人论画》一书中也体现得淋漓尽致,是其研究中国古代文人画思想中不可忽视的特色表现。对此,可总结出以下几点:

第一,文献考察与艺术分析相结合。通过《中国文人论画》全书来看,这可说是卜寿珊最为突出的研究方法,她表现出的古典文献学素养,甚至在学术观感上使人觉得其并非一位西方学者,而是具有深厚的中国古典文献学素养的本土学者。她不仅能对中国古典文献进行旁征博引,还能对文献进行细致的考证与精微的分析。这后者,尤其体现出她将文献考证与艺术相结合的能力,具体可从两方面来观照。

一方面是文献学类的文献考证。如引用了晁补之在回应苏轼的一首诗,卜寿珊补充注释说:"董其昌错误地把晁补之的诗句归于晁说之,从而误导了后来的作者。"① 其中说的就是晁补之这首对诗画关系有重要见解的诗歌的作者权问题,但这不是一个简单的问题,而是涉及这一问题对后世理解诗画关系的影响,所以她继续补充强调俞剑华的《中国画论类编》沿袭了这个错误。可见,卜寿珊并不是简单的文献考证,而是将之与文人画思想的艺术考察联系了起来。又如引董逌《广川画跋》一段文字,她补充注释说:

> 其中一句很有可能是"伦与物忘",参见《庄子》。这里是以"伦"来开头的,"伦"即"讨论",这句也出现在《王氏画苑补遗》中。其他的版本还有"遂",或者"殆"。这个题跋讨论的是宋代作者所描述的转换形式,艺术家将外在自然转化为自我的部分。②

综合起来可看出,卜寿珊将文献考证与艺术分析相结合的能力极强。

另一方面是文本细读。前文已提到,卜寿珊在解读画论文本时往往会抓

---

① 《心画:中国文人画五百年》第45页。
② 《心画:中国文人画五百年》第90页。

住关键词进行阐述,这其实是源于她善于进行文本细读,不依靠或较少依靠他人的解释来对文本进行细读,从而发掘其中蕴含的文人画思想。举一个典型的例子,那就是她对《宣和画谱》的分析。她先统计出该书的分类:"只是区分皇亲国戚、高级文武官员和隐士。最后面再分为三类,文臣、武臣和内臣,院画家没有特别列入一类。"① 然后认为:"编纂者用苏轼的观点作参照,给了士大夫最高的尊重。"② 这观点的新颖性暂且不提,仅观点的得出就足以说明卜寿珊是经过了细致的归纳统计,然后再进一步思考其背后蕴含的思想而得出的。通过分析书中对皇亲国戚绘画的评论,卜寿珊得出了"也是按照士大夫的标准"③ 的结论,又进一步补充证明这是一个"给了士大夫最高的尊重"的标准。所以,卜寿珊是通过文本细读挖掘出了《宣和画谱》中蕴含的文人画思想。此外,卜寿珊还能通过书中具体语句的分析,总结出其中蕴含的绘画思想,如其针对《宣和画谱》所说:"诗与画的比较,还有以文学天赋入画的能力,这样的语句经常出现在文本里。甚至在蔬果类的画家篇章里,也有这样的论述。"④ 继而,将文本中"多识草木虫鱼之性"一句与孔子建议弟子多学《诗经》的典故联系起来,认为《宣和画谱》体现出北宋时期"蔬果被认可为绘画题材"的绘画思想;通过"亦诗人之作也"一句,联系到了李公麟画《阳关》包含了道德寓意、王维画被认为不如其诗的绘画史实⑤。不得不说,卜寿珊考察中国文人画思想的发展,确实是应用了充分的文本细读与分析能力,从而挖掘出了其背后蕴含的她认为最符合历史实际的文人画思想。

　　第二,中外互观的学术视野。这一点,是指卜寿珊在对中国古代文人画思想进行考察、阐述时,一方面会有效利用全世界范围内有关的研究成果及其观点,另一方面会在阐述过程中将中国绘画与外国绘画进行比较研究。先看前一方面,突出地表现为《中国文人论画》一书中引用了大量中外文献,共200余部(篇),其中涉及外国的汉学成果共有83部(篇),余下的为中国本土学者著作,由此可简单察知卜寿珊的学术视野之广。与此相对应的是,

---

① 《心画:中国文人画五百年》第128页。
② 《心画:中国文人画五百年》第128页。
③ 《心画:中国文人画五百年》第128页。
④ 《心画:中国文人画五百年》第129页。
⑤ 《心画:中国文人画五百年》第129页。

卜寿珊在实际阐述中恰当地引用了这些文献及其观点。如，针对沈颢《画尘》里关于南北宗的定义，卜寿珊说道："（沈颢）结合了杜琼依照风格从唐到元的画家的分类，以及何良俊根据身份对明代画家的区分。现代学者如米泽嘉圃倾向于以山水画的不同风格来确定南北宗。"[1] 这短短一段文字，从中就可了解到中国古代学者与现代外国学者关于南北宗划分标准的理解的不同。此外，更值一提的是，卜寿珊还充分利用注释将中外不同学者关于同一问题看法的文献罗列出来，如在注释曹昭《格古要论》的中"戾家画"一词时，她补充道："'戾家'是明代早期称呼业余艺术家的术语……参见杨联陞……青木正儿……高居翰……"[2] 这明显形成了一种中外呼应的学术氛围，这样的做法无疑很大程度上提升了观点的合理性与说服力。

至于将中外绘画相比较的情况，通过《中国文人论画》一书来看，总体上不是特别突出，但如果放置于同类著作中，这也可算是卜寿珊研究中国绘画的一种特色。如，她将中国文人"通过画作在社交聚会中互相酬唱"的现象，与西方作对比："西方没有出现类似的现象""西方典型的画家最初是工匠或职业艺术家，他们为教会或赞助人的订单工作"[3]。从这样的对比中可以看出，卜寿珊至少是为了说明中国文人画在作者身份、创作目的和创作环境3个方面的问题。如果说这是一次关于中国绘画与西方绘画总体创作风格上的比较，那卜寿珊还进行了绘画美学理念上的比较。如，元代文人用来称赞绘画并与"古意"联系的平淡、自然、古拙概念，她认为："对西方观念来说是异质的。"[4] 这就表现出了中国文人画审美与西方绘画的不同。又如，关于南北宗论，卜寿珊认为："并不是西方意义上的艺术历史；它经常只是由过于简单的陈述来支撑。"[5] 等等，可以说，通过这样的一系列对比阐述，卜寿珊确实在一定程度上阐发清楚了其所认为的文人画理念与认知。

第三，回归原始文艺环境。众所周知，最真实的历史研究就是要回归到历史的原始环境中去考察。卜寿珊的中国文人画研究之所以会取得较高的成就，原因之一就在于她注重回归到原始的文艺环境中。具体可从两个方面观

---

[1] 《心画：中国文人画五百年》第284-285页。
[2] 《心画：中国文人画五百年》第279页。
[3] 《心画：中国文人画五百年》第14页。
[4] 《心画：中国文人画五百年》第304页。
[5] 《心画：中国文人画五百年》第305页。

照：一方面，注重文人画与同时其他艺术形式的联系。这一点，卜寿珊特别重视，因为她在《中国文人论画》开篇第一节"文人画的定义"中就提出了这个问题："文人艺术理论又是如何反映这些绘画与诗歌书法的紧密联系呢？"① 然后，在接下来的阐述中她重点解决了这个问题。通过梳理，她认为文人画思想中两个最重要的艺术观念即"认为绘画反映了艺术家自身"和"画与诗得以进行比较"，最终是在北宋形成，而且"充分展示了文学理论对艺术论著的影响"②。因为对这一方面比较重视，所以在《中国文人论画》全书中总能见到关于文人画与文学关系的阐述，总结起来，那就是：绘画在宋代受到诗歌影响并最终出现文人画，是因为绘画被认为能同诗歌和书法一样反映作者的人格；元代论家比较注重文人画的风格，是因为诗歌等艺术形式同样也十分注重美学风格；明代论家建立文人画的历史，是借助以往的文学理论的模式，而且明代文人画思想的发展变化总体上是与文学领域同步的。

另一方面，注重理论与特定环境的关系。卜寿珊自己就说："必须探究特定背景下的一些特定术语。"③ 所以，她对中国古代文人画的认知不会以后世已经形成主流的说法去套用，而是立足于理念发生的时代背景去解说。关于这点，在《中国文人论画》中例子众多，仅以"气韵"内涵的解释说明之。通过考察，卜寿珊认为"气韵"一词：在唐代"仅适用于画中有生命的影像"④；在宋代"基本不同它的早期意义"，主要反映"艺术家的天性"⑤ 或"事物的内在特质"⑥；在明末被强调为艺术应当蓄养的一种创作能力，有了这种能力"就能传达山水的精神"。可见，对于"气韵"一词，正如中国学者所认为的那样："很少有范畴如'气韵生动'那样，聚讼纷纭，人言言殊，更叫人扑朔迷离、难以捉摸了。"⑦ 卜寿珊也深知其内涵解释的复杂性，"不同时代对它有不同解释"⑧，所以并没有依从某一家的说法直接下定义，而是

---

① 《心画：中国文人画五百年》第 25 页。
② 《心画：中国文人画五百年》第 26 页。
③ 《心画：中国文人画五百年》第 112 页。
④ 《心画：中国文人画五百年》第 30 页。
⑤ 《心画：中国文人画五百年》第 36 页。
⑥ 《心画：中国文人画五百年》第 39 页。
⑦ 张锡坤《"气韵"范畴考辨》，载《中国社会科学》2000 年第 2 期。
⑧ 《心画：中国文人画五百年》第 30 页。

将其独立放置于每一代的文化环境中进行解说。与此相辅的是，对于单一理论家的某种具体的概念，卜寿珊也不会单独拎出来进行解释，而是结合概念发生的文本语境或理论家针对的评论对象去解释。兹举一例。如，关于米芾，卜寿珊有一段话："大部分现存的米芾著作是关于鉴赏的具体观点，以及个人作品的讨论，很少有综合的陈述能全面反映他的观点。"① 换言之，也就是卜寿珊认为米芾关于绘画的理念大多是零散的、属于鉴赏性的，缺乏系统性与理论性，所以，她就将米芾使用过的"趣""意""平淡"等一类概念与文本语境联系起来，通过上下文语境分析来理解其具体内涵。不仅如此，她还联系到具体的评论对象的画作。如将"趣""真意"与董源绘画风格联系起来，借助对董源绘画风格的分析来阐述其具体内涵，这样一来，就增加了内涵阐释的合理性与可信度。

## 结　语

通过前文，我们可以看出，卜寿珊在研究中国古代文人画思想的发展时，总体上体现出了科学的逻辑架构、鲜明的内容取向、独具特色的视野与方法。也正是因为体现着卜寿珊的这样一些学术特色与素养，《中国文人论画》一书也才得以成为一部学术名著。但是，如果理性来看待卜寿珊的研究，其中也有不少值得商榷的地方，本文仅举出两点。首先是内容的安排。在《中国文人论画》一书中，明代以前的内容篇幅较大，而明清两代的内容仅用一章完成，且整章篇幅仅为北宋部分的一半。从明清两代的文人画发展来看，这样的篇幅远远不够。受制于这样的篇幅安排，对明清两代文人画思想的考察也就难免较为薄弱，尤其是关于明代文人画思想的考察。我们知道，不论是发展动态上的跌宕性，还是内容上的复杂性，明代也是文人画思想发展较为活跃的一个朝代，至于具体怎么活跃，实不必在此赘述，但卜寿珊的考察大部分是集中于晚明的"南北宗"论。似乎在她的认知中，考察明代文人画思想值得提及的只有"南北宗"论，这就体现出了研究内容选择的科学性问题。再者，是研究中体现出艺术进化论思想。正如王国维所说"一代有一代之文

---

① 《心画：中国文人画五百年》第 112 页。

学"①,此观点放置于中国绘画史中也是同样的情况。但是,从卜寿珊的论述中,尤其是体现着其本人观点的说法中,可以看出她是以文艺进化论指导着自己的研究,这主要体现在她总是以后代不如前代的语气来评述宋代以后的文人画思想。如其所说:"明代没有出现太多基础性的新理论;大多数有影响力的画家和评论家的观点都可以追溯到早期。"② 这是从明代画论没有太多的创新性方面对其进行否定。但是,另一处她又有与此相反的言论:"直到明代晚期,董其昌的文人圈子创制出新的理论,才对文人绘画理论的发展做出重要贡献。"③ 可见,她的观点存在着前后不一致的矛盾性。虽如此,但也不能就此否定卜寿珊关于中国古代文人画论的研究,就影响而言,其学术意义终究瑕不掩瑜。

魏　刚　西南交通大学人文学院中文系副教授

---

① 周锡山编校《王国维集》(第二册)第 3 页,中国社会科学出版社,2008 年。
② 《心画:中国文人画五百年》第 304 页。
③ 《心画:中国文人画五百年》第 267 页。

·德国汉学研究·

# 赫尔曼·黑塞评中国叙事文学<sup>*</sup>

马 剑

**摘 要**：除了研读中国古代经典哲学著作之外，德国作家赫尔曼·黑塞对中国文学中的叙事文学作品也越来越重视，在其发表的评论文章里，黑塞不仅以欣赏甚至仰慕的态度对所阅读作品的文学价值给予了高度的评价，同时，也在努力尝试从作品中理解和把握中国人和中国文化的精神，并将其与欧洲文学特别是德国文学传统加以比较。

**关键词**：黑塞 童话 中篇小说 文化传统

关于黑塞（Hermann Hesse，1877—1962）与中国文学的关系，也就是黑塞关于中国文学作品的阅读和评论，在《黑塞全集》二十卷本出版之前，主要的信息和资料来源一是加拿大籍华裔学者夏瑞春（Adrian Hsia，1940—2010）的《赫尔曼·黑塞与中国》（*Hermann Hesse und China*），二则是1987年出版的《黑塞全集（十二卷本）》（*Gesammelte Werke in zwölf Bänden*）的第十二卷。前者在附录中列出了黑塞所收藏和阅读过的中国文学作品的目录①，而后者则仅仅收录了几篇黑塞关于中国文学作品的评论②。另一方面，关于黑塞与中国文化的关系，长期以来学术界更关注的首先仍然是他对中国古代思

---

\* 本文为国家社会科学基金一般项目"赫尔曼·黑塞文学文化评论研究"的阶段性研究成果，批准号18BWW065。

① Adrian Hsia, "*Hermann Hesse und China. Darstellung*", Materialien und Interpretationen. Erste Auflage 1981. Erweiterte Neuausgabe 2002. Frankfurt am Main 1974, 2002. S. 356ff.

② Hesse Hermann, "*Gesammelte Werke in zwölf Bänden*", Zwölfter Band. Schriften zur Literatur 2. Eine Literaturgeschichte in Rezensionen und Aufsätzen. Frankfurt am Main 1987. S. 31, 37-40.

想典籍的阅读和对中国古代哲学思想的接受问题，这也就在一定程度上忽视了他对于中国文学的看法。随着《黑塞全集（二十卷本）》（*Sämtliche Werke in 20 Bänden*）第十六至第二十卷的陆续出版，今天的读者才终于得以阅读到黑塞在几十年间撰写并发表在不同报刊上的多篇关于中国文学作品的评论文章，进而深入了解他关于中国文学的思考。

## 一、《聊斋志异》

就体裁而言，黑塞阅读和思考得最多的是来自中国的叙事文学作品。他最先读到的中国文学名著是《聊斋志异》，而且是两个版本，其中一个版本是奥地利—以色列—犹太裔学者马丁·布伯（Martin Buber）从英语翻译的聊斋故事，书名为《中国鬼怪与爱情故事》（*Chinesische Geister- und Liebesgeschichten*），黑塞为这本译作写了两篇评论，第一篇发表在1912年2月慕尼黑的《书迷》（*Der Bücherwurm*）上，其中黑塞这样评论道：

> 从这本都是讲述人与鬼的联系的奇怪的故事书中，布伯挑选出了他的优美的小册子，它给我留下了深刻的印象，并且使我在东亚之行期间中国人给我的全部好感都得到了增强和确认。这是世界上最美丽的童话书之一，像格林兄弟童话一样单纯自然，又像在中国找到的那些怪诞的绘画和青铜器一样充满想象。①

熟悉黑塞生平的人都知道，黑塞在这里所提及的东亚之行就是他在1911年9月至12月到东南亚地区的一次长途旅行，也可以毫不夸张地被称作一次"发现中国之旅"，因为他在这次旅行中从生活在东南亚的中国侨民身上切身体会到了一种文化的存在，正如他在1912年1月6日写给路德维希·托马（Ludwig Thoma）的信中所赞叹的那样："印度以东的中国人的城市和中国人，

---

① Hesse Hermann, "*Chinesische Geister- und Liebesgeschichten*", In: Sämtliche Werke in 20 Bänden. Band 17. Die Welt im Buch II. Rezensionen und Aufsätze aus den Jahren 1911—1916.（以下引用简称 SW Band 17.）Frankfurt am Main 2002. S. 74; hier S. 75.

我所见过的第一个真正具有高度文化的民族。"① 后来的事实证明，在这次旅行中的所见所闻就好像阅读前的背景知识的获取，恰恰是黑塞的这些亲身经历为他更深刻、更全面地理解中国文学发挥了积极的辅助作用。

黑塞的另一篇关于聊斋故事的评论发表在1912年3月25日的《新苏黎世报》(Neue Zürcher Zeitung) 上，他评价这本译著是"对一个我们尚不了解的童话世界的探索，这个世界是《诗经》和庄子的那些寓言之后我在中国古代文学中接触到的最具文学价值的作品"②，和前一篇评论一样，黑塞仍然将在这里读到的故事与德国本土的文学作品进行了比较：

> 赋予这些稀有的原始故事以形式的诗人是蒲松龄……他的鬼怪故事叙述得如此完整，在语气上如此美妙，以至于人们完全可以把它们与格林兄弟童话，甚至是《德国传说》(Deutsche Sagen)③ 相比较。那都是民间的鬼怪故事，就像其欧洲的姐妹们一样，讲述的都是死者的鬼魂和魔鬼、梦境和幻象。只是白日和人的世界并没有与黑夜和魔鬼的世界形成鲜明的对立，鬼怪就像在霍夫曼的童话里一样在光天化日之下、在日常生活中走它们的路，与人的道路相互交错，与人始终保持紧密的联系，这些联系不是建立在恐惧和害怕的基础上，而是以爱慕和最友好的邻里关系为基础。④

在这两篇评论中，首先值得注意的是他对聊斋故事的体裁的定义，这一方面也许是为了便于读者理解，另一方面也体现出了黑塞个人的阅读感受——在中国被看作志怪小说代表作之一的《聊斋志异》被黑塞冠以"童话"(Märchen) 的概念，就这个文学体裁在德语地区的普遍概念来说，黑塞这样的理解也有一定的合理性——一方面，鬼怪的出现和想象的元素可以被看作

---

① Hesse Hermann, "Aus dem Traurigen etwas Schönes machen", Die Briefe. Band 2. 1905—1915. Hrsg. von Volker Michels. Berlin 2013. S. 274.
② Hesse Hermann, "Chinesische Geistergeschichten", In: SW Band 17. S. 99-102; hier S. 99. 以下引用简称"Chinesische Geistergeschichten"。
③ 《德国传说》是继童话之后格林兄弟搜集整理并在1816—1818年间出版的另一部民间故事集，但其影响力却远不及童话。
④ Chinesische Geistergeschichten. S. 99.

童话的最典型的特征，另一方面，在童话中也反映出了其产生时期的一定的社会历史现实和人际关系。众所周知，在德语地区，格林兄弟（Brüder Grimm）从1806年开始搜集整理童话等民间故事，从1812年起陆续出版了他们的《儿童与家庭童话集》（*Kinder-und Hausmärchen*）并使之成为在世界范围内脍炙人口的传世佳作；而中期浪漫文学作家E.T.A.霍夫曼（E. T. A. Hoffmann, 1776—1822）的文学创作则一直以奇特的想象和荒诞离奇的情节而著称，借助有妖魔鬼怪和被赋予人性的动物等参与的故事对现实世界加以嘲讽和批判，对后世现代主义的创作也产生了很大的影响。因此，黑塞把聊斋故事与格林兄弟和霍夫曼的童话相提并论，本身就是对前者的文学文化价值的充分肯定。而在两年后的1914年，黑塞这样的概念界定也从另一个侧面得到了汉学家卫礼贤（Richard Wilhelm, 1873—1930）的肯定，因为后者在这一年翻译发表了由一百个故事组成的《中国民间童话》（*Chinesische Volksmärchen*），从黑塞发表于1914年8月8日慕尼黑的《三月》（*März*）上的书评中可以得知，其中也包括了出自聊斋的故事。① 通过对卫礼贤所译的这些"民间童话"的阅读，黑塞越发坚定了这样的想法："在我们看来，对于东亚的彻底研究越是显得必不可少，在纯粹政治上理解东方的需求越是迫切，由东亚的那些民族自身的思考和本质出发认识它们就变得越发重要，为此，除了通过它们的艺术和文学之外别无他途。这里，民间童话发挥着重要的作用……它们是民族养分的真正源泉。"② 由此可见，这两段阅读经历对于黑塞的影响是非常大的，因此，在刊登于1915年6月27日《新苏黎世报》上的文章《藏书年》（*EinBibliotheksjahr*）中，他称这段阅读体验"只是投向一个新世界的最初的、决定性的一瞥"③——"只是"和"最初"说明了了解中国叙事文学作品的程度和时间，而"决定性"则意味着他已经"喜欢上了这个极其引人注目的领域"④。由此，黑塞对于中国小说的关注也就不足为奇了。

---

① Hesse Hermann, "*Chinesische Volksmärchen*", In: SW Band 17. S. 345.

② *Chinesische Volksmärchen*. S. 345.

③ Hesse Hermann, "*Ein Bibliotheksjahr*", In: SW Band 17. S. 457-462; hier S. 461. 以下引用简称"Ein Bibliotheksjahr".

④ *Chinesische Volksmärchen*. S. 345.

## 二、《今古奇观》

事实上，就在卫礼贤所译的《中国民间童话》中，已经收录了两篇出自我国明代姑苏抱瓮老人选辑的《今古奇观》的故事。① 从黑塞发表在1914至1915年的几篇评论中可以得知，这段时间他正在认真地研读来自中国的小说作品。其中的一部翻译作品是由汉学家保罗·屈内尔（Paul Kühnel）所翻译的《中国中篇小说》（*Chinesische Novellen*），根据卫茂平教授的考证，这里收录了《今古奇观》中的8篇小说，② 在黑塞看来，和此前阅读的民间童话相比，这些小说"具有特殊的价值，因为它们在上千个生动的细节中描绘了那个强大的、对于我们来说变得日益重要的民族的生活"③。而"所有这些故事的共同点"，正如他在发表于1914年6月26日柏林《日报》（*Der Tag*）上的评论里所概括的那样，"就在于高度尊重家庭生活的纯洁和对物质财产的同样完全中国式的重视。自古以来，道德高尚和发财致富，二者都是中国人的理想，在普遍的观点中它们并不会互相排斥"④。

在整整一年之后，也就是在上面提到的《藏书年》这篇文章中，黑塞又评论了另一本具有相同书名的译作，只不过这个译本出自汉斯·鲁德尔斯贝尔格（Hans Rudelsberger）之手，其中再次收录了多篇出自《今古奇观》的小说，⑤ 除此之外，还包括明末清初的文学家李渔的小说作品⑥和出自小说《水浒传》的片段⑦。黑塞对这几部中国文学作品的评价非常之高，称它们几乎是他每天的读物，其原因就在于他在"所有的中国文学作品"中看到了

---

① 参看卫茂平《〈今古奇观〉在德国》，载《寻根》2008年第3期。
② 参看《〈今古奇观〉在德国》，载《寻根》。
③ Hesse Hermann, "*Meiterwerke orientalischer Literaturen*", In: SW Band 17. S. 332–336; hier S. 334.
④ *Meiterwerke orientalischer Literaturen*. S. 334.
⑤ 参看《〈今古奇观〉在德国》，载《寻根》。
⑥ 参看羽离子《李渔作品在海外的传播及海外的有关研究》，载《四川大学学报（哲学社会科学版）》2001年第3期。
⑦ 参看宋健飞《德译〈水浒传〉——欧洲最早、最奇、最经典的译本》，载《外语教学理论与实践》2015年第1期。

"中国的双重面孔",即"两个方面、两个极端",① 对此他是这样概括的:

> 一个方面是一种宁静而质朴的现实性,一种在日常生活的现实中具有保守风格的实用的坚持,一种对生活、对健康、对家庭幸福,对任意形式的繁荣、财产、富足的尊重。第二张面孔则展现出了很多来自印度的影响,是一种对于冥思苦想的偏好,在古代中国的那些真正的思想家身上,这种冥思苦想始终保持着纯粹的精神性并且近乎缺少形象,但在民间它却产生了多姿多彩的、常常具有荒诞的异样的神话和鬼怪世界。②

从这两段评论中,可以清晰地看到黑塞在一两年的时间里对于中国人精神的理解的不断加深,而这里最核心的内容,莫过于他一方面清楚地认识到了中国人生活和思想中物质性和精神性这两个彼此对立的要素,另一方面他又能够强烈地感受到这两个极端在中国人那里并没有互相排斥,而是共同构成了一个和谐的整体,而这恰恰是最令他感到着迷和最具启发性的地方,至少到写作这篇评论的时候,黑塞认为在"面对这种最清晰的现实观念和天马行空的想象的混合"时,"西方人"是非常"惊讶的",③ 究其原因,就在于西方人无法想象在这种对立背后存在着"关于一切存在的统一的认识"④。在这个意义上,黑塞对这些中国小说的阅读大大地推动了他在这个方面的思考。

另一个在这里值得去讨论的问题是,无论是屈内尔还是鲁德尔斯贝尔格都把他们所翻译的中国小说归纳为"中篇小说"(Novelle)这个体裁,按照中国文学的传统分类,《今古奇观》是选自冯梦龙的"三言"和凌濛初的"二拍"等书的一本短篇小说集。事实上,如果从篇幅的角度来考察的话,用"Novelle"一词来定义这些小说也未尝不可,因为这里的"中篇"的概念实际上相对宽泛;而两位译者之所以都使用了这个概念,主要原因应该还是在于他们觉得这些中国小说在内容和情节上更符合"Novelle"这一体裁的特征,比如故事情节基于一个主要的矛盾冲突,以此来凸显非凡与传统之间的对立,

---

① *Ein Bibliotheksjahr*. S. 461.
② *Ein Bibliotheksjahr*. S. 461.
③ *Ein Bibliotheksjahr*. S. 462.
④ *Ein Bibliotheksjahr*. S. 461.

形式上严谨的单线的叙事结构等等。① 在黑塞上述的评论中，他都没有对这个体裁的概念提出过疑问，但鲁德尔斯贝尔格的译作1924年在维也纳再次出版之后，黑塞在同年12月2日巴塞尔《民族报》上发表的评论中又一次把中西方的叙事文学放到了一个相互比较的关联之中：

> 在中篇小说的构建上，也许中国的叙事艺术在任何地方都无法达到经典的欧洲小说家技巧上的完美［这种完美我们在薄伽丘（Boccaccio）身上已经可以找到，特别是在塞万提斯（Cervantes）那里达到了巅峰］，但取而代之的是，中国的叙事艺术却拥有在我们身上格外少见的东西——只在一些格林兄弟童话和德国浪漫文学作家的极少数的作品中才可以完完全全地找到：一种神奇的氛围，在这种氛围中，日常生活就是说各种平常的琐事被毫无矫饰而又令人陶醉地提升到了内涵最丰富、最有意义的领域。在全部世界文学中，除了最优美的民间童话之外，我不知道还有哪些叙事作品像大量中国鬼怪故事那样赋予了一切事物这种变化的能力和神奇的色彩。②

显然，黑塞在这里一方面认同了像鲁德尔斯贝尔格等汉学家把中国古代白话小说译作"中篇小说"，所以他才会在叙事技巧方面把它们与在欧洲文学史上将这一体裁推向高峰的薄伽丘和塞万提斯进行比较，③ 而黑塞在这里使用的表达推测的语气也明显地体现出他做出这一评价时的谨慎态度，也正因为如此，才使他后面的结论显得越发中肯和更具启发性——黑塞的这番概括依然是此前对这部译作的评论的延续，或者说经过一段时间的思想沉淀之后，黑塞对中国文学作品中物质性和精神性这"两个极端"又有了更加深刻的认识——它们相互之间非但不排斥，而且已经彼此紧密地融入；而且，他更深切地感受到了这两个极端背后有一种更高层次的认识存在。黑塞从这些作品中得到了极大的审美满足，但他又仍然无法完全搞清楚中国文学是如何做到

---

① 参看 Metzler-Literatur-Lexikon, "*Stichwörter zur Weltliteratur*", Hrsg. von Günther und Irmgard Schweikle. Stuttgart 1984. S. 308. 以下引用简称 Metzler-Literatur-Lexikon.

② Hesse Hermann, "*Chinesische Novellen*". In: Sämtliche Werke in 20 Bänden. Band 18. Die Welt im Buch III. Rezensionen und Aufsätze aus den Jahren 1917—1925. Frankfurt am Main 2002. S. 453.

③ 参看 *Metzler-Literatur-Lexikon*. S. 309.

这一点的，所以，尽管他已经在用最精确的话语描述这个过程，但却仍然两次使用"神奇"一词来表达他的赞叹和不解。

## 三、长篇小说

从 1926 年开始，德国汉学家弗兰茨·库恩（Franz Kuhn，1884—1961）所翻译的中国古代长篇小说陆续问世，虽然是文学作品，但是它们的内容和情节却也将黑塞对中国文化的关注越来越多地吸引到了中国人现实生活中的社会道德、风俗、礼仪等文化传统上面。

黑塞为库恩的多部译著撰写过评论，但总体来说篇幅都不长，然而从这些只言片语中，还是可以看出他对于这些作品的思考。按照时间顺序来看的话，在 1926 年和 1927 年，黑塞分别阅读了库恩翻译的《好逑传》和《二度梅》。关于前者、这部在清朝初年被编入《十大才子书》并位列"第二才子书"的长篇小说，黑塞在发表于 1926 年 11 月 28 日《法兰克福报》（*Frankfurter Zeitung*）上的评论中认为它讲述了一段"满足了圣洁的社会道德信条"①的婚姻，描述了一个"具有最高层次的教养的时代"："对于我们西方读者来说，最重要的内容并非这部长篇小说中的探险和浪漫的元素，而是对品德和礼俗、祖先崇拜和威望的描绘。"② 由此可见，和此前阅读《中国中篇小说》相比，同样是对现实生活的描写，黑塞的关注点已经明显地发生了一些变化。而这种变化也在一年之后再次体现在了关于小说《二度梅》的评论中，在 1927 年 12 月 22 日《科隆报》（*Kölnische Zeitung*）上，黑塞简短地评价了库恩的这部译作，称它"并不属于世界文学的名作，这是一部平庸的文学作品，但却是中国人道德、理想、风俗和思考方式的一本小小的家庭读物，正因为如此它才变得令人喜爱"③。熟悉这部清代白话小说的读者都知道，就故事情节而言，这部作品的可读性是很强的，但显然，黑塞在这里的评判标准已经改变——他更希望从这些小说中了解中国的各种文化传统和这些文

---

① Hesse, Hermann, "*Eisherz und Edeljaspis oder Die Geschichte einer glücklichen Gattenwahl*", In: Sämtliche Werke in 20 Bänden. Band 19. Die Welt im Buch IV. Rezensionen und Aufsätze aus den Jahren 1926—1934. Frankfurt am Main 2003. （以下引用简称 SW Band 19.） S. 32.

② *SW Band* 19. S. 32.

③ SW Band 19. S. 62.

化传统在现实生活中的表现,这种想法也就自然而然地体现在了他在 30 年代对于《金瓶梅》和《红楼梦》的评论中——在 1931 年 3 月 19 日《雷克拉姆万象》的十行评论里,他就称赞《金瓶梅》"这部在中国历经几百年受人喜爱的长篇小说"是"民间和家庭生活的一幅内容丰富的画卷"①。而对于库恩所翻译的将近八百页的《红楼梦》这部鸿篇巨制,在 1932 年 12 月 14 日的《新苏黎世报》上,他一方面认为,和反映中国人的精神相比,这部作品"作为对于社会道德的描绘"反而显得"更加完美"②;另一方面,在发表于 1933 年 2 月 10 日苏黎世《读者圈》(Der Leserzirkel)上的评论中,黑塞更是对小说中反映的 18 世纪中国文化的精神风貌进行了更深的反思:

> 这部长篇小说……连同它所有的特点见证了一个过于古老的、内涵丰富的,但却疲惫不堪的文化,所有重要的主题都再次响起,……但是,一切看上去却都好像映照在一片散发着浑浊光芒的湖水中,一切都充斥着堕落和压抑,一种衰败和疲倦的情绪笼罩在上面。……除了佩特罗尼乌斯之外,自古代晚期以来,我不知道还有哪部文学作品如此华丽、多彩而又充满迷恋地展现了一个已经筋疲力尽的文化。③

黑塞这里提及的佩特罗尼乌斯(Petronius,396—455)是古罗马作家,创作了欧洲第一部喜剧式传奇小说《萨蒂利孔》(Satyricon),描写了当时罗马社会的享乐生活和习俗,从这个角度来说,黑塞把它与《红楼梦》做对比是有道理的;但这段评论中更重要的内容显然不是在这里,而是他透过小说的文字所看到的这部小说的批判性——即使是高度发达的中华文化也会经历疲惫和衰落。可以想见,黑塞通过阅读这些明清中国小说对中国近代文化传统了解得越全面、越丰富,他对 1911 年的东南亚之行期间切身感受到的中国文化的理解也就会越发深刻,尤其是在他同时代的中国人对文化的保留和传承方面,这也就难怪他会在 1930 年 1 月斯图加特的《世界之声》(Die Weltstimmen)上专门提到我国 20 世纪学者盛成(1899—1996)在 1928 年所著的

---

① Hesse Hermann, "Kin Ping Meh oder Die abenteuerliche Geschichte von Hsi Men und seinen sechs Frauen", In: SW Band 19. S. 206.

② Hesse Hermann, "Der Traum der roten Kammer". In: SWBand 19. S. 331f; hier S. 332.

③ Hesse Hermann, [Tsao Hsüe Kin] "Der Traum der roten Kammer", In: SWBand 19. S. 367.

自传体小说《我的母亲》(*Ma Mère*),因为他在这个当时"三十岁上下""移居海外的革命者"身上依然看到了更多的传统的中国人的特质。①

## 总　结

　　相比于对中国哲学经典著作的研读,黑塞所阅读和评论的中国文学作品的数量更多,内容更丰富,时间跨度也更长。从上面的论述中可以清晰地看出,一方面,同样从事文学创作的黑塞自然格外重视作品本身的艺术价值,通过中西方比较的视角给予了所阅读的中国文学作品充分的肯定,他的评论文章既起到了向德语国家读者介绍中国文学的作用,同时,他独到的理解反过来对于中国读者来说也很有启发性。另一方面,相比于哲学思想,文学作品的内容更贴近人的现实生活,所以,对中国文学作品的阅读大大地加深了黑塞对于中国人和中国文化传统的认知和理解,它们也与对中国哲学思想的认识一起构成了黑塞的中国观并使其显得愈加全面而丰满。

　　　　　　　　　　马　剑　北京大学外国语学院德语系副教授

---

① Hesse Hermann, "*Was ich in letzter Zeit gelesen habe*", In: SWBand 19. S. 141ff; hier S. 142.

# 视角·建构·方法：顾彬的中国诗史书写与研究

## ——以《中国诗歌史》为考察中心

胡 炜

**摘 要**：德国著名汉学家沃尔夫冈·顾彬致力于中国古典文学和文学思想史研究，尤其是在中国诗史的研究上，取得了一定成绩。从整体来看，顾彬中国诗史研究具有独特的学术视角、建构和方法。其学术视角表现在宗教与诗歌起源、"忧郁"与诗歌情感、主体意识与诗歌发展3个方面；学术建构表现在构建诗歌史的基本框架、将诗歌置于宇宙学背景之下和灵活处理诗歌内容3个方面；学术方法则表现在三线交织阐述诗歌史与关注西方汉学两个方面。

**关键词**：中国诗歌史 顾彬 视角 建构 方法

当代著名学者沃尔夫冈·顾彬（Wolfgang Kubin），长期从事中国古典文学和文学思想史研究，是德国著名的汉学家、翻译家、作家。1973年，顾彬以《论杜牧的抒情诗》一书在波鸿鲁尔大学获得博士学位。1981年，他又以《空山——中国文人自然观之发展》一书在柏林自由大学获得教授资格。近年来，顾彬教授主编了十卷本《中国文学史》。其中《中国诗歌史——从起始到皇朝的终结》（下文简称"《中国诗歌史》"）一书是《中国文学史》的第一卷，由顾彬亲手书写，极具个人化书写特色，也最能展现他在中国诗史研究中的理论和方法。该书将中国文学的源头——诗歌作为首要的研究对象，从世界文学的角度出发介绍中国古代诗歌的艺术。认为中国诗歌肇始于《诗经》《楚辞》，到唐宋逐渐进入高潮，明清则成为高潮的余韵。同时，将宗教视为诗歌起源，论述诗歌艺术情感，探讨诗歌发展过程，并且从作家作品出发，引出对诗歌历史的诠释。就整体而言，使用三线交织、相辅相成的研究方法，给后学启迪良多。笔者将以顾彬《中国诗歌史》为中心，探讨顾彬在中国诗歌史研究中的学术视角、学术理论及学术方法。以下将做具体阐释：

## 一、顾彬中国诗史研究的学术视角

顾彬在《中国诗歌史》的前言中就明确指出他撰写中国诗歌史的3个视角："迄今为止被人忽视的宗教观点应当成为我的表述的三条主线之一。另外两条线索把探讨'忧郁'在中国思想史或者文化史上的地位，以及探讨'个性'或者'个体'这样既困难，又讨厌的问题作为主题。"① 具体而言，这3个视角可以概括为宗教与诗歌的起源、"忧郁"与诗歌情感、主体意识与诗歌发展。具体如下：

第一，宗教与诗歌的起源。学界对于诗歌的起源问题争论不休。在顾彬看来，中国诗歌起源于宗教。他首先提到黑格尔的观点，称诗歌或者文学的源头都是宗教。艺术总的来说都在发展，而且是在它们各自同宗教的特殊关系中发展其特有的形式②。接着表明，中国诗歌或者文学的宗教起源虽未得到系统证明，但也隐隐被强调。中国诗歌的宗教起源具体表现为以下三点：首先，中国文字起源于宗教。"从语源学的角度来看，作为文字的'文'可以理解为天、地合一，它最初被当作同祖先交流的一种媒介。"③ 文字是人类对神灵足迹的模仿，能够显露事物之间的关系。因此，谁能使用"文"，谁就能通神灵（祖先）建立联系，并且能够预知未来，拥有权力。而宗庙作为祭祀神灵之地，成为权力的中心，"中国文学从一开始就被认定为权力的中心"④。其次，中国诗歌起源于宗教。原始诗歌往往用来歌唱，"诗"与歌唱紧密相连。宗教仪式往往伴有"歌谣"，因此，代表文学创作的"诗"与在宗庙中举行的宗教仪式产生了联系。宗庙祭祀的仪式中需要歌谣伴奏，歌谣用文字

---

① ［德］顾彬著，刁承俊译《中国诗歌史——从起始到皇朝的终结》第1页，华东师范大学出版社，2013年。
② 《中国诗歌史——从起始到皇朝的终结》第5页。
③ 《中国诗歌史——从起始到皇朝的终结》第5页。
④ 《中国诗歌史——从起始到皇朝的终结》第23页。

记录下来便成了诗,"'诗'最初就使人注意到祖先庙堂中的宗教过程"①。除此之外,中国诗歌起源于宗教还表现在《诗经》中的宗教意象、《楚辞》的宗教语境以及诗歌的程式化结构。其一,《诗经》中的宗教意象。顾彬认为,《诗经·王风·采葛》中的"葛""萧""艾"都与宗教相关。"'葛'作为性欲的象征和丰产的标志可以追溯到萨满教的宗教仪式"②,"'萧'也来源于宗教,它被当作祭祀时的香来烧"③,"就连'艾'也会同宗教搭上某种关系"④。甚至表示:我们只有把《采葛》"当成在丰产崇拜和生命延续崇拜框架内,具有宗教动力的渴望参与自然界创造性和连续不断的发展部时,我们才能完全理解它"⑤。其二,楚辞的宗教语境。以《离骚》为例,主人公屈原"利用一种现存的、来源于楚文化的萨满宗教仪式,来说明自己对世界的态度"⑥。而除去《天问》《招魂》《招隐士》,《楚辞》中的其他歌辞如出一辙,都带有抱怨人世的特征,即纯洁正派的自我与腐败堕落的社会的冲突。正是如此,他们需要"通过同天上诸神或者人世间各种势力的一种联合来实现"⑦自己摆脱困境的愿望。其三,诗歌的程式化结构。顾彬表示,《楚辞》中可以粗略分为两种风格程式,一是宏观结构的程式,表现在"忧愁"和"旅程"的瞬间;一是微观结构的程式,主要是飞鸟和植物。"这些程式(也许具有魔力性质的重复)很有可能都源于宗教仪式"⑧。进入汉代,汉赋的程式化则表现在"目录式列表逐一记录动物、植物、人物、事件和同义词、夸张、平行结构的运用、对偶的不断重复和变化"⑨。这种程式化结构"仿佛可以被视为定会赋予国家权力以神圣性质的咒文"⑩。最后,中国文学的重要审美原则"兴"起源于宗教。顾彬赞同赵沛霖的看法,认为"兴"源于图腾崇拜⑪,图腾与祖

---

① 《中国诗歌史——从起始到皇朝的终结》第 6 页。
② 《中国诗歌史——从起始到皇朝的终结》第 32 页。
③ 《中国诗歌史——从起始到皇朝的终结》第 32 页。
④ 《中国诗歌史——从起始到皇朝的终结》第 32 页。
⑤ 《中国诗歌史——从起始到皇朝的终结》第 33 页。
⑥ 《中国诗歌史——从起始到皇朝的终结》第 37 页。
⑦ 《中国诗歌史——从起始到皇朝的终结》第 37 页。
⑧ 《中国诗歌史——从起始到皇朝的终结》第 39 页。
⑨ 《中国诗歌史——从起始到皇朝的终结》第 53 页。
⑩ 《中国诗歌史——从起始到皇朝的终结》第 53 页。
⑪ 参见赵沛霖《兴的源起——历史积淀与诗歌艺术》,社会科学出版社,1987 年。

先崇拜有联系。引用动物、植物或者其他形象以引起"兴"时，不仅是在祈求图腾，还保持了对祖先的思念。例如，在中国古典诗歌的源头之一的《诗经》中，鸟类往往作为"他物"起兴，表达对祖先的思念。在《诗经·商颂·玄鸟》称"天命玄鸟，降而生商"，显而易见，商人将玄鸟看作自己的先神。

第二，"忧郁"与诗歌情感。顾彬将"忧郁"作为中国古典诗歌发展的又一主线。在他看来，佛教传入中国之后，诗歌才出现了悲哀的感觉，以及对于生死的深入思考①。中国古典诗歌是一个由"忧郁"向"喜悦"，由悲观向乐观转变的过程。首先，《楚辞》中饱含忧郁的语调，这是纯洁正派的自我与黑暗腐朽的社会的对抗。《楚辞》中的"忧愁"是"天地分离的结果，因而也就是困难重重，再也不能理所当然地进入天堂"②。以《离骚》为例，主人公屈原可以看作"忧愁"的象征。他要求分享统治者的权力，却又被统治者的权力排斥在外，难以进入权力中心，故而产生忧愁。其次，汉乐府中的忧郁意识是"忧伤的具体表达形式"③。在《中国诗歌史》一书中，顾彬主要探讨了汉乐府中"从民间收集来但并未进行加工的抱怨时代困境的世俗叙事谣曲"④。从主题而言，乐府叙事谣曲多言死亡和悲痛，"从前占据主要位置的战争、妇女和儿童这一固定模式突然变成毁灭、分离和孤独"⑤。从具体内容而言，乐府叙事谣曲所表达出来的忧郁则可以归因于"一个具体的理由（无家可归、战争、孤寂等等）或者归因于一个季节或是宇宙的模式（'悲秋'：秋天等于悲伤）"⑥。接着，顾彬指出魏晋时期诗文出现转型，开始表现出从悲哀向欢乐的过渡，但是这种欢乐只是仪式的延续，是抽象的。例如，《兰亭集序》描绘三月三上巳节流觞曲水的盛宴，表现出寄情山水的乐趣。但是这种欢乐"并非个人的欢乐，而是一个群体的欢乐"⑦。同样，这种欢乐也

---

① 刘燕《中国哲学与文学的阐释、翻译与交流之汉学路径——德国汉学家顾彬教授访谈》，载《北京第二外国语学院学报》2018年第1期。
② 《中国诗歌史——从起始到皇朝的终结》第40页。
③ 《中国诗歌史——从起始到皇朝的终结》第71页。
④ 《中国诗歌史——从起始到皇朝的终结》第62页。
⑤ 《中国诗歌史——从起始到皇朝的终结》第66页。
⑥ 《中国诗歌史——从起始到皇朝的终结》第71页。
⑦ 《中国诗歌史——从起始到皇朝的终结》第89页。

是张衡参加上巳节活动的感受①。正因为这种欢乐来源于参与世俗活动，所以顾彬认为它是仪式的延续，是抽象的。及至陶渊明才开始将悲与乐相互调节。顾彬认为，陶渊明是"用一种相对而言是朴实无华的语言来传播：如果你听任事物的变化，人的死亡和忧伤就不会再起作用"②。唐代诗歌的主要情感也是悲伤。"唐朝的哲学家们把人的感情和时间、死亡联系起来，从李白诗歌中的'愁'，可以清楚地感觉到每个人都有自己的生命的时间，时间过了就不会再来。"③宋人则满怀信心、超然物外、兴高采烈，这基于他们对万事万物的深刻认识。在宋人看来，写作是一种直抒己见的事情，是对自我认识的表达。"诗人突然成了思想家，他理解了自己的生活和这个集体。"④ 他们重视陶渊明，也正是因为他们看到了陶渊明"隐藏在欢乐构想后面的那种对事物不容变动的过程的认识"⑤。中国古典诗歌以《诗经》《楚辞》为肇始，发展至宋朝，正是一个由"忧郁"向"喜悦"，由悲观向乐观转变的过程，在这个过程中，"忧伤"占据着重要分量。

第三，主体意识与诗歌发展。"'主体'或'个体'的问题，无非是作者希望阐释，随着时间的推移，中国诗人身上的'个体性'、或类似于具有西方哲学概念'自我意识'的东西也在逐渐发展演变。"⑥ 笔者以为，顾彬对于"主体"问题的探讨，不仅仅是对中国诗人的"个体性"的简单探讨，还是对中国诗人存在状态的一种探寻。因为在顾彬看来，"诗是寻找规则的一种形式，每个时代都采用这种方式对付生活条件的残缺不全"⑦。如前文所述，作为诗歌源头的《诗经》和《楚辞》大多是宗教意识和程式的表现。到了汉代，乐府诗歌亦多反映集体的声音。及至汉末，社会动乱使得诗人开始关注个人生命等精神问题，也使得诗歌慢慢从集体中走出来，逐渐从宗教礼仪向

---

① 参见张衡《南都赋》"夕暮言归，其乐难忘。此乃游观之好，耳目之娱，未睹其美者，焉足称举"。（梁）萧统选编，（唐）李善等注《六臣注文选》第69页，浙江古籍出版社，1999年。
② 《中国诗歌史——从起始到皇朝的终结》第91页。
③ 《中国哲学与文学的阐释、翻译与交流之汉学路径——德国汉学家顾彬教授访谈》，载《北京第二外国语学院学报》。
④ 《中国诗歌史——从起始到皇朝的终结》第264页。
⑤ 《中国诗歌史——从起始到皇朝的终结》第91页。
⑥ 马剑《视角与方法——读顾彬的〈中国诗史〉》，载《中国文化研究》2013年第4期。
⑦ 《中国诗歌史——从起始到皇朝的终结》第264页。

真正的艺术过渡。这一时期的代表正是曹氏集团。他们作为政权的替代者，需要"在诗歌创作中寻找而且也找到了缓解他们紧张心情的解压阀"①。作为艺术的诗歌在唐代发展到顶峰。随着唐王朝的统一，这一时期的诗人不再局限于宫廷，而是开始走向四方，在遥远的他方维护中央政权。他们在远离宫廷后一方面在诗歌中表达家国情怀，另一方面利用诗歌抒发自己对人生的思考。诗歌越来越自觉地被用来抒发情感，也成为诗人处世态度的表征之一。当安史之乱再一次引发人们的精神危机时，诗人也开始转入私人领域，开始关注自我的精神世界。到了宋代，新型士大夫由于被排斥在政治权利之外变得越发深居简出。这时，在日常生活中一些并不引人注目的事情，如家庭、邻居、别人的困境等，一些平日及平日的忧虑变得越来越重要。这一时期的诗歌也越来越反映出诗人主体的"事业心与家庭生活"。总体来看，顾彬对于主体问题的探讨，实际上是将诗人置于社会背景之下，利用诗歌探讨诗人如何存在于世界。古典诗歌不断发展的过程，也是中国诗人自我意识不断发展的过程。

## 二、顾彬中国诗史研究的学术建构

前文已对顾彬中国诗史研究的独特视角进行了简要探讨，以下将就顾彬对于中国诗歌史的建构进行论述。笔者以为，顾彬对中国诗歌史的建构主要表现在构建诗歌史的基本框架、将诗歌置于宇宙学背景之下和灵活处理诗歌内容三个方面。以下将做具体阐释：

第一，构建中国诗歌史的基本框架。顾彬对中国诗歌史的构建不同于以往的文学史，他以时间为经，作家为纬，意义提示作为标题，以此构建中国诗歌史的基本框架，极富特色。在这个基本框架中，顾彬又使用纵横交错的方法，填充诗歌史上的重要人物，完成中国诗歌史的具体内容。以下将就其对中国诗歌史的构建做具体阐释。首先，构建中国诗歌史的基本框架。《中国诗歌史》全书共六章，分别为《古代——宗教与礼仪》《中世纪①——宫廷与艺术》《中世纪②——宫廷与四方》《近代①——诗与官》《近代②——事业心与家庭生活》《展望：后古典诗歌艺术——艺术家与追随者》。从时间上

---

① 《中国诗歌史——从起始到皇朝的终结》第72页。

来看，顾彬将时间大致分为古代、中世纪、近代和元明清四个大时间段。具体来看，古代指自春秋至汉代；中世纪分为两段，第一段指魏晋，第二段指唐；近代也分为两段，第一段指北宋，第二段指南宋。在每一个时间段内，顾彬又将意义提示作为标题，按照具体的诗歌风格将不同的诗人串联在一起。例如在《中世纪②——宫廷与四方》一章中，小标题分别为：

一、告别宫廷诗
二、自由精神——高适、王昌龄和李白
三、悲诉精神——典范杜甫
四、顿悟精神——孟浩然与王维
五、从艺术到质朴——白居易、韩愈和李贺
六、从整体到片段，从公众到个人——李商隐和词（温庭筠、韦庄）

显而易见，顾彬在标题中凝练出了主要风格，以此对应不同阶段的诗歌发展。这种以意义提示作为标题的形式，在《中国文人的自然观》一书中也曾出现。在该书中，顾彬也循着自然观发展的主线，将不同历史时期分别对应"自然当作标志""自然当作外在世界""转向内心世界的自然"① 三个标题。诚如戴燕所说："采用带有意义提示而不是年代提示的标题，这本身就表明了对问题的另外一种理解方式，使用一系列新的标题和研究范围的拓展，在这里都是为了表明旧的研究格局的被抛弃与一种全新观念的建立。透过纷纭复杂的历史和形态万千的文学作品，顾彬试图运用自己独特的逻辑方式，勾勒出中国文人自然观发展的全部过程。"② 其次，以纵横交错之法填充中国诗歌史的具体内容。纵向上，以时间为线，将每一时间段内的诗歌大致分为几大类。如前文所列《中世纪②——宫廷与四方》一章的标题，顾彬就将唐代诗歌大体分为了具有自由精神、悲诉精神、顿悟精神的诗歌，以及风格质朴的或描写某一片段、个人的诗歌。横向上，将同一时代的不同人物串联起来，人物之间存在一定的共同点。例如孟浩然与王维，他们是公认的山水田

---

① 参见［德］顾彬著，马树德译《中国文人的自然观》，上海人民出版社，1999年。
② 戴燕《在研究方法的背后——读小尾郊一〈中国文学中所表现的自然与自然观〉及顾彬〈中国文人的自然观〉》，载《文学遗产》1992年第1期。

园诗的代表。在顾彬看来，两者的共同点是"对可鄙的现实的回避"①，他们超凡脱俗，"在某些方面指的是转向内心生活"②。再如陶渊明与谢灵运，顾彬直言："陶渊明对自然的态度有许多方面与谢灵运相同（直接的描绘，在观察中享受大自然之美，面对自然的沉思冥想，隐退）"③，故而在第二章《中世纪①——宫廷与艺术》第三节中，顾彬将陶渊明与谢灵运放在一起论述。

第二，将诗歌置于宇宙学的背景之下，将宇宙学思想与诗歌结构、词汇、句法和转义相对应。顾彬认为中国古典诗歌中蕴含着"类"（即"比"）的宇宙学思想，"类"是理解宋代以前的中国诗歌的关键，"通过'类'这个纲领才能进一步去建立宗教与抒情之间的联系"④。"类"可以看成宇宙学的典范，它代表着"一种具有原则性的秩序，而这种秩序让各种事物彼此之间有一种联系"⑤。这种普遍的联系可以"安排日常生活，接受世界结构中一个现已存在、一成不变、稳定持久、千载难逢的位置"⑥。人们在面对自身短暂的生命时，通过对"类"的寻找使"生物学周期与宇宙学周期之间的同质性合理化"⑦，从而缓解在宇宙循环中因生命短暂而带来的焦虑。简言之，可以将"类"看成宇宙间一种互补的关系，是宇宙规范的代名词。宇宙规范则由"空—满、阴—阳、天—地这样各自相互补充的几对组成"，还包括天、地、人、五行等具体内容。人作为天地之"心"，能感受到宇宙规范，并且在创作的诗文中展现宇宙规范。具体表现为：首先，在诗歌结构上，双行诗的结构对应宇宙学"一个整体由两个互补的结构组成"⑧。顾彬认为，在一首诗中，最小的单位是双行诗。"这种双行诗的结构是平行的（互补或对比），它反映了自然规律的范例。"其次，在诗歌词汇上，诗歌中的虚词与实词，分别对应宇宙规则中的"空"与"满"。词汇之间的相互关联，也标示着宇宙学上的关联。例如，陶渊明《归园田居·其一》就十分坚持宇宙学上的关联，常常使用一

---

① 《中国诗歌史——从起始到皇朝的终结》第 186 页。
② 《中国诗歌史——从起始到皇朝的终结》第 186 页。
③ 《中国文人的自然观》第 147 页。
④ 《中国诗歌史——从起始到皇朝的终结》第 8 页。
⑤ 《中国诗歌史——从起始到皇朝的终结》第 11 页。
⑥ 《中国诗歌史——从起始到皇朝的终结》第 12 页。
⑦ 《中国诗歌史——从起始到皇朝的终结》第 12 页。
⑧ 《中国诗歌史——从起始到皇朝的终结》第 15 页。

些相互关联的词语。如"鸟和鱼、林和渊，野际和园田、方宅和草屋，犬和鸡、有和无这些有相关关联的情景显而易见"①。接着，在诗歌句法上，诗句对偶的形式对应宇宙规则中的"阴"与"阳"。最后，在诗歌的转义（即象征、隐喻、寓意）层面，顾彬关注到人的宇宙价值。人们往往能够通过诗歌的转义体会到诗句中不可直言的真理，这体现出了人作为天地之心对于宇宙规则的领悟能力。当然，顾彬更强调的是，人们通过对诗歌转义的感悟，克服一切看似对立或互补的东西，实现内心的自由，从而领悟到无可言说的、更高层次的真理。

第三，灵活处理诗歌史的具体内容。首先，顾彬虽然将书名题作《中国诗歌史》，却重在阐述宋前诗歌发展，并未将元明清诗歌列入阐释的重点。之所以将元明清放在余论而不是重点，是因为顾彬认为"中国诗歌艺术在两千年间，在《诗经》与词之间逐渐形成。它是如今被奉为中国古诗的诗歌的规范。这种规范迄今为止，而且还在继续占有如此大的优势，以至与此相比，最后3个朝代，即元代（1279—1368）、明代（1368—1644）和清代（1644—1911）的诗都不得不在接受、尊重和评价这些问题方面处于滞后地位"②。其次，选取具有代表性的人物进行赏析，以时间为线、人物为面，线面结合构建诗歌史。顾彬以时间为线建构诗歌史的章节，在不同的时间段下选取有关主题的主要代表人物，对人物思想、风格进行论述，以时间为线、人物为面，线面结合构成诗歌史的主要内容。例如，在《中世纪①——宫廷与艺术》中论述了魏晋南北朝的曹植、阮籍、嵇康、陶渊明、谢灵运、沈约和谢朓；在《中世纪②——宫廷与四方》一章中主要论述了高适、王昌龄、李白、杜甫、孟浩然、王维、白居易、韩愈、李贺和李商隐；到了近代，在《诗与宫》一章中论述了北宋的梅尧臣、欧阳修、苏东坡和黄庭坚；《事业心与家庭生活》一章中则论述了南宋的李清照、姜夔、吴文英和辛弃疾；至于余论部分，提及的主要人物有：元代的元好问、文天祥、白朴、马致远，明代的张养浩、高启、袁宏道以及清代的钱谦益、吴伟业、纳兰性德、袁枚和黄遵宪等。最后，从文体来看，诗歌史涵盖诗、词、赋、曲，内容充足。值得关注的是，

---

① 《中国诗歌史——从起始到皇朝的终结》第101页。
② 《中国诗歌史——从起始到皇朝的终结》第356页。

顾彬明确指出："汉代（前 206—202）的诗歌有三种形式：赋、乐府和古诗"①，将赋纳入了诗歌史的范畴。之所以将赋看作诗歌，一是因为汉赋与《楚辞》具有共同点，他们都采用骚体的形式写作；一是因为"赋有助于在意识形态方面巩固新建立的统一国家和进行扩张的中华帝国"②。

## 三、顾彬中国诗史研究的学术方法

除前文所述顾彬极具特色的学术视角和学术方法外，顾彬对于中国诗歌史的研究的学术方法也十分值得关注。一方面，他使用三线交织的方法串联起诗歌史；另一方面，十分关注西方汉学的研究成果，展现出海外汉学研究中国传统文学、文化的新视角。以下将顾彬中国诗史研究的学术方法做具体论述：

第一，三线交织串联诗歌史。以三条主线即宗教起源、"忧郁"的情感以及"主体"问题串联诗歌史。三条主线中以"宗教是中国诗歌的起源"为主，另外两条为辅，三者息息相关，相互印证。可以将宗教起源看成社会背景，"忧郁"的情感对应诗歌感情色彩，而"主体"则对应诗歌创作的主体，即诗人。中国诗歌史正是在社会背景、诗歌情感与诗人三者交互错动中前行。例如，在古代，《中国诗歌史》的第一章"古代——宗教与礼仪"中，顾彬结合《诗经》和楚辞，具体论证了宗教是中国诗歌的源头这一论点。在论述《诗经》时，他首先指出《诗经》所记载的歌谣包含着宗教因素和祖先崇拜。周人重视农业发展，信仰天神，宗庙随之成为权力的中心。《诗经》中的"雅"和"颂"就保留了周人对于天神的信仰，"风"则是宗教世俗化的体现。"《国风》极有可能体现了某些源自一年四季的礼仪"③，即祈求风调雨顺、获得丰收的宗教仪式。接着，在论述《楚辞》时，顾彬指出："《楚辞》是一种萨满宗教仪式有时世俗化的表现形式"④，是"由17篇萨满教，或者说来自萨满教传统的诗词组成的诗选"⑤。《九歌》《离骚》两篇更是从宗教语境

---

① 《中国诗歌史——从起始到皇朝的终结》第 52 页。
② 《中国诗歌史——从起始到皇朝的终结》第 52 页。
③ 《中国诗歌史——从起始到皇朝的终结》第 26 页。
④ 《中国诗歌史——从起始到皇朝的终结》第 36 页。
⑤ 《中国诗歌史——从起始到皇朝的终结》第 36 页。

入手，利用萨满教的仪式，表明自己对世界的态度，显示出一种忧郁的情感。进入中世纪，广义上代表国家的宗教无法解决人们的精神焦虑，诗人便开始用诗歌来显示"对个人的动摇不定和漂泊不定的认识"①，以及"对人生苦短，甚至是对人生的毫无意义的认识"②。由古代、中世纪到近代，中国诗歌也由忧郁向欢快转变。但是顾彬对于诗歌情感的分析却并没有贯穿每一部作品，而是选择具有明显感情色彩的作品进行具体分析。到了宋代，诗歌中的欢乐情感愈加明显。这是因为诗人作为主体，已经从宗教背景中解放出来，开始更多地关注家庭及个人生活。顾彬正是以宗教、情感、主体三条线索的相互交错，展现了中国诗歌从《诗经》到宋词两千年间的发展变化。

第二，关注西方研究成果，凸显海外汉学家进行汉学研究的视野。顾彬对西方研究成果的关注主要表现在以下三个方面：首先，关注西方汉学的研究现状，并在此基础上进一步深入，已期对已有研究成果有所突破。例如，在论述唐代诗人李白时，他首先肯定了李白在西方文化中的作用，称他是"对西方文化产生过长远影响的，为数不多的中国诗人当中的一位诗人"③。接着遗憾地表示"他仍然是世界文学中最少有人仔细研究的诗人"④，一语道破汉学家们对于李白的研究现状。顾彬指出，阿瑟·韦利（Arthur Waley，1889—1966）所写的有关李白的传记"纯粹从实际方面来理解诗人的一生，这时他只能把诗歌当作图解生平的装饰品"⑤，这是对于李白以及李白诗歌的一种误解，而这种误解也在德国汉学界蔓延。除此之外，汉学家们对于李白的批评也是众说纷纭，甚至相互对立。于是，顾彬基于这种研究现状，对李白及其诗歌进一步探究。第一步，他指出李白被误解的原因是汉学家对于唐代军事文化牢不可破的认识，也是对于李白作为"谪仙""游侠"的狂热崇拜的表现，实际上是对李白的一种神化。第二步，对于文学批评中有关李白的种种不同评价"可以从各不相同的估量中得到解释"⑥。简言之，是因为汉学家们没有将李白放在一个历史的、系统的角度来考察，才引发了不尽相同

---

① 《中国诗歌史——从起始到皇朝的终结》第 72 页。
② 《中国诗歌史——从起始到皇朝的终结》第 72 页。
③ 《中国诗歌史——从起始到皇朝的终结》第 132 页。
④ 《中国诗歌史——从起始到皇朝的终结》第 133 页。
⑤ 《中国诗歌史——从起始到皇朝的终结》第 133 页。
⑥ 《中国诗歌史——从起始到皇朝的终结》第 135 页。

的文学批评。第三步，顾彬基于以上认识，挑选了李白诗歌中有关游侠、酗酒和遁世三个主题的诗歌进行深入赏析，以此阐明李白身上所展现的价值冲突，并由此突破了汉学家对于李白的认知、批评的研究现状。其次，直接引用他人的研究成果，略过叙述。如在讲述乐府的特点时，直言"'乐府'的特点在汉斯·弗兰克尔和安妮·比勒尔的著作中描述得够充分了，因此它们的典型特点在这里用不着再来重复"①。再如在赏析陈子昂怀古名著《登幽州台歌》时，顾彬以为陈子昂因为无法实现自己的理想和抱负，于是选择了幽州台这个具有历史意义的地点。至于幽州到底具有何种历史意义，他则直接引用了福尔克尔·克勒普施的评论②。又如在赏析王维《鹿柴》中的"空山"一词时，直接引用阿尔弗雷德·霍夫曼（Alfred Hofmann，1879—1958）的观点，称"'空山'并非不长树木或者荒无人烟的山，而是山区景色那永无止境的迷茫，是峡谷和山谷的幽深"③。最后，注释部分内容十分丰富。或言自己对于某一观点的见解，如在论述《楚辞》的主要内容时，顾彬认为萧兵关注的是除了人类痛苦的其他方面。对此，他在注释中补充说明，他认为萧兵有关《楚辞》见解的论据全都是"种种推测"，是令人费解的④。接着，在对《离骚》中的"高阳"进行论述时，他又在注释中直言"赞同萧兵的说法"⑤，称高阳"作为扶桑中的太阳，他也可以是飞鸟，作为水神，他在鱼等生物中找到了自己的对应物"⑥。或对某一人物进行点评，如顾彬非常赞赏施密特，因为施密特"是为数不多的，懂得赞赏江西诗派，也善于极其全面，甚至同范成大联系起来表现江西诗派的几个汉学家当中之一"⑦。无独有偶，顾彬在论述中兴四大诗人之一的范成大时，认为范成大一生深受江西诗派影响，同时继承了唐代诗歌传统，并对传统进行创造性加工。显而易见，顾彬之所以认同施密特是因为二人观念相似。或讲述研究过程中遇到的某一问题，如论

---

① 《中国诗歌史——从起始到皇朝的终结》第63页。
② 详见《中国诗歌史——从起始到皇朝的终结》第125页，即燕昭王为选贤举能在幽州建造了幽州台，又称"招贤台""黄金台""燕子台"。
③ 《中国诗歌史——从起始到皇朝的终结》第200页。
④ 《中国诗歌史——从起始到皇朝的终结》第42页。
⑤ 《中国诗歌史——从起始到皇朝的终结》第49页。
⑥ 《中国诗歌史——从起始到皇朝的终结》第49页。
⑦ 《中国诗歌史——从起始到皇朝的终结》第320页。

及李白《月下独酌》时，他就直言"在翻译'酒'这个字时有些难堪"①。顾彬有关西方汉学的论述，表现出其对西方汉学的学术动态了如指掌，不仅对其中国诗歌史的研究助益匪浅，还反映出海外汉学研究中国诗歌的学术视野。

总而言之，顾彬对于中国诗歌史的研究，立足于宗教与诗歌的起源、"忧郁"与诗歌思想、主体意识与诗歌发展三条主线，形成于构建诗歌史的基本框架、将诗歌置于宇宙学背景之下和灵活处理诗歌内容三个方面，通过三线交错，以西观中的具体方法，完成了对中国诗歌史的书写。毋庸置疑，他通过一个全新的学术视角重新审视了中国诗歌的发展，加深了我们对中国古典诗歌的理解，更打开了国内学者的视野和眼界。不可否认，《中国诗歌史》一书已然成为一部不可多得的海外学者对中国传统文学进行深入研究的重要资料，更是中国学者了解海外汉学研究状况的不可或缺的材料之一。然而，我们也不得不承认，作为西方汉学家，顾彬在对中国文学进行深入探讨时，不可避免地存在以下缺点：首先，用西方语言书写中国诗史，因先天语言环境的差异，使中国读者感觉不够通俗、流畅。其次，将汉赋纳入诗歌史中探讨有待商榷。最后，对西方汉学研究成果的关注是一把双刃剑。如前文所述，在学术动态上，顾彬将重点放在了西方汉学的研究成果上，时常引用别人的观点并多做阐发。这一方面展现了其独特的学术研究方法，另一方面暴露出其对中国本土研究关注较少、引介有限，未能实现"中西结合"解读中国诗史。这一短板甚至以至于《中国诗歌史》一书被戏称为"《中国诗歌海外研究成果汇编》"②。故而，我们应当辩证看待顾彬，甚至其他海外汉学家的研究，择其善者而从之。

胡　炜　四川大学文学与新闻学院博士生

---

① 《中国诗歌史——从起始到皇朝的终结》第149页。
② 《视角与方法——读顾彬的〈中国诗史〉》，载《中国文化研究》。

# 21世纪以来德语系三国学界中国文学研究的现状与趋势（下）

周 睿

**摘 要**：以德语系的德国、奥地利、瑞士三国为例，本文抽取30家学术机构90余位研究学者为样本，专论德语系学界的中国文学研究详情，梳理和总结德语系汉学圈内古典传统与现代转向、研究为主与翻译为辅、规范有序与稳定多元等新时代特征。

**关键词**：德国汉学 奥地利汉学 瑞士汉学 中国文学研究

## 一、德国的中国文学研究现状（续·南部地区）

### （一）南部地区

南部德国的中国文学研究各有千秋，巴登-符腾堡州坐拥海德堡、弗赖堡、图宾根大学，巴伐利亚州则有慕尼黑、埃尔朗根-纽伦堡、维尔茨堡大学，其中尤以海德堡为桥头堡。海德堡大学汉学系（Sinologie, Ruprecht-Karls-Universität Heidelberg）成立于1962年，历任教授包括鲍吾刚（Wolfgang Bauer）、德博（Günther Debon）、瓦格纳（Rudolf. G. Wagner）、魏格林（Susanne Weigelin-Schwiedrzil）、田海（Barend J. Ter Haar）等学者，吴小如、龙应台等也在此担任客座讲席。海德堡汉学系如此不容小觑，一是强大师资，汉学教授席位多达三个，客座教授席位两个，在德意志一枝独秀，团队强劲、交流频繁；二是丰富藏书，汉学系图书馆拥有书籍十万册、期刊四万卷，古籍善本、类书、丛书、方志、家谱都是压箱之藏，电子数据资源也在全欧首屈一指，出版海德堡东亚研究丛书（Heidelberger Schriftenzur Ostasienkunde）；三是多元特色，不仅在古代和现代汉学依然保持鲜活动力，而且在不断开拓中国研究在世界语境下的新方向,中国台湾区域研究也是该系特色之一,文学研究生机勃勃。纪安诺(EnnoGiele)先后于柏林自由、日本庆应、台大和"中研院"、明斯特和加州伯克利求学,研究秦汉时期社会史与制度史、写本文化,关注于新出土的简牍,出版《蔡邕〈独断〉研究》(*Imperial Decision-Making and Communication in Early China. A Study of Cai Yong's* Duduan, Harrassowitz, 2006)等。顾有信(Joachim Kurtz)曾在汉堡、哥廷根、柏林、北京学习,埃尔朗根大学汉学博士,在美国埃默里大学和德国马普所等任职,主要兴趣在明清思想史、东亚—欧洲科学文化交流史、中国逻辑与哲学、书籍史研究,独著《探寻中国逻辑》(*The Discovery of Chinese Logic*, Brill, 2011)、合著(与阿梅龙、朗宓榭)《新词语新概念:西学译介与晚清汉语词汇之变迁》(*New Terms for New Ideas. Western Knowledge and Lexical Change in Late Imperial China*, Brill, 2011;中译本山东画报社,2012)等,还有一些关于中西文学翻译的论文。梅嘉乐(Barbara Mittler)在牛津和海德堡获得学位,研究领域跨越中国政治、历史、文学、音乐、传媒、性别,已出版专著《1949年以来大中华区的华语音乐政治》(*Dangerous Tunes: The Politics of Chinese Music in Hong Kong, Taiwan and the People's Republic of China since* 1949, Harrassowitz, 1997)、《上海新媒体(1872—1912):〈申报〉的权力、认同与变迁》(*A Newspaper for China? Power, Identity and Change in Shanghai's News Media (1872—1912)*, Harvard UP, 2004)、《文革的意义》(*A Continuous Revolution: Making Sense of Cultural Revolution Culture*, Harvard UP, 2012)等,目前正在研究近代以来的大中华区的女性与娱乐杂志,有意模糊文学研究的固有畛域。顾德琳(Gotelind Müller-Saini)先后在弗赖堡、慕尼黑和波恩学习,主攻中国近现代史中的史学、媒体、教育、宗教观念以及东亚—欧洲文化交流史,也关注诸如辜鸿铭、林语堂、巴金等文化先锋。毕业于德国维尔茨堡大学的贺马丁(Martin Hofmann)先后在维尔茨堡、莱比锡、哈佛、中科院、剑桥、"中研院"从事科研,他研究中国思想史和地图学,对古地图和文学文献很感兴趣。研究中共党史的康蓬(Thomas Kampen)毕业于柏林和伦敦,也涉及中国20世纪的文学人物与德国汉学史,著有《20世纪的汉学:海德堡—德国—世界》(*Sinologie im 20 Jahrhundert: Heidelberg-Deutschland-International*, Mattes, 2011)以及一些德语系国家的汉学研究调查,在线发布诸如"巴金百年"、欧洲汉学学会通讯以及关于中国研究的数据资料。石磊(Wilfried

Spaar）毕业于科隆和波鸿大学，在德国、美国、中国香港和台湾等地从事教学科研，兼顾语言和文学研究，编有《西文中的柳宗元研究书目》（*The Tang Poet Liu Zongyuan（773—819）in Western Translation：A Comparatistic Bibliography*，Harrassowitz，1997）、《批判哲学家李贽及其在新中国的接受》（*Die kritische Philosophie des Li Zhi（1527—1602）und ihrepolitische Rezeption in der Volksrepublik China*，Harrassowitz，1984）等，参编《迈耶百科词典》《印第安纳中国古典文学手册》等工具书的条目编纂，还译有茅盾部分作品（1980）。金兰中（Nanny Kim）以研究近代中国文字记载中的韩国形象为题的论文取得伦敦大学亚非学院博士学位，现在研究中国古代史。海德堡的中国文学研究在专业和跨界中不断发展。

弗赖堡大学汉学系（Sinologie，Albert-Ludwigs-Universität Freiburg）在20世纪50年代由翁有理（Ulrich Unger）建于东方神学院，多加关注古代中国的文史哲；2010年汉学教职由史明教授（Nicola Spakowski）担任之后从原有的神学院独立出汉学研究所，定期举办弗赖堡中国论坛（Freiburger China-Gespräche），出版弗赖堡东亚研究丛书（Freiburger Fernostliche Forschungen），整体研究定位于现当代中国，文学研究也集中于此段。韩俪娜（Lena Henningsen）学习于洪堡和海德堡大学，主要研究民国历史与文学、中国当代大众文学与流行文化、"文革"中的阅读与写作问题等，著有《版权问题：中国当代文学的摹写、创新与真伪》（*Copyright Matters：Imitation, Creativity and Authenticity in Contemporary Chinese Literature*，Berliner Wissenschafts，2010）、《文革手抄本：20世纪七十年代以来的中国地下小说》（*Cultural Revolution Manuscripts：Unofficial Entertainment Fiction from 1970s China*，Palgrave Macmillan，2021），合编有《吃了吗？世界文学中的食物与记忆》（*Gegessen？Essen und Erinnerung in den Literaturen der Welt*，Neofelis，2019）。福亦莉（Elisabeth Forster）毕业于牛津，以研究"五四"新文化运动为中心，出版《改变中国的1919年：新文化运动新史》（*1919, The Year That Changed China：A New History of the New Culture Movement*，De Gruyter，2018），间或涉及"五四"文学。郭岚芬（Lanfen Guo）毕业于内蒙古师大和弗赖堡大学，著有《中西经贸文献中的"三十六计"》（*Die "36 Strategeme" in der chinesischen und westlichenWirtschaftsliteratur*，Harrassowitz，2008）。林懿（Eve Yi Lin）南大毕业后又在弗赖堡攻读博士，研究后毛泽东时代的当代文学；毕业于伦敦亚非学院

的杨玉宇（Lara Yuyu Yang）研究中国的二手书阅读。

图宾根大学汉学系（Sinologie, Eberhard Karls University of Tübingen）始于艾士宏（Werner Eichhorn）于1964年创建的东亚语文部（SOP），先后拥有罗致德（Otto Ladstätter）、林懋（Tilemann Grimm）、卜松山、傅汉斯（Hans Ulrich Vogel）、舒耕德（Gunter Schubert）等前辈学者；但现在研究中国文史哲的学者稍显不济。曾在慕尼黑大学学习工作的闵道安（Achim Mittag）主要集中于中国史学和经学的研究，文学方面侧重在宋代的《诗经》阐释学，出版《宋代〈诗经〉研究》（Das "Shi-jing" -Studium in der Song-Zeit (960—1279): Vorstufenzueiner Neubetrachtung der Song-Klassikergelehrsamkeit, F. Steinmeier, 1993）等。罗茉莉（Maria Rohrer）研究中国古典及现代文学，出版《陶渊明诗中的"云"主题》（Das Motiv der Wolke in der Dichtung Tao Yuanmings (365—427 n. Chr.), Harrassowitz, 1992）、《虚构或现实？传统中国诗境中的杨皇后宫词研究》（Fiktionoder Wirklichkeit? Die 'Fünfzig Palastlieder der Kaiserin Yang (1162—1232 n. Chr.)' im Kontext der traditionellenchinesischen-Dichtung, Harrassowitz, 2005），近年相对沉寂。本校毕业的曹大龙（Alexander Jost）研究中国科技转化史和中国—伊斯兰文化交流史，将南宋矿冶技术文献《大冶赋》译为英文/德文，专著《宋代湿法冶铜研究》（From Secret Knowledge to Mass Production: The Wet Copper Industry of Song China）即将在Brill出版。此外，中国中心（CCT）目前由欧洲三大汉学家之一的施寒微（Helwig Schmidt-Glintzer）担任主任，他毕业于哥廷根和慕尼黑大学，曾在多所大学任教，担任过德国汉学学会主席，在学界声誉甚隆，研究中国历史、佛教、传统文化和古代文学，研究著作等身，代表作如《中国文学史》（Geschichte der chinesischenLiteratur, Beck, 1999）等。

从首任汉学教授海尼士自1946年开始算起，慕尼黑大学汉学研究所（Sinologie, Ludwig-Maximilians-Universität München）涌现过诸如傅赫伯（Herbert Franke）、鲍吾刚、施寒微、何尔曼（Thomas O. Höllmann）等汉学家，是南部德国的汉学又一重镇，挂靠文化研究学院亚洲研究系，拥有三席教授席位，出版慕尼黑东亚研究丛书（Münchener Ostasiatische Studien），文学研究也很活跃。荣休教授屈汉斯（Hans Kühner）就读和服务于本校，研究中国思想史和现当代文学，是《老残游记》的德译者；毕业于加拿大圭尔夫大学和海德堡的普塔克/葡萄鬼（RoderichPtak）以研究郑廷玉戏剧（1979）步入汉学界，研究宋明时代中国海上交流史、澳门史、中葡关系史与动物志等，文学研究包括《明代戏剧小说中的郑和下西洋》（Cheng Hos Abenteuer im Drama und Roman der Ming-Zeit［Hsia Hsi-yang：Übersetzung und Untersuchung/Hsi-yang chi：Ein Deutungsversuch］，Franz Steiner，1986）、《〈三宝太监西洋记通俗演义〉研究》（Studies on the novel Sanbaotaijian Xiyang ji tongsuyanyi，Harrassowitz，2011/2013/2020），还涉及研究中国古代海洋生物（2010）和中国文献与贸易中的鸟兽（2011），近于老一辈汉学家薛爱华的传统名物研究，与吕福克（Volker Klöpsch）合编《春天的希望：中国现代小说选》（Hoffnung auf Frühling：Moderne chinesische Erzählungen. 1919—1949，Suhrkamp，1980），翻译叶圣陶、老舍、萧红、萧军、张天翼、师陀、夏丏尊等部分现代小说。孟玉华（Ylva Monschein）研究地方史、文化记忆以及中国叙事文学，早年著有《狐媚：中国文学中的"女妖精"的渊源与流变》（Der Zauber der Fuchsfee：Entstehung und Wandel eines "Femme-fatale"：Motivs in der chinesischen Literatur，Haag Herchen，1988），翻译钱钟书的部分小说。汉堡培养的叶翰（Hans van Ess）曾在复旦大学学习，著作多以研究汉代史、儒释道、宋明理学等面世，也涉及文史文本的阐释，如《中国哲学史：从孔子到现在》（Chinesische Philosophie：Von Konfuzius bis zur Gegenwart，Beck，2021）、《班马异同》（Politik und Geschichtsschreibung im alten China，Harrassowitz，2014）、《从程颐到朱熹》（Von Ch'eng I zu Chu Hsi：Die Lehre vom Rechten Wege in der Überlieferung der Familie Hu，Harrassowitz，2003），与杜润德、李惠仪、戴梅可合著《〈报任安书〉与司马迁的遗产》（The Letter To Ren An：Sima Qian's Legacy，Washington UP，2016），还有一些如文选学研究及德国汉学研究的论文。宁驭（Marc Nürnberger）毕业于本校，长于以阐释学和现象学研究中国思想史，文学方面有一本《孟棨〈本事诗〉笺释》（Das Benshishi des Meng Qi：Kommentiert und gedeutet，Harrassowitz，2010）。蔡洁华（Jiehua Cai）研究兴趣与导师普塔克相近，集中于明代海洋史、妈祖信仰与明代小说，出版《吴还初〈天妃娘妈传〉研究》（Das Tianfei Niangma Zhuan Des Wu Huanchu，Harrassowitz，2014）。意大利籍博士安娜（Anna Stecher）毕业于博洛尼亚、北师大和慕尼黑，研究中国现代文学和中国戏剧（林奕华、鲁迅戏），撰有《走吧！散文》文学集，译有陆希小说《滴答》。英悟德（Ute Engelhardt）专攻中国医学研究，通过对司马承祯《服气精义论》进行文本解读来阐释中国的气功传统

(*Die klassische Tradition der Qi-Übungen：Eine Darstellunganhand des tangzeitlichen Textes Fuqijingyilun von Sima Chengzhen*, F. Steiner, 1987)。慕尼黑的中国文学研究呈现出与传统汉学其他学科交叉的特点。

维尔茨堡大学汉学系 (Sinologie, Julius-Maximilians-Universität Würzbur) 成立于1965年, 汉学家石泰宁格 (Hans Steininger)、库恩 (Dieter Kuhn)、科尔博 (Raimund Th. Kolb) 等在此执教, 以现代社会经济研究为主导, 亦不偏废传统汉学与文化历史研究法。现任东亚文化史教授教席是瑞士籍安如恋 (Roland Altenburger), 他曾在苏黎世大学学习工作, 曾在哈佛、"中研院"、北大、南大访学, 研究明清的社会文化史、小说戏剧、性别文学、以扬州杭州为中心的地域文学以及汉学翻译史, 独著有《中国古代小说中的"女侠"》(*The Sword or the Needle：The Female Knight-errant in Traditional Chinese Narrative*, P. Lang, 2009)、《〈儒林外史〉的社会语言学研究》(*Anredeverhalten in China um 1750：Soziolinguistische Untersuchungen am Roman "Rulinwaishi"*, P. Lang, 1997)、《〈儒林外史〉的隐士概念与性格的互文性研究》(*Eremitische Konzepte und Figurenim Roman Rulinwaishi：Eineintertextuelle Studie*, Brockmeyer, 1994), 合著《中国研究中的空间与域界》(*Raum und Grenze in den Chinastudien*, Harrassowitz, 2016)、《扬州：文学之乡》(*Yangzhou：A Place in Literature*, Hawai'i UP, 2015) 等, 研究成果丰厚。这一领域团队成员还有研究传统儒学的雷麦可 (Michael Leibold), 整体而言较少涉及现代文学。

埃尔朗根-纽伦堡大学文学院汉学系 (Sinologie, Friedrich-Alexander-Universität Erlangen-Nürnberg) 也有不俗的研究实力。汉学教席、系主任朗宓榭 (Michael Lackner) 毕业于海德堡和慕尼黑大学, 曾在慕尼黑、哥廷根、柏林工业、日内瓦大学工作, 主要研究中国思想史和科技史以及古代命理学与神秘文学, 相关成果包括《〈梦林玄解〉：古代中国梦境阐释》(*Der chinesische Traumwald. Traditionelle Theorien des Traumes und seiner Deutungim Spiegel der mingzeitlichen Anthologie Meng-linhsüan-chieh*, P. Lang, 1985), 合著《西学译介与晚清汉语词汇之变迁》(2001)、《德国汉学的回顾与前瞻》(外研社, 2013)、《具身复调：高行健作品中的自由与命运》(*Polyphony Embodied：Freedom and Fate in Gao Xingjian's Writings*, De Gruyter, 2014), 结集《朗宓榭汉学文集》(复旦社, 2013) 等以及其他文史哲研究成果。就读于莱顿、京

都、威尼斯大学的玄英（FabrizioPregadio）以道教思想与修行为研究对象，间涉文学文本研究。齐格飞（Siegfried Klashka）毕业于图宾根，研究中国大众传媒、政治与意识形态以及当代文学（报告文学），著有《中国报告文学及其政治社会关联》（*Die Chinesische Reportageliteratur：Das Genre Baogao Wenxue Und Seine Politisch-gesellschaftlichen Bezuge*，Harrassowitz，1998）、《中国出版业的现代化》（*Die Presse im China der Modernisierungen：Historische Entwicklung，theoretische Vorgaben und exemplarischeInhalte*，Kovač，1991）等。毕业于巴黎七大和法国高等研究实践学院的贺旦思（Dimitri Drettas）研究中国思想史、稿本文化与文献、传统占卜、汉学史等。

## 二、瑞士的中国文学研究现状

瑞士汉学的学院化始于1949年由常安尔（Horst von Tscharner）在苏黎世大学设立的汉学系，此后发展蓬勃向上，瑞士籍汉学家出现过戴密微（Paul Demiéville）、麦恩比（Norbert Meienberger）、冯铁（Raoul David Findeisen）等前辈，相关学术活动多由瑞士亚洲学会（Schweizerische Asiengesellschaft）组织，出版学术刊物《亚洲学报》（*Asiatische Studien*）以及东亚世界丛书（Welten Ostasiens）、瑞士亚洲研究丛书（Schweizer Asiatische Studien）等。

苏黎世大学汉学系（Sinologie，Universität Zürich）挂靠于东方研究院（IAOS），是瑞士最大的中国研究中心，拥有该国首家中国图书中心（原属东亚图书馆），研究领域涉及传统与现代中国的方方面面，具有学士、硕士和博士学位授予权。生于巴基斯坦、在本校学习和工作多年的荣休教授高思曼（Robert Gassmann）研究汉语史和早期中国的历史与文学的著作很多，包括《"正名"研究》（*Richtigstellung der Bezeichnungen：Zu den Quelleneines Philos-ophemsimantiken China*，P. Lang，1988）、《〈春秋繁露〉译注》（*Üppiger Tau des Frühling-und-Herbst-Klassikers- Übersetzung und Annotation*，P. Lang，1989）、《〈孟子〉新注》（*Menzius：Einekritische Rekonstruktionmitkommentierter Neuübersetzung*，De Gruyter，2016）等研究，指导学生安如峦完成《儒林外史》研究专著，目前正在全译《儒林外史》。现任团队中的毕鹗（Wolfgang Behr）在法兰克福大学主攻汉学，并在此校及波鸿工作近20年，以古代中国音韵学、文字学及中国历史与考古为主要学术领域，兼及翻译研究，较少文学研究成果。另一讲席洪安瑞（Andrea Riemenschnitter）在波恩和哥廷根就学，研究兴趣是晚清以降的中国文学和文化史、文化批评理论、神话研究、华语语系文学及现代戏剧研究等方面，专著《海外华人离散史》（*Diasporic Histories：Cultural Archives of Chinese Transnationalism*, HKU, 2009）、《天地之"中"：17世纪的中国文学宇宙论与帝国危机》（*China zwischen Himmel und Erde：Literarische Kosmographie und nationale Kriseim 17. Jahrhundert*, P. Lang, 1998）、《众神狂欢：20世纪中国神话、现代性与国家》（*Karneval der Götter：Mythologie, Moderne und Nation in Chinas 20. Jahrhundert*, P. Lang, 1998）等，译有梁秉钧《瑞士阿尔卑斯山的传说》（2009）、贾平凹《太白山记》（2009）等文学作品。几位年轻学者亦形成了文学研究后备梯队，中山大学毕业的刘春晓（Chunxiao Liu）专注于唐代诗歌小说及翻译，毕业于海德堡和南开的傅思吉（Lionel S. Fothergill）兴趣集中在以四大奇书为中心的明清小说上，本校毕业的班蓝（Jessica Imbach）研究以阎连科为中心的当代中国小说以及"鬼小说"，赫海伦（Helen Hess）关注华语系文学和视觉文化及马华文学，靳素杰（Sujie Jin）主攻当代网络文学和同志文学，毕业于华沙大学的杨爽（Justyna Jaguścik）研究当代诗与打工文学，不一而足。

位于法语区的日内瓦大学东亚研究系中国研究部（Étudeschinoises, Université de Genève）可追溯到1987年成立的汉学系，首任讲席、荣休教授毕来德（Jean François Billeter）先后在日内瓦、巴黎、北京、京都、香港学习，有关中国文学的研究著作包括《被非难的哲学家李贽》（*Li Zhi, philosophemaudit* (1527—1602), Droz, 1979）、《庄子四讲》（Allia, 2002—2010）等，是瑞士汉学界的泰斗人物；次任讲席是朗宓榭。现任团队中最直接关涉中国文学研究的两位都是来自法国的兼职教员，一是法国国立东方语言文化学院的戴文琛（Vincent Durand-Dastés），他研究中国传统小说和戏剧及其与宗教、超自然力量、性别角色之间的关系，著有《东渡记：十七世纪中国通俗小说中菩提达摩的教化之旅》（*La Conversion de l'Orient：un péripledidactique de Bodhidharma dans un roman chinois en langue vulgaire du XVIIe siècle*, IBHEC, 2008）、与华蕾立合编中国文学中与薛涛有关的稀见文本（*Une robe de papier pour Xue Tao：choix de textesinédits de littératurechinoise*, Espaces et signes, 2015），以及有关17世纪中国通俗小说、佛教密宗和民间神鬼的研究专著和论文；另一是巴黎七大的宇乐文（Victor Vuilleumier），他发表了多篇有关中国现当代文学、身体性别与文化身份、现代思想文化史以及郭沫若研究的论文。其他师资则略有涉及中国文学，如系主任左飞（Nicolas Zufferey）毕业于日内瓦和北京，研究古代儒学和当代中国思想和文学，著有《王充：古代中国的知识、政治与真理》（*Wang Chong*：*Connaissance, politique et véritéen Chine ancienne*, P. Lang, 1995）、《儒原：先秦至汉代早期的儒学》（*To the Origins of Confucianism*：*The Ru in Pre-Qin Times and during the Early Han Dynasty*, P. Lang, 2003）等。法国社会科学高等研究院研究员张宁（Laure Zhang）毕业于巴黎十大，研究清末以来中国法律制度变革史和死刑史、当代文学、西方戏剧在中国的接受问题等，译有《另地西方：中国对西方戏剧的挪用》（*Un autresens de l'Occident*：*l'appropriation par la Chine du théâtre occidental*, L'Harmattan, 1998）、德里达论文集《书写与差异》（生活・读书・新知三联书店, 2001）、德里达研究论集《解构之旅・中国印记》（南京大学出版社, 2009）等。王飞（Fei Wang）研究中国书法、钤印和古典文学，毕业于南京师大的陈萍（Ping Zeller-Chen）则专注于当代中国文学和比较文学。

此外，圣加伦大学（Universität St. Gallen）人文学院中国文化与社会系主任柏达蕊（Daria Berg）是牛津博士，曾在诺丁汉工作，立足文学文本研究，范围包括明清文学、现代文学、通俗文学、文化史、网络文学与文化等，出版《中国嘉年华：〈醒世姻缘传〉研究》（*Carnival in China*：*A Reading of the "Xingshi Yinyuan Zhuan"*, Brill, 2002）、《在中国寻求风雅：超越性别与阶级的商榷》（*The Quest for Gentility in China*：*Negotiations beyond Gender and Class*, Routledge, 2007）、《明末清初的女性及其文学世界（1580—1700）》（*Women and the Literary World in Early Modern China, 1580—1700*, Routledge, 2013），编有《阅读中国：小说、历史与话语的动态性》（*Reading China*：*Fiction, History and the Dynamics of Discourse. Essays in Honor of Professor Glen Dudbridge*, Brill, 2006），在女性文学研究上很见功力。她的同事史大飞（Giorgio Strafella）毕业于米兰大学，跟她一起曾在诺丁汉工作，研究领域相近，侧重于文化史与话语批评，独著《改革后的中国知识话语论：20世纪90年代的人文精神大讨论》（*Intellectual Discourse in Reform Era China*：*The Debate on the Spirit of the Humanities in the 1990s*, Routledge, 2016），与柏达蕊合著《四百年中国书籍文化变迁史》（*Transforming Book Culture in China, 1600—2016*, Harrassowitz, 2016）及多篇论文。瑞士最古老的大学巴塞尔大学

(Universität Basel)神学院宗教研究系的班巴齐（Stephan Peter Bumbacher）就读于巴塞尔、苏黎世、牛津和海德堡大学，曾在爱丁堡和图宾根工作，兼职苏黎世大学，主要研究中国宗教史、思想史以及文本批评，专著《赋能写作：中古中国的招魂与驱邪仪式研究》（*Empowered Writing*: *Exorcistic and Apotropaic Rituals in Medieval China*，Hawai'i UP，2012）基于大量文本与非文本文献，涉及文学文本研究；欧罗巴全球研究中心（Europainstitut）的韦宁（Ralph Weber）生于南非、毕业于圣加伦大学、就职过苏黎世大学，研究中国政治和新儒学，发表一些关于中国古代哲学家研究、比较哲学和欧洲汉学史的研究论文。瑞士的中国文学研究在德语系汉学界中生机勃勃，研究基础扎实，团队建构合理，未来发展可望持续稳健。

## 三、德语系中国文学研究的学术特征与发展态势

德语系汉学曾一度是欧洲汉学研究的中心，尤为倚重古典语文学的学术传统，但近年来无论投入还是声望，已无法与北美汉学分庭抗礼。以德国、奥地利和瑞士为代表的德语系学界中国文学研究的学者现状，呈现出较为突出的几大学术特征与发展态势：

其一，古典传统，现代转向。德语系学界的汉学研究具有悠久的历史传统，汉学名家辈出，他们在研究思路和研究方法上厚古薄今，一以贯之重视文献语文学（philology），往往能够打通中国哲学、宗教、思想、历史、考古、艺术等学科领域的界限，而非单纯的文学研究，不脱传统汉学文史哲不分家的跨学科/泛学科研究视野，研究兴趣更多是源自学者自身而没有特定的"主流"研究，这样的学术传统在当今的德国汉学界也有所延续——不仅很多机构依然保留着"汉学系"的中文名称和汉学教授的讲席头衔，比如莱比锡、波恩、法兰克福、慕尼黑、维也纳、苏黎世等等。就优势传统来说，较之北美汉学，德国的文学研究在出土和早期文献、汉语史、思想史的相关领域研究上得益于古典汉学的涵养而略胜一筹，代表学者如傅敏怡、韩可龙、纪安诺、郎宓榭、毕鹗等；较之英法西葡等西欧汉学，则并不过多着眼于过去和未来与中国的殖民史（与后殖民）关系。但新时期以来，德国汉学机构开始转向，原有的古典文学文化的教授席位开始被研究当代中国诸多领域的新一代汉学家所挤占，中国研究渐次沦为服务于国际政治和经贸关系的工具，例

如曾是汉学家摇篮的哥廷根大学现在完全转向到了当代中国研究，与之类似的还有柏林自由、科隆、汉堡、杜伊斯堡大学等，马尔堡大学汉学系调整至法兰克福大学，巴塞尔大学没有中国研究的专门机构，这些因素都限制了中国文学研究在德语系三国的进一步发展。

其二，研究为主，翻译为辅。就研究而言，传统德语系汉学以古典为主，前辈学者如顾彬、施寒微、马汉茂、卜松山、鲍吾刚、毕来德等，几乎都偏向于前现代中国文学的研究，现有三国学术机构中从事中国古典文学及其相关学科研究的学者年龄层上较为偏大；而随着中国学在新时代西方理论转向、现代文学学科的成熟和文化研究的兴起，越来越多学者关注中国现代文学的研究，同时涵盖视觉媒体、性别种族等非文本领域，与传统汉学研究异曲同工地形成跨学科特色，如梅嘉乐研究音乐政治和女性杂志，贺马丁研究地图与文学、韩俪娜研究盗版文学、安如峦研究地域空间、柏达蕊研究女性与上流社会，都是很好的跨界之举。就翻译而言，德语系学界对中国文学的关注有着悠久的传统，但相对英语系和法语系而言而略显平缓，主要分为两大部分：一是对传统文学文本经典的学术式译释，如高思曼《孟子》、冯凯《商君书》、何致瀚《庄子》等；一是面向市场的德译中国文学选集或专集，如高明/大春《史记选》、大春《郁达夫文集》、李夏德、马海默、何致瀚的中国现当代作品选等，翻译水准都很过硬。还有一个值得注意的现象是一些意识形态较为敏感的作品的翻译在德国也较多被关注，如刘晓波、杨继绳等作家作品。此外，德语系的中国文学史书写/重写方兴未艾，目前有顾彬、施寒微、艾默力等多个版本。整体来说，对中国文学研究和翻译的数量和质量都值得肯定。

其三，规范有序，稳定多元。一如严谨刻板的国民性格，德语系国家的汉学与中国文学研究呈现出井然有序的特点，德国的汉学系数量位居全欧第一，按照教授讲座制设置学科专业，形成较为稳定的学术团队和研究传统，诸多学校都有自己独立学术品牌的出版和交流平台，学术期刊方面如柏林自由《中国社会与历史》、汉堡《远东》、波恩《袖珍汉学》、维也纳《东亚研究学刊》、苏黎世《亚洲学报》等；专著系列方面有莱比锡东亚/汉学研究丛书、汉堡汉学丛书、波鸿东亚研究丛书、海德堡东亚研究丛书、弗赖堡东亚研究丛书、慕尼黑东亚研究丛书、瑞士亚洲研究丛书等。德国的中文图书资源丰富，汉学系都有自己的中文馆藏，柏林国立图书馆的中文典籍更为位居全欧之冠，为德语系的中国文学研究提供海量的文献资源。大多数学者是在德语区完成基础学术积累（瑞士法语区除外），也有赴牛津（如梅嘉乐、柏达蕊、福亦莉）、哈佛（施耐德、贺马丁）等英美名校求学的，但更多学者都是毕业于本国甚至本校，但相当重视互动与提升，不仅与中国学界建立了稳定而有效的交流机制，而且几乎所有从事中国文学研究的学者都有曾在中国大陆、香港、台湾学习或交流的经历。随着北美汉学的崛起，也有部分学者如柯马丁（Martin Kern）、李孟涛（Matthias L. Richter）、魏朴和（Wiebke Denecke）等扎根异乡，在欧洲诸国的也有诸如傅熊在伦敦亚非、费南山（Natascha Gentz）在爱丁堡等，将德语系中国文学研究传统进一步推进和创新。此外，德语系学者重视对德国/欧洲/海外汉学史（柯若朴、康蓬、叶翰、朗宓榭等）和汉学研究方法论（旷思凡、傅熊等）的关注和梳理，力倡学术研究的数据化，这也是德语系学者重视形而上哲思的突出表现。

总之，德语系三国中国文学研究有着欧洲传统汉学的基本特点，在新时代也呈现出诸多新变，在研究全球共享与想象的学术共同体的建构中，对德语系汉学的关注和推介将对中国本土学术界的学术转型以重要的参考系身份参与中国学术的大叙事话语中来。

周　睿　西南大学文学院副教授

·英国汉学研究·

# 在"关联"中"论道":
# 葛瑞汉的汉学思想探微*

## 刘 杰 刘耘华

**摘 要**：中国思想的"关联性"特征由法国汉学家葛兰言首次揭出，后得到西方汉学界的广泛应用。《论道者》一书，堪称英国汉学大家葛瑞汉之曲终奏雅。在此书中，葛氏以关联思维为线索对先秦诸子一一从头道说，可谓别开生面，故在中西学界同时博得佳评。本文试从"自发性""理性""古汉语特征""关联思维"的关系入手，对其在"关联"之中"道说"先秦诸子的主要内涵做深入阐发，同时也对其失虑之处有所匡正。

**关键词**：葛瑞汉 关联性 自发性 理性 古汉语特征

《论道者：中国古代哲学论辩》（Disputers of the Tao: Philosophical Argument in Ancient China）是英国汉学大家葛瑞汉（A. C. Graham, 1919—1991）的曲终奏雅之作。葛氏认为，中国的先秦哲学家们从老子到庄子，从孔子到荀子，从墨子到后墨，再到宋代新儒学，贯穿着一条完全不同于西方的思维方式和伦理价值体系，即"关联宇宙论"。本文试以该著为主要文献依据，从"自发性""理性""古汉语特征""关联思维"的关系入手探寻葛氏汉学思想的精微之处，同时，也试图对其失虑之处有所匡正。

## 一、"关联思维"概念的生成与应用

何谓关联思维？我们认为，主要是：

---

\* 本文为国家社会科学基金一般项目"作为汉学概念的关联思维研究"（项目号19BZW030）。

强调事物（beings）之同时、共生、互动关系的思维方式。它主张以生命体验、感性直观、整体观照或类比推理等"美学的方式"来把握，甚至"认知"事物之真实样态和运行机制，认为使用概念、命题、框架模式（framework）或因果分析所获得之普遍而抽象的原理并非客观、真实的"事物本身"。①

其核心内涵，套用怀特海的表述，即"关系"支配"品质"（relatedness is dominant over quality）。② 这一点，后来成为当代欧陆哲学思想的一个重要面向。

1934 年，葛兰言（Marcel Granet，1884—1940）在《中国人的思维》（*La pensée chinoise*）中用"关联"（corrélatifs）一词诠释古代中国思想文化的基本蕴含。这是"关联思维"作为汉学概念在西方学界的首次生成。他说，"中国人的思维不关心对立，而注重对比，转化、关联以及天人互通"③。在这里，葛兰言虽未直接提出"关联思维"（La pensée corrélative），但却提出了"中国人的思维"（la pensée chinoises）和"关联"（corrélatifs）、"转化"（la transformation）几个关键词，与关联思维的内涵非常接近。相较于西方的逻辑思维方式，葛兰言认为中国人的思维方式还表现出"象征性"（symboliques）的特征。他说："中国人的思维方式是象征主义的语言表达方式，用它来代表中国人思想精神的某些特性是合适的。"④ 除此之外，他还提到了"隐喻性"（métaphorique）特征："这里提醒我们要注意中国式的表达方式，即用隐喻来表达想法。"⑤ 总之，葛兰言认为，古代中国人靠关联、类比等手段建构起来的阴阳宇宙观被辐射到社会生活的各个方面，构成了中国人特有的思维方式和伦理价值体系。他还试图把中国人的这种关联思维的模式与古汉语的特征

---

① 刘耘华《一个汉学概念的跨国因缘——"关联思维"的思想来源及生成语境初探》，载《社会科学》2018 年第 5 期。

② A. N. Whitehead, Eds. by David Ray Griffin and Donald W., *Process and Reality*: *An Essay in Cosmology*, New York: The Free Press, 1978, p. xiii.

③ Marcel Granet, *La pensée chinoise*. Paris: Editions Albin Michel, 1968, p. 299.

④ *La pensée chinoise*. p. 23.

⑤ *La pensée chinoise*. p. 177.

联系起来予以探讨。这一研究思路被后来的汉学家如李约瑟（Joseph Needham，1900—1995）、葛瑞汉、安乐哲（Roger T. Ames）、朱利安（Francois Jullien）等人很好地延续下来。《中国人的思维》是一部在西方学界影响深远的著作，可惜迄今仍无完整汉译本问世。

葛兰言之后，李约瑟在《中国科学技术史》第二卷中提出，中国哲学发展的主流，朝着一种"机体哲学"的方向前进。① 李约瑟在这本书中系统地阐发了古代中国科学思维的内涵和特征。除了"correlative thinking"之外，他还多次使用"symbolic thinking""associative thinking""coordinative thinking""analogical thinking"等不同的表述来对中国人的思维方式做出进一步的生发，他甚至指出，中国人"时间如流"的时间观和"方位象征关联"的空间观缺少西方人准确精密的量化品格，是"关联思维"的一种表现；同时，他对"大宇宙"与"小宇宙"等问题的论述是对葛兰言关于微观世界与宏观世界思想的继承。

1962 年列维·斯特劳斯（Claude Levi-Strauss，1908—2009）在《原始思维》(*The Savage Mind*) 中研究原始人的思维，认为原始思维具有具体的、整体性的、类推的、依靠经验感知的特征。他对原始图腾的生成机制分析同样可以清楚地看到葛兰言思想的影子。之后，本杰明·施瓦茨（Benjamin Schwartz）、约翰·亨德森（John B. Henderson）、陈汉生（Chad Hansen）等人也自觉地应用"关联思维"概念展开汉学论述。"关联思维"逐渐成为当代重要的汉学概念被接受和应用。

葛瑞汉在汉学研究之初并未留意中国古代思想中的"关联"特征。《中国的两位哲学家：二程兄弟的新儒学》是他早年的汉学研究专著，查阅全书没有发现葛兰言对他的影响。然而在初版序言中，葛瑞汉引用李约瑟概括中国思想乃"机体哲学"（philosophy of organism）的见解，指出中国人的思维方式是相互依存，而非各自孤立；整中有分，而非相互矛盾；万物循环变化，而非静止不变，注重事物之用，而非事物之质，重视相互感应，而非因果关系。② 这些内涵与"关联思维"的内涵几近一致。因此，本文推测，葛瑞汉

---

① ［英］葛瑞汉著，程德祥等译《中国的两位哲学家：二程兄弟的新儒学》第 16-17 页，大象出版社，2000 年。
② 《中国的两位哲学家：二程兄弟的新儒学》第 16-17 页。

应该是经由李约瑟而进一步关注到作为方法论的"关联思维"问题,由于关注"关联思维"而关注到葛兰言的《中国人的思维》一书,这在他后期汉学研究的集大成之著《论道者》中被证实。葛瑞汉在《论道者》中以"关联思维"为基本线索,对先秦诸子一一从头道说,可谓别开生面,故在中西学界同时博得佳评与回应。除此之外,葛瑞汉在《价值的难题》(1961)、《理性与自发性》(1985)、《理性中的非理性》(1992)等系列论著中持续思考,并将其运用于对中国儒、道文化、历史政治形态、社会结构、语言习惯、宇宙观等方面的解读,成为第一个自觉地将"关联思维"作为汉学概念,运用于中西文化沟通的汉学家。以下拟详析其蕴含。

## 二、"自发性"与"关联思维"

"自发性"概念在葛瑞汉的后期论著中居于十分关键的位置。在阐发其主要蕴含之前,笔者先引述葛氏的几段相关表述:

> 其一:如果他希望返回大"道",他必须抛弃知识,停止区分,拒绝把他的意志和原则强加于"性",恢复新生婴儿的自发性,允许他的行为顺从自己生理的自然过程。他的反应必须像一面镜子,一个回声,心中没有杂念,思想完全集中,身心放松,像渔夫或车夫根据发生的情形对钓钩和缰绳做出反应动作一样,或者像泳者根据水性自由进出水涡,而不是根据自己的认识来做……这就是"不知其然而然"。这并不意味着我们可以轻率行事。只有我们充分注意外部环境,自发的反应才可能是全面的。但是,我们决不能分析(区别对待),决不能忽略世界的变化和统一性,我们在自发活动中对这个世界作出变化而统一的反应。①

> 其二:从整体上看中国人的情感,与儒家思想相关的大多非常理智,它怀疑和蔑视幻想;儒家思想的盛行确实抹杀了中国大部分的古代神话传说。道家钟爱超凡脱俗,是对儒学想象力贫乏的一种抗议,是对浪漫奇迹的恢复,是对原始和孩童未染世界的回归。道家在培养自发性的同

---

① A. C. Graham, *The Book of Lieh-tzŭ*, New York: Columbia University Press, 1990, p. 2.

时，也在培养天真。①

其三：道教及其后继者禅宗的自发性并不是对自控的扰乱，而是一种不思考控制的胜利，就像垂钓者或车夫的技巧一样，通过长期的训练获得了胜利。②

其四：就道家来说，一个人以镜子的明澈去观照环境，相信技巧和激情；就儒家来说，一个人因外界事物而产生喜怒哀乐，他确实用一些准则来指导其情绪的反应，不过这些准则仅仅是人会自发地加以选择的准则，如果他像圣贤一样博闻多识的话，选择的自发性随认识程度的深浅而有相应强弱的变化。③

第一段表明，葛瑞汉认为"道"体现了"自发性"的思想：抛弃知识，停止区分，视万物为一；其次，新生婴儿具有自发性的特征，因为婴儿刚出生，自我意识还未健全，身上保存着与生俱来的未染之性；最后，"自发性"是在知觉的完全参与下，身心放松，心无外物，全面领会整体情境之后，对事物做出自然的反应。葛氏认为道家的理想人物，如庖丁、泳者、畸人等形象身上体现了这三点特征。第二、三段话补充了葛瑞汉对"自发性"的认识：儒、道文化在本质上不同，道家提倡剔除机心、顺应自然和情感的浪漫、诗意、爱幻想，与欧洲的酒神精神相似；儒家文化表现出尚礼、严肃、公开、可敬的特征，抑制了中国古代神话传说的发展，一如欧洲壁垒森严的古典主义；但儒道两家思想异曲同工，二者都是通过礼仪、习俗、后天的练习将至德、至善内化为一种生命境界（自发性的意识），促使自发的道德行为使世界走向秩序化。第四段引文原语境是葛氏在论证中西伦理价值体系的差异：西方伦理道德体系建立在"事实与价值"的标准之上，而中国儒、道两家的伦理价值体系是建立在圣贤之"道"上。

以上四点关于"自发性"的论述表明，葛瑞汉认为"自发性"包括自发的意识倾向和自发的行动两方面。中国文化中的"自发性"可以被理解为

---

① *The Book of Lieh-tzǔ*, p. 92.
② *The Book of Lieh-tzǔ*, p. 8.
③ ［英］葛瑞汉著，杨民译《〈鹖冠子〉：一部被忽视的前汉哲学著作》，载葛兆光主编《清华汉学研究》第 1 辑第 121 页，1994 年。

"自然""无可选择""领会客观情况的回应能力"①。葛氏认为道家的"自发性"源于人的自然之"性",道家文献中的奇人、畸人很好地体现了"自发性"特征,"比如庖丁、木匠、泳者、船夫和捕蝉者,他们无需借助大量分析,从第一原理处置理性与选择,他们不再听凭思维与作为初学者所学到的规则的指引;他们关注整体而做出反应,依据不能诉诸语言的本能,全神贯注,眼到手到"②。道家"圣人"的认知方式与"关联思维"要求主体从整体上把握客体的各个关联环节;主体注意力高度集中;主体的意识在场,保持清醒的洞察力和反应能力是一致的。"自发性"与"关联思维"都不强调身与心、主与客、理性与情感、意识与行动的严格二分;他们注重在具体的情境中,内在本能与外在客体进行协调互动,即保持在主体本性之中,又顾全大局,克服意识的局限,以不同视角对现实进行观照,达到对客体的最佳回应能力。在葛氏看来,"关联思维"是儒、道文化的必然产物,因为儒、道两家学说都崇尚"圣人"③的道德楷模作用。因此,葛氏认为中国文化中的"自发性"和"关联思维"在本质上是一回事;"自发性"作为意识到之事物整体的自然倾向,其所权衡调节的各种构成性因素,就是通过关联思维发生相互关系的。④"自发性"作为葛氏解释心灵行动的深层原因,其生成机制需要关联到整体之各部分所形成的有机体,"关联思维"是行为主体在"自发性"意识支配下的一种综合表现。

---

① Benjamin Schwartz, "A Review of 'Disputers of the Tao: Philosophic Argument in Ancient China'", *Philosophy East and West* vol. 42, no. 1 (1992), p. 11.

② [英]葛瑞汉著,张海晏译《论道者:中国古代哲学论辩》第 219 页,中国社会科学出版社,2003 年。

③ 先秦儒、道两家"圣人"观在道德取向、社会理想、人生境界、修养方式上存在根本的差异。葛瑞汉认为儒道两家的"圣人"意义虽不同,但都致力于树立"圣人"楷模。儒、道"圣人"观的基础是两家对待"德"的认识。在葛氏看来,儒道不同代表人物对"德"的内涵理解不一,因为儒、道两家分别在不同层面上论述"德"。从社会伦理层面讲,儒道对"圣人"之"德"的追求本质都是对至善的追求,只是手段不同,他们最终都依赖于自发的道德意识指引自发的道德实践。

④ 刘耘华《"意识到"、自发性与关联思维——试论葛瑞汉的汉学方法论》,载《浙江学刊》2020 年第 6 期。

## 三、"理性"与"关联思维"

葛瑞汉对"关联思维"的认知与对"理性"的思考直接相关,内容涉及认识功能、实践功能及两者之间的互动关系。这也是葛瑞汉对"关联思维"的解读为何能够落实到古代中国人的认知系统,如宇宙观、语言结构、社会制度、社会文化习俗、礼制等各方面的原因。葛氏认为,无论从认知角度还是实践角度,"关联思维"均可弥补"理性"之缺漏,并蕴含理性的因子。"理性"(reason)作为西方文化的重要术语,起源于希腊的"λόγος"(logos)。葛氏经常从理性的认知功能跳跃到理性的实践功能,因此在缺乏说明的情况下,其用"理性"来诠释中国思想文化会经常出现混乱,如他对先秦儒、墨、名家之"理性"的理解往往局限于"分析"和"理性论证"这个层面①,而西方的"理性"除此外还包含对现实的肯定,以及逻辑的分析、综合、抽象、推理、判断、指导实践的能力。这也是席文(Nathan Sivin)批评葛瑞汉似乎把"理性"用在了极其有限的定义上的原因。②

用"理性"来审视"关联思维"并以此彰显中西思维之内涵反差的做法并非葛瑞汉的原创。葛兰言在《中国人的思维》中第一次将"关联性"作为中国人思维的主要特征,他点评中国人的思维方式时说:"中国人重整体感知,并不关心细节。但感知只在短时间内可能是正确的。中国人拒绝通过抽象引导、概括类比(甚至归纳或推理)来解释事物,这导致了所有的科学(理性)(在中国)都是不可能的。"③ 同时,他还指出:"在中国,宇宙是一个调节系统,他们并不区分精神和物质,我们这种灵魂与肉体二元对立的思想,与中国完全不同。"④ 葛瑞汉与葛兰言的观点接近,他同样认为中国文化注重天人合一、身心不分,这与西方二元相分和重分析的思维模式存在差异。葛瑞汉认为,中国先秦儒、墨、道、法四家学说均出于对时代问题的回应,从老子到庄子,从孔子到孟子再到荀子,影响中国文化走向的两大主流思想

---

① 刘玉宁《对葛瑞汉和陈汉生先秦哲学"理性"的考察》,载《孔子研究》2007 年第 1 期。
② Nathan Sivin, "Ruminations on the Tao and Its Disputers", *Philosophy East and West*, vol. 42, no. 1 (1992), pp. 21-26.
③ *La pensée chinoise*. p. 438.
④ *La pensée chinoise*. p. 319.

的儒、道学说中普遍存在着"关联思维"的特征，而最具"理性"特征的墨家却在战国后期走向式微。这种以儒、道为代表的关联思维模式主导了古代中国文明，进入近代社会之后，它严重束缚了中国科技的进步。

前文所引第二、三段引文还包含了葛氏对中西方两种思维特征的深层思考。葛氏认为，中西传统思想资源内部同时蕴藏着"理性的"和"自发性"的思想因子。不同在于，西方以"逻辑理性"为主导，而中国则整体上表现出以"自发性"和"关联思维"为主导的特征，这一结果，就是由于中国文化中的"理性因子"在整体上受到抑制和排斥所导致的。19世纪晚期以来，西方"逻辑理性"遭遇极大危机，长期受到压制的"非理性"的思想，即重视浪漫诗性、注重直觉体验的感知方式在尼采、克尔凯郭尔、柏格森、詹姆斯、杜威、怀特海、海德格尔、维特根斯坦、福柯、德里达等人的理论学说中重新焕发出勃勃生机，并产生了强大的影响。可见历史自有其"道"，阴去阳来，物极必反，中西文化的古今之变证明：理性和自发性是人类共存的思维意识，相互补充，各有价值。

## 四、古汉语特征与关联思维

受西方日常语言学派的影响，葛瑞汉坚信可以在语系结构上发掘出思想体系的生发基础。具体来说，葛瑞汉受到"沃尔夫假说"①的启发，承袭了葛兰言、李约瑟等人的衣钵，认为古汉语的语言结构与印欧语系不同，导致中国人的思维与西方很不一样。基于此，他重点讨论了古汉语的字形、语法、句法及语用与"关联思维"的关系。

第一，葛瑞汉受李约瑟研究古汉语与中国科学思维的关系的影响，认同他提出的古汉语的字形保存大量象形、会意字对塑造中国人的关联性思维特征起到一定作用。古汉语的字形丰富，而语音相对于现代汉语和其他语系较

---

① 沃尔夫假说：又称萨丕尔—沃尔夫假说（Sapir-Whorf hypothesis），别名语言相对论，这种观点认为，语言是思维和意识产生的最主要的推动力。语言形式决定语言使用者对宇宙的看法。在不同文化中，不同语言所具有的结构、意义和使用等方面的差异，对使用者的思维方式产生一定的制约作用。这一观点最初由18世纪的赫尔德和19世纪的洪堡德提出，在北美语言学家萨丕尔和他的弟子沃尔夫的理论著作中彰显，并产生深远影响，如后来的布鲁姆（Alfred Bloom）受其影响做了反事实陈述推理实验，成功证实了语言相对论的内容，而布鲁姆的观点也对葛瑞汉产生了深远影响。

为贫乏,这导致了"一个词的词源及其与相似发音的单音节词的关系呈现于笔画的结构而非语音结构上"①。从构词法上来说,古汉语没有印欧语那么丰富的派生词(词根+词缀),也没有大量的词缀(词头、词尾),因而不容易考察它的词源及与其相似发音的单音节词的关系,但是我们可以从甲骨文中看出早期先民对于世界的直观感知的方式。汉字的构成虽有象形、指示、会意、形声、转注、假借等方法,但象形是其基础构成,因而"以象形为基础的汉字的长期地绵延使用,使中国人的思想世界始终不曾与事实世界的具体形象分离,思维中的运算、推理、判断始终不是一套纯粹的抽象的符号"②,这影响了中国人的思维方式朝着相互关联的方向发展而去。

第二,葛瑞汉认为逻辑的历史与语法的历史关联在一起,由于缺乏逻辑思维,因此古汉语缺乏语法规范。这一结果,导致古汉语的名词居于支配地位、缺乏对词性和词类的区分、时态与数量词尾变化意识薄弱,等等。这些特点影响了中国人分析思维能力的培养,进而阻碍了中国哲学、科学、伦理学、语言学等方面的发展。具体而言:首先,葛氏赞成郝大维、安乐哲的观点,认为古汉语的名词居于支配地位造成中国古代哲学家们只关心"正名",即名实是否相符的问题,却不关心句子或者命题对于真假的价值判断。其次,古汉语缺乏可数名词,也缺乏现代汉语中的"类",致使名词的"能指"和"所指"功能消失,影响了古汉语的精确表意功能。再次,时态与数量词词尾的变化在印欧语系内部看不出它的特殊作用,但从学习古汉语的过程中可以发现它确实是对逻辑能力的一种强制训练,古汉语缺少这一变化,因此中国人的思辨能力不强。西方人的思维总是追问一事一物的"背后",而中国人则倾向于讲述"像"与"不像"之间的关系。如果说西方人的思维方式是线性的,中国人的思维则是"场域与焦点"式③的牵连,是环形的,这与中国人的关联宇宙论是相一致的。最后,词序的变化导致了同一个词的语义的变化,理解它要靠上下文关联语境,"它也可以被看作进行具体思维的限制,或者避

---

① 《论道者:中国古代哲学论辩》第444页。
② 葛兆光《中国思想史》第1卷第42页,复旦大学出版社,2001年。
③ 《论道者:中国古代哲学论辩》第458页。原译文是"范围/焦点(field/focus)",这里更正为"场域与焦点",郝大维、安乐哲为解释"语境化方式"(Ars contextualis)的诠释法而引用的物理学概念,它强调整体和部分之间有机、关联、变化、互动的关系,即一种美学的诠释法,它最大的特点是运用关联的方式思维。

免实体化的优点"①。

第三,葛瑞汉赞同布卢姆(Alfred Bloom)的观点,认为古汉语缺乏"反事实条件陈述"(counterfactuals),即缺少"假设句型",这影响了中国古代哲学中"如果它不是这样……某事将发生"的陈述命题的缺失。它的直接影响是导致中国思维厌恶非此即彼的价值选择,进而倾向于"折中主义",最终使中国科学和规范伦理学的发展停滞。事实上,中国儒道两家哲学提倡"守中""执中""用中""中庸""中道""中和以为美"的文化立场,与建立在二分法基础之上的因果律文化的确不同。如果以结果来反向推导古汉语缺乏假设句,影响了古代中国人思维缺乏逻辑思辨而倾向于"关联思维"特征,进而影响科学和伦理学发展,在逻辑上是合理的,但在现实中,李约瑟难题至今还没有定论。

## 结　语

葛瑞汉曾将研究中国文化的学者分为两个阵营:一种是普遍文化观的代表;另一种接近于文化相对主义的阵营。② 施瓦茨认为,具有普遍文化观的人并不忽视文化界限和文化差异的存在,相反它正是基于对差异的深刻认识而形成的观点。葛瑞汉征引西方语言学理论论证中西思想上的差异,正说明受语言制约下的不同文明之间的可比性,与第一个阵营的目的殊途同归。应该说,葛瑞汉"关联思维"论所蕴含的中国文化观接近于第二个阵营。因为他的观点蕴含了诸多矛盾:一方面,他认为伍尔夫的假说势必会让人陷入相对主义的混乱中,但另一方面又对打破中西概念图式的不可通约性持一种乐观

---

① A. C. Graham, *Disputers of the Tao: Philosophical Argument in Ancient China*, La Salle, Illionois: Open Court Publishing Company, 1989, p. 400.

② 普遍文化观指,基于普遍存在的人类共同关切的问题,部分学者倾向于认为所有文化都具有可比性,进而运用超越文化、语言差异的概念,透过表面的不同去研究中国思想文化中普遍存在的问题;文化相对主义,认为受语言制约的不同文化概念系统存在不可通约性,他们主要是透过普遍性,去揭示受文化语言制约的概念系统之间的差别。参见: Schwartz Benjamin, "A Review of '*Disputers of the Tao: Philosophic Argument in Ancient China*' by A. C. Graham", *Philosophy East and West*, (1992), pp. 3-4.

的态度①；他对古汉语与"关联思维"关系的研究理据是西方分析哲学中日常语言学派的理论，他否定二分法并返回轴心时代着重探讨中国先秦圣贤如何坐而论道，以及关注中国先秦诸子思想研究中的"理性"和"自发性"问题，却暗示他从一开始就将"关联思维"放在一个与西方分析思维框架相对立的位置上，从而暴露了他的"文化模子决定论"的理论预设。

但是，葛瑞汉借"关联思维"和"自发性"来审视和反思"理性"，较好地解决了困惑西方很久的"休谟难题"，即西方理性主义排除情感、习俗、信仰等因素来讨论道德问题之时所面对的行动无根基困境②。葛瑞汉受休谟的启发，认为中国思想文化中的"自发性"特征，较好地中和了西方现代哲学中"理性宰制一切"和"理性沦为激情的奴隶"的冲突，进而弥合了西方伦理思想中"理性"与"行动"之间的裂痕。但葛瑞汉基于对本民族文化框架内问题的关注，借道中国来寻求解决之策，并直言解决危机的办法还在西方文化内部③，已经预示了葛瑞汉对中国先秦思想的研究和诠释注定是一次被先见主导的思想远征。因此，葛瑞汉对中国典籍的解读虽有其独到之处，但他根据个人研究兴趣，聚焦于一点，小题大做，操控文本的做法同样应该被正视和匡正。

刘　杰　上海大学人文学院博士后
刘耘华　复旦大学文学院教授

---

① 《论道者：中国古代哲学论辩》第498页。

② A. C. Graham, Reason and Spontaneity, London & Dublin, Curzon Press Ltd, 1985, pp. 1-3, p. 11.

③ 葛瑞汉回应史华兹，他将西方日常语言学派赖尔和奥斯丁的观点当作权威理论来解释中国问题的原因在于，首先，赖尔和奥斯丁的理论提醒当代西方人打破西方中心主义的立场，不要把身心二分当作理所当然运用于中国文化研究，因为中国人的文化中并不存在身心二分；其次解读中国的障碍，以及消除这些障碍的方法，都源自西方哲学的内部，中国文化研究正好为西方提供了一个外部视角来反观自身。具体参见：A. C. Graham, "Response to Benjamin Schwartz' Review of 'Disputers of the Tao'", Philosophy East and West, vol. 42, no. 1 (1992), p. 17.

# 理雅各《孟子》英译本中的人物形象

陈逸鸣　胡　旭

**摘　要**：《孟子》刻画了众多鲜明生动的人物形象，既体现了高度的文学艺术魅力，又凝结着深厚的历史文化内涵。理雅各的《孟子》英译本是西方汉学界的典范之作，对《孟子》中的人物形象作了细致、独到的诠释。理雅各通过详细地注解典故，再现了《孟子》原文所刻画的人物形象；运用溯源考辨的方式，对《孟子》的人物形象进行了深入剖析；采取经典对观的策略，使得《孟子》中的人物形象显得更加生动、丰满。理雅各的译注有助于西方读者更好地理解《孟子》塑造的人物形象以及承载的文学艺术与文化内涵。

**关键词**：理雅各　《孟子》译本　人物形象

晚清来华的苏格兰传教士理雅各（James Legge，1815—1897）是一位卓有成就的汉学家，曾将儒家的"四书五经"等中国文化经典翻译成英文。理雅各《孟子》英译本不仅完整地翻译了原著，而且针对原文内容作了详细的脚注，至今仍是西方汉学界推崇的典范。本文考察理雅各对《孟子》塑造的人物形象的诠释。《孟子》刻画了形形色色的人物形象，这些人物形象既是高超文学造诣的体现，又凝结着深厚的历史文化内涵。理雅各的译本运用注解典故、溯源考辨和经典对观等方法，相当成功地诠释了《孟子》中的人物形象及其承载的文学艺术与文化内涵。

## 一、注解典故，再现人物形象

《孟子》刻画的人物形象有许多属于历史人物，运用典故是《孟子》刻画历史人物形象的重要方式之一。《孟子》引用过典故最多的两部经典是《诗经》与《尚书》,并且许多时候都与塑造人物形象有关。理雅各关注《孟子》里的用典,他在译本的脚注里认真地说明这些典故的出处,并作出适当的解释。以下考察理雅各对引自《诗经》《尚书》的相关典故的注解情况。

(一)注解引自《诗经》的典故

《孟子》引用《诗经》的典故中涉及塑造人物形象的一共有 7 处,理雅各对它们都作了脚注,指出了所在的具体篇目。以下的表格是关于理雅各注解《孟子》里引自《诗经》的典故。

| 理雅各译本的章节 | 《孟子》原著引用的《诗经》语句 | 《孟子》原著塑造的人物 | 理雅各译本脚注引用的《诗经》篇章 |
| --- | --- | --- | --- |
| 《梁惠王上》第二章 | 《诗》云:"经始灵台,经之营之,庶民攻之,不日成之。经始勿亟,庶民子来。王在灵囿,麀鹿攸伏,麀鹿濯濯,白鸟鹤鹤。王在灵沼,于牣鱼跃。" | 周文王 | 《文王之什·灵台》 |
| 《梁惠王下》第三章 | 《诗》云:"王赫斯怒,爰整其旅,以遏徂莒,以笃周祜,以对于天下。" | 周文王 | 《文王之什·皇矣》 |
| 《梁惠王下》第五章 | 《诗》云:"乃积乃仓,乃裹糇粮,于橐于囊。思戢用光。弓矢斯张,干戈戚扬,爰方启行。" | 公刘 | 《文王之什·公刘》 |
| 《梁惠王下》第五章 | 《诗》云:"古公亶父,来朝走马,率西水浒,至于岐下,爰及姜女,聿来胥宇。" | 古公亶父 | 《文王之什·绵》 |
| 《公孙丑上》第三章 | 《诗》云:"自西自东,自南自北,无思不服。" | 汤、文王、孔子 | 《文王之什·文王有声》 |
| 《滕文公上》第三章 | 《诗》云:"周虽旧邦,其命维新。" | 周文王 | 《文王之什·文王》 |
| 《离娄上》第七章 | 《诗》云:"商之孙子,其丽不亿。上帝既命,侯于周服。侯服于周,天命靡常。殷士肤敏,祼将于京。" | 周文王 | 《文王之什·文王》 |

以下选取《离娄上》第七章的例子展开讨论。孟子引用《诗经》的话说:"《诗》云:'商之孙子,其丽不亿。上帝既命,侯于周服。侯服于周,天命靡常。殷士肤敏,祼将于京。'孔子曰:'仁不可以为众也,夫国君好仁,天下无敌。'"① 对此,理雅各作了脚注:

> See the Shih-ching, III. i. Ode. I. stt:4,5. 不億 = 不止於億,'not hundreds of thousands only.' 侯于周服 is an inversion for 侯服于周. 侯 is here an introductory particle,=惟. 仁不可為眾 is to be understood as a remark of Confucius on reading the portion of the Shih-ching just quoted;— 'against a benevolent prince, like king Wan, the myriads of the adherents of Shang ceased to be myriads. They would not act against him。'②

理雅各指出《孟子》此处引用的诗句见于《诗经·大雅·文王之什·文王》第四章和第五章。他从语法的角度解读了部分诗句的意思:"不亿"即不止于"亿","侯于周服"是"侯服于周"的倒装句,"侯"是引导性小品词,等于"惟"。理雅各说,"仁不可为众"是孔子阅读此诗后的评论,像文王这样的仁君,虽然曾遭到无数殷商臣民的反对,但最后这些反对者都转而支持他。

现引述《文王之什·文王》的第四章和第五章如下:"穆穆文王,于缉熙敬止。假哉天命,有商孙子。商之孙子,其丽不亿,上帝既命,侯于周服。侯服于周,天命靡常。殷士肤敏,祼将于京。厥作祼将,常服黼冔。王之荩臣,无念尔祖。"③ 关于"亿"的意思,杨伯峻《孟子译注》引用朱骏声《说文通训定声》的解释:"楚语注'十万曰亿',此古数也;今人乃以万万为亿。"④《古汉语常用字字典》解释"亿":"数词。一万万。古时也把十万叫

---

① James Legge, *The Works of Mencius. vol. II of the Chinese Classics*, Taipei:SMC Publishing Inc, 1991, pp. 297-298.

② *The Works of Mencius. vol. II of the Chinese Classics*, pp. 297-298. 本文引用理雅各的注释中如出现汉字,均按原文保留繁体字。

③ (清)阮元刻《十三经注疏·毛诗正义》第十六卷第 10-11 页,总第一册第 1085-1086 页,中华书局,2009 年。

④ 杨伯峻《孟子译注》第 169 页,中华书局,1960 年。

作亿。"① "亿"在古代可以指两个不同的数字：十万或万万。理雅各将诗句里的"不亿"解释为不仅仅只有几十万，亦即没有将"亿"作"万万"解，这当然是符合商朝人口实际的恰当解释。理雅各对"侯于周服"和"侯服于周"的倒装关系的解释是正确的，二者的意思都是殷商的子民臣服于周朝。理雅各对《文王之什·文王》第四章与第五章的主旨大意的把握也很到位。朱熹《诗集传》据《吕氏春秋·古乐》篇为《文王之什·文王》解题曰："周人追述文王之德，明国家所以受命而代殷者，皆由于此，以戒成王。"②《文王之什·文王》歌颂文王凭借英明仁德建立周王国，并使得殷商的臣民心悦诚服地归顺他。孟子化用《文王之什·文王》的典故，塑造了文王的仁君之光辉形象，供当时列国的国君效法，正如孟子所言："师文王，大国五年，小国七年，必为政于天下矣。"③

可见，理雅各对典故的注解能帮助读者了解《孟子》所引典故的来源，并且更准确地理解这些典故。通过考察《孟子》所引《诗经》的典故，可以透视《孟子》塑造文王等人物形象的方法和意图，从而更完整、更深刻地把握《孟子》的思想内容与文学艺术。

（二）注解引自《尚书》的典故

《孟子》引用《尚书》的典故中涉及塑造人物形象的一共有8处，理雅各对它们作了脚注。以下的表格是关于理雅各注解《孟子》里引自《尚书》的典故。

| 理雅各译本的章节 | 《孟子》原著引用的《尚书》语句 | 《孟子》原著塑造的人物 | 理雅各译本脚注引用的《尚书》篇章 |
|---|---|---|---|
| 《梁惠王下》第十一章 | 《书》曰："汤一征，自葛始。"<br>《书》曰："徯我后，后来其苏。" | 汤 | 《仲虺之诰》 |
| 《滕文公下》第五章 | 《书》曰："葛伯仇饷。" | 汤 | 《仲虺之诰》 |
| 《滕文公下》第五章 | 《书》曰："徯我后，后来其无罚！" | 汤 | 《太甲中》 |

---

① 王力等原编，蒋绍愚等增订《古汉语常用字字典》第414页，商务印书馆，2011年。
② （宋）朱熹《诗集传》第233页，中华书局，2011年。
③ *The Works of Mencius. vol. II of the Chinese Classics*, p. 297.

续表

| 理雅各译本的章节 | 《孟子》原著引用的《尚书》语句 | 《孟子》原著塑造的人物 | 理雅各译本脚注引用的《尚书》篇章 |
| --- | --- | --- | --- |
| 《滕文公下》第九章 | 《书》曰:"丕显哉,文王谟,丕承哉,武王烈,佑启我后人,咸以正无缺。" | 文王、武王 | 《君牙》 |
| 《万章上》第四章 | 《尧典》曰:"二十有八载,放勋乃徂落,百姓如丧考妣,三年,四海遏密八音。" | 尧、舜 | 《舜典》 |
| 《万章上》第四章 | 《书》曰:"祗载见瞽瞍,夔夔齐栗,瞽瞍亦允若。" | 舜 | 《大禹谟》 |
| 《万章上》第五章 | 《太誓》曰:"天视自我民视,天听自我民听。" | 舜 | 《泰誓中》 |
| 《万章上》第七章 | 《伊训》曰:"天诛造攻自牧宫,朕载自亳。" | 伊尹 | 《伊训》 |

以下对《万章上》第七章的例子展开讨论。《万章上》:"《伊训》曰:'天诛造攻自牧宫,朕载自亳。'"① 理雅各对此作了脚注:"See the Shu-ching, IV. iv. 2, but the classic and this text are so different that many suppose Mencius to quote from some form of the book referred to which Confucius disallowed."② 理雅各注中的"Shu-ching, IV. iv. 2"指的是《尚书·伊训》。理雅各指出,《孟子》此处所引用的文字和《尚书·伊训》存在差异。

理雅各所引用的《伊训》并不见于今存的《今文尚书》,实际上是属于今存的《古文尚书》中的内容。《伊训》里有相似之文:"皇天降灾,假手于我有命,造攻自鸣条,朕哉自亳。"③ 可见这段文字与《孟子》原著的引文之间确有较大的差异。理雅各在注释里解释这种差异的原因说:许多人因此猜

---

① The Works of Mencius. vol. II of the Chinese Classics, p. 364.
② The Works of Mencius. vol. II of the Chinese Classics, p. 364.
③ (清)阮元刻《十三经注疏·尚书正义》第八卷第 13-14 页,总第一册第 334 页,中华书局,2009 年。

想《孟子》中引用的一些文献，是孔子所不认可的。理雅各此处提到孔子的原因应当是接受了"孔子曾删、编《尚书》"的传统观点。换言之，理雅各认为《孟子》所引用的《尚书》里的某些话，不在孔子所编的《尚书》之内。理雅各所言不无可能，但是他没有指出更重要的问题——留传至今的含《伊训》在内的《古文尚书》通常被认为是伪书。孟子当年所见的《伊训》，与今人所见的（亦即理雅各所见的）《伊训》极可能不是同一本书。所以，《孟子》的这段引文与现存《伊训》中的相关文句存在差异，这并不足为奇。

对于《万章上》中"天诛造攻自牧宫，朕载自亳"① 一句，理雅各译为："In the 'Instruction of I', it is said, 'Heaven destroying Chieh commenced attacking him in the palace of Mu. I commenced in Po.'"② 如果将理雅各译文再译回白话文则是：《伊训》说，"在牧宫攻击桀，这是天毁灭桀的开始。而我是从亳都开始（实行上天灭桀的旨意）的"。理雅各的译文没有传达出"桀的灭亡是咎由自取"的意思。赵岐《孟子注》云："言意欲诛伐桀，造作可攻计之罪者，从牧宫桀起，自取之也。"③ 不过理雅各在脚注中对"天诛造攻自牧宫，朕载自亳"一句的解读则是十分准确："The meaning is that Chieh's atrocities in his palace in Mu led Heaven to destroy him, while I Yin, in accordance with the will of Heaven, advised Tang in Po to take action against him."④ 理雅各说：这句话的意思是，夏桀在宫室里罪大恶极以至于上天要消灭他，而伊尹不过是按照天意在亳邑建议汤去攻打夏桀。

通过理雅各对典故的注释，可以更好地理解《万章上》塑造的伊尹的形象。当时有传闻说，伊尹屈辱自己，背着釜镬去求汤任用自己。孟子指出这些传言不实。在孟子的描述中，汤几次聘请伊尹，伊尹都不为所动；后来伊尹为了造福天下百姓才决定出山，成为汤讨伐夏桀的得力助手。孟子引用《伊训》的话，说明夏桀是因为自己的残暴无道而受到汤和伊尹的讨伐，这从另一方面展现了伊尹的光辉形象——伊尹辅佐汤消灭夏桀正是顺应天意，造福天下苍生的伟业。可见，孟子运用典故所精心塑造的伊尹形象，是一位以

---

① The Works of Mencius. vol. II of the Chinese Classics，p. 364.
② The Works of Mencius. vol. II of the Chinese Classics，p. 364.
③ （汉）赵岐注，（宋）孙奭疏，李学勤主编《孟子注疏》第 262 页，北京大学出版社，1999 年。
④ The Works of Mencius. vol. II of the Chinese Classics，p. 364.

天下为己任的圣贤。

## 二、溯源考辨，剖析人物形象

《孟子》塑造了尧、舜、禹等上古时期的圣贤形象。理雅各相信，儒家经典记载的这些人物事迹具有历史真实性："尧舜禹的存在是毋庸置疑的。如果那是可疑的话，我甚至会去怀疑《圣经》中的亚伯兰罕以及其他希伯来人的祖先存在的真实性。"① 不过，理雅各对于中国历史文化秉持严谨审慎、实事求是的研究态度，没有对《孟子》《尚书》《诗经》等关于上古历史的记载照单全收。对《孟子》所塑造的历史人物形象，理雅各通常都会作认真的溯源考辨，以此剖析历史人物形象的特质、原貌以及演变过程等。

（一）对尧、舜、禹之"圣王"形象的考辨

尧、舜、禹是孟子极为推崇的上古圣王。《滕文公上》里，孟子在与农家弟子辩论时说：

> 当尧之时，天下犹未平，洪水横流，泛滥于天下……尧独忧之，举舜而敷治焉。舜使益掌火，益烈山泽而焚之，禽兽逃匿。禹疏九河，瀹济漯而注诸海，决汝汉，排淮泗而注之江，然后中国可得而食也。当是时也，禹八年于外，三过其门而不入，虽欲耕，得乎？②

对于这段话，理雅各作注说："堯獨憂之，——the 獨 seems to refer to Yao's position as sovereign, in which it belonged to him to feel this anxiety. For the labours of Shun, Yi and Yü see the Shu-ching, Parts Ⅰ, Ⅱ, Ⅲ."③ 这段话大意是："尧独忧之"的"独"是指尧处于君王的位置上，作为君王他必须为水患的治理问题而忧虑。关于舜、益和禹的事迹可见于《尚书》的第一、二、三卷。理雅各所说的"《尚书》的第一、二、三卷"，指的是他所撰的《尚书》译本中的第一、二、三卷，分别是《唐书》《虞书》《夏书》。理雅各

---

① ［美］吉瑞德著，段怀清、周俐玲译《朝觐东方：理雅各评传》第 225 页，广西师范大学出版社，2011 年。
② *The Works of Mencius. vol. II of the Chinese Classics*, pp. 250–251.
③ *The Works of Mencius. vol. II of the Chinese Classics*, pp. 251.

《尚书》译本有独特的体例：第一卷《唐书》即《尧典》；第二卷《虞书》含《舜典》《大禹谟》《皋陶谟》《益稷》；第三卷《夏书》含《禹贡上》《禹贡下》《甘誓》《五子之歌》《胤征》。

理雅各说舜、益和禹的事迹可见于《尧典》《虞书》《夏书》。借此溯源考辨，可以了解尧、舜、禹的形象。在《尧典》中，尧的主要形象是以天下为公，求贤若渴，知人善任。尧常向大臣询问各样官职当由何人担任。《尧典》也记载了尧对水患肆虐的忧虑："帝曰：'咨！四岳，汤汤洪水方割，荡荡怀山襄陵，浩浩滔天。下民其咨，有能俾乂？'"① 尧说洪水泛滥，百姓受苦，请四方诸侯之长推荐治水的能人。后来，尧又向众臣请教何人可以继其帝位，众臣向尧推荐了舜，而后尧令舜处理政务，接受考察。《尧典》记载舜在考察期间的表现："慎徽五典，五典克从。纳于百揆，百揆时叙。宾于四门，四门穆穆。纳于大麓，烈风雷雨弗迷。"② 尧对舜的政绩非常满意，便让他继承帝位。《舜典》记载，舜登帝位后也和尧一样重视任用贤才，虚心地向下属咨询适合担任各官职的人选。《滕文公上》提及的"舜使益掌火，益烈山泽而焚之，禽兽逃匿"的历史事件，也可以在《舜典》里窥见：

> 帝曰："畴若予上下草木鸟兽？"
> 佥曰："益哉！"
> 帝曰："俞，咨！益，汝作朕虞。"
> 益拜稽首，让于朱、虎、熊、罴。
> 帝曰："俞，往哉！汝谐。"③

按《舜典》的记载，舜令益来担任管理草木鸟兽的官职，并不是如《滕文公上》说的掌管火政（"掌火"），不过在"禽兽逼人"的上古社会，管理草木鸟兽的工作很可能包括用火来焚林驱兽。

至于《滕文公上》提及的"禹疏九河"，可见于《舜典》《禹贡》《皋陶谟》。《舜典》记载，舜曾肯定过禹治水的功绩，又命他统领百官："帝曰：

---

① 王世舜《尚书译注》第8页，四川人民出版社，1982年。
② 《尚书译注》第10页。
③ 《十三经注疏·尚书正义》第二卷第19页，总第一册第275-276页。

'俞咨! 禹，汝平水土，惟时懋哉！'①但此处没有涉及禹治水的细节。《禹贡》"是我国最早的地理著作"②，详细记载了禹执政期间关于开凿大山、疏通河道等众多工程。比如，"九河既道，雷夏既泽，灉、沮会同。桑土既蚕，是降丘宅土"③。在《皋陶谟》里禹回忆说："洪水滔天，浩浩怀山襄陵，下民昏垫……予决九川距四海，浚畎浍距川……烝民乃粒，万邦作乂。"④ 此处引用的《舜典》《禹贡》《皋陶谟》的段落均见于流传至今的《今文尚书》，与今存的伪《古文尚书》不同，《今文尚书》的内容具有比较高的可靠性。

在《滕文公上》里，孟子塑造尧、舜、禹的形象是为了批驳农家的主张——"贤者与民并耕而食，饔飧而治"⑤。理雅各对人物形象的溯源考辨，可以帮助读者了解孟子所引用的历史典故，从而更易于接受孟子对农家言论的批评。在《尚书》中，尧的"举舜而敷治"、舜的"使益掌火"、禹的"疏九河"等，都是忧国忧民、尽职尽责的表现。这些"圣王"未曾亲自耕田，也不可能亲自耕田。通过理雅各所提供的考辨线索，读者更能感受到《孟子》高明的说理技巧——通过化用一系列的历史典故，塑造了鲜活生动的人物形象，使得说理散文的语言充满气势、可信度高。

（二）对舜之"孝子"形象的考辨

舜是《孟子》着力刻画的一个人物形象，《孟子》全书提到"舜"有97处，超过提到孔子的次数（81次）。在《孟子》中"圣王"的形象是尧、舜、禹所共有的，而"孝子"的形象则是专为舜而塑造的。《万章上》记载，尧曾派他的9个儿子、2个女儿以及百官，带着牛羊、粮食到农田里去侍奉舜，尧甚至将整个天下禅让给舜，但是舜只因为得不到父母的欢心，就忧愁得如同找不到归宿。孟子说："大孝终身慕父母。五十而慕者，予于大舜见之矣。"⑥ 对于舜的这个事迹，理雅各译本作了溯源考辨：

See the Shu-ching Ⅰ. par. 12, but the various incidents of the particular

---

① 《十三经注疏·尚书正义》第二卷第19页，总第一册第274页。
② 《尚书译注》第42页。
③ 《尚书译注》第47页。
④ 《尚书译注》第31页。
⑤ The Works of Mencius. vol. II of the Chinese Classics, p. 247.
⑥ The Works of Mencius. vol. II of the Chinese Classics, p. 345.

> honours conferred on Shun, and his influence, are to be collected from the general history of him and Yao. There is, however, an impotant discrepancy between Mencius's account of Shun, and that in the Shu-ching. There, when he is first recommended to Yao by the high officers, they base their recommendation on the fact of his having overcome the evil that was in his parents and brother, and brought them to self-government.①

大意如下：关于《万章上》所刻画的舜之"大孝"形象，可以参考《尚书·尧典》。不过《孟子》里很多加在舜身上的光荣事迹以及舜的影响，是从其他史料收集的。因此《孟子》里舜的事迹与《尚书》存在差异。《尚书》说，舜初次被推荐给尧，是因为舜能胜过他父母与弟弟的恶，并引导他们改过从善。

关于舜被推荐给尧，尧任用舜的事件，《尚书·尧典》记载道：

> 师锡帝曰："有鳏在下，曰虞舜。"
> 帝曰："俞？予闻，如何？"
> 岳曰："瞽子，父顽，母嚚，象傲；克谐以孝，烝烝乂，不格奸。"
> 帝曰："我其试哉！女于时，观厥刑于二女。"
> 厘降二女于妫汭，嫔于虞。②

此处论及舜的家人之恶——父顽，母嚚，象傲。这与《万章上》里说的舜"不顺于父母"是一致的。但理雅各敏锐地指出《尚书》与《孟子》的记载存在差异。在《尧典》里，舜在被推荐给尧之前已经就做到了同父母、弟弟和谐相处，甚至感化家人离开了恶行。正因如此，舜得到了尧和四方诸侯之长的赏识。但《万章上》却说，舜在得到尧所馈赠的一切后仍然因"不顺于父母"而忧虑，这体现出舜视父母重于天下。

其实孟子本人也清楚他所讲述的舜之故事与《尚书》的存在差异。在《万章上》，孟子引用过《尚书》的话："《书》曰：'祗载见瞽瞍，夔夔齐栗，

---

① *The Works of Mencius. vol. II of the Chinese Classics*, pp. 343–344.
② 《尚书译注》第 10 页。

瞽瞍亦允若'。"① 意思是：舜有事去见瞽瞍的时候，一向是战战兢兢，毕恭毕敬，连顽固的瞽瞍也变得通情达理了。根据理雅各译本的脚注，孟子引用的这句话可见于《大禹谟》："帝初于历山，往于田，日号泣于旻天，于父母，负罪引慝。祇载见瞽叟，夔夔斋栗，瞽亦允若。"② 可见舜以德行感化父亲是他早年的经历。然而，理雅各所引用的《大禹谟》不见于今存的《今文尚书》，乃是出自今存的伪《古文尚书》。故而理雅各所言的今存的《大禹谟》，应当不是孟子所引据的对象。不过《尚书》记载了舜曾成功地感化过家人，则是确定无疑的事实。而孟子却不愿意多谈舜的家人被感化的事，相反，《万章上》却详细记载了舜接管天下后，家人仍对他采取谋害行动："父母使舜完廪，捐阶，瞽瞍焚廪。使浚井，出，从而掩之。象曰：'谟盖都君咸我绩，牛羊父母，仓廪父母，干戈朕，琴朕，弤朕，二嫂使治朕栖。'"③

将《孟子》与《尚书》进行对比，不难发现孟子对舜之家人的形象进行了文学加工。《尚书》并未交代舜之家人的具体恶行，而且他们有从恶转善的变化。但在《孟子》里舜的家人则成了怙恶不悛的形象，他们对舜实行了恶毒的谋杀计划，而这更加反衬出舜以德报怨的难能可贵。在《尚书》里虽提及了舜之孝，但仍是较模糊的形象。经过《孟子》精心刻画，舜的"大孝"形象才完全定型，变得丰满而生动。正如徐复观所言："舜的'大孝'，恐怕是孟子时代才形成的故事。"④ 理雅各的注释说，《孟子》里很多加在舜身上的光辉事迹，并不都是来源于当时的《尚书》，可能是从其他关于尧、舜的史料里收集来的。这自然是符合情理的判断。但更重要的是，孟子极可能在不同史料的基础上，又做了进一步的文学演绎。总之，孟子塑造舜及其家人的形象并非一时兴起而为之，而是运用了相当高明的文学手法。

## 三、经典对观，丰富人物形象

《孟子》塑造的人物形象大多都包含了特定历史文化内涵。对于不熟悉中国历史文化的西方读者来说，理解《孟子》里某些人物形象有相当大的难度。

---

① *The Works of Mencius. vol. II of the Chinese Classics*, p. 354.
② 《十三经注疏·尚书正义》第四卷第 14 页，总第一册第 288 页。
③ *The Works of Mencius. vol. II of the Chinese Classics*, pp. 346–347.
④ 徐复观《中国思想史论集》第 133 页，上海书店出版社，2004 年。

理雅各照顾西方的读者，不厌其烦地为《孟子》中的人物做注解，有时甚至引经据典，并与《孟子》原文相参照，从而使得人物形象变得更加立体、丰满、生动。以下针对具体例子展开讨论。

（一）"有为神农之言者"

《滕文公上》记载了孟子与农家代表人许行的一段思想交锋。不过这场交锋是通过孟子与许行弟子陈相之间的对话达成的，对于许行本人，《孟子》正面着墨不多，其中有这样一句："有为神农之言者许行。"① 理解"有为神农之言者"是了解许行形象的前提，而其中的"神农"则是应当关注的重点。理雅各的译文对"神农"采取了音译，即"Shǎn-năng"。对于西方的普通读者来说，面对"神农"及音译成的"Shǎn-năng"，他们的脑海里难以浮现出关于"神农"的明晰形象。因此理雅各作了脚注：

> Shǎn-năng, 'Wonderful husbandman', is the style of the second of the five famous 帝, or early 'sovereigns,' of Chinese history. He is also called Yen (炎) Ti, 'the Blazing Sovereign.' He is placed between Fu-hsi and Hwang Ti…If any faith could be reposed in this chronology, it would place him B. C. 3212. In the appendix to the Yi-ching, he is celebrated as the Father of Husbandry. Other traditions make him the Father of Medicine also.②

理雅各说，中文"神农"的字面意思可理解为"神妙农夫"，是上古时期"五帝"中第二位"帝"的称号。神农也被称为炎帝，"炎帝"字面意思可理解为"光辉之帝"。神农所处的年代介于伏羲时期和黄帝时期之间，如果相关的年代表可信，神农应当是公元前3212年的人物。理雅各特别指出，根据《易经》的附录，神农被称为农业之父，此外也有传说称神农是医药之父。

理雅各说的《易经》的附录指的是《易经·系辞下》，其中确有关于神农的记载："包牺氏没，神农氏作，斫木为耜，揉木为耒，耒耨之利，以教天下，盖取诸《益》。日中为市，致天下之民，聚天下之货，交易而退，各得其

---

① The Works of Mencius. vol. II of the Chinese Classics，p. 246.
② The Works of Mencius. vol. II of the Chinese Classics，p. 246.

所，盖取诸《噬嗑》。"① 这段话提及神农氏两大方面的贡献。一方面是关于农业生产：神农发明过许多耕作器具，并以此教导民众生产。关于神农"斫木为耜"，《滕文公上》第四章里提及"陈良之徒陈相与其弟辛负耒耜"，理雅各译本里为"耜"作注："The 耜, or share, as originally made by Shǎn-nǎng, was of wood"②，意即耜最初是由神农以木头制作而成的。另一方面的贡献是关于商业活动：神农规定中午为买卖时间，使百姓聚集，互相交换所需要的货物。按《系辞下》的记载，神农不仅是农业之父，也称得上是商业之父。

那么理雅各为何不提神农对于商业发展的贡献？一个原因是，在重农轻商的古代社会里，人们更津津乐道的是神农在农业方面的发明创造，因此神农最主要的形象就是农业之父。理雅各不提神农在商业方面的贡献应当还有一个原因，就是照应《滕文公上》里农家代表人许行及其弟子的形象。理雅各在展现神农的"农业之父"这一形象时，也是间接解读了许行及其弟子形象。班固《汉书·艺文志》："农家者流，盖出于农稷之官。播百谷，劝耕桑，以足衣食。"③ 农家学派起源于主管农业之官，作为农业之父的神农自然成为他们崇敬的对象。关于"有为神农之言者许行"，焦循《孟子正义》：

> 《吕氏春秋·爱类篇》云："神农之教曰：士有当年而不耕者，则天下或受其饥矣。女有当年而不绩者，则天下或受其寒矣。故身亲耕，妻亲绩，所以见致民利也。"神农之教，即所谓神农之言也。④

此处的"神农之言"，就是农家学说最核心的内容，许行及其弟子就是"神农之言"的忠实践行者。从《滕文公上》还可以窥见，许行主张"市贾不二"的商品价格论，即严控商业行为，禁止商人利用市场价格变动谋利，这种主张所反映的是小农群体的单纯愿望，而不是商人群体的利益诉求。因此，《易经·系辞下》所载的神农促进商业发展的事迹，显然与农家思想家许

---

① （清）阮元刻《十三经注疏·周易正义》第八卷第5页，总第一册第180页，中华书局，2009年。
② *The Works of Mencius. vol. II of the Chinese Classics*, p. 247.
③ （汉）班固《汉书》第1743页，中华书局，1962年。
④ （清）焦循《孟子正义》第365页，中华书局，1987年。

行的形象不太搭调。理雅各引用《易经》的文段与《滕文公上》的相对照，只说神农是农业之父而不提他在商业方面的贡献，这有利于读者更准确地、更深入地了解许行及其弟子的形象。

（二）"恶旨酒而好善言"

在《离娄下》里，孟子说："禹恶旨酒而好善言。"[1]对于大多数读者来说，相较于大禹治水的故事，大禹"恶旨酒而好善言"的事迹更为陌生。故而理雅各译本对此加注道：

> In the Chan Kwo Ts'e（《戰國策》）which fills up in a measure the space between the period of the Ch'un Ch'iu and the Han dynasty, Part VI, Article II, we read that anciently a daughter of the Ti（probably Yao or Shun）caused I-ti to make wine（? spirits）, and presented it to Yü, who drank some of it, and pronounced it to be pleasant. Then, however, he frowned on I-ti, and forbade the use of the pleasant liquor, saying "In future ages, rulers will through this liquor ruin their States." Yü's love of good words is commemorated in the Shu-ching, II. ii.[2]

理雅各说，据《战国策》第四卷第二篇的记载，古代有帝王（可能是尧或舜）的女儿曾命令仪狄造酒，并把造出的酒呈给禹。禹品尝以后说这是好酒，但他不喜欢仪狄，而且禁止饮酒。禹说：日后将有君王因贪爱这酒而亡国。《尚书·虞书·大禹谟》第二十一章记载了"禹好善言"的事例。

确如理雅各所言，《战国策·魏策二》提及"禹恶旨酒"的事迹：

> 梁王魏婴觞诸侯于范台。酒酣，请鲁君举觞。鲁君兴，避席择言曰："昔者帝女令仪狄作酒而美，进之禹，禹饮而甘之，遂疏仪狄，绝旨酒，曰：'后世必有以酒亡其国者。'……"[3]

---

[1] The Works of Mencius. vol. II of the Chinese Classics，p. 326.
[2] The Works of Mencius. vol. II of the Chinese Classics，p. 326.
[3] （汉）刘向编《战国策（中册）》第 846-847 页，上海古籍出版社，1985 年。

禹承认仪狄的酒美，非但没有因此而欣赏仪狄、沉迷美酒，反而疏远仪狄、戒绝美酒，并发出"后世必有以酒亡其国者"的预言。这一故事充分展现了大禹的理智、自制，以天下为重的圣王形象。

理雅各说，关于"禹拜昌言"的例子可见于《尚书·大禹谟》。《尚书·大禹谟》确有相关的记载：益以舜感化瞽叟的事迹，建议禹不再攻打苗民，禹连忙下拜，接受了这个好谏言，说："好！"原文作："禹拜昌言，曰：'俞！'"① 但是理雅各所引的《大禹谟》属于今存的伪《古文尚书》，其内容仅供参考。其实在《公孙丑上》里也提及"禹闻善言，则拜"，理雅各对此加注道："In the Shu-ching, II. iii. I, we have an example of this in Yü. It is said, ——禹拜昌言.'Yü bowed at these excellent words.'"② 理雅各的意思是，在《尚书·虞书·皋陶谟》里，可以看到相关的例子，《皋陶谟》里说"禹拜昌言"，即禹为优秀的谏言而鞠躬。《皋陶谟》中的确有相关的记载：在听了皋陶的一番谏言后，"禹拜昌言曰：'俞！'"③《皋陶谟》是《今文尚书》的内容，具有比《大禹谟》更高的可信度。

如果将上述的《离娄下》《公孙丑上》原文，与《皋陶谟》《大禹谟》仔细对比，不难发现在《孟子》里禹是"好善言""闻善言，则拜"，而在《尚书》里则是"禹拜昌言"。前者的"善言"与后者的"昌言"是否存在区别？《说文解字》解释"昌"："美言也。"④ 对于"昌言"，现代注解《尚书》的学者也通常将其解为"美言"，比如王世舜《尚书译注》⑤、周秉钧《尚书易解》⑥ 等。而《论语·八佾》说："谓《武》，'尽美矣，未尽善也'。"⑦ "美"和"善"是有区别的，相较于"美"，"善"具有更明显的道德意义。可见"美言"与"善言"虽意义相近，但并不等同。在《孟子》里，"善言"一词还见于《尽心上》："孟子曰：'舜之居深山之中，与木石居，与鹿豕游，其所以异于深山之野人者几希；及其闻一善言，见一善行，若决江河，沛然

---

① 《十三经注疏·尚书正义》第四卷第14页，总第一册第288页。
② *The Works of Mencius. vol. II of the Chinese Classics*, p. 205.
③ 《十三经注疏·尚书正义》第四卷第17页，总第一册第290页。
④ （汉）许慎撰，（宋）徐铉校定《说文解字》第135页，中华书局，2013年。
⑤ 《尚书译注》第29页。
⑥ 周秉钧《尚书易解》第29页，岳麓书社，1984年。
⑦ （宋）朱熹《四书章句集注·论语集注》第68页，中华书局，2012年。

莫之能御也.'"① 孟子说，舜与一般人不同的地方很少，但他听到一句善言，看到一桩善行，就会身体力行，这种向善的力量像江河决口般无人能阻止。此处"善言"显然具有道德上的意义。

　　对于"善言"和"美言"的微妙区别，理雅各做出非常到位的诠释。对于《离娄下》与《公孙丑上》中的"善言"，理雅各的译文都是翻译成"good words"。如上所引，在对《公孙丑上》的注释里，理雅各将"禹拜昌言"的"昌言"翻译成"excellent words"。在理雅各的《尚书》译本里，他将《大禹谟》里的"昌言"翻译为"excellent words"②，将《皋陶谟》里的"昌言"翻译为"the admirable words"③。可见理雅各没有将"善言"和"昌言"译成同一个英文词组。"excellent"是"优秀的；特别的"之意思；"admirable"有"值得称赞"之含义；"good"的大意与"excellent""admirable"相近，但另有一层独特的含义——表示道德方面的"好的"。根据《牛津高阶英汉双解词典》，"good"有一种含义就是"morally right, behaving in a way that is morally right 符合道德的；正派的；高尚的"④。而且对于熟悉英文《圣经》的西方人来说，"good"一词往往是指道德上的"极好的"（"至善"），而不仅仅是一般意义上的"好的"。在英文《圣经》里，"good"常用来表示神的"良善"。在《旧约》里，《诗篇》25：8："耶和华是良善正直的，所以他必指示罪人走正路。"⑤ 这句话在新国际版（New International Version）英文《圣经》里是："Good and upright is the LORD; therefore he instructs sinners in his ways"⑥。可见，神就是"good（良善的）"。在《新约》里，《马可福音》10：18："耶稣对他说：'你为什么称我是良善的？除了神一位以外，再没有良善的……'"⑦ 中文《圣经》此处的"良善"，在新国际版英文《圣经》

---

① *The Works of Mencius. vol. II of the Chinese Classics*, pp. 456-457.
② James Legge, *The Shoo King. vol. III of the Chinese Classics*, Taipei：SMC Publishing Inc., 2001, p. 66.
③ *The Shoo King. vol. III of the Chinese Classics*, p. 69.
④ ［英］霍恩比《牛津高阶英汉双解词典》第904页，商务印书馆，2014年。
⑤ 《圣经（中英对照）》，《旧约》部分第902页，中国基督教三自爱国运动委员会、中国基督教协会，2007年。
⑥ 《圣经（中英对照）》，《旧约》部分第902页。
⑦ 《圣经（中英对照）》，《新约》部分第81页，中国基督教三自爱国运动委员会、中国基督教协会，2007年。

里作"good"①。所以在英文《圣经》里,"good"常指向道德上的"至善"。理雅各敏锐地发现了"善言"与"昌言"的区别——"善言"比"昌言"多了一层道德色彩。理雅各选用"good"一词来翻译"善言"之"善",就是要突出道德上的"至善"之含义。

  理雅各运用经典对观的方法,细腻地表现出大禹之形象从《尚书》到《孟子》的微妙变化。《尚书》的"禹拜昌言"体现的是禹的虚心纳谏。而《孟子》的"禹恶旨酒而好善言"和"禹闻善言则拜",不仅折射出禹的虚心纳谏,而且使读者看到禹在道德修养上是见贤思齐,追求至善的。前文说过,《尽心上》说舜听到一句善言,看到一件善行,就会身体力行地效法。可见尧、舜、禹等圣人的境界不是天生的,他们胜过凡夫之处就是《中庸》所谓的"择善而固执"②。因此《孟子》将"昌言"改为"善言"是极巧妙的,一个"善"字可谓是词约义丰,它将大禹塑造成儒家理想中的圣人形象。

  理雅各译本采用注解典故、溯源考辨、经典对观等策略,剖析了《孟子》刻画人物形象的手法及其效果,使得原文中出现的人物形象变得更加生动、丰满。理雅各对《孟子》的诠释,融合了中西经典诠释传统的精髓,体现出了多元的诠释视野与严谨的治学精神。当然,理雅各的译注也存在一些问题,比如,不能明确地区分今存的《古文尚书》与《今文尚书》等等。研究理雅各《孟子》译本,可以帮助我们了解《孟子》跨文化传播与接受的历史,借鉴晚清传教士传译《孟子》的经验与教训。这对于我们今天继续推动《孟子》的海外传播、开展中西文化的对比研究等都具有重要意义。

陈逸鸣 厦门大学人文学院中文系博士研究生
胡  旭 厦门大学人文学院中文系教授

---

① 《圣经(中英对照)》,《新约》部分第81页。
② (宋)朱熹《四书章句集注·中庸章句》第31页,中华书局,2012年。

# 论英国外交官司登得与同治时期的沪上京剧

姚 伟 金 倩

**摘 要**：英国外交官司登得是京剧南下抵沪后涌现的首位"洋戏迷"，他不仅对中国戏剧之起源、类别、行当极为熟稔，皮黄腔更可信手拈来，于彼时西人所罕见。其亲历了清同治后期京剧在沪之繁盛，对曲本、唱腔、演员、演出、舞台、神祀进行了翔实的考察，并以翻译时兴曲本的方式丰富了中国戏剧的早期西传。结缘沪上京剧使司登得的中华戏曲观发生了明显的嬗变，受其影响，更多西人开眼看时剧，掀起清末研究和译介中国时兴戏剧的热潮。

**关键词**：司登得　沪上京剧　田野调查　丹桂茶园　《黄鹤楼》

清同治六年（1867）京剧南下抵达上海，随即风靡全城，不仅"沪人初见，趋之若狂"①，西人中亦不乏倾慕者，尤以英国外交官司登得（George Carter Stent, 1833—1884）为翘楚。司登得生于英国坎特伯雷，1869 年 3 月以英国公使馆护送团成员的身份来到北京，随后任职于清帝国海关（Imperial Maritime Customs），皇家亚洲学会北华支会会员②。19 世纪 70 年代，初登上海滩的司登得与南下抵沪不久的京剧结缘，他逛戏园、集曲本、交戏迷、访名角，积累了丰富的一手材料。与此同时，司登得通过英译曲本的方式，开

---

\* 甘肃省高等学校青年博士基金项目"甘肃民间说唱文学在英语世界的译介与研究"（项目编号：2022QB-164）。

① 姚民哀《南北梨园略史》，载周剑云编《鞠部丛刊·歌台新史》第 13 页，交通印书馆，1918 年。

② E. B. Drew, "In Memoriam", *Journal of the North China Branch of the Royal Asiatic Society*, Vol. 20 (1885), p. 58.

启了沪上京剧的西传。其有关中国戏剧的演讲和译稿经《皇家亚洲学会北华支会会报》(Journal of the North China Branch of the Royal Asiatic Society)、《上海晚游》(The Shanghai Evening Courier)、《字林西报》(North-China Daily News)、《远东杂志》(The Far East)、《中国评论》(The China Review) 等沪上英文报刊的刊发和转载,在西人中产生了极为广泛的影响。遗憾的是,学界目前对司登得的研究仍集中在他的词典编纂成就,鲜有论及其戏剧研究的成果出现。本文通过梳理晚清报刊、日记、游记等有关史料,对司登得沪上京剧田野调查、译介的主要内容和特征进行评述,在此基础上考察司登得中国戏剧观嬗变及其对后世西人中国戏剧研究所产生的影响。

## 一、司登得沪上京剧田野调查

作为几乎与京剧同时抵沪的西方外交官,司登得通过广泛的田野调查,对同治后期沪上戏剧,尤其是京剧的曲本、唱腔、演员、演出、舞台、神祀等演出生态进行了细致而全面的考察。

(一) 曲本与唱腔

搜集曲本是司登得沪上戏剧田野调查的一项重要内容。由于中国传统戏剧演员学戏主要赖于师父的口传心授,故而演员对曲本的依赖程度远不及国外,这无疑增加了司登得曲本搜集的难度。他曾感慨"中国戏剧曲本得之不易,即使寻到了也基本靠不住,因为同一出戏版本间的语言、对话差别极大,外行人甚至会认错认为他戏"①。司登得对造成曲本差别的原因进行了考察,认为伶人即始作俑者,因为他们常常会用更合自己品位的近义词替掉原词,而后来的演员也会循此方法,直至曲本面目全非。司登得本人就汇集有当时一部沪上名戏的多个版本。通过对比这些版本,他发现:"若非剧中人物相同,这些曲本的差异之大足可让人误以为是互不相干的几部戏。"② 司登得所言不虚,以其1873年所译《仁贵回窑》为例,根据齐如山的考证,即有《薛仁贵荣归故里》《射雁记》《汾河湾》等多个版本③,除薛仁贵、薛丁山等剧

---

① G. C. Stent, "Chinese Theatricals", *The Far East* (New Series) Vol.1, No.4 (1876), p.92.
② "Chinese Theatricals".
③ 齐如山《京剧之变迁》第64页,辽宁教育出版社,2008年。

中人物相同外，这些曲本的情节的确相去甚远。基于对曲本流变的认识以及自身的翻译体会，司登得进一步对译者翻译时兴曲本的困境进行了阐释，指出："若仅依据一个底本来翻译中国戏剧，那么译者极可能会受到读者们的严厉批判，因为他们仅熟悉这部剧的其他某个版本。"① 司登得同时记录了沪上戏曲唱腔的兴衰。19世纪50年代，受太平天国运动的影响，盛行于上海周边城镇的花部乱弹和昆曲逐渐转移至上海，在沪形成"昆乱之争"②。时居上海的英国传教士艾约瑟（Joseph Edkins, 1823—1905）1852年即根据苏州宝仁堂刊行的《缀白裘》翻译了以高腔演唱的清代花部乱弹作品《借靴》，收入其《汉语会话》（*Chinese Conversation*）中，足见彼时高腔之盛。然而，仅仅20年后，其英国同胞司登得便明确指出："上海已没有戏班可以完全使用高腔来演唱了。"③ 彼时随着京剧南下抵沪，二黄和西皮调逐渐取代徽、昆二腔，成为沪上的新宠。依据司登得的考察，同治后期沪上京班中"有2/3的曲目都是用皮黄腔演唱的"④，这正映衬了《续沪北竹枝词》"自有京班百不如，昆徽杂剧概删除"⑤ 的诗句。司登得进一步探究了皮黄腔崛起的原因，指出良好的适应性是其兴盛的关键，相较于高度"排他"的高腔，皮黄腔同昆腔、梆子腔都可兼容，当时沪上的很多戏曲都杂糅了2—3种唱腔。司登得还注意到中西观众对唱腔的反应差别很大，中国戏迷瞬间即可分辨的唱腔在不能欣赏中国音乐的西人听来，极难甄别。在他们眼里，这些音乐无异于都被划为"烦人的尖叫"⑥。

（二）舞台与神祀

司登得还考察了沪上戏剧的演出场所，尤其钟意丹桂茶园。借看戏之便，他对这座沪上名园的方位、尺寸、布局、舞台设计进行了详细地介绍：

> 丹桂茶园，即外国人口中的"北京戏园"（因为多数演员来自北京，操北京方言），位于广东路租界外，戏园约100英尺长，60英尺宽，舞台

---

① "Chinese Theatricals".
② 薛林平《上海清代晚清戏园研究》，载《华中建筑》2009年第1期。
③ "Chinese Theatricals".
④ "Chinese Theatricals".
⑤ 《续沪北竹枝词》，载《申报》1872年第15号。
⑥ "Chinese Theatricals".

正对面一楼设池子（出奇的巧合，英国也称"池"），三面设观众席……舞台为带顶平台，约四英尺高，没有台口和布景遮挡，台上事物一览无余。①

依据《同光梨园纪略》记述，丹桂茶园坐落在宝善街，1867年由浙江定海人刘维忠依北京戏馆样式出资修建②，是当时沪上规模最大的京式戏园。尽管丹桂茶园在整体设计上的确与"没有侧面布景，观众能从三面看到台上的演出"③的京中戏园差异不大，但在舞台技术上已发生了诸多变革。司登得提到舞台上已装备了"能够随时调亮或调暗舞台的煤气脚灯"④，这比日本作家芥川龙之介描述上海新式剧院"已按西方的方式装置了脚灯"⑤早了近半个世纪。在开演夜戏时，这些脚灯与煤气纱罩灯交相辉映，真正给观众以"地火灯屏明灿烂"⑥的感觉。除了舞台照明技术的改进以外，同治后期沪上京剧的布景改革也已初现端倪。司登得发现当时许多戏剧表演中"已融入一些类似于西方舞台布景的小物件"⑦，无疑是发后世"海派京剧"布景变革之先声。

观戏之余，司登得还记录了同治后期沪上梨园祀神的盛况。《新唐书·礼乐志》中有"玄宗既知音律，又酷爱法曲，选坐部伎子弟三百，教于梨园。声有误者，帝必觉而正之，号皇帝梨园弟子"⑧的记载，唐玄宗因而被后世梨园尊为守护神，即俗称的"老郎菩萨"。同治时期上海戏园同样供奉老郎菩萨，《同光梨园纪略》即有"丹桂尊事老郎"的记载：梨园尊老郎为祖师，相传即唐明皇也，其神龛皆安设后台，凡角色进台，必须向老郎敬礼，然后

---

① "Chinese Theatricals".
② 哀梨老人《同光梨园纪略》，载傅谨、谷曙光主编《京剧历史文献汇编》（清代卷2，专书下）第305页，凤凰出版社，2011年。
③ [俄]叶·科瓦列夫斯基著，闫国栋等译《窥视紫禁城》第180页，北京图书馆出版社，2004年。
④ "Chinese Theatricals".
⑤ [日]芥川龙之介著，陈生保、张青平译《中国游记》第23页，北京十月文艺出版社，2006年。
⑥ 葛元煦撰，郑祖安标点《沪游杂记》第61页，上海古籍出版社，1989年。
⑦ "Chinese Theatricals".
⑧ 欧阳修、宋祁《新唐书》第262页，吉林人民出版社，1995年。

结束登场。① 遵照梨园行的惯例，戏班于每年封箱戏之后到阴历三月十八日之前，必选一日祭祖师爷②。齐如山言："北京从前只有三月十八日，十一月十三日祭神。"③ 根据司登得的记述，同治时期沪上"老郎会"的时间是农历三月十一日，地点在茶园古庙④。这一天，沪上各戏班单独设坛，供班中伶人、乐师、歌者参拜。作为梨园行的守护神，沪上戏班每遇生意不济时往往都要求助老郎菩萨，神像前香火不断，甚是兴盛。

（三）演员与演出

司登得非常关注沪上伶人的生存状态。他注意到当时沪上伶人的收入存在很大差别，所得报酬依行当、年龄、外貌、仪态、技巧而定，其中丑角和旦角的收入普遍逊色于生角，同行当的伶人嗓音越好收入越高。以丹桂茶园为例，园内伶人的年收入为 40—1800 两不等，其中杨月楼即不低于 1800 两⑤。杨月楼是当时沪上芳誉大噪的京剧老生兼武生演员⑥，于同治十一年（1872）六月初八初进丹桂⑦。依据齐如山的考证，至于光绪初年杨月楼由上海回京搭档三庆班之时，上海还都是包银班⑧，各角色的包银数说定之后，一年内不许更改，戏园赔赚与演员无关。相较于当时北京三庆班主程长庚"每年不过六百六吊"⑨ 的包银数来说，司登得所记沪上名角的年收入显然已是京中名伶的 3 倍之多。而相较于《同光梨园纪略》"上海在同治年，京班初到，包银惟杨月楼、周春奎，岁不过千六百两"⑩ 而言，沪上名角的包银数显然呈逐年上升的趋势。正是在巨大经济利益的诱惑下，北京的名角们视上海为外府，纷纷受邀南下，最终成就了同治时期沪上京剧的繁荣。除了包银上的差别，司登得还关注了沪上伶人的社会地位。他援引《字林西报》上有关"杨月楼诱拐案"的报道，指出"不论伶人们的演技如何出众，人品多么可敬，

---

① 《同光梨园纪略》第 344 页。
② 周利成《民国风尚志》第 7 页，花山文艺出版社，2015 年。
③ 《京剧之变迁》第 85 页。
④ "Chinese Theatricals".
⑤ "Chinese Theatricals".
⑥ 黄式权、郑祖安标点本《淞南梦影录》第 125 页，上海古籍出版社，1989 年。
⑦ 无名氏《绛芸馆日记》，载《清代日记汇抄》第 308 页，上海人民出版社，1982 年。
⑧ 《京剧之变迁》第 84 页。
⑨ 周剑云《平包银议》，《鞠部丛刊·剧学论坛》第 16 页，交通印书馆，1918 年。
⑩ 《同光梨园纪略》第 358 页。

仍不过是清朝法律所规定的下九流，被剥夺了参加科举考试的资格"①。由此可见，尽管沪上伶人的收入的确有了较大提升，但他们低贱的社会地位仍未得到改观，正如同治十二年（1873）《申报·拐犯杨月楼送县》所言"不过春台班一伶人耳，不列士农工商，侪同皂隶娼优"②。

  演员之外，司登得还调查了沪上戏剧的演出情况。他总结道："除节日和每周一个下午外，上海大部分戏园每日两演"③，也即通常所说的日演和夜演。演出由1—2名演员的定场白开启，而后各剧轮番上演，确保舞台不空。在司登得看来，这种紧凑的演出流程"让外国观众难以摸清一出戏的开始和结尾"④。司登得发现上海的戏班每次演出8—10出种类各异的戏，由戏班总管决定出场顺序，尽可能调和不同风格，悲喜互衬、文武相对。彼时丹桂茶园里最叫座的戏是根据汉、唐、宋、明四朝历史事件改编的历史剧，戏中女性角色仍依京中旧式由男性扮演。同治十一年（1872）《申报·各戏园戏目告白》即载丹桂茶园日演、夜演的9出戏码：

    日演：《渭水河》《审刺客》《蜈蚣岭》《彩楼配》《洪洋洞》《翠屏山》《青石山》《药茶记》《思凡》

    夜演：《大保国》《破洪州》《刺目》《神州擂》《南天门》《活捉阳平关》《龙凤配》《山门》⑤

  透过司登得的描述可知，同治后期上海戏园的营销策略较北京已有很大提升，除了登报宣传之外，这些戏码还会被印在红纸戏单上，于演出前分发给每位观众。司登得指出，戏单之外，观众仍可花钱点戏，经戏园伙计举牌向其他观众宣布后，随即开演，所获收入由演员分配。《绛芸馆日记》也曾有"同治十一年丹桂茶园点杨月楼演《白水滩》，韩桂喜演《无底洞》二出，甚觉可观"⑥的记录。

---

① "Chinese Theatricals".
② 《拐犯杨月楼送县》，载《申报》，1873年第510号。
③ "Chinese Theatricals".
④ "Chinese Theatricals".
⑤ 《各戏园戏目告白》，载《申报》，1872年第108号。
⑥ 《绛芸馆日记》第309页。

## 二、司登得沪上时兴京剧译介

基于田野调查所搜集的京剧曲本，司登得向西方译介了《仁贵回窑》《黄鹤楼》《四郎探母》三部中国戏剧。① 作为这些戏剧的首位西译者，司登得在翻译选材和策略运用上别具一格，呈现出明显的田野调查特质。

（一）翻译选材

在司登得看来，彼时沪上观众明显钟爱那些与汉、唐、宋、明历史事件、人物相关的戏剧②，因此他在翻译选材时有意对这些剧目进行了侧重。综合来看，其所译的三部戏剧均属汉、唐、宋三朝历史剧，且同为同治时期沪上时兴剧目。以《黄鹤楼》为例，同治十一年（1872）《申报》即载有其演出信息：

> 丹桂园今又新到京都名优四人，争奇角胜，层出不穷。昨夜所演正戏，若《雅观楼》之缠绵，《彩楼配》之浓艳，《黄鹤楼》之豪迈，弦索丁丁，极情尽态，是真不遗余力者。③

从时间上推算，及至司登得1876年发表译文之时，京剧《黄鹤楼》已至少在沪公演四年有余。《远东杂志》就为其译文配上了1876年沪上演出《黄鹤楼》时3位主演的照片（图1）。

就具体翻译底本而言，尽管《黄鹤楼》版本流变极为繁杂，但若以司登得译文刊发时间来推算，则北京蒙古族车王府所藏京剧曲本《黄鹤楼全串贯》与之最为接近。据黄仕忠先生考证："《清车王府藏戏曲》所载曲本收藏于车王府的时间主要是在道光至光绪间，汇集了道光、咸丰至光绪年间北京城区戏曲与俗曲的演出文本。"④ 通过中英文本对比可知，《黄鹤楼全串贯》除了

---

① 除《仁贵回窑》《黄鹤楼》《四郎探母》之外，司登得1881年还在《中国评论》还发表了名为《双钉案》(The Double Nail Murders) 的译文。笔者对比后发现其与戏剧《双钉记》差别较大，故在此不列。
② "Chinese Theatricals".
③《戏馆琐谈》，载《申报》，1872年第33号。
④ 黄仕忠编《清车王府藏戏曲全编》（第一册）第58页，广东人民出版社，2013年。

图1 中国演员团

涵盖了司登得所译内容外,还有"周瑜因恼怒刘备逃脱,率军追击,后被张飞擒获,受辱后获释,最终气死"的情节。然而,考虑到司登得1878年在其所著《孔明的一生·黄鹤楼》(*Brief Sketches from the Life of K'ung Ming, The Yellow Stork Tower*)中曾完整论述过这些额外的情节①,基本可认定其《黄鹤楼》的翻译底本与当时流行于北京地区的《黄鹤楼全串贯》极为接近。除《黄鹤楼》外,《仁贵回窑》《四郎探母》亦与京剧皮黄版《汾河湾全串贯》《四郎探母全串贯》的情节十分吻合。由此可见,京剧南下同时带动了曲本在京、沪两地间的流通,司登得于沪上收集并翻译了这些流行于京中的历史剧曲本。

(二)翻译策略

综观3篇译作,除了《四郎探母》为原剧故事梗概的节译外,《黄鹤楼》《仁贵回窑》均是较完整的翻译。在这些译作中,司登得基于自身的观剧体验,对曲本进行了较大幅度的跨文化改写。

保留唱词。用词考究、合辙押韵(通常为十三辙)的中国戏剧唱词往往使西方译者无所适从。若仅从文本内容出发,西人往往视唱词为念白之附庸,

---

① G. C. Stent, "Brief Sketches from the Life of K'ung Ming", *TheChina Review* 6, No. 4 (1878), pp. 251-252.

在翻译中多采用"删韵留白"的策略,如法国传教士马若瑟(Joseph Henrg Marie de Prémare,1666—1736)翻译的《赵氏孤儿》就是如此。然而,在亲自考察中国戏剧声腔系统各自的起源、发展及主要特征之后,司登得认识到"演唱和音乐是中国戏剧不可或缺的组成部分"①,因而极力在译文中保留唱词,采取了"以韵译韵"和"以散代韵"两种方式。《仁贵回窑》的唱词翻译就是"以韵译韵"的典型代表:

> 方才你是吃粮的汉,却又是我丈夫转回还。②
> 
> A moment ago you're a soldier you say, And bring me a letter from one long away; Now, you're my husband returned home once more, But that you must prove ere I unbar the door. ③

由译文可见,司登得深谙中国戏剧唱词的特点,以英语诗歌 AABB 韵律形式来对应唱词的"言前辙",并创造性地将原文的上下句形式改译为工整的四句式诗节,十分符合英国维多利亚时期的诗风,堪称"韵律翻译之典范"④。然而,"以韵译韵"带来的"因韵害义"也很明显。出于押韵和诗节形式的考量,司登得在翻译中不得不在原文之外添加"遥传书信""验证开门"等内容,不仅增加了译文的篇幅,也降低了译文内容上的忠实度。除了"以韵译韵",司登得还尝试了"以散代韵"的唱词译法,《黄鹤楼》的唱词翻译即可证明:

> 出言怎不口问心,三推四逊蒙哄人。赤壁鏖兵俺带领,你国何曾挡曹兵?⑤
> 
> When you speak, why are not heart and mouth alike?
> You are constantly using either subterfuge or force to carry out your ends.

---

① "Chinese Theatricals".
② 《清车王府藏戏曲全编》(第五册)第 356 页。
③ G. C. Stent, *The Jade Chaplet in Twenty-four Beads* (London: Trübner & Co., 1874), pp. 100-101.
④ Wilt L. Idema, "George Carter Stent (1833—1884) as a Translator of Traditional Chinese Popular Literature", *Chinese Literature: Essays, Articles, Reviews*, Vol. 39 (2017), p. 124.
⑤ 《清车王府藏戏曲全编》(第四册)第 29 页。

At the great battle of Chihp'i I gained fame.
Your country being unable to withstand Ts'ao's troops. ①

司登得在翻译中舍弃了原文"人臣辙"的韵律形式，直接译为"散文体"，内容上固然较"以韵译韵"更忠实于原文，但在"以散代韵"的译法下，传统唱词的音韵之美消失殆尽。

由此可见，司登得的确为保留京剧唱词绞尽脑汁。虽然其所实践的"以韵译韵""以散代韵"均无法完美展现京剧唱词之原貌，但较粗暴的"删韵留白"而言，显然更具进步意义，堪称中国戏剧唱词翻译的高峰。

增补舞台指示。司登得在翻译中对布景、演员动作等舞台指示进行了增补。中国戏剧讲究"布景在演员身上"，即演员借助舞台上的桌椅等物，以固定的表演程式来展现戏剧场景、人物心理的变化，曲本中通常不会过多出现舞台指示。这无疑对没有中国戏剧观赏体验的西方译者提出挑战，他们往往仅能依照曲本"望文兴译"，无法再现中国戏剧舞台上布景和演员动作的实际。例如英国外交官德庇时（John Francis Davis，1795—1890）在1829年翻译元杂剧《汉宫秋》时即对曲本之外的舞台布景和演员动作不置一词，仅译出原文中出现的"上场"和"下场"等简单的舞台指示。相较而言，基于自身丰富的观戏体验，司登得在翻译时着重对曲本中略去的舞台指示进行了增补。除了以西方观众所习惯的左、右来明确演员的上、下场的路径外，司登得还为《仁贵回窑》增加了山峰、寒窑院、河边、寒窑外、寒窑内5处布景信息，为《黄鹤楼》添加了刘备营帐内、过江舟中、周瑜官邸、吴国舟中、江边、黄鹤楼、蜀军营帐7处布景信息。借助这些布景信息，司登得不仅指明了故事的发生地，更打破了中国戏剧惯常出现的以故事完整性划分演出单元的传统，进而按照西方戏剧"三一律"中"地点一致"的原则重塑了中国"折子戏"的曲本结构。具体来看，《仁贵回窑》按照5处布景区被隔为5场，《黄鹤楼》亦从四出"折子戏"被调整为2幕7场。

补充演员动作也是司登得增补舞台指示的重要方面。例如《黄鹤楼》第一出中并未交代"刘备念信"的演员动作和站位，司登得将其增译为 "Soldiers give letter and retired, R. Liu advances to the front of the stage, reading

---

① G. C. Stent, "The Yellow Stork Tower", *The Far East* (New Series) 1, No. 3 (1876), pp. 62–63.

on the cover"①（士兵将信递与刘备后从右方退下，刘备走到舞台前方，朗读信的封面），详细补充了演员的动作和舞台站位。司登得还为《仁贵回窑》增补了"During the foregoing Jen has unthinkingly been pointing the arrow in the direction of the boy"②（说话的同时，仁贵不假思索地将箭瞄向那位少年）的演员动作提示，在使曲本中薛仁贵杀子的剧情发展更加自然的同时，也辅助了读者的理解。

综合来看，司登得在翻译中对舞台指示的增补是基于其中国戏剧观赏体验做出的，他使京剧舞台上的布景以及演员动作有了书面化的呈现，不仅强化了曲本表演属性，更借此拉近了中西戏剧之间的距离，是符合中国戏剧演出及传播实际的务实之举。

## 三、司登得中华戏曲观的嬗变及其影响

伴随着沪上戏剧考察和译介的不断深入，司登得的中华戏曲观逐渐发生嬗变，在其影响下，越来越多的西人开眼看时剧，中国时兴戏剧受到了前所未有的关注。

（一）司登得中华戏曲观的嬗变

早在司登得来华前，西人对中国戏剧音乐和唱腔的诟病早已大行其道。1816年阿美士德使团（Amherst Embassy）副使亨利·埃利斯（Henry Ellis，1777—1855）在其所著的《阿美士德使团出使中国日志》（Journal of the Proceedings of the Late Embassy to China）中即言："演员和器具（我不愿意把它们称为乐器）发出地狱般的声音。"③ 1851年法国作曲家柏辽兹（Hector Louis Berlioz，1803—1869）在观看中国艺人伦敦万国博览会演出后亦称："把这种人和乐器所发的噪音叫作音乐，是最不可思议的滥用了音乐这个名词。"④

与19世纪大多数西方观众的中国戏剧"初体验"类似，初登上海滩的司登得也对中国戏剧颇有微词。在其1871年6月题为《中国歌谣》（Chinese

---

① "The Yellow Stork Tower".
② *The Jade Chaplet in Twenty-four Beads*, p. 86.
③ ［英］亨利·埃利斯著，刘天路、刘甜甜译《阿美士德使团出使中国日志》第286页，商务印书馆，2013年。
④ 陶亚兵《明清间的中西音乐交流》第79页，东方出版社，2001年。

Lyrics)的演讲中,司登得便对中国戏剧的服饰、音乐、唱腔进行了批判:

> 观赏中国戏剧演出可以让你了解很多信息。当然,我指的绝非是那些充斥着华丽行头、乱喊乱叫、噪音(被误称作音乐)以及打斗场面的大戏,而是饱含中国人生活、礼仪信息的现代闹剧或喜剧,从中你能习得许多古朴表达或奇特风俗。①

尽管司登得一反西人以 play 和 drama 这样偏重戏剧文本的词汇来指涉中国戏剧,转而使用 theatricals 来强调其表演属性,但其有关中国戏剧里的配乐和唱腔"被误称作音乐"的论调与埃利斯和柏辽兹无异。由此可见,初涉中国戏剧的司登得仍未能窥见欣赏中国戏剧音乐之门径。然而,若据此断言司登得"极为厌恶京剧的音乐"②,显然为时尚早。随后几年,通过沪上京剧的田野调查和译介,司登得的中华戏曲观逐步发生了转变。在 1874 年名为《中国戏剧演出》(Chinese Theatricals)的演讲中,司登得开始以"戏迷"③自居,字里行间难掩对唱腔和唱词的赞赏:

> 若是咱们这些外国人能尝试倾听中国戏剧表演中那些所谓的"尖叫"和"长嚎",也许就能听出其中饱含着极其崇高的情感。由此,但凡拥有高雅品位的人都不会再去苛责这种传递情感的方式了。若是咱们能理解中国戏园里每日传唱的戏词,一些英国戏剧中费力创造出来的经典形象和台词瞬间黯然失色。④

在"西方中心主义"盛行的清末,司登得并非有意作此"惊人之语",而是在全面考察中国戏剧种类、行当、唱腔及舞台之后的肺腑之言。在他看来,西人对中国戏剧的消极态度主要源于他们过度依赖老师和古代书籍的叙

---

① G. C. Stent, "Chinese Lyrics", *Journal of the North China Branch of the Royal Asiatic Society*, vol. 7 (1871), p. 95.
② "George Carter Stent (1833—1884) as a Translator of Traditional Chinese Popular Literature".
③ "Chinese Theatricals".
④ "Chinese Theatricals".

述,未能不断光顾戏园,通过亲身观察来获取信息①。基于田野调查中积累的丰富资料和戏剧体验,司登得彻底抛弃了西人的偏见,转而以更加客观的态度来审视中国戏剧。他认为中国戏剧种类齐备,可与英国的悲剧、喜剧、歌剧、闹剧、滑稽剧一一对应,而生、旦、丑等行当的划分也可有效避免西方戏剧中挑选演员的困扰。同时,就舞台而言,英国戏剧舞台上的出入口设计、舞台动作、舞台技术在中国戏剧中都应有尽有,甚至中国戏班在衣箱等家当上还要优于英国。除此之外,已被西人妖魔化的唱腔和音乐在司登得听来也是各具特色。在1874年的演讲中,他详细分析了中国戏剧中昆腔、(弋)高腔、梆子腔、二黄调、西皮调5大声腔系统各自的起源、发展及主要特征,并亲自示范了皮黄调的演唱方式②,"洋戏迷"之称名副其实。司登得随后将其对中华戏曲的倾慕带到了他的中国文学书写和汉英词典编纂中。1877年至1879年,司登得在《中国评论》上分11次连载了《孔明的一生》,其中"黄鹤楼"一节即改编自其所搜集和翻译的京剧曲本《黄鹤楼全串贯》。除此之外,在1878年版的《汉英合璧相连字汇》(*A Chinese and English vocabulary in the Pekinese dialect*) 中,司登得大量收录了其于田野调查中获取的中国戏剧时髦词汇,并对它们进行了颇为精准的释义(如表1所示)。

表1 1878年版《汉英合璧相连字汇》收录中国戏剧条目一览表

| 序号 | 条目 | 释 义 |
|---|---|---|
| 1 | 唱戏 | singing and playing, theatricals |
| 2 | 丑儿 | a comedian, a jester |
| 3 | 戏场 | a theatre |
| 4 | 戏衣 | theatrical clothes |
| 5 | 戏楼 | a theatre |
| 6 | 戏班 | a theatrical company |
| 7 | 戏报 | a theatrical announcement (placard) |

---

① "Chinese Theatricals".
② "Chinese Theatricals".

续表

| 序号 | 条目 | 释　义 |
| --- | --- | --- |
| 8 | 戏本 | theatrical books |
| 9 | 戏婆子 | an actress |
| 10 | 戏台 | a stage for theatrical performances |
| 11 | 戏单 | programme of performance |
| 12 | 戏子 | an actor |
| 13 | 小生 | role of "young gentleman" |
| 14 | 老旦 | the role of "old woman" in theatricals |

（二）"司登得效应"

司登得有关中国时兴戏剧的田野调查受到西人热捧，形成了以开眼看时剧为主要特征的"司登得效应"。1876年，《远东杂志》即在转载其《中国戏剧演出》时夸赞道："尽管大部分演讲内容已由当地刊物登出，但我们认为其内容如此有趣，应该获得比现在更广泛的流传，《远东杂志》即能助他实现。"①《远东杂志》的确为宣传司登得的中国时兴戏剧研究不遗余力，特意为其配上了丹桂茶园舞台的实景照片（图2）。

这张照片颇为珍贵，比吴友如《申江胜景图》中《华人戏园》早了近十年。在这张照片中，司登得所描绘的煤气脚灯、上下场门、乐师位置都有了直观的呈现，而其着墨不多的桌椅布景、栏杆、楹联亦清晰可见。结合这张照片及自身的观戏体验，《远东杂志》编辑继续了司登得的沪上戏剧田野调查，对丹桂茶园的舞台尺寸、乐师乐器以及桌椅布景等情况做了进一步考察：

> 舞台为带顶平台，伸出房子约20—25英尺，30—35英尺宽，4英尺高……乐师们或站或坐，形容枯槁（可能是吸食鸦片）……舞台上没有布景，2—3张4腿桌子和5—6把椅子就是道具的全部……外国观众觉得

---

① Anon, "The Illustrations", *The Far East* (New Series) 1, No. 4 (1876), p. 75.

图 2　广东路北京戏园舞台

欣赏中国戏剧需要想象力。①

除《远东杂志》外，司登得所在的皇家亚洲学会北华支会也极为关注司登得的沪上时兴戏剧田野调查。司登得去世后第二年，支会特意组织了一场名为"中国戏剧演出和情节"（Chinese Theatricals and Theatrical Plots）的征文活动，鼓励会众浓缩中国戏剧舞台上时兴剧目的主要情节，以飨西方读者②。这次征文得到了会员们的积极响应，收集了福斐礼（Frederic Henry Balfour）、白挨底（G. M. H. Playfair）、艾约瑟、翟理斯（Herbert Allen Giles）、赫伯特·艾伦（Herbert J. Allen）、邓罗（C. H. Brewitt-Taylor）、莱茵（J. Rhein）、于雅乐（C. Imbault-Huart）、玛高温（D. J. Macgowan）共 9 位在华西人的来稿。这些稿件内容不仅涉及《打金枝》《牧羊圈》《刺字》等唐、宋时期的经典曲目，也包含李渔的《比目鱼》、任蒙伊的《定王难》等清代新兴剧目，

---

① Anon, "Stage of the Peking Theatre, Canton Road", *The Far East* (New Series) 1, No. 4 (1876), p. 102.

② Anon, "Chinese Theatricals and Theatrical Plots", *Journal of the North China Branch of the Royal Asiatic Society*, Vol. 20 (1885), p. 193.

空间遍及当时北京、烟台、上海、宁波等多地的戏剧舞台。1885年12月22日，这些稿件在支会会议上被集中宣读，会众随即对中国戏剧展开了讨论。德国外交官夏德（Friedrich Hirth）在发言中称赞司登得"与巴赞、儒莲、德庇时一起，通过欧译中国曲本，提升了西人对中国戏剧的印象"①。最终，这些稿件、评议与支会主席杜维德（Edward Bangs Drew）的《悼文》（In Memoriam）一同刊载于1885年的《皇家亚洲学会北华支会会报》。除了激发西人对中国时兴剧作的兴趣外，司登得对后世京剧译者的启发意义也不容忽视。1937年，旅京西人阿林敦（L. C. Arlington）和艾克敦（Harold Action）合作推出了《黄鹤楼》和《汾河湾》的英译，收入《戏剧之精华》（Famous Chinese Plays）中。通过比较可知，20世纪的两位译者仿效司登得，为曲本添加了准确、翔实的舞台指示。《黄鹤楼》头出的翻译即可证明：

原文：四监上，喝咦介。刘上唱②

司译：Interior of tent; raised seat in the center, on which are writing materials, etc. Liu-pai enters from back, preceded by four eunuchs; these arrange themselves on either side of the table, Liu-pai stands in front of it.③

阿译：Interior of tent; raised seat in center, table with writing materials, etc. Liu enters from back, preceded by eunuchs; these range themselves on either side of the table, Liu Pei stands in front of it.④

由上文可见，与司登得的译文相仿，阿林敦和艾克敦同样为曲本增添了"营帐内"的布景信息，并明确交代了四监和刘备的舞台站位。

除了舞台指示之外，司登得的唱词译法也让后世译者受益良多。阿林敦、艾克敦的《汾河湾》唱词翻译即可见一斑：

原文：那里离别那里见，字字行行说一番。⑤

---

① "Chinese Theatricals and Theatrical Plots".
② 《清车王府藏戏曲全编》（第四册），第21页。
③ "The Yellow Stork Tower".
④ L. C. Arlington and Harold Acton, Famous Chinese Plays (Peiping: Henri Vetch, 1937), p. 230.
⑤ 《清车王府藏戏曲全编》（第五册）第356页。

司译：If you really are he, tell me some of the past;
Where first did we meet? When saw you me last?
At that time what were you? Why did you go?
What said we are at parting? Every word let me know.①

阿译：Tell me something of our past. Where did we meet? When did you see me last?
What did you say at parting? I must know every detail.②

尽管两位译者"告诉我过去种种"（Tell me something of our past）的措辞与司登得无异，但相较于其"以韵译韵"的唱词译法，阿林敦和艾克敦明显更青睐"以散代韵"，他们以"散文体"改写了司登得 AABB 的韵律形式。司登得所开创的基于田野调查的中国京剧翻译模式的确为后世译者提供了可资参照的范本，善莫大焉。

## 结 语

英国汉学家陶西雷（Ashley Thorpe）曾言："不论怎样，1884 年以前，'中国戏剧'于极少数感兴趣的英人而言，仅是一个模糊的概念，几乎没人亲眼观看过。"③ 作为 19 世纪极少数有幸目睹，且成功走进中国戏剧内核的英人，司登得的沪上时兴戏剧田野调查和译介极富开创意义，应该引起学者的关注。

首先，作为沪上京剧繁荣的见证者，司登得眼中的沪上京剧与《同光梨园纪略》《绛芸馆日记》《申报》等清人记述相得益彰，同当时旅京西人的著述遥相呼应，是透视同治时期沪上京剧演出生态的重要拼图。他的记述不仅佐证了南下伊始京剧在戏园设计、伶人地位等方面与京中戏园一脉相承，更展示了扎根上海后，京剧在舞台技术、戏园经营、伶人报酬等方面的变革，具有重要的史料价值。

---

① *The Jade Chaplet in Twenty-four Beads*, pp. 100-101.
② *Famous Chinese Plays*, p. 222.
③ Ashley Thorpe, *Performing China on the London Stage：Chinese Opera and Global Power*（London：Palgrave Macmillan, 2016）, p. 67.

其次，作为沪上京剧西传的开启者，司登得一改前辈西人埋首元杂剧的中国戏剧译介传统，开清末时兴京剧译介之先河。基于田野调查中搜集的曲本以及丹桂茶园的观戏体验，司登得成功跳出西人"望文生译"的中国戏剧翻译怪圈，以保留唱词和增补舞台指示的方式最大限度地再现了京剧舞台表演的原貌，重塑了中国戏剧在西人心目中的形象。

最后，司登得的研究个案表明：英文报刊是推动中国戏剧西传的重要载体。只有将《字林西报》《远东杂志》等英文报刊纳入考察范围，中国戏剧西传的历史梳理才能够完整。同时，中国戏剧翻译离不开扎实的田野调查。只有让中、西译者深度体验，继而迷恋之后，中国戏剧西传的未来才会更加光明。正如荷兰汉学家伊维德（Wilt L. Idema）所言，"我之所以强调司登得的作品，正是因为他明显表现出对翻译对象的迷恋"[①]。


姚　伟　陇东学院外国语学院副教授
金　倩　陇东学院外国语学院讲师

---

[①] "George Carter Stent (1833—1884) as a Translator of Traditional Chinese Popular Literature".

·西班牙汉学研究·

# 浅析17世纪新一代西班牙在华方济各会传教策略的转型期
## ——以"将乐教案"为例*

叶君洋

**摘　要**：1633年，利安当来到福建，标志着西班牙方济各会士成功进入中国。此后，他们的传教事业不断发展。18世纪初，中国礼仪之争进入白热化阶段，大部分方济各会士立场向耶稣会靠拢，愿意领取印票，留华传教。需要指出的是，方济各会的传教策略，并非从一开始就呈现出耶稣会那种"会通与调适"的特色，也不是一成不变、一以贯之的。从利安当第二次入华开始，方济各会士开始了对中国的长期观察。他们在传教策略上经历了一个明显的转型期。本文即试图以17世纪70年代末发生在福建的将乐教案为例，重构方济各会士传教策略转型期的一些特色。

**关键词**：方济各会　将乐教案　传教策略转型期

1633年，利安当来到福建，标志着西班牙方济各会士终于成功进入中国开教。1672年，在利安当去世3年之后，文都辣（Buenaventura Ibáñez）带领在欧洲新招募的卞世芳（Francisco Peris de la Concepción）、林养默（Jaime Tarín）、丁若望（Juan Martí）三人，进入广州，在尚之信的庇护下开始传教。

---

\* 本文为江苏省社会科学基金青年项目"清初西班牙在华方济各会士石铎琭旅行书写研究"的阶段性成果（项目批准号：20WWC003），并受中央高校基本科研业务费专项资金资助（Supported by the Fundamental Research Funds for the Central Universities）（项目编号：0106-14370119）。

同年，方济各会士利安定（Agustín de San Pascual）成功来到福建，与广东教团遥相呼应。1676 年，石铎琭（Pedro de la Piñuela）、傅劳理（Miguel Flores）也来到福建，在利安定的带领下开始传教。方济各会传教事业开始蓬勃发展。到了 17 世纪末 18 世纪初，方济各会已开辟出山东、福建、广东、江西等多个教区，并往广西、安徽、江苏、陕西等省扩展，呈现出一派欣欣向荣的景象。

笔者曾提出，入华方济各会士，根据其对中国的认识和传教策略的不同，以利安当第二次入华为标志，可以明显分为新旧两代。① 正如崔维孝指出的那样，老一代方济各会士不了解也不欣赏中华文化，他们机械地照搬欧洲传教模式，批评中国人的信仰，时不时与地方政府发生冲突。② 而新一代的方济各会士逐渐意识到中国社会现实，开始学习中国文化并尝试多元的传教方法。18 世纪初，中国礼仪之争进入白热化阶段，他们的态度向耶稣会靠拢，愿意领取印票，留华传教。传统上似乎认为只有耶稣会能够会通中西。但事实上，方济各会也逐渐采用了更加适应当时中国社会特征的文化交流机制。老一代方济各会士已经在某种程度上与中国产生了文化碰撞，而新一代方济各会士则逐步地将他们掌握的中国语言和文化知识转变为传教过程中的基础性工具。

本文将在这一思路下，继续探究 17 世纪新一代方济各会在传教策略上的转型。他们的传教策略并非从一开始就呈现出耶稣会那种"会通与调适"的特色。从利安当第二次入华开始，方济各会开始了对中国的长期观察。他们在传教策略上经历了一个明显的转型期。从一开始利安当一边否定中国礼仪，一边又尝试会通天主教与儒家文化，到 18 世纪初，大部分方济各会士决定遵守"利玛窦规矩"的半个世纪内，中华文化一直对方济各会士进行着身份重塑，这一过程漫长而曲折。本文试图以 17 世纪 70 年代末发生在福建将乐的一场教案为例，分析方济各会士传教策略转型期的一些特色。

---

① Ye Junyang & Manel Ollé, "The Economy of the Spanish Franciscan Mission in China during the 17$^{th}$ Century: the Funding Sources, Expenditures, Loans and Deficits", *Hispania Sacra*, vol. 73, no. 148 (2021), p. 470.

② 崔维孝《明清之际西班牙方济会在华传教研究（1579—1732）》第 104 页，中华书局，2006 年。

## 一、将乐教案

1679 年初,身处福建宁德的石铎琭将教堂交予同伴郭纳壁(Bernardo de Encarnación)照料,自己前往位于福建中部山区的将乐县开教。1679 年 3 月 20 日,石铎琭抵达目的地,经过数月的周折,终于建起方济各会在福建的第二座教堂。入住教堂后,石铎琭本欲拜访地方官以求得庇护。但地方官却声称石氏未经许可擅自买房,不仅拒绝接见,还命人逮捕了协助其购房之人,并对原房主施以刑罚。于是,一场针对石铎琭的迫害开始了。地方官向福建总督和总兵汇报,指控石铎琭是外国间谍,要求严惩。[①] 所幸福州一名受洗官员在总督和总兵面前替石铎琭求情,石氏方才逃过一劫,并获得了总督签发的保护令。[②] 教案逐渐平息下来。

发生在 1679 年的将乐教案,持续时间短,对象仅为石铎琭一人,并未波及其他地区,过程看起来也不甚复杂。因此,它不仅常常被现代研究者忽视,甚至也很少出现在传教士的记录中。但作为事件亲历者的石铎琭,在自己的旅行书写中留下了大量细节。通过这些细节,我们能够重构将乐教案。这件看似无关紧要的小教案其实是方济各会传教策略转型期的清晰写照,从中可以看出中国社会现实对其造成的身份焦虑,以及其对传教方法的探索。

## 二、几点分析

(一)石铎琭与官员

方济各会士与中国官员的关系经历了一个动态变迁过程。1579 年第一批方济各会士初入广州,对官员及官僚文化毫不了解,处事方式不当,导致第

---

[①] Anastasius Van den Wyngaert (ed.), *Sínica Franciscana*(《方济各会士中国书简集》), *vol. IV, Relationes et Epistolas Fratrum Minorum Saeculi XVII et XVIII*, Quaracchi-Firenze: Collegium S. Bonaventurae, 1942(以下简称"*SF. IV*"), pp. 273-287.(原文为西班牙语,译文为笔者自译,下同。)

[②] "*SF. IV*". p. 277.

一次入华尝试失败。① 1637年底，福建爆发教案。面对官府搜捕，方济各会士不仅没有采取合适的方法与官方接触，反而持对抗态度，公然诋毁中国文化，造成严重后果。② 1650年底，第二次入华的利安当携汤若望推荐信赴山东，开始和济南官方接触，双方取得良好互动。利安当在官员的帮助下，建起方济各会在中国内地的第一座教堂。③ 此后，方济各会经历了漫长的探索，在与官员的多次接触中，不断调整策略。1689年，康熙第二次南巡途经济南和济宁，分别召见柯若瑟（José Osca）和利安宁（Manuel de San Juan Bautista）。④ 第四次南巡经过济南，又召见南怀德（Miguel Fernández）。⑤ 此时的方济各会士在应对官方时，已十分成熟。他们得体地回答了皇帝的提问，给对方留下深刻印象。可见，方济各会与官方的关系，大致经历了"误解—对抗—探索—成熟"四个阶段。将乐教案恰好就发生在探索阶段。关于教案的细节，文都辣提道："（石铎琭）去拜访官员，但官员很恼怒，拒绝接见他。因为他未获允许，擅自买房……官员还写信给总督，汇报说将乐来了一个外国人。他违背皇帝圣旨，建立教堂，传播邪教。"⑥

根据官员的说法，教案的原因在于石铎琭违背皇命擅自传教。这种说法有一定道理，但不准确。历狱爆发后，天主教遭禁。虽然康熙亲政后为历狱平反并允许传教士回归各堂，但却仍然禁止新建教堂和传教。这一情况持续到1692年康熙容教令的颁布才有了根本改变。然而，康熙本人对传教士是有好感的，他不仅需要南怀仁等人在钦天监效力，而且对西方科技也有浓厚兴趣。他并不真心将天主教当成是威胁统治的不安定因素，这一点，从他说

---

① 当然，这一次尝试失败的原因是复杂的。参见：《明清之际西班牙方济会在华传教研究（1579—1732）》第82-86页。

② Anastasius Van den Wyngaert (ed.), *Sínica Franciscana*, vol. II, *Relationes et Epistolas Fratrum Minorum Saeculi XVI et XVII*, Quaracchi: Collegium S. Bonaventurae, 1933（以下简称"SF. II"）, pp. 263-265.

③ *SF. II*, pp. 409-410.

④ Anastasius Van den Wyngaert (ed.), *Sínica Franciscana*, vol. III, *Relationes et Epistolas Fratrum Minorum Saeculi XVII*, Quaracchi: Collegium S. Bonaventurae, 1936（以下简称"SF. III"）, pp. 742-745.

⑤ [美] 孟德卫著，潘琳译《灵与肉：山东的天主教，1650—1785》第103-104页，大象出版社，2009年。

⑥ *SF. III*, pp. 223-224.

"今地方官间有禁止条约,内将天主教同于白莲教谋叛字样,着删去"① 即可看出。康熙这种模棱两可的态度给了地方官在处理天主教问题时较大的操作空间。可以看到,尽管在容教令出台前,中央政府名义上禁止天主教,但这一禁令并未被地方官员严格执行。如方济各会在1672年至1692年二十年间,在福建宁德、将乐、泰宁、建宁、龙口,广东广州、潮州、惠州、东莞、顺德,江西南安、吉安、文英、宁都、赣州,浙江杭州,江苏南京,山东青州、济宁等地纷纷建立教堂,教区得到极大扩张。② 从这个意义上来讲,石铎琭私建教堂,与其说是该教案的原因,更像是地方官的托词。教案的真正原因是复杂的。一个值得注意的因素是石铎琭的服饰。利安定提道,石铎琭过于招摇的服饰在福建给人留下了不好的印象:"男仆还告诉我,石老爷穿着染色的鞋子。为了告诉我这件事,他首先说:'在将乐,只有文人才穿这种鞋子,而石老爷也穿着它们。'我知道他的意图,他想说,一个修道之人穿这种鞋子是不合适的……"③

服饰问题是传教士入华后面临的重大问题之一。利玛窦蓄发易服融入士大夫交游圈,新一代方济各会士也意识到外在形象的重要性,石铎琭在将乐穿染色鞋子的做法,其实就是模仿耶稣会的易服策略。从中可以看出石铎琭的一种身份焦虑,即他对自身宗教身份(传教士)无法在中国(尤其是在上层社会)为自己带来传教的正向收益而感到不安,急于通过变化服饰来弱化自身宗教色彩,以求得与文人阶层合流。

在这种身份焦虑的驱使下,石铎琭穿上染色的鞋子,形成了一种错觉,似乎自己已成为中国文人。这种错觉的来源有二:其一是当石铎琭及同伴在乡村传教时,村民常以"老爷"称呼他们;其二便是其在宁德地区的经历。石氏在宁德期间也曾拜访过地方官,并与他们取得了良好互动。而那次拜访却发生在宁德教堂建成之后。这或许加深了石铎琭对于自我身份的误会,使他以为自己作为"老爷"拜访官员只是一个单纯礼节性行为。然而,石氏拜访宁德的顺利,很大程度得益于利安定、万济国(Francisco Varo)、罗文藻等

---

① 韩琦、吴旻编《熙朝崇正集·熙朝定案(外三种)》第184页,中华书局,2006年。

② 更多信息,参见《明清之际西班牙方济会在华传教研究(1579—1732)》;Ye Junyang,"La vida misionera del franciscano Pedro de la Piñuela(1650—1704)en China",*Pedralbes*:*Revista d'història moderna*,no. 37(2017),pp. 59-93.

③ *SF. III*,p. 513.

人的前期工作。他们早已和地方官打过交道，架起了石铎琭与官员之间的桥梁。①

但将乐的情况则大不相同。方济各会从来没有在将乐进行过大规模的传教活动。即使利安定曾在将乐短暂停留，其零星的活动也未产生任何实质性影响。② 当石铎琭来到将乐时，方济各会影响力已消失殆尽。而将乐当地官员，也已由刘朝宗换成了杨鸣凤。③ 亦即方济各会在将乐并无传教根基。在这种情形下，石铎琭突然来到且擅自建堂，自然会被看作对地方行政权力的挑战，极易被划入"邪教"的范畴，遭到打击。

严格来说，当年利玛窦所穿文人服饰甚至比石铎琭更为华丽，但二者的效果却迥然不同。利玛窦易服的内在保障是其与儒家在思想上的融通。利氏改头换面，自称"西儒"，通过向中国文人展示当时西方先进的科学文化知识，获得了极大声誉。通过这种方式，中国文人士大夫对利玛窦产生了强烈的认同感，将他如同僚般对待。因此利玛窦穿着华丽的文人服饰自然被认为是正常之举。而此时的石铎琭尽管有弱化自身宗教色彩的意图，却显得有心无力。他并没有如利玛窦一般，通过谈经论道等方式刻意塑造自己的世俗文人身份，以真正融入儒家文化圈。石氏确有结交官员的意愿，但他只是携礼拜访或者简要介绍天主教义以满足官员的好奇。这种形式如果施行得当，在很多时候确实可以起到建立友谊的作用，但却很难将他"宗教人士"身份真正转换为"世俗文人"身份。也就是说，缺少与士大夫在思想上的沟通和理解，石铎琭在中国官员眼中至多是一个懂些礼仪的"西洋修道之人"而已。

由此可见，石铎琭在将乐穿染色鞋子这一不当举措，与其私建教堂在思维上是一脉相承的。此时的石铎琭入华不过两三年，对中国各种社会现实，如官僚文化，都还缺乏深刻认识。与欧洲不同，古代中国是一个世俗国家，宗教必须依附于世俗政权而存在。被官方认可的宗教，可以在官方的约束下自行发展。但一旦某个教派势力过大，威胁到世俗政权的稳定，统治者就会

---

① 利安定在宁德买房也极为不顺，因为没有人愿意卖房给外国人，更不要说是用来修建教堂。后来，万济国和罗文藻出面帮忙，前者利用自己和官员的友谊，获得了官方许可，后者则以自己的名义替利安定将房屋买到手。参见：*SF. III*, pp. 421–422.

② 郭纳壁提到，利安定曾经在将乐短暂停留，且洗礼了一些人。参见：*SF. IV*, p. 379.

③ （清）郝玉麟《福建通志》四库全书本，vol. 27, f. 75r.（电子资源：https://sou-yun.com/eBookIndex.aspx? id=107. 访问日期：2020年6月9日。）

毫不犹豫地将其镇压。三武之祸便是典型的例子。因此，初入中国的天主教势力，必须小心谨慎，与官方保持良好关系，以换取生存空间。将乐传教期间的石铎琭没有完全理解中国宗教阶层与世俗阶层的差异，服饰、称谓等外在因素使他误认为自己已融入士大夫圈子，而没有看到其与地方官员的关系其实是权力体系中的上下级关系，更未意识到"先拜访，后买房"这一顺序是他处于中国官僚上下级体系中不得不履行的义务。

综上，此时的石铎琭充满了身份焦虑，急于融入文人阶层，以获得社会认同并取得良好的传教成果。但他对于如何正确处理自身宗教性和世俗性等问题还缺乏经验，对中国官僚体系的基本运作机制也缺乏清醒的认识。这体现出方济各会在策略转型期对于"官府—教士"关系的探索。

（二）石铎琭与耶稣会士

在石铎琭抵达之前，李西满（Simón Rodríguez）等耶稣会士已在将乐经营传教事业。由于传教士个人对神学和中国社会的理解，以及背后代表的修会和世俗势力均不相同，耶稣会和方济各会之间矛盾重重。前者不希望后者的到来威胁到其辛苦经营的传教事业，而后者，既不满意前者对中国教务的垄断，又对其所谓"利玛窦规矩"颇有微词。如何与耶稣会取得良性互动，是方济各会入华后一直探索的问题。而处于传教策略转型期的方济各会，与耶稣会则显得若即若离。时有互助，如汤若望、南怀仁等宫廷耶稣会士时常援助在山东的方济各会士，又时有争斗，如这次将乐教案中石铎琭与李西满的矛盾。

石氏在将乐初期的传教争议颇大。他并未发展新教徒，而是（有意或无意）洗礼了已经接受过耶稣会传道员教导的教义教理初学者。这似乎是对耶稣会果实的"掠夺"。关于此事，石铎琭并未在其纪实报告中提及只言片语。但李西满却向时任耶稣会中国副省会长的南怀仁做了汇报。南怀仁又写信给文都辣以寻求解决办法。文都辣透露："石铎琭……经过15天的徒步旅行，来到了一座叫将乐的村庄。在那里，耶稣会的神父们已经建立了教区。他与那里的耶稣会神父发生矛盾，抢先洗礼了耶稣会传道员已经培训过的大约30名初学者。"①

石铎琭与李西满的会面是相当不愉快的。二人并未就将乐传教工作达成

---

① *SF. III*, p. 223.

一致意见。利安定曾援引方济各会的一名仆人的证词,对双方的会面进行了描述:

> 那名男仆在宁德没有找到石铎琭,于是便去将乐寻找。……他说,将乐的教徒告诉他,石老爷抵达后,李老爷就来找他。双方会面了,李老爷坐下来,外表谦和,轻声细语。而石老爷听了李老爷的话后,勃然大怒、面红耳赤、大吵大闹。①

石铎琭这一举动是罕见的,与其在日后的岁月中表现出的低调谦和的性格不符。其中,自然有年少气盛的因素(此时的石铎琭才29岁)。但这或许反映出石铎琭内心的焦虑,李西满不仅是他为上帝服务的同伴,还是其在世俗国家与宗教修会双重竞争中的对手。然而,这种"焦虑"并未得到其同伴的理解与声援。相反,文都辣在信中明确承认,在此次事件中,耶稣会士具有"公正(justicia)和道理(razon)"②,利安定也对文都辣命令石铎琭离开将乐返回宁德的做法,表示了感谢③。方济各会士总体上并不支持石铎琭,他们希望尽快平息事态,以免造成不必要的麻烦。

将乐教案的发生,除了官府与宗教的矛盾外,亦可能是以李西满为代表的当地耶稣会士推波助澜的结果。他们希望尽快赶走石铎琭,以保持自己在当地的传教优势。文都辣曾在信中透露出一个细节:"因此,您会看到,这很可能使我们与这些耶稣会神父失和。一旦涉及利益,他们不会对任何人客气。在中国,就像在其他地方一样,耶稣会的势力最大。如果石铎琭兄弟不把教区还给他们,他们自会有办法对付他。"④

文都辣深知以李西满为代表的耶稣会士有能力与石铎琭斗争。耶稣会在福建经营多年,不仅在民众中具有广泛的影响力,还和士大夫保持了积极而长久的互动。自1624年艾儒略受叶向高之邀入闽开教以来,除由于1637年底福建教案和后来的康熙历狱而导致的传教事业暂时中断外,耶稣会的事业

---

① *SF. III*, pp. 512–513.
② *SF. III*, p. 225.
③ *SF. III*, p. 512.
④ *SF. III*, pp. 224–225.

始终在不断发展。历狱平反后，何大化（António de Gouvea）返回福建。①1677 年，何大化去世。次年，李西满来到福建接替其工作。② 李西满进一步加强与士大夫的交游晋接。比如，多明我会士万济国（Francisco Varo）曾出版《辩祭》，对耶稣会允许中国教徒祭祖祭孔的做法展开批评。1681 年，李西满看到此书后，不仅自己写出《辩祭参评》，还发动当地文人为耶稣会辩护。福建奉教士大夫纷纷响应，严谟作《辩祭》《考疑》《李师条问》，李久功撰《礼俗明辨》，③ 丘晟写出《闽中将乐县丘先生致诸位神父书》，④ 等等，极力为儒家和中国传统文化辩护。⑤ 此外，就在将乐教案的同一年（1679 年），李西满被召入京修历。康熙帝亲书"奉旨传教"四字，允许其自由传教。⑥ 这在康熙容教令出台前，是十分难得的。其影响力之大，由此可见一斑。

不管是为了维护耶稣会在将乐的利益，还是由于耶稣会对方济各会固有的坏印象，李西满确有可能（也有能力）利用其与文人交织出的人际关系网，促使官方赶走石铎琭。但无论如何，石铎琭争夺教徒时表现出来的强硬态度，与文都辣和利安定息事宁人的做法形成鲜明对比。这反映出方济各会教团内部在转型期中的矛盾心理。事实上，文都辣写给上级的信中也充满着一种焦虑：

> 此外，耶稣会的神父们还会给罗马和世界各地写信，污蔑说我们在中国不建新教区，而是专门掠夺他们的果实。由于我看到在这次事件中耶稣会占理（哪怕他们不占理），为了不挑起纷争，我们最好放弃我们的权利。于是，我命石铎琭兄弟回到宁德，照顾他的教堂，而把那片不是

---

① 林金水《福建对外文化交流史》第 213 页，福建教育出版社，1997 年；关于何大化的更多信息，参见董少新《葡萄牙耶稣会士何大化在中国》，社会科学文献出版社，2017 年。
② 费赖之著，冯承钧译《在华耶稣会士列传及书目》第 385 页，中华书局，1995 年。
③ 林金水《明清之际士大夫与中西礼仪之争》，载《历史研究》1993 年第 2 期。黄一农《两头蛇——明末清初第一代天主教徒》第 441 页，上海古籍出版社，2015 年。
④ 李天纲《中国礼仪之争》第 231 页，上海古籍出版社，1998 年。
⑤ 更多关于礼仪之争中士大夫的声音，参见《两头蛇——明末清初第一代天主教徒》第 401-435 页；关于万济国的《辩祭》和李西满的反驳，参见王安定《中国礼仪之争中的儒家宗教性问题》，载《学术月刊》2016 年第 7 期。
⑥ 《在华耶稣会士列传及书目》第 385 页。

他种植的葡萄园还给它的主人。①

文都辣说出这段话的时候,内心一定五味杂陈。一方面,他使用了"污蔑"等词语,表明其私下对耶稣会是存在成见的。而另一方面,他又吐露了方济各会不能挑起纷争的心声。这种矛盾的心态是可以理解的。两修会在华竞争多年,但方济各会并不想(也不能)彻底与耶稣会撕破脸皮。即使不考虑个人情感,也至少存在两个因素制约着方济各会的行动。其一,耶稣会人多势众,不少人进入宫廷,为皇帝所倚重,在实力上远超方济各会;其二,南怀仁等耶稣会士常常在经济上援助方济各会士,并且不时利用其政治影响力,对陷入困境的方济各会士施以援手。从这个意义上讲,与耶稣会士和平共处,对方济各会士是有利的。

与文都辣这样成熟老到的传教士不同,部分新人急于建功,在处理与其他修会关系的问题上,缺乏经验,往往会产生冲突。而文都辣等人则起到润滑剂的作用。他们居中调停,以防事态恶化。这说明,方济各会在其策略转型期,尚没有一个明确的、统一的纲领,对于如何处理与耶稣会之间的关系,尚处于摸索阶段。

(三)石铎琭与教徒

处于策略转型期的方济各会,在处理与教徒的关系问题上,也发生着微妙的变化。老一代方济各会士与教徒的关系呈现出一种紧张态势。这在相当大的程度上来源于方济各会与耶稣会之间的对抗关系。当时方济各会刚刚入华,尚未站稳脚跟,而耶稣会已在中国经营多年,收获了大量教徒。利安当等对耶稣会允许中国教徒祭祖祭孔的做法颇为不满,而耶稣会士也担心方济各会士莽撞行事,将天主教事业毁于一旦。双方虽时有互助,但更多的是相互猜疑和防范。被耶稣会培养的中国教徒,对于传教方针与耶稣会士迥异的早期方济各会士,也是不理解和不接受的。当年利安当被南京教徒捆绑并强制送回福建便是例证。② 而方济各会士则把这些教徒看作在耶稣会士的纵容下,继续实行"迷信"活动的信仰不纯洁的中国人。比如,当利安当和黎玉

---

① *SF. III*, pp. 224–225.

② *SF. II*, p. 413. 利安当认为,这一切都是耶稣会士阳玛诺(Emmanuel Diaz Junior)主导的,但邓恩却有不同的看法,参见邓恩《从利玛窦到汤若望:晚明的耶稣会传教士》第 224–226 页,上海古籍出版社,2003 年。

范在福建成立针对中国礼仪的调查法庭时,就把当地教徒当作问询的对象,以试图从他们的话语和实践中,找出攻击耶稣会的证词。①

从利安当第二次入华开始,随着新一代方济各会士对中国认识的加深以及自身传教事业的发展,他们与中国教徒的关系也在发生着变化。尽管对祭祖祭孔等问题依然持保留态度,但处于策略转型期的方济各会士与教徒之间的关系变得融洽。以将乐教案为例,石铎琭主要与两类教徒发生了互动。其一是普通教徒。石铎琭在将乐建堂期间,得到了当地一些贫苦教徒的帮助:"教徒是很少的,并且非常贫穷。战争(指三藩之乱——笔者注)更是加重了他们生活的负担。但是,只要有可能,他们都会竭尽所能帮助我整修教堂。"②

石铎琭在将乐周边乡村开教时,也得到了村民的帮助。有人施舍米,有人用体力劳动帮助他建教堂。③再如,利安定抵达山东后,生活条件艰苦,当地教徒便给他送来鱼肉。④

另一类教徒则是奉教官员。尽管传统上多认为耶稣会实行上层路线,与士大夫交游,方济各会则倾向于下层路线,在民间传教。但事实上,这些托钵僧并不排斥结交官员。从利安当第二次入华,在当地官员的支持下建立起第一座教堂开始,方济各会士便开始了与官员的长期交往。比如,1672 年,文都辣一行人在尚之信的安排下,留居广州,不久之后便买房建堂。⑤ 而部分已经成为教徒的官员,则更是方济各会士的有益助手。此次将乐教案的平息,就恰好得益于他们结交的官员教徒。前文所提及的替石铎琭调停的奉教官员,曾在尚之信处任职。他因事获罪,得益于卞世芳神父的说情,才逃脱了处罚。因此,该官员对方济各会士十分感激,此次出手相救,以报答他们的恩情。⑥

可见,处于策略转型期的方济各会士,与教徒的关系更为密切,互动更

---

① 《明清之际西班牙方济会在华传教研究(1579—1732)》第 142-143 页。
② *SF. IV*, p. 275.
③ Otto Maas (ed.), *Cartas de China (segunda serie): Documentos inéditos sobre misiones de los siglos XVII y XVIII*, Sevilla: Antigua Casa de Izquierdo y Compañía, 1917, pp. 36-37.
④ *SF. III*, p. 492.
⑤ 根据崔维孝的研究,尚之信之所以善待传教士,除了因为其钟表被卞世芳神父修好外,更为重要的是,他得知文都辣一行人来自吕宋,便希望通过这些传教士更多地了解菲律宾的情况,以便为他的非法海外贸易提供方便。详细分析,参见:《明清之际西班牙方济会在华传教研究(1579—1732)》第 184-188 页。
⑥ *SF. III*. p, 224.

为频繁。他们不仅与普通教徒互爱互助，与官员教徒也保持了良好的友谊。由此看来，多年以后，石铎琭在江西结交刘凝等当地文人，并邀请他们为自己的作品作序，与其在策略转型时期逐渐形成的与教徒官员互动的路线是一脉相承的。①

## 结　语

将乐教案波及范围小，持续时间短，仅仅是方济各会在华传教事业中的一个小波折。但此波折的出现并非偶然，它是方济各会策略转型期对传教事业面临的现实问题进行探索的生动写照，其重要性不容忽视。

必须承认，新一代方济各会士已经开始对传教策略进行调适，以期适应中国现实。但由于他们入华时间短，对中国认识不够深刻，再加上神学上一些见解与中国传统习俗有所冲突等种种原因，他们经历了一个较为漫长的策略转型期。在这一时期内，正如将乐教案中凸显出来的问题一样，他们与官府、耶稣会士和中国教徒的关系都在经历着动态变化。

在与官府互动时，他们常常难以把握世俗与宗教间的平衡。与利玛窦刻意化身"西儒"以融入士大夫交游圈的做法不同，方济各会士大多限于以"西洋修道之人"这一宗教身份，携礼拜访地方官员，而忽视了对其世俗身份的塑造和强调。② 这样一来，方济各会士便失去了与官员通过"西儒"这一身份平等对话的机会。那么，任何与中国文化和习俗相冲撞的行为，都可能招来敌视。将乐教案便是在这样一种背景下发生的。石铎琭作为修道之人，其在中国社会感受到的身份焦虑，迫使他急于融入士大夫阶层。但他缺乏经验，急于求成，没有正确处理好"世俗性"与"宗教性"的关系，在服饰上也违背定制。这一逾矩行为挑战了中国世俗行政体系，招来教案。

---

① 刘凝曾为石铎琭的《大赦解略》和《本草补》作序，并与江西文人赵师瑗、赵希隆、李日宁、李长祚，甘作霖一同校订了石铎琭的《默想神功》。更多关于刘凝的信息，参见：肖清和《清初儒家基督徒刘凝生平事迹与人际网络考》，载《中国典籍与文化》2014年第4期。

② 方济各会在世俗形象塑造方面也有过一些尝试，比如放弃赤脚乞食的托钵僧做派、穿上体面的衣服、出行乘坐轿子，等等。但更深一层的行动，如与士大夫坐而论道，方济各会士则很少参与。这可能与他们受教育程度普遍不如耶稣会士有一定关系。利安定曾意识到与士大夫辩论的重要性，因此他写信请求马尼拉派来更多富有见识的年轻传教士。参见：*SF. III*, pp. 432-433.

在与耶稣会士互动时，转型期的方济各会士内部仍然存在着明显的矛盾心理。他们一边与耶稣会竞争，另一边又不得不维持合作，以求得耶稣会对方济各会的帮助。此时的方济各会士对于如何处理与耶稣会之间的关系，还处于摸索阶段，尚没有一个明确、统一的纲领。

他们与中国教徒的互动，则有一个明显的改良趋势。处于转型期的方济各会士已经逐步学会了如何与中国教徒互助。他们在乡村社群中，与教徒保持了良好的关系。而在与官方打交道的过程中结识的一些官员教徒，则成为方济各会的保护人，在传教事业受到冲击的时候，能够施以援手。

综上所述，将乐教案背后具有较为复杂的背景，它是在华方济各会在转型期对传教策略进行探索和调适的一个生动写照，值得重视。

叶君洋　南京大学外国语学院助理研究员

# 文明交流互鉴:汉语在西班牙的传播流变*

李秋杨

**摘 要**:汉语在中西文明交流与互鉴中起到重要作用,西班牙传教士推动了早期的汉语研究,汉语教育在西班牙的汉学研究氛围中发展起来。传教士在接触、学习、研究汉语的过程中,最早开辟了汉西语言研究相融合的汉语研究与教学领域。当代西班牙汉语研究内容、理论视角、研究方法等逐步趋向多样化,汉语研究文献具有较高的语言学研究价值。本文梳理16世纪以来,汉语在西班牙传播的发展脉络,西班牙汉学研究中汉语研究的演变过程、重点人物,以期为当代西班牙汉语教育发展提供历史参照。

**关键词**:西班牙汉学 传教士 汉学家 汉语研究 海外汉语教育

汉语是文化传播的重要载体,是中外文明交流中的重要一环。海外汉语教育是一个漫长而复杂的过程,从中国的角度来看,它是汉语在海外的传播史。从域外的角度看,它是某一民族针对汉语这门外语的学习史,或者认可这种汉语作为第二语言的接受史①。从中外文明交流中语言的互动角度看,海外汉语教育促成了汉语与所在国家语言的接触,汉语在与所在国家异族语言相互渗透和相互交融,从而成为文明交流与互鉴的基本要素。西方早期传教士,为达到传教目的而主动学习和掌握汉语。同时,在学习汉语的过程中发展出对汉语研究与汉语教育的浓厚兴趣,通过对汉语在语言、词汇、语法等多种要素的深入钻研,完成了对汉语的深层认识。西方汉学家通过对汉语的研究获得了相关知识,这些知识在数代汉学家的打磨和整理

---

\* 本文为天津市哲学社会科学规划项目"西班牙中文教育与新汉学的协同发展研究"(批准号:TJYY21-004)的阶段性成果。

① 姚小平《欧洲汉语教育史之缘起》,载《长江学术》2008年第1期。

后，成为西方汉学研究的重要财富和共识性认知，促进了汉语在海外的传播。历代汉学家对汉语言的描述和研究，先天带有16世纪以来汉语在西方传播的印记，它勾勒出汉语在海外的传播轨迹，反映了欧洲人对中国语言文字的认知过程和观念变迁。遗憾的是，由于历史更迭、国家兴衰、语言阻隔与传播媒介的限制，西方汉学中出现过的大量汉语研究成果被束之高阁，或不被人发掘，或未曾妥善保留下来。这些研究既是汉学史和中西文化交流史的片段，也是汉语语言研究与教学领域的宝贵文献，值得后世学者深入探讨和研究。

汉语在每个国家的传播历史、研究过程和教育程度都是独一无二的，它受到历史条件、地域文化、社会环境、国家交往、语系距离等外部因素的作用，同时，也受到汉语语言类型、文字构造、语音系统等内部因素的影响。汉语传播的国别研究具有独特性，每一个国家的汉语研究与教育史都具有独特属性，值得学界单独梳理和分别考察。西班牙汉学中对于汉语特征认知的变迁及其研究，散见于一些对早期西班牙汉学的总体概述性文章中，而对于西班牙汉语传播的历时专项研究，尤其是汉语研究在西班牙汉学领域的发展过程尚处于学术缺位状态，我们很难在已有文献中，把握有关西班牙汉语传播研究的基本脉络。本文追溯16世纪以来，西班牙汉学中汉语研究的历史渊源，探讨当代西班牙汉语研究的基本特征，以期为当代西班牙汉语教育与研究发展提供历史参照。

## 一、西班牙早期传教士汉学时代的汉语教学与研究

西班牙和中国的经贸合作和文化交流由来已久，最早可追溯到400多年前。16世纪，横跨太平洋的西班牙"马尼拉帆船"加强了北美、亚洲和欧洲之间的经贸往来和文化交流，成为连接包括中国、日本、菲律宾和西班牙等国在内的"太平洋丝绸之路"①，为中国和西班牙的民间文化交流奠定了坚实的基础。"地理大发现"之后的"中学西传"，促使西班牙早期中文教育开始萌芽。传教士为后继者开启宣教的方便之门，开始学习汉语并编撰第一批兼具教材性质和研究价值的汉语语法著作和字典，摸索出较为实用的汉语学习

---

① 参见中国社会科学网 http://www.cssn.cn/zx/bwyc/201910/t20191017_5015726.shtml。

方法和教学模式。传教士学习汉语的主动性，决定了他们在早期中西文化交流过程中起到无可替代的作用，同时也为欧洲语言学界带去一种全新的语言类型。在汉语的比照下，欧洲学者对世界语言的观察和解释视角发生质的变化，汉语成为世界语言研究中重要的类别。它的语言、词汇、句法以及书写方式都引起了欧洲语言学家的好奇。西班牙传教士对中国语言学的发展、语法体系的建立、拼音字母的创制、词汇的扩充、句法结构的整理产生了极其深远的影响，在西方语言科学史和语言教育史上，都具有重要意义。

16世纪，圣奥古斯丁教会修士马丁·德·拉达（Martinus de Rada, 1533—1578）在1575年，根据福建泉州土音（闽南话）用西班牙文编写了第一部汉西字典《华语韵编》（Arte y vocabulario de la lengua China），该书是欧洲人研究中国语言文字的第一部著作。他在之后撰写的《中国记行》中，最早对汉字进行了评价，他有关汉语难学的论调对后来西方学者的影响十分深远。圣奥斯丁会修士胡安·冈萨雷斯·德·门多萨（Juan González de Mendoza, 1545—1618）在其1585年完成的《中华大帝国史》中，向欧洲介绍中国语言、文字和书写格式。书中对汉语的介绍和描述，在很大程度上代表着当时西方汉学界的最高水平，也成为后来传教汉语研究的起点[1]。侯赛·阿科斯塔（Jose de Acosta, 1539—1600）于1590年在西班牙塞维利亚出版了一部关于美洲新大陆历史文化的著作《印度群岛自然和道德史》（Historia natural y moral de las Indias）。其中有一个章节专门论述中国人使用的文字与书籍。从他的论述和具体描述来看，他不仅指出中国各地方言口语大不相同，还特别强调在中国通用同一种语言和文字，并把这种语言文字与欧洲普遍使用的希腊语和拉丁语做类比[2]。多明我会修士胡安·柯伯（Juan Cobo, 1546—1592，中文名高母羡）向福建人学习闽南方言，用简化法将汉字分为四类：极常见字、常见字、特殊字、生僻字。他用西班牙语撰写了《汉语语法》（Arte de la lengua China），在多明我会的会史中有所记载，但因没有正式刊印而失传[3]。1590年，高母羡把汇集中国圣贤语录和格言的《明心宝鉴》译成

---

[1] 解雅楠、程弋洋《西班牙东方学》，载《亚非研究》2020年第15辑。
[2] 董海樱《西人汉语研究述论——16—19世纪初期》第18页，浙江大学博士论文，2005年。
[3] 张铠《西班牙的汉学研究（1552—2016）》，中国社会科学出版社，2017年。

了卡斯蒂利亚语,这是第一部从汉语翻译成欧洲语言的著作①。

17世纪,以马尼拉为基地的西班牙传教士没有停下到中国传教的脚步,传教士们在这一时期留下了大量关于中国语言学习和研究的历史材料,多名我会修士在汉语研究方面撰写了182篇论文,其中半数以上论及汉语及汉语方言②。多明我会士迪亚兹(Francisco Diaz,1606—1646)编写了《卡斯蒂利亚语释义的汉语词典》,这本598页的字典,收录7160个汉字,按照拉丁字母顺序排列,每个字前标注拉丁字母读音流传到欧洲,保存在柏林慕尼黑国立图书馆,后被波兰克拉科夫的雅盖隆图书馆收藏③。多明我会士黎玉范(Juan Bautista de Morales,1597—1664)的《西班牙—汉语官话语法》(Gramática español-mandarina)是其潜心钻研汉语的成果,他的《汉西字典》(Diccionario Chino-Español)收藏于梵蒂冈档案馆中。弗朗西斯科·古莱尔的(Francisco varo,1627—1687)《中国语言的艺术》(Art de mandarina China),第一次考察中国官话的所有音调;佩德罗·皮纽埃拉(Perdro de Piñuela)的《卡斯蒂利亚语和汉语语法艺术》则是在中国印刷的第一本汉语语法书④。

多明我会士注重话语结构理解,以拉丁语法为参照,基于已知语法对比汉语,有助于帮助传教士学习汉语,从而形成了"多明我语法学派"。这一学派通过对汉语语法框架的描述,突出汉语词类划分和语法范畴研究,侧重于对汉语使用策略的分析⑤。弗朗西斯科·瓦罗(Francisco Varo,1627—1687,中文名万济国)在汉语语法研究方法方面做了突出贡献。他于1682年,在福建用西班牙文编写了《华语官话语法》(Arte de la lengua mandarína)一书,该书以传统的拉丁语法结构为模式,系统研究汉语语法结构规律,是世界上第一部正式刊行的汉语语法书,也是西方汉语研究史上的重要著作⑥。他将拉丁

---

① 方豪《方豪六十自定稿》(下),第1492-1496;1506-1524;1743-1791页,中国台北:学生书局,1969年。
② María González, José, "Apuntes acerca de la filología misional dominicana de oriente", *España misionera*, 1959, 12 (46), pp. 143-179.
③ 《西人汉语研究论述——16—19世纪初期》第40页。
④ 雷梦笃《西班牙汉学研究的现况》,载《国际汉学》2007年第1期。
⑤ 李葆嘉《夕阳汉语文法学三百年鸟瞰》,载《华东师范大学学报》(哲学社会科学版)2020年第3期。
⑥ 姚小平《16—19世纪西方人眼中的汉语汉字》,载《语言科学》2003年第1期。

语法中的"词类"概念运用到汉语语法研究当中,通过对汉语词法的分析来总结汉语的句法规则,保留了当时汉语词汇、句法和语音实貌,因而备受现代语言史研究者重视。瓦罗编写的《汉语官话词典》(*Vocabulario de la lengua Mandarina*)是早期外汉词典的代表作,为便于传教士在民间宣教,他还著有《西班牙语与汉语官话双解语法》(*Gramática española mandarína*)和《通俗汉语官话词典》(*Vocabulario de la lengua mandarina con elestilo y vocaburio con que se habla sin elegance*),他按照音序列出西班牙语词汇,对应写出汉语词,该词典中收录了大量汉语口语词汇。18—19 世纪西班牙汉学研究中,对汉语语音学的研究是西班牙托钵传教士的一大突出成就。这一时期西班牙汉学在西班牙霸权地位衰落和国内 30 年内战等历史背景下,进入衰落和停滞期。同时,"礼仪之争"最终使康熙皇帝下决心驱逐天主教教士,并严禁新的传教士进入中国。大多数传教士被迫转移到福建边远地区传教,失去了接触中国主流社会的机会和深入研究汉学的环境。但由于他们融入福建民间社会之中,因而逐步熟悉当地各种方言,继而写出多种研究福建方言语音学和方言学的著作[①]。由于"礼仪之争"而被驱逐的西班牙传教士转入中国台湾和香港地区的近两个世纪,可以说是西班牙汉学研究的沉浮期,同时也是传教士汉学向当代汉学转变的过渡期。这期间,以字典编撰和汉西典籍翻译为代表成果的汉学家,在西班牙汉学史上书写了浓重的一笔。

19 世纪,以多明我会和方济各会为主导的西班牙传教士活动转移到中国大陆以及香港和台湾地区,出现了一些具有传教特色的语法、词汇、词典、教义问答等著作传教和汉,作为汉语教育的工具书。例如:Miguel Calderón(1808—1883)、Cristóbal Plá(1832—1895)、Juan Colom(1869—1934)、Domingo Palau(1871—1933)以及 Santiago García(1865—1934)都曾编写过中国方言词典[②]。西班牙驻香港办事处的何塞·德·阿吉拉尔(Jose de Aguilar,1861)历时 13 年,撰写了《汉语口译:为译者准备的简单句型分析集》(*El Intérprete chino:colección de frasessencillas y analizadas para aprenderelidiomaoficial*

---

① 《西班牙的汉学研究(1552—2016)》第 10 页。
② 《西班牙汉学研究的现况》,载《国际汉学》。

de China），1861 年在马德里出版，为汉语向现代拼音转化做出了贡献①。

20 世纪上半叶，西班牙一些传教士在香港和台湾地区投身到汉语学习，从事汉语研究和汉西词典编辑工作。如皮诺尔、安德莱武（F. Piol 和 Andreu）于 1937 年编写的《中西方言词典》（Diccionario chino-español del dialecto de Amoy）；拉蒙·克勒梅尔（Ramón Colomer, 1865—1906）编写的《汉西声调词典》（Diccionario tónico sínico-español）；路易斯·玛丽亚·尼埃托（Luis María Nieto）按照"国语拼音字母"的排序，编写《中西实用词典》（Diccionario Manual chino castellano）；Jaime Masip（1865—1906）编写的《汉语文法》（Gramática del idioma mandrín）。这一时期传教士中研究成果最为突出的是耶稣会士卡梅尔·艾罗杜伊（Carmelo Elorduy, 1901—1989，中文名杜善牧），他在 1926 年到安徽芜湖，开始学习汉语，后在 50 年代到中国台湾生活，参与《汉西综合词典》，该词典在 1978 年荣获"西班牙最佳出版奖"。耶稣会的传教士 Fernando Mateos 从 60 年代开始在台湾从事汉语研究工作。他和杜善牧一起工作，担任《汉西综合辞典》（Diccionario español de la lengua china）的主编。Fernando Mateos 在 1986 年出版了《西汉综合辞典》（Diccionario chino de la lengua española），这部辞典的编辑历时 8 年时间，由中西学者合作完成②。

## 二、当代西班牙汉语教学研究

（一）汉语课程的设置与汉学研究的兴起

21 世纪以后，随着西班牙新汉学的复兴，西班牙公立大学开始设立东亚研究中心，汉学作为该研究中心的重要组成部分，吸引了新一代汉学家投身其中。随着研究中心的成立，西班牙大学进一步开设"中国学研究"的本科、硕士和博士学位，传统汉学的"中国学"研究转向形成不可逆转的态势③。与此同时，开始设立围绕中国语言文化与汉西翻译研究方向的各等级学

---

① De Aguilar, José, El Intérprete chino: colección de frases sencillas y analizadas para aprender el idioma oficial de China, Madrid: Imprenta de Manuel Añoz, Calle de Preciados, 1861, Núm. 51.

② Mateos, Fernando, "La romanización de la lengua china", Boletín de la Asociación Español de Orientalistas, 1976, pp. 39-67.

③ 李秋杨《当代西班牙汉学研究发展趋势与走向》，载《汉学研究》2019 年秋冬卷。

位。格拉那达大学最早于1978年，在翻译学院开设汉语课程，奠定了该校汉学研究发展的重要基础。该校于1987年设置汉学专业，并逐年丰富其办学层次。

目前，除汉语本科专业之外，该大学还在其东亚研究官方硕士课程门类之下设置了中国语言相关研究方向：如"汉语书写和语言研究""现代汉语词汇和汉语教学策略""汉语文学和文化"等。巴塞罗那自治大学是西班牙第一所开设汉语相关专业的大学，于1989年开设东方学本科专业，并将汉语列为翻译学的必修课程，设立东亚研究领域本科、硕士和博士学位，培养汉西翻译及中国文化研究人才。马德里自治大学于1992年成立东亚研究中心。该中心是西班牙第一所东亚问题研究中心，其目标是为促进中国和日本为代表的东亚国家在通过社会、文化、经济和政治领域方面的研究和教学，同时开设了汉语和日文课程①。除此之外，瓦伦西亚大学、巴斯克大学和庞培法布拉大学已将汉学设置为一级学科，将汉语专业从"东亚学"框架下分立出来；卡米亚斯大主教大学、格拉纳达大学和巴塞罗那自治大学设置了汉语教育硕士专业；马德里康普顿斯大学、塞维利亚大学、马拉加大学和萨拉曼卡大学等校陆续开设汉语本科专业或硕士专业。目前，在西班牙开设汉语本科或硕士专业的大学已达16所，如巴塞罗那自治大学和维克-加泰罗尼亚中央大学设置国际中文教育官方硕士专业，格拉纳达大学设置中学中文教育专业硕士，欧特佳（Ortega-Marañó）基金会则设置对西中文教师教育硕士专业等。

（二）汉语教学研究

中西两国恢复交往之后，随着两国文化教育交流的进一步加深，西班牙本土学者经历了从20世纪70年代开始的汉语本体描写向汉语教育的研究转向。自20世纪90年代开始，西班牙汉语学者研究兴趣逐步由关注汉语语法特征②③、

---

① Li, Qiuyang& Raúl Ramírez Ruiz, "Coming through the History: The Revival and Challenge of Spanish Sinology", *SinologiaHispanica. China Studies Review*, no. 2 (2019), pp. 1–34.

② Marco Martínez, Consuelo, "El aspecto perfecto resultativo y su manifestación en diferentes lenguas: clasificación en chino mandarín", Español actual: Revista de español vivo, no. 50, (1988), pp. 5–18.

③ Marco Martínez, Consuelo, "La categoría de aspecto verbal y su manifestación en diferentes lenguas: sistemas aspectuales del chino mandarín", LEA: Lingüística Española Actual, no. 12 (1) (1990), pp. 29–44.

与欧洲语言的类型比较①和汉语语言特征②的整体描写,进入对西班牙母语人的汉语教学研究。自《欧洲语言共同参考框架:学习、教学、评估》发布以来,为使西班牙的汉语教学能够适应欧洲语言共同参考框架,尽可能与其他欧洲语言在教学上缩小距离,西班牙汉语教育者和研究学者从教学内容、教材编写、教学大纲、课程设置等多个方面,结合各高校的实际情况,探讨西班牙汉语教学对该框架的适应性。Marco Martínez 全面梳理了汉语水平等级与欧洲语言框架的对应,描述了各等级的语言知识要点,为汉语等水平等级要素的规范性做了详细说明③。她还专门针对《欧框》探讨西班牙汉语教学现状④,如《西班牙人学汉语:词汇与交际情境对欧洲语言标准框架的适应性》(*Chino para Española's: adaptación del léxico y de las situacionescomunicativas del HSK al Marco ComúnEuropeo*)、《汉语教学的语言学目标:欧洲语言标准框架下的 B1 等级》(*Objetivoslingüísticos de la enseñanza del chino. Nivel B1 dentro del MCER*)等。

西班牙的汉语教育者和研究者们意识到,欧洲人习得汉语和欧洲人习得其他欧洲语言,在书写体系、语音系统、文化基础等方面存在较大差异。在欧洲各国加之间,汉语教学实践受到各国外语政策、汉语教育的发展历史、汉语教学资源等多方面因素的影响,而表现出差异。这些差异性决定了欧洲各国在对接《欧框》时,应综合考察各类影响因素,从该国的汉语教育实际情况出发,制定适合一国国情的汉语教学大纲。西班牙按照《欧框》制定了相应的汉语水平标准,完成了 A1 到 C1 的水平认定,但在实际教学中,受到课时限制、母语差异等因素的影响,对于《欧框》的适应性仍处在不断调整

---

① Zhou, Minkang, *Estudio comparativo del chino y el castellano en los aspectos lingüísticos y culturales*, Barcelona: Universitat Autònoma de Barcelona, 1995. Zhou, Minkang, La lengua china. *Lenguas de Asia Oriental, estudios lingüísticos y discursivos*, Linred: Lingüística en la Red, 2010, pp. 133-146.

② Wang, Ambrosio, *Introducción a la fonética de la lengua nacional china para hispano-parlantes*, Boletín de la Asociación Español de Orientalistas, 1972, pp. 155-163. Mateos, Fernando, *La romanización de la lengua china*. Boletín de la Asociación Español de Orientalistas, 1976, pp. 39-67.

③ Marco Martínez, Consuelo, La enseñanza de "Chino para hispanohablantes" dentro del Marco Común Europeo de Referencia (MCER). *Diáctica. Lengua yLiteratuea*. no. 23 (2011), pp. 273-319.

④ Marco Martínez, Consuelo & Wang-Tang, Lee Jen, *Chino para españoles (adaptación de léxico y de las situaciones comunicativas del HSK al Marco Común Europeo)*, Palas Atenea. (ed.) Madrid: Centro de Lingüística aplicada, 2007.

过程之中。Helena Casas 和 SaraRorvira-Esteva 回顾了西班牙高校和各地官方语言学校汉语教学基本情况，提出西班牙高校汉语课时安排困境及原因和达到 B2 水平需要的时间。从语言差异性上，分析了西班牙母语者学习汉语语法过程中面临的主要问题，并针对汉语教学如何适应欧洲语言共同参考框架，满足社会需求，并在汉语作为西班牙外语教学的师资问题方面，提出了参考性意见[1]。

在汉西语言对比方面，Sara Rovira 近年来出版了《中国语言文字：神话与现实》概括回顾了社会-历史语境中的汉语发展过程；Sara Rovira 和 HelenaCasas 的《语言学家的十年孤独：在西班牙进行汉语研究的条件》（2007）、《汉语和西班牙语中主题结构》（*La estructura temática en chino y español*, 2016）、《汉语教学（1966—2013）》（*Mapping Chinese language pedagogy from 1966 to 2013*, 2015）、《西班牙的汉语语言学：汉语语言学百科》（*Chinese linguistics in Spain: Encyclopedia of Chinese language and linguistics*, 2015）等研究，从两种语言的差异和共性出发，针对西班牙母语学习者的汉语教学方法提出了建议。

另外，作为西班牙最早设立汉语课程的大学，格拉那达大学在培养汉语教学师资和汉语教学研究方面都取得了重要进展。Pedro San Ginés Aguilar 于 1978—1979 年首次在格拉纳达大学翻译学院开设第一门汉语课，以汉语教学为基础的汉学研究逐渐形成，他培养的学生如今也成为西班牙汉语教学和研究的中坚力量。例如格拉纳达大学阿丽西亚·雷琳科教授（2005）所著的《中国汉字与妇女：从世界起源到服从》（*La escriturachina y las mujeres: del origen del mundo a lasumision*）从社会-历史视角出发，论述了汉字书写与中国妇女地位的改变。Isabel María Balsas Ureña 的《40 年西班牙近汉语作为外语教学沿革》（"40 años de enseñanza de chino comolenguaextranjeraenEspaña"，2018）一文在回顾西班牙汉语教学历史沿革的基础上，着重梳理了翻译法、听说法和交际法等教学方法在西班牙汉语教学中的演变过程，同时为改进汉语教学策略提出了方法论依据。Gonzálo Miranda Márquez 所著的《汉语写作特征及教学策略》（*Característicasrepresentativas de la escritura china y estrategias para su apren-*

---

[1] Casas-Tost, Helena y Sara Rovira-Esteva. *La adaptación del chino al MCER en España: Un análisis crítico*. Inter Asia Papers, no. 61 (2018), pp. 1–33.

dizaje y enseñanza，2019），在反思汉语及汉语思维的独特性、中国哲学与文化典籍翻译的基础上，提出西班牙母语者在汉语写作、信息接收、信息理解与记忆运用等方面应注重的问题，同时强调教师教法的重要性。Antonio PamiesBetrán 所著《各类汉语用语术语》(*La Fraseología a través de suterminología*，2019) 对汉语中存在的各类语言学术语制作词汇表，并对生僻短语、谚语、惯用语等进行说明和界定，为汉语初学者迅速进入汉语学习提供了工具。Juan José Ciruela 的《部首在汉语写作中的应用》(*El uso de radicalesenelaprendizaje de la escriturachina*，2019) 论述了汉字写作教学方法，考察了汉语为母语的儿童汉字字形、拼音和汉字书写习得过程和习得顺序，为汉字学习和教学方法提供了重要参考。

## 三、汉语传播：文明互鉴的发展趋势

### （一）汉语：西方语言世界中的"他者"

自 16 世纪以来，西班牙汉学对于汉语的关注主要集中在编写词典和教材、方言研究、汉字研究、汉西语言对比和汉语教学研究等方面。中国语言文字首次进入西班牙传教士的视界，不仅给西方语言学带去一种全新的语料，而且对基于印欧语言观的整个西方语言学思维造成冲击，产生的影响甚为深远。从某种意义上来说，正是由于有了汉语言这样一个"他者"[1]，语言学家的研究视野才更加开阔，对世界语言学史的梳理和考察也才更加全面。从整个 16 至 19 世纪的汉学史来看，西班牙传教士学习、研究和传播汉语，推动了中西文明交流与汉西语言接触。汉语自身独特的语音特点，让早期来华的西班牙传教士颇为头疼。汉语与西班牙语有着迥然不同的音位，在没有现代科技设备帮助的情况下，传教士们只能通过聆听和模仿来记录发言面貌[2]。马丁·拉达对汉语最早的负面评价"他们的文字是最不开化和最难的，因为那是字体而不是文字。每个词或每件事物都有不同字体，一个人哪怕识得一万个字，仍不能什么都读懂"，是早期来华的西班牙传教士汉语"他者"观在汉

---

[1] 李真《19 世纪西方汉语研究文献书目初探——以考狄〈西人论中国书目〉为中心》，载《或问》2013 年第 5 期。

[2] 陈晨、邵则遂《来华传教士眼中的汉语》，载《文史精华》2019 年第 8 期。

字方面的具体表现。利玛窦在中国生活多年后，仍然强调汉语口语表达的困难。汉语语音特征及其与西方语言的差异性，是传教士将汉语归为"他者"的又一重要原因。他们常常认为中国人的发音不清楚，导致传教士无法准确辨别、记录和描述汉语语音，强调学会汉字读写需要投入大量时间，致使没有时间去学习更有用的知识①。这些观点在之后的几个世纪里，在欧洲不断被重复、夸大②，在一定程度上，代表着早期来华传教士对汉语的刻板印象。但即便如此，西班牙传教士从未停止对汉语音韵、词汇和语法的探索研究，例如瓦罗的《华语官话语法》流行欧洲，被译为多语种版本，为欧洲各国汉语研究者研读和参考，一直流传至今。随着汉语研究的深入和西方语言学与其他社会科学的发展，汉语拉丁字母方案日臻完善。西班牙传教士留下的双语词典、语法著作、典籍译著，成为汉语在西班牙传播轨迹的见证史料，对于了解汉西语言接触史具有极其特殊的史料价值。

（二）西班牙早期传教士汉语学习特点

从欧洲语言学的角度来看，在古典拉丁语法传统和普遍唯理语法的共同背景下，以耶稣会士为代表的传教士远渡重洋来到东亚，开启了西班牙人正式学习和研究汉语的历史。西班牙传教士的身份和使命决定了他们在学习汉语时，采用"语""文"并重的方法。一方面，传教士掌握汉语口语表达，有利于加强他们在了解中国知识的过程中与当地人的沟通；同时，为流利使用汉语传教，使教义深入人心，汉语口语成为传教士的潜心学习的重要内容。另一方面，为了解中国人的思想根源，需要从中国典籍中找出传教思想基础，因此传教士又非常注重书面语的学习③。此外，天主教来华各修会的传教对象有所差异，汉学学习方法和侧重要点也不尽相同。例如耶稣会重视对士大夫阶层的传教，强调对官话的学习和对古代典籍的研究和译介④；多明我会和方济各会则托钵修会长期在东南沿海的下层民众，布道传教，形成了他们重视地方方言和口语表达的传统，最早的闽南方言字典和语法书均出自这些传教士之手。为便于学习，传教士还尝试用西班牙文字母为汉字注音、拼读和释义。同时，借用西班牙语或拉丁语法的概念、范畴、框架来描写和归纳汉语

---

① 姚小平《西方语言学史》第139页，外语教学与研究出版社，2011年。
② 张国刚《明清传教士与欧洲汉学》第248页，中国社会科学出版社，2001年。
③ 于培文《汉语在近代欧洲的传播》，载《河北大学学报》（哲学社会科学版）2017年第3期。
④ 李真《跨越汉语的长城：从明清来华传教士的汉语学习谈起》，载《对外传播》2017年第4期。

的语法规则,草拟出框架性的语法体系,从而在客观上推动了西班牙语与汉语在研究领域的正面接触,相互产生渗透和影响,开启了中国语言文字西传的重要阶段,也为东西文明的交流与互鉴奠定了重要基础。

(三) 汉语研究为中国南方方言研究留下宝贵资料

传教士对中国方言研究文献贡献,在汉语史研究中一直占有重要地位,这些文献为揭示中国区域方言形态、断代特征、中外语言接触史提供了异域研究视角,成为现代汉语方言研究的有益补充和全新阐释,同时也为汉语在西班牙乃至整个欧洲的传播另辟一条新路。西班牙早期传教士对汉语方言的关注,反映了他们在中国传教的足迹,他们的汉语方言研究历史文献,对于考察我国东南沿海地区方言特征,具有重要的历史价值和参考意义。传教士进入中国东南方言地区后,为便于开展传教,除学习汉语官话外,对于更为复杂而广阔的汉语方言研究和学习也是非常重视。例如马丁·拉达在1564年基于福建泉州土音(闽南方言),用西班牙文编写的《华语韵编》和卡斯塔内拉的《中文广州方言基本语法》。耶稣会教士契林诺(Pedro Chirino,1557—1635)于1595年至1602年编写于菲律宾的《汉西词典》,收录966个汉语词语,对应的卡斯蒂利亚语译文和闽南方言注音,其注音方式为在华耶稣会士所采用[1]。皮诺编写的《厦门方言语法》、瓦罗基于南京方言撰写的《华语官话语法》、明我会士尼瓦(Domingo de Nieva,1563—1606)根据闽南漳州方言,用卡斯蒂利亚语编写词汇手册《卡斯蒂利亚语汇编》、奇瑞诺(Pedro Chirono)编写的汉语闽南语—西语对照《汉西词典》,均收录我国东南沿海地区方言的日常用词,成为传教士重要的口语学习工具书。这些文献记录和描写当时以福建和江苏为代表的中国东南沿海地区汉语方言的使用情况,特别是对以泉州和南京地区方言口语的记录,为传教士后来者奠定了研究基础,为汉语方言的研究提供了素材和重要参照。这些出自传教士之手的文献为当时地方志和方言作品所不及,在广度、深度和科学性方面甚至超过了同时期中国学者的方言学研究。西班牙传教士对中国方言的学习和研究是其布道传教要务的曲线形式,然而对于中国方言研究而言,却成为一笔无法

---

[1] Federico, Masini. "Chinese Dictionaries prepared by Western Missionaries in the Seventeenth and Eighteenth Century", *Encounter and Dialogues*, *Changing Perspectives onChinese-Western Exchanges from the Sixteenth to Eighteenths Centuries*, Monumenta Serica Monograph Series, vol. LI, Sankt Augustin, pp. 179-193.

抹去的宝贵财富。

（四）汉语教育成为汉学研究的重要基础

20世纪以后的西班牙汉语研究者首先也是语言学习者，例如汉学家达西安娜·菲萨克、罗飒岚、马康淑、Helena CasasTost、María Querol、Juan José Ciruela 等人，他们首先作为汉语学习者，早年留学中国或在欧美国家，获得汉学相关领域博士学位，回国后在西班牙高校从事科研工作，成为汉语领域的研究者[①]。他们在20世纪90年代的汉语研究侧重于从语音、词汇、语法、话语等方面对汉语进行系统梳理，并在不断反思汉西语言差异的过程中，提出针对母语为西班牙语学生习得汉语的基本特征和教学方法。他们的研究中大多采用系统描述和对比方法，以结构主义语言学理论为指导，详细展现汉语的基本面貌，为当代西班牙语的汉语研究奠定了重要基础。在他们的研究中不断指出，起步较晚的当代西班牙汉语教育，在教学内容、方法、师资、教材等方面存在问题；向西班牙外语教育研究界提出调整建议和适应性解决方案，对于汉语在西班牙的传播产生了深远影响，汉语教育与研究正在当下的汉学家手中做着传承和延续。

当代西班牙汉语教育在中国崛起、中西交流、汉学渊源、外语政策等大的历史背景和现实因素的作用下，正在向全面进入西班牙国民教育体系迈进。呈现在高等教育、基础教育和华文教育中的综合现状和特征，让我们看到了该国汉语教育发展的巨大潜在动力。西班牙汉语教育正经历学科化、制度化、多层级、本土化发展进程。复兴后的当代西班牙新汉学家群体，以学习者、教学者、研究者和传播者的身份，不断将西方印欧语言的研究方法运用到汉西语言对比研究和翻译之中，向西班牙国家和地区传播汉语言文化和古籍经典[②]。他们对汉语的研究更加注重与汉语教学的结合，国际化合作倾向日益明显，在众多汉语研究论著中，我们看到了当代西班牙汉学家与中国学者合作的模式。这对于汉语言文字在西语国家和地区的传播和纵深研究，无疑起到了重要的辅助作用，文化交流与合作模式助力下的西班牙汉语传播也必将取得更加深入的发展。

---

① "Coming through the History: The Revival and Challenge of Spanish Sinology".
② 《当代西班牙汉学家代际更替与代际特征》，载《汉学研究》。

## 结　语

　　汉语在西班牙的传播轨迹始终伴随着西班牙汉学研究的发展,其传播过程在不同时代呈现出鲜明的特点。西班牙汉学在"中学西传""西学东传""文明互鉴"的历史语境与文化视域中萌芽,汉语传播深深植根于西班牙汉学之中,为欧洲汉语传播开启了大门。本文考察的各时期西班牙汉语研究,不仅促进了汉语在西方的传播,同时也极大丰富了汉学的研究内容,为19世纪汉学学科的确立打下了坚实的基础。西班牙来华传教士的汉语研究和对汉语语言文化的全新认知和深入思考,为后世欧洲各国汉学家学习和研究汉语奠定了重要基础,为汉语在当代西班牙的传播埋下了希望的种子。对于当时的中国士大夫而言,汉学研究与汉语传播是中西思想的接触、碰撞与融合。汉语在海外的传播,无论对于欧洲语言还是世界语言研究而言,都提供了一种截然不同的研究类型和研究范式。在接下来的几百年间,西班牙汉学家随着国家的沉浮兴衰,经历了西班牙汉学从兴盛走向低谷,再由低谷走向复兴的道路。早期始于传教士的西班牙汉学家是欧洲第一批汉学家与语言专家,他们在接触、学习、传播和研究汉语的过程中,建构了中西语言研究传统融合的汉语研究领域。在这一过程中,他们经过了从传教士到汉学家的思考、探索与研究,编写了相当数量的汉语语音、词汇、语法方面的词典、教材、著作,对中国语言文字在欧洲的传播做出了不可磨灭的贡献,对于今天的国际中文教育而言,具有重要的学术参考价值。西班牙传教士对汉语研究具有筚路蓝缕之功,从其16世纪开始对汉语的传播,到当代西班牙高校和东亚研究机构,再到西班牙高等教育、基础教育、各城市语言中心以及孔子学院,汉语传播的范围和规模越来越大,汉学的研究和发展为汉语在西班牙的传播注入了持久生命力。同时,汉语在西班牙的传播为汉学研究不断注入新鲜力量,汉语教育的蓬勃发展也成为文明交流互鉴的原动力。

李秋杨　天津师范大学外国语学院副教授

·葡萄牙汉学研究·

# 葡萄牙汉学的形成和发展（17世纪—18世纪初）

张敏芬

**摘　要**：自17世纪开始，以曾德昭、安文思为代表的葡籍耶稣会士相继抵达中国，他们拥护和践行利玛窦的"文化适应"传教策略，融入中国社会，努力学习汉语言文化、撰写了大量关于中国社会民情的报告和书信、积极著书介绍和传播中华文化。他们是最早系统研究和撰述中国语言文化的葡萄牙人，他们对中华文化全方位的研究和热情介绍促使了葡萄牙汉学的形成和发展。

**关键词**：葡萄牙汉学　耶稣会士

　　葡萄牙汉学的形成和发展与明末清初欧洲耶稣会传教团在华的宗教扩张政策和基督教普世化密不可分。葡萄牙以1514年从罗马教皇那里获得东方保教权，自16世纪起就不断派遣宣教士到东方传教，其中以葡萄牙教士为多。随着16世纪末、17世纪大批葡籍传教士抵达中国，即开启了葡萄牙汉学研究历史。"耶稣会传教士的书信和著作对中国语言、历史、文化作了最早的介绍和说明，这为欧洲早期的中国学（汉学）研究奠定了基础"[1]。传教士跋山涉水进入华夏中国后，学习汉语言文化、翻译儒家经典、著书传播中国文明。他们是第一批在华生活数十载的欧洲人，是世界上最早系统学习汉语言历史文化、研究中华文明并积极向西方世界介绍和传播华夏文化的汉学家群体。他们对中华文化全方位的研究和热情介绍促使了葡萄牙汉学的形成和发展。

---

① ［美］孟德卫著，陈怡译《奇异的国度：耶稣会适应政策及汉学的起源·中文版序》第1页，大象出版社，2010年。

## 一、第一位汉学家曾德昭

明末清初入华的葡籍耶稣会士中，汉学成就卓有成效的首推曾德昭。曾德昭（Álvaro Semedo，1585—1658）1602年加入耶稣会，随后在埃武拉和果阿完成哲学和神学课程。他于1608年从里斯本乘船前往东方，曾在澳门圣保禄学院学习中文。他1613年左右进入中国内地，首先在南京传教，并取汉名为谢务禄。1616年，南京教案爆发，他和教友高一志（Vagnoni，1566—1640）被捕入狱，出狱后被驱逐到澳门。1621年，他和金尼阁（Nicolas Trigault，1577—1628）重新秘密进入中国内地，更名为曾德昭。他先后到过杭州、江西、南京、上海和西安等地传教。1636年，他以中国副省教区管区代表身份受命前往罗马陈述教会，于1644年返回中国继续传教事业，曾任中国教区副省会长数年，1658年逝于广州。

曾德昭留下了为数不少的信札、报告、述著等文献资料，其中最为著名的是完成于1640年左右的《大中国志》。该书以葡文书写，可是原著却没有出版，亦不见踪迹，仅在1731年出版了一个简写本。该著作于1642年以西班牙语首次印刷出版，题为 *Imperio de la China y CulturaEvangelica en el por los Religiosos de la Compania de Jesus sacado de los noticias de Padre AlvaroSemedo*（中华帝国和耶稣会宗教文化——来自曾德昭神父的消息），随即就被翻译成多种西方语言出版，一度在欧洲得到广泛传播，得到西方学术界的认可。"第一个带来重要信息的是葡萄牙人谢务禄（AlvaroSemedo，也叫曾德昭）。有很多资料被送到耶稣会秘密档案馆，从这些资料上来看，谢务禄是一个严肃、优秀的学者。"①《大中国志》分为两部分：第一部分是中国的世俗情况，包括中国地理位置、行政划分、各省份情况；中国人性格、服饰、嗜好、生活方式、风俗习惯、宗教信仰、异国宗教在中国、军队武器等；对中国的制度文化，如教育制度、科举选拔官员制度、司法制度、税收制度等做了详尽的介绍；对语言文字、科学艺术和典籍也做了深入研究。第二部分实际是耶稣会在中国的传教史，具体介绍天主教在中国的传播情况，包括它的开始、发展和所受到的困难和迫害。

---

① ［丹］龙伯格著，王丽虹译《汉学先驱巴耶尔》第46页，大象出版社，2017年。

曾德昭中文造诣颇高，对汉语的发音、字词的用法都做了深入的研究，实际上是首个对汉语进行较全面科学分析的葡萄牙人，也是最早对汉语和拉丁语做学术评价的欧洲人之一。"谢务禄写了宫廷语言与地方方言之间的差别、宫廷语言的本质以及书写汉字的精髓和理论……在这个领域中的其他任何人的著作里，都没有对谢务禄关于汉语语言的描写有任何添加和补充"。①他编了一套词典，分为葡汉和汉葡两卷②，为后来入华的传教士学习汉语提供了参考和便利。曾德昭不仅向欧洲知识界介绍了孔子，还是最早向西方世界介绍《易经》的西人之一，他们"发行一本题为《易经》的书，其中包含许多有关道德教育和整个国家法令的内容"③。曾德昭被明代文官选拔考试制度深深吸引，详细描绘了一幅中国教育制度公平理想的画卷。他从报名、考试时间、考试内容、过程、场地、防止舞弊的方法、中举后所获得的荣耀等方面向我们形象地展现了一幅明末士子登科图。他高度赞扬中国政府重视知识、尊重老师、文人的良好风尚。在曾德昭的笔下，中国是一个贤明的皇帝带领下的一个哲学家政府。当然他也提到太监的贪婪，监狱官员勒索犯人等，但相对于当时战乱不断的欧洲，特别是连国家主权都失去了的葡萄牙政府，他对明朝经济繁荣、社会安定、国家重视教育、人人遵守道德礼仪是十分景仰的。《大中国志》对明代中国社会生动而具体的描述在欧洲产生了深远反响，对当时欧洲人中国观的形成起了极为重要的作用，不仅是葡萄牙历史上第一部汉学大作，也是欧洲汉学史上一部划时代的著作，为葡萄牙汉学的形成做出了重要的贡献。

## 二、笔耕不辍的史学家、汉学家何大化

美国学者柏里安（Liam Matthew Brockey）认为，明代伊比利亚汉学的第二阶段是"16世纪最后25年到17世纪最初20年"，其中曾德昭是这一时期的杰出代表。他说明代伊比利亚汉学发展的最后阶段是1620年至1640年，

---

① 《汉学先驱巴耶尔》第46-47页。

② 该词典手稿至今下落不明，也有学者认为藏于葡萄牙里斯本国家图书馆，COD. 3306词典的作者为曾德昭。

③ Álvaro Semedo, *Relação da Grande Monarquia da China*, Direcção dos Serviços de Educação e Juventude de Macau & Fundação Macau, 1994, p. 102.

随着明朝的衰落,伊比利亚势力在欧洲也同时没落,尽管非常巧合,但或许解释了其汉学第一阶段的结束。① 如果说曾德昭是明代葡萄牙汉学发展第一阶段的代表,那何大化则是葡萄牙汉学发展第二阶段最主要的代表人物之一。

何大化(António de Gouveia,1592—1677)于1608—1611年间加入耶稣会,随后进入耶稣会科英布拉皇家耶稣学院学习,后来又在埃武拉圣灵学院接受神学和哲学教育。他于1623年从里斯本出发,"怀着异常激动的心情启程前往印度"②,到达果阿后,他在果阿圣保罗学院学习,获得学位后,在那里教授文学,同时也从事教务工作。大约1630年,何大化抵达澳门,在圣保罗学院学习中国语言和历史文化。他于1634年左右进入中国,首先在上海,"致力于研究汉语言、学习中华文化和中国礼仪习惯"③。1637年,他到浙江杭州继续汉语学习,随后被派往武昌。1643年,因张献忠大举进攻武昌,何大化被迫离开那里,随后到福州主持教务。1665年,杨光先教案爆发,他和其他传教士被传唤到北京,后被流放到广州。1666年至1671年,他被任命为副省会长。杨光先教案天主教获得胜利后,流亡的教士回到原住院,何大化遂返回福州,直至1677年2月辞世,享年85岁。

尽管身处明清鼎革的历史巨变时期,社会动荡,可何神父坚守传教事业,令人钦佩的是,他身处乱世笔墨不弃,在生命弥留之际,仍然笔耕不辍。"何大化去世后,在他的房间里发现几封他还没来得及回复的信函,以及他写的一些零散的文章。这是我们完全可以称之为作家的一个人之临终形象。"④ 他熟谙中国语言,对于难掌握的汉字,能"流利书写,使用中国毛笔,就像中国知识分子一样"⑤。何大化尤其擅长中国历史研究,这"不仅成就了他作为

---

① Liam Matthew Brockey, "The first China hands: The forgotten Iberian origins of sinology", *Western Visions of the Far East in a Transpacific Age*, 1522—1657, Lee, Christina H., Aldershot (ed.), Ashgate Publishing Ltd, 2012, pp. 72-80.

② Barbosa Machado, *Biblioteca Lusitana*, T. 1, Lisboa Occidental: Officina deAntonioIsidoro da Fonseca, 1741, p. 296.

③ António de Gouveia, *Cartas Ânuas da China* (1636, 1643 a 1649), Lisboa: Instituto Português do Oriente & Biblioteca Nacional, 1998, p. 20.

④ Cristina Costa Gomes, "Writingon Chinese History: Antóniode Gouveiaand The Monarchiada China (1654)", *Orientais Aura Macau Perspectives in Religious Studies*, Macau: University of Saint Joseph, 2019, p. 25.

⑤ António de Gouveia, *Ásia Extrema*, Livro I, Lisboa: Fundação Oriente, 1995, fls. VII-VIII V.

耶稣会历史学家的地位,也包含了大量对中国社会现象和重大事件的记录"①。

何大化的主要著述:中文教义入门书《天主圣教蒙引》《中国分期史》《远方亚洲:信仰通过耶稣会士宣传天主律法传入这里》《无罪获胜》、呈福建总督之《圣经颂碑刻》、对 1669 年 10 月 3 日闵明我（Domingos Navarrete）在广州发表的两份论中国礼仪书面材料的答复,见 1700 年鲁汶出版的《为教皇亚历山大七世通谕辩护书》《1637 年、1643—1649 年耶稣会中国副省年报》。何大化不仅记述了这一时期中国教区事务和天主教在华传播状况,同时也对中国语言文化、人文地理、社会现实等进行深入研究和论述,其中《远方亚洲:信仰通过耶稣会士宣传天主律法传入这里》是一部关于中国历史文化和葡萄牙帝国在东亚传教史的鸿篇巨著,一共四本,细述了耶稣会从在中国建立第一个传教驻地起在华的传教历程,包括传教士深入乡村关于当地风土人情的广泛记载,同时也论述了中国的名称起源、地理物产、行政划分、历史、王朝皇帝、政治制度、法律、风俗礼仪、宗教、艺术等,而且还增添了明清鼎革时期的亲身经历,比如,1643 年初,清军攻抵福建,何大化留下福州之役的目击录,他还是三百葡兵助明抗清出征仪式的亲历者。② 此为中文文献所不载,具有极大的历史价值。另外,他还整理了一份汉葡双语词语汇编③,包含该著作第一部分中文词汇罗马字注音的葡文释义,可视为一本微型汉葡词典,既为西人阅读提供便利,也是研究汉语言的宝贵资料。因此,"该书又可被视为一部传教士汉学著作"④。

何大化中国历史研究的重要专著是《中国分期史》,1654 年 1 月于福州完成。该手稿有两份版本。一份存于西班牙马德里国立图书馆第 2949 号抄件,共 195 叶（390 页）;另一手稿存于阿尔卡拉·德·赫纳雷斯（Alcalá de Henares）的西班牙耶稣会档案馆,共 476 叶（952 页）,学界一般提及第一个手稿。存于马德里国立图书馆的抄本是 18 世纪的抄本,手稿前面 89 叶以葡语书写,后面 89 叶为西班牙语。西班牙耶稣会档案馆的稿件为何大化的手写的原始手稿,因为"在序言中有他的亲笔签名;使用中国纸;在开篇批注中

---

① 张廷茂《葡萄牙耶稣会士何大化在中国·序言》,载董少新《葡萄牙耶稣会士何大化在中国》第 3 页,社会科学文献出版社,2017 年。
② António de Gouveia, *Ásia Extrema*, Livro II, Lisboa: Fundação Oriente, 2001, pp. 210-219.
③ *Àsia Extrema*, Livro II, pp. 173-182.
④ 董少新《葡萄牙耶稣会士何大化在中国》第 185 页,社会科学文化出版社,2017 年。

还说明该作品已经由耶稣会阿卡拉斯（Alcaraz）神父翻译成西班牙语"。但由于何神父作品一直处于手稿状态，其传播和影响极为有限，因此没引起学术界的关注。这部近千页的历史巨著详述了中国历代王朝之历史，是欧洲人最早基于中国史料撰写的长篇历史专著。"这部著作特别证明了何大化作为汉学家和史学家的特性，其中参考了无数中国史料。"①

## 三、汉学家、宫廷巧匠安文思

安文思（Gabriel de Magalhães，1609 或 1610—1677）1609 年出生于大佩德洛高，幼年就读于耶稣会教办学校，后来进入科英布拉大学学习。他 16 岁加入耶稣会。1634 年，安文思被批准赴东方传教，先在印度果阿神学院教授修辞学。他后来辗转到澳门，在那里教授哲学。1640 年，他进入中国内地，从此献身中国天主教传教事业，直到 1688 年卒于北京。他先在浙江杭州住院，后来申请到成都协助利类思（Luís Buglio，1606—1682）传教。1644 年，张献忠军队入川，自立"大西国"，大西政权长官将吴善举安文思和利类思推荐给张献忠。西王待两神父为座上宾，赐神父们银两绸缎和袍套以及徽号，称他们为"天学国师"②。两神父随后为张献忠服务，为其造天、地球两个，另造日晷配合。曾对张献忠寄予希望的两神父目睹张献忠残暴无比，感觉命如悬丝，于是请求张献忠恩准他们暂往澳门，没有获准。随后张献忠令神父们又造了一个天球。但天球造好后，多疑的张献忠怀疑神父故意将天球做坏，欲将神父们处以极刑之际，清兵前来，张献忠被清兵一箭射中心窝而亡。两神父幸因一满族士兵说他们系汤若望之友而免于杀身之祸。③ 1648 年，两神父跟随清军前往北京，但 7 年后，才被皇帝所知，④ 得到了顺治帝的善待，获赐银米、房屋等。他们在北京建立了东堂住院，1662 年又创建了一座欧式教

---

① Ana Cristina Gomes, "Writingon Chinese History: Antóniode Gouveiaand *The Monarchiada China* (1654)", *Orientais Aura Macau Perspectives in Religious Studies*, Macau: University of Saint Joseph, 2019, pp. 29-30.

② 古洛东《圣教入川记》第 20-21 页，四川人民出版社，1981 年。

③ 《圣教入川记》第 52 页。

④ ［意］利类思著，何高济译《安文思传略》，参见 ［葡］安文思著，何高济、李申译《中国新史》第 184 页，大象出版社，2004 年。

堂东堂。1664年，因杨光先教案，安文思被投进监狱。幸而当时北京发生了大地震，所有传教士得以获释。1677年，在中国生活了37年，历经艰苦磨难的安文思逝于北京西堂，享年68岁。

欧洲传教士从进入中国伊始，就凭各类西洋奇器为礼物叩开中国大门。"所有的中国人，特别是他们的皇帝和达官显贵们，总是对机件复杂的钟表显示出极大的偏爱。"① 安文思凭着别具匠心的技艺成为清廷机械师，深得皇帝的恩宠，也为耶稣会传教团在华传教获得诸多便利。当顺治帝召见他和利类思进宫时，向皇帝进献了自鸣钟、万像镜等西洋方物，顺治帝留他在宫中为朝廷效力，曾令他制造一台自鸣钟，清宫制钟处也由安文思负责。② 康熙继位后，他为"幼帝康熙制造器物，盖欲以此博帝欢，俾能继续传教也"③。安文思在宫廷，"用他的巧妙发明，迎合已执政的当今皇帝"④。的确，安文思凭借才能和智慧"受到了皇帝和皇子们的厚爱"⑤。得知安文思的死讯后，康熙帝马上命朝廷侍卫送去金银绸缎，并撰悼词，赞美安神父"当日在世祖章皇帝时营造器具，有孚上意，其后管理所造之物，无不竭力"，对其人品也给予高度评价，称其"质朴夙著"⑥。

安文思是个勤勉的书写者，主要著作有：《超性学要》二卷；《复活论》二卷，多玛斯原作之译文；《中国新史》，原名为《中国十二优点》《一六五一中国著名大盗张献忠暴行记》《中国、鞑靼皇帝驾崩即继位简记》《中国文字与中国语言》；《江南到四川行纪》《关于1664年后的教难情况》。⑦ 他还撰写了一些中国副省年信和传教报告。

安文思的汉学代表作是《中国新史》，于1688年出版。原作以葡文书写，手稿未见存留，目前所见最早版本的是伯农翻译的法文译本，原名为《中国

---

① ［比］南怀仁著，余三乐译《欧洲天文学》第229页，大象出版社，2016年。
② 汤开建《沉与浮：明清鼎革变局中的欧洲传教士利类思与安文思（下）》，载《北京行政学院学报》2014年第5期。
③ ［法］费赖之著，冯承钧译《在华耶稣会士列传及数目》上册第257页，中华书局，1995年。
④ 《安文思传略》，载《中国新史》。
⑤ 《欧洲天文学》第229页。
⑥ Tomás Pereira, *Obras de Tomás Pereira*, Vol. II, Lisboa: Centro Científico e Cultural de Macau, 2011, p. 12.
⑦ 《在华耶稣会士列传及数目》上册第258-259页。

十二优点》。法译者伯农将名字改为 Nourelle Relation de la Chine，（《中国新史》），因为他认为原题目"过于拘泥，不能涵盖其内容"①。此外，伯农将章节重新调整，将全书分为 21 章，并根据内容加上相应的小标题，但未改变原作者的方式和意思，也没有改动字句。《中国新史》主要记载了中国历史文化和当时的社会状况，包括历史、地理、语言文字、中国典籍、官僚政治体制、教育、社会礼仪风俗、城镇建筑。"《中国新史》对北京城市建筑、布局、官邸民房及皇宫、寺院的详尽描述，推动了早期汉学对地方志研究的发展。其次，其学术性也大大增强。这些特色奠定了安文思在西方早期汉学研究史上的地位。"② 确实，安文思具备撰写汉学著作的条件。他饱经沧桑，洞悉朝野，闻博识广，"丰富的阅历使他成为不折不扣的'中国通'"③，也为他的汉学著作提供了丰富的素材。他介绍了中国的起源、上古史、尧舜的美德和禅让制、从大禹开始的子孙世袭王位制，张献忠暴政和清初历史等。他的中国历史的起源研究尤为深入，虽然可能混淆了伏羲和黄帝，但是，"经过安文思等传教士的研究，中国历史发端于伏羲的观点终于在西方得到确认"④。在安文思的笔下，中国城市规划合理，建筑优美，国家治理体制更是值得称羡。他大篇幅地详述了中国的政治组织结构、文官治理制度，他认为"世上没有任何国家能够有如此更完善的政体"⑤。安文思对中国的语言文字颇有研究。他认为中国人最早使用文字和象形文，盛赞汉字之美妙，"很优美、生动和有效"。他从学术的角度讨论汉字的结构："中国字或是单形或是复合。单形的字由线、点和钩组成……复合字由单字组成。"语法方面，他认为汉语比拉丁语等欧洲语言简单，因为中国语言没有时态、语态、数、人称等变化。在他看来，汉语通过把字"结合、演变和混合"，可以组成很多意义不同的复合

---

① ［法］伯农《法文版序言》，参见［葡］安文思著，何高济、李申译《中国新史》第 6 页，大象出版社，2004 年。

② 汤开建、吴艳玲《葡萄牙传教士安文思在华活动考述》，载《华中师范大学学报》2006 年第 2 期。

③ 计翔翔《十七世纪中期汉学著作研究——以曾德昭〈大中国志〉和安文思〈中国新志〉为中心》第 65 页，上海古籍出版社，2002 年。

④ 《十七世纪中期汉学著作研究——以曾德昭〈大中国志〉和安文思〈中国新志〉为中心》第 296 页。

⑤ ［葡］安文思著，何高济、李申译《中国新史》第 123 页，大象出版社，2004 年。

词，以"木"这个字为例，他举例可以组成"木料""木香""木偶""木盆""木槿""木屐"等27个词语，① 可见安文思对中文词汇构建方法的研究和功底。

安文思的汉学成就还表现在对中国儒家经典的深入研究。他说中国的律法是文人的律法，文人撰写了很多关于良好治理的文章和书籍。介绍汉字时，为了展现汉字之美和中国人之智慧，他引用了儒家经典"四书"中的《大学》中的一段话：大学之道，在明明德，在亲民，在止于至善。安文思解释"四书"就是"四部优秀的书"，其中对《孟子》的评价极高，"这是一部具有极大智慧、精妙和雄辩的书"②。安文思对"五经"的介绍要详细得多，不仅道出这五部经典著作的名称，而且对每部著作都做了描述，特别是对《书经》有深入的研究，称赞经典著作"文体很古老，但十分精确优美"③。安文思的中文名字正是取自他喜爱的这本书和他赞赏的尧帝，"我将在这里从我已提到的书中转录有关帝尧的五个颂词'钦明文思安'，这就是说，帝尧是伟大和值得尊敬的，他是最聪慧和持重的"④。这些书是中国文人的必读书目，因为文人通往官场之路的科举考试从中摘录词句给学子出题作文。

安文思对中国历史，特别是上古史的研究、对四书五经的阐述和解读、对汉字音、形和义的解释细致详尽，举例丰富，在汉学著作中达到了相当的高度，"从汉学的角度看，他对中国的介绍更为系统和全面"⑤。

## 四、音乐家、天文学家、外交官徐日昇

徐日昇（Tomás Pereira，1646—1708）1646年出生于葡萄牙布拉加教区。他大约1661年加入耶稣会，然后进入科英布拉修院接受人文科学和神学教育。他1666年4月从里斯本启程赴印度果阿。1671年，25岁的徐日昇抵达澳门，在著名的圣保禄学院获得艺术硕士学位，教授人文科学课程，曾任神学院校长兼任语法教师。1672年，徐日昇以精通音乐和历法被康熙皇帝召入进

---

① 《中国新史》第47页。
② 《中国新史》第62页。
③ 《中国新史》第61页。
④ 《中国新史》第61页。
⑤ 《中国新史·中文版序言》第1页。

京，受到皇帝的亲自接见。"在 1676 年，皇帝命我将闵明我和徐日昇神父带入他宫殿的内室。皇帝命徐日昇神父演奏风琴和我们以前进献给皇帝的那架欧洲古钢琴（又称大键琴）。"① 康熙皇帝很欣赏徐日昇的精妙演奏。当康熙命宫廷乐师演奏中国乐曲的时候，"徐日昇神父一边跟着唱，一边用笔记下了曲谱"。令众人钦佩的是，从未接触过中国音乐的葡萄牙教士竟然完整地记录了这首歌曲，皇帝因此要求他把歌曲吟唱一遍，他"准确无误地哼唱出了整首歌的曲调（不唱歌词）"。皇帝见此大为惊讶，徐神父"有如此非凡的才华，实在是令人钦佩"②。徐日昇的音乐天赋赢得了康熙皇帝的赏识，成为"康熙帝的私人顾问，杰出的天文学家，把西方音乐理论和知识引进中国第一人"③。

他其中一个重要成就是对南堂的改建。徐日昇"一到北京，就在富于创造性的机械学方面令人们刮目相看"④。精通音乐的神父为南堂钟楼制造安装了能奏响美妙乐曲的巨大铜钟和一个大型管风琴，"争相前来目睹的百姓挤得水泄不通"。此外，他还制造了很多钟铃悬挂在钟楼最高的塔楼上"在每一个钟铃里，他按照欧洲方式用铁丝系上一个精心设计的重锤，使它们能奏出美妙和谐的音乐"⑤，吸引了无数民众纷至沓来前来观看欣赏。

"徐日昇一生事业中的最高峰，无疑是他在尼布楚谈判中对中俄第一次合约的订立所起的作用。"⑥ 康熙二十八年（1689），中俄在尼布楚进行边界谈判时，熟悉外交惯例、精通拉丁语言的徐日昇与张诚被任命为中方代表团拉丁文翻译。他积极配合以索额图为团长的中国代表团，使得两国顺利签订了《中俄尼布楚条约》，这是欧亚之间签署的第一份外交文件，平息了两国边疆的冲突，保障了两国之间的和平。连使团的大臣都由衷地称赞徐日昇与张诚

---

① 《欧洲天文学》第 219 页。
② 《欧洲天文学》第 219-220 页。
③ Joaquim Magalhães de Castro, "Tomás Pereira: O Jesuíta do Imperador", *Portugal-China: 500 anos.* Miguel Castelo-Branco（ed）. Lisboa：Biblioteca Nacional de Portugal, 2014, p.111.
④ 《欧洲天文学》第 229 页。
⑤ 《欧洲天文学》第 229-230 页。
⑥ ［美］约瑟夫·塞比斯著，王立人译《耶稣会士徐日昇关于中俄尼布楚谈判的日记》第 137 页，商务印书馆，1973 年。

的外交谈判能力，他们禀报康熙帝，"一切都归功于他们"①。康熙皇帝非常高兴，徐日昇在日记里说，皇帝"对我的成就十分满意"②。徐日昇受过严格的人文、神学和语言学习，精通汉语和汉文化。他进京成为康熙的私人音乐老师后，"用汉语编写了教材，并指导工匠制作各种各样的乐器，而且教康熙皇帝用这些乐器演奏两三支乐曲"③。他还用中文编撰了两部介绍西方音乐理论的著作：《律吕纂要》和《律吕正义·续编》，这是最早的中文西方音乐理论书籍，第一次系统地向中国民众介绍了西方音乐文化，引进了音阶、五线谱等乐理知识。他还著有一卷《实用音乐与欣赏音乐》，刻于北京，用汉文书写，曾奉敕译为满文，对丰富中国音乐文化和增强国人的音乐欣赏能力做出了突出的贡献。此外，徐日昇还写了大量的书信、日记和传教报告等，不仅介绍了耶稣会传教团在华的活动，也涉及中国国情和地方民情。

1708年12月25日，这位"一生享有皇帝赐予的崇高荣誉"④的忠诚传教士，出色的音乐家、外交官、翻译家、天文学家、汉学家逝于北京，享年62岁。康熙皇帝特颁圣谕，高度评价了这位"远来效力岁久"的葡萄牙传教士，称其"渊通律历，制造咸宜，扈从惟勤，任使尽职，秉性贞朴无间，始终夙夜殚心"。徐日昇被安葬在耶稣会士滕公栅栏墓地，墓碑正面刻着当时康熙皇帝为他颁发的圣谕，这无疑是对他在中国三十余载活动的肯定和赞赏。"正如一位同时代的传教士所说，徐日昇无愧于皇帝撰写的碑文，这是杰出的葡萄牙人应有的丰碑，他的名字会永远铭刻其上，流芳百世。"⑤

## 五、李玛诺和穆若瑟的汉语教材

耶稣会传教团从入华伊始一直孜孜不倦地探索汉语学习方法，编写词典、教材、总结学习经验等。第一本汉语教材是1624年葡萄牙传教士李玛诺神父

---

① 徐日昇《徐日昇日记》，参见［美］约瑟夫·塞比斯著，王立人译《耶稣会士徐日昇关于中俄尼布楚谈判的日记》第211页，商务印书馆，1973年。
② 《徐日昇日记》，载《耶稣会士徐日昇关于中俄尼布楚谈判的日记》。
③ ［法］白晋著，赵晨译《康熙皇帝》第32页，黑龙江人民出版社，1981年。
④ 《欧洲天文学》第219页。
⑤ Francisco Rodrigues, *Jesuítas Portugueses Astrónomos na China 1583—1805*. Macau: Instituto Cultural de Macau, 1990, p. 20.

(Manual Dias Senior,1559 或 1560—1639)编制的。李玛诺 1575 年加入耶稣会,1593 年他来到澳门,曾于 1596 年和 1611 年两度被任命为澳门圣保罗学院院长。1622 年,他奉视察员卡布里尔·德·托马斯(Gabriel de Mattos)神父之命视察中国副省教区事务。1635 年,李玛诺被任命为中国、日本、安南等教区视察员。1639 年 11 月 28 日,居东方长达 51 年的李玛诺逝于澳门。

1619 年中国副省的成立激发了在华耶稣会士极大的传教热情,他们认为需要制定行之有效的传教政策迅速发展在华皈依事业,其中包括语言训练。李玛诺可能在 1622 年奉命到中国各地视察教务时接受了耶稣会领导层的指示,为在华传教士制订一个汉语学习计划。1624 年,他以耶稣会《教规总则》第 4 章为指导,总结早期在华耶稣会士的学习经验,"咨询了所有在此副省有过中国语言文字学习经验的神父们的意见"①,编写了一份《教育规程》,这是耶稣会第一部正式编写的汉语学习教材,目的是指导神父和学生"使用怎样的方法让他们的学习能够事半功倍"②。这是一份四年制汉语学习计划,共分为三章,除了构建课程构架、学习时间安排,还分别对副省会长、住院会长和授课教师制定条例,明确他们的职责和工作。首先,他明确副省会长的职责是行使监督权,保证课程的顺利实施,此外,要为学员提供良好的学习环境。学生除了日常会话,还要学习中国典籍,如《六书》《书经》。《教育规程》规定住院会长的职责是为学员提供方便和关照,其中包括"保证时钟总是准确,起床、吃饭等要准时"③。《教育规程》要求学员必须学会和中国人打交道和交谈、写信等礼节,包括吃饭喝茶,甚至修剪头发的方式等。《教育规程》强调要关注学员的身体健康,学习和娱乐相结合。此外,中国人尊师重教,因此要好好款待中国教师。住院会长要要求教师要向学员清晰解释字、词、句的意思,要解答学员关于语言文学的任何疑问,要教学员掌握"文人学派的思想,世界的起始和终结,关于人类、灵魂以及一切属于中国哲学的知识"④。《教育规程》重视神父著书能力的培养,规定要重视教学员撰写书籍,同时也要阅读大量为传教服务的著作。另一本汉语教材是清初在华耶稣会士穆若瑟(José Monteiro,1676—1750 之后)于 1700 年编写的,题为

---

① Manuel Dias Senior, *Ratio Studiorum*, BAJA, fl. 310v.
② *Ratio Studiorum*, BAJA, fl. 310v.
③ *Ratio Studiorum*, BAJA, fl. 312.
④ *Ratio Studiorum*, 312v.

《真正且唯一快速学习口语的方法》①，未正式出版刊行，一直以手稿形式存于里斯本皇家科学图书馆。穆若瑟1646年8月出生于里斯本，1661年左右加入耶稣会，1677年从里斯本启程前往中国，于1680年2月抵达。他先被派往武昌传教，随后又被派到南昌、福州、镇江进行教务活动。1693年，澳门主教任命穆若瑟为福建宗座代牧。他曾于1698—1702年和1704—1707年任耶稣会中国副省会长。

穆若瑟的汉语教材在里斯本皇家科学图书馆有份保存完好的抄本，全书共40个对开页，页码均用阿拉伯数字标注。手稿的首页为单页，左页空白，右页为第1页，开篇是一段拉丁文，介绍书稿的内容、作者和用途。书稿为外汉对照双语教程，外文部分基本以葡萄牙语书写，当中夹杂一些拉丁语，外文对应的中文以罗马注音标记，没有任何汉字。作品开门见山表明这是一部速成教程，目的是培养教士们快速掌握日常口语、交际用语和传教用语，以便能够尽快进行口头布道活动，并不需要认识和读写汉字。教材的结构编排延续西方传统教程框架，为语音、语法、词汇和会话。首先介绍汉语官话原理，极为简单地描述了汉语拼音特点、发音和声调；接着介绍汉语主要词类，包括名词、动词、代词、介词、副词、数词、量词、形容词等，提供了涵盖日常生活较为详细的例词。词汇介绍后面是一篇和一个中国教徒的拜客对话，篇幅很长，内容除了拜客日常用语，主要涉及天主教文化，为传教用语。会话后面有一章专门教授传教士在中国拜访需要学习的礼貌用语。教材包含一章以大量篇幅描述天主的内容，倡导大家要赞美天主、敬奉天主、依从天主、感恩天主、报答天主等。教材篇幅最多的是分类词汇介绍，包括教堂、圣器室及其物品；教徒及义务；房子及其物品；厨房及其物品；饭桌、吃饭及用语；服装及相关物品；男人、女人、他们的身份和地位；灵魂及其事；人体及其组成、感觉和活动；婚礼、受孕、出生、生活、疾病、医学；血亲和姻亲关系；学习及用语；国、省、市和乡村；贵族、衙门、总督、官员和司法；武官、衙门、官员和司法；官司及用语；士兵和军事；石匠和木匠职业；其他职业及工匠名称；家禽和野生鸟类名称；家畜和野生动物；打猎；菜园和蔬菜；花园、鲜花及其名称；生意和生意人。这部分可以说是一个分类词汇手册，涉及衣食住行日常生活的所有方面以及社会交际礼仪和用

---

① 保存于里斯本皇家科学图书馆，Manuscritos 421。

语,以口头语为主,包含丰富的中国文化信息,对在华生活和传教的传教士来说是一本不可或缺的使用手册。最后一部分以对话的形式,通过神父和忏悔者的长篇对话,介绍天主教十诫和告解以及七宗罪和告解。

穆若瑟汉语教材很多内容略显粗浅,编排比较随意,然而这是编者根据自身的学习经历,结合其他传教士的习得经验编写的,讨论了西方人学习汉语的重点和难点,展示了对外汉语教材和教学理念的早期形态,对于今天我们认识西方人汉语学习的难点有一定的参考价值。教材采用罗马注音形式记录了汉语口语的发音,大量鲜活的日常口语为我们研究清代汉语官话口语和语法结构提供了宝贵语料,其中关于中国社会文化和基督文化的介绍充分体现了穆若瑟将语言教学和文化教学深入结合的教学思路,客观上也推动了中西文化的交流和传播。此时期还有不少在汉学领域做出贡献的葡萄牙人,如费乐德(Rodrigo de Figueiredo, 1594—1624)、傅汎济(Francisco Furtado, 1587—1653)、阳玛诺(Manuel de Dias Junior, 1574—1659)、郭纳爵(Inácio da Costa, 1599—1666)等,他们在中国生活多年,学习研究中国语言文化,不仅翻译经典著作,也注重宣传中国文化,留下了一系列关于中国传教和明代社会的记述,"但因为他们的作品大多数并未发表,还是处于手稿,他们作为汉学家的角色被世人所忽略"①。

## 结　语

耶稣会士时代的葡萄牙人撰写的著作不再是早期冒险家、商人等在天朝帝国短暂游历后的经验之谈,更不是道听途说的各类资料拼凑。从内容上来看,跟早期旅行者相比,他们的观察视野大大开阔,他们的考察范围是全方面的,内容不仅涉及地理、人口、物产、风俗礼仪,更注重对中国历史、文学、哲学等思想文化的研究,力求从思想文化领域介绍和研究中国;从研究方法来看,早期冒险者的记录是分散的、感性的、粗浅的个人印象,而耶稣会传教士是系统的、有目的的分析和研究。他们撰写了非常详细的研究中国历史文化的鸿篇巨著,内容丰富多元,涉及中国思想文化内核,包含对华夏文明的深刻认识和理解评论,这一切均建立在他们长期在华生活,深入社会

---

① "The first China hands: The forgotten Iberian origins of sinology".

各阶层,熟读中国经典的基础上。这些葡萄牙耶稣会士从里斯本罗卡角出发的那一刻起,便将余生托付中国,恰如沙勿略在1540年3月31日临行前对耶稣会创始人罗耀拉所说的那样:"今生若再相见,也只是在信笺上了。"① 他们几十载旅居中华大地,研究汉语言文化,翻译解读典籍,积极撰写书信著作并传播到欧洲。这些汉学著作影响巨大,引人注目,不仅加深了西方知识界对中国的认识,也推动了葡萄牙汉学的形成和发展。

张敏芬　上海外国语大学副教授

---

① G. Schurhammer & J. Wicki (ed), *Epistolae S. Francisci Vaverii aliaque eius scripta* [Ep. Aav.], ed., Rome, 1944-45, I, pp. 29-30; also James Brodrick, Saint Francis Vavier, London, 1952, p. 79. 转引自 John Correia-Afonso, S. J., *Jesuit letters and Indian History*, Indian Historical Research Institute, St. Xavier''s College, Bombay, 1955, p. 11.

·意大利汉学研究·

# 历史书写与文化透镜
## ——论《鞑靼战纪》中的他者叙事*

杨和晴　朱睿达

**摘　要**：《鞑靼战纪》是西方历史上第一次对中国政治局势变化的记叙，影响广泛且深远，而卫匡国的他者身份使得《鞑靼战纪》的历史叙事呈现出不同于传统正史的风貌。卫匡国对明清战争的态度体现了基督教神学体系中的战争观，对鞑靼人的形象刻画则反映出欧洲分裂历史对其文化理解的影响，而作品使用的跨文化书写策略则体现了中西文化的共性，效果卓然。在卫匡国的历史书写中，明清战争这段历史通过文化透镜作用形成的印象既是对正史的补充，也是跨文化研究的重要对象。

**关键词**：卫匡国　《鞑靼战纪》　跨文化书写　历史叙事　他者

1643年，出生于意大利特伦托的天主教耶稣会士卫匡国（Martino Martini，1614—1661）由澳门进入中国，开启了他与中国的不解之缘，而中国形象也通过他的眼睛和纸笔投射到了遥远的欧洲大陆。说起来到中国的传教士，我们首先想到的是利玛窦，而同是坚韧不拔、学识卓绝的耶稣会士，卫匡国与这位久负盛名的"泰西儒士"最大的区别，便是文化传播的方向与路径。作为先驱的利玛窦首先将西方文化传入中国，打破了东西方之间的文化藩篱，揭开了西学东渐的序幕。在此基础上，卫匡国选择提笔描绘中国广袤的疆土，记述中国悠久的历史和残酷的战争，将这个远东的"梦之国"带到欧洲人眼前。

---

\* 本文是国家社科基金重大项目"中外戏剧经典的跨文化阐释与传播"的阶段性研究成果，项目批准号20&ZD283。

《鞑靼战纪》是卫匡国在从中国返回欧洲,赴罗马参加宗教会议的途中,用拉丁文写就的关于明清战争的历史作品,书中记述了满族入关征服汉族,建立清王朝的过程。该作品于1654年以拉丁语在荷兰、比利时、意大利等国首次出版,同年其英文、意大利文、法文译本分别在伦敦、米兰、巴黎出版,德文和荷兰译本也在阿姆斯特丹出版。可以说《鞑靼战纪》一经出版便迅速地在欧洲流传开来,译本语种的多样性保证了作品流传的广度,而从拉丁语到通俗语言的转变也为作品在大众阶层的传播提供了可能性,因此《鞑靼战纪》对中国形象在欧洲的构建起到了不可忽视的作用。

## 一、历史叙事与他者

《鞑靼战纪》因其作者的他者身份在书写上显得较为中立客观,然而如果仔细观察其中的叙事,我们还是可以发现作者身后的西方文化价值烙印,以及由此产生的主观倾向。历史叙事(historical narration)是20世纪末才兴起的一个概念,在此之前"叙事"仅限于文学研究领域,而后现代的解构性思潮最终也触及了历史学,新历史主义奠基人之一海登·怀特(Hayden White,1928—2018)在其颠覆性著作《元史学:十九世纪欧洲的历史想象》(*Metahistory: The Historical Imagination in Nineteenth-Century Europe*)中将历史的本质归于文本性,也就是话语的构建,"我将把历史作品看成是它最为明显地要表现的东西,即以叙事性散文话语为形式的一种言辞结构"①。该理论动摇了长久以来史学研究所倚仗的事实根基,某种程度上将历史归于虚无:真实的历史早已失落,我们所认知的历史是史学家通过言辞构建的一个叙事文本,纵然秉持着客观原则,史学家们也无法完全真实地还原历史,除去史料缺失等客观因素外,在叙述过程中他们也无可避免地受到历史无意识的影响,这种无意识来自国家、地域的文化浸润,可以说是一种集体无意识。因此对于历史叙事,我们既可从语言组织结构,也可以从文化意识形态进行考察。

"他者"(the other)的概念在不同的哲学思想中几经流变,到了现代,萨义德提出了东方主义理论,"他者"在后殖民文化批评中被频繁提及。萨义

---

① [美]海登·怀特著,陈新译《元史学:十九世纪欧洲的历史想象》第2页,译林出版社,2004年。

德（Edward Said, 1935—2003）在其著作《东方学》（Orientalism）指出历史上的东方是在西方的想象中塑造而成的，过去的欧洲中心主义将东方作为他者，同时又作为一个他者对其进行叙述，东西方之间这种互为他者的文化关系催生了许多有趣的跨文化现象，卫匡国书写的《鞑靼战纪》便是其中之一。其实不论是海登·怀特的《元史学》还是萨义德的《东方学》，它们都是对话语的强调：历史和文化都是在书写和认知的过程中形成的，其中的介质便是话语。在此意义上，《鞑靼战纪》的有趣之处在于这是一个意大利人记叙的一场满族与汉族的战争，这里的作者与战争的双方刚好形成一个文化他者的"三角"，作品由明朝与鞑靼族的关系入手，从两者在辽东的矛盾讲起，顺着战争的发展一直写到多尔衮去世，最后补充讲述了张献忠在四川的暴行。

## 二、对战争的态度

卫匡国在书写明清战争时，除去叙事，还在其中加入了自己的判断，包括对鞑靼人（满族）和汉族民族性的判断、对战争走势和明朝战败原因的判断等，这些论断体现了这位旁观者犀利独到的眼光，同时也增强了其历史叙事中的主观性和他者性。卫匡国在书中将明朝的覆灭归于三个原因：一是日渐强大的鞑靼族的入侵，二是明朝内部的农民起义和动乱，三是魏忠贤乱政，其中后二者被认为是根本原因，而对于清发动的战争，作者的态度是相对温和的，除去对某些残酷行径的描写，我们很少发现卫匡国对鞑靼人的批判，甚至可以说他认为这场战争富有一定程度的正义性。

关于卫匡国对这场战争所持的暧昧态度，要从他对战争起因的叙述开始说起。《鞑靼战纪》在开头大致梳理了鞑靼部族和明朝的往来关系，东鞑靼族因战败向明朝交纳贡赋，西鞑靼族则与明朝保持和平关系，到了万历年间"女真的鞑靼人这时合并为一国，人数大增，并向外扩张，日益成为明朝可怕的威胁"[1]。在这部分的叙述中卫匡国并未说明鞑靼部族和明朝之间是不是臣属关系，同时承认了女真鞑靼的王国性质，也承认了努尔哈赤的身份——"鞑靼国王之王"，而事实上努尔哈赤的先祖受明册封为建州左卫都指挥使，他本人也在

---

[1] [西]帕莱福等著，何高济译《鞑靼征服中国史鞑靼中国史鞑靼战纪》第346页，中华书局，2008年。

统一建州各部后受明封为龙虎将军等官职。而后卫匡国讲述了鞑靼族和明朝在辽东的矛盾：明朝边境官员为限制女真部的壮大，辱骂了来到辽东的鞑靼商人，还阻挠女真王的婚配，甚至设计将其杀害。为此努尔哈赤发兵侵占了边境重镇开原，并修书一封托人呈递予万历皇帝，然而这封书信并未受到谨慎对待：

> 鞑靼王看到自己的正当请求得不到答复，变怨恨为愤怒，发誓要用二十万中国人命来祭祖。鞑靼人的风俗是，当任何一个有身份的人去世时，要把许多准备在阴间侍候他的奴婢、女人、马匹，连同弓矢，都投入殉葬的火里。①

在此处的叙述中，努尔哈赤对明发动战争的动机是复仇，引起这种可怕报复的是明朝政权对鞑靼族的轻慢，而战争行为本身来源于本族的陪葬风俗，这种野蛮风俗在后来的汉化过程中被抛弃——整个过程看起来情有可原。与此形成鲜明对比的是卫匡国对李自成和张献忠的评述，他对此二者的态度堪称严厉。书中作者将李自成称为"强盗"，谴责他的残暴，"根据传说，他在初次上朝时，在宝座上很不安稳平静，摇摇晃晃，宝座像在预言他日子不长"。对于张献忠的描述在作品的末篇，"这个怪物，像一头野熊，进入各省，进行烧杀掳掠，及其他想象得到的暴行；因为他要毁灭一切，这样就没有活人反抗他"②。

其实鞑靼人在战争中也有诸多暴行，而战纪对征服者和李自成、张献忠之流采用的叙事风格完全不同，一方面是因为农民起义的军队素质和管理与正规军队确实有所差别，而另一方面这背后同样隐含着卫匡国身为耶稣会传教士所具有的西方基督教文化逻辑。人类的历史从不缺乏战争，西方的正义战争（bellum iustum）理论自古罗马时代以来至现代一直不断地发展，它是司法层面的界定，同时也是宗教道德价值层面上的考量，以圣奥古斯丁和圣阿奎那为代表的中世纪基督教神学家对正义战争的标准做出了界定，"将正义战争的裁定简化为三个标准：合法的政权（包括上帝），复仇的正当理由，正直的意图"③。这3条标准都是战前行为，第一条指的是战争需由合法政权发动

---

① 《鞑靼征服中国史鞑靼中国史鞑靼战纪》第346-347页。
② 《鞑靼征服中国史鞑靼中国史鞑靼战纪》第389页。
③ Antonello Calore, "Agostino e la teoria della 'guerra giusta'" (A proposito di Qu. 6, 10), *Guerra e diritto*. Soveria Mannelli：Rubbettino Editore, 2009, pp. 13-24.

（包括上帝的旨意）；第二条与我们所说的"师出有名"类似，发动战争需要正当的理由，对侮辱行为的报复便是其中之一；第三条指的是发动战争需要以实现和平为目的。而关于战争中的行为，在圣奥古斯丁的神学理论体系中，战争的正义性可以合理化任何战争行为，因为这被认为是通往和平的手段。后来基督教神学中关于正义战争的理论基本以此为框架。参照该话语体系，我们不难发现卫匡国对清政权和农民起义不同态度背后的逻辑。首先，努尔哈赤和李、张二人的身份不同，前文提到努尔哈赤是受到作者承认的外族王国的国王，而李、张只是平民，因此他们并不是合法的政权，以他们二人为首的起义在《鞑靼战纪》的叙事逻辑中从一开始就失去了正义性，这也是他们在书中被称为"强盗"的原因，"取消了公义的王国除了是一个强盗团伙还能是什么？所谓匪帮不就是一个小小的王国吗？"① 另外，也正如前文说到的，卫匡国将努尔哈赤发动战争的原因归于复仇和鞑靼民族的风俗，很大程度上合理化了战争动机，然而努尔哈赤发动战争的原因显然不止复仇这么单纯，由此可见这场战争的功利性在作者的历史叙事中是被削弱的。

卫匡国对明清战争的叙事逻辑非常鲜明地展现了一种他者性——以战前行为作为主要考量对象的西方基督教神学理论框架下的战争观，然而这种理论容易导致一个结果，那就是侵略战争的人为合理化，在《鞑靼战纪》中的表现就是对战争功利性的削弱。我们很难断言卫匡国是否刻意美化了鞑靼入侵的动机，鞑靼民族作为征服者，是远东传教事业的重心，也是未来教会与之打交道的重要对象，在战争中对传教士施以礼遇，卫匡国在主观上对于这个民族具有一定的好感，并对皈依鞑靼人充满信心，关于这一点我们可以着重考察作者对该民族的形象刻画。

## 三、对鞑靼民族的形象刻画

卫匡国是较早对鞑靼民族在人类学意义上有所记述的传教士[②]，作品中有一段文字较为详尽地描述了满人的发型服饰、佩刀习惯、面部五官和习俗，

---

① ［古罗马］奥古斯丁著，王晓朝译《上帝之城》（上）第144页，人民出版社，2006年。
② 张先清《"鞑靼"话语：十七世纪欧洲传教士关于满族的民族志观察》，载《学术月刊》2009年第2期。

其中比较值得注意的是卫匡国将满汉两族人进行了对比，他指出了两族人在第一印象方面的不同：满人更加热情，而汉人则相对冷硬。这应该是作者的亲身体会，自汉代与古罗马建立丝绸之路开始，汉人在西方人的眼中就有沉默寡言、难以接近的印象，作为一名游历范围较广的传教士，卫匡国"从而遍游多省，曾去北京，远及长城"①，对满汉两族都有所接触，而他在浙江与清军打交道的经历同样印证了他的论断：当他剃去须发后，清军统领对其亲切备至，说明满人对归顺自己的外族人态度相对开明。这当然不代表卫匡国相较汉人更喜欢满人，但一定程度上能够体现作者对满族的良好印象。除去交往过程中的切身体验，卫匡国对满族的好感还有一个重要来源，那就是满族皈依的可能性，满人是中国未来的统治阶层，满族的皈依能够使自上而下皈依全中国成为可能。卫匡国在书中谈及了基督教对鞑靼族的影响，讲述了鞑靼王爷释放被囚于广州的传教士曾德昭，并赐予他金钱和房屋的事件，随后写道："不只这个鞑靼人爱护我们基督徒，其他人也有喜欢、礼遇和尊敬神父的，许多人已信仰我们的宗教，如果我们能按现在计划进入鞑靼地区，我不怀疑会有更多人效仿。"② 由此可见卫匡国对皈依满族怀有信心。此前对汉人的传教事业发展是艰难而缓慢的，汉族有着相对完善稳固的宗族社会制度和强大的传统文化体系，儒释道三者都是基督教的强劲对手，相比之下，宗教单一、文化体系薄弱的满族便是一片未开垦的、肥沃的处女地，而从卫匡国的叙事中所透露出来的这种希冀无疑也是教会的兴趣所在。

卫匡国笔下的鞑靼人骁勇善战，并不野蛮，他们能够接受任何人的归顺，但对于敌人以及因武力而投降的人则不忌展现其异乎寻常的残忍，这里有一条很重要的敌我区分标准——剃发易服，如果说战争是明清政权之间的军事冲突，那么剃发易服就是满汉民族间的矛盾爆发点。卫匡国对此称中国人爱护自己的发型和服饰更胜于他们的国家与皇帝，从表象上看的确如此，然而剃发易服的本质实际上是一个民族对另一个民族在形式上的征服，与政权更替不同，风俗的改换意味着民族标识的改变，剃发是游牧民族为了方便狩猎形成的发型，而以农耕文明为主的汉族则习惯蓄发，因此"身体发肤受之父

---

① 转引自徐明德《十七世纪伟大的人文科学家卫匡国传——纪念卫匡国诞辰400周年》，载《浙江学刊》2014年第6期。
② 《鞑靼征服中国史鞑靼中国史鞑靼战纪》第388页。

母"的汉人誓死捍卫的与其说是头发和服饰，不如说是民族文化与尊严。这应该是卫匡国无法完全理解的，他将汉人反对政权的起义归因于对自由的渴望，可以说这是非常西方的一种阐释。类似情形在西方也曾经发生——蛮族的入侵导致了西罗马帝国的覆灭，但与中国不同的是，作为帝国心脏的意大利半岛从此一直处于分裂状态，饱受外敌的侵袭，罗马人这一身份也在哥特人、伦巴第人、法兰克人的轮番统治下失落于各民族的融合之中。17世纪的意大利仍然处于小国林立的分裂状态，且南部大片地区为西班牙统治，这时以意大利语为标志的民族纽带因缺乏国家体制的约束而显得较为松散，在这样的历史背景下，一个意大利人甚至是欧洲人对于自己的民族身份认知其实是模糊的，因此也很难对汉人强烈的民族意识产生共鸣。总体而言，卫匡国对鞑靼民族的描述首先展现了一个不受敌对关系影响的文化他者对鞑靼人的观察，其次同样也反映出东西方在民族问题上的理解差异，这种差异性的理解和观察也为满清战争的叙事提供了新的视角。

## 四、文化格义

正如魏晋时期的僧人借用中国典籍中的内容来讲解佛经一样，卫匡国在《鞑靼战纪》中也使用了西方文化中的概念来进行类比阐释。这种广义上的格义法在跨文化阐释中可以说是非常高效的，虽有引起误读之嫌，但仍不失为快速构建跨文化理解的一种方法，尤其是在《鞑靼战纪》这样的历史叙事文本中，不同于经书的微言大义，其阐释对象的内涵相对简明，格义的目的与其说是解释概念，不如说是引起读者的文化共鸣，因此可以看作一种高明的书写策略。

卫匡国在书中讲到女将军秦良玉时，将其称为"中国的亚马孙或潘特西琳"，"她从遥远四川省率三千人前来，这些女兵既有男子气概，也有男人风度，与其称她们为女人，还不如叫她们是男子汉"[1]。秦良玉多次率军勤王，维护明室正统，战功显赫，崇祯曾赋诗赞其忠心，明史列传第一百五十八章记载的秦良玉文武兼备，气质娴雅，其治下军队为远近所忌惮。而希腊神话中的亚马孙一族也是女战士，她们的首领潘特西琳（通译彭忒西勒亚）是战

---

[1] 《鞑靼征服中国史鞑靼中国史鞑靼战纪》第350页。

神阿瑞斯的女儿，拥有出色的战力和端丽的容貌，可以说是一位女武神。关于潘特西琳的故事发生在赫克托尔死后的特洛伊，据传是由诗人阿喀提努斯（Arctinus of Miletus）记叙在已失传的史诗《埃塞俄比斯》（*Aethiopis*）中，关于该史诗我们只能从他人的转述中了解：普罗克路斯的著述（The Chrestomathy of Proclus）对包括《埃塞俄比斯》在内的五部特洛伊相关史诗进行了概述。① 根据普罗克路斯的说法，潘特西琳率领亚马孙人来援助特洛伊，但最终死于阿基琉斯之手，被特洛伊人埋葬。② 由此可以看出潘特西琳和秦良玉在形象上确是共通的，而关于秦良玉所率军队的描述，卫匡国显然是受到了荷马的影响，《伊利亚特》中有两处提到了亚马孙人，形容她们"强似男子""与男人匹敌"，然而事实上，组建3000人的女兵军队在当时的封建社会是不太可能的，因此这里卫匡国的笔触不免带了点西方传说的浪漫。如果说秦良玉与潘特西琳有何不同的话，那就是东方话语强调秦良玉忠君爱国的民族气节和对军队的统领能力，而西方传说更强调潘特西琳的个人战力，并通过阿基琉斯对她的迷恋为其增添了一丝浪漫色彩。

除去古希腊神话，卫匡国还援引了圣经中的文化符号来阐释中国历史，比如在讲述清军对福建省建宁城的围剿时，就使用了《圣经》旧约中的索多姆城来形容建宁。在有关福建骚乱的消息传至北京后，皇帝迅速派军镇压，清军用炮火摧毁了建宁，并放火屠城，"但在教堂工作的教士却奇迹般逃了出来，有如命运将人们从索多姆救出。索多姆一名很适用于这个城，因为它犯下叛逆罪"③。事实上，索多姆和建宁城有本质上的差别，索多姆城的人本身就负有不可饶恕的道德罪孽，而建宁府是福建反清复明运动的重要阵地，以南明皇室为旗帜，此处的"叛逆"实是一种政治军事行为，与本质败坏的索多姆是完全不同的。那么卫匡国为何会使用这样的比喻？首先从表象来看，索多姆和建宁城都是被火摧毁的（上帝降下火雨，清军放火屠城），另外成功逃离的都是其行为符合基督教道德标准的人：在教堂工作的教士自是不必说，索多姆的罗德在其他城民的逼迫下坚持保护天使，甚至不惜牺牲自己的女儿，很好地践行了基督教中的待客之道（the law of hospitality）。从内涵来看，索

---

① Cf. Davison, J. A., "The Chrestomathy of Proclus", *The Classical Review*, vol. 5, no. 2, 1955, pp. 152-154.

② http://mcllibrary.org/Hesiod/aethiop.html. Accessed 26 July 2021.

③ 《鞑靼征服中国史鞑靼中国史鞑靼战纪》第378页。

多姆城民违反了基督教倡导的行为准则，因此也构成叛逆罪，而卫匡国将建宁城与索多姆相提并论，是因为这时满族已经占领福建，王祈率领的起义军从满族驻军手上夺取了建宁，联系前文所说的正义战争理论，这样的行为同样不符合基督教的道德准则。此处我们再次看到了卫匡国的历史叙事背后深刻的基督教价值观烙印。

卫匡国对圣经的另一处引用在《鞑靼战纪》的附录中，附录补充讲述了1651、1652、1653年从中国发来的传教士信函，其中在讲到顺治的婚娶时，卫匡国将满汉两族的皇帝做了一个有趣的对比：鞑靼人同欧洲人一样，要娶血统高贵的妇女为妻，而中国皇帝则只看美貌，这与波斯的阿哈随鲁斯王类似。此处的阿哈随鲁斯王（通译亚哈随鲁王），是波斯帝国阿契美尼德王朝时期的国王，也是《圣经》旧约中的人物，娶犹太女子以斯帖为皇后，宠爱非常，为其赦免犹太全族并提拔其兄为宰相。这种类比体现了一个帝国的帝王在娶妻方面的共同取向，而鞑靼人在此方面与欧洲人的相似是因为联姻的必要性：同罗马帝国衰亡后的欧洲一样，满族政权也是从部族发展而来，在此过程中联姻是部族间形成联盟的有效方式，比如顺治与西鞑靼公主的联姻能够为清朝初年仍不稳定的政权提供一定的军事保障。而类似波斯和明朝这样高度集权且军事强大的帝国，除去少数情况，联姻已然不是巩固权力的必要手段。

卫匡国的这种"格义"手法还体现在对中国地理的描述上，比如用日耳曼里格来描述长度或是用欧洲地理来类比中国的地形等。总体而言，虽然会引起一定程度上的误读，《鞑靼战纪》中的文化格义现象仍然是跨文化阐释文本中一种非常值得借鉴的阐释方式，同时也反映出东西方文化在某些方面的共性，这种共性可以说是跨文化阐释的切入点和跨文化传播的基石，正是卫匡国对中国的热爱使得他能够找到东西方的文化共性，打破双方在文化上的藩篱和二元对立，从而真正对文化交流有所裨益。

## 结　语

《鞑靼战纪》意大利语译本的译者在序言中说：

> 亲爱的读者，这并不是一部按照那些卓越大师的规则写就的历史。

这只是一份关于一段宏大历史的简单报告，其中有很多令人难忘的事件。卫匡国神父在他的欧洲之行中，每到一处就会遇到好奇中国之事的人，他写这份报告是为了从不断重复回答的困扰中解脱出来，也是为了向欧洲传递一些关于中国变革的消息。①

在此意义上，《鞑靼战纪》的历史叙事可以说脱离了一般史学概念，是一种蕴含着基督教意识形态的情节化叙事言辞，欧洲长久以来的分裂使得各民族处于冲突与融合对立统一的文化熔炉之中，征服者与被征服者的故事不断在欧洲大陆上演，古典文明为野蛮武力所征服，以宗教、语言和制度等形式寓于欧洲人的精神中，与欧洲的历史语境一同构成了卫匡国看待明清战争的"前理解"，使得《鞑靼战纪》的历史叙事呈现出一种消弭了民族界限的他者性，通过暧昧的战争立场、对入侵者的中立刻画以及格义的书写策略，这一段明清战争史经过他者文化的透镜作用在卫匡国的历史书写中呈现出了不同于传统史学的面貌，而当我们带着中华文明绵延统一的历史"前理解"来看待这部作品时，东西方文明的碰撞便在此发生了。

荷兰学者穆尔曾说我们应当尊重他者的他者性，就像文中所记叙的，当汉人为捍卫服饰发型付出生命之时，卫匡国则欣然剃发从而保全了自己——文化差异是客观存在的。研究跨文化文本的意义就在于发掘客观异同现象背后的文化根源，同时以他者为镜审视不同文化叙事中的中国，构建一个更加立体的中国国际形象，从而在世界坐标系中找到本国与他者的联系，这种联系是寻找自身坐标的方式，也是我们与世界建立跨文化理解和对话的基石与路径。

  杨和晴 浙江外国语学院西方语言文化学院讲师
  朱睿达 浙江外国语学院浙江文化"走出去"协同创新中心讲师

---

① Martinus Martini, *Breve historia delle guerre seguite in questi ultimi anni tra Tartari e Cinesi*, Milano: M. DC. LIV, 1654, Traduttore a chi legge.

·拉丁美洲汉学研究·

# 墨西哥汉学家莉亚娜治学之道的嬗变[*]

孙洪波　孙新堂

**摘　要**：墨西哥汉学家莉亚娜是拉美汉学研究的领军人物。她与汉学结缘于 20 世纪 80 年代初。我们认为，她的汉学研究之路分为三个阶段：大学毕业到 80 年代中期主要从事古典文学翻译、80 年代中后期到 20 世纪末从事中国现当代文学翻译和研究、21 世纪以来关注文学的同时也关注整个中国社会的发展。这三阶段体现了她从热爱中国文化的学习者到优秀的译者，再到成熟的汉学家的成长历程。这一历程与拉美汉学的发展同频共振，也折射出其他海外汉学家相似的学术研究趋向，使得中国绚烂的文化之花在拉美绽放。

**关键词**：莉亚娜　拉美汉学　古典文学　现当代文学

　　莉亚娜（Liljana Arsovska），1963 年 3 月 30 日出生于南斯拉夫（现马其顿共和国）的普里莱普，现任墨西哥学院亚洲与非洲研究中心教授，是拉美地区著名的汉学家。我们根据莉亚娜本人及其相关资料，把她的汉学研究之路分为三个阶段：第一个阶段是从 1981 年到北京语言大学学习开始，从事古典文学的翻译的工作；第二个阶段从 80 年代中后期开始，转向中国现当代文学的翻译和研究，译作涉及丁玲、萧红、莫言、王蒙、贾平凹、阎连科、毕淑敏、陈众议、乔叶、史铁生、刘震云、铁凝、余华、阿来、徐则臣、刘庆邦、雪漠、陈继明、石一枫等十几位中国现当代优秀作家；第三个阶段，21 世纪以来她关注文学的同时也关注整个中国社会的发展，注重培养更多的拉

---

[*]　本文为第十批"中国外语教育基金"项目（批准号 ZGWYJYJJ10B060）和全国高校外语教学科研项目（批准号 2021SD0623）的阶段性成果。

美青年汉学家和翻译家。这三阶段体现了她从热爱中国文化的学习者到优秀的译者,再到成熟的汉学家的成长历程。这一历程与拉美汉学的发展同频共振,也折射出其他海外汉学家相似的学术研究趋向。本文研究莉亚娜治学之路的嬗变,不仅仅因为她是当代拉美地区汉学研究的标志性人物,更因为她是拉美乃至全球范围汉学家成长的典型代表。

## 一、结缘:热爱中国古典文学的优秀学习者

莉亚娜的汉学之缘始于1981年。她当时在北京语言大学求学,对中国的社会和文化充满了兴趣,是一位积极的中国文化的学习者。她热爱阅读中国古典文学的巅峰代表作《红楼梦》,甚至将《红楼梦》作为本科毕业论文的选题。随着她对中国文化研究的日益深入,逐步开始对《道德经》,甚至是中国古代医典《黄帝内经》进行研读和翻译,所以在这一阶段莉亚娜是热爱中国文化的优秀学习者。

她认为《红楼梦》集传统文化之大成,具有深厚的中国文化传统。莉亚娜从外国读者的视角,认为该书具有与海外作品与众不同的写作风格和创作手法。由于认知观念和文化差异,外国读者阅读《红楼梦》多受困于对中国社会百态的理解,所以莉亚娜在翻译过程中,强调在译前做好源语社会百科知识的储备。比如,称谓语相对简单的外国人就难以理解《红楼梦》中的亲属词汇,因为中国文化中的亲属称谓体现了人物间的社会等级和亲疏远近关系。同样外国读者也很难理解《红楼梦》中贾宝玉与林黛玉之间感情纠葛,因为东方人和西方人的爱情观存在巨大差异。

莉亚娜由中国古典文学扩展到哲学领域。她1995年在墨西哥学院获得硕士学位,其硕士论文《中国的〈道德经〉研究》探讨了当时政治社会条件下,中国道教研究的学术走向[①]。该论文以中国古典文献《道德经》为主要研究对象,通过多维融合的跨学科研究方法,用宗教学、历史学、语言学的学科知识对古典文献重新分析,从道的概念和内涵、辩证法、老子的政治理论、道与德的关系四个方面阐释了中国的《道德经》的学术研究走向。

---

① Liljana Arsovska, *El Dao De Jing en La Republica Popular China*, El Colegio De Mexico:Centro De Estodios De Asia Y Africa, 1995.

莉亚娜对中国文化的热爱和学习进一步延展到医学范畴。她翻译了中国传统医典《黄帝内经》，试图了解作为中国传统文化重要组成部分的中国古代医学的具体内容①。翻译时，她注重对经典文本进行更忠实和严谨的译介，强调译者不仅要深入了解中医术语的含义，还要对这些术语在不同的认知环境中正确地使用和解释，以揭示当前现代医学和世界传统医学融合的过程。事实上，莉亚娜对《黄帝内经》的译介加速了海外读者对中国传统医学知识的了解进程，对中医理论的海外传播起到了重要的作用。

莉亚娜在比较了伊尔扎·威斯女士（Ilza Veith）1966年的《黄帝内经》英译本与罗伯托·冈萨雷斯（Roberto Gonzalez）1993年的西班牙语译本后，在《〈黄帝内经〉的英译本与西班牙语译本：翻译、阐释与重写》②中谈到，所有印欧语言都是从一个具有相似宗教（犹太教/基督教）或文化（希腊/罗马）的语境中产生和发展起来的，而汉语中的许多词汇、概念或观点在西方词库中并没有对应的表述，所以汉语和任何西方语言之间的翻译都涉及不同的知识或文化背景，那么翻译中的文化现象和文化思考就是个不容忽视的问题。中国传统医学恰是一个力证。中医理论建立在"道""阴阳"与"五行"之上，西方世界完全没有这些概念，在翻译时需以脚注形式解释。同时需要考虑到源语和译入语社会的政治、文化、历史和特定因素。当然，也与译者的个人兴趣和翻译风格相关。

## 二、分享：传播中国现当代文学的优秀译者

随着对中国了解的深入，莉亚娜对中国现当代文学所揭示的社会现实越来越感兴趣，从20世纪80年代中后期到世纪末，她实现了从热爱中国文化的学习者向传播中国现当代文学的译者，再到优秀译者的转变。莉亚娜认为，

---

① Liljana Arsovska, "Las traducciones de textosclásicos de medicinatradicionalchina-análisis del caso de Huangdi NeijingSuwen y sus traducciones al español e inglés", *América Latina y El Caribe-China*,（此文献没有找到具体期号）2013，p. 17.

② 莉亚娜《〈黄帝内经〉的英译本与西班牙语译本：翻译、阐释与重写》，载第三届世界汉学大会 http://hantui.ruc.edu.cn/sjhxdh/ljhy/dsanjsjhxdh/dsjhylwzy/f47a95ace81745fd869f37b6b604d618.htm），2012-10-16.

"中国作家的根本任务是要反映中国的社会现实,反映中国人日常生活的社会百态"①。所以莉亚娜选择译介的作品,一是要充分彰显中国文化,二是要尽可能表达社会现实。在实际操作中,译作作品的选择不惟作家名气,而是依据如上两条标准。在莉亚娜的西班牙语译作中,我们看到了不同地域、不同时代、不同社会背景的现实故事。比如,以地理区域来说,刘震云作品或明或暗表现出了河南的风土人情,贾平凹作品涉及西北的风物风貌,毕淑敏描写了边疆风光,阿来作品呈现出了藏族特色,莫言聚焦了山东的故乡风貌,卫慧作品中具有浓郁的上海都市气息,铁凝呈现出了冀中平原特色。又如,从历史视角看,中国古典文学和中国现当代文学体现了不同时代背景下的社会结构和人物故事。

莉亚娜的中国现当代文学渊源始于1986年对丁玲《我在霞村的时候》的译介,开启了莉亚娜的中国现当代文学译介研究之路,她发现这是一个瑰丽的文化宝库,并被它的文学形态、文学特征和文化背景所折服。她认为,中国现当代文学的文学内涵、发展轨迹和文学精神都与世界文学史上的其他文学历史形态都不同②。莉亚娜认为中国现当代文学的前沿学科性质根植于中国独特的社会经验和社会文化体系。自此,她出版了丁玲、萧红、莫言、王蒙、贾平凹、阎连科、毕淑敏、陈众议、乔叶、史铁生、刘震云、阿来、铁凝、余华、徐则臣、刘庆邦、石一枫等十几位中国现当代优秀作家的西班牙语译作。

20世纪80年代中后期,中国当代文学中涌现出像莫言、余华、贾平凹等一批先锋作家,他们的作品贴近社会现实,反映了社会变迁,文坛风气为之一新。从文学风格上,莉亚娜认为,中国现当代文学呈现出两种不同的视角:一种是叙述者讲自己的故事,典型代表是刘震云的《塔铺》和贾平凹的《极花》;另一种是观察其他人的生活,如叶兆言的《情人鲁汉明》、铁凝的《伊琳娜的礼帽》和阿来的《月光下的银匠》。当时,莉亚娜认为对中国现当代文学有必要加深认识和研究,所以着力对在当今多元文化背景下如何实现源语

---

① 万戴《走进文学之窗的中国风景——访墨西哥汉学家、翻译学家莉莉亚娜·阿索夫斯卡教授》,载中国社会科学网(http://news.cssn.cn/zx/bwyc/201908/t20190815_4957560.shtml),2019-08-15。

② 陈美兰《前沿性:中国现当代文学学科的魅力所在》,载《陕西师范大学学报》(哲学社会科学版)2005年第5期。

文本与外来文化的翻译转换这个问题进行了理论探讨和翻译实践。

莉亚娜先后翻译了丁玲的《我在霞村的时候》、王蒙的《坚硬的稀粥》《阿咪的故事》、卫慧的《上海宝贝》、陈源斌的《万家诉讼》、阿来《佛光》《蘑菇圈》、刘庆邦《城市生活》、毕淑敏《天衣无缝》、萧红《手》、陈然《破开》、莫言《白狗秋千架》、刘震云《塔铺》《我叫刘跃进》《我不是潘金莲》《吃瓜时代的儿女们》、叶兆言《情人鲁汉明》、徐则臣的《跑步穿过中关村》等文学作品。按照作者西班牙语译作的数量，本文分析讨论莉亚娜翻译刘震云、王蒙、阿来、贾平凹、丁玲、卫慧、毕淑敏和乔叶等作家的译作，探寻当今多元文化背景下莉亚娜的文化翻译策略，以进一步呈现莉亚娜的翻译思想。

刘震云是莉亚娜翻译西班牙语译作最多的作家，是中国著名男作家、编剧，第八届茅盾文学奖获得者。按时间顺序，译作包括《塔铺》《我叫刘跃进》《我不是潘金莲》《一句顶一万句》《吃瓜时代的儿女们》。他的作品风趣又不失深厚内涵，通过探查、描写底层人物生活来反映社会现实，折射出其柔软的内心和深切的同理心。[1] 莉亚娜认为，刘震云的作品植根于底层社会，体察小人物的内心世界，具有独特的幽默感。

刘震云作品语言朴素，甚至有些表达还是河南方言，却真实描写和再现了小人物的生活，表面诙谐幽默，仔细思考却不乏对现实社会的深入剖析，在莉亚娜所选择翻译的这几部小说中都充分地体现了这一文学特征[2]。《塔铺》发表于1987年，以一名军人复员后备战高考的历程为切入点，阐述了几个乡村青年为改变穷苦生活的现状，不畏艰难困苦，试图通过努力备战高考来改变自己命运的故事。《我叫刘跃进》以幽默风趣的口吻，讲述了建筑工地民工刘跃进包被偷走后，在找包过程中，发生的错综复杂的故事。看似幽默诙谐，却深刻揭露了小人物生活中经历的无奈与辛酸。《吃瓜时代的儿女们》则围绕三名不同地区且不同级别的官员和一名农村姑娘展开，他们在现实中毫无关联，却在阴差阳错间产生了千丝万缕的联系。小说通过描述主人公人生的兴衰起落，展示了社会各阶层人民的真实状态。《我不是潘金莲》则讲述

---

[1] 马兵《"不笑不话不成世界"——〈一日三秋〉论札》，载《中国当代文学研究》2021年第6期。

[2] 王友芳《刘震云小说的语言风格研究》，河南大学硕士学位论文，2011年。

了一名普通女性李金莲为摆脱生活困境，奔波辗转二十余年告状的故事。小说内容交织着时代大背景下传统家庭观念、道德约束和权益维护等现实问题，反映了中国平民女性的生存状态。而《一句顶一万句》是刘震云最受批评界推崇的大气之作，获得第八届茅盾文学奖，一度被称为"中国的《百年孤独》"，中国式的孤独感和生存境遇以及生存本真等问题都表现得淋漓尽致。

在解读推广刘震云作品时，莉亚娜主张学术全球化，强调应首先通过多种途径进行文化传播，使拉美读者了解中国文化，激起其阅读兴趣。在翻译刘震云作品时，莉亚娜采用归化的翻译策略，以书名《我不是潘金莲》为例，莉亚娜译为"Yo no soy unamujerzuela"，意为"我不是一个水性杨花的女人"[1]。潘金莲是《水浒传》中的女性人物形象，如果直译，不具备相当背景知识的外国读者无法理解其背后的蕴含义。因此，采取归化策略，服务于译入语读者，对该词汇所表达意义加以解释，必要时采取替代手段，深入挖掘其象征、比喻等意义，才是合适的表达方式[2]。莉亚娜考虑到中国与拉美地区间巨大的文化差异，结合译入语的语言特点和表达习惯，翻译的内容才更易为读者所接纳和理解。

莉亚娜选择翻译王蒙的短篇小说《坚硬的稀粥》和《阿咪的故事》，很大程度上是因为王蒙是中国当代文学走向现代写作技巧的开拓者[3]。王蒙的小说有两大文学特征：一是善于运用抒情笔法，二是语言文字的震撼力。在将王蒙的上述两个作品译为西班牙语过程中，莉亚娜感受到王蒙把对人民的热爱体现在每一个故事中，塑造了完整的人，但同时看到了人的不完美，作者对他们充满了同情和理解。莉亚娜认为，文学是一种探索，一种渴望，一种希望。它能感动作者去探索心灵、思想和感情。因此，她认为，王蒙在尽可能地描写真实的世界[4]。小人物的故事日常而普通，但可能就是平凡如你我的

---

[1] 万戴《走进文学之窗里的中国风景——访墨西哥汉学家、翻译家莉莉亚娜·阿索夫斯卡教授》，载中国社会科学网（http://news.cssn.cn/zx/bwyc/201908/t20190815_4957560.shtml），2019-08-15。

[2] 刘冬秋、孙洪波《可译性视角下《水浒》元素留存的对比研究》，载《菏泽学院学报》2019年第39期。

[3] 王一惟《王蒙：韩寒出现，我有责任》，载《烟台晚报》，2007-04-21。

[4] Botton, Flora, "Tendencias de la literaturachinaen la actualidad", *Estudios de Asia y África*, no. 42 (3), 2007, pp. 737-750.

身边正在发生的事情。贾平凹的小说《商州初录》也是"寻根"类型的代表性作品。莉亚娜认为贾平凹学习了西方的文学主题和文学风格,侧重在中国历史、社会和文化中寻找文学灵感。

莉亚娜翻译了获得第五届茅盾文学奖的优秀作家阿来的《蘑菇圈》。阿来作为藏族作家,以其独特视角和深厚的民族文化情怀,以华丽浪漫的笔触,来描写自己所生活的故乡和身边的鲜活人物。《蘑菇圈》展现了小人物以纯粹的生命力来应对岁月变迁、世事无常。该小说充分展现了阿来对"人"的理解和关爱,笔触温暖动人。所以既有历史的思考,又回归于民族性文化①。阿来以己之笔,把地理上的偏僻小镇变成了文学上的圣地②。莉亚娜认为,阿来的作品充满现实主义和魔力,把平凡的生命融入宏大的历史叙事中,在历史观照下思考民族性和人文性。

莉亚娜还翻译了优秀的中国当代女作家的作品,比如丁玲、铁凝、毕淑敏、乔叶、卫慧等。著名作家丁玲的作品以女性的视角,讲述平凡人的故事,并在他们的平凡中刻画人性。莉亚娜把丁玲的《我在霞村的时候》译为西班牙语。故事的主人公是一名备受日寇摧残的乡村青年女子,尽管遭受凌辱,仍以特殊身份从事地下抗日工作。丁玲选择这一特殊题材,从女性的观照出发,提出了"一个更广泛的社会问题"③,从而升华为中国现代女性冲破男权藩篱,探索自身价值的勇敢力量。卫慧是新生代作家,她的都市小说《上海宝贝》体现了新派女性写作特点,擅长用意向表达焦虑灰暗的情绪。毕淑敏创作的典型特点是结合市场经济背景,侧重对人性的思考、对社会现象的揭露,比如《天衣无缝》中那群住在服装店的问题少年,多视角提供解决方案,尤其关注在社会生活中的弱势群体的生存和成长,以及在这一过程中体现出来的社会的纷繁复杂。乔叶被认为是"中国十大文学青年才俊"之一,《最慢的是活着》获得第五届鲁迅文学奖。她的中篇小说《取暖》于2005年出版,引起了全国各地读者的兴趣。《取暖》描写了困境中人物的内心挣扎,在表面上却呈现出少见的平和。故事环境和人物通过理想化构拟,表达出作者独特

---

① 德吉草《认识阿来》,载《西南民族学院学报》(哲学社会科学版)1998年第6期。
② 莫言,中国作家协会主办的"边地书、博物志与史诗——阿来作品国际研讨会",北京师范大学,2018-11-17。原句为:阿来可以说用他的笔,把一个相对偏僻的地理位置变成了在文学上引人注目的地点。https://baijiahao.baidu.com/s?id=1617381714663102685&wfr=spider&for=pc
③ 丁玲著《谈自己的创作》,载《丁玲全集(8)》第87页,河北人民出版社,2001年。

的人生思考①。

　　莉亚娜的翻译思想充分体现在上述文学作品的翻译和研究中。莉亚娜重视百科知识和语言的运用,重视通过挖掘源文本来理解原语社会,拓宽了墨西哥汉学的研究范围和思路。在百科知识方面,在莉亚娜的一次访谈中,她自己谈及"旗袍"和"中山装"的翻译就是很好的例证。怎样让没有相关知识背景的西方读者理解"旗袍"和"中山装"就是个难题。在西方思想体系中没有相关概念的表达,应该如何解决？莉亚娜承认,翻译时会有顾此失彼的矛盾心态。一时认为应该简化处理译文,不能在阅读中给读者制造过多理解上的困难,一时又会考虑到,从异化的策略出发,读者有权利认识不一样的真实的中国。所以在翻译时,就要侧重于这种差异性的表述,保留源语的文化特征。②

　　莉亚娜在翻译中还非常注重对语言的运用。她提倡"好好使用语言,使用好语言"。译者不仅要熟练掌握源语言,也要深入学习译入语。她重视修辞的作用,主张给读者提供富于美感的语言。这其实与严复《天演论》中提出的"信、达、雅"的翻译标准如出一辙。综合来讲,莉亚娜的翻译思想是,她并不纠缠于翻译技术而更侧重达到翻译目标。技术上到底采用归化还是异化则根据目标确定。事实上,《我不是潘金莲》的西班牙语译文"*Yo no soy unamujerzuela*",《跑步穿过中关村》的译文"*Sobreviviendoen Beijing*"都是采用的归化的翻译策略,而前述"旗袍""中山装"等例子则采用异化策略。所以归根结底,采用哪种技术,莉亚娜是依据"如何让海外读者更好地理解一个更真实的中国和更丰富的中国文化"这一问题为目标。③ 翻译技术仅仅是手段,而不是翻译的目的。莉亚娜认为翻译的目的有二:一是向拉美或海外读者更好呈现当代中国作家的优秀作品；第二,更为重要的是,向海外读者展示一个友好、包容、积极向上、快速发展的中国。

---

　　① 李明刚《人情之暖与救赎之力——谈乔叶的〈取暖〉》,载《名作欣赏》2013 年第 3 期。
　　② 万戴《走进文学之窗里的中国风景——访墨西哥汉学家、翻译家莉莉亚娜·阿索夫斯卡教授》,载中国社会科学网（http：//news.cssn.cn/zx/bwyc/201908/t20190815_4957560.shtml）,2019-08-15。
　　③ 万戴《走进文学之窗里的中国风景——访墨西哥汉学家、翻译家莉莉亚娜·阿索夫斯卡教授》,载中国社会科学网（http：//news.cssn.cn/zx/bwyc/201908/t20190815_ 4957560.shtml）,2019-08-15。

## 三、赓续：培养青年学者的成熟汉学家

莉亚娜对中国现当代文学的翻译极大促进了中国文化在拉美的传播。除了译介和传播的工作，莉亚娜还注重对青年学者的培养。在这个阶段，莉亚娜成长为拉美地区乃至全球汉学家的典型代表。莉亚娜在墨西哥学院亚洲与非洲研究中心，组建了专攻中国现当代文学研究和语言教学的团队，培养了大批汉语言文学学者。莉亚娜指导硕士生马西亚斯[①]开展关于现代汉语体貌标记"了"的研究，认为，由于汉语缺乏表示时态、人称、一致关系和体貌的标记词，所以小品词"了"作为后缀还有其他表情达意的功能。除了表示完成体，莉亚娜认为，"了"既要考虑句法地位，还要充分考虑在实际语言运用中的功能，她们创造性地把这一研究发现与实证的研究方法相结合，证明了句末小品词"了"在实际语言语用中存现与否的使用限制条件。

莉亚娜在汉语教学方面倾注心血之作《实用汉语语法》在西班牙语世界颇受关注[②]。评论家潘莲丹认为该书是墨西哥现代汉语语法最好的教程。这是一部不可多得的针对西班牙母语者使用的语法教程。该书的内容和结构设计对读者都非常友好，"例子比解释更有价值"[③]，内容按难度递进，书后附有教学光盘。该书不讲复杂的理论概念，侧重在真实语言环境中的具体使用，贯彻了"易学易教易操练，乐学乐教乐上手"的理念。

莉亚娜还致力于青年汉学家的培养和指导。她的硕士生罗德里格斯[④]对中国现当代重要作家进行研究，以余华的两个短篇小说《十八岁出门远行》和《四月三日事件》为例，探讨了语言的不确定性问题。所谓不确定的语言，并不是面对世界的无可奈何，也不是不知所措之后的含糊其辞，事实上它是为了寻求最为真实可信的表达。因为世界并非一目了然，面对事物的纷繁复杂，

---

① Estefany Macías, An Álisis De La Partícula 了 Le En Chino Modern, El Colegio De México. 2017. Retrieved April 3, 2022, from https://repositorio.colmex.mx/concern/theses/cj82k771x.

② LiljanaArsovska., *Gramáticapráctica del chino*, México D. F. El Colegio de México. 2010.

③ Pan, Lien-Tan, "2011 XLVI (2)", *Estudios De Asia Y África*, no. 3 (2011), pp. 751-754.

④ Pablo Rodríguez Durán, Lenguajeindeterminado e individuo. Traducción de dos cuentos de Yu Hua, El Colegio de México, 2015. Retrieved April 3, 2022, from https://repositorio.colmex.mx/concern/theses/8g84mm51x.

不确定性的语言更符合社会现实。为了表达的真实，语言只能突破常规，寻求一种能够同时呈现多种可能和多个层面的表达方式，并且有可能在必要时候，需要在语法上呈现并置、错位、颠倒等表达方式。比如，杜甫《秋兴八首》中的"香稻啄余鹦鹉粒，碧梧栖老凤凰枝"，如果按照常规语序"鹦鹉啄余下的香稻粒，凤凰栖息于泛着青色的梧桐树"，就毫无语言的美感可言了。所以，语言的不确定性表达本质上是为了语言表达的更加贴切优美。如今，罗德里格斯已经成长为拉丁美洲青年汉学家中重要的一员，翻译出版了陈鹏《加缪之死》、欧阳江河《蝴蝶》等作品。

莉亚娜培养了许多优秀青年汉学家。拉嫡娜（Radina Dimitrova）就是其中之一，她是墨西哥国立自治大学语言与翻译学院副教授，曾翻译蒲松龄、冯梦龙等古代文学家经典著作，也译过莫言、贾平凹等当代作家的作品，诗集《灰光灯》《诗人的工作》，参与翻译《海上的霞光》《中国当代诗选》《中国当代中篇小说集》等①。拉嫡娜沿袭莉亚娜的翻译思想，也秉持"好好使用语言，使用好语言"的语言观，但与莉亚娜不同的是，她更关注语言的忠实性，认为翻译应该是"透明的"，读者和作品直接对话，最好不要感受到译者的存在。所以拉嫡娜在翻译时以诚实、直接的方式表达作家在作品中的情感，更多采用异化的翻译策略，所以拉嫡娜的翻译思想用墨西哥谚语来说就是"不要把自己的勺子放在别人的碗里"②。

除了罗德里格斯、拉嫡娜之外，莉亚娜还培养了新生代青年译者，比如巴勃罗·哈乌雷吉（Juan Pablo Jauregui）、罗杜安（Antonio Rodriguez Duran）等，他们开始在译介中国当代文学作品领域崭露头角。

## 结　语

在莉亚娜看来，中国文学在世界文学体系中具有独一无二的价值。中国文学根植于当时中国的社会现实的背景，充分考虑社会结构和人性思考，所以莉亚娜在选择翻译中国优秀作家作品时，并不是单纯考虑作者的名气和文

---

① 刘旭霞《走在中国文化传播之路上》，载《人民日报》2020-07-19.
② 王立倩《透明的翻译》，载中国文化译研网（http://www.cctss.org/search?keywords=%E6%B1%89%E5%AD%A6%E5%AE%B6%E8%AF%B4&page=3），2021-12-29.

学地位，而是依靠作品所体现的不同区域、不同时代和不同社会背景下所渗透出的人文关怀和人性思考。莉亚娜认为，通过代表不同区域、不同时代的文学作品的译介，可以将现实的中国更好地展现给拉美读者。

综合来看，莉亚娜认为，无论从哪个角度、技术还是文学潮流，中国作家的根本任务都是反映发生在这片土地上的风土人情和现实故事。这些文学作品反映着中国人日常生活的社会百态。所有这一切都把中国当代文学变成了一个取之不尽用之不竭的信息宝库。汉学家的任务就是让优秀的中国传统文化和瑰丽的中国文学为更多海外读者所了解。

从这个意义上说，莉亚娜完成了从纯粹的热爱中国文化的学习者到优秀的译者，再到成熟的汉学家的成长。这一治学之路的嬗变与中国社会的发展同频共振，是拉美地区乃至全球范围汉学家成长历程的缩影。

孙洪波　菏泽学院外国语学院副教授
孙新堂　北京语言大学西方语言文化学院讲师、阿根廷国会大学教授

・日本汉学（中国学）研究・

# 从学风到学派
## ——朱舜水对近世日本汉学的传播与影响*

唐季冲

**摘　要**：明清之际，东渡遗民朱舜水兴水户之学风，启修史之气运，对近世日本汉学传播及汉学学派重组做出了自己的贡献。舜水通过提倡实理实学、兴贤育才，培育了一大批谙于汉学的人才，并从史以明理的角度出发，协助水户藩主德川光国修史，促进汉学在日本广泛传播。后又重组近世日本汉学学派。在舜水思想氤氲下，汉学成为近世日本多元文化重要组成部分。从重振学风到重组学派，舜水成为近世日本汉学传播的引领者，极大地推动了日本物质文明和精神文化的发展。同时，舜水以实际行动谱写中日两国人民友好的历史。

**关键词**：学风　学派　朱舜水　汉学　传播

朱舜水（1600—1682），名之瑜，字楚屿，又字鲁屿，号舜水，浙江绍兴府余姚县贡生，日本称曰舜水先生。清初，舜水为抗清复明向日本乞师，失败后定居日本，讲学二十余年，以传播中国汉学为职志，深受日本水户藩主德川光国的尊礼。卒后，光国为其墓题：明征君子朱子墓。《明遗民所知录传十七・朱之瑜》称他："为建学，设四科，阐良知之教，日本于是始有学，国人称为朱夫子。"[①] 梁启超将他与黄宗羲、顾炎武、王夫之、颜元同列为"清初五大思想家"，在《中国近三百年学术史》中说："舜水以极光明俊伟的人

---

\* 本文为国家社会科学基金重大项目"明清民国歌谣整理与研究及电子文献库建设"阶段性成果，批准号15ZDB078。

① （清）邵延采《思复堂文集》第137页，浙江古籍出版社，1987年。

格，极平实淹贯的学问，极纯挚和蔼的感情，给日本全国人以莫大的感化。德川二百年，日本整个变成儒教的国民，最大的动力实在舜水。"[1] 在日本讲学的二十多年，舜水兴水户之学风，启修史之气运，对近世日本汉学学派重组及汉学传播做出了杰出贡献，给日本精神文化以巨大的影响。

## 一、开物成务，经邦弘化——反玄虚之学风

儒家文化历来居日本文化次要地位，唐代，日本受中国文化最深，日本遣唐使中有许多学生、学僧来唐留学，他们如饥似渴地汲取中国文化。因为唐时佛教流行，儒学衰微，所以他们学去的主要是佛学。与此同时，中国高僧也东渡日本弘扬佛法，日本最高统治者锐意弘扬佛法，在统治者荫庇下，佛教在日本文化中占据重要地位。日本奈良至平安时代，佛教和儒学同时兴盛于日本。待宋明儒学复兴之时，日本进口大量的儒学书籍和佛教经书等典籍，然而儒家思想的传播和宣传由僧侣们进行，所以他们从禅学视角来理解宋明儒学，流于空谈而不切用。至日本镰仓时代，武家掌握政权，儒学走向衰微，达到日本佛教史的最高峰。

进入江户时代，水户藩主德川光国受儒学启发，光国以朱子学的"仁义礼节之道"和"人伦大义"为准则来衡量佛教和神道。光国主张神道、佛教各行其道，不得与其他文化混搅在一起，从而确保了神佛信仰的纯正，也保护了具有历史渊源的正统大寺院。光国的想法在《水户义公传记逸话集·玄桐笔记》中有所表述：

> 曾受教诲，神道乃神道，佛道乃佛道，修验乃修验，各自专行其道，不得与他者混搅一起。佛教亦同，渗入各自宗派之他宗要旨，造成混乱令人厌恶。[2]

朱舜水1659年来到日本后，见到儒学被僧侣随意解释，他深深感受到佛教在日本势力的强大："况不佞儒而日本遍地皆佛，嘘佛之气，足以飘我；濡

---

[1] 梁启超《中国近三百年学术史》第83页，江西教育出版社，2017年。
[2] ［日］井上玄桐《玄桐笔记》，载《水户义公传记逸话集》第58页，吉川弘文馆，1978年。

佛之沫，足以溺我。孰有誉之者哉？不望其誉之也，谁复有谅之哉？"① 看到佛教主导下的玄虚之风盛行，朱舜水反对佛释的思想更强烈了，他指出佛教根本不可与圣人之道相比："荒唐迷谬之谈，学士大夫安敢出诸口？尔之号向谓普贤，何如我尧、舜之道可法而可传？"② 欲振兴圣人之道，必须坚决反对佛学。江户时代后期，德川幕府以文治国，排佛兴儒，将儒学定为官学，由此儒学开始复苏，逐渐进入全盛时期。

1665 年，德川光国聘请朱舜水作为自己的汉学教员，待先生以宾师，也圆了先生后半生在日本发扬汉学，倡导大同理念的心愿。光国欲振兴藩政，首先想到的是以儒教思想来教化群臣。而此时，舜水从明亡的惨痛教训中总结出救国救民、复兴民族的真理实学。"中国大乱，至道晦蚀已久，即贵国亦在勾萌初动之时。足下但当与二三贤智嘘息而滋培之，自然发生荣茂，慎勿以斧斤剥橾之也。"③ 舜水认为在日本大兴圣人之道，正当其时，舜水想法与光国之意吻合。然而要兴圣教的"至道"，舜水认为贵在身体力行，提出于身体力行中学习成性的后天实践论。舜水向日本人传授他知道的所有中国学问，不仅包括儒学，也有文学、地理、科举等方面知识，甚至包括了建筑、礼仪、裁缝等杂学知识。弟子安积觉对舜水亲自设计大成殿、尊经阁、学舍等事情作了特别的记载：

> 舜水不仅为学术大师，同时娴习艺事。他允日本门人之请，将中国的工程设计、农艺知识、衣冠制裁以及书版枣式分别绘图制型，度量分寸缜密无间地向他们传授。并为德川光国仿中国湖山景色，设计了建在江户的后乐园。汤岛的"圣堂"，亦系按舜水所作《学宫图说》监造而成。④

他传授的"学问之方，简牍之式，科举之制，用字之法"⑤，使人们"皆与有闻"。舜水把民生日用当作自己做学问的目的和处事责任，用心于民生日用，使百姓生活安定祥和。他的学生在《朱舜水先生文集·后序》中概括为："盖先生天资豪迈，不以循行数墨为学，而以开物成务，经邦弘化为实；大而

---

① （明）朱之瑜《舜水先生文集》第 8 卷第 83 页，日本国立国会图书馆，日本正德二年刻本。
② 《舜水先生文集》第 18 卷第 196 页。
③ 《舜水先生文集》第 78 卷第 69 页。
④ 上海文献丛书编辑委员会《朱氏舜水谈绮》第 2—3 页，华东师范大学出版社，1988 年。
⑤ （明）朱舜水著，朱谦之整理《朱舜水集·附录一》第 624 页，中华书局，1981 年。

礼乐刑政之详，小而制度文物之备，靡不讲究淹贯。……其所雅言，不离乎民生日用彝伦之间。"① 这些与庶民日常生活息息相关的实学，就是一种"开物成务，经邦弘化"，反对玄虚之风的学问。江户时代，德川幕府推行文治主义，定朱子学为官方正学，希望通过文治加强中央集权。然而，舜水经世致用的实学高出于程朱陆王倡导的唯心主义"理学"和"心学"的理论思维，他特别指斥宋明道学即"程朱理学"和"陆王心学"，空谈心性义理，远离经世致用，造成祸国殃民之大害：

> 朱陆之徒，遂尔互相抵牾，凡此皆实理实学，与浮夸虚伪，岂不风马牛不相及乎？浮夸虚伪，以文其奸，以售其术，此小人无行之尤者，而谓君子为之乎？……痛愤明室道学之祸，丧败国家，委铜驼与荆棘，沦神器于犬羊，无限低徊感慨故耳。②

朱舜水对宋明理学的弊端说得很直率，批评得也很尖锐。实际上，宋明理学以程朱陆王为代表，程朱提倡越训诂、寻义理，而王学兴起时，阳明仍以玄谈性命义理为高明，以当下良知补抽象天理之弊。于是到了明清之际，学者不满程朱陆王而溯源于孔孟，以经世致用作为学术的根本宗旨，形成实理实学思潮。

舜水思想的渊源是先秦的原始儒学，在政治上以复古为维新，在学术上以孔孟为旨归，要求超越朱王，复归外王经世的儒学正统，强调"儒教得行，其居则安福尊荣，子弟则孝悌忠信，通国之君臣士庶，并受其福；不行则邪道浸透，将来无所底止。"③ 舜水继承和弘扬儒家传统思想的精粹，扬弃虚而又玄的思辨理论，也表现为追求"天地万物一体之仁"的儒家大同思想。这种"大同"的理想社会，初见于《礼记·礼运》，舜水于亡国灭族之际重新提出，并加以新的阐发。但是他知道这一理想在中国无法实行，因而寄希望于日本。舜水在《元旦贺源光国书八首之一》中，就向光国阐述了孔子在《礼记·礼运》中关于"大同"的理想：

---

① （明）朱舜水著，朱谦之整理《朱舜水先生文集·后序》第786页，载《朱舜水集》，附录四序跋，中华书局，1981年。

② 《舜水先生文集》第3卷第31-32页。

③ （明）朱舜水著，朱谦之整理《朱舜水集·书简二》，载《朱舜水集》第5卷第98页，中华书局，1981年。

昔者孔子曰："大道之行也，与三代之英，丘未之逮也，而有志焉。夫大道之行也，天下为公，选贤与能，讲信修睦。故人不独亲其亲，不独子其子；使老有所终，壮有所用，幼有所长。……货恶其弃于地也，不必其藏于己；力恶其不出于身也，不必为继。是故纤愆昼闭，至理聿臻，故外户而不扃，质实而无伪，是谓大同。"夫以禹汤文武周公之治为小康，而以此为大同，可见雍熙之盛，非有奇谟异术也。瑜居恒读此书，慨然兴叹曰：吾安得身亲见之哉！然而不能也。兹幸际知遇之隆，私计近世中国不能行之，而日本为易。在日本，他人或不能行之，而上公为易。惟在勃然奋励，实实举而措之耳。①

尧、舜、禹的时代是"天下为公，选贤与能，讲信修睦"②的时代，那时人们没有私心，没有尔虞我诈，称为大同世界。在这世界，人人诚实而不虚伪，统治者遵从礼制仁义来治理天下。后来，德川光国撰写《大日本史》，其"忠君爱国，尊王一统"的思想影响了幕末维新运动，即明治维新，使日本进入现代化征程。这诚如梁启超所云："舜水之学不行于中国，是中国的不幸，然而行于日本，也算人类之幸了。"③ 明清之际实理实学思潮表现了对于宋明学术的整体超越，追求复古主义，回到原始儒学中去。舜水倡导"开物成务，经邦弘化"的实理，也是对陈亮、叶适、东林党、复社、几社的经世致用实学精神的继承与发扬。

## 二、敬教劝学，兴贤育才——大兴师道之学风

江户时代，日本文人对汉字、儒学等汉学文化学习表现出无与伦比的虔诚。然而，在舜水看来，当时日本儒风日盛流行于形式，日本的真实社会却远非如此："贵国山川人物之秀美，幅员之广远，物产之丰盛，自敝邑而外，诚未有与之匹休，唯是文教不足，实为万代之可惜。……近代儒风日盛，敢问学行兼优者几何人？文章冠代者几何人？"④ 日本国虽然儒风盛行，投入的

---

① 《舜水先生文集》第 4 卷第 33 页。
② 《舜水先生文集》第 4 卷第 33 页。
③ 《中国近三百年学术史》第 85 页。
④ 《舜水先生文集》第 23 卷第 245 页。

教育却不足，如此以往，品学兼优者能有多少人呢？那么，如何才能使儒风得到真正的盛行呢？于是，舜水提出"敬教劝学，兴贤育才"，大兴师道的主张。舜水对弟子安东守约说："谓贵国重武不爱读书者，妄也。若使贤契读书修德，内以显父母之荣，上以酬君相之志，岂非大丈夫事哉？"① 如果能培育人才，使贤才静心读书，修身养性，这样国家兴盛便指日可望了。

1664年，藩士小宅生顺受德川光国之命到长崎拜访舜水，小宅在长崎滞留了三个月之久，其间与舜水彼此间登门互访，信函往来。小宅向舜水说明光国为兴国学，急欲创办学校的想法，敦促舜水早日东游。"拙作《拟兴国学书》，先生已见之。若夫幸其书有称寡君之旨，而国学之制施行，则施教之师想乏其人，仆得便宜，则欲荐先生当今教授之师，其禄足养七八口。万一有招，则可有东游否？"② 舜水答曰："兴国学事是国家大典，而在贵国为更重，仆深有望于贵国，但以仆之才德菲薄，何遽足为贵国庠序之师。至若招仆，仆不论禄而论礼，恐今日未易轻言也，惟看贵国主尊意何如耳。贵国主读书好礼，雅意欲兴圣人之学，必有非常之识，亦非今日可遥度也。"③ 舜水认为以当时日本的政教情况，可以有所作为，只是希望日本能早日建学，兴师道之学风。舜水想法与光国所想不谋而合，凡贤明之君治世，必兴教致学。舜水在《安东守约书三十首之十四》中以中国为例，说明圣教不兴，国家沦亡的道理："近者，中国之所以亡，亡于圣教之隳废，圣教隳废则奔竞功利之路开，而礼义廉耻之风息。欲不亡得乎？知中国之所以亡，则知圣教之所以兴矣。"④ 凸显了兴教治学的重要性。最终舜水被光国的热忱打动，而下了应聘的决心。该如何兴教治学？首先，必须建立学校，"庠序学校诚为天下国家之命脉，不可一日废也"⑤。日本自古以来就有尊孔传统，1673年，德川光国决定在水户建孔子堂，以倡导兴教办学，舜水也尊崇孔子，曾写赞语来宣扬孔子之道：

> 仲尼之道，大则则天，明则并日。有心以援溺，无位而忧时。……然在中国，帝王之治或有盛衰，则仲尼之道固有明晦。况在日本，国小而法

---

① 《舜水先生文集》第7卷第71页。
② （明）朱舜水著，朱谦之整理《朱舜水集》第11卷第411页，中华书局，1981年。
③ 《朱舜水集·附录一》第11卷第411页。
④ 《舜水先生文集》第7卷第74页。
⑤ 《舜水先生文集》第14卷第156页。

立，气果而轻生，结绳可理，画地可牢，前乎此，未闻有孔子之教也。故好礼仪而未知礼仪之本，重廉耻而不循廉耻之初。一旦有人焉，以孔子之道教之，行且民皆尧舜，比屋可封，宁止八条之教朝鲜而已哉！①

倘若孔子之道行于日本，则民风更加淳朴，经邦弘化的人才层出不穷。当然对待孔子时应"传圣人者，要在传其诚与明，不在传其音与声；求圣人者，但当求之学与教，不当求之笑与貌"②。舜水在德川光国邀请下，设计水户学宫，制作《学宫图说》，亲自现场指导营造。在舜水积极配合下，汉学在日本日益兴盛起来。其次，必须大兴师道之风。舜水特别重视学术与师道，认为凡君、父、师三者同尊同敬。在《天地君亲师》中引经据典，盛赞师道：

《礼》曰："事师无犯无隐，左右就养无方，服勤至死，心丧三年。"师之道不綦重哉？虽然，"乾称父，坤称母"，共道何以承父子之道性也，君之义也，其道何以明？记曰"父生之，师教之，君令之，道等于所生，其必有以矣。"立身行道，扬名后世，君有籍乎师也，乌而不重哉？③

只有尊师重道之人，方可扬名后世，如果不尊师哪有兴道之说？为了倡明学术，舜水认为为师者当以"学高为师，身正为范"，作为弟子们的表率，而弟子们对师者必须尊敬。舜水言行一致，他对友人及门生来访问学以礼迎接，"文恭喜宾客，不择贵贱，非有疾病事故，未尝不应接。飨客随家有无，必竭其诚。……若巨儒硕士来访，论道谈文，则自日午至夜半。觉等惟思困睡，而文恭未尝厌倦也"④。舜水传道授业不仅仅通过讲学，更多的是与光国、弟子、学者会晤、通信交流来实现。由第二代藩主德川纲条校注的《朱舜水先生文集》中，共收入了舜水给光国的信函约八十件，其中讲授儒家学问的书信占了绝大多数。日本学者稻叶君山编撰的《朱舜水全集》中，收录了舜水与弟子安东守约之间的笔语问答、书信等多达五十五首，有"问愿闻师教

---

① 《舜水先生文集》第 17 卷第 188 页。
② 《朱舜水集》第 25 卷第 280 页。
③ 《舜水先生文集》第 13 卷第 312 页。
④ （明）朱舜水著，朱谦之整理《朱文恭遗事》，载《朱舜水集》，附录一传记，第 625 页，中华书局，1981 年。

弟子之法及弟子事师之礼"①，"问大明光禄大夫，当汉唐何官"②，"问殿下之称如何"③，"问唐诗李杜为最，未知二公有优劣否"④，"问饮酒馈食，主人先饮先尝，未知合于礼否"⑤，"问六朝唐宋文字如何分别"⑥，"问易系辞注匡郭二字，其义如何"⑦，"问伊川先生治丧不用浮屠法，今中国能遵行否"⑧，问先生是"朱氏文公之裔否"⑨等问题。《朱舜水集》所收书、简大卷之中，有五卷是与弟子及日本友人的书信往来。

再者，朱舜水认为"道之至极者不在生之安行，而偏在于学知利行"⑩。即通过后天学习和个人主观努力才能获得知识，而不是靠先天所知。为此，舜水要求学生做到三点。其一：立志笃学。学问做得好不好，立志非常重要。舜水对为学与立志的关系谈得尤为切实："为学非难，立志为难。志既坚定，则寒暑晦明，贫富夷险，升沉通塞均不足以夺之矣。如此而学有不成者乎……然不自满之念，真善为学也，善立志也。"⑪ 只有立志难，没有为学难，志既立，学则有成，志不立，则学无成。其二：惜时勤学。不读书者，囿于庶务，终日忙碌无所为，而善读书者，即使凿壁借光，也会手不释卷。例如，他要求弟子安积觉每天把学习情况记录在一个手册上，一日不可松懈，这本手册便是日后传为佳话的《逐日功课自实簿》。舜水在《题安积觉逐日功课自实簿》中写道：

> 学者用功，须是渐进而不已，日计则不足，岁计则有余，若一曝十寒，进锐退速，皆非学也。……今为尔严立课程，自非疾病及不得已礼际应酬之外，须逐日登记，朔望则温习前书，必令成诵。若其中无故旷

---

① 《舜水先生文集》第22卷第238页。
② 《舜水先生文集》第22卷第241页。
③ 《舜水先生文集》第22卷第241页。
④ 《舜水先生文集》第22卷第242页。
⑤ 《舜水先生文集》第22卷第242页。
⑥ 《舜水先生文集》第22卷第242页。
⑦ 《舜水先生文集》第22卷第243页。
⑧ 《舜水先生文集》第22卷第244页。
⑨ 《舜水先生文集》第22卷第241页。
⑩ 李苏平《朱舜水》第23页，陕西师范大学出版社，2017年。
⑪ 《舜水先生文集》第3卷第29页。

废,亦于朔望之次日,稽考笞责,名曰《逐日功课自实簿》。每晚送簿填注,毋违毋怠!①

舜水认为学有所长,并非一日而成,须久久为之、循序渐进,除非患病或应酬,不可一日不登记,一日不学习。其三:严谨治学。他要求弟子认真对待治学一事,不能有丝毫马虎。当时,在去日本的中国人当中,有一些是饱学之士,他们引用的事例或注释常出现弊端,其例不胜枚举。因此,舜水告诫弟子做学问、求证古书注释时,不能无条件地盲从,需仔细辨别用字、内容,不迷信名人或权威本。舜水为弟子传授汉学知识,培养了一大批汉学人才,使得日本近世的汉学教育得到不断加强,兹将舜水主要弟子及其著作情况列表如下(见表1)。舜水对日本教育事业做出的贡献,当代日本著名学者木宫泰彦在《日中文化交流史》中给予高度赞扬,他说:

> 近世以来,给我国精神文化带来最重要影响的,就是明朝的遗臣朱舜水……他被聘为德川光国的实师,由此兴水户之学风,启修史之气运,并亲自示范修筑圣堂;以木下顺庵、林凤岗、山鹿素行等为代表的当代学者,直接或间接地受到了他的感化,对我儒教界的影响甚为重大。②

木宫泰彦所言,正是舜水精神的真实写照。

表1 朱舜水主要弟子及其著作一览表

| 姓名 | 字 | 号 | 出生地 | 著 作 |
|---|---|---|---|---|
| 德川光国 | 子龙 | 日新斋 | 水户 | 《大日本史》《礼仪类典》《保元物语》《平治物语》《元平盛衰记》《太平记》《集成》《万叶》《花押薮》《草露贯珠》《水府系纂》《常陆国志》《洪武聚分韵》《咏草》5卷、《常山文集》20卷 |

① 《舜水先生文集》第22卷第230页。
② [日]木宫泰彦《日中文化交流史》第714页,富山房,1987年。

续表

| 姓名 | 字 | 号 | 出生地 | 著　作 |
|---|---|---|---|---|
| 小宅生顺 | 安之 | 处斋 | 水户 | 《西游手录》 |
| 木下贞干 | 直夫 | 顺庵 | 京都 | 《太平赋》《班荆集》2卷、《锦里文集》13卷 |
| 伊藤维桢 | 原佐 | 仁斋 | 京都 | 《论语古义》《孟子古义》《语孟字义》《古学先生文集》《太极论》《性善论》《心学原论》 |
| 山鹿素行 | 子敬 | 因山 | 陆奥 | 《圣教要录》《三卷》《四书句读》《七书谚解》《武类全书》《武教本论》《武教小学》《武教要录》《武事记》《武教余录》《治教余录》《治平要录》《手教余录》《备教要录》《百结字类》《当用集》《雄备集》 |
| 安东守约 | 鲁默 | 省菴 | 柳川 | 《省庵文集》《耻斋漫录》《立花战功录》《日本史略》《幼学类编》《理学抄要》《历代帝王图》《增尾春荣传》《三忠传》《霞池省庵手简》《心丧集语》、诗集《瓮绳》《初学心法》 |
| 安积觉 | 子先 | 澹泊斋 | 水户 | 《澹泊斋文稿》《西山遗事》1卷、《湖亭涉笔》4卷、《大日本史论赞》10卷、《烈祖成绩》20卷、 |
| 人见一 | 道生 | 林塘 | 京都 | 《林塘集》《五经童子问》《庄子栈航》 |
| 辻达 | 思聪 | 端亭 | 京都 | 《诸家系图传·平氏谱》 |
| 人见传 | 子传 | 懋斋 | 京都 | 《井井堂稿》 |
| 吉弘元常 | 子常 | 磬斋 | 周防 | 《南行杂录》 |
| 藤咲仙潭 | 仙潭 | 叔通 | 江户 | 《仙潭笔记》《大日本史引书通考》等 |
| 五十川刚伯 | 济之 | 鹤皋 | 京都 | 《学聚文辨》《助语集要》《诗范》 |
| 前田纲纪 | 松云 | 梅墩 | 加贺 | 《桑华字苑》《梅墩集》 |
| 奥村庸礼 | 师俭 | 蒙窝 | 加贺 | 《读书拔尤录》2卷 |

续表

| 姓名 | 字 | 号 | 出生地 | 著作 |
|---|---|---|---|---|
| 新井白石 | 君美 | 白石 | 江户 | 《西洋纪闻》《采览异言》《东雅》《鬼神论》《白石先生手翰》《国语辞典》《古史通》《古史通或问》《读史余论》《藩翰谱》《史疑》《虾夷志》《南岛志》《白石诗草》《折薪记》《新井白石日记》《新井白石全集》6卷、《东雅》20卷 |
| 荻生徂徕 | 茂卿 | 蘐园 | 江户 | 《〈论语〉征》《〈大学〉解》《〈中庸〉解》《牟道》《牟名》《学则》《政谈》《太平集》《徂徕集》《学则》《政谈》等 |
| 五十川刚伯 | 济之 | 鹤皋 | 京都 | 《学聚文辨》《助语集要》《诗范》 |
| 奥村德辉 | 浚明 | 個宇 | 加贺 | |
| 秋山久积 | 孟庆 | 八兵卫 | 水户 | |
| 今井弘济 | 将兴 | 鲁斋 | 水户 | |
| 田犀 | 一角 | 避尘斋 | 京都 | |
| 中村顾言 | | 玄贞 | 京都 | |
| 大串雪澜 | | 元善 | 京都 | |
| 人见竹洞 | | 友元 | 京都 | |
| 林春信 | | 勉亭 | 江户 | |
| 下川三省 | | 宗鲁 | 加贺 | |
| 服部其衷 | | 新介 | 加贺 | |

(此表根据《朱舜水集》《水户市史》《大日本人名辞典》编成)

## 三、忠君爱国，尊王攘夷——重史尚史之学风

除了倡导经世致用之实学，大兴师道之学风，舜水认为研究历史是最好的方法，只有通过研究国家兴亡得失的历史，才能复兴汉学，重振日本尊史重史之学风。德川光国18岁时，读了《伯夷列传》后，便萌发了修史志向。

据菊池谦二郎《幽谷全集·修史始末》记载:"是岁,公适读《史记·伯夷传》,蹶然慕其高义,抚卷叹曰:'不有载籍,虞、夏之文,不可得而见,不由史笔,何以俾后人之有所观感。'于是慨焉,始有修史之大志。"① 光国于 1657 年设立彰考馆,开始编纂《大日本史》。之际,大批中国儒者文人为逃避明末动乱而流亡日本,部分明朝遗臣为反清复明,前往日本乞师。所以光国为修日本的"史记",不仅网罗了大批日本国内顶尖学者,如小宅处斋、佐佐十竹、道端亭、田中止丘、冈部四山、吉弘菊潭等人,也把目光投向了前往日本的中国学者身上,朱舜水便是光国聘请的修史顾问。舜水鼓励光国修史,曾上书光国:

> 值王朝聘问之日,适当敕使旅见之时。百执已夙戒于阶墀,主君宜寅清而晋接。大抵意必移于尊重,而乃神专属于卑微。在昔方策夸谈,雅意疑多溢美;于今恭逢圣典,始知未尽铺张。勒之丹衷,佩殉百骨;藏诸箧笥,流贻子孙。犹祈宣附史官,昭明弈世;尚当播扬舆诵,作则遐方。②

希望光国修史,将美德流传于后世,受万代敬仰。在组建修史队伍的同时,光国还从收集古书入手,对必须采用的史料亲自写信画押向各方求助,并派侍臣前往抄录。受光国派遣,史馆馆员不顾艰辛和疲劳,分期分批前往关西收集、抄写史料。家臣井上玄桐写的《玄桐笔记》中记述了当时光国修史志向:

> 常言室都大阪治学,珍书不出门外,是因破损者有之,火焚化为乌有者之,上代遗事及古贤懿迹无以传于后世皆是故也。我志在继往开来,尽力于布广,即便有灾变,若藏置于关东、关西两地,一方必可传之,故诸家翼望于御所,勿秘借,许可借之。③

---

① [日] 菊池谦二郎《幽谷全集·修史始末》第 98 页,康文社,1935 年。
② 《舜水先生文集》第 9 卷第 94—95 页。
③ [日] 井上玄桐《玄桐笔记》第 55 页,载《水户义公传记逸话集》。

光国恳请各地藏书者给予协作。光国所修《大日本史》沿袭"班马之遗风",模仿纪传体史书的体例,并以《古事记》《日本书纪》《日本纪》《续日本纪》的记述为本。在日本,光国开了纪传体修史的先河,因为奈良、平安时代六部官修国史皆为编年史。1720年,正德本的《大日本史》完成了七十三卷本纪,一百七十卷列传。而《大日本史》的续编,一直延续到1906年才脱稿,也就是说完整的本朝史记,即《大日本史》才全部完成,分为本纪(七十三卷),列传(一百七十卷),志(一百二十六卷),表(二十八卷),共计三百九十七卷,前后历时二百三十四年。《大日本史》编撰有三大特笔:即神功皇后不入本纪而收入后妃传,承认天智天皇之子大友皇子即位和主张南朝正统论。日本学者板仓胜明对光国修史经过及《大日本史》的特点有过评述:"国家文明,生若义公,以有为之才,举旷世之典,聘舜水朱之瑜,讲《春秋》之大义。就僧契冲发明古语之难析,史馆诸人,亦极一时之选。列神功于后妃,揭大友于帝纪,以南朝为正统,盖公之义例,可为万世之史法。"①

舜水很重视历史的研究,他极其强调"读史之有益于治理",鉴于历史,才有资于治道。他这种史以明理的史学观与以黄宗羲、万斯同、全祖望、章学诚为代表的"清代浙东学派"治史精神完全一致。清代"浙东学派"宗祖黄宗羲从"经世致用"的实学原则出发,选择了一条"不仕"而专事治史的道路,从而开创了著名的"浙东学派"。他编撰了《明儒学案》以及一部分《宋元学案》,"分其宗旨,别其流派"②,另外,从史学角度编成了二百二十七卷的《明文案》和四百八十二卷的《明文海》。无论治史还是著书,黄宗羲都能兼取朱陆所长,兼蓄汉宋之精华。虽然黄宗羲师从明代心学殿军刘宗周,但他能指斥"理"的玄虚性和"心"的空疏性,对程朱学派加以公允的批评。全祖望说他将张载的礼教思想、邵雍的象数思想、吕祖谦的文献、薛季宣的经术、叶适的文章,"莫不旁推交通,连珠合璧,自来儒林所未有也"③,是坚守所学而兼取诸家所长的代表人物。万斯同又胜过其师黄宗羲,他替黄宗羲续《宋元学案》,对各家各派都能平等看待。章学诚则更进一步,在清代汉学极盛之时,独主史学之说,得出"六经皆史""六经皆器"等观

---

① 朱谦之《日本的朱子学》第383页,生活·读书·新知三联书店,1958年。
② (清) 黄宗羲《南雷文定五集》第1卷第4页,清程志隆刻本。
③ (清) 李祖陶《国朝文录》,载《鲒埼亭集文录》第2卷第675页,清道光十九年瑞州府凤仪书院刻本。

点。章学诚这些思想与朱舜水"得之史而求之经,亦下学而上达耳"① 的历史观有机地联系着。另外,"浙东学派"在治史态度和方法上,坚持不主门户的持平观点,与朱舜水兼众家之长、收先儒之纯、并朱陆之精、蓄汉宋之美的观点非常相似。

德川光国编纂《大日本史》的目的在于梳理史实,明晰君臣之分。他依照朱子《通鉴纲目》的体例,正润皇统、褒贬人臣,对幕末藩主隐然加以针砭。所以,"忠君爱国,尊王攘夷"成了《大日本史》编纂的指导思想。在儒学尊王思想的影响下,光国斥霸道、尊王道,强调幕府尊王是国定民安的基础。这种"尊王攘夷"的思想逐步发展成为日本统一运动,影响深远。到1868 年,明治天皇下令"奉还版籍",1871 年,又下令"废藩置县",兴起日本历史上著名的明治维新运动,使日本进入近代化强国序列。光国因治史之功在维新后得到极大的推崇:"明治二年十二月诏,以光国方兵革始息,文教未兴,倡尊王,正名分,尽心修史,以兴千古之废典,特追赏之,赠从一位。三十三年十一月,复追赠之,叙升正一位。明治十五年二月,立常盘神社以祀其灵。"② 当然,这也是水户学派先驱朱舜水对日本社会的贡献之一。梁启超在《中国近三百年学术史》中指出:"五十年前,德川庆喜归政,废藩设县,成明治维新之大业,光国这部书功劳最多,而光国之学全受自舜水。所以舜水不特是德川朝的恩人,也是日本维新致强有力的导师。"③

## 四、百家争鸣,百花齐放——不断更化的日本近世汉学学派

随着尚实、重史、大兴师道学风的盛行,江户早期汉学学派在舜水思想影响下,不断更化。所谓学派,是由一种具有典型意义的学术思想将其成员维系到一起组成的学术流派。④ 日本近世汉学学派主要由朱子学、阳明学、古学和心学四大学派构成,除了"四大学派"之说,也有"汉学八派"之说。关仪一郎和关义直合编的《近世汉学者著述目录大成》中,将汉学分为程朱

---

① 《舜水先生文集》第 8 卷第 87 页。
② 《朱舜水集》第 806 页。
③ 《中国近三百年学术史》第 83 页。
④ 覃启勋《论朱舜水对日本江户时代汉学队伍的重组》,载《武汉交通职业学院学报》2007 年第 4 期。

学、敬义学、阳明学、折中学、考证学、古义学、复古学和古注学八个学派。考虑到近世日本社会发展的需要，舜水将日本近世汉学队伍重新组合，划分汉学诸派，于是形成了以安东守约、木下顺庵、新井白石为代表的"朱子学派"，以山鹿素行、伊藤仁斋、伊藤东涯、荻生徂徕为代表的"古学派"，以德川光国为代表的"水户学派"，以及朱舜水的"舜水学派"。日本"朱子学主气派"发扬了舜水的实理实学思想；"古学派"沿着舜水批评宋明理学的道路，发展了具有无神论思想的朴素唯物主义；"水户学派"则继承发扬了舜水尊史、重史、尚史的史学思想。[①] 江户后期，日本汉学学派形成多种学派，例如以三浦梅园为代表主张日本意识的"独立学派"，石田梅岩的"石门心学"，以及日本的"老庄学学派"，如金兰斋、海保青陵、广濑淡窗等人试图以道家补翼儒学。

（一）日本"朱子学派"

1680年，继任江户幕府第五代将军的德川纲吉，在幕政方面采取了文治主义政策，把朱子学定为官学。开朱子学之初的目的是指导实行，继承并发展舜水实理实学的思想。从地域上划分，德川幕府初期的朱子学有"京师学派""海西学派""海南学派""大阪学派"。从宏观上又可分为两大派系，一为"主气派"，以安东守约、贝原益轩、木下贞干、新井白石等为代表；一为"主理派"，以山崎闇斋为代表。日本"朱子学主气派"着重继承、发展朱舜水的经世致用的思想，由此构成了有别于中国朱子学而别具特色的日本朱子学。[②]

宋代大儒朱熹强调"理"是万物的派生者，是宇宙之根本。他说："天地之间，有理有气。理也者，形而上之道也，生物之本也。气也者，形而下之器也，生物之具也。"[③] 朱熹将"理"视为形而上之道，把"气"视作形而下之器。而安东守约把朱熹"气为理之气"的看法颠倒过来，把"气"或者把"理气合一"视为根本。安东守约接受朱舜水的思想，对朱熹格物致知思想进行批判，从而改造为具有实践经验特征的唯物主义哲学。贝原益轩，主博学、尊知识、倡实行，形成了经世致用的实践精神，与舜水在日本推进实学有着

---

① 张国义《朱谦之学术研究》，华东师范大学博士论文，2004年。
② 李熙文《试论朱舜水与中日文化交流》，延边大学硕士论文，2006年。
③ （宋）朱熹，（清）李光地等奉敕编《渊鉴斋御纂朱子全书》第49卷第969页，清康熙五十三年武英殿刻本。

血缘般的关系。在日本"朱子学主气派"务实风气的氤氲下,涌现出了像新井白石这样著名的经世家,一改日本思想界之学风。

(二) 日本"古学派"

所谓"古学",实际上是一种力求从宋明道学中解放出来,成为新的经世致用的实学。纵观江户汉学学派之流变,"古学派"之兴,可说是日本儒学得以成立的关键。"古学派"学者一般以山鹿素行、伊藤仁斋、荻生徂徕三人为代表,其中山鹿素行发古学派之先声,伊藤仁斋发展之,荻生徂徕贯彻之。古学派三巨儒中与舜水有直接交涉的仅山鹿素行一人,伊藤仁斋是通过安东省庵以尺素传递与舜水有所关联,荻生徂徕则完全以一种间接的方式受到舜水思想影响。在江户前期,"古学派"有两个分支:一是以伊藤仁斋为代表的"古学堀川学派";另一支是以荻生徂徕为代表的"复古学派"。

日本古学派的先驱者是山鹿素行,创始人是伊藤仁斋。伊藤仁斋笃信朱子学,中年以后,由朱子学转变为有鲜明唯物论性质的古学,其主张直接受教于孔孟而探索原典的真谛。所以仁斋视《论语》《孟子》为"本经",《诗》《书》《易》《春秋》为"正经",其余为"杂经"。

荻生徂徕追随伊藤仁斋的唯物主义路线,视程朱理学为异端,主张探究先秦典籍。徂徕自述是读了明末作家李攀龙和王世贞的文字后乃"尽废旧学而治古立辞"。舜水与荻生徂徕一样竭力提倡古文,安积澹泊曾复书答道:"文恭务为古学,不甚尊信宋儒。议论往往有不合者,载在文集可征也。当时童蒙,不能知其所谓古学为何等事,至今为憾。"[1] 他多次教导弟子们"为文务使字字句句俱从经史古文中来,而又不见其痕迹"[2]。从《舜水朱氏谈绮序》中"文恭先生研究古学,观科场为儿戏"[3]、《舜水先生文集》的"先生为古学,观时文为尘饭土羹,况于诗乎"[4]、《朱舜水先生行实》中载录的"初从慈溪李契玄学,及长受业吏部左侍郎朱永佑及东阁大学士吏户工三部尚书张肯堂、礼部尚书吴钟峦研究古学,特明诗书"[5] 之文,可知舜水古学之渊

---

[1] [日] 原念斋《先哲丛谈·安积觉》第 5 卷第 273 页,有朋堂书店,1928 年。
[2]《舜水先生文集》第 5 卷第 50 页。
[3] 朱谦之《朱舜水集》,附录四序跋,794 页,中华书局,1981 年。
[4]《舜水先生文集》第 5 卷第 50 页。
[5] (清) 邵友濂修,孙德祖等纂《光绪余姚县志》第 1214 页,清光绪二十五年刊本。

源来历。1809年，徂徕所著《〈论语〉征》《〈大学〉解》《〈中庸〉解》传入中国，俞樾读《〈论语〉征》后，在其《东瀛诗记》中有一则短评："余尝见其所著《〈论语〉征》一书，议论通达可喜者……余已采取数十条，入《春在堂随笔》矣。"① 李慈铭看了徂徕所著《护园随笔》之后，写道："得子培书，以日本物茂卿所著《护园随笔》五卷送阅，其言颇平实近理，所论阴阳理气，性质教化，六经佛老之旨，皆有特识。"② "议论颇为正大，其论学极取程朱，而力辟其同时人伊仁斋藤。"③ 由此可见荻生徂徕古学功底之深。

（三）日本"水户学派"

1657年，德川光国在江户编撰《大日本史》，标志着"水户学派"的成立。按时代划分"水户学派"可分为水户前期和水户后期两个阶段。前期水户学派以德川光国所设彰考馆为中心，发展了水户史学，代表人物主要有德川光国和安积觉；后期水户学派以德川齐昭所设弘道馆为中心，发展为水户政教学，以会泽正志斋和藤田东湖为代表人物。④ "水户学派"在日本持续了二百年左右。

朱舜水对于日本文化影响重大，主要体现于"水户学"。当初，德川光国探求汉学，聘舜水为宾师，为《大日本史》编撰顾问，舜水由此向光国传授了尊史、重史、尚史的学风。所以最终撰成《大日本史》并建成水户学派，舜水起到了精神导师这一作用。以光国为代表的前期水户学风，归纳起来有三个特点：其一，水户学风的根本是对日本历史有强烈的意识感；其二，宣扬了国体观与尊王思想；其三，启发理论、倡导实践思想。

后期水户学派以会泽正志斋和藤田东湖所著的《新论》《弘道馆记述义》为标志，宣扬"尊王攘夷"的思想，幕府末期"水户学"已被认为是国学，被称为"天朝的正学""天保之学"。幕府末期，随着日本国情发展，产生了"尊王攘夷"的幕末维新运动，也就是明治维新，"水户学派"尊史、重史的思想成为倒幕维新几十年动力，被维新志士推上了上层地位。

---

① （清）俞樾《春在堂全书·东瀛诗记二卷》，清光绪二十五年刻本。
② （清）李慈铭《越缦堂日记本·荀学斋日记》第1119页，广陵书社，2004年。
③ 《越缦堂日记本·荀学斋日记》第1119页。
④ 李甦平《释"舜水学"》，载《杭州师范大学学报》（社会科学版）2009年第4期。

### （四）日本"舜水学派"

"舜水学"的特色是以强调实践为主旨，以批评宋明理学为主脉。"舜水学"最早由王进祥先生在《朱舜水评传》（台湾商务印书馆1976年版）中提出，1993年李甦平先生在由台湾东大图书公司出版的《朱舜水》中做了强调；1996年张立文教授在《论舜水学的思想意蕴——为纪念朱舜水诞辰395周年而作》一文中对舜水学的内涵做了高度的总结："朱舜水思想以'实理'为为学宗旨；以经世济民为实践基础；以感性之德为思想规模；以仁义安民为理想人格；以社会大同为理想目标，构成舜水思想的逻辑结构，为舜水学的内涵主旨。"[1] 浙江省社会科学院钱明先生认为，"舜水学"是朱舜水在与其域外日本学生的讲述、交流、释疑过程中逐渐形成的，而其文字内容被其日本弟子整理出版。[2]

朱舜水上继陈亮、叶适，下启颜元，与黄宗羲、顾炎武、王夫之等共同开创实学新风。然而当初"舜水学"不行于中国而行于日本，其最主要原因在于：中国明清之际，封建专制宗法等级制度及其占统治地位的道学思想体系特别腐朽，加之封建统治者对当时先进人物进行残酷的压制。而在日本，统治者讲究功利，全国上下给"舜水学"以极大的推崇，并努力实践。因此，"舜水学"在日本江户时代，成为具有初期启蒙思潮的先进思潮，在中国，是维新变法的前驱先导思想。

纵观中日文化交流史，自然有人称赞唐代鉴真，但鉴真东渡的文化载体、文化内涵是佛教文化，而朱舜水真正将汉学传播到日本。朱舜水提倡"开物成务，经邦弘化"的实学思想深入日本国民意识，形成了日本民族精神，并见诸社会实践。他在日本从事汉学教育，大兴师道之风，培养了一大批汉学人才，在日本各界发挥着引领作用。德川光国因舜水成就他梦寐以求的以儒家思想为主导的编史事业，而受幕末维新志士所推崇。舜水极大地推动了近世日本物质文明与精神文化的发展，蔚成日本德川二百年盛世之治。梁启超在《饮冰室文萃》中指出："他在日本，前后十几年，人格感化力大，方面又多，可以说自遣唐留学以后，与中国文化真正接触，就是这一回。德川二百

---

[1] 张立文、町田三郎《中日文化交流的伟大使者——朱舜水》第5页，人民出版社，1998年。
[2] 钱明《舜水学的意蕴与近世中日关系的反思》，载《中山大学学报》（社会科学版）2010年第1期。

多年，以文治国，就是继承他的遗绪；……把朱学等由中国传到日本，就是靠他。"① 他又重组日本近世汉学学派，促进汉学在日本广泛传播。舜水作为近世日本汉学传播的引领者，在他的努力下，汉学成为近世日本多元文化的重要组成部分。更重要的是，他以实际行动谱写了中日两国人民友好的历史篇章。

唐季冲　南京师范大学文学院在读博士生

---

① 梁启超《清代学术概论·儒家哲学》第172页，天津古籍出版社，2003年。

# 日本明治时期"汉学"杂志初探

## ——以《大同新报》为中心*

边明江

**摘　要**：刊行于日本明治前期的《大同新报》是典型的"汉学"杂志，其主编加藤樱老与黄遵宪等晚清驻日公使馆成员通过笔谈等方式展开学术上的即时交流，这成为推动日本"汉学"向"中国学"转变的动因之一。通过"汉学"表达出来的所谓"大同"观念是中日学者展开交流的重要基础，然而其中也隐藏着某种"迷雾"，黄遵宪等人未能意识到当时日本"汉学"的兴盛与日本国内反思极端西化而复归传统的思潮密不可分。日本"汉学"在向"中国学"转变的初期就与日本旨在侵略扩张的官方意识形态相关联，《大同新报》的"大同"正是其表现之一。最后，在关于日本"汉学"与"中国学"的研究中，杂志这一文献形态也具有相当的价值，值得学界关注。

**关键词**：《大同新报》　汉学杂志　日本中国学　黄遵宪

在日本传统"汉学"阶段，学者们主要依靠书籍进行研究与教育，而自明治维新以降，日本学者们逐渐不再局限于书页之间，或者亲自踏上中国的土地，或者积极与来自中国的文人学者进行交流，这是推动日本"汉学"向"中国学"发展与转化的重要动力。在此过程中，晚清时代一些"开眼看世界"的外交官、文人或学者曾短暂游历或长期驻留在明治维新后迅速崛起的日本，他们不仅从日本吸取了新知识或新观念，他们与日本学者的交往也成为促进日本中国学发展的关键因素之一。关于这一时期中日文人、学者之间的交往，学界已积累了相当丰富的研究，而就这些研究使用的基本文献类型

---

\* 本文为江苏省社会科学基金课题"日本汉学视域下的日本近现代文学研究"的成果，批准号20WWC004。

而言，似乎以公刊的个人诗文集与游记，或者相关人物的秘藏手稿为主，前者如黎庶昌等人的文集与王韬的《扶桑游记》等，后者则以近年日益受到重视的汉文笔谈文献（如黄遵宪与日本人的笔谈）为代表。除此之外，其他类型的文献似乎相对较少为学者所重视与使用。

笔者以为，日本明治时期的一些"汉学"杂志其实也颇具价值，因为它们多少揭示了当时日本学界或文化界的一些情况，能够丰富我们对于日本"汉学"向"中国学"转变初期某些现象与特点的认识。

笔者所谓"汉学"杂志，主要指明治时期，尤其明治前期刊行的，在创刊宗旨、刊载文章的主题与风格上较为偏向于传统学术（汉学）的杂志。之所以不称为"中国学"杂志，是因为希望将它们与大正至昭和时期的《中国学》（1920—1947）一类的学术刊物进行区分。前者最主要的特点之一在于并不像后者那样多以帝国大学的学术机构为依托，而是大多作为较为松散的"学会"或"社团"的会刊而出版的，而且刊载的文章也较少具有明确的专业化或学科化意识，基本沿袭了江户时代"汉学"或"儒学"的模式与风格。明治时期的"汉学"杂志相对较少，较有代表性的如斯文学会编辑出版的《斯文学会讲义笔记》（1881—1886）。本文将介绍的《大同新报》也属于较为典型的"汉学"杂志。①

本文主要分为三大部分，第一部分介绍《大同新报》以及担纲杂志主编与主笔的加藤樱老的基本情况，第二部分根据杂志所载相关材料回顾"汉学者"加藤樱老与黄遵宪等中国驻日公使馆馆员之间学术交流的实相，第三部分则尝试将他们之间的交流置于日本当时思想界的背景之中，以及日本中国学早期发展史的坐标之上，追索明治前期"汉学"一时"兴盛"的复杂原因及其"变异"之状态。

---

① 在"汉学"杂志之外，"洋学"杂志主要以《明六杂志》（1874—1875）为代表，"国学"方面则有《大八洲学会杂志》（1886—1892）与《皇典讲究所讲演》（1889—1896）等，综合性的学术杂志如《东洋学艺杂志》（1881—1888）与《学艺志林》（1877—1885）等。

## 一、《大同新报》概要

《大同新报》① 是刊行于明治 10 年代前半期的一份杂志,从明治十三年(1880)至明治十五年(1882),共刊行 8 期,停刊原因不详。前 3 号出版于 1880 年,第 4、5、6 号出版于 1881 年,第 7 号出版于 1882 年,第 8 号出版于 1881 年。②

《大同新报》是大同会社(有时也称"大同学会"等)的机关杂志,根据《大同新报》上零星透露出的信息可知,大同会社的活动频率大概是"每岁大会一次,每月小会数次,以商议学务,讲究文事"(《大同会社则》)。大同会社所筹划的活动,除了刊行杂志之外,还包括尝试修建实体的大同馆,设立神宫与孔庙,开设学校教授"皇汉两科之学"、诗歌与音乐等科目,以及举办书画展览会,开设尚齿会等。

《大同新报》创刊号所载《凡例》揭示了《大同新报》的创刊目的,同时也可视为大同会社的创立宗旨——"维持神圣之名教,精选有益于民、有益于国者而记载之,四方同志诸彦,无论身处社之内外,凡关于教法学术有所发明之著书,或关于诗歌文章、巧艺技术之实事美谈,可传后世者,乞投书于敝社,以陆续刊行之。"随后列举了重点关注或希望收到的稿件内容:古今"孝子义人",将其作为"修身德行之一课";时务时论以及"古今仁贤"的言行等,作为"齐治之一课";诗歌文章新著,作为"文学之一课";书画文房与工艺技术等,作为"巧艺之一课"等。从中我们可以清晰地窥见,《大同新报》的风格无疑是偏重于传统学问或曰"汉学"的。

《大同新报》最主要的编辑者与出版者是加藤樱老(1811—1884),他也是大同会社的核心人物。翻阅《大同新报》,可以发现与加藤樱老相关的记事、贺寿诗与文章等数量颇多。而且加藤氏积极组织、参与了诸多活动,他不仅将家中珍藏的孔子圣像向众会员展示,还曾率领众会员于大同学会的圣庙中祭拜孔子。

---

① 在日本还曾出现过另一份《大同新报》,全称《尊皇奉仏大同新报》,内藤湖南曾为之撰写《反动之大势》与《日本文学与宗教》等文章,刊行于 1889 年至 1890 年。

② 第七号晚于第八号出版,原因不详。此外,本文所用《大同新报》版本,取自日本国立国会图书馆藏本,以下不再一一说明。

加藤樱老，名熙，通称有邻，号樱老、樱花山人等，本为水户藩士佐藤政祥的长子，后成为笠间藩士加藤总藏的养子。自幼喜好儒学与古乐，18岁时奉藩命前往水户藩游学，后又至江户，先后师从会泽正志斋（1782—1863）与佐藤一斋（1772—1859）等大儒，明治维新后在政府内曾任汉学所御用挂等数职。1879年创立"大同馆"，随后发行《大同新报》。他潜心研究古乐，尝试将韶武与《诗经》中的关雎遗音引入日本，著有《韶武考》《周南关雎考》等，还曾邀请清朝驻日公使何如璋（1838—1891）与张斯桂（1817—1888）等欣赏古乐。明治十七年因病逝世，享年74岁。[①]

大槻东阳（1822—1903）在《和樱老加藤先生古稀自祝之韵》（《大同新报》第5号）中曾以"学祖孔孟道统传，凤笙龙管雅颂声"称颂加藤氏。此外，王韬（1828—1897）《扶桑游记》中卷，阳历六月十四日记述：

> 有持柬叩门求见者，则东国耆儒加藤樱老也。樱老名熙，常陆人，束发读书，即崇圣学……著有《众教论略》，硁硁以卫道为己任，谓毕生精力全注于是。
> 
> 是日，偕其邻翁及两孙携琴而来。琴系十三弦，云是二十五弦所改。所携笙、笛，谓是隋唐遗制，竹虽旧而不裂，千年物也。翁自鼓琴，两孙一吹笙，一吹笛，悠扬呜咽，与琴声相应。所奏谓是隋唐遗曲；所弹谓是古乐，乃娥皇弹以娱虞舜者也。自我听之，仍操倭音而已。奏曲两终，叹为听止，乃罢。[②]

加藤氏主要是以一种"雅乐"担当与醇厚儒者的形象出场的。总之，加藤樱老可谓日本当时一位颇有名望的"汉学者"，尤其精通古乐的研究与演奏，与中国的文人、学者之间也保持着较为密切的交往。以这位"汉学者"为主导与核心而刊行的《大同新报》在整体的趋向性与风格上自然也较为偏重于"汉学"。

---

[①] 斡河岸貫一『明治百傑伝』第234-239頁、青木嵩山堂1902年。刘雨珍编校《清代首届驻日公使馆员笔谈资料汇编》上册第20页，天津人民出版社，2010年。

[②] 王韬《扶桑游记》第447页，岳麓书社，1985年。亦可参见田晓春辑《王韬日记新编》第570页，上海古籍出版社，2020年，文字略有出入。

## 二、黄遵宪与加藤樱老等"汉学者"的学术交流

《大同新报》持续的时间颇短,在当时的社会影响力似乎也较为微弱,那么笔者专门论述这份杂志的意义何在呢?如果以日本近现代学术史的宏观视角来看,这份杂志或许确实不具备很高的价值,但是如果从中日学术交流史或者日本"中国学"发展史的角度来看,作为史料的《大同新报》或许有其独特之处。

若以此视角进行考察的话,《大同新报》中最值得关注的部分当数加藤樱老等人与以中国驻日公使馆成员为代表的中国学者之间进行学术交流的相关史料。《大同新报》刊行期间,或者说大同会社活跃的时期,也正是何如璋、张斯桂与黄遵宪(1848—1905)等中国第一批驻日公使馆成员在日本积极开展各种学术交流活动的时期,而这些交流也推动了日本"汉学"向"中国学"的发展。无论是黄遵宪等驻日公使馆员还是加藤樱老等"汉学者",他们都并不只有一种身份而已,例如黄遵宪既是代表清朝政府的官员,也是一位诗人与学者,而加藤樱老不仅是学者也是音乐家,本文在介绍与论述双方的交流时,主要偏重于"学术"方面,或曰偏重于他们的"学者"身份。

概略言之,《大同新报》中所见中日学者之间的具体交流主要体现在以下3个方面:首先,中国学者为杂志题诗;再者,中国学者为杂志文章撰写评语;最后,中日学者之间进行笔谈。

首先是题诗,《大同新报》第2号卷首刊载了驻日公使馆副使张斯桂的《东京大同新报题诗》。

> 东海儒风蔚起时,京华领袖属绅耆。大经大法重垂统,同轨同文勿弃基。新说雌黄皆粪土,报章坚白不磷缁。题成笑向诸公道,诗礼从来万世师。

署名"四明张斯桂"并押"张鲁生"印。"坚白不磷缁"出自《论语·阳货》:"不曰坚乎?磨而不磷。不曰白乎?涅而不缁。"这里是夸赞大同会社诸君能够坚守儒道,不受"粪土"一般的西洋"新说"的影响。最后一句"诗礼从来万世师",清晰地反映出张斯桂的立场与态度,而《大同新报》的

编辑者将其冠于卷首，其立场与态度自然也无须多言。

再者，刊载于《大同新报》上的不少文章都附有汉文评语，其中有的出自中国学者之手，例如第 4 号中，黄遵宪点评加藤樱老《书释菜祭文后》曰，"凡有血气，莫不尊亲，圣人之德之大也。以尊敬为怪异，何殊以不狂为狂。"署"清黄遵宪谨识"。黄遵宪的评语并未收入《黄遵宪全集》或《黄遵宪集》之中，诸如此类的评语也散见于日本人的诗文集、手稿与杂志之中，值得黄遵宪文集或全集的编辑者关注。最后，《大同新报》上刊载的加藤樱老与黄遵宪的笔谈记录也相当具有史料价值。《大同新报》第 8 号所载《韶舞考附录二》中附有一段《笔话》（原文即汉文）。

> 《日本杂事诗》载我乐事，云"有老乐师加藤熙，曾为余奏数乐，其音节不可考，盖世远屡变，所存仿佛而已"。
>
> 他日熙见黄氏，就《杂事诗》所载而笔话云：吾邦传古乐，全存唐虞三代遗曲也。如吾邦则百王一姓，先王礼乐，万世相承，以至今日，无有变革。故世之相距，虽经千百岁，尚犹一日。且如雅乐，则伶人世官，画一遵奉。未尝增损一毫。故其传古乐，如太韶、太武二曲，则序破急三节完然全存矣。吹奏之法，舞踏之节，历历传之。不可谓之仿佛也。故能解其音，能讲其乐，则翕纯皦绎，亦可知已矣。否则徒闻其铿铿耳。岂足与论乐乎？盖百闻不如一见，而见之不如亲试之也。又宜闻其音，观其舞，而后与言乐也。不可以空言传之，不可以文字讲之。遵宪云，今夕辱雅教，感谢感谢，他日再趋堂纵观耳。

加藤氏读到的是黄遵宪《日本杂事诗》卷二中如下一首——"铿锵鼓舞只依稀，守乐伶官记半非。弹到金獐涩河鸟，古音唯剩妃呼豨。"黄遵宪在自注中表示，"有老乐师加藤熙，曾为余奏数乐，其音节不可考，盖世远屡变，所存仿佛而已"①。这说明黄遵宪在创作这首诗之前曾听过加藤樱老演奏的日本古乐。黄遵宪与加藤氏的初次见面应在光绪四年，即明治十一年（1878）四月。据《戊寅笔话》第九卷第五十八话所载，加藤氏当时携带若干乐器赶赴大河内辉声举办的宴会，与在座的黄遵宪等人进行了愉快的笔谈，黄遵宪

---

① 陈铮编《黄遵宪集》第 85—86 页，中华书局，2019 年。

在笔谈中称赞加藤氏的演奏"殊使人飘飘有凌云气,仆固不解者,然所谓暗中摸索,亦自可识也",加藤氏则称赞黄遵宪"高学",实乃"才子"。① 这说明黄遵宪很早就已经留意于日本的古乐,他与加藤氏二人的相识也已有数年。

加藤氏在读到《日本杂事诗》中提及自己的部分之后,对于黄氏的说法稍加反驳,认为黄氏云古乐屡经变化,今日之乐与古乐相"仿佛"的说法并不完全准确,加藤氏认为日本当今所存音乐即古乐之形态,在吹奏与舞蹈之法等方面未有变化,所以"不可谓之仿佛也"。加藤氏还表示音乐最好还是现场聆听与观看为宜,仅仅依靠文字与传闻是不可能深入了解古乐的。而黄遵宪也对此表示了赞同并向加藤氏致谢。

由此可知,加藤樱老是黄遵宪了解日本音乐、舞蹈的重要来源之一。与此同时,与黄遵宪的切磋也在一定程度上丰富与深化了加藤樱老这位"汉学者"对于古乐的认识,并成为推动日本学界探讨相关问题的契机,下边这份材料即为明证。

《大同新报》第 1 号中有题为《中国②问日本古乐》的一段文字:

　　一 清国公使随员学士黄遵宪赠书加藤樱老曰,故里友人贻书,托仆求问古乐于先生。敬条具纸笔,祈详为赐教。庶使数千年失传之古乐得归于中土。
　　一问,古乐传于日本在何时?
　　一问,日本现存古乐曲调几何?
　　一问,日本乐器有与敝国异者否?
　　此条敢乞将乐器绘图,使可考其同异。
　　一问,日本传古乐传调不传词,其调如何?请示其一二。

原文皆为汉文,当为黄遵宪与加藤樱老笔谈时黄氏所书原文。接下来则是以和汉混淆文体写成的一段说明文字

　　樱老固有乐癖,尝痛慨古乐之衰替久矣,乃再三及于笔语,且赠以

---

① 《黄遵宪集》第 1093-1094 页。
② 疑脱"人"或"客"字。

自注稽古经典中之《乐经》二卷,及《大韶考》《太武考》等书。虽及于尺牍往复,然礼乐之大典绝不可轻率决答之,当然需请大伶人及当路之大官合议。雅乐之兴废在于此时,怎可于此文明之圣代韬光养晦?四方高学之君子若有所见,书籍或尺牍皆可,冀向此社投寄报告为幸。

由这段文字可知,面对黄遵宪关于古乐的疑问,加藤樱老谨慎待之,虽然他自己就精通于此,但还是尝试向学界广泛征求意见,试图较为完整而准确地回答黄遵宪的问题。这典型地反映出,明治前期的日本学者通过与身处日本的中国学者的交流,使得日本"汉学"研究逐渐摆脱传统的以闭门阅读为主的研究方式的束缚,或许我们可以将这种通过笔谈等方式展开的即时交流,视为此后日本"中国学"注重在沟通与交流中进行研究的理念与方法的源头之一。

## 三、"大同"的迷雾与"汉学"的兴盛

如上所述,通过《大同新报》中的相关资料,我们可以知晓加藤樱老与黄遵宪等中国学者多有交流。此种"美谈"素来是研究者们关注的重点,然而如果从日本明治思想史的角度来看,或许这些"美谈"就会被迷雾所笼罩,而黄遵宪等人当时似乎未能参透之。

首先需要探讨的问题就是,《大同新报》的"大同"究竟为何意?关于"大同"的内涵,《大同新报》上的多处文字都有所涉及,然而论者所谓"大同"的含义各不相同。有的指无论人还是学术,东西洋在本质上是基本一致的,这种多样性中的统一性可称为"大同"。有的以东西道德伦理上的相似性为"大同"。有的撰稿者则强调日本传统思想,尤其皇道在"大同"中的核心位置,例如大槻东阳在《大同新报序》中一语道破,"兹所创建之大同会社者,先征皇道,鉴于彼,择于此……",也就是说,"皇道"被置于核心位置,统摄一切。此外,有时"大同"还包含中日文化相通、交流之意,例如第6号《耆英会广告》中刊载了加藤樱老与张斯桂等人的一份笔谈,加藤氏盛情邀请何如璋与张斯桂等参加"尚齿大会",他认为这一活动"实是合和汉耆英,而为兴亚之第一著……兴亚大计,以养老尚齿为第一著……"。

笔者以为其中最值得注意的或许是最后一种"大同",在加藤樱老与张斯桂等人的这份笔谈中,加藤樱老提到"日清两国耆英"会聚一堂绝非"夹谷之

会","修好讲礼,群季俊秀亦咸集,欢欣和乐之极,亦非屡盟无信者之比也"。所谓"夹谷之会"指鲁定公十年,鲁定公与齐景公会于夹谷,齐景公却试图以武力挟持鲁定公,最终孔子有勇有礼地化解危机之事。加藤樱老的意思是,中日两国学者之间的友好交流是善意的,其中并没有什么阴谋诡计。加藤樱老的意愿固然十分美好,但是"兴亚"是否仅仅限于民间或学术界的友好交流,这却并非是单纯易答的问题。隐匿在"兴亚"的口号背后,我们也可以看到日本政府以及不少日本"友人"的野心与虚诡,例如当黄遵宪就日本强行侵占琉球一事质问"友人"宫岛诚一郎(1838—1911)时,宫岛却用"贵邦与敝邦,则在亚洲最当勉交亲者","今日之势,唇齿相持,维持亚洲也","如君与我辈,则职外之闲散人,可以调和两国之交际,是真友谊也"等话语来搪塞与哄骗。① 以"兴亚"为旨归的所谓"大同"之本质已然无须多言。在许多清末的官僚与知识分子看来,与"同文同种"的日本"友人"一起抗拒欧美列强振兴亚洲的说辞似乎并无不妥,但是从日本一侧来看,"大同"或"兴亚"过程中日本的主导地位以及借此控制与侵占中国的意图也是一目了然的。

就明治10年代前后"汉学"在日本的"兴盛"而言,其重要原因之一在于日本当时正值对于明治初期急进式西化的反思期,而黄遵宪等人也恰恰是在这一时期前往日本的,与他们往来的又大多是从事"旧学"或"汉学"者,所以才会导致黄遵宪等中国近代史上第一批观察"新日本"的学者们感受到的不是明治维新中作为变革进取之重要动力的西洋学术,却是相对保守的、作为"反思者"的"汉学",正是这一"错位",才使得他们得以沉醉于与日本学者的宴席与诗文酬唱中扬扬自得。由此言之,加藤樱老等人的"大同"实如一场迷雾,因为黄遵宪等人正是被这些高唱儒家伦理道德的日本"汉学者"所蒙蔽,将反思明治维新急进式西化的思想势力引为同道,却忽视了促成明治日本趋于强盛的原因所在,他们最终从日本带回的不是挽救民族危亡的新思想,而是载满欢声笑语的诗文册。

总之,无论加藤樱老等"汉学者"自己是否意识到,他们追求的"汉学"都与当时的思想界紧密关联,而且贴附于官方意识形态之上,或者说,他们在自觉或不自觉中成为官方意识形态的代言人,并且通过标举"汉学"而迷惑了黄遵宪等人。简言之,此时的"汉学"已经很难称为纯粹的"学

---

① 《黄遵宪集》第 1307-1308 页。

术",因为《大同新报》中那些学术上的讨论,尤其是"汉学者"与中国学者的交流,都笼罩在以日本主导亚洲之野心为旨归的"大同"的迷雾之中。

就日本江户时代的"汉学"尤其是朱子学而言,其与幕府官方意识形态之间的紧密关联无须赘述,而明治以降的"中国学"虽然不乏相对"纯学术"的部分,但是似乎也没有真正摆脱思想界潮流或官方意识形态的渗透与控制。通过《大同新报》可知,日本"汉学"在向"中国学"蜕变或变异之初,同样与官方意识形态隐秘地结合在一起,或者说,与日本意图侵略以及对于东亚思想或"学术"主导权的追求同步展开,我们对此应该有所警醒。

## 结　语

刊行于明治前期的《大同新报》发行时间虽然不长,但是却留下了日本"汉学者"与当时中国驻日公使馆员之间在学术等方面的互动交流的丰富记录。杂志主编与主笔加藤樱老是《大同新报》以及相关活动的核心人物,以古乐的研究与演奏而闻名,他与一直对于古乐感兴趣的黄遵宪之间的交流不仅对于黄遵宪写作《日本杂事诗》有所助益,而且这种学术交流也促进了当时"汉学"的转变,尤其体现在走出书本内部而更重视即时交流的方面。

当时中日学者之间的交流主要通过"大同"的理念体现出来,然而黄遵宪等人沉浸于此种"情谊"之中,却未能深入探讨日本强盛的真正原因所在,而更为关键的是"大同"本身犹如一场迷雾,日本的野心暗藏其中,这也揭示出此时的"汉学"与官方意识形态之间的隐秘关联,并多少预示了此后日本"中国学"的境遇,即作为学术研究的"汉学"与"中国学"在与日本近代以来的意识形态的分合中不断发展与变异。

最后,在日本"汉学"与"中国学"的研究之中,以杂志为切入点或对象的专门研究相对较少,本文试图以《大同新报》杂志为例,一方面挖掘史料,展示其在日本"汉学史""中国学史"与中日学术交流史上的价值,同时也将杂志视为时代思想或意识形态话语的具体呈现,力图揭示"言外之意"。就国内学界的研究概况而言,关于日本明治时期以降的报刊与杂志的专门研究似乎仍留有较大的空间,值得继续深入挖掘,本文仅以一份"汉学"杂志为例,希望以此引起更多学者的关注。

边明江　南通大学外国语学院副教授

# 禅宗思想与夏目漱石的《草枕》*
## ——以"无住"观念为中心

王广生

**摘　要**：禅宗思想与夏目漱石的文学关系密切，在《草枕》中有着较为集中的体现，这一点学界已多有论及。但禅宗思想本身内涵复杂，在《草枕》中其呈现的具体方式和状态仍有讨论的必要。本文在诠释学和文本细读基础上，尝试证明《草枕》中禅宗思想的第一要义是"无住"观念，而《草枕》可以看作以禅宗思想为哲学基础撰写的一部文艺批评，并由此确认禅宗尤其是"无住"观念在《草枕》文艺思想中的重要位置。

**关键词**：夏目漱石　《草枕》　无住　文艺观

## 一、《草枕》的特色

1906年9月，夏目漱石在《新小说》杂志上刊发了《草枕》，这是他继《我是猫》《哥儿》之后的第三部小说。虽然这部作品在他整体的创作生涯中并不十分有名，但由于其特色明显，也颇受学界瞩目。

在该小说尚未发表的同年8月28日，夏目漱石曾在给关系密切的弟子小宫丰隆的信函中写道：

> 这次在新小说里发表了一篇题名为《草枕》的作品，预计九月一日

---

\* 本文为国家社会科学基金重大项目多卷本《中国文化域外传播百年史（1807—1949）》阶段性研究成果，批准号17ZDA195。

发行。你务必要读一读，这样的小说是开天辟地以来未曾有过的（可不要误解为开天辟地以来的杰作）。①

"开天辟地"，固然显示了夏目漱石的幽默，但"未曾有过"无疑表达了夏目漱石对《草枕》创作的艺术自觉和自信。"未曾有过"的是什么呢？

对此，夏目漱石在《我的〈草枕〉》一文中提供了较为明晰的答案：

> 我的《草枕》是以与世间通常所说的小说截然相反的意义写成的。我若能给读者留下一种感觉，即美的感觉就满足了，其他的没有任何的目的。……通常所说的小说，即令读者玩味人生真相的小说也是不错的，但同时还应有一种忘记人生之苦的慰藉作用的小说存在。我的《草枕》就属于后者。……以往的小说是川柳式的，以道破人情世故为主，但此外还应该有以美为生命的俳句式的小说。……如果这种俳句式的小说——名称很怪——成立，将在文学界拓展出新的领域。这种小说西洋还没有，日本也没有，如果在日本出现了，则可以说小说界的新运动首先从日本兴起了。②

由上可知，夏目漱石所言的"未曾有过"之小说，在文体和主题上的独特性主要在于：文体上是"俳句式小说"，主题内容上则是"非人情"。

小说《草枕》的主要线索就是青年画家来到偏远的山村寻找"非人情"之旅。如在小说的第一章，作者借"我"的口吻，就明确提及了小说"非人情"的主题：

> 如果将这次旅行中所遇之事和所见之人当成能乐中的故事情节和人物形象将会怎样？虽然不至于完全抛却人情，但归根结底这是一次诗的旅行，所以要尽量约束情感，向着非人情的方向努力。③

---

① 夏目漱石『漱石全集・書簡』第546頁、東京：岩波書店、2004年。
② 夏目漱石『漱石全集（16）』第544-545頁、東京：岩波書店、1967年。
③ 夏目漱石「草枕」、『日本文学全集（15）』第103頁、東京：集英社、1972年。

## 二、"无住"与《草枕》

上文提到的《草枕》在主题上的特色是"非人情"。那么，何谓"非人情"？

我们先来看看夏目漱石自己的观点，他在《文学论》中，就曾提出"非人情"的概念：

> 可称为"非人情"者，即抽去了道德的文学，这种文学中没有道德的分子钻进去的余地。譬如，如吟哦"李白斗酒诗百篇，长安市上酒家眠"。其效果如何？诗意确实是堕落的，但并不能以此着重断定它是不道德的，"我醉欲眠君且去，明朝有意抱琴来"。这也许是有失礼貌的，然而并非不道德。非人情即从一开始就处于善恶界之外。（中略）吟咏与人事缘分较疏的、未混入人情的自然现象的诗，其中较多含有"非人情"的、"没道德"的趣味，实不足怪。古来东洋文学中这种趣味较深，我国的俳文学尤其如此。①

据此，我们可以把夏目漱石所论"非人情"之要点，归纳为两点：其一是，抽离了善恶道德的文学。其二是，"非人情"多出现于东洋的文学，尤其是日本的俳句文学中。②

村松昌家就主张夏目漱石正是基于对——《金色夜叉》以及田山花袋为代表的、描写"情欲"甚至"肉欲"的——自然主义文学的抵抗而完成了"非人情"之美学。③

冈崎义惠曾解读"非人情"："所谓'非人情'，即抽离人情而旁观世界。根据漱石的观点，人情世界即是道德世界，离开道德世界，即为'非人情'。如此，它应该或是宗教世界，或是艺术世界，或者是科学世界。"④

---

① 夏目漱石「文学論」、『漱石全集（18）』第 139-140 頁、東京：岩波書店、1957 年。
② 据此我们也可以了解到《草枕》在文体上作为俳句文学的特色和主题上作为"非人情"的特色是一体的，两者不可分离。其背后的思想在本文看来也可统一在禅宗的东方观念中得到解释。
③ 松村昌家『夏目漱石における東と西』第 3-28 頁、東京：思文閣、2007 年。
④ 冈崎义惠『鷗外と漱石』第 168 頁、東京：書房、1956 年。

换言之,"非人情"的《草枕》实乃夏目漱石所打造的一个艺术和宗教的世界。实际上,《草枕》中凸显的禅宗思想,国内外学者多已指出。国外学界较有代表性的是韩国学者陈明顺和日本学者加藤二郎(『漱石与禅』、東京:翰林書店、1999),两者指摘小说多处与禅宗思想的关联,前者甚至认为《草枕》乃是一部融合了夏目漱石本人参禅求道体悟的禅宗公案小说。① 但有意思的是,虽然众多学者指出了《草枕》中浓郁的禅宗思想,却鲜有以禅宗的思维和立场去理解"非人情"的本质含义,却总是集中于探讨"人情"的内涵以及对于"人情"的抽离等。而本文以为,真正理解"非人情"的关键则是对"非"字的解读。

作为汉字文化圈内的读者,基于"非人情"这一汉文的组词方式,即可对其含义有所领悟,若结合夏目漱石的说明,至少对"人情"的理解基本没有太多的分歧,即人情世故、现实之利害关系是也。关键或在于对"非"解读上的不同。而对"非"的理解,于此不能按照日常用语的逻辑去把握,而应从禅宗思想的立场去思考。正如近藤文刚所言:"世间的'非'多半含有否定的意味,不过若从佛教特别是禅的思想的视角考察,'非'表达了对于肯定、否定之意的超越,反而指向了事物的本来面目。"② 因此,"非人情"之意,在佛教尤其是禅宗思想的视角下,非是对"人情"简单的否定抑或肯定,而是在"扫相破执""无相无住"的观念指导下,经由"非""不"等"解构"之方法和手段,对原有观念之"人情"的再发现与再确认,看到"人情"的本来之面目。这样的禅宗思维方式,恰恰典型地体现在《金刚经》为代表的禅宗经典之中。

众所周知,《金刚经》是般若经典纲要之作,地位甚殊,且流布极广,如三论、贤首、天台、唯识等宗派均有注疏,尤其是禅宗一脉,更是奉其为典章经卷。因此,理解《金刚经》的思想内涵及其影响,需多在禅宗文化的脉络中去理解和把握。此外,后来诸家注解《金刚经》,很多人主张其思想核

---

① 陈明顺『漱石漢詩と禅の思想』第 128 頁、東京:勉誠社、1997 年。
② 近藤文刚「禪に於ける非人情の一考察」、『印度學佛教學研究』第 559-560 頁日本仏教協会出版、1959 年 7 卷 2 号。

心，正在"应无所住而生其心"（以下简称"无住"）之句。①

"无住"，可以说是佛教，尤其是大乘佛教的核心观念之一，在《摩诃般若波罗蜜多心经》（通称《心经》）中集中表达为"色即是空"之句。六祖慧能也正是听到五祖弘忍讲授《金刚经》"应无所住而生其心"之句时，豁然悟道。继而，"无念、无相、无住"作为六祖禅法（《六祖坛经》）中的关键，最后也是落在了"无住"之上。

何为"无住"？

《金刚经·离相寂灭分第十四》中说："菩萨应离一切相，发阿耨多罗三藐三菩提心，不应住色生心，不应住声、香、味、触、法生心，应无所住而生其心。"②

佛家认为，"应无所住"乃指对于人类而言，世界首先是一个经验的世界，且是一个被遮蔽的、缺乏自性的世界，并非世界的本来面目。如"凡所有相皆是虚妄"③"一切有为法，如梦幻泡影，如露亦如电，应作如是观"④ 所云，"无所住"为佛学之体，即在本体论和认识论层面对人类外在经验世界做了判断和说明。且以今日科学观念视之，我们人类基于自身的感知通道和手段所能认识到的世界，如眼睛中光色、耳朵里的声波、身体的触觉等在某种意义上，实则是对世界的曲解。⑤ 因此，在这个意义上，我们也可以

---

① 陈秋平、尚荣译注《金刚经·心经·坛经》第 67 页，中华书局，2016 年。对此句的解释历来纷纭，未能统一。"应无所住"是指世界最真实的那个状态。在佛教看来，世界总是以"虚无"和"空"的方式向人类呈现。这导向世界本体意义上的"无"以及认识论上的"五蕴皆空"。以今日观点，人类无法把握世界的真相，根本的原因在于，人类自身感知的先验的规定性决定了我们所见世界的层次和状态。而"而生其心"之句，则主要是方法论层面，《金刚经》给予世人的启示，要求人们要脱离对五蕴的依赖，不执迷于世界的表象，而应以觉悟和佛性观照虚空，从而抵达真如的境地。因此，此句包含了佛教本体论、认识论以及方法论的统一。

② 《金刚经·心经·坛经》第 67 页。

③ 《金刚经·心经·坛经》第 32 页。

④ 《金刚经·心经·坛经》第 117 页。

⑤ 人类对世界的把握无非是眼耳鼻舌身意，即"声香味触法生心"，但如我们所知，人类通往真实世界的并非一个真空的通道，而是我们自身有先验规定性的感官和知觉等，如我们看到的五彩斑斓的世界，本无颜色之别。物体的颜色只不过是它反射出的电磁波波长的表象而已，同样的波长在不同的动物眼中呈现出并不相同的色彩。

理解《心经》所讲的"五蕴皆空"。① 进而，《金刚经》在方法论上告示人们莫要驻足于色、声、香、味等的虚幻之相状，只有通过觉悟（意识到"空"是世界的本相），即智慧的观照才能接近世界的本原，以其觉悟之心，才能观照到一种纯粹的真实之美。这样的思想和方法论，若以《草枕》开篇文字言之，即："我观我所居之世，将其所得纳于灵台方寸的镜头中，将浑浊之俗界映照得清醇一些。"②

## 三、作为小说的哲学思想基础

即便粗略浏览《草枕》这部小说，也会给我们一个直观却十分准确的印象。即禅宗意象俯拾皆是、随处可得。"觉悟""难居""灵台""浑浊俗世""解脱烦恼""清净""干屎橛""色相世界""本来面目"等佛家特别是禅宗用语之外，人物设置上有寻求"非人情"之旅的青年画家、大彻和尚、大头和尚、剃头的小和尚等自不必说。即便在小说的描述上也充满了禅机和佛理。更为重要的是，作为一部"以美为唯一生命"的小说，它的展开主要依靠青年画家"我"的思考和内心的活动，而思考和内心活动轨迹基本上是禅宗式的思辨和感悟。如小说第六章，青年画家"我"将思绪入诗，作汉诗一首：

青春二三月，愁随芳草长。闲花落空庭，素琴横虚堂。蟏蛸挂不动，篆烟绕竹梁。独坐无只语，方寸认微光。人间徒多事，此境孰可忘？会得一日静，正知百年忙。遐怀寄何处，缅邈白云乡。③

"方寸认微光"，与开篇"灵台方寸的镜头中，将浑浊之俗界映照得清醇一些"正有异曲同工之妙，都是指以佛教所言开悟之心"观照"世俗人间而获得诗情画意，即一种审美的体验。如前所述，如果《草枕》有情节和故事的话，那就是讲述了一名来自都市的青年画家，厌倦了都市而来到偏僻的山

---

① 《心经》有云："观自在菩萨，行深般若波罗密多时，照见五蕴皆空，度一切苦厄。"
② 「草枕」、『日本文学全集（15）』。
③ 「草枕」、『日本文学全集（15）』。

村——这个相对封闭的世界——寻求绘画的美感的故事。小说的展开都是以"我"的所思所见为绝对核心展开的，因此《草枕》可以说是夏目漱石借助主人公"我"展开的一次虚构的寻美旅程，而主人公寻找、发现美的主要方法就是"非"，即以"无住"观念静观、谛观世界，也即观照人间。

实际上，夏目漱石在《草枕》的开篇，就为我们集中呈现了他关于美学的整体观念和设想：

> 一边攀登山路，一边在想。若是发挥才智，则棱角分明；若是依凭感情，则会随波逐流；若是坚持己见，则可能处处碰壁。总之，人世难居。愈是难居，愈想迁移到安然的地方。当觉悟到无论走到何处都是同样难居之际，便产生了诗，产生了画。人世难居却又不可脱离，只好于此难居之处尽量求得舒解，以便使短暂的生命在短暂的时光里过得顺畅些。于是，诗人的天职产生了，画家的使命降临了。一切艺术之士之所以尊贵，正因其能使人世变得娴静，人心变得丰富。①

以上段落中既包含了"应无所住"所示的世界观（本体论）以及认识论，也包含了"而生其心"所示的方法论，以无观有，以有参无。而"应无所住而生其心"在美学思想层面，就集中体现为夏目漱石所持的"观照"的美学思想，以佛之"空性"发现、领悟和感受世间的纯粹之美。

因此，在禅宗思想的视角下，《草枕》可视为是在禅宗思想，尤其是"无住"观念的影响下，以"观照"为方法，对世俗的人间进行了一种审美的观照和体验。从叙事的立场出发，也可将《草枕》当作一部电影，而隐藏在观众和荧幕之间的那个起着决定性作用的装置——摄像机——内部的操作运行"物理学"原理和法则正是"无住"为核心的禅宗思想。

综上所述，我们不妨将《草枕》的文学理念抑或文艺理念展开的主要的哲学基础视为禅宗思想，特别是"无住"观念。这样的考虑不仅处于实证层面的考虑，更在于一种超越当下流行实证主义的本质直观，而这一超越实证的直观，恰恰体现了禅宗的顿悟之思维特质。

在《草枕》中，夏目漱石以叙述者"我"的立场发表了诸多艺术理论，

---

① 「草枕」、『日本文学全集（15）』。

很多学者已经指出了《草枕》的创作很大程度上来自对当时流行的自然主义文学的不满，因此，以文学创作的方式给予批评和回应。这样的观点自然不能说是错误的，但需要特别说明的事情是：自然主义以写人情甚至真实的肉欲为对象，而《草枕》则以写"非人情"为主题来展开，如果认为主题的不同是《草枕》反抗和批评自然主义文学（尤其是田山花袋为代表的情欲描写的文学作品，如《棉被》等）的主要理由就有些浮于表面了。

实际上，《草枕》是一部没有情节和冲突的小说，这是夏目漱石刻意为之的一种结果，是夏目漱石以禅宗思想静观世界造成的一种相对静止的美学样态，在这个美学样态之内时间让位给空间，呈现出图像性的世界建构。也就是说，《草枕》是青年画家"我"内心的静思和眼睛的"观照"，人物的行动和冲突被极力压缩，近乎是一幅幅画的构造。① 这一点可以通过小说有意识地对《拉奥孔》的否定和曲解中看到②，也可以从对"奥菲利亚"的描述中窥见一斑。在进一步来说，《草枕》的情节展开依靠的不是外部流动的时间和人物冲突，而是"我"内心的意识流，在内心展开的对美的评论以及独白，即《草枕》的文体和表达本就是评论的展开。所以，我们可以说《草枕》对于当时流行的自然主义文学的反抗不仅仅基于小说的主题和内容，而且也是在形式上多个层面展开文艺思想的对抗和批评的。换句话来说，我们甚至可以认为《草枕》在本体论上，是一部以东方思想为主要哲学基础的、形式上接近西方文学批评的评论集而非西方式的小说。

且看如下段落：

> 以眼观之，就能产生诗与歌。情思不落于笔端，内心也会响起璆锵之音；丹青虽不在画架涂抹，而心中自有绚烂之色。我观我所居之世，将其所得纳于灵台方寸的镜头中，将浑浊俗世映照得清醇一些，也就满足了。故无声之诗人可以无一句之诗；无色之画家可以无半尺之画，但也可以静观人世，脱落烦恼，步入于清净之界，亦能创建不同不二之天

---

① 渥美孝子「夏目漱石『草枕』：絵画小説という試み」、『国語と国文学』第 49—59 頁、東京：東京大学国語国文学会、2013 年 11 月特集 1956 年。

② 《草枕》与《拉奥孔》在美学层面的互文性关系是解读《草枕》美学与启蒙思想的关键要素。笔者有专文讨论，不再赘述。

地，扫荡一切私利私欲之羁绊……①

综上观之，我们亦可认为《草枕》是一部以禅宗为思想基础文学评论。此外，《草枕》中，夏目漱石的代言人"我"主张艺术分为俗世的艺术和出俗的艺术。俗世的艺术是为人情，是正义、同情、爱和痛苦的西方的艺术；而出俗的艺术则是解脱的艺术，让人暂时远离尘世和痛苦，是东方的艺术。需要注意的是，文艺观的讨论是在东方/西方的比较框架下展开的，显示了夏目漱石文艺观念中内含的东西方文化比较的意味，也显示了这一文艺观念背后鲜明的时代话语特征。

1908年夏目漱石在给高滨虚子的《鸡冠花》所作序中，曾提到"余裕小说"和"非余裕"之上还存在更高一级存在的小说样态，即"生死超越的小说"②。而这一新的更高一级的小说样态背后的思想基础正是在《草枕》中有着集中表达的禅宗思想。③ 据此，或许我们也可窥见禅宗思想在夏目漱石整体文学创作中的重要位置。而夏目漱石文学之魅力就在于他以西方近代性的思想资源对东方文化的重新理解与反思。由此，作为其文学哲学基础的东方思想也便具有了现代性生成的意味，进而使得其文学具有了文艺复兴式的价值。

王广生　首都师范大学副教授

---

① 「草枕」，『日本文学全集（15）』。
② 基于这样的既存事实，国内学界也开始不再坚持夏目漱石是余裕派了。
③ 塚本胜义「文学の分类に现れた漱石の文学観」，『茨城大学教育学部纪要』第12—13页、茨城大学教育学部、1956年第6号。

# 江户时代折中派对清代诗歌的接受<sup>*</sup>
## ——以广濑淡窗《淡窗诗话》为中心

张宇超

**摘 要**：广濑淡窗是日本江户时代末期著名的教育家、儒学家和汉诗人，所著《淡窗诗话》是江户时代折中诗学的代表。当时日本诗坛分茅设蕝，各为标榜，故淡窗提出不界分时代的诗学观以振之。淡窗不仅推崇唐、宋、明诗，对于同时代的清诗也给予了同样独立的地位。清诗中对于当代性情的描摹，是淡窗肯定的地方。淡窗推崇清代诗人王士禛，诗学观也多与王士禛相似。就诗体而言，七绝一体则是淡窗首重的。这些看法对于当前的清诗研究亦大有裨益。

**关键词**：广濑淡窗 折中诗学 清诗 淡窗诗话

广濑淡窗（1782—1856），日本丰后国日田（今九州大分县日田市）人。初名简，后改名建。字廉卿，后改为子基。号淡窗、苓阳、远思楼主人、墙东居士等，淡窗为其最有名之号。谥号文玄先生。广濑淡窗是日本江户时代（1603—1867）末期著名的教育家、儒学家和汉诗人。由于体弱多病，淡窗终生都在其家乡度过，一直从事教育和文学创作活动。其在家乡开设的私塾"咸宜园"是日本历史上规模最大的私人办学机构，受业者达 4000 余人。淡窗殁后被明治政府推为日本近代教育之楷模，予以表彰。其汉诗格调温厚清雅，被誉为"海西诗圣"。晚清俞樾称其诗"平淡之中自有精彩"①，良有以也。

《淡窗诗话》（二卷）全文用日语写就②，乃淡窗平日与门人关于汉诗问

---

* 本文系国家社科基金青年项目"清代中后期渔洋诗学的接受研究"（18CZW028）阶段性成果。
① （清）俞樾《东瀛诗选》卷十七，光绪九年（1883）刻本。
② 本文所引《淡窗诗话》均由笔者据日语翻译。全文可参看拙编译《广濑淡窗汉诗集》附录一《淡窗诗话》第 164-197 页，上海大学出版社，2018 年。

答之语录,明治十六年(1883)由其子广濑青邨编校付梓。淡窗所答坦率平易,语质文俚,"初读之,若平平无奇者",然细读,则"愈读愈妙";示以"入学法门"①,甚益于后学。淡窗所生活的日本诗坛分茅设蕝,各为标榜,故淡窗提出不界分时代的诗学观以振之。松下忠《江户时代的诗风诗论》中将江户诗坛分为4期,并指出第四期诗坛是"折中说的时代"②,其中第四期的首举诗人便为广濑淡窗,足见淡窗诗学的代表性。《淡窗诗话》代表了日本江户时代末期摒弃时代畛域、兼容并采的折中诗学之立场。淡窗不仅推崇唐、宋、明诗,对于同时代的清代诗歌亦给予同样独立的地位。本文以《淡窗诗话》为中心,钩稽淡窗汉诗文集《远思楼诗钞》中关于清代诗歌的评骘之语,一窥江户时代折中派的清诗研究,亦可借以反观清诗本身。

## 一、不界分时代之诗学观

淡窗的诗学观,一言蔽之,便是"折中"。具体而言,即不界分特定的时代。"诗无唐宋明清,而有巧拙雅俗。巧拙因用意之精粗,雅俗系着眼之高卑。"③ 这便是淡窗自述的要诀。门人秦韶"未通此旨"而问及时,淡窗答曰:"世人作诗,多区别唐宋,分党相攻,是明季别门户之恶习也。四代之诗,虽不同,各有其佳境,可从己所好。故四代虽不无差别,不及取舍可否,是以云'无唐宋明清'。"④ 这是不以特定的时代分界的意见。

淡窗这一诗学观的产生并非偶然。淡窗在《论诗赠小关长卿中岛子玉》一诗中便回顾了日本从室町时代(1333—1573)到江户时代的诗风演变:

> 歌诗写情性,实随民俗移。风雅非一体,古今固多歧。作家达时变,沿革互有之。苟存敦厚旨,风教可维持。昔当室町氏,礼乐属禅缁。江都开昭运,数公建堂基。气初除蔬笋,舌渐涤侏儞。犹是螺蛤味,难比

---

① [日]川田刚《淡窗诗话·序》,载[日]广濑淡窗著,张宇超编译《广濑淡窗汉诗集》第164页,上海大学出版社,2018年。
② [日]松下忠著,范建民译《江户时代的诗风诗论:兼论明清三大诗论及其影响》第122页,学苑出版社,2008年。但松下认为第四期不是"清诗时代"(见同页),与本文立意不同。
③ 《淡窗诗话》卷上,载《广濑淡窗汉诗集》。
④ 《淡窗诗话》卷上,载《广濑淡窗汉诗集》。

宗庙牺。正享多大家，森森列鼓旗。优游两汉域，出入三唐篱。格调务摹仿，性灵却蔽亏。里暶自谓美，本非倾国姿。天明又一变，赵宋奉为师。风尘拂陈语，花草抽新思。虽栽教辟志，转习淫哇辞。楚齐交失矣，谁识乌雄雌。寄言关及岛，更张良在兹。鸡口与牛后，趋舍君自知。我亦丈夫也，李杜彼为谁。谁明六义要，以起一时衰。①

此诗堪称一部简明的日本汉诗史，历来为学者们所重视。在此基础上，后来俞樾（1821—1907）在《东瀛诗选·序》中正式地把江户时代的诗学概括为"二变三期"②。影响最大的莫过于第二期（1736—1780）由荻生徂徕为代表的"古文辞学派"所倡导的复古运动，极力推崇李攀龙，诗学观亦与李、王如出一辙。之后的第三期，日本士人们开始集中批判此论调，倡宋诗以矫弊。淡窗正是生活在这个祧唐祢宋的阶段。淡窗师从龟井南冥、龟井昭阳学诗，而此二位又是"古文辞学派"之后继，因此淡窗在年少时接受的是古文辞的格调诗论。到其18岁时，借阅了《唐宋诗醇》之后发出这样的感慨："予于是恍然始悟诗道广大，明诗唐诗之外有中晚，中晚之外有宋，皆非可舍弃者。"③

淡窗的诗风为之一变，表现在诗论上即不界分时代，于是清诗也被独立地加以承认，极力地肯定了清诗的价值。"先哲云：清人之诗为学唐诗之阶梯。此言当取。清诗巧用典，巧取对，巧议论，读之使人生趣向。但有时落理窟处，读者须有其心得。"④ 淡窗指出，虽然清诗有时会有陷入"理窟"的缺点，但同时肯定了清诗长于用典、对仗、议论的长处，瑕不掩瑜。同样的论调在《题新刻张船山诗后》又加以申述：

夫诗道盛于唐，后世虽有作者，不能胜而上之，是犹百世不毁之祖庙也。过此而往，次第祧之。清诗犹祢也。清诗新于立意，巧于用事，

---

① 《远思楼诗钞初编》卷上，[日]广濑淡窗著，张宇超编译《广濑淡窗汉诗集》第37-38页，上海大学出版社，2018年。
② 可参看《日本古代诗学总说》，收入张伯伟《中国诗学研究》第352页，辽海出版社，2000年。
③ [日]广濑淡窗《怀旧楼笔记》卷八，嘉永三年（1850）刻本。
④ 《淡窗诗话》卷下，载《广濑淡窗汉诗集》。

读之令人生趣向。故今人学诗，以唐为奥堂，清为阶梯。宋也元也明也，旁及而节取之，则庶几矣。①

提倡真情、反对模拟的张问陶是淡窗喜爱的一位清代诗人，借其诗集在日本重新刊刻作序之时，表达了对清代诗歌的推崇。相对于中晚唐诗、宋诗和明诗，淡窗明确地给予了清诗极高的地位。因此，淡窗在回答门人中川玄佳关于"作诗之要以何为先"时便答曰："若于中晚唐之中，择稳秀之诗，朝夕讽咏之，大益于学者。晚唐之诗及清人之诗，读者最即效。"② 指导初学是日本诗话的突出现象之一③。《淡窗诗话》是对门人们学习汉诗解惑释疑，指导性更强。淡窗这里把晚唐诗及清诗作为"最即效"的方式推荐给了初学门人。《读徒然草六首》其四亦云："开天岂不美，中晚勿相捐。"④ 同样中晚唐之诗同盛唐诗一样不可废。由此可见，淡窗是把中晚唐诗、清诗作为学习唐诗（尤其是盛唐诗）之阶梯的。

甚为有趣的是，友人帆足万里（1778—1852）在给淡窗的汉诗集《远思楼诗钞初编》作序时对清诗大加贬斥，云：

> 余平生不喜读清儒诗文，彼其毁弁左衽以从胡狄之俗者，非中心乐为之也。盖过时不祥，无所托身而然也。上之不能有夷齐西山之节，下之又无鲁斋行己之义。不过从事科第，弋取富贵，以为妻孥之养也。中已不自慊，故发为文辞者，其气萎靡不振，其言流遁不反。优游自逸，以鸣其豫耳。其趋虽卑，其情亦可悯也。至东方之人，进退不累于道，趋舍不衡于虑，而其言诗或喜保清儒，岂取其新出少知以夸人？抑亦意有所陷溺，而不自觉也？⑤

帆足和淡窗被尊为"丰后三贤人"⑥，同时代、同家乡、同接受古文辞派

---

① [日] 广濑淡窗《淡窗小品》卷上，安政二年（1855）刻本。
② 《淡窗诗话》卷下，载《广濑淡窗汉诗集》。
③ 张伯伟《中国古代文学批评方法研究》第523页，中华书局，2002年。
④ 《远思楼诗钞初编》卷上，载《广濑淡窗汉诗集》。
⑤ 《远思楼诗钞初编》卷首，载《广濑淡窗汉诗集》。
⑥ 另一位为三浦梅园（1723—1789），时代较帆足及淡窗早。

的学说，但是帆足秉承儒家"道"的原则，认为清儒大节已失，因而清诗亦不足取。当时的日本诗坛，有对清诗认同者，亦有排斥者。清朝文化实乃中国文化，非"胡"文化，此点最为关键，因此淡窗似更有识、更显得豁达。作诗首当学清诗，在江户时代后期逐渐成为日本学界和诗坛世人们的共识①。实则淡窗又有不同，正如前文所述，淡窗是在不界分时代的诗学观下提出清诗的独立地位的，如果局限清诗，那么又是囿于一隅，便会失去其正。这也是《淡窗诗话》中反复警诫门人之处。

## 二、清诗吟咏当代性情

吟咏情性，这一古老的诗学命题在《淡窗诗话》中又被赋予了新的时代内涵。它是淡窗衡量诗歌的标准，亦是看重清诗的又一大因素。前引《论诗赠小关长卿中岛子玉》中言："歌诗写情性，实随民俗移。风雅非一体，古今固多岐。作家达时变，沿革互有之。"诗歌抒写情性，所以会随着风俗民情的变动而改变。这是淡窗坚持了中国传统诗学的看法。人情、性情可以说是千差万别，而不会是千人一面的，应该从自然生活实际入手，用诗歌来描写当代人的性情。于此，吟咏情性便具有了新的时代特征。

各时代有不同之人情，而清代与淡窗所处的时代相同，人情相近，所作之诗也往往与清人相合。"余有眼疾，不多读书。及得诗句，或与古人暗合，率清人也。元明以上则鲜矣。盖我之与清，时代相接，人情亦近，故发于言者，不期然而然也。"②淡窗正是秉承吟咏情性这一指针来鉴赏诗歌的。这也是与帆足万里以"道"来审视清诗的不同处所在。与万里侧重"道"不同的是，同样作为儒学家的淡窗却把儒家"温柔敦厚"的原则归结为"情"：

> 诗文之道，于文主述意，于诗主述情。故无情之人必不能作诗，虽作亦不成诗。如此之人，虽曰方正断严之君子，其行事必有不尽人情之处。孔子曰："温柔敦厚，诗教也。""温柔敦厚"四字，唯形容一"情"字。是所以予使弟子学诗之处。吾子好诗，故谈及此，慎之，勿与门外

---

① 张伯伟《清代诗话东传略论稿》第 262 页，中华书局，2007 年。
② 《题新刻张船山诗后》，载《淡窗小品》卷上。

汉言之。①

矫揉造作，无真情可言，这是淡窗对于当时江户诗坛那些拟古诗人批评的着眼点。淡窗以是否表现性情作为重要的艺术标准，应不执着一端，对于唐宋明清四代之诗无所偏颇。而清诗具有抒写当代性情这一特性，这种当代的现实性书写成为淡窗指导门人初学入门之快捷方式。

淡窗一方面坚持了"主性情"的传统，另一方面又"重学问"："学诗者，务养其才识。养才在推敲锻炼间，养识在熟读古人之诗中。"② 对于"学"的重视，自宋人以来，逐渐成为明清诗学中的一个焦点问题。严沧浪"诗有别才，非关学"的观点在后代影响颇为深远，清代诗学有谓"学人之诗"与"诗人之诗"者，乃是围绕这一话题而展开。至晚清李慈铭拈出"诗人之学"最为有识，不再机械地区分"学人"与"诗人"，而强调诗人绝不能不读书，但也不必然要读到如学者那样的专门程度③。淡窗也持这样的看法，他十分提倡读书，把当时日本诗坛流行模拟明七子诗风的症结也归结到读书上。"我邦之人读书不多，故无见识，专以模拟别人为意，名之曰矮人观场。"④ 淡窗结合日本诗坛实际情况，指出专门学习某一诗家的弊端，强调广泛的学习与阅读，转益多师而熔铸会通，可以说代表了折中学派的诗学主张。袁枚在当时诗坛提倡性灵诗说，但较之清代其他诗学主张而言，袁枚此说实际上是一种诗歌写作方式的提倡，而非理论的创见。他通过自己的写作实践在当时诗坛引领起一股"性灵诗潮"。按照这样的看法，袁枚倡导抒写性灵，主学识，可以说与淡窗的诗学主张是不谋而合。但是淡窗对于当时学清之人仅学袁枚一家则表示非常不满，其弊在偏于一端，而缺乏多方的学习。

## 三、清代诗人诗体论

淡窗认为学诗当"转益多师"，博而能约，才不会被蒙蔽，才足以写成好

---

① 《淡窗诗话》卷上，载《广濑淡窗汉诗集》。
② 《淡窗诗话》卷下，载《广濑淡窗汉诗集》。
③ 可参看（清）李慈铭著，张寅彭、周容编校《越缦堂日记说诗全编·前言》第18-35页，凤凰出版社，2010年。
④ 《淡窗诗话》卷下，载《广濑淡窗汉诗集》。

诗。但在漫漫历史长河的诸多诗人中，淡窗亦有其所推重的诗人：

> 尝就其所好，择十二名家，曰：杜甫、李白、王维、韦应物、韩愈、柳宗元、苏轼、黄庭坚、杨万里、陆游、王士禛、张问陶。皆就时代，自为配比。后增四家：曰陶潜、孟浩然、白居易、蒋心余，而后所好始全。后就其十六人定其次席，第一位少陵，二位东坡，三位青莲，四位渊明，五位昌黎，六位乐天，七位右丞，八位柳州，九位放翁，十位渔洋，十一位山谷，十二位忠雅堂，十三位苏州，十四位船山，十五位襄阳，十六位诚斋。①

从中我们可以看到所列 16 位诗人中，晋代 1 位，唐代 8 位，宋代 4 位，清代 3 位。

单就清代而言，所推崇的即王士禛、蒋士铨及张问陶。在《淡窗诗话》中没有对蒋士铨、张问陶的评价之语，而王士禛的评语较多，其实这与淡窗的诗学观接近神韵说有关。王掞在《诰授资政大夫经筵讲官刑部尚书王公神道碑铭》中对渔洋之诗有所揭橥，谓：

> 公之诗，笼盖百家，囊括千载，自汉、魏、六朝以迄唐、宋、元、明，无不有以咀其精华，探其堂奥。而尤浸淫于陶、孟、王、韦诸公，独得其象外之旨，意外之神，不雕饰而工，不锤铸而炼。极沉郁排奡之气，而深造自然，尽镌刻绚烂之奇，而不由人力。②

无论是学宗百家也好，还是尤喜陶、孟诸公也罢。作诗从自然中来，不以人工雕饰，这些看法都可谓渔洋与淡窗是一致的。淡窗在《诗话》中亦将自己之诗作与渔洋做比较，曰："王渔洋题露筋祠，而不云守节之事，乃避熟套也。予谒营庙诗亦不云迁谪之事，亦乃避熟套。"③ 淡窗崇尚含蓄风趣，一唱三叹。此处引王渔洋诗乃证明写景要"避熟套"。风神也好，气格也好，都

---

① [日] 广濑淡窗《六桥记闻》卷八，嘉永四年（1851）刻本。
② （清）王士禛撰，孙言诚点校《王士禛年谱》第 102 页，中华书局，1992 年。
③ 《淡窗诗话》卷下，载《广濑淡窗汉诗集》。

是大同小异的,只有避开熟套,才能在整体诗境上出新。

此外,关于沈德潜,淡窗则注重其诗学观点加以评论,肯定其选诗之功。"沈德潜乃于诗有功之人。其著述《唐诗别裁》《明诗别裁》《国朝诗别裁》,皆有益于学者,批评之中启发人意处多也。"① 关于袁枚,除上引材料所表现的不满之外,《淡窗诗话》中再无其他论述之语,但仍可从他处加以勾勒:

> 袁子才讥宋元诗为诗中文。予谓宋元虽坠理窟,犹有真率之趣,悠永之云,性情未离,不失为诗。清人往往以议论为诗。反复辨难,无复余蕴,其去性情愈远,则纯乎文矣,非诗也。子才其可不自省乎?②

这里淡窗又对袁枚"宋元诗为诗中文"的观点进行了反驳,认为宋元诗未离性情,不失为诗,而包括袁枚在内的清人之诗以议论为诗,去性情更远,所以是"文"而不是"诗"。实际上,强调真性情,正是袁枚的一贯主张。淡窗这里只是欲通过引述袁枚诗论而欲凌驾其上。其实,这段话还是源于淡窗对世人仅学袁枚的不满而加以驳斥。淡窗无论是谈性情,还是谈学问,都与袁枚暗合,可以说受到了《随园诗话》不小的影响。当然,这倒并不是说淡窗剽窃了袁枚的论点,而是淡窗在熟稔清代诗学后形成了自己的"新"认识,反过来也印证了所得多与清人相侔之意。

在诸诗体中,淡窗尤重清人之七绝。"七言绝句,清人极长,必有新趣向。若读之,使人亦生趣向。予每作七绝,必先披阅清人诗一卷而例之。"③ 他认为清人最为擅长的便是七言绝句,其中往往又包含着新的趣味。这样的看法与当时的清代诗坛的实际情况可能存在着差异。但绝句篇幅短小,多用于抒写诗人在瞬间的、片段性的生活感受。这一瞬间的感受有时也比较复杂,不一定能为四句话概括得尽,更何况一般还要用一两句话来交代缘由。因而绝句也很少像律诗那样正面地刻画心理活动,往往采取"避实就虚"的手法,借助于侧面烘托或一点深入来揭示人的情思,求得以少胜多的艺术效果。由于绝句具有这样的特点,便形成了它在意境上讲求含蓄深远的作风。

---

① 《淡窗诗话》卷下,载《广濑淡窗汉诗集》。
② 《淡窗小品》卷上。
③ 《淡窗诗话》卷下,载《广濑淡窗汉诗集》。

真切、自然、有风神，正符合淡窗的诗学标准。因此，长于绝句的王士禛便再一次被淡窗所推重。"渔洋之七绝，乃李白、王昌龄以后始见之也。"① 李白、王昌龄是公认的唐代七绝圣手，渔洋又作为清代长于七绝的代表者加以表彰。这又与当时清代诗论家的观点是不谋而合的。如朱庭珍云："阮亭先生长于七绝，短于七律。以七绝神韵有余，最饶深味；七律才力不足，多涉空腔也。"② 不光是淡窗偏爱此体，当时日本诗坛亦如此是："当今于三都流行之体，无盛于七绝。"③ 直至现代，渔洋《再过露筋祠》等七言绝句仍被作为其代表作而备受读者喜爱。

究其原因，大概有以下两个方面。其一，便于初学。淡窗有言：

> 学诗之前后，童子无学之辈，先学绝句、次律诗、次古诗。若学力既备而后学诗者，则由古诗入而及律绝。若先古诗后律绝，由本及末，则顺；若先律绝后古诗，由末及本，则逆，不如事之顺。然古诗非学力不能作，故不得不先律绝，亦所谓倒行逆施也。④

童子无学之辈首当从绝句进殿堂。其二，与日本和歌重视简洁精巧有关。淡窗伯父广濑日化、父亲广濑桃秋均是有名的学者和歌人。淡窗在讲经之余，也喜作和歌和汉诗。和歌的写作讲究短小精练，往往通过极少的词语来展现无穷的意蕴，不会直接表现，而需要读者来体味。和歌的美学追求可以说与中国诗歌七言绝句是最为接近的，都讲求言有尽而意无穷。因此，淡窗特别偏爱绝句，就在于其蕴藉含蓄，精练巧致。

## 结　语

清代历来有神韵、格调、性灵、肌理四大诗观之说，诚能概括一代诗学之盛。然而四大诗说的性质实际并不相同：格调说旨在承旧，性灵说易发写

---

① 《淡窗诗话》卷下，载《广濑淡窗汉诗集》。
② （清）朱庭珍《筱园诗话》卷三，郭绍虞编选，富寿荪点校《清诗话续编》第2385页，上海古籍出版社，1983年。
③ 《淡窗诗话》卷上，载《广濑淡窗汉诗集》。
④ 《淡窗诗话》卷上，载《广濑淡窗汉诗集》。

诗之兴，因此前者讲究温柔敦厚之旨而无偏颇，宜为初学的教科书，后者则在当时鼓动起一场盛大的诗潮，其长处实际皆不在理论的新创。王渔洋的神韵说与翁方纲的肌理说最具论学之质，王说立足五言而尽出其妙绪，翁说着意长篇而畅通其文、理之脉。有清一代诗学之学理，端赖渔洋、覃溪两家之实质性推动，而进入一个崭新的境界。清代诗学流传至日本，江户时代的折中派代表广濑淡窗大力倡导对清代诗歌的学习，身体力行，其诗歌创作也获得了时人"渔洋风致"①"神似渔洋"②的赞誉，可见其对清代诗学尤其是渔洋诗学的倾心。王渔洋不但成为清代中后期诗人观摹学习的典范，而且远播域外，足见其影响之深。

张宇超　上海大学文学院副教授

---

① 《隈川杂咏五首》，[日] 广濑淡窗著，张宇超编译《广濑淡窗汉诗集》第 19 页，上海大学出版社，2018 年。

② 《御风主人觞予于那珂川上赋赠》，[日] 广濑淡窗著，张宇超编译《广濑淡窗汉诗集》第 116 页，上海大学出版社，2018 年。

·朝鲜半岛汉学研究·

# 朝鲜古代诗学思想史研究的文体意识[*]

王 成

**摘 要**：关于朝鲜古代诗学思想史研究，充分考虑所使用文献的文体特征、文体属性，是学界目前需要重视的问题。诗话、序跋、书札作为研究朝鲜古代诗学理论的代表性文献，因文体性质、属文对象、创作背景等的不同，呈现出较大的差异性，具有各自文体的独立功用。将诗话、序跋、书札等文体的使用专业化、精细化而非笼统化、模式化，是提升朝鲜古代诗学思想史研究的有效途径。

**关键词**：朝鲜 诗话 序跋 书札 思想史 文体意识

作为中国古代文论重要形态的诗话、序跋、书札等文体，同样也是朝鲜古代诗学思想研究的重要载体。近年大陆学界关于朝鲜古代诗学思想的研究取得了较为突出的成绩，如李岩《朝鲜诗学史研究》、张振亭《朝鲜古典诗学范畴及其批评体系》[①]等著作，从不同角度对朝鲜古代诗学进行研究。毫无疑问，现今的研究成果，无论是视角的选取还是研究的广度都令人关注、值得后学学习。但也存在诸多问题，传统的朝鲜古代诗学研究多将诗话、诗论、序跋等文体作为研究材料或者载体，并未细致区分不同文体、不同文本的功能特点，基本处于各自为战的状态。对朝鲜古代诗学思想的研究，应该加强文体意识，根据不同文体的性质，采取相应不同的研究方法，进行精细化研

---

[*] 本文为国家社科基金项目"韩国古典散文与中国文化之关联研究"阶段性成果，批准号14CZW038。

[①] 李岩《朝鲜诗学史研究》，山西人民出版社，2016年；张振亭《朝鲜古典诗学范畴及其批评体系》，人民出版社，2018年。

究。因此，有必要在反思传统研究范式缺憾的基础上，重构朝鲜古代诗学思想史的研究路径。

## 一、诗话文献与朝鲜古代诗学思想史研究

诗话之体源于欧阳修《六一诗话》，历经宋元，于明清时期达到鼎盛。欧阳修指出其创作目的是"以资闲谈"①，司马光效之作《温公续诗话》，认为"诗话尚有遗者，欧阳公文章名声虽不可及，然纪事一也，故敢续书之"②，表明诗话最初的创作宗旨是记录有关诗歌的故实。尽管随着时代推移、文学演变，诗话内涵越来越丰富，但其核心特征即"纪事"仍然是我们考察诗话内涵的重要维度。

朝鲜古代诗话受中国诗话影响而产生，已成公论。朝鲜古代诗话大多遵循了欧阳修《六一诗话》"资闲谈""重纪事"的创作宗旨，采用语录随笔体进行叙述，重视对诗坛逸事的掇拾、对诗歌创作的记述、对诗人本事的描摹等，寓诗论见解于闲谈、叙事之中，体制灵活，语言浅近。这从朝鲜诗话撰著者的表述即可看出，高丽朝崔滋《补闲集序》云："强拾废忘之余，得近体若干联，或至于浮屠儿女辈，有一二事可以资于谈笑者，其诗虽不嘉，并录之"③ "欲集琐言为遣闲耳"（《补闲集》卷上）④。朝鲜朝评论家洪万宗选编《诗话丛林》时言其目的："第于其间亦载朝野事迹、闾巷俚语，篇帙浩汗难于记览。于是合诸家所著，而专取诗话辑成一编，名之曰《诗话丛林》。凡上下数百载骚人墨客山僧闺秀名章警句，备录无遗。"⑤ 这些材料表明，朝鲜诗家重视诗话的纪事功能。诗话文体与朝鲜诗学思想史研究，呈现出密切互动关系。

首先，朝鲜古代诗话常常记述文人交游、文坛掌故等，对当时文坛有还原、再现的作用，具有现场感与真切性，为朝鲜诗学思想史研究的历史感提

---

① （宋）欧阳修《六一诗话》，载何文焕《历代诗话》（上册）第264页，中华书局，1981年。
② （宋）司马光《温公续诗话》，载何文焕《历代诗话》（上册）第274页，中华书局，1981年。
③ 蔡美花、赵季主编《韩国诗话全编校注》（第1册）第62页，人民文学出版社，2012年。
④ 《韩国诗话全编校注》（第1册）第68页。
⑤ 洪万宗编撰，赵季、赵成植笺注《诗话丛林笺注》第21页，南开大学出版社，2006年。

供了证据支撑。朝鲜宗室李遇骏《古今诗话》十多则条目描摹了朝鲜文坛盛行雅集之风，为节省文字，仅引一则为例：

近世洛中人耽吟词律，争事酬唱。每枫秋花辰，发书招邀，提壶榼，挈丝竹，遍游于湖亭林园之上，各以别号称题，竞以佳句传播，赞拟杜陵，藐视苏黄，互相追逐，以此成俗，亦一流弊也。年前名士家子弟十余人，盛设供帐，为诗会于荡春台，以夜续画，止宿于僧伽寺。铺香砚，展锦轴，狂吟乱唱，旁若无人，联幅累牍，盖百有余篇。有一过客弊衣破冠，斗然而来，睨而视之，若有所知焉。座中人异之，问曰："能饮乎？"曰："能。"乃斟大酌饮之。又问："能诗乎？"曰："不能。"座中一人厌苦，欲逐之，戏侮而言曰："君之辞不能者，必过谦也。请阅吾辈所作，评定优劣，更次一韵，以助我今日之欢，如何？"曰："不敢不敢。"诸人强之不已，乃引轴一览讫，竟无一字评骘，索小纸一片，细书四韵一律，飘然下堂而去，有不能挽也。①

文人雅集有着悠久的历史，中国古代曾出现了金谷雅集、兰亭雅集、玉山雅集、西园雅集等著名雅集活动。雅集之风在朝鲜古代文人圈也普遍盛行，上引材料指出朝鲜洛中地区的人耽吟诗律、喜好酬唱，每每呼朋引伴，各以别号称题，附庸风雅，反倒成了文坛一弊。朝鲜名家子弟十余人曾诗会于荡春台，夜宿僧伽寺，"狂吟乱唱"，连篇累牍至百余篇，一过客在众人再三逼迫、嘲讽之下，留诗一首而去，"一座环视，无人解其义者，字亦多不通"②，众人怅然若失，回家后翻阅《韵府》《字汇》等典籍，方知过客所作之诗为《咏鸡儿》，"盖其意以诸人比之于鸡儿，谓其方在于始乳之初"③。说明普通人也可能有扎实的文学功底，而附庸风雅、沽名钓誉者终究成为笑料。

其次，朝鲜古代诗话关于诗文的鉴赏、考辨，既提高了读者的阅读兴趣、增长了知识，也为朝鲜诗学思想史研究提供了鲜活的素材。朝鲜古代诗话包含大量关于诗文的鉴赏，如朝鲜朝李瀷《星湖僿说》关于李白《独坐敬亭

---

① 《韩国诗话全编校注》（第 10 册）第 8381 页。
② 《韩国诗话全编校注》（第 10 册）第 8382 页。
③ 《韩国诗话全编校注》（第 10 册）第 8382 页。

山》、杜甫《八哀诗》，申昉《屯庵诗话》关于陶渊明《四时词》，申景浚《旅庵诗则》关于李白《公无渡河》，金泽荣关于王昌龄《出塞》等诗歌的赏析，涉及诗歌源流、诗歌审美风貌、字词考证、诗句鉴赏等，具有很高的审美鉴赏价值。下面节选申景浚《旅庵诗则》关于李白《公无渡河》的部分赏读文字，略做说明。

  其首云"黄河西来决昆仑"，夫昆仑，天下之大山，而"决"之云，则其出之远而壮也。次云"咆哮万里触龙门"，咆哮，则其声之雄也；万里，则其流之长也；触龙门，则其势之悍也。此两句极道河之难渡之形也。次云"波滔天，尧咨嗟"，此言难以帝尧之圣，而见滔天之波，则犹发咨嗟之声也。次云"大禹理百川，儿啼不窥家"，此言亦以大禹之才，而当理川之时，则难过其门外，闻其儿啼而未及窥见，其艰难惶急之状可知也。次云"杀湍湮洪水，九州始蚕麻"，此言九州之大，方其泛滥之际，不能蚕麻，而及其杀湍之后始得蚕麻，则其为凶害亦大矣；而于"始"字，可见其害之久而治之难也。次云"其害乃去，茫然风沙"，此盖上面六句既高唱，极道古神圣难于河之说。而至此却低声唏嘘，而以寓其感嗟茫苍之意。此诚千古攻原之绝调也。……①

  申景浚《旅庵诗则》对李白《公无渡河》全诗二十句均做了细致的鉴赏，限于篇幅，我们仅节选了其中前十句赏读文字。申景浚对于前二句诗采用的解读方式是先阐释词语的意义，然后据此概括整个诗句要表达的内容。通过申景浚的解读，能够感受出李白是以突兀惊呼之语，写出了黄河刹那间冲决万物的力量和气势。虽只寥寥两笔，就于"昆仑""龙门"的震荡声中，展现出了"西来"黄河的无限声威。申景浚对接下来四句诗的鉴赏，则是从整体审美角度进行。他指出"波滔天，尧咨嗟"两句是帝尧"犹发咨嗟之声"，确实是参透了诗句的深层含义。滔天巨浪吞噬了无数百姓，三言短句，是帝尧的浩然叹息之音，听来愈加激切。申景浚关于第七、第八句诗的赏析，是先整体，然后突出个别词语于诗歌意义的重要推动作用；关于第九、第十

---

① 邝健行、陈永明、吴淑钿《韩国诗话中论中国诗资料选粹》第182-183页，中华书局，2002年。

句诗的赏读，则是先对上文进行总结，然后再对这两句诗作细致剖析。这段鉴赏文字，逻辑清晰，重点突出，深具审美意识。此类文字在朝鲜古代诗话中比比皆是，不再一一列举。

最后，朝鲜古代诗话反映出文坛的发展状况、文学思潮等，对于构建朝鲜古代诗学思想史具有重要意义。如关于朝鲜古代词文学发展状态的思考，朝鲜朝中期许筠《鹤山樵谈》云"我国音律不同中原，固无作歌词者"①，洪万宗《小华诗评》曰"我东人不解音律，自古不能作乐府歌词"②、《旬五志》言"我东人不解音律，自古不能作乐府歌词"③，朝鲜朝后期李圭景《诗家点灯》言"我东素无词体，好事者或剽窃抄袭，专事依样，全无强调"④，等等，均指出朝鲜古代词文学不发达的原因在于文人不懂音律，而词又属于音乐文学，讲究韵律。朝鲜学者对此亦有不同的主张，宣祖、仁祖年间申钦《晴窗软谈》云："我朝人不得为词，言者以为声音与中国异，虽强之，必不似。余以为不然。声音出于自然，非有中国、外国之限。言词殊而押韵则同，推一而可反其隅。特我国之为诗者华藻不足，无以为词。声音之异，非所患也"⑤，申钦认为文人辞藻不够华丽是导致本国词文学不够发达的主要原因。上述材料表明，朝鲜古代文人已经具有了辨体意识，能够对本民族文学发展进行认真的思考。

诗话是一种包容性很强的文体，讨论诗学理论是其题中应有之义，这也是目前学界关于朝鲜古代诗话研究的重要维度。但诗话的价值不应该局限于诗学思想研究领域，其展示文人交游、真切感受诗学活动现场、提供诗歌鉴赏与考辨，以及对诗学观念、文坛现象等的过程性展示与立体式考察，是其区别于其他文体的显著标识，因此成为朝鲜诗学思想史研究的独特文体，具有不可替代的研究价值。

---

① 《韩国诗话全编校注》（第 2 册）第 182-183 页。
② 《韩国诗话全编校注》（第 3 册）第 2320 页。
③ 《韩国诗话全编校注》（第 4 册）第 2538-2539 页。
④ 《韩国诗话全编校注》（第 7 册）第 5866 页。
⑤ 《韩国诗话全编校注》（第 2 册）第 1403 页。

## 二、序体文献与朝鲜古代诗学思想史研究

序体文主要分诗序、赠序、寿序、家谱（族谱）序等类型，而诗学思想集中体现在诗序之中。朝鲜古代诗序不仅阐释作者的诗学思想，更多地体现出"影响的焦虑"下朝鲜文人对于本国文坛现状、未来发展趋势等的认知。

朝鲜古代文人始终以振兴本国文学为己任，不断对本国文坛进行反思。他们以发展的眼光看待文学演进的自身特点、规律，这在诗序中有着集中而鲜明的体现。如朝鲜朝徐居正提出"代各有文，而文各有体"的文学发展嬗变观，其《东文选序》曰：

> 代各有文，而文各有体。读典谟，知唐虞之文。读训诰誓命，知三代之文。秦而汉，汉而魏晋，魏晋而隋唐，隋唐而宋元。……近世论文者，有曰宋不唐，唐不汉，汉不春秋战国，战国不三代唐虞。此诚有见之论也。……是则吾东方之文，始于三国，盛于高丽，极于圣朝，其关于天地气运之盛衰者，因亦可考矣。①

每一时代都有体现时代特色的文学样式，呈现出代嬗的发展变化规律；每一作家亦有各自的创作风貌，有擅长的文体，借以抒发各自的情感、心志。在如此思想观念观照下，朝鲜文人常将本国文学发展与中国文学相比较，在各类序文中总结本国文学的特点与不足，以及与中国文学存在的差距：

> 我东文章，何敢望中华？然污隆之机，亦自略同。在昔盛时，士之攻文者，举皆本源经术，以理趣为主。故其为文，类多平实易直，词不足而意有余。自数十年来，学者厌常喜新，多为奇邪僻异之习，华日以胜，实日以凋，骤听其言，真若可以轶唐宋而上之；徐而察之，栀蜡之色泽耳，文之敝也极矣。（张维《八谷集序》）②

---

① 徐居正《四佳集》，载韩国民族文化推进会编《韩国文集丛刊》（第10册）第248页，首尔：景仁文化社，1994年。
② 张维《溪谷集》，载韩国民族文化推进会编《韩国文集丛刊》（第92册）第111页，首尔：景仁文化社，1992年。

我东人之诗文，启自唐季，其始丽缛而已。豪杰代有，沿流溯源。至于国朝，馆阁荐绅先生以经训理趣为尚，而取裁于韩、苏，则典刑备矣。近代诸巨公力去陈言，视古修辞，追轨乎左、国、马、班，则变化见矣。然而本经者苍卤而近俗，骋辞者钩棘而类俳，求其合而一之，融而超之，蔚为一代宗匠，而无愧古昔立言者。（李植《溪谷集序》）①

　　盖尝谓我东之文，其不及中国者有三：肤率而不能切深也，俚俗而不能雅丽也，冗靡而不能简整也。以故其情理未晢，风神未畅，而典则无可观。若是者，岂尽其才之罪，亦其所蓄积者薄，所因袭者近，而功力不深至耳。（金昌协《息庵集序》）②

　　张维、李植、金昌协作为朝鲜朝中期文章巨匠，在文坛有着举足轻重的地位。他们认识到本国文坛的发展历程、阶段性特点以及文坛存在的各种弊端。张维虽认为本国文学创作不如中国，却肯定朝鲜本国文坛在发展上的某些特点。在诗道盛衰方面，中朝两国文坛是有相似之处的，均经历了由盛而衰的发展过程。朝鲜文坛在兴盛之时，文人们能够深扎经史，为文以理趣为尚，后来则发生了变化，辞藻越来越华美，思想内容却越来越浮华，文风弊端严重。李植指出朝鲜文学创作最初以"丽缛"为主要特征，直到朝鲜朝开始"以经训理趣为尚"，学习韩愈、苏轼，尤其是朝鲜朝中期，文人们力去陈言，学慕古人，"追轨乎左、国、马、班"，取得了较高的艺术成就，但也存在"本经者苍卤而近俗，骋辞者钩棘而类俳"的弊病。金昌协直接指出朝鲜文学在语言、风格、深度等方面不如中国，由于这些方面的差距，导致情理、风神、典则等存在问题，影响了朝鲜文学的健康发展。

　　同时也要注意，朝鲜古代诗序每一篇都是相对独立的作品，需要将其作为独立的文本进行阅读、研讨，深入分析其结构、脉络，在具体语境下探讨其思想旨归。朝鲜朝许筠撰写了数十篇各种类型的序文，包括诗文序、选本序、寿序、家谱（族谱）序等，其中诗文序、选本序集中反映了他的诗学思想。当今学者研究许筠时，充分利用这些序体文献归纳、总结其诗学理论主

---

① 李植《泽堂集》，载韩国民族文化推进会编《韩国文集丛刊》（第88册）第339页，首尔：景仁文化社，1992年。

② 金昌协《农岩集》，载韩国民族文化推进会编《韩国文集丛刊》（第162册）第152页，首尔：景仁文化社，1992年。

张,这无可厚非,却忽略了这些序文作为独立文体的个性化问题。如果将许筠的诗文序与选本序区分开去仔细辨析,会发现很多不一样的问题。许筠的诗文序与选本序均能够不同程度地折射出他的诗学思想、理论主张,但文章在结构安排、思想旨归、现实效果收益等方面却存在一定的差异。《石洲小稿序》是许筠为友人权韠诗集所作,文章开篇曰:

> 吾友权汝章,弱冠工为诗,其高可出于古人,而世未之贵重焉。余每称今之最能诗者,必曰汝章汝章。闻者始而怪,中而笑,终而信之,亦不知其所至深浅也。一日,洪鹿门问曰:"汝章诗,在国朝,可方何人?"余曰:"金文简不得当也。"鹿门瞠而骇曰:"毋妄言。"余窃笑之曰:"占毕,特国朝大家,人所称说,故姑以方之。"①

许筠通过自己时常提及权韠,以及与友人一问一答的对话,引出对权韠诗歌艺术成就、文学史地位的评论。《题黄芝川诗卷序》是许筠为黄廷彧诗集所作序,文章开篇曰:

> 盖余少日及见芝川翁,其持论甚倨,谈古今文艺,少所许,而至我国诗则尤不齿论。如容斋而目为太腴,李达而指为模拟,其下概可知矣。唯推朴讷斋祥为不可及,而湖阴、苏斋稍合作家。②

许筠通过回述黄廷彧对朝鲜本国文人的种种评论,引出关于黄廷彧诗文风格的认知。上面论述可见,许筠的诗文序通常采用先作铺垫,然后进入论述正题的方法。

许筠的选本序则选择与诗文序不同的结构安排,往往于文章开篇即亮出诗学主张:

> 尝谓诗道大备于三百篇,而其优游敦厚足以感发惩创者,国风为最

---

① 许筠《惺所覆瓿稿》,载韩国民族文化推进会编《韩国文集丛刊》(第74册)第172页,首尔:景仁文化社,1996年。
② 《惺所覆瓿稿》,载《韩国文集丛刊》。

盛。雅颂则涉于理路，去性情为稍远矣。汉魏以下为诗者，非不盛且美矣，失之于详至宛缛，是特雅颂之流滥耳。（《题唐绝选删序》开篇）①

明人作诗者，辄曰吾盛唐也，吾李杜也，吾六朝也，吾汉魏也。自相标榜，皆以为可主文盟。以余观之，或剽其语，或袭其意，俱不免屋下架屋，而夸以自大，其不几于夜郎王耶？（《明四家诗选序》开篇）②

诗至于宋，可谓亡矣。所谓亡者，非其言之亡也，其理之亡也。诗之理，不在于详尽婉曲，而在于辞绝意续。指近趣远，不涉理路，不落言筌，为最上乘。唐人之诗，往往近之矣。（《宋五家诗钞序》开篇）③

选本序比诗文序在观点表达上显然更为鲜明、直接，也更为真实、可靠。这主要与文章的创作背景、属文对象等存在密切关系，诗文序一般是受人所托而作，作序者要考虑多方面的因素，难免有所顾虑，在论述诗学话题时常常留有余地。选本序主要是为自己编纂的诗文选集而作，要让人们充分了解到选本的价值、主旨等，观点就要鲜明、直接，不能有丝毫犹豫，最好的方式就是开门见山，先声夺人。

对于每一序体文文本的解读都应将其视作一个独立的存在，充分认识到它是作者为了实现某种创作目的而精心结撰的产物，强调什么，淡化什么，突出什么，回避什么，作者均有其叙述策略的考量。面对这些文本时，既要关注文学思想层面，又必须充分顾及作者所要传达的真实的创作意图。在二者之间反复思考、辨析，以期得出符合作者思想旨归、文本内涵的结论。

## 三、书札文体与朝鲜古代诗学思想史研究

朝鲜古代文人创作了大量论诗书札，如李奎报《答全履之论文书》《与金秀才怀英书》、林椿《与皇甫若水书》《与眉叟论东坡文书》、南公辙《与成校理大中论文章书》《与金国器载瓛论文书》、成俔《与栐功书》、申维翰《与任正言璞论文书》《叙与尹太学士淳论文事》、张维《答人论文》、洪良浩

---

① 《惺所覆瓿稿》，载《韩国文集丛刊》。
② 《惺所覆瓿稿》，载《韩国文集丛刊》。
③ 《惺所覆瓿稿》，载《韩国文集丛刊》。

《与宋德文论诗书》、尹愭《答人论文书》、李献庆《答李台甫承延论文书》、李建昌《答友人论作文书》、金泽荣《答人论古文书》等，这些书札关于诗学问题的探讨，主要体现在两个方面：一是关于如何进行诗文创作的论述，作者往往较为详尽地阐明诗文创作的整个过程；二是关于作者阅读、创作诗文经历的描述，作者往往以身作则，以切身经验、体悟传道授业解惑。

高丽朝李奎报《答全履之论文书》云：

> 凡效古人之体者，必先习读其诗，然后效而能至也。否则剽掠犹难，譬之盗者，先窥谍富人之家，习熟其门户墙篱，然后善入其室，夺人所有，为己之有，而使人不知也。不尔，未及探囊胠箧，必见捕捉矣。①

李奎报于此探讨了效仿古人之作时熟习、贯通的重要性，他作了形象的譬喻，将"先习"与盗窃作喻，只有充分熟悉门户墙篱才能做到不被捕捉。高丽朝林椿在多封与朋友的往来书信中探讨作文与气的关系，《与皇甫若水书》指出"凡作文，以气为主"②，"气"与文关系密切："文以气为主，动于中而形于言，非抽黄对白以相夸，必含英咀华而后妙。"（《上按部学士启》）③ 这一观点在《上李学士书》有进一步的延伸讨论，《上李学士书》开篇提出："文之难尚矣，而不可学而能也。盖其至刚之气，充乎中而溢乎貌，发乎言而不自知者尔。苟能养其气，虽未尝执笔以学之，文益自奇矣"④，突出了"气"于作文的重要性，养好气，即使"未尝执笔以学之"，文章也会变得奇崛而有力量。

通过书信回复友人关于诗文创作技法的求问，往往具有很强的针对性、指向性，包含从论题到分析、得出结论这一完整、严谨的论说过程，如同一篇专题论文。朝鲜朝后期李建昌的朋友向他请求为文之法，"要以秘法相

---

① 李奎报《东国李相国全集》，载韩国民族文化推进会编《韩国文集丛刊》（第1册）第557页，首尔：景仁文化社，1992年。
② 《东国李相国全集》，载《韩国文集丛刊》。
③ 《东国李相国全集》，载《韩国文集丛刊》。
④ 《东国李相国全集》，载《韩国文集丛刊》。

示"①，李建昌作《答友人论作文书》回应，从构意、修辞等角度进行阐说。李建昌认为要想写好一篇文章，就要把握好意、辞的互动关系，不能人为地割裂二者。他强调"凡为文，必先构意"②，而意"有首尾，有间架"③，如果可以达到"首尾粗具，间架粗当"④，就可以"疾笔写之，但令联属相贯通，了了易晓，不暇用语助等闲字，不暇避俗俚语，恐亡失正意，所欲言者不载也"⑤。他认为构意也需事先做好抉择：

> 凡构意，亦宜先择之。有主意必有敌意，将以主意为文，宜别用敌意为一文。以彼攻此，主意如铠，敌意如兵。铠坚者兵自折，累攻屡折，则主意胜也。即收敌意，俘系而入之，使主意益尊以明，如或胜或败，或胜败无甚相远者，皆不足以为文，即并主意弃之。⑥

只有充分了解"意"的功能、作用后才能"意立然后修其辞"⑦，关于"修辞"，李建昌认为，"凡修辞者，欲诸美洁精而已。修前一句，勿思后一句；修上一字，勿思下一字。虽为千万言之文，其兢兢乎一字"⑧。"修其辞"时要专心致志，心无旁骛，即使是创作千万字的文章，也要精练到每一个字。意、辞要互动、融通，"以辞当意，以意当辞"⑨，如此才能写出好文章。

金泽荣《答人论古文书》是应友人"请详示为文之法"⑩的回复，他从理、气、心、性与体、法、妙、气等角度讨论写作文章时应考虑的问题。他认为理、气、心、性与体、法、妙、气是学习作诗者必须要面对的，"盖凡曰

---

① 李建昌《明美堂集》，载韩国民族文化推进会编《韩国文集丛刊》（第349辑）第120页，首尔：景仁文化社，1990年。
② 《明美堂集》，载《韩国文集丛刊》。
③ 《明美堂集》，载《韩国文集丛刊》。
④ 《明美堂集》，载《韩国文集丛刊》。
⑤ 《明美堂集》，载《韩国文集丛刊》。
⑥ 《明美堂集》，载《韩国文集丛刊》。
⑦ 《明美堂集》，载《韩国文集丛刊》。
⑧ 《明美堂集》，载《韩国文集丛刊》。
⑨ 《明美堂集》，载《韩国文集丛刊》。
⑩ 金泽荣《韶濩堂集》，载韩国民族文化推进会编《韩国文集丛刊》（第347辑）第236页，首尔：景仁文化社，1990年。

理曰气曰心曰性，圣人未尝言之于道，而后世儒者言之以明圣人之道，曰体曰法曰妙曰气。古人未尝言之于文，而后世文人言之以明古人之文"①。关于体、法、妙、气，金泽荣论述道：

> 体者，或典雅或雄浑，或简严或和夷，或幽奇之类之名也。法者，于章篇之间，起之承之，转之合之之名也。妙者，就起承转合之中，为或出或入，或纵或横，或起或伏，或吞或吐，或直或曲，或丰或赢，或长或短，或高或下，千万变化之名也。气者，鼓之荡之，跃之骤之，臭之味之，神之韵之之名也②。

"体"主要指诗文的风格，"法"主要指诗文篇章之间的结构安排，"妙"的范围相对宽广，是"千万变化之名"，"气"主要指文章的神韵，相对来说比较抽象。金泽荣的论述层层推进，形成链式论证过程，他指出"体之典雅雄浑幽奇之类，随时变易，靡有一定"③，因此，"读禹谟者，未可以非周诰；读韩愈者，未可以非苏轼矣"④。至于起承转合，"乃为文者万世不易之定法，非是则言无其序，辞不得达，而无所谓文者矣"⑤。关于"法"，"虽万世不易，而不易之中，又必有大变易，然后其法也活，而文至于工"⑥，因此才可以做到"有出入纵横长短高下之类之运用之妙，而彼出入纵横长短高下之类之妙，既皆得其必当之位"⑦，最终达到一个高超的境界。

朝鲜文人在书信中往往与友人分享自己的读书学习经历，对于朝鲜诗学思想史研究而言，无疑会提供更为广阔的视角。许筠《答李生书》开篇以时间顺序对朝鲜文坛各个历史阶段的代表性诗人、诗文风格、文学成就等作了简要勾勒，而后指出作诗为文要"博古"、要"就师"、要"温习"，"我东人不博古，故无学力；不就师，故无识见；不温习，故无功程。无此三者，而

---

① 《韶濩堂集》，载《韩国文集丛刊》。
② 《韶濩堂集》，载《韩国文集丛刊》。
③ 《韶濩堂集》，载《韩国文集丛刊》。
④ 《韶濩堂集》，载《韩国文集丛刊》。
⑤ 《韶濩堂集》，载《韩国文集丛刊》。
⑥ 《韶濩堂集》，载《韩国文集丛刊》。
⑦ 《韶濩堂集》，载《韩国文集丛刊》。

妄自标榜，以为可轶古人名后世，吾不敢信也"①。要向古人学习，转益多师、博采众长，并且温故而知新。如果无法做到上述几点，就很难达到一定境界，"无学力、无识见、无功程，不可臻其极"②。其中"就师"又是非常重要的环节，许筠以自己、其父、其兄、李安讷等人的学习经历、诗学渊源等为例，说明"就师"的重要性，如其兄许篈"文从西崖相学，诗从荪谷学"③，因此取得了非凡的成就，"若无师友渊源之传，又安得有此乎"④。朝鲜朝后期李献庆《与岭中士人论文书》将自己的学习经历作了勾勒，他九岁时，"知读司马子长之史，旁及左氏、庄周之书，屈原、宋玉之骚，李白、杜甫盛唐诸公之诗"⑤，如此花费三四年的工夫，虽然无法全面掌握作者体裁、路径，但已取得很大进步，"规模之不可不恢廓，气力之不可不雄刚，斤两之不可重，法律之不可不严，清虚而不宜至于仙佻，华赡而不宜至于富贵，固已存之于心而拟之于手，怳乎若有见，跃然若有得也"⑥。十三岁时，李献庆觉得"进士所试诗赋疑义及大科之文，如表、笺、论、策、箴、颂等"⑦，都"肤浅鄙俚，摘抉穿凿，甚者或句不成理，字不顺义，读之不可辨为何语"⑧，于是将这些文章全部抛弃，重新选择"前所读者读之，六经诸子，无不诵览"⑨，如此四五年时间，进步更大，"眼益大手益高，胸中益奇，操笔伸纸，顷刻千言，王张谲诡，绝异时俗"⑩。他总结自己的学习经历："是以仆之始学也，先之《史记》以肆其气，次之《庄子》以博其变，次之左氏以烨其华，次之《汉书》以取其廉悍，次之屈宋以兴其感慨，然后反之圣人之书。而经传之中，先读《毛诗》，所以振发吾之心志也；次读《孟子》，所以动荡吾之精神也；次之以《鲁论》，欲其渐约也；终之以书传，欲其立基也。若易春秋礼

---

① 《惺所覆瓿稿》，载《韩国文集丛刊》。
② 《惺所覆瓿稿》，载《韩国文集丛刊》。
③ 《惺所覆瓿稿》，载《韩国文集丛刊》。
④ 《惺所覆瓿稿》，载《韩国文集丛刊》。
⑤ 李献庆《艮翁先生文集》，载韩国民族文化推进会编《韩国文集丛刊》（第234册）第268页，首尔：景仁文化社，1999年。
⑥ 《艮翁先生文集》，载《韩国文集丛刊》。
⑦ 《艮翁先生文集》，载《韩国文集丛刊》。
⑧ 《艮翁先生文集》，载《韩国文集丛刊》。
⑨ 《艮翁先生文集》，载《韩国文集丛刊》。
⑩ 《艮翁先生文集》，载《韩国文集丛刊》。

乐，固吾日用而取正者。"① 对于经典的学习有着次第顺序，是为了更好地满足不同的学习目的。李献庆之所以不厌其烦地陈说自己的学习经历，是为了回复友人，"特以仆之所得于文之先后次第，而塞吾子郑重之问而已"②。这些都体现出了书札文献有别于诗话文献、序体文献的突出特征。

## 结　语

关于朝鲜诗学思想史研究，必须加大对各类文体的比对、辨析，尤其是既有诗话著作，又创作出大量论诗序文、论诗书札者，如许筠有诗话著作《鹤山樵谈》《惺叟诗话》、论诗序文《古诗选序》《唐诗选序》《宋五家诗钞序》《明四家诗选序》《题唐绝选删序》、论诗书札《答李生书》，张维有诗话著作《溪谷漫笔》、论诗序文《扬马赋抄序》《诗史序》《简易堂集序》、论诗书札《答人论文》《答沙溪先生》，李建昌有诗话著作《宁斋诗话》、论诗序文《古欢堂诗文集序》《六化集序》、论诗书札《答友人论作文书》《上钵山成吏部大永书》，金泽荣有诗话著作《韶濩堂杂言》、论诗序文《重编燕岩集序》《明美堂集序》、论诗书札《答人论古文书》《与曹仲谨书》等。这些文献，既有联系又具独立性质，有其自身的文体规定与复杂的创作情况，因而不能仅仅依靠逻辑归纳而随意抽绎出所谓的学术结论。鉴于文体之间的差异以及作者的实际创作情况，将所有文体相互观照、勾连、归纳、总结诗学思想的一致之处，同时洞察其中不同的侧重点或者相互矛盾之处，注意不同文体文献在表达方式、批评功能上的个性化差异，深究背后的原因，才能得出接近作者历史的可靠结论，拓宽朝鲜诗学思想史的研究范围。

王　成　黑龙江大学文学院副教授

---

① 《艮翁先生文集》，载《韩国文集丛刊》。
② 《艮翁先生文集》，载《韩国文集丛刊》。

# 韩愈辞赋海东容受的文化探因

安 生

**摘 要**：与韩愈诗文成就相较，其辞赋创作几为学术史选择性忽略，但却在海东文坛的容受中被广为流传，呈现出完全有别于中国本土的文学接受相貌。朝鲜朝科考古赋的科举制度与"祖骚崇情"的辞赋观念构成这一差异化文学接受的历史文化成因。海东文士成功地将楚骚体的文体形制融进同题次韵的拟效创作中，从而形成对韩愈辞赋律化形式的有效突破；而频繁地使用《楚辞》《诗经》等典籍的典故，则是他们有意识、有目的地试图摆脱学习模拟的积弊而致力于提升作品典化、雅化的文化品格之举。

**关键词**：韩愈辞赋　朝鲜朝同题赋

学术史对唐代辞赋的整理性评价，历来颇有社会刻板印象的偏见。一方面，文人士大夫受复古思想影响，持守楚汉古赋传统，自元人祝尧"祖骚宗汉"说（《古赋辨体》），到明人李梦阳"唐无赋"说（《潜虬山人记》）、胡应麟"赋亡于唐"说（《诗薮》），再至程廷祚"唐以后无赋"说（《骚赋论》），无不在批判或否定赋的变体——律赋、文赋的基础上，试图回归并实践古赋的创作。另一方面，"一代有一代文学之胜"观念又使其对某一时代尤具特色的文体（如唐诗、宋词）产生特别的偏爱。因缘在于，学术史对韩愈文学成就的评价亦主要着眼在他的诗歌与散文两个方面，韩孟诗歌以派系体认的方式确立下来，唐宋古文运动又推韩愈为首功之人。反观韩愈的辞赋创作，不仅数量单薄（直接以赋名篇的作品只有五篇），且缺少明确的赋论主

---

\* 本文为 2017 年国家社科基金重大项目"辞赋艺术文献整理与研究"的成果，批准号 17ZDA249。

张,以致后学罕有垂意。倘从东亚汉文化圈的视域审视这种选择性忽略的评价话语体系,这却在很大程度上遮蔽了韩愈影响后世的历史客观语境与文学多衍实际。韩愈辞赋在海东朝鲜文坛备受文士的追捧,出现了一大批拟效次韵的同题赋,如拟次《别知赋》的有朴彭年(1417—1456)《次别知赋送李古阜赋》、金驲孙(1464—1498)《拟别知赋送姜士浩》、闵齐仁(1493—1549)《别知赋赠林大树槐马》、许筠(1569—1618)《次别知赋寄吊诡石洲二友》、许愈(1833—1904)《别知赋》等十三篇作品,拟次《闵己赋》的有朴云(1493—1562)《次闵己赋》等三篇作品等。根植于中国的赋学向周边国家的流衍,不仅表现在赋家创作典范在域外的转移与重构,更体现为深藏于中国辞赋中的思想、艺术意蕴在汉文化圈内的渗透与衍化。夷考韩愈辞赋在中、朝两国差异化受容的文化因素,对于重估韩愈辞赋的文学史地位乃至韩愈文学在整个东亚汉文化圈内的价值影响力,尤显重要。

## 一、韩愈辞赋"以古入律"革创特质

唐贞元、元和时期掀起的以韩柳倡古文、元白倡新乐府为代表的旨在济弊救世的政治文化革新运动,浸染进辞赋领域,也呈现出唐赋最为复杂的历史阶段。一方面,以白居易《赋赋》为代表的律赋理论实现了由齐梁纤靡体格向六义精神的转移与复归,其"分股制义"与元稹"以题为韵"的做法已成为当时律赋式则并深刻影响明清时文的创作;另一方面,韩、柳则试图以骚体古赋革新应试律赋的声律程式与颂德内容。与元白"文章合为时而著,歌诗合为事而作"①(《与元九书》)的文学适时论不同,韩柳的文学复古论,高举宗经明道的雅正文学之帜,意在拨时文之乱以反诗教之正,《旧唐书·韩愈传》:"常以为自魏、晋已还,为文者多拘偶对,而经诰之指归,迁、雄之气格,不复振矣。故愈所为文,务反近体,抒意立言,自成一家新语。后进之士,取为师法。当时作者甚众,无以过之,故世称'韩文'焉。"② 韩愈注重内容的六经之旨,并不谋求形式的相似,反而以"师其意,不师其辞"的独创精神,要求"词必己出""文从字顺""惟陈言之务去"。正因韩愈兼资

---

① (唐)白居易著,谢思炜校注《白居易文集校注》第 73 页,中华书局,2010 年。
② (五代)刘昫等撰《旧唐书》卷一百六十第 4203-4204 页,中华书局,1975 年。

博取的态度,故韩赋也在溯流别中遵持楚骚古赋的创作范式,《进学解》:"沉浸醲郁,含英咀华;作为文章,其书满家。上规姚姒,浑浑无涯;《周诰》《殷盘》,佶屈聱牙;《春秋》谨严,《左氏》浮夸;《易》奇而法,《诗》正而葩;下逮《庄》《骚》,太史所录,子云、相如,同工异曲。先生之于文,可谓闳其中而肆其外矣。"① 因楚骚古赋既合"诗人之旨"又本"诗人之情",既为韩愈所取法,故被祝尧推尊为唐赋最古者:唯韩柳诸古赋,一以骚为宗,而超出俳律之外。韩子之学,自言其正葩之诗而下逮于骚;柳之学,自言其本之诗以求其恒,参之骚以致其幽,要皆是学古者。唐赋之古,莫古于此。② 就创作的内容与题旨而言,如果说韩愈诗文多是"贯道之器"的话,那么他的辞赋则更注重作为寻常人的真情表达,嗟叹的是仕进的沦落、生活的潦倒、情感的抑郁等个人遭际的困顿。这种祖骚重情的辞赋观念,这种采骚赋之体抒写骚怨愤懑之情的发愤创作,正构成了他"不平则鸣"创作思想的重要面向:"大凡物不得其平则鸣。……其于人也亦然。……楚,大国也。其亡也,以屈原鸣。……汉之时,司马迁、相如、扬雄,最其善鸣者也。"③

韩愈"以古入律"的革创特质最主要的表现乃在韩愈能秉持自觉的文体革新与融通意识,或以诗法入赋,或以文法入赋,诗、文、赋各类表现手法兼善众长,不落俗套。以诗法入赋,韩愈喜用骚体而多兼诗之比兴义,如《感二鸟赋》借二鸟徒因外表奇异而非有道德智谋深受赏识,抒发其怀才不遇之叹,《黄氏日抄》评:"岂真有羡于白鸟鸒鸠?特因物托兴,使贱人贵物者知警儿"④;《古赋辩体》则谓"《闵己赋》,赋也,略有比义。退之盖思古人静俟之义,自坚其志,终之以无闷云"⑤。至于赋中用典既可增加篇章典赡深邃貌,又可逞其涉猎群经、饱览诗书的文事才学,韩愈赋中比比皆是。因韩愈多骚体言志赋,故其赋中比兴、用典多以抒情言志为鹄的,这便与体物流亮的大赋、重律排偶的骈赋、内涵空疏的律赋划清了界限。在用韵方面,韩愈赋作受律赋、律诗的影响较为突出,多采用平声韵,舒缓悠长,与其幽怨惆怅之情相得益彰。

---

① (唐)韩愈著,刘真伦、岳珍校注《韩愈文集汇校笺注》第 147 页,中华书局,2010 年。
② (元)祝尧《古赋辩体》,文渊阁《四库全书》本第 1366 册第 356-357 页。
③ 《韩愈文集汇校笺注》第 983 页。
④ (南宋)黄震《黄氏日抄》第 463 页,中华书局,1985 年。
⑤ (元)祝尧《古赋辩体》卷七,文渊阁《四库全书》本第 1366 册第 400 页。

以文法入赋,钱穆在《杂论唐代古文运动》中论:

  窃谓韩公不仅以文为诗,实亦以散文之气体笔法为辞赋。试诵韩集诸赋,及其哀辞祭文,乃至碑志之铭文,及其他颂赞箴铭之类,凡其文体当归入辞赋类者,韩公为之,不论用韵不用韵,实皆运用散文之笔法气体以成篇,而使其面貌一新,迥不犹人,此皆韩公之创格也,而固不能谓之不工。①

若《复志赋》以楚骚六字加语助词"兮""而""之"等为典型句式,杂以五字、八字等散句,其句法"步骤离骚往往相似,晁无咎尝取此赋于《变骚》中"②。从变骚的句式看,韩愈规矩中亦有灵活的开创,虚字置中间的骚体句型,由三言、四言组合变化来,但腰上字总是等于或大于腰后字,然而《讼风伯》中出现了"上三下四"的句型,如"风伯怒兮云不得止""云屏屏兮吹使醨之"等。相较楚骚中少量不规则的古文句式,韩愈赋中不规则句式是常常出现的。《送穷文》则于赋中加以夸张、拟人等笔法,虚构出形妙神肖、诙谐善辩的五鬼形象,叙述委婉曲折,融传奇写法可见一斑。《进学解》大量使用口语,"国子先生晨入太学,召诸生立馆下,诲之曰""言未既,有笑于列者曰:'先生欺余哉!弟子事先生,于兹有年矣'""先生曰:'吁,子来前'"③,散文化特征突出。

韩愈秉承经世致用的思想以骚体古赋的具体实践来试图济时文之溺,其言情也反复陈述不被见用的骚怨之志而少政治功利的宣道之音。从赋用的角度看,赋之用即诗之用,明道教化的儒家精神与发愤抒怨的楚骚传统在本质上都是一种"用",明道教化乃政治"见用",发愤抒怨乃情感"见用"。恰是"知己"的出现,才成为"言志"与"见用"的必要环节。在明道教化的诗教传统与发愤抒怨的楚骚传统之间保持一种契合与张力,应是韩愈辞赋创作的自觉。

---

① 钱穆《杂论唐代古文运动》,见《中国学术思想史论丛(四)》第42页,生活·读书·新知三联书店,2009年。
② (唐)韩愈撰,廖莹中集注《东雅堂昌黎集注》卷一第28页,上海古籍出版社,1993年。
③ 《韩愈文集汇校笺注》第146-148页。

## 二、"古、律之争"与朝鲜考赋制度

高丽末朝鲜朝前期,元朝科考古赋的体制被因继。高丽末恭愍王十七年(1368)进行科举变革,罢去曾"俗尚词赋,务为抽对"①的律赋为考试科目的监试:"王欲选通经者为试官,……乃曰:'(国子)监试所取,例皆童蒙,非经明行修之士,无益国家',罢之",而采取仿元朝三场试的科制,实施科举三层法:"十八年,始用元朝乡试、会试、殿试之制,定为常式"②,并在三场礼部试(东堂试)的中场,专考古赋。朝鲜朝建国之初的科制基本上是在高丽朝旧制的基础上进行了一定的因时损益,世宗仍据《元典》文科程序,开立进士试,《世宗实录》:"按《元典》文科程序,乡馆会试中场,出表、论、古赋中二题,生员试疑义各一道,行之四十年于兹,其劝勉经术之方备矣。"③徐居正《桂苑笔耕》:"本朝开国以后,词学尽废,岁戊午,始设进士科,中场用词赋,自此诗学大成,皆二先生(赵须、柳方善)训诲之力也。"④至此迄于明宗初年的一百余年间,古赋正式成为进士试的必考科目,士子们的创作欲望与争胜心理空前高涨,黄景源(1709—1787)为成重庵作《墓表》,载其作古赋事:"(公)举生员进士,游国学,与诸生约曰:'吾一日当作古赋三十篇。'日出诸生环公坐试三十篇,令馆中童子,击鼓以趣之,公能作赋十五篇,而日未中矣。诸生叹曰:'日未中作十五篇,诚神才也,何必又作十五篇邪。'金公驲孙、曹公伟见公所作十五篇,皆大惊以为不可及也。"⑤

自明宗开始,科考古赋的弊病日渐凸显。一方面,古赋相对松散的形式与宽泛的韵律,导致蹈袭泥古甚至模仿剽窃的情况时常发生,如滥用散体大赋的虚设问答体,侍讲官金勘评:"今之文体果浮华,能文者铺张客辞,以取

---

① 徐居正《东人诗话》卷下,《韩国诗话全编校注》第 1 册第 198 页,人民文学出版社,2012 年。
② 郑麟趾《高丽史》第 6 册第 2346 页,人民出版社、西南师范大学出版社,2014 年。
③ 《世宗实录》卷六十八:"十七年六月丙寅"条,《李朝实录》第 8 册第 432 页,学习院东洋文化研究所,1967 年。
④ 徐居正《笔苑杂记》卷二,《韩国诗话全编校注》第 1 册第 247 页。
⑤ 黄景源《江汉集》卷二十,《韩国文集丛刊》第 224 册第 412-413 页,景仁文化社,1996 年。

优等；不能文者亦设虚辞效颦，而荒芜拙作，渐成浮华。"① 另一方面，因缺乏明确的客观标准，又使得考官难下公正的评断，正所谓"科场之弊，古或有之，然古之科弊，惟在考试之难明，程式之不工也。"② 因此救弊之策伴随古、律赋之议应运而生："臣等考律赋之体，始于六朝，行于唐，至宋大备，在乎高丽，尤为详密，宋之范仲淹、范镇、王安石、秦少游及高丽金富轼、崔滋所作，极合体制。今之取法，不在此乎？……请令大提学，商确定式，更谕中外，使村巷之士，皆知程式之体。"③ 尽管如此，也仅是采取古律兼试的权宜政策，"科举事目，则文科中场，表、笺外，专用律赋，而其后因赵士秀之启，赵士秀于经筵启曰：'律赋虽古有之，自用律赋以后，文体浅涩蹙拙，为一时之大病'臣等与大臣商议，或古赋或律赋之意，更为事目，即已晓谕中外矣。今者一所试官，独出律赋之题，深为未便。传曰：'然则此乃试官之不察也'"④。朝鲜朝后期，对辞赋的程式要求日益严苛，中间夹杂"之""于"等语助虚词的赋体已成为科赋的体式，而无语助虚词的赋作因与"四六"骈体文并无区别，遂有混淆文体的弊端，故被目为"体怪者"。这种文体间"破体"的现象，却引起了上至帝王下至文臣的足够重视而一致加以严防。在一定程度上讲，这仍然是古赋与律赋兼试下的一种权宜变体，在律赋散化与古赋律化中保持赋体区别于骈文的文体自在的独立样式。除去赋句中间夹杂语助虚词的样式外，还有一种典型的句式，即骚体的六言句"○○○兮○○"。这一时期，文人士子创作了大量的这类六言赋，并成为辞赋创作的首选样式，它在文人科赋作品中所占的比重可以说明这个问题。⑤ 这一时期，古赋仍是士子们科考的重要内容。

综观朝鲜朝科举考赋，古赋一直是科考的重要内容，在中后期的律赋引进以及古、律赋变体中形成的新赋体，实际上与韩愈辞赋的形制保持着体式上的类同性。

---

① 《燕山君日记》卷三十九："六年十一月庚辰"条，《李朝实录》第 19 册第 509 页。
② 《宪宗实录》卷十六："十五年二月庚申"条，《李朝实录》第 52 册第 418 页。
③ 《明宗实录》卷十六："九年五月癸卯"条，《李朝实录》第 25 册第 662 页。
④ 《明宗实录》卷二十三："八年九月乙亥"条，《李朝实录》第 26 册第 191 页。
⑤ 权赫子《朝鲜时代科举与辞赋研究》，南京大学博士学位论文，2007 年。

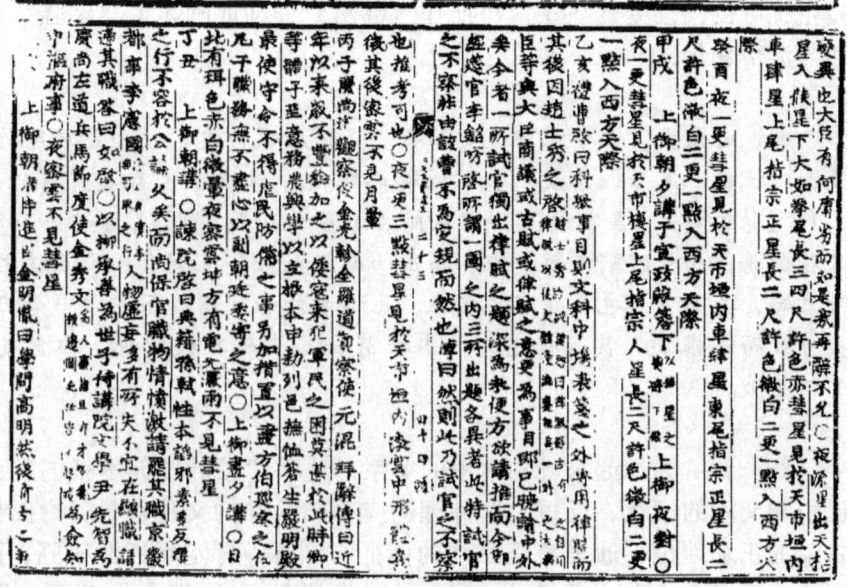

## 三、祖骚尚情的辞赋观念

除科考赋外，占据朝鲜朝辞赋创作主流的是文人士大夫的辞由己出之作。高丽不论在国家制度、意识形态，还是文化风尚、审美趣味等方面，或多或少都会受元朝制度的影响。这种局面的形成得益于大量慕华入元的士子的学习与引导。以李穑（1328—1396）为代表的高丽文化精英群体不仅入元应举登第，更甚还受元朝官职，待其返回本国后既荣居要位，又多身兼考官，奖掖后进，其对文风的形塑效力可见一斑。李穑尊程朱道学，尚唐宋古文，痛斥律赋流弊，《读举子诗赋有感》："唐风崇律赋，流弊盛东方。音韵偕平侧，文章局短长。扬清仍激浊，配白故抽黄。刍狗终安用，令人自叹伤。"① 敦教举子以古赋，《有举子以所课诗赋求斤正者，仆方腰痛不能出见，使人取之，读毕有作》："声

---

① 李穑《牧隐诗稿》卷二十二，《韩国文集丛刊》第4册第297页。

律须精健,何曾下笔亲。明经攻古赋,对策据通津。最是规模狭,难教步骤新。浚生犹可畏,且莫笑吾陈。"① 所作《辞辨》详细地阐述了"宗骚"的渊承嬗递与流衍变化:

> 赋,近出也,源于三维,变而骚,骚而后赋作矣。……楚屈原作骚,变雅之流也。宋玉、景差、贾谊继起而赋之,源流于是备矣。汉兴,武帝作《秋风辞》,盖本于骚而词益简古。晋处士陶渊明赋《归去来辞》,又稍驰骋,而视赋则尚简。班、马出而包络无余。至有十年,且就之说。吁盛矣,其亦可憾也已。非独文也,凡饰于外者日增,而积于中者日削。枝叶茂而本根弱,甚可怪也。使本根苟壮而扶疏其枝叶也,亦何伤哉,亦何伤哉。②

今(律)赋、古赋是枝叶与本根的关系,这种"枝叶茂而本根弱"的怪象,已引起文人的担忧、反思。这种理论应尊儒斥佛的文化背景,力图标举骚体古赋的正宗地位,通过梳理赋体的体征与渊源,肯定赋近源于骚,而远源于《易》《诗》,为"简古"辞赋的创作进行理论造势。其后,张维(1587—1638)《扬马赋抄序》亦言楚骚为词赋之祖:"赋者,古诗之流,盖居六义之一焉。诗人之赋丽以则,其言雍容典雅,辞近而指远,故能列于六经,藏于博士官,学士大夫世守而习之。诗变而《离骚》作。《离骚》者,南楚怨慕之声也。其音节疾徐,固变于三百篇。若其发于情性,依于规讽,有补于民彝物则之重,无二致焉。即其余事,亦足为词赋祖矣。"③ 朝鲜赋学批评观仍不脱离《文心雕龙·诠赋》"赋也者,受命于诗人,拓宇于楚辞"④ 的理论范式,肯定辞赋"依诗立义"的政教讽喻功用、抒情达意的写志内容与创作范式的开辟价值。申维翰(1681—1752)亦有"《离骚》一篇,即天地开辟以来,诗词创法之祖"⑤(《离骚经后叙》)之论。这种"祖骚"的赋学观念无不彰显在朝鲜朝《楚辞》版本的广泛编刻与流布,《楚辞》作

---

① 《牧隐诗稿》卷二十二,载《韩国文集丛刊》第 4 册第 293 页。
② 《牧隐文稿》卷十二,载《韩国文集丛刊》第 5 册第 107 页。
③ 张维《溪谷集》卷五,《韩国文集丛刊》第 92 册第 87 页。
④ (南朝梁)刘勰著,范文澜注《文心雕龙注》第 134 页,人民文学出版社,1962 年。
⑤ 申维翰《青泉集》卷二,《韩国文集丛刊》第 200 册第 409 页。

品的大量阅读、品评与研究，以及拟骚赋的创作中。①

应该指出，明代以前后七子为代表的复古思潮的东渐对朝鲜朝辞赋观及其创作有着直接的选择侧重影响。根据许筠（1569—1618）《惺所覆瓿集》《鹤山樵谈》所论及前后七子的作品，至迟于光海君朝1620年之前即已将七子著作全部传入，惜仅就诗文为对象，兹就赋体略举张维《吊箕子赋次姜编修韵序》以明其梗概：「屈宋之后世无骚，班张之后世无赋。明兴，李、何诸子乃始彬彬振古，而阂衍巨丽之体，犹未大备。至卢次楩、王元美出，而后骚赋顿复旧观。不佞尝读而艳之。」② 朝鲜朝科考古赋与"祖骚尚情"的辞赋理念是一种互为因果的关系。士人习读古赋的目的，深受功名利禄的引诱与驱使，柳希春（1513—1577）《经筵日记》：「上问今人文法何家，赋法何家，诗法何家。对曰：'文则有法韩者，有法苏者，有法吕东莱者，有法朱文者；赋则昔有法古文选者，法楚辞者，今有法元人古赋者；诗则有法韩诗者，有法东坡者。'」③ 宋相琦（1657—1723）《南迁录》：「余自儿少时喜读《楚辞》诸篇，朝吟暮诵，至于《离骚经》则读八百遍，盖欲以此为词赋应举计也。」④ 作为朝鲜朝唯一一部东人选东赋的辞赋选本专集，金锡胄（1634—1684）《海东辞赋》于朝鲜朝辞赋学史的意义，如李家源的评"若言及此学（辞赋学）之业绩，则当为金锡胄所编选之《海东辞赋》"⑤，其《序》：

> 世共知《离骚》为楚人之音，而殊不知《佯狂》《麦秀》之什，即《怀沙》《哀郢》之所滥觞。至于庆卿《易水》一曲，又是朱夫子所称之为悲壮激烈，非楚而楚者也。夫以浸沐仁贤遗化之乡，而且与金台、长城壤界相接，则自昔东士之习为文藻，尤多以辞赋擅名于世者，其无亦有得乎《麦秀》《易水》之流风余韵而然者耶！余于前夏，解职居闲，仍为诸从辈所要，遂遍阅东人古今诸家辞赋，就拣其声调谐雅，能不诡于作者之旨者，为一帙。人自丽朝李文顺至我春沼舅氏，为二十有七；

---

① 周建忠《〈楚辞〉在韩国的传播与接受》，载《文学遗产》2014年第6期。
② 张维《溪谷集》卷一，载《韩国文集丛刊》第92册第24页。
③ 柳希春《眉岩集》卷十八，载《韩国文集丛刊》第34册第501页。
④ 宋相琦《玉吾斋集》卷十七，载《韩国文集丛刊》第171册第545页。
⑤ 李家源著，赵季、流畅译《韩国汉文学史》第358页，凤凰出版社，2012年。

文自《祖江》至《梦喻》，为五十有八。梦喻者，法"七"而为者也。唐李善论《七发》，以为《楚辞·七谏》之类，然则《梦喻》亦辞之流也。总名之曰"海东辞赋"，以见夫左海文明之区，数千里之远、数百代之下，尚亦有宗依屈、宋，踵躐班、扬，非楚而楚，有足观者云尔。①

金锡胄"遍阅东人古今诸家辞赋"以编选《海东辞赋》的汰取原则正是"祖骚尚情"，所谓"宗依屈、宋，踵躐班、扬，非楚而楚，有足观者"，在本体论上应"声调谐雅，能不诡于作者之旨"；在风格论上应有"《麦秀》《易水》之流风余韵"的楚风情韵。其背后隐寓的目的是颂扬王朝文教的繁盛，而直接目的在"为诸从辈所要"，以作典范之用。一方面选取众多楚骚体结构，如李奎报《梦悲赋》、李穑《闵志赋》、金宗直《拟登楼赋》、申钦《次李白悲清秋赋》、张维《次韵幽通赋》、申最《和归去来兮辞》等等；另一面又取金鳞厚《七夕赋》、李安讷《东门柳赋》《凤凰翔于千仞赋》、赵希逸《龙门赏雪赋》、张维《雪赋》等场屋赋②，《东国通志·艺文志》将《海东辞赋》与《俪文程选》《俪文精选》《东人科体表赋诗论十二篇》《八角律赋定式》等科举用书并编入"表赋"类，其《叙论》言："表者，后世四六骈俪之作，而赋有三百篇恻怛浏亮之意、古讽喻之余也。东国学士大夫朝贺事大，皆用表笺，而于科试，兼取诗、表、古赋以广其选，乃局以后来之程序纤微，粗谚轻儇而决裂，始无以复古矣！李晬光曰：'诗赋有入题、铺叙、回题等式，尤与文章家体样全别，故虽得决科，遂为不文之人。岂非愈下之末？失哉！'今录其数家之选，冀异日之或反于古者。"③ 可见《海东辞赋》为科考计的浓厚功利色彩。朝鲜朝士人的受容实践，除直接拟效韩愈辞赋之作，还有一类敷衍韩愈文学思想的赋体月课之作，如孙命来（1664—1722）月课所作《物不得其平则鸣赋》：

希余耳以内听兮，溯万吹之靡同。寤动静之互根兮，撩寂感之相通。撼囊修之妙诠兮，忍不平而斯鸣。亮大块之本閟兮，顾匪激而焉噫。粤

---

① 金锡胄《息庵遗稿》卷八，载《韩国文集丛刊》第145册第244-245页。
② 赵俊波《论〈海东辞赋〉的编撰》，载《域外汉籍研究集刊》第14辑，2016年。
③ 张伯伟编《朝鲜时代书目丛刊》第2748页，中华书局，2004年。

群品之播形兮。函一理而受气。流洪纤以各具兮，付炉锤而匀与。初无事于作为兮，尽自在而消息。恩何谢于凿混兮，气不漓于载药。沕静默而无眹兮，窅声臭之泯迹。维机缄之自动兮，固变化之相薄。或有庋乎其恒兮，随所感而乃发。纷鸣号而不止兮，总被他之激恼。木遇风而生籁兮，虫应候而动喙。洪钟响于待撞兮，逝水咽于矶湍。聒万窍而齐怒兮，羌异情而同贯。概乎其不平而为者兮，夫岂物之性哉。

爰反隅而触伸兮，齐物我而一科。葆衷灵而虚明兮，如止水之不波。湛哀乐之未发兮，恬不大其声色。逮遭遇之纬繣兮，怀有菀而难抑。凭文章而自抒兮，结征言而胪臆。孔老行而操兰兮。姬在幽而演易。聿神圣犹忤发兮，矧末造之希耦。原方迁而怨骚兮，令既腐而抽史。长沙傅之志士兮，杜少陵之平生。岂得已而不已兮，咸不平而求平。抽方寸之磊砢兮，诉来世而有明。留余怨于宇宙兮，尚使人而于悒。絜人物而同调兮，信评向之靡忒。庆今天之命哲兮，熙至化于拱默。人千里而自得兮，无一物之不获。臣抱鼓于雷门兮，庶振雅而鸣国。①

此赋通篇发挥韩愈《送孟东野序》"物不得其平则鸣"的文学思想，其结构亦多因袭之迹：以形上之鸣总起，继写自然之鸣、贤人失志之鸣，最后以自陈心绪做结。这类赋作的月课形式折射出科考应试的文本属性，命题内容彰显出韩愈思想对朝鲜朝科举取士的实际影响力，而楚骚体的创作体制又反映出科考古赋的文体要求。

## 四、拟效实践中的主体意志

次韵赋创作起源于唐宋，盛行于明清，王芑孙《读赋卮言·和赋例》载："和赋起于唐。唐太宗作《小山赋》而徐充容和之，玄宗作《喜雨赋》而张说诸人和之。要是同作不和韵，前此则邺下七子时相应答，已为导源，特不加奉和字耳。……次韵之赋亦起于宋而盛于明。宋李纲《浊醪有妙理赋》次

---

① 孙命来《昌舍集》卷二，《韩国文集丛刊》（续）第 54 册第 508 页。

东坡韵,明祁顺、舒芬、唐龙诸人《白鹿洞赋》次朱子韵,乃用元白和诗之例矣。"① 其创作心态除表现"友尚古人"的精神旨趣与"学习与逞才"的文本实践外,考察同题次韵之作所隐寓的作家主体性意志应该是更为重要的内容,尤其是对于拥有不同于华夏本民族文化基因的域外士人而言。通观这些创作,却没有停留在模拟的层面上,而是表现出强烈的文化自任的主体意识,徐居正(1420—1488)《东文选序》:"是则我东方之文,非汉唐之文,亦非宋元之文,而乃我国之文也。宜与历代之文,并行于天地间,胡可泯焉而无传也哉。"② 这种集体的自觉正构成了古朝鲜送别赋传统自身的文化范畴,其学理关捩乃在次韵同题形制下的"宗骚"情结,有两点特为申说。

一是拟效创作的内容题旨丰富多样,远非原作所规囿。韩愈崇骚重情的辞赋创作具有明显的情感倾向性,多是"不平则鸣"的发愤之作,如《感二鸟赋》在与他者的正反比较中,抒发时不我遇的抑郁与悲愤;《复志赋》《闵己赋》在沉沦下僚的卑琐生活中,抒发砥砺志节的自勉与自坚;《讼风伯》《别知赋》在涤弊救世的政治参与中,抒发理想与现实的矛盾与纠结;《送穷文》《进学解》在干谒仕进中抒发情志委曲的自解与自嘲。李穆(1471—1498)《赠行次别知赋》以"待君而知国计之所以兮,恨落日之难留"③ 作结,并未如韩愈发泄矢志不渝的穷独之情,而是在嘉勉友人以国家社稷为重的告慰之中释怀自己的心志;申钦(1566—1628)《次韩昌黎闵己赋》"考往哲之高轨兮,盖乐行而忧违。盍事天而知命兮,羌处顺而安时。优哉游哉以卒岁兮,憺奚喜而奚悲"④、赵观彬(1691—1757)《次韩昌黎闵己赋》"夫何哲人之不遇兮,肇自古而已然。纷怀宝而莫售兮,或凭藻而自宣。余亦与世而相违兮,迹虽厄而心宽。……知天运之好还兮,睹白日兮何时。聊处顺而履贞兮,复奚闷而奚悲"⑤,皆在痛斥世道昏昧、感叹哲人不遇中表达自己不喜不悲、安时处顺的思想倾向。

其中,洪世泰(1653—1725)《次韩昌黎感二鸟赋并序》在反映朝鲜朝士

---

① (清)王芑孙《读赋卮言》,王冠辑《赋话广聚》第 3 册第 338-339 页,北京图书馆出版社,2006 年。
② 徐居正《四佳集》Ⅱ,载《韩国文集丛刊》第 11 册第 248 页。
③ 李穆《李评事集》卷一,载《韩国文集丛刊》第 18 册第 162 页。
④ 申钦《象村稿》卷一,载《韩国文集丛刊》第 71 册第 315 页。
⑤ 赵观彬《悔轩集》卷一,载《韩国文集丛刊》第 211 册第 160 页。

人对韩愈穷苦失志之情的理解上,在面对与韩愈相同处境时如何以儒家思想修身自励、高洁情操等方面,颇有代表性。其序首先驳斥了欧阳修等人诟病韩愈此赋之所由作——"愈尝有赋矣,不过羡二鸟之光荣,叹一饱之无时尔。此其心使光荣而饱,则不复云矣"①(《读李翱文》)的谬论:

> 或讥退之此赋之作,盖自叹其不遇而美二鸟之光荣,不亦鄙陋之甚耶。余谓此退之少时事,负其雄才,无所发施,而怫郁抑塞,感激不平,有若巨防之畜水,畜之既深,浩汹勃怒,其势不得不一决而去之,及其有物触于中,奋发为文词,以写其无限壹郁之气,此盖出于文人之习气,而诚有愧于知道者之言也。然原其所为出于一时邂逅之感,而未必其心诚有所歆美而然也。盖其意若曰:彼无知无用之物,而徒以羽毛之异,见知而贵宠之如此,独于天下之贤才,不知爱焉。是知人之不如知物,爱人之不如爱物。此其所以为感者欤。

继而从孔、朱性理之学的角度对韩愈此举做出婉讽式的缘由解释:"窃尝论之。退之虽有文学而不及孔门之四科,观其应举求仕汲汲希用于世,此固非为己之学,而游、夏之所不为者。若使退之早得闻道,从事于博文约礼则其必能以义自处而不为外物所动者矣。是故君子之道,贵乎安身立命。"最后反观诸己,交代作赋之意:"余贫贱厄穷比退之又百千焉。常惧其穷滥未免为小人之归,于是有感于中者,遂次而和之,以广其意云。"故赋文指出汲汲于仕途而为外界环境、物事所干扰的行为是"求荣而反累",强调"学道求志"的道德自修,恪守"顺乎自然""天道信修"的心性之道。②

二是拟效创作的文体形制表现出浓郁的楚骚体貌。首先次韵形制限制了用韵的变化,所以要想突破韩愈辞赋的"影响焦虑",就必须通过句式的伸缩与长短变化的策略进行改造。句式的灵活处理,与楚骚崇情的特质结为一体,"兮"字句式就成为赋家们普遍采用的一种方式。楚辞句式中的"兮"字,具有强烈的咏叹情感色彩,兼具虚词的多种文法功能,反映着屈原的悲剧精

---

① (北宋)欧阳修著,李之亮笺注《欧阳修集编年笺注》卷七三第4册第390页,巴蜀书社,2007年。

② 此部分引文均见洪世泰《柳下集》卷一,载《韩国文集丛刊》第167册第309-310页。

神与荆楚地方的自由文化气息，从而构成了一种"有意味的形式"。① 兹举数例概言之：

> 凤余驾苍龙兮，路左转于不周。穷八荒兮历九州岛，知音者焉是求。遇之子于一揖，信气味之姱修。入兰室以袭熏，醉和春以驱愁。益者损者奚择，道也义也俱收。聆洋洋兮水之涯，听莪莪兮山之陬。投木瓜兮报琼琚，蛇画足之吾羞。语穷达兮论得丧，龙縶鳞之子忧。泛松江兮畅幽情，句黄白之交抽。陟牙剎兮纵远眄，涤烦襟于旋流。何当归之满把，溯北天而回辀。路漫漫兮云浩浩，岭树参天兮枝相樛。酌别酒兮咏别章，魂迁迁兮若浮。汉之北兮江之南，掺子祛兮难自由。折寒梅兮赠子归，倚修竹兮聊淹留。（成汝信《次别知赋赠别金东篱》）②

> 欤伐木之不歌兮，雅已降于西周。我有酒兮既醻，匪我友其焉求。劳余思兮注余目，水泱瀁兮风修修。忽繄驹兮载欣，舒窈窕之深愁。搜沧海之明月兮，幸席上之见收。奉德音以攻阙兮，色余安之卑陬。漱芳津兮清醑，掇馨兰兮嘉羞。絜余衣兮整余佩，共驾言兮写忧。赓城南之联句兮，试架书之乱抽。谅峨洋之同调兮，谢泾渭之殊流。何此欢之不可久兮，俨俶装兮征辀。川无梁兮且阻，山有木兮相樛。月岳峥嵘兮云间，怅陆奔兮水浮。期崇德于皓首兮，慕赠言于回由。咄哉！缁尘污人，早归来兮难久留。（李民宬《拟别知赋》）③

二赋兼采有《离骚》"○○○○○○兮"句与《九歌》"○○○兮○○○"句，六字句至八字句交错运用，发语错落有致，散句之中有拗怒之节，古风俨然。而与韩愈律化的骚赋骈偶句式异趣。其次，这些赋作频频采用"香草美人"的楚骚意向，追求主旨的雅化与典化。其次，在赋中大量引用楚辞、儒家经籍中的典故，表现出好古崇骚、重经尊儒的雅兴。再如闵齐仁（1493—1549）《次别知赋赠林大树槐马》首起便发"余生好古而薄今兮，

---

① 郭建勋《略论楚辞的"兮"字句》，载《中国文学研究》1998年第3期。
② 成汝信《浮查集》卷二，载《韩国文集丛刊》第56册第89页。
③ 李民宬《敬亭集》卷十二，载《韩国文集丛刊》第76册第371页。

窃尚友于伊周"① 的崇古情怀,与古人相交乃自己毕生的夙愿。因此,在赋中多取诗经、楚辞的典故,以求在形式内蕴上暗合古人之幽思。如"寡闻而面墙兮,将取益而共修"出自《论语·阳货》:"人而不为《周南》《召南》,其犹正墙面而立也与?"② 将独学寡闻与知己双修对立,既寓意深刻,又抒发了对知己的相惜、相重之情,用典浑融。"共芹宫而游艺兮,探典坟而秩抽"一句化用典故多达三处,回想昔日与朋友在学宫之时,琴瑟相挑、嘤嘤其鸣,畅游于三坟五典的书籍中,增强自身学艺的修养,相互勉励,学有所成:"义思托于蓬麻兮,学期达乎源流"。其他次韵、模拟之作还有"和鹿鸣于大都,歌伐木于遐陬""昔陋巷之贤哲,尚自得于一箪""益者损者奚择,道也义也俱收""投木瓜兮报琼琚""欤伐木之不歌兮"等等。

以上诸面彼此相关,可以相互阐发印证。韩愈辞赋遂在海东文坛的容受中逐渐打上属于其民族自在的文学实践烙印。


安　生　武汉大学文学院特聘副研究员

---

① 闵齐仁《立岩集》卷六,载《韩国文集丛刊》25 册第 476 页。
② (南宋)朱熹《四书章句集注》第 179 页,中华书局,2012 年。

# 论柳宗元《非国语》在朝鲜王朝的批评生态及其文化心理[*]

贾文霞

**摘　要**：柳宗元痛感《国语》的诬怪荒诞之说有蔽学者志道之径，故作《非国语》以非之。对柳氏此举的讨论代不乏人，而延及最先受汉学沾溉的海东文坛。吴光运、申钦等人着眼宏观对《非国语》进行褒贬评价，而李奎报、李晬光等人则微观举例《非国语》的具体条目，就"非非"命题形制再次对《非国语》非之。其中，对《非国语》做出系统、全面驳正的学者南皋将柳氏《非国语》之谬分为不敬鬼神、不重礼法、标新立异三类，并用以经驳柳、借圣立言、矛盾自陷、援引先哲之论等方法分条驳斥。夷考柳宗元《非国语》在朝鲜王朝所受批评的文化心理乃在士人们对柳氏失节的定评左右了对其文学才能的评价，从而产生因人废文的现象。

**关键词**：柳宗元　《非国语》　朝鲜王朝　批评生态　因人废文

被视为《春秋》外传[①]的《国语》，历来深受隆誉，韦昭称其堪比六经，《国语解叙》："（所以）包罗天地，探测祸福，发起幽微，章表善恶者，昭然甚明，实与经艺并陈，非特诸子之伦也"[②]；戴仔更就精义、文辞两面褒扬："吾读《国语》之书，盖知此编之中，一话一言皆文武之道也。而其辞闳深雅

---

[*] 本文为2017年国家社科基金重大项目"辞赋艺术文献整理与研究"的阶段性成果，批准号17ZDA249。
[①] 参见陈桐生《〈国语〉的性质和文学价值》，载《文学遗产》2007年第4期。
[②] 徐元诰集解，王树民、沈长云点校《国语集解》第594页，中华书局，2002年。

奥，读之味尤隽永。然则不独其书不可訾，其文辞亦未易贬也。"① 然柳宗元却痛慨《国语》的诬怪荒诞之说有蔽学者志道之径，反屡屡斥言之："尝读《国语》，病其文胜而言尨，好诡以反伦，其道舛逆。而学者以其文也，咸嗜悦焉。伏膺呻吟者，至比六经，则溺其文必信其实，是圣人之道翳也"（《与吕道州温论非国语书》）、"夫为一书，务富文采，不顾事实，而益之以诬怪，张之以阔诞，以炳然诱后生，而终之以僻，是犹用文锦覆陷阱也"（《答吴武陵论非国语书》），遂乃作《非国语》以非之："左氏《国语》，其文深闳杰异，固世之所耽嗜而不已也，而其说多诬淫，不概于圣。余惧世之学者溺其文采而沦于是非，是不得由中庸以入尧舜之道。本诸理，作《非国语》。"（《非国语序》）② 尽管自撰著时起，柳宗元就料知会陷于被非议乃至诋毁的艰难境地，"若《非国语》之说，仆病之久，尝难言于世俗。今因其闲也而书之，恒恐后世之知言者用是诟病，狐疑犹豫，伏而不出者累月，方示足下"，但仍抱定舍我其谁的历史使命感与九死不悔的决心意志，昌明儒道，启发后学，匡时救世，"苟不悖于圣道，而有以启明者之虑，则用是罪余者，虽累百世滋不憾而恶焉"，并寄望于后来者，"如其知我者果谁欤？凡今之及道者，果可知也已。后之来者，则吾未之见，其可忽耶？"③ 确然，后世对柳宗元及其《非国语》的注目，代不乏人，而流风所及，泽被海外，同样引起深受汉学沾溉的海东文坛的热烈讨论。

## 一、"非"形制与非《非国语》

事实上，用"反"或"非"命题，对前代作品做出否定批评，后以"反反"或"非非"双重背反的逻辑结构进行否定之否定批评的创作样式，并不始于柳宗元。④ 王充立意"疾虚妄"，作《刺孟》以驳斥《孟子》诡谲狡辩的是非矛盾处，旨在贬黜谶纬，拯救道衰。扬雄作《反骚》，乃因"君子得时则

---

① （清）王梓材、（清）冯云濠编撰，沈芝盈、梁运华点校《宋元学案补遗》第 3996 页，中华书局，2012 年。
② （唐）柳宗元撰，尹占华、韩文奇校注《柳宗元集校注》第 2066、2071、3131 页，中华书局，2013 年。
③ 《柳宗元集校注》第 2070-2071、2066、2066 页。
④ 安生《反案·骚情：看中、朝赋家的"骚怨"情结》，载《天中学刊》2017 年第 5 期。

大行，不得时则龙蛇，遇不遇命也，何必沉身哉！乃作书，往往摭《离骚》文而反之"①。此类作品不一而足，明人孙能传在《剡溪漫笔》卷二对此有专门论述：

> 文士多好上人，往往菲薄前辈，转相弹射，子舆氏有《孟子》，王充遂作《刺孟》，刘文孺章又作《刺〈刺孟〉》。左氏有《国语》，柳子厚遂作《非国语》，江端礼、虞仲常又作《非〈非国语〉》。屈原有《离骚》，杨子云遂作《反骚》，徐昌谷祯卿又作《反反骚》。杨用修有《丹铅录》，陈观察晦伯遂作《正杨》，胡孝廉元瑞又作《正正杨》。②

审绎此类作品，可以发现"反"或"非"（包含"反反"或"非非"）创作都是建立在对原作体式与内容精深理解的基础上的。而柳宗元对《国语》的造诣，前人早有会心，吕祖谦《古文关键》："看柳文法，'关键'，出于《国语》。"③ 平步青《柳文学国语》条："柳州文学《国语》最多。"④ 乃至楼迂斋谓："柳子厚文章皆学《国语》，却著《非国语》，是私其所自得，而讳其所从来也。其天姿刻薄如此"⑤，指斥柳氏操戈入室，欲盖弥彰。新作意旨与原作之间自然也有千丝万缕的联系，郎瑛《七修续稿》："王充有《刺孟》，宋刘章作《刺〈刺孟〉》，柳子厚有《非国语》，刘章作《非〈非国语〉》，此皆反而正之之意"⑥，主张此类文章在"以反彰正"，即通过意旨的对立解构原作，使主体自我的思想观、文论观清晰呈现。清王兆芳《文体通释》析辨"反"体这一类作品："反者，覆也，背也。主于违背旧文，欲使倾覆。源出汉扬子《反离骚》。流有魏王粲《反金人赞》，晋孙楚《反金人铭》，唐皮日休《反招魂》，徐祯卿《反反骚赋》。"⑦ 同样认同此类文章意在违背旧文，主于倾覆。另外一种联系可概括为表异质同，殊途同归。关于扬雄创作《反

---

① （汉）班固撰、（唐）颜师古注《汉书》第3515页，中华书局，1962年。
② （明）孙能传辑《剡溪漫笔》第83-84页，中国书店，1987年。
③ （宋）吕祖谦《古文关键》第2页，中华书局，1985年。
④ （清）平步青《霞外捃屑》第452页，上海古籍出版社，1982年。
⑤ （明）张萱《疑耀》第21页，中华书局，1985年。
⑥ （明）郎瑛《七修续稿》，《续修四库全书》本（第1123册）第361页。
⑦ 曾枣庄《中国古代文体学》第90页，上海人民出版社，2012年。

骚》的真实意图,晁补之言:"扬雄为《反离骚》,反与变果异乎!曰《反离骚》非反也,合也。盖原死,知原唯雄……乃作书,往往摭《离骚》文而反之。虽然非反其纯洁不改此度也。反其不足以死而死也,则是《离骚》之义,待《反离骚》而益明。何者原惟不为箕子而从比干,故君子悼诸不然与日月争光矣。"① 晁氏主张反即是合,《反骚》使屈原《离骚》旨意光大章明,《离骚》与《反骚》可谓殊途同归。

朝鲜朝士人对柳氏《非国语》进行"非非"命题论说者,有李奎报、李睟光、李献庆三人。李奎报(1168—1241)《非柳子厚〈非国语〉论》言:"左氏亲受经于仲尼,凡事之可以因经而附者,皆释于传,采其余以为《国语》。既载之传,而又见于《国语》者,亦众矣。何皆诬淫不概于圣耶?"主张《国语》与《左传》互文见义,其血脉正统性不容置喙,柳子所谓诬淫圣贤之道的说法更属无稽之谈。并指出"柳子所以非其所非而非之者",即"为非而非",列举《三川震》《鉏麑》两条以证己之观点。对前者辩难如下:

> 孔子书《春秋》地震五,山陵崩陁二,其余灾异,不可胜纪,孔子其可非之耶?《诗》曰:"百川沸腾,山谷卒崩。"《诗》可非之欤?况伯阳父所言,非特左氏书之《国语》也,后至司马迁、班固,亦取而载之史矣。夫史者,标准万世之书也。若诬淫不经之说,则二子何取而书之耶?②

因孔子不可非,《诗经》不可非,史书为标准万世之书,更不得非,所以柳子认为西周时期三川震乃自然现象,与人事无尤的观点不得成立。于此一条可觇鉴传统儒家思想对朝鲜朝文人之深湛影响。无独有偶,李睟光(1563—1628)同样批驳了柳子《三川震》条,角度却不相同。据《芝峰类说》卷六经书部:"《国语》幽王二年,西周三川皆震。伯阳父曰:'周将亡矣。'柳子厚非之曰:'山川者,特天地之物。自斗自竭,自崩自缺,是恶乎与我?'噫!子厚此言乃后世天变不足畏之说也。《国语》不非而子厚非

---

① (宋)晁补之《鸡肋集》第10页,商务印书馆,1929年。
② 李奎报《东国李相国集》,载韩国民族文化推进会编《韩国文集丛刊》(第1册)第516页,首尔:景仁文化社,1996年。

矣。"① 李晬光认为如若信奉柳子之言，人将失去敬畏之心，无畏无惧，天象预警终不能阻止人类作恶，他因此反对柳子观点。李献庆《非非国语》针对柳子《不籍》条指出籍田的四大益处，即不忘本、知民艰、敬祖宗、先民劝农，因而是重要的国家政治活动。

整体表达对柳宗元《非国语》看法的包括李滉、申钦、姜栢年、吴光运等人。李滉（1501—1570）《答许美叔》："柳子厚作《非国语》篇，东坡尤其议论，而又有作《非非国语》者，何者为然？《国语》《非国语》及苏、李诸论，俱所未详，不敢妄有云"②，主张材料不足，不可妄下结论，较为理性中正。申钦（1566—1628）《书非国语后》曰："左氏固有夸者，然皆出于一时占筮。数之在三古，井井可稽。而周衰犹存于太史氏也，况人之吉凶，著于云为。天事恒象，圣智则之。援以为言，有何可非。以子厚非丘明，其蟋蟀之惊霆哉。"③ 对柳宗元非议占卜、天象等大为不满，直言《非国语》的创作乃蚍蜉撼树，不自量力之举。姜栢年（1603—1681）对《非国语》的态度则以诗作的形制出之，《阅古书》："闲居时阅古人书，正是荷塘小南余。柳子有才非《国语》，扬雄无事反《离骚》。毫端造化谁优劣，皮里春秋孰实虚。浮世雌黄浑扫却，胸襟转觉自如如。"④ 姜氏睿智通透，不局于"是"与"非"执念，见解高出一格。吴光运（1689—1745）《文指》篇纵论各家各作，于柳宗元言："柳州得之《左》《国》、韩非，而作《非国语》，殆盗憎主人也"⑤，指出柳氏天性刻薄，学问本源出自《国语》却反对《国语》。以上诸家多为泛泛而谈，对柳宗元《非国语》做出系统、细致论述的当推时庵先生南皋。

---

① 李晬光《芝峰类说》第 988 页，乙酉出版社，1982 年。
② 李滉《退溪集》，载韩国民族文化推进会编《韩国文集丛刊》（第 30 册）第 272 页，首尔：景仁文化社，1996 年。
③ 申钦《象村稿》，载韩国民族文化推进会编《韩国文集丛刊》（第 72 册）第 227 页，首尔：景仁文化社，1996 年。
④ 姜栢年《雪峰遗稿》，载韩国民族文化推进会编《韩国文集丛刊》（第 103 册）第 209 页，首尔：景仁文化社，1996 年。
⑤ 吴光运《药山漫稿》，载韩国民族文化推进会编《韩国文集丛刊》（第 210 册）第 516 页，首尔：景仁文化社，2000 年。

## 二、南皋"非"《非国语》

南皋（1807—1879），字仲元，又字仲安，成均馆生员。他天资颖敏，性格温粹，识见高明，操履忠贞。所谓"有金刚玉润之姿，有桂辛姜辣之味。严于义利取舍之辨，审于为己为人之分。"① 他一生隐约，不求闻达，著述甚丰，其辨证之作包括《井田之制》《潮汐之说》《非国语辨》《序卦传更定》等，著述作品包括《论语集注考证》《孝经衍义》《困勉录》以及诗文杂著。

据金兴洛（1827—1899）《成均生员时庵南公行状》："（南皋）往谒定斋先生，讲《大学》及《中庸》不睹不闻之旨，因质所著《非国语辨》，先生深加奖许。"② 与柳宗元创作《非国语》的意图一致，南皋同样为阐明圣人之道而"非"《非国语》。他在《读柳柳州〈非国语〉》中表白心迹："愚又恐后之学者见理不明，眩于取舍，反溺于子厚之说，则由是而欲求中庸以入尧舜之道，岂不左矣哉？于是不揆謽陋，姑撮其尤害于理者十余条，辩论如左，非敢以求多，其亦不得已也。"③ 南皋此文的体例为先列《国语》具体条目原文，再列柳子辩难内容，其本人的观点最后以按语形制出之。他所"非"柳子《非国语》的条目大致可分为三类。

柳宗元批评《国语》中俯拾即是的鬼神思想："（《国语》）好怪而妄言，推天引神，以为灵奇，恍惚若化而终不可逐。故道不明于天下，而学者之至少也。"④ 事实上他一向信奉朴素唯物主义观点，主张天人二分，天象与人事无尤："生植与灾荒，皆天也；法制与悖乱，皆人也，二之而已。其事各行不相预。"⑤ 这样的思想无疑是激进的，所以招致的批评也最多，接近南皋所非

---

① 金兴洛《西山先生文集》，载韩国民族文化推进会编《韩国文集丛刊》（第 321 册）第 451 页，首尔：景仁文化社，2004 年。
② 《西山先生文集》，载《韩国文集丛刊》（第 321 册）。
③ 南皋《时庵集》，载韩国民族文化推进会编《韩国文集丛刊》（续）（第 128 册）第 573-584 页，首尔：景仁文化社，2009 年。按：其后所引相关文献，皆出于此，不再出注。
④ 《柳宗元集校注》第 2065 页。
⑤ 《答刘禹锡天论书》，见《柳宗元集校注》第 2053 页。按：柳宗元所著《贞符》《天爵论》《时令论》《断刑论》《天对》《天说》等文，皆主张"天人不相预"，否定秦汉以来的"天人感应"说。

全部条目的二分之一。如《三川震》《谷洛斗》《跻僖公》《卜》《伐宋》《祝融》等条。兹举数例如下：

> 宋人杀昭公，赵宣子请师以伐宋。云云。曰："是反天地而逆民则也，天必诛焉。晋为盟主而不修天罚，将惧及焉。"
> 非曰：盟主之讨杀君也，宜矣。若乃天者，则吾焉知其好恶而假惩之耶？古之杀夺有大于宋人者，而寿考佚乐不可胜道，天之诛何如也？宣子之事则是矣，而其言无可用者。
> 愚按：愚于子厚《天说》，已执其膏肓矣，若此之类，不足多辨。（《伐宋》）

柳氏认为晋国作为盟主国讨伐宋国本属分内之事，但天是无意志的存在，所以用"天诛""天伐"恐吓宋人和晋国，纯属无稽之谈，并以历史上多有弑君夺国者得以佚乐寿考的事实，证明主宰赏罚的"天"根本不存在。南皋按"于子厚《天说》，已执其膏肓矣"，特引南皋《读柳柳州〈天说〉》相关内容如下：

> 夫天即理也，顺理则吉，逆理则凶。作善修德，顺乎理也。作恶徇私，逆乎理也。顺乎理，故福禄祥庆，必以类而应。逆乎理，故妖孽殃祸，亦以类而应。以其有是理也，故有是应也，其或反是则是变而非常也。夫岂实有物在上，而见人作善则谆谆然命之以福，见人不善则的然降之以祸，如人之号令施为分明有形迹耶？宗元不知天之为理而拘于形体之天，徒见其苍苍在上，无声臭无作为而妄为是说，以逞其私臆。

南皋深信善恶终有报，但"天"并非一个分明有形迹的实物，它存在于冥冥之中，并不能因其不可见性就忽略它的存在。南皋对柳氏不信鬼神天命深恶痛疾，多次反驳以至不屑多言。且他分析了柳氏不信天命鬼神之说的缘由，"盖宗元自负其才，庶几可以得志于天下，而卒至摈斥困阨，无复望矣，意以为天若可必，在我必不应尔。因历思古今报施舛谬，颜夭跖寿，尧水汤旱，贪饕者或致富贵，贤智者未免穷饿，善者未必受福，恶者未必受殃。潜怀怨怼之心，自用狠愎之私，强而为此说焉尔"，认为柳氏因怀才不遇、远谪蛮荒的多舛命运使其对既有信仰产生怀疑。

> 灵王二十二年，谷、洛斗，将毁王宫，王欲壅之，太子晋谏。云云。王卒壅之。及景王，多宠人，乱于是乎始生。景王崩，王室大乱。及定王，王室遂卑。
> 非曰：谷、洛之说，与《三川震》同。天将毁王宫而勿壅，则王罪大矣，奚以守先王之国？壅之诚是也。彼小子之说说者，又足记耶？王室之乱且卑在德，而又奚谷洛之斗而征之也！
> 愚按子厚之说意与《三川震》同，愚已辨之于前矣。（《谷洛斗》）

柳宗元认为洪水将要冲毁宫殿，阻塞洪水是常见的应对之术，太子晋的言论并不值得记载。周王室内乱和衰败的原因在于失德，谷、洛二水暴涨并不能作为其衰败的征兆。南皋按"子厚之说意与《三川震》同"，即言《三川震》等条目都表达了这一思想，南皋也一以贯之地反对柳氏的这一思想。

第二，对柳宗元不重礼法的批驳。如《不籍》《无射》《怀嬴》《嗜芰》等，兹举一例如下：

> 秦伯归女五人，怀嬴与焉。（怀嬴故子圉妻，子圉惠公夷吾子怀公也，文公过秦而秦穆公归之女，怀嬴与焉。）
> 非曰：重耳之受怀嬴，不得已也。其志将以守宗庙社稷，阻焉，则惧其不克也。其取者大，故容为权可也。秦伯以大国行仁义，交诸侯，而乃行非礼以强乎人，岂习西戎之遗风欤？
> 愚按：秦伯归怀嬴，而重耳勿受之，则如之何？将杀之欤；抑幽之，使不得归欤。曰："不然也。"……辞而勿受则亦已矣，何遽杀之乎？……秦伯欲重耳之反国，非一日矣，又岂幽之使不得归乎？然则重耳之受怀嬴，非不得已也，非惧其不克也。夫礼者，有国之命，人伦者教化之本。……子厚以为所取者大，故容为权可也。夫弑君而篡其位，其所取者，岂不大乎？则凡篡逆之变，皆权也，又何足讨？异哉子厚之权也。夫权者处变而得中，非圣人不能用也。（《怀嬴》）

春秋时期，晋公子重耳流亡秦国，秦穆公嫁女怀嬴于重耳，但怀嬴本是重耳异母弟晋惠公之子晋怀公子圉之妻,按辈分属重耳之侄媳。柳宗元主张重耳接受怀嬴乃权宜之计,因其志在宗庙社稷,只得姑且接受秦穆公安排,以图在其支持下重返晋国,荣登国君之位;同时谴责秦国强行嫁女于重耳是不懂人伦礼法的西戎遗风。南皋从反面论证重耳拒绝接受怀嬴的两个结果——被杀或被幽禁的不可能性,进一步阐明礼法乃人伦教化之根本,邦国社稷之命脉;同时柳氏所谓的"权变"只有圣人能够使用,一旦被滥用,终将成为弑君篡位等殉利背义,冒行非礼者之托词。

第三,申斥柳宗元"为非而非"。即认为柳氏为标新立异、吸人眼球而故作新说。

> 季文子无衣帛之妾,无食粟之马,仲孙它谏。(云云)。文子以告孟献子,孟献子囚之七日。自是子服之妾,衣不过七升之布,马饩不过稂莠。(子服它字。)
>
> 非曰:它可谓能改过矣,然而父在焉,而俭侈专乎己,何也?七升之布,大功之缞也,居然而用之,未适乎中庸也已。
>
> 愚按:父在子不得自专,谓凡可以禀命而行者,不得专也。如为仁在己,亦将禀焉而后为仁乎。仲孙它谏文子之俭,方是时,侈心锐然。及献子囚之七日,悔过自艾,革侈心而昭俭德。不贤而能之乎?君子许其改过迁善可矣,夫侈本恶德,虽禀命不可为也。俭固美德,虽专乎己,未见其不可也。况献子之囚它,恶其侈而欲其改也,则它之俭,所以体父志也,体父志而曰专乎己,可乎?甚矣子厚之好议论人也。(《仲孙它》)

柳宗元认为仲孙它善于改正自己的过错,但是父亲在世,他却只要求自己节俭,不符合中庸之道。南皋主张奢侈本是坏事,即使禀告父亲也不能去做;勤俭却是美德,只要求自己奉行未尝不可,况且仲孙它的节俭是在体察父亲的心意后做出的改变,又何须再次禀报父亲?柳氏却指摘仲孙它"俭侈专乎己",过于喜欢议论别人,可谓为非而非。

南皋主要采用四种方法以非《非国语》之谬。① 其一，以经驳柳。即用经书中的观点驳斥柳宗元的观点，如《灭密》《三川震》《祝融》等条。

　　按：康公受三女之奔，淫荒之志萌矣，乱亡之魄兆矣。《书》曰："内作色荒，未或不亡。"康公之自速灭亡，宜矣。左氏之示戒严矣，但太泥耳。子厚以为无足取者，不知塞源防微之义矣。（《灭密》）

柳氏主张康公之母教导其子媚王以女，诚非贤者，左氏却以"灭密"坐实了密国的灭亡乃因康公未献女于王，所以《左传》的观点并不可取。南皋认为密康公受三女之奔，已萌发淫荒之志，是乱亡之征兆，之后的"王灭密"实属理所当然，并引用《尚书》"内作色荒，未或不亡"批驳柳宗元"左氏以灭密征之，无足取者"之谈乃不知防微杜渐之表现。

　　按：子厚以为山川之崩竭，阴阳之乱常，无与于人。此子厚膏肓之论也。诚如是言，《诗》《书》之日食灾祥，《春秋》之特记灾异，《大学》所谓灾害并至，《中庸》所谓必有妖孽。此言皆何谓也？将黜圣贤废经传而后，子厚之言可施。岂有是理哉？（《三川震》）

柳宗元认为阴、阳二气的运行是自然常规，由此引起的地震也属自然现象，与朝代兴亡无关。南皋则引用《诗经》《尚书》《春秋》《大学》《中庸》等经书以证地震、日食等山川崩竭、阴阳乱常等与人事有关，因此只有废弃圣贤经传柳氏之说才能成立，而这显然是不可能的。

　　按：源深而流长，本固而条达，物之恒理。祖先有盛德懋功，而其遗泽余烈，垂之子孙，积累昌大，如契之后为商，稷之后为周，此理之恒。朱、均之不克继世，非其常也，岂尧舜不足祐耶。……子厚以为凡言盛之及后嗣者皆勿取。夫后世之尊信，宜莫如六经，圣人之言。《易》曰"积善之家，必有余庆"，《诗》曰"克昌厥后"，《书》曰"垂裕后

---

① 按：南皋对《非国语》相关条目的驳斥，主要以按语形式出之，所以该部分的引文只录南皋按语，笔者会简要介绍《国语》所记载的事件以及柳宗元所非的内容。

昆"，《中庸》曰"子孙保之"。圣人之言，岂欺我哉？孔子又曰："大德必得其位禄名寿。"然则以仲尼之不得位，颜氏之不得寿，反疑圣人之言有不足信耶。（《祝融》）

《国语》引述史伯观点主张祝融光照四海，功莫大焉，其子孙后代理应受福禄庇护；柳氏认为尧、舜、禹的功绩远远大于他们，后裔却未得荫蔽，因此言"凡言盛之及后嗣者，皆勿取"；南皋引用《易经》《诗经》《尚书》《中庸》以及孔子之言论证凡祖先有德者，必泽被后代，垂之子孙，朱均不能继承尧舜统绪，孔子未得高位，颜渊不得久寿都属特例，但并不能因此怀疑圣人圣训。

其二，借圣立言。即引用圣人的言语或行为证成己之论点，如《不籍》《无射》《跻僖公》等条。

> 按：昔子贡欲去饩羊，而孔子责以爱羊。齐王欲毁明堂，而孟子劝其勿毁。夫告朔之礼久废，王者之政不行。则区区饩羊之去不去，岿然明堂之存不存，何关于义理？而圣贤犹且爱之重之，何也？诚爱其礼，重其名也。（《不籍》）

柳宗元主张籍田乃"饰礼以欺民"，与其行无用之籍礼，不如不违农时，不夺其力，节用而不耗财，流通产品，均赋薄税，以求实现物足财富、老幼得养的大同理想。南皋则引子贡欲废除每月初一祭祀宗庙的羊却遭孔子反对以及齐王想毁掉明堂，被孟子劝阻两件事说明"礼"的重要性，言下之意即君王于每年春天举行籍田礼以表对农业的重视，柳氏观点自然被推翻。

> 按：尝闻濂溪周子之言曰："乐声淡则听心平，乐辞善则歌者慕"，故风移而俗易矣，妖声淫辞之化也亦然。此可谓知乐之言也。苏子瞻曰："子厚之学，大率以礼乐为虚器，以天人为不相知。"信矣。（《无射》）

柳宗元认为音乐不能移风易俗，南皋则引用周敦颐之言说明乐声对人潜移默化的作用，更是直接引苏轼之言指明柳氏一向不重视礼乐的作用。

> 按：夏父弗忌傲乱祀典，悖逆天常，殃祸之及，固其理也。其得寿而殁者，乃幸而免耳。如子厚之言"祸福无与于善恶"，而为恶者益无所忌惮矣。孔子曰："始作俑者，其无后乎"，愚于弗忌亦云。（《跻僖公》）

夏父弗忌担任宗伯，冬祭时要把文公父亲僖公的位次升到闵公之上，混乱昭穆，悖乱礼法，后他去世下葬时棺椁忽然起火，烟气直上天空。柳宗元认为此二者没有因果关系，南皋引用孔子"始作俑者，其无后乎"证明人所遭遇的祸福与生前品行善恶等直接相关，夏父弗忌公然违逆宗法礼制，既犯鬼神，复忤人道，灾殃必至。

其三，援引先贤之论。即引用前贤对《非国语》的非难以佐证自己的论点，如《嗜芰》《问战》条。"按：此一条，苏子瞻已论之，愚亦云但私欲干典之语，颇伤迫切，殊非人子讳亲之义。未知如何耳。"（《嗜芰》）屈建祭祀父亲时，没有按照他的临终遗愿摆放菱角，而是按照父亲的身份地位用少牢祭祀，在礼法规则和先父遗愿之间，屈建选择了前者。柳宗元认为屈建用少牢祭祀时，可以在旁边加上菱，而不是墨守成规，不知变通，伤害父子恩情，有违孝道。并引《礼记》"思其所乐，思其所嗜"证明子女应充分考虑父母的喜好。关于此条的驳正，南皋采用了苏轼的论点，现不避烦渎，将苏子论点摘录如下：

> 今赫赫楚国，若敖氏之贤，闻于诸侯，身为正卿，死不在民，而口腹是忧，其为陋亦甚矣。使子木行之，国人诵之，太史书之，天下后世，不知夫子之贤，而唯陋是闻。子木其忍为此乎？故曰："是必有大不忍者而夺其情也。"然《礼》之所谓"思其所乐，思其所嗜"，此言人子追思之道也。曾晳嗜羊枣，而曾子不忍食。父没而不能读父之书，母没而不能执母之器，皆人子之情自然也，岂待父母之命耶？[①]

苏轼从两个层面反驳了柳宗元的观点。其一，若屈建按照父亲嘱托以菱祭祀，则后世必牢记屈到的口腹之欲，于其清名有损；其二，柳氏对"思其

---

① （宋）苏轼撰，（明）茅维编，孔凡礼点校《苏轼文集》第131页，中华书局，1986年。

所乐，思其所嗜"理解有误，该语是指追思父母时目睹他们使用过的物品易触景伤情，而非柳氏所理解的按照父母的意愿供奉他们喜爱的物品。

"按：东莱吕成公论此甚详，其曰宗元之言皆所谓战，而非所以战者。尽之矣。"（《问战》）长勺之战时，曹刿问鲁庄公凭借什么作战，鲁庄公回答大大小小的诉讼案件，都会根据实情一一明察。柳宗元指出这样的答案避重就轻，应询问军师、士卒、器械、地形等与作战密切相关的因素。南皋借用吕伯恭的观点，指出柳氏强调的是战争是什么，而非凭借什么作战，混淆了概念。即认为柳氏设想了具体的战时背景、战争条件，断以己意，自立言辞，但已脱离了文本设定的情境。现将东莱先生的论述详录如下：

> 子羔为卫政，刖人之足。卫乱，子羔走郭门，刖者守门曰："于此有室。"子羔入，追者罢。子羔将去，谓刖者曰："吾亲刖子之足，此乃子报我之时也，何足逃我？"刖者曰："君之治臣者也先，后臣以法，欲臣之免于法也，臣知之。狱决罪定，临当论刑，君愀然不乐见于钦色，臣又知之。此臣之所以脱君也。"子羔一有司耳，有哀矜之意，人犹报之若是，况庄公君临一国，狱必以情，人之思报，岂子羔比耶？宗元乃曰，"以断狱为战之具，吾未之信"，历举将臣、士卒、地形之属，宗元之言，（皆所谓战，）而非所以战也。①

吕先生通过子羔为卫政时断狱以情，虽刖人之足，后却在卫国叛乱的危急时刻在被刖足者的帮助下顺利逃亡一事，坚信鲁庄公君临一国，却能事无巨细地断案以情，感恩思报者必多。小中见大，可以想见在庄公的感召下，鲁国上下必能万众一心，同仇敌忾，克敌制胜。

其四，矛盾自陷。即"以子之矛攻子之盾"，也就是用柳氏观点前后龃龉处使其立论不攻自破，如《舆人诵》条。"按：子厚既以灾孽殃祸为无与于人，而此又曰惠公、里、丕之为也，则宜咎祸及之。何其异于前言也？盖义理一定而不易，毕竟殄灭他不得，故自然发露于不知不觉之中矣。"（《舆人诵》）晋惠公回国后背弃了给国内外帮助过他的人士好处的诺言，民众讽刺这件事，认为惠公终将遭受祸乱。柳宗元言："惠公、里、丕之为也，则宜咎

---

① 《柳宗元集校注》第 3176 页。

祸及之",即惠公、里克、丕郑的所作所为本就应该导致杀身之祸。这就与柳氏一向主张的人之福祸际遇与善恶品行无关的观点相违背,如《跻僖公》条所非,所以南皋反问"何其异于前言也"?紧接着他指出柳氏这种前后悖谬的做法乃因"义理不定",也即其在《读柳柳州〈非国语〉》前言中所说:"盖其胸中无见定义理,妄以己意摸度为说,而不自知其背于理也。"

南皋好友李钟祥(1799—1870)《书南仲元柳柳州非国语辨后》言:"《国语》失之诞,子厚失之僻。诞与僻均之为失,而其是非之谬于圣人则子厚为甚,此南氏仲元《非国语辨》之所以作也"①,一语道出南皋非《非国语》的立足点,即以圣人是非为标准。这又可从其学术背景觇测缘由,南皋"七岁就学,不烦教授而能晓解文义。寻常戏墨,必书孔、孟、程、朱四字";"老而勤励靡懈,每中夜以起,常诵五经四子心经启蒙等书。"甚至在临终之前:"喉间奈尽之语谛听之,皆濂洛关闽之书也。"② 中国古代传统儒学思想对南皋的影响可谓贯穿终身,而柳氏朴素唯物主义的观点必与其强烈冲突。换言之,柳氏"非"《国语》与南皋"非"《非国语》都带有自身强烈的学术印记,柳氏对《非国语》坎坷命运的料想前文已述,南皋也深知"义理无穷,言之不可以易也。安知后世明理之君子不指摘吾失,如余今日之议子厚也。是可畏也,亦所拱而俟尔",正是强烈的明道信念的支撑使两位异域且不同时的学者做出了同样的抉择。

## 三、余论

章士钊言:"以文字言,《非国语》在柳集中固非要;若以政治含义言,则疏明子厚一生政迹,此作针针见血,堪于逐字逐句,寻求线索。吾因谓了解柳文,当先读《非国语》,应不中不远。"③ 主张从政治角度解读《非国语》,事实上柳宗元除了是文学大家之外,在中唐王朝的政局上也占一席之地。同质言之,朝鲜朝文人普遍存在的对柳氏《非国语》消极或负面的评说,

---

① 李钟祥《定轩先生文集》,载韩国民族文化推进会编《韩国文集丛刊》(续)(第122册)第494页,首尔:景仁文化社,2009年。
② 《西山先生文集卷》,载韩国民族文化推进会编《韩国文集丛刊》(第321册)第449、452、451页。
③ 章士钊《柳文指要》第362页,中华书局,1971年。

亦深受柳宗元政治作为的影响。

翻检朝鲜官修史书，关于柳氏失节于二王、参与永贞革新等政事的记录俯拾即是，持论甚严。如成宗十六年（1485）的记载"若唐之王叔文、柳宗元之辈，定为死交，乘顺宗不豫之时，朝廷要职，尽以所亲授之，唯其所欲，不拘程序。此真所谓交结朋党，紊乱朝政者也"①；中宗十四年（1519）"朋党之说有二。当汉之末，朋党祸起，此朋党，乃宦竖恶君子，而诬构其罪，称朋党以眩其君者也，名与实异。唐顺宗时，柳子厚、王伾、王叔文之徒，相与朋比，此朋党，乃真小人也，名与实副"②，都将柳宗元作为霍乱朝廷结党营私之小人的代表。因柳宗元文名甚大却有德无行、依附权贵、参与党争，因此朝鲜王朝议政时常将他作为反面教材，痛加鞭挞，如肃宗六年（1680）"且以古事言之，元和之时，柳宗元、刘禹锡以伾文之党，皆至窜流。此则不过染迹于小人，而犹且如此，况此辈为逆贼之所倚重，浊乱朝政，非特伾文之罪也"③。以及肃宗七年（1681）"一时染迹者，似当酌处，而但以古事言之，伾文之党，柳宗元、刘禹锡辈，屏黜数十年，今此被罪诸人，诚难轻议"④。中宗二年（1507）"昔唐之柳子厚，一时文士也，玷身于王伾，则宪宗斥之，况如殷尹之攀附内人乎"⑤？以及中宗十六年（1521）"为人臣，而以媒爵为先，则必失大节。大节既亏，则余无足观。柳子厚、刘禹锡附王叔文之党，遂被窜逐，十年之后，有复用之议，以其失节已多，故终不见用也"⑥的记载都将柳宗元依附王叔文、参与永贞革新作为其一生的污点，失节和无行文人的标签紧紧附着着他。民间学者中关于柳宗元依附二王之事的记载也颇为常见。洪葳（1620—1660）直斥柳宗元谄附权奸，不知羞耻："唐以夷狄之道立国，其士也亦以词华为尚，不能砥名节自树，故如韩愈之自谓知道者，犹不免朵颐于贵富之涂。刘禹锡、柳宗元辈，又是当时杰然者，皆谄

---

① 《成宗实录》卷一百七十五："十六年二月丙辰"条。
② 《中宗实录》卷三十七："十四年十二月乙亥"条。
③ 《肃宗实录》卷十："六年九月己未"条。
④ 《肃宗实录》卷十一："七年四月辛亥"条。
⑤ 《中宗实录》卷四："二年九月己酉"条。
⑥ 《中宗实录》卷四十二："十六年八月壬午"条。

附权奸,曾不知羞耻,其他则又何说。……舍名节,无以为士,无以立国。"① 金昌协(1651—1708)《先府君行状》引柳宗元党附权奸,终至身败名裂,后世论者不以为过来警醒世人:"昔唐伾文之党,如柳宗元辈,其文章才艺,岂不可惜。而窜谪十五年,卒死于远恶地,后世论者不以为过。近日被罪之类,言其情犯,不止于伾文之党,而被罪未久,论议之纷纭如此。"②

朝鲜王朝对柳氏失节的定评在很大程度上影响了对其文学才能的评价,遂导致因人废文现象的产生,这或可映射出柳宗元《非国语》在朝鲜朝批评生态背后的文化心理。

贾文霞　南京大学文学院博士

---

①　洪葳《清溪集》,载韩国民族文化推进会编《韩国文集丛刊》(第125册)第93页,首尔:景仁文化社,1996年。

②　金昌协《农岩集》,载韩国民族文化推进会编《韩国文集丛刊》(第162册)第495-496页,首尔:景仁文化社,1998年。

# 林椿汉诗的中国典故运用考*

## 吴野迪

**摘　要**：林椿，字耆之，号西河，海左七贤之一。出身高丽仕宦名门，自幼广泛接触中国典籍，深受中国传统文化影响。林椿在诗中大量援引承载着多元而丰富文化元素的中国典故，这也成就了其汉诗鲜明的风格特征与深厚的文化意蕴。无论事典，抑或语典，典故内容丰富，典源范围覆盖经、史、子、集四部。无论是明用、暗用，还是正用、反用，林椿对于典故的援引方式十分灵活且多样。本文将梳理林椿汉诗中援引的中国典故，考察其引典之源与用典之法。

**关键词**：林椿　汉诗　中国典故　引典之源　用典之法

　　朝鲜时期文人洪万宗曾经在其《小华诗评》中这样概括：所谓"盖东方诗学，始于三国，盛于高丽，而极于我朝"①，这基本上勾画出了汉诗在韩国文学史上一个大致的发展脉络。

　　林椿，字耆之，号西河，海左七贤核心成员之一。其所处之高丽时期，是汉诗快速发展的阶段，也是汉诗呈现出日渐繁盛景象的一个黄金时期。对于林椿及其汉诗，韩国文学史上四大汉诗诗人之一的李仁老曾评价为"诗有骚雅之风骨，自海而东，以布衣雄世者一人而已。"② 林椿出身高丽仕宦名门，自幼便有机会接触到大量的中国典籍，深受中国传统文化的影响。可以说，

---

\* 本文系吉林省社科基金项目"域外汉学视野下的海左七贤文学研究"（项目编号：2017BS14）；吉林省教育厅"十三五"科研规划项目（项目编号：JJKH20170896SK）；吉林大学"交叉学科创新项目"（项目编号：2019QY007）的阶段性成果。

① 洪万宗《小华诗评》（卷上），载赵钟业编《韩国诗话丛编》（第3卷）第493页，太学社，1996年。

② 李仁老《西河先生集序》，载《西河集》第30页，一志社，1984年。

这些丰富的文化元素以不同的形式，多维而又多彩地投影、呈现在其汉诗之中，于浓厚的文化意蕴之中，成就了林椿诗歌"骚雅之风骨"及其广闻于世的诗名。而其中，对于中国典故的运用，可谓是林椿汉诗一个最为突出的特色与亮点。

## 一、引典之源

通过整理发现，林椿诗中援引了大量的中国典故，这些典故出自《诗经》《论语》《史记》《汉书》《三国志》《魏书》《晋书》《旧唐书》《新唐书》《庄子》《孟子》《太平广记》《论衡》《世说新语》《洛阳伽蓝记》等典籍，范围涉及经、史、子、集四部。且在四部之中，以出自史部典籍文献的典故为最多。例如：

可笑文章不直钱，万乘何曾读子虚。纷纷世上邸夫辈，舐痔犹得三十车。
我欲唾面去，浩然赋归欤。休向间阎老一身，如笼中鸟池中鱼。
尽室万里行，萧萧一疋驴。家山急赴秋风至，莼羹一杯方有味。
迟迟回首望中原，可怜久作风波地。黄鸡夜鸣非恶声，起舞自有英雄志。①

上面诗句节选自林椿最为著名的长诗——《杖剑行》。其中，林椿连用多个典故，如"可笑文章不直钱，万乘何曾读子虚"，典出《史记·司马相如传》中的"上读子虚赋而善之"；而"家山急赴秋风至，莼羹一杯方有味"，则典出《晋书·张翰传》中所谓"因见秋风起，乃思吴中菰菜、莼羹、鲈鱼脍，曰：'人生贵得适志，何能羁宦数千里以要名爵乎！'遂命驾而归"；最后，"黄鸡夜鸣非恶声，起舞自有英雄志"，是典出《晋书》的《祖逖传》一篇，祖逖与空刘琨同为司州主簿之时，"情好绸缪，共被同寝。中夜闻荒鸡鸣，蹴琨觉曰：'此非恶声也'因起舞"，是辨识度很高的祖逖的"鸡鸣起舞"之典故。

---

① 林椿《杖剑行》，载《西河集》第92页，一志社，1984年。

林椿诗中援引的典故，像这样出自史部典籍的例子还有很多，例如，"用与不用百里奚，岂智于秦愚于虞"（《题天院柳光植家橙》）中的"智秦愚虞"，典出《史记·秦本纪》；"唾面何敢逆，自从刘备瓜"（《次韵郑侍郎叙诗并序》）中的"唾面自干"，典出《唐书·娄师德传》；"徐稚已教悬榻下，陈遵未厌闭门留"（《楼上小饮》）中的"下榻留宾"与"闭门留客"，分别出自《后汉书·陈蕃列传》与《汉书·陈遵传》；"茅岭来从许迈游，苏门会见孙登啸"（《将归绀岳读书寄朴东俊》）中的"许迈游于茅岭"与"孙登苏门长啸"，分别出自《晋书》中的《许迈传》与《阮籍列传》；"君家栽种计已早，山中不羡千头奴"（《题天院柳光植家橙》）中的"千头奴"，出自《三国志·孙休传》中所载之"自吾州里有千头木奴，不责汝衣食"；"不分驽骀终附尾，何时鸡犬得升仙"（《赠皇甫若水》）中的"附尾"，典出《史记·伯夷传》中所言之"颜渊虽笃学，附骥尾而行益显"；"欲与翰林为子墨，喜从书苑得陈玄"（《谢人以笔墨见惠》）中的"翰林子墨"，出自《汉书·扬雄传》中之所谓"故借翰林以为主人，子墨为客卿以风"；"耻向嵩高争捷径，甘从颍水卜幽居"（《赠隐者》）中援引到的"颍水洗耳"则是典出《高士传》中的《许由》一篇等。

除此之外，林椿十分崇尚不经华丽修饰与雕琢的质朴古风，一直将典雅、古朴的《诗经》奉为经典，视作诗之典范。对于当时弥漫在高丽文坛之中的浮华奢靡，极尽功利主义而空洞无实的不良文风，林椿曾针砭时弊，并提出了为文当法先秦、西汉之古文，而作诗当效《诗经》的观点。因而，在其诗中援引的很多语典，溯其源头，都是出自《诗经》。例如，"六合敲蒸未流火，天上倾瓢雨如泻"（《六月十五夜雨霁对月有怀》）中的"流火"，典出《诗经·国风》中的最长诗篇——《国风·豳风·七月》中的"七月流火，九月授衣"；"笔法诗篇自一家，琼琚好报卫人瓜"（《摘瓜寄洪书记》）中的"投木报琼"，典出《国风·卫风·木瓜》一诗，诗云："投我以木瓜，报之以琼琚。匪报也，永以为好也"；"和音逸响忽交发，有如丹山鸑鷟翱翔来集朝阳鸣"（《次韵李相国见赠长句》）中的"鸑鷟翱翔来集朝阳鸣"，典出《大雅·民生之什》第八篇——《大雅·卷阿》。诗云："集朝阳鸣，凤凰鸣矣，于彼高冈。梧桐生矣，于彼朝阳，菶菶萋萋，雍雍喈喈"；"及此遭丧乱，飘然放江湖"（《寄山人益源》）中的"丧乱"，典出《诗经·大雅》中周宣王忧旱祈雨的名篇——《大雅·云汉》。诗云："何辜今之人？天降丧乱，饥馑荐臻";"郢中欲继阳春曲,惭愧皇华也盍然"(《次韵赠若水》)中的"皇华",则是出自《小雅·皇皇者华》之中。诗云:"皇皇者华,于彼原隰。駪駪征夫,每怀靡及"等。

## 二、用典之法

对于中国古典诗歌中的典故运用,葛兆光先生曾在其著作《汉字的魔方》的"论典故"一章中,有这样一段描述。

> 按照罗曼·雅克布森(R. Jakobson)和贾恩·穆卡罗夫斯基(J. Mukaiovsky)等形式主义文论家的说法,恰恰是这些"陌生化"的语言"对普通语言有组织的违反"才成为诗歌语言呢!……还是明代王世懋《艺圃撷余》说得公允:"病不在故事,顾所以用之如何耳。"正好比肉也罢,鱼也罢,一经高明的厨师之手,便是花团锦簇的佳肴,而叫愚笨的主妇经手,则无论如何上不了台盘。①

这是一段生动有趣的文字,不仅以俄国形式主义文论中可谓核心概念的"陌生化"为视角,解构了典故之于诗歌的重要意义。同时,还援引王世懋所谓"病不在故事"的观点,并佐之以"高明的厨师"与"愚笨的主妇"的比喻,巧妙而又形象地道出了用典的关键之所在——既非全然不用,也非多多益善。重点在于"用之如何",也就是说,关键在于引用的方法。正如葛兆光先生的比喻,"肉也罢,鱼也罢",能否成为佳肴关键在于烹调之人的技艺是否精湛。本文将对林椿的"烹调技法",对其用典之法进行考察。

元代文人陈绎曾曾经在其《文说》一书中将文人用事之法划分为九个种类,即"用事九法"。明代文人高琦、费经虞也分别在各自的《文章一贯》和《雅论》中,将用事法或展开或归纳为十四类和五类,即"用事十四法"与"用事五法"。至于用事之法在数字,也就是种类上出现的差异,则主要由于在总结、分类之时所采用的划分标准不同所致。本文将主要以陈绎曾、高琦、费经虞等人观点中均有所提及的正用、反用、明用、暗用等为线索,来

---

① 葛兆光《汉字的魔方》第141页,复旦大学出版社,2008年。

审视林椿的用典之法。

### （一）明、暗之用

明用与暗用，是以对典故的援引方式作为划分标准来定义用典的方法，二者的关系是对等而相反的。所谓暗用，陈绎曾在其《文说·用事法》中释义为"用故事之语意，而不显其名迹"①。那么，明用则可以理解为"用故事之语意，而显其名迹"。不同的用法导致了典故在文学作品中或隐、或显的迥异呈现。

林椿在诗中以这般"显其名迹"的方式进行援引典故的有很多。例如，《书莲花院壁》一诗中的"君不见羲之避世来往会山阴，时有同游释道林"，很显然是明用典故，典出《晋书》中的《王羲之传》一篇。所谓，"羲之雅好服食养性，不乐在京师……会稽有佳山水，名士多居之，谢安未仕时亦居焉。孙绰、李充、许询、支遁等皆以文义冠世，并筑室东土，与羲之同好，尝与同志宴集于会稽山阴之兰亭"。林椿将这段王羲之寄情山水，与支遁等好友游于会稽山阴的佳话韵事，直白地引入诗中。又如，《杖剑行》一诗中的"从容跪授圯桥履，会须不后老人期"，也是一例典故明用，典出《史记》中《留侯世家》一篇。所谓，"良尝闲从容步游下邳圯上，有一老父，衣褐，至良所，直堕其履圯下，顾谓良曰：'孺子，下取履'。"林椿在诗中直接援引了黄石公掷履，张良机缘巧合得《太公兵法》的这一典故。此外，如《复次前韵寄鸡林朴先生》一诗中的"秋风定有吴中味，好慰乡思寄陆机"，林椿则是连引两则典故。一则是"因见秋风起，乃思吴中菰菜羹、鲈鱼脍"，而命驾便归的张翰"莼鲈之思"的典故。另一则，是陆机认为"有千里莼羹，但未下盐豉耳"便足可敌羊酪的典故。

至于"不显其名迹"的暗用典故，也不乏其例。例如，题为《诸公饯皇甫若水赴中原书记仆以病不往作诗寄之》诗中的"何当依约作南游，共脍鲥鱼烹苦笋"一句，好似平淡寻常，并无引典之痕迹。但事实上，林椿是化用了北宋词人贺铸《梦江南》中的词句，所谓"苦笋鲥鱼乡味美，梦江南，阊门烟水晚风恬，落归帆"。很显然，林椿是以"但存盐味，不见盐质"②的

---

① 陈绎曾《文说·用事法》，载《文津阁四库全书》（第 496 册）第 84 页，商务印书馆，2005 年。

② 林纾著，范先渊校点《春觉斋论文》第 44 页，人民文学出版社，1959 年。

"水中着盐"式的暗用典故，将贺铸的词句融入了自己的诗中。

又如，在林椿题为《法住寺堂头惠纸笔因谢之》的诗中，可管窥其家族意识的"因期三叶居著作，家声不欲坠吾先"这一句，从字面看来，颇似只是诗人在抒发心声，且不无自得之意。然而，事实上这里也是一处典故的暗用。"家声不欲坠吾先"，暗典典出《晋书》中的《傅玄传》一篇。乃是化用了其中对于西晋文人傅玄之子——傅咸的一处评价，所谓"长虞风格凝峻，弗坠家声"。

此外，如《眉叟见和复用前韵三首》一诗中的"要将铁叶裹门限，闲事不须瞋老父"，暗引了唐代文人李绰所撰的《尚书故实》一书中有关智永禅师的一则典故。智永禅师学书累月积年，曾经"秃笔头十瓮，每瓮皆数石。人来觅书，并请题头者如市，所居户限为之穿穴，乃用铁叶裹之"，故称之为铁门限。林椿诗中暗引该典，取其来访请益者频多之意。

（二）正、反之用

除上述典故的明用与暗用之外，陈绎曾也在《文说·用事法》中对于典故的正用及反用之法进行过解读与阐释。所谓"正用"，乃是"故事与题事正用者也"。而所谓"反用"，被定义为"故事与题事反用者也"。[①] 与前面所提到的明用、暗用之法有所不同，正用与反用主要是依据援引典故之时的取义角度，来分类和定义的两种使用典故的方法。其中，正用法在林椿诗中引典取义之时最为多见，可以说是其在诗歌创作过程中，援引典故最常使用的一种方法。以其题为《喜三生见访》的汉诗为例，该诗的"忽有丘门三益友，来寻楚泽独醒人"一联中，前后分别援引了两则典故。

第一则出《论语》中《季氏》一篇，篇中孔子有云，"益者三友，损者三友。友直，友谅，友多闻，益矣"。林椿在诗中将孔子及其所言之"益者三友"合用于一处，是谓"丘门三益友"；第二则，出《史记》中的《屈原传》一篇，篇中屈原感慨道"举世皆浊我独清，众人皆醉我独醒"。林椿将楚国屈原及其"游于江潭，行吟泽畔"之时的慨叹融合在了一起，谓之"楚泽独醒人"。而林椿的这一首《喜三生见访》，也正是如诗题所示，乃感发于友人的到访。诗中援引典故，以孔子所谓之"益者三友"来借指前来探访的三位友人。而与此同时，林椿又借助所引用典故中的，被放逐的"行吟泽畔"的

---

① 陈绎曾《文说·用事法》，载《文津阁四库全书》（第496册）第84页。

"独醒人"这一意象，比拟、勾画出与屈原颇为境遇相似的，自身当时的种种无奈与失意。很显然，林椿引典所表达出的内容，以及所传递出的感情色彩，与其所援引典故本身的原有含义是相一致的，是谓正用。

此外，如《书湛之家壁》一诗中的"先生莘莘不可羁，何曾折腰为五斗"句，所援引之典故出自《晋书》中的《陶潜传》一篇。所谓，"吾不能为五斗米折腰，拳拳事乡里小人邪"。林椿在诗中援引"不能为五斗米"，而"拳拳事乡里小人"的，陶渊明不为五斗米折腰的典故，借以赞赏友人李湛之毫不醉心功名、富贵的磊落与不羁。典故正用之法清晰可见。

又如，题为《贺皇甫沆及第二首》一诗中的"后生诚可畏，自笑衰堕质"，引《论语》中的《子罕》一篇。篇中孔子这般感慨道，"后生可畏，焉知来者之不如今也？"如题所示，林椿该诗是祝贺友人皇甫沆及第之时所作。林椿与皇甫沆同为竹林高会的成员，均在海左七贤之列，林椿年长，二人乃忘年之交。诗中援引"后生可畏"的典故，如其所言之"自笑衰堕质"地，以此自嘲的方式，表达着对于皇甫沆的佩服、钦畏之感，以及对其才华的肯定与赞赏之情。

至于"故事与题事反用"的"反用"引典之法，林椿的诗中也不乏其例。以《题天院柳光植家橙》一诗中的"用与不用百里奚，岂智于秦愚于虞"句为例，诗人援引的是出自《史记·秦本纪》中的"秦智虞愚"这一典故。据《史记·秦本纪》记载：

> 晋献公灭虞、虢，虏虞君与其大夫百里傒，以璧马赂于虞故也。既虏百里傒，以为秦缪公夫人媵于秦。百里傒亡秦走宛，楚鄙人执之。缪公闻百里傒贤，欲重赎之，恐楚人不与，乃使人谓楚曰："吾媵臣百里傒在焉，请以五羖羊皮赎之。"楚人遂许与之。当是时，百里傒年已七十余。缪公释其囚，与语国事。谢曰："臣亡国之臣，何足问！"缪公曰："虞君不用子，故亡，非子罪也。"

该典故中，"五羖大夫"百里奚羊皮换相，得到了秦穆公的重视举用。如果将林椿诗中对于"秦智虞愚"典故的取义角度与该典故的原意进行比对的话，很显然，此处诗人是在"故事与题事反用"地运用典故。

具体来看，"秦智虞愚"这一典故本身所强调的是外在的环境与客观条件，对于身处其中的个体有着至关重要的影响，甚至可以说，这种影响是起着决定性作用的。然而，林椿在其《题天院柳光植家橙》诗中对该典故的使用，其对于该典的取义视角却是与典故截然相反的。诗中林椿认为，"渡淮为枳吾未信，天资不以地性渝"，与引典"秦智虞愚"的"用与不用百里奚，岂智于秦愚于虞"形成前后的承接与呼应。诗人所流露出的是一份倔强与自信，比之于外在的客观环境，林椿该诗中所表达、流露出的是一份对于内在的、个人主观能动性的重视与强调。可以说，不失为一处以反用之法，援引典故的很好例子。

又如，《杖剑行》一诗中的"笑彼拔山力，捕取等婴儿"。其中"拔山力"，典出《史记》中《项羽本纪》一篇。篇中军壁垓下，汉军四面皆楚歌之际，项羽悲叹"力拔山兮气盖世，时不利兮骓不逝"。而后半句中出现的"婴儿"，笔者认为，此语乃是双关。首先，"婴儿"与"子婴"同占一个"婴"字。此外，人之始生谓之婴，"婴儿"一词除包含着新生与希望之意以外，也是弱小与无力的象征。而这一重象征之意，也恰恰勾画出"即系颈以组，白马素车，奉天子玺符，降轵道旁"，子婴之挫败、无力的形象。因而，可以说林椿该诗中的"婴儿"是暗指子婴，而所谓"捕取等婴儿"，则是与前句呼应，援引《史记》中《秦始皇本纪》一篇中的记载。所谓"项籍为从长，杀子婴及秦诸公子宗族"。林椿诗中并没有取用"拔山力"本身所传递出的"力拔青山，气盖中原"的英雄豪迈之意，而是在前面冠以"笑彼"二字，不无讽刺地反向取义，并使之与后面的"婴儿"所载之子婴挫败、无力的形象之间形成强大的张力。很显然，是"故事与题事反用者也"。

"仁老集遗稿为六卷，目曰西河先生集，行于世。"[①] 林椿离世后，李仁老对其散存的作品遗稿进行收集、整理，集成《西河集》，并在序言中这样评价道："西河先生少有诗名于世，读书初若不经意，而汲其字字皆有根蒂，真得苏黄之遗法"。纵观林椿现存的汉诗作品，其诗中援引的中国典故内容丰富而多元，其引典典源范围覆盖经、史、子、集四部。对于典故明、暗，抑或正、反等方式的运用，灵活而多样，成就出林椿汉诗鲜明的风格特征与深厚的文化意蕴。

吴野迪　吉林大学外国语学院副教授

---

① 郑麟趾、金宗瑞《高丽史》第 102 卷，亚细亚文化社，1972 年。

·中国新文学传播与研究·

# 海外汉学文献资料的重新发现与研究
## ——以1947年英美出版的《中国抗战小说集》为例

张红扬

**摘 要**：近年来，1947年美国哥伦比亚大学出版的《中国抗战小说集》(*Stories of China at War*) 得到了研究界的关注。不久前笔者又发现，该书亦由英国牛津大学同时出版。由此，最早在英美同时出版的抗战小说集浮出水面。燕大藏牛津版源于"英国联合援华行动组织"之捐赠，燕大将其归于西文汉学专题收藏之下，成为海外汉学文献特殊之一分子。该小说集在策划组织、篇目遴选、编译方式等方面既显示了海外汉学文献融通中西的特点，也凸显了世界反法西斯文学的共同理念。文章还解决了前人研究中遗留的著译者姓名及原作篇名的中文还原问题，重点考析了潘公展、陈瘦竹、冰波、金玉岭、李伟涛、朱抚松、任玲逊等稀见编选著译者及作品。

**关键词**：海外汉学 抗战文学 王际真小说翻译

中国文学的海外传播已成为汉学研究的新课题。作为抗战文学海外传播的代表性著作之一，王际真主编、在英美出版的《中国抗战小说集》(*Stories of China at War*) 逐步得到国内研究者关注。该书1947年出版，择入了13位作家的16篇作品，由多位翻译家分别翻译而成。出版其时国内局势未稳，搜求文献诸多不易，国内无论公藏或私藏中都较为罕见。所幸者，该书的美国哥伦比亚大学版近年来已为研究者揭示；无独有偶，笔者不久前在燕京大学图书馆旧藏中又发现了1947年英国牛津大学版。经版本比对可以确定，此《中国抗战小说集》应为最早在英美同时出版的抗战短篇小说合集。该书70余年前在英、美玉成并出版，70余年后又为国内研究者重新发现，如今已成为海外汉学研究的重要资料之一。

## 一、策划和编选

《中国抗战小说集》的署名编者为王际真。实际上，参与前期策划和作品遴选的还有潘公展，其人作用不容忽略。但在目前的研究论文和著作中，未见提及潘公展的参与。①

王际真（Chi-chen Wang，1899—2001），在编选《中国抗战小说集》之前，除翻译出版《红楼梦》的节译本外，已编译出版《阿Q及其他——鲁迅小说选》（*Ah Q and Others: Selected Stories of Lusin*，1941）、《中国传统故事集》（*Traditional Chinese Tales*，1944）、《现代中国小说选》（*Contemporary Chinese Stories*，1944）、《中国幽默文选》（*Chinese Wit and Humor*，1946，与林语堂、乔志高合作编译）等4部英译中国小说集，在中国小说英译方面积累了丰富的经验，并在美国及西方中国文学研究界享有盛誉。

《中国抗战小说集》英文题名 *Stories of China at War* 如果直译，亦可译为《中国战时小说集》，但笔者认为"战时小说"的译法不够准确，在战争期间写的小说也可能无关乎战争，但该集子中择入的16个短篇中有9个描写正面抗战故事，其他7个也是以抗战为背景的，所以译成《中国抗战小说集》更为准确。

作为主要编选者，王际真希望"从生活的各个方面反映抗战中的中国"。为此"在过去的几年中，检阅了相当多的资料"。② 他在前言中说明，抗战初期文学的繁荣与作家的贫瘠形成了极大反差，作家创作热情高涨，产生了一些优秀文学作品，他从优择入小说集的共9篇：卞之琳的《红裤子》、冰波的《不成功的战斗》、杨朔的《火并》、白平阶的《跨过横断山脉》、李伟涛的《我在俘房中》、老舍的《且说屋里》和《一封家信》、张天翼的《新生》、端木蕻良的《找房子》。

王际真在前言中特别说明，与其一道策划及遴选作品的还有潘公展（Pan

---

① 参阅许敏《中国现代小说在英语世界的译介研究》，华东师范大学博士论文，2018年。李刚、谢燕红《王际真英译选本与中国现代文学的海外传播》，载《国际汉学》2020年第4期。

② Chi-chen Wang, "Preface", *Chinese Stories at War*, NewYork: Columbia University Press, 1947, p. vi.

Kung-chan, 1894—1975)。潘公展,原名有猷,字干卿,号公展,吴兴(今湖州)人,毕业于上海圣约翰大学。曾为南社社员,后历任中国公学校长、《晨报》社长、《申报》董事长等。抗日战争期间,曾任国民党中央宣传部副部长。小说集中的 6 篇由其遴选入围:陈瘦竹的《三人行》、金玉岭(King Yu-ling 之音译)的《在钢厂》、茅盾的《报施》、姚雪垠的《差半车麦秸》、老舍的《人同此心》、郭沫若的《月光下》。

由于潘公展的公职身份,给海外自由作家主导编选的小说集增添了些许的官方色彩。抗战初期,国共两党形成的抗日统一战线暂时压倒了党派之争,向海外推送和传播抗战文学成为文化界统一战线的共同任务。周恩来当时担任了国民政府军委政治部副部长,其治下第三厅厅长由郭沫若担任,主要从事抗日宣传工作。潘公展这位国民党大员,择入的 6 篇作品中多为左翼作家所著,其中茅盾和郭沫若为中共党员。从内容和艺术两方面来看,这 6 篇小说均为抗战文学的上乘之作,潘公展在作品遴选中倒也并未以党派或倾向论,而是力图展现广阔丰富的抗战生活场景,并兼顾描写前方将士、敌后游击队、普通农人、知识分子、工厂工人等不同题材的作品。

## 二、小说原作者、中文原题名及原作故事梗概

已有研究中,对于小说集的外部因素讨论较多,对于原作者尤其是稀见作者及作品的揭示不够深入。择入的 13 位作家的 16 篇作品中,以姚雪垠的《差半车麦秸》最为知名,因为该篇列入了人教版中学 9 年级语文教材。茅盾、老舍、张天翼、郭沫若当时已是知名作家,端木蕻良、杨朔后来亦成为知名作家,但择入小说集中的这些名家作品有的并非其代表作。另有一些作家作品较为稀见,加之在英译时篇名有所改动,给研究者还原为中文时造成困难。在一些研究中,小说集中的作家和作品的具体信息未能提供,阻碍了研究的深入开展。[①] 笔者借助多种数字及纸本文献,考证了原作者和原作题名,揭示了小说集中的稀见著译者,对于冷僻篇目,也提供内容概要供参考。

---

① 一些研究者在还原作家的中文原名及作品名时遭遇困难,参见《中国小说在英语世界的译介研究(1940—1949)》第 77 页。另参见管兴忠《王际真英译作品翻译研究》,载《东方翻译》2015 年 5 期。

以下简介按照小说集中的顺序排列。为节省篇幅计,知名作家简介略去,其作品介绍也力求从简。

1. 端木蕻良:《柳条边外》(*Beyond the Willow Wall*, by Tuan-mu Kung-liang)

该篇原名《突击》,写于七七事变之际,直接描写东北义勇军的武装斗争,表现东北人民的苦难和他们的抗争。端木蕻良撰写过多部反映东北人民武装抗战的小说,其中以《浑河的激流》评价最高。①

2. 陈瘦竹:《三人行》(*Three Men*, by Chen Shou-chu)

陈瘦竹(1909—1990),江苏无锡人,武汉大学外文系毕业,曾任南京国立编译馆编译、四川江安国立戏剧专科学校教授,国立中央大学教授及南京大学教授、中文系主任,是我国著名的戏剧理论家,亦是早期乡土文学作家。1938年加入中华全国文艺界抗敌协会,并开始撰写长篇小说《春雷》,王际真在前言里提到的陈瘦竹有一篇值得称赞的长篇,② 应该就是《春雷》。1942年出版的小说集《奇女行》和《水沫集》,以不同出身、不同阶层人物的抗战为主题,展现了全面抗战的图景。《三人行》是《水沫集》中一篇,说的是日寇不仅破坏了农村生活正常秩序,而且将可爱的乡邻春姑娘轮奸致死。为了复仇雪恨,农人小黑子、毛三郎、醉八仙杀了两个日本兵。

3. 茅盾:《报施》(*Heaven Has Eyes*, by Mao Dun)

小说《报施》英译为"老天有眼"。前线部队文书上尉张文安因患顽疾得以回乡下家中休息,听说参军抗日的同乡家穷母病,便将一千元医药费送到同乡家中。同乡家人感到老天有眼,在外抗日的儿子好人有了好报。

4. 卞之琳:《红裤子》(*The Red Trousers*, by Pien Chih-lin)

《红裤子》是卞之琳抗战时期最负盛名的作品,多次被译为英文在国外发表。故事说的是山西八路军游击队引导农民抗击日寇的故事。日军要来"宣抚",村里妇女平时都穿红裤子,这时都换成黑裤子,希望逃脱日本兵的魔爪。但游击队员关小双的老婆却无裤子可换,夫妻两人于是互换。3个日本兵看见红裤子就追,追到山里便被游击队活捉。红裤子在故事中起着巧妙的道具作用,红色也有反抗的意义。

5. 冰波:《不成功的战斗》(*An Unsuccessful Fight*, by Ping Po)

---

① 王富仁《王富仁序跋集》第255页,汕头大学出版社,2006年。
② "Preface".

冰波原名王启霖（1915—1949），化名王慰民，冰波为其笔名，贵州仁怀人，1915年出生于贵阳。1933年考入广州中山大学化工系。1936年赴日学习。1937年七七事变爆发后，回国投入抗战。1938年担任了《贵州晨报》副刊"每周文艺"编务，同年加入中国共产党。1939年以后，担任了"中苏文化协会贵州分会"的实际工作。1939—1940年之交，担任了中共贵州省工委宣传部干事和统战支部书记。1949年编辑出版地下党刊物《真实》，同年6月被捕，9月为国民党秘密杀害。著有《封锁线》《告密者》《朋友，向我们伸出你强力的手吧》《迫害》《皇帝的巡礼》等文学作品。《不成功的战斗》中，八路军捉鬼队5个队员，歼灭了8个鬼子，牺牲了一名队员，应该说是一场胜利的战役。但由于没有完成活捉俘虏的任务，所以说是不成功的战斗。① 小说题目与实际内容形成反差，有明抑实扬之意。

6. 姚雪垠：《差半车麦秸》（*ChabanchehMakay*, by Yao Hsueh-yin）

《差半车麦秸》是姚雪垠的成名作。描写一位外号叫"差半车麦秸"的落后农民最后成长为一名农民游击战士故事。该篇亦是抗战初期文坛上最负盛名的作品。

7. 杨朔：《火并》（*Purge by Fire*, by Yang Shuo）

《火并》描写山东牟平地区游击队纯洁队伍的故事，以知识分子和地方开明士绅为首的游击队正面力量以武力整肃了内部的流氓恶势力。小说提出了游击队队伍建设问题，给抗战文学题材增添了新的内容。

8. 白平阶：《跨过横断山脉》（*Builders of the Burma Road*, by Pai P'ing-chieh）

白平阶（1915—1995），回族作家、编辑。1938年创作以滇缅公路修筑为题材的小说《跨过横断山脉》。小说不仅展现了中国劳工和技术人员的贡献，也揭示了人物生活其间的广阔的社会背景。其中的总工程师，是中国脊梁式知识分子的形象，而公路指导员则是一个索贿、爱搞面子工程的旧官吏形象。

9. 金玉岭（King Yu-ling之音译）：《在钢厂》（*In the Steel Mill*, by King Yu-ling）

据王际真，金玉岭的这篇小说是从1943年11月出版的《战时中国》上

---

① 冰波《不成功的战斗》，载《文学创作》1943年2卷2期。

转载而来。译者并未署名。① 但早在 1940 年 8 月的《今日中国》中即有英文版发表。这个英译版有译者张奇（Chang Chi 之音译）署名，题名译为 In a Factory，与王际真择入的英文版译法略有不同。《今日中国》的英译版附有作者介绍，虽然寥寥数语但非常珍贵，提供了作者的一些基本信息："金玉岭，中国北方人。他作为自由作家已写作多年，其中以小说和诗歌为佳。除此以外，仅知其现在从事一些战争时期的工作，就像其他著名作家一样。"② 小说中的彭（Peng）是一名汉奸特务，向敌人提供钢厂的情报，挑唆劳资矛盾，并暗中策划毁灭工厂。作品采取倒叙的形式，先叙述了一次意外事故，最后说明了事故的原委：彭为了避免活捉，跳进了熔炉中自杀。小说展现了抗战中四川的钢铁厂的壮丽的炼钢景象，说明了钢铁等硬件在战争中的决定作用，题材新颖独特。

10. 李伟涛：《我在俘虏中》（Test of Good Citizenship, by Li Wei-t'ao）

小说中叙述了一位抗日救护队队员被日军俘虏后的经历。作品中的我在南京沦陷前参加了国军救护队，南京失守后被日军俘虏。审讯中伪装成一名乡下教师，谎称教授四书五经幼学，并在日军的要求下，背古文，写毛笔字，竟得到日军的优待，最后终被释放。王际真评论说，该作品说明了"日军对于无害于他们的老派学者的偏爱"③，实际上该作品提出了更多问题值得思考，涉及传统文化的价值评估的复杂问题。

李伟涛的这篇小说很可能根据其个人经历撰写而成。1938 年 5 月在《烽火》14 期刊出时，特别注明是"报告"，应类似报告文学类作品。1938 年 10 月 23 日的《讯报》，在"作家外史"栏目发表了沁馥的文章，题为：《李伟涛乔装老学究，竟保留了性命一条》，其中内容与小说中大致相同。李伟涛的其他抗战作品多为描述南京沦陷后的情况，有《樱花票》《南京沦陷三月记》等。

11. 老舍：《人同此心》（They Take Heart Again, by Lao She）

12. 老舍：《且说屋里》（Portrait of a Traitor, by Lao She）

13. 老舍：《一封家信》（The Letter from Home, by Lao she）

---

① Chi-chen Wang, "Acknowledgments", Chinese Stories at War, NewYork: Columbia University Press, 1947, p. ix.

② King Yu-ling, "In a Steel Factory", China Today. August, 1940, p. 18.

③ "Preface".

老舍1944年完成的长篇小说《四世同堂》，被称为抗战背景作品的史诗性巨作。《人同此心》中，三个即将毕业的大学生决心杀敌抗争；《且说屋里》刻画了为了做官而投靠日本侵略军的汉奸包善卿的丑恶嘴脸。但包善卿的女儿却是爱国大学生，抗日使得家庭成员之间出现了对立的政治分野。《一封家信》中描述了爱家爱妻的小知识分子老范，为了不做亡国奴，在平津失守后，毅然赴武汉，但却在日军飞机轰炸中罹难。这3篇小说的共同之处是作家对于民族危机中有良知的知识分子责任感的描述。

14. 张天翼：《新生》（*A New Life*，by Chang T'ien-yi）

张天翼在抗战时期最著名的作品是《华威先生》。这篇小说揭露了抗日统一战线内部的隐患，是抗战期间最有名的讽刺小说。"新生"中，清高、自负的艺术家李逸漠，离开沦陷的大城市，到敌后小城镇一所中学教书，意欲开始抗战新生活。但小城镇的闭塞、沉闷和落后将其淹没，最终对抗战失去信心。张天翼的小说继承了鲁迅讽刺和批判的传统，揭露了抗战中的问题和阴暗面。

15. 端木蕻良：《找房子》（*House Hunting*，by Tuan-mu Kung-liang）

从大上海来重庆找工作的小知识分子黄桂秋，想托旧同窗找个住处，却被已成为抗日政府官员的老同学诈捐。小说揭露了抗战时期腐败官员的行径，以及主人公尴尬无奈的处境。

16. 郭沫若：《月光下》（*Under the Moonlight*，by Kuo Mo-jo）

《月光下》描述了有良知的知识分子抗日时期承受的苦难。主人公逸鸥贫病交加，又丧幼子，得到补助金并未补贴家用，却用来偿还自己的良心债。小说发掘了平凡人物人性的闪光点，对于知识分子所承受的国家危难和个人生活双重不幸表达了深切的同情。

上述16篇是按照创作时间先后来排序的。从整体上看，前后两部分的内容有明显不同。前面9篇创作于1940年之前，主要反映抗争和反抗，充满同仇敌忾，一心抗战的精神，后7篇，反映抗战中的问题和阴暗面，引起诸多思考。王际真认为，抗战后期，中国各行各业的人都充满了厌战情绪，这种厌战情绪不仅体现在小说主人公身上，也体现在作者的写作风格上。战争后几年里，既看到了胜利的希望，也经历了经受多年战争折磨的疲惫和绝望。①

## 三、译者及其翻译策略

小说集的译者，具有不同政治倾向，分属不同流派和团体，但在抗日统一战线的旗帜下，他们利用自己外语优势，积极从事抗战国际文化交流工作，将翻译抗战小说作为对外宣传中国抗战的一项任务。小说集 16 篇作品分别由 6 位译者译出，其中一位未署名。王际真译出了《柳条边外》《找房子》《报施》《三人行》《火并》《我在俘虏中》《新生》《一封家信》《月光下》共 9 篇。

笔名为马耳（Cicio Mar）的叶君健翻译了《差半车麦秸》，与美国翻译家唐纳德·M. 艾伦（Donald M. Allen）合作翻译了《跨过横断山脉》。1939 年在"中华全国文艺界抗敌协会"支持下，叶君健在香港创办宣传抗战的英文刊物《中国作家》（Chinese Writers）。② 1941 年上海商务印书馆出版了其翻译的《中国战时短篇小说集》（War-time Chinese Stories），1946 年英国斯戴普出版社（Staple Press）出版了其翻译的现代小说合集《三季》（Three Seasons and Other Stories），收入了茅盾的三部曲《春蚕》《秋收》《残冬》以及张天翼、姚雪垠、白平阶等的作品。

卞之琳的《红裤子》和老舍的《且说屋里》由叶公超翻译。叶公超（Yeh Kung-chao，1904—1981），早年是新月派核心人物，对政治取超然的态度，追求纯粹的艺术。但在抗战中，他的文学主张也倾向于关注时代环境，认为"希望一般作者要在这个时期里把他们知觉的天线树立起来，接收着这全民抗战中的一切"③。

冰波的《不成功的战斗》由朱抚松翻译。朱抚松（Chu Fu-sung，1915—），湖北襄阳人。早年毕业于上海沪江大学。1946—1947 年任国民党中央宣传部驻英办事处代理主任。1948 年回国就任行政院新闻局国际宣传处处长。1949 年赴台。先后任驻加拿大、美国"公使"，西班牙、巴西"大使"，

---

① "Preface".
② 叶君健著，周靖主编《东方赤子·大家丛书·叶君健卷》第 55 页，北京华文出版社，1999 年。
③ 叶公超《文艺与经验》，载《今日评论》1939 年创刊号。

外交部长等职。① 值得附笔在此的是，朱抚松的夫人徐钟珮也是作家，1961年出版的中篇小说《余音》以抗战前十年为背景，描写书香门第家庭衰落，有一定知名度。②

任玲逊翻译了老舍的《人同此心》。任玲逊（Richard L. Jen, 1907—），毕业于燕京大学，后赴美留学，曾任《北平英文时事日报》编辑，英文刊物《天下月刊》（*Tian Hsia Monthly*）译文专栏的主要作者。③ 20 世纪 30 年代任中央通讯社英文部主任④。1939 年主持英文《中国半月刊》，1941 年前往印度新德里筹设分社，积极向海外推送中国抗战新闻。抗战胜利后曾任中央社伦敦分社、旧金山分社社长等职，⑤。曾将巴金的《星》、萧红的《手》、冰心的《第一次宴会》等译成英文。

这些译者的共同之处是，不仅有深厚的外国文学和语言学学养，具有较高的艺术鉴赏能力，而且他们自己也有中英文作品发表，具有很高的中英文文字驾驭能力。在译作中可以发现，或为适应英语表达习惯便于读者接受，或为更好地提炼主题，在不影响原作核心内容的前提下，在不同程度上均对原作做了润色和精练的工作。以王际真翻译小说题名为例，他将"报施"译为"老天有眼"（*Heaven Has Eyes*），不仅符合作者原意，而且契合欧美文化语境，与原作内容也极其贴合。将"火并"译成"浴火重生"（*Purge by Fire*），比原作题名更能表达抗日队伍通过火并得到锤炼和净化的意义。将"我在俘虏中"翻译成"良民测试"（*Test of Good Citizenship*），融入了译者的理解，突出了小说的核心内容，也符合日伪时期确有"良民"这一词语的史实。

在内容的翻译中，译者也有意识地突出抗战文学之"抗日"核心内容。在译作中，删减了冗长的景色描写、心理描写以及与主题相关度不大的情节，对于抗日有关的情节则全部忠实地翻译。叶君健在谈及对抗战文学的翻译时说道：

> 说到翻译，我大力修订、编辑，甚至压缩了原文本。这些作品原是

---

① 李松林主编《中国国民党史大辞典》第 416 页，安徽人民出版社，1998 年。
② 徐钟珮《余音》，中国台北：重光文艺出版社，1961 年。
③ 李越《老舍作品英译研究》第 68 页，知识产权出版社，2003 年。
④ 程曼丽、乔云霞主编《中国新闻传媒人物志》第 4 辑第 240-241 页，长城出版社，2014 年。
⑤ 倪延年主编《民国新闻史研究（2016）》第 221-222 页，南京师范大学出版社，2016 年。

在匆忙中写成的,作者忙于其他战时工作,无论前线还是后方的民众。这些抗战小说的出版者,如《文艺阵地》的著名编辑茅盾、适夷,《大公报》编辑萧乾,都不止一次地建议:只要没有曲解原作者,可作技术上的改进。我真诚地听从了这一建议。①

王际真在《柳条边外》的翻译中,大量删减了景色描写,保留了游击队抗日行动的全过程描写;《三人行》中简化了乡村民俗风情景色的描写以及人物之间互动的心理描写,保留了故事中三个农民杀了两个日本兵的所有相关情节。译本中人名的翻译也服务主题的需要。《三人行》中,三位人物的小黑子、毛三郎、醉八仙,他们的名字在中文里含有一定的内容意义,在译本中均用拼音表示,但在适当的地方加上了一些说明,例如在醉八仙首次出场时,在他的拼音名字后,加上了原文没有的"村里的醉鬼"一语,因为他的喝酒与他杀日本兵有着直接关系。

作为中国现代文学的一个组成部分,抗战文学沿着"五四"新文学足迹,在战火的洗礼中走向世界。翻译过鲁迅小说的王际真对于"五四"文学国民性批判的主题了然于心,在全面抗战的历史新阶段,他感到民族性中有值得肯定的一面:"日本的入侵使得中国空前的团结。在这块土地上充溢着希望空气,同样感染着大众和知识分子。"② 小说中体现的中华民族英勇不屈的抗争精神,与"五四"新文学国民性批判主题既相互对照,又相互补充,体现了走向世界的抗战文学对于民族精神的重新发现和塑造。译者在翻译中强化和突出抗战情节的努力也体现了他们希望通过文学塑造中国积极正面形象的自觉意识。

## 四、海外传播与回归

20世纪40年代的10年中,在英美出版的中国现代文学作品集共有11部③。但在英国和美国的主流出版社同时出版,且为现代作家抗战文学作品英

---

① Yeh Chun-chan, Comp. and trans., *War-time Chinese Stories*, Shanghai: The Commercial Press, 1941, p. iii.
② "Preface".
③ 《中国小说在英语世界的译介研究(1940—1949)》第169-171页。

译版合集的,《中国抗战小说集》不仅是最早一部,而且很可能是唯一的一部,其珍贵性不言而喻。

"二战"中,反法西斯战争同盟各国除了在军事和物质相互援助之外,在文化上也产生了相互了解和交流的需求,中国抗战文学也成为世界了解中国战时文化和生活的一个窗口。英美苏等国对于中国抗战文学持着积极而欢迎的态度。仅以1941年美国对于中国在重庆创办的抗战文学杂志《中国作家》的需求为例:

> 美国"批评家集团出版社"来函要求《中国作家》代为编辑《中国新作》(New Writings in China),并声明酌送相当的稿费;美国的权威杂志《小说》(Story)来函要求推荐并代译长篇小说;美国《今日中国杂志》转载《中国作家》上的作品;美国《活时代》杂志推荐《中国作家》;美国半月刊《新方向》在"文学情报"中推荐《中国作家》。①

将他国抗战文学揭示、推广和传播给本国读者,成为世界反法西斯战争同盟国家之间战时文化交流的一项重要内容。

《中国抗战小说集》出版当年发表的书评文章主要有两篇,从其中多少可以管窥该书在西方的接受情况。R. T. H. 评论道:"阅读该书是有益的","虽然每篇的重要性不同,但逐一阅读是一种体验"。"虽然书中有说教成分,但仍有亮点闪烁其间。""中国译者的英译风格有东方色彩——其简洁朴素的行文、其中描述的与美式风格迥异的自尊、文雅以及机智,吸引了读者。"② 杜克大学的克里德(Paul H. Clyde)评论道:"这本小说集比大多数官方宣言更能揭示自1937年以来饱受战争蹂躏的中国。""书中作者有老作家,也有鲜为人知的年轻作家。小说中的人物有士兵、游击队、农民、工人、汉奸等。老一辈学者和青年知识分子均有体现。其中人物甚至有鸦片瘾君子。""该小说集关注的焦点是抗战,它反映了上层和下层生活,其中有爱国者,也有叛徒。""这些故事以绝妙的英语出现,然而它们的中国特色也得到突出的体现。"③ 总的说来,

---

① 文协出版部《二年来会务报告:出版部报告》,载《抗战文艺》1941年第7卷第2、3合刊。
② R. T. H., "book review", *Book Aboard*, vol. 21, no. 4. (1947), p. 449.
③ Paul. H. Clyde, "book review", *Pacific Historical Review*, vol. 16, no. 4 (1947), pp. 467-468.

两位文评作者对于小说集反映的社会场景的广阔度、东方文化色彩以及英文翻译的质量是肯定的。指出的不足之处在于其中的说教成分以及小说质量的不一致。克里德认为小说集比政府宣传更能揭示战时中国社会的观点，虽为其一家之言，但也说明了文学和文化的力量在国际交流中的重要性。

查询西方学术图书馆的收藏情况可以发现，欧美的主要研究型大学都藏有该小说集。美国哈佛大学、耶鲁大学及哥伦比亚大学、英国的牛津大学、剑桥大学等都有可供利用的 1947 年版。国家图书馆及北京大学图书馆也均有藏。1975 年小说集在美国得以再版，说明其持续的历史价值所在。[①] 小说集的牛津版较为稀见，上述三所美国大学大学均无收藏，英国牛津及剑桥有藏。燕京大学图书馆所藏并非为燕大所购，因该书扉页上印有蓝色圆形图章，上有"由英国联合援华行动组织捐赠"字样，应由该组织购买并捐赠给中国，以示对于中国抗战的精神援助及道义支持。燕大图书馆将此书归于"西文东方学文库"特藏，成为其丰富西文汉学收藏的特殊的一分子。

《中国抗战小说集》在海外出版，又回藏国内，是书籍本身的回归。如今，这本英美出版的小说集在本土引起学者的关注和研究，也是另一种形式的回归。

## 结　语

抗战文学的外译和海外传播，出于编选者的自觉意识，得到翻译家的积极响应，也与抗日统一战线下的政府官员的加持不无关系。小说集在策划组织、篇目遴选、编译方式、传播及回归等方面既显示了海外汉学文献的融通中西的特点，也凸显了抗战特殊时期世界反法西斯统一战线的共同理念。该小说集中作品经海外汉学家的改编翻译，在英美得以出版传播，如今又作为海外汉学文献资料在本土重新发现和研究，此间诸多的议题拓展了汉学研究的新视界。

张红扬　北京大学图书馆研究馆员
北京大学亚洲史地文献研究中心研究员

---

[①] Chi-chen Wang, ed., *Stories of China at War*, Westport, Conn.: Greenwood Press, 1975.

· 春秋论坛 ·

# 明清两代中国外销青花瓷的海外嬗变
## ——以代尔夫特陶瓷的模仿与创新研究为例*

尹成君　杨子媛

**摘　要**：本文以中国明清两代外销青花瓷器在荷兰的传播发展作为切入点，通过分析中国青花瓷器与荷兰代尔夫特陶瓷间存在的脉络与影响关系，运用发现的大量新文献与图像材料来考察早期海上丝绸之路贸易所带来的中外文化交融与发展情况，以此在"文化互看"与"文明互鉴"中引发对于"文化自觉"与"文化自信"视野下中国美术海外传播的思考。

**关键词**：青花瓷　荷兰代尔夫特陶瓷　模仿与创新　海上丝绸之路

陶瓷是中国文化的表征，在对外文化交流方面起到了重要的媒介作用，它不仅丰富了世界人民的物质生活，也改变了人们的精神世界和审美观念。宋元时期，广州、泉州等地对外港口和市舶司制度的建立进一步标志着以中国为主导的海上陶瓷贸易事业蓬勃发展。明清时期，随着新航路的开辟，中国瓷器大量远销欧美地区，推动了早期贸易全球化的形成与发展。中国瓷器的对外输出推动了世界范围内瓷器技术的进步并对其他国家制瓷业和艺术审美产生了深远影响。以荷兰代尔夫特地区为代表的欧洲各国经过不断模仿与自我创新，逐步形成了各具特色的瓷器文化体系。

---

\* 本文为《中国经典书画作品品鉴教材建设与国际传播项目》2021年度《国际中文教育中文水平等级标准》教学资源建设重点项目成果，教育部中外语言交流合作中心，项目批准号：YHJC21ZD-081。

# 一、中国青花瓷器的发展以及外销情况

(一) 中国青花瓷发展历史

目前，我国发掘的最早的青花瓷片创烧源于唐朝。晚唐时期的沉船"黑石号"①便打捞出了造型完整的唐代青花瓷盘，"3个青花瓷盘子的中心均画有一到两个菱形框，周边画上一束束棕榈叶片，边沿内起四棱，把盘子分成4块。有学者认为这种图样与当时中东地区盛行的美索不达米亚艺术风格极为相似。"② 这3件青花盘的青花料发色浓艳，带有结晶斑块，为从中西亚地区进口的低锰低铁的含铜钴料。江苏扬州唐城遗址也在20世纪70至90年代，陆续发现唐青花的残片。"唐代青花瓷与唐三彩一脉相传，是由唐三彩中的蓝彩发展而来。"③ 可惜唐代青花瓷的烧制技术尚处于早期阶段，并未成熟，因此随着巩县（今河南巩义）窑址的衰落便戛然而止，宋代也并未延续唐代青花瓷的烧制。

真正意义上的青花瓷出现在元朝，"景德镇工匠在此时受伊斯兰文化的影响，将伊斯兰民族崇尚的波斯蓝用作瓷器颜料，通过高温烧制，诞生了具有异域色彩的青花瓷。"④ 因此元代青花瓷器的诞生是多样性文化融合的结果。目前土耳其托普卡比皇宫博物馆所藏的中国外销青花瓷均为元代精品，例如元青花牡丹纹花梅瓶（图1）、元代麒麟飞凤蓝釉白花菱口大盘（图2）这些大型青花瓷器都是工匠吸收了阿拉伯伊斯兰文化元素烧制的。"这些外销青花瓷器纹饰密集，题材丰富，有牡丹、荷莲、松竹梅和如意云头等中国和伊斯兰传统风格纹样，青花呈色浓翠艳丽、用料均匀、色浓而薄，线条先细笔勾线后粗笔填色，不晕散且细节清晰可见。这种外销土耳其的青花瓷是用最好的原料和最好的窑工制作而成，代表了我国元代青花瓷器生产的最高水平。"⑤

---

① 唐代沉船"黑石号"于1998年在印度尼西亚爪哇海域发现，所载货物多为具有伊斯兰风格的银器、铜镜等，是中东商人将中国器物运往阿拉伯、波斯等中东地区的商船。
② 曾玲玲《瓷话中国——走向世界的中国外销瓷》第91页，商务印书馆，2014年。
③ 《瓷话中国——走向世界的中国外销瓷》第92页。
④ 《瓷话中国——走向世界的中国外销瓷》第93页。
⑤ 《瓷话中国——走向世界的中国外销瓷》第93页。

图 1　元青花牡丹纹花梅瓶（一对）　　　图 2　元代麒麟飞凤蓝釉白花菱口大盘
　　　土耳其托普卡比皇宫博物馆藏　　　　　　　土耳其托普卡比皇宫博物馆藏

明初，郑和下西洋开拓了东西方海上贸易路线，明代陶瓷贸易由此而展开。"郑和下西洋带回的优质钴料苏麻离青，加速了明代青花瓷的生产和技术革新。宣德青花瓷的成功烧制，成就了中国青花瓷釉下彩绘画的巅峰之作……开启了中国青花瓷走向世界的崭新时代。"①

（二）明、清两代外销瓷器贸易概述

中国海上丝绸贸易之路在秦汉时期就已初步形成，是中国古代对外贸易和文化交往的海上通道。唐代中期，疆土辽阔，官方在广州（广州通海夷道）、扬州等地设立了诸多国际性的港口，长沙窑青釉褐彩绿瓷、越窑青瓷、邢窑白瓷、唐三彩开始有规模的输出，成为早期外销的陶瓷器，也就此开启了中国古代陶瓷外销的辉煌历史。宋代政府总体上对海上贸易采取积极的态度，海上贸易主要形式也被分为官府经营和私人经营两种，因此海上贸易规模呈现扩张势头。因内需资源相对不足导致元朝推行重商文化，特别发展海外贸易，这使得外销瓷事业如雨后春笋般地迅速发展起来，元朝中后期景德镇的青花瓷成为重要的外销产品。这一时期，中国瓷器销往的国家和地区增加至近百个。

---

①《瓷话中国——走向世界的中国外销瓷》第 99 页。

明清政府基本上实行"时开时禁,以禁为主"的政策,明朝初期,中国陶瓷器输出具有官营性质,政府禁止沿海商人出海贸易但对广州等港口实行特殊的市舶司管理并行政策。直至隆庆元年(1567),明政府开放部分港口(隆庆开海),民间海上贸易又再次繁华,成为明代海上贸易的主要力量。明末清初,曾出现持续百余年的中日两国争夺外销瓷国际市场的局面。由于政权更替和连年的征战,清政府官方采取了"海禁"措施,中国制瓷业受到了较大的影响,外销瓷器量开始大幅度下降。同时这一时期的日本制瓷业吸收了中国瓷器生产的技术,并大量进口中国彩料,呈现繁荣发展的态势,使得日本瓷器在国际市场上一度压制中国瓷器。但随着"康乾盛世"的到来,中国外销瓷贸易又发生了新的转机。康熙二十三年(1684)于广州、漳州、宁波及云台山开设海关,制瓷业和海上贸易迅速恢复并持续产出价格低廉、质量更优的瓷器时,日本瓷器才悄然退出国际市场。清代基本维持了明后期陶瓷外销的格局,外销产品以青花瓷为主,兼烧白瓷和五彩瓷。后广州十三行的成立,为"一口通商"时期唯一的对外贸易专营窗口,这也带动了福建和广东地区形成了一个庞大的外销瓷产区。至此中国古代陶瓷海上贸易迎来了最后一个高峰。

## 二、荷兰代尔夫特的模仿与创新

(一)早期外销青花瓷在欧洲的发展

早在中国瓷器大批进入欧洲市场之前,经由丝绸之路传入欧洲的中国陶瓷,尤其是青花瓷,其高贵典雅、平静祥和的色彩在欧洲就引起了一定的反响和关注。在新航路开辟之后,16世纪初葡萄牙航海家科尔沙利(Corsali)等人在明朝正德九年(1514)来到中国,以贸易交易的方式买走了一些景德镇的陶瓷运回葡萄牙,得到葡萄牙国王的肯定,王室和贵族便开始竞相收藏并以能够拥有漂亮轻薄的中国瓷器为荣,青花瓷也进一步转变为权贵的象征。葡萄牙人在1553年获得了澳门居住权后,开始出现中国往返里斯本的大宗陶瓷贸易,陶瓷开始经由葡萄牙批量的流入欧洲市场,多为私人收藏或外交用途。青花松间鹿图盘、明代万历年间的花瓶就是这一时期外销瓷盘的典型代表(图3、图4)。

图 3　明青花松间鹿图盘　　　　　　　　图 4　明梨形青花瓷瓶
景德镇中国陶瓷博物馆藏　　　　　　　阿姆斯特丹荷兰国立博物馆藏

因与欧洲国家人们日常使用的陶器、木器和金属器皿不同，以青花瓷为代表的中国风（Chinoiserie）成为时尚潮流，吸引了意大利王公贵族的目光。在大约 1575 年，在佛罗伦萨美第奇大公爵弗朗切斯科（Medici Grand Duke Francesco，1541—1587）的工厂里进行了生产陶瓷的尝试，此为欧洲首个记录。仿制的瓷器多用沙子、玻璃、粉末状的水晶石、法恩扎（Faenza）白土以及维琴察（Vicenza）黏土，这家工厂生产的幼陶器皿虽然已经比意大利产的花饰陶器要精美得多，但仍然不会被人误认为是东方的陶瓷。①

美第奇软陶瓶和美第奇朝圣瓶主要是在内容上对青花瓷进行了模仿，采用了明代中国器皿上青花缠枝纹饰和白底青花的图案，由于欧洲本土对于胎

---

① ［英］休·昂纳著，刘爱英、秦红译《中国风：遗失在西方 800 年的中国元素》第 47 页，北京大学出版社，2017 年。

体烧结程度、釉色品质等不及中国瓷器且烧制数量不多，因此美第奇陶瓷仅属于欧洲小众现象，并未引领风尚而形成潮流。

(二) 青花瓷在荷兰的起源与发展

明朝的朝贡贸易较为自由，民间海上贸易发达，因此，在市场利益和全球化贸易的驱动下，重商的荷兰人开始将商业目光转移向中国瓷器。"万历三十二年（1604），荷兰人在海上截获了一艘葡萄牙商船，船上满载着中国青花瓷，因不清楚这种青花瓷的产地和名称，荷兰人就以这艘葡萄牙商船的名字克拉克命名这类瓷器……中国青花瓷在欧洲一夜成名！"[①] 17—18世纪，以东印度公司为代表，中国的瓷器，尤其以景德镇青花瓷、德化窑白瓷和漳州窑青花瓷为代表，开始被源源不断地运往荷兰并转销至欧洲各国。使得原本稀有珍贵仅供王室贵族的瓷器逐渐转向普通中产阶级，"特别是饮茶风尚的兴起，瓷器成为饮茶必不可少的茶具，瓷器成为一种时尚"[②]，越来越多的贵族开始以拥有中国瓷器为荣，让这种具有异国风情的物品价值连城，远比金银贵重。

在当时的荷兰，把瓷器样稿交付中国人照例仿制是一种常见现象。这一时期景德镇的定制订单显著增加，出现了以青花奶壶（图5、图6）为代表的符合欧洲生活习惯的异体中国瓷器。瓷器内容仍以传统中国山水、花鸟画为主，但整体上出现了一定的变动，通常以银、铜饰点缀为主。17世纪荷兰早期的静物画中就有暗示中国瓷器在寻常百姓家的使用情况，例如弗洛里斯·克莱兹·范·迪克（Floris Claesz van Dijck，1575—1651）的《干酪静物画》。静物画在当时的荷兰又被称为炫耀画，目的重在描绘精美的器皿和花费不菲的花卉、美味佳肴。这幅画中出现了一个青花瓷盘和一个盆状青花瓷器皿，画家将其中一个青花瓷盘放置于画面的中心位置，通过精湛的刻画描绘出青花瓷独有的细腻质感。西蒙·鲁提豪斯（Simon Luttichuys）的《中国花瓶静物画》，更是直接在画面中心的位置摆放了一个青花瓷瓶，体现出当时青花瓷在荷兰的受欢迎程度。另外，在当时荷兰小画派的风俗画中也同样描绘了青花瓷器。荷兰小画派在风俗画、静物画等方面都有一定的发展，多以描绘市

---

① 《瓷话中国——走向世界的中国外销瓷》第99页。
② 《瓷话中国——走向世界的中国外销瓷》第100页。

图 5　清青花奶壶
景德镇中国陶瓷博物馆藏

图 6　清青花奶壶
景德镇中国陶瓷博物馆藏

民阶层日常生活和风俗习惯为主，艺术题材也更加世俗化。在风俗画层面以约翰内斯·维米尔（Johannes Vermeer，1632—1675）《窗前读信的女子》为代表，维米尔对光线的巧妙驾驭刻画出青花瓷光洁、轻薄的胎体。两幅看似寻常的荷兰油画，却反映出中国瓷器在当时荷兰的受欢迎程度。从静物画的角度，威廉·克拉斯·海达（Willem Claesz Heda，1594—1680）的《龙虾早餐》同样也刻画了一个青花瓷盘，海达善用柔和的灰棕色调，精细的画法将青花瓷盘表现得栩栩如生，很逼真地刻画出静物中的每个细节，具有时代的气息。

（三）代尔夫特瓷器的模仿之路

由于明清交替年间海禁政策的不稳定、清初"三藩之乱"所导致的连年战乱，使得当时的中国制瓷业受到了较大的影响，外销瓷器产量迅速降低。荷兰进口的中国瓷器也随之大幅度减少，部分陶瓷交易甚至被迫暂时中止，因此为了满足荷兰乃至整个欧洲的市场需求，荷兰本地的一些制陶厂开始模仿中国的瓷器。"代尔夫特蓝"的青花白陶瓷在欧洲崛起。

荷兰本土的制陶工艺源自于意大利、葡萄牙地区。16 世纪中后期，由于宗教改革和荷兰本土经济的迅速发展，一批有着成熟技艺的制陶工匠迁至荷兰阿姆斯特丹（Amsterdam）和代尔夫特（Delft）地区（代尔夫特位于南荷兰省，地处海牙与鹿特丹，曾是荷兰东印度公司六大据点之一）。对中国陶瓷的模仿始于阿姆斯特丹，"阿姆斯特丹的工匠尝试用乳白色的玻璃来模仿中国外销瓷的白色釉质，再用蓝色颜料描绘青花图案，但这种模仿出来的'玻璃瓷'一般数量很少且尺寸一般不大，多被用于微缩玩偶屋中的摆件"[1]。这类微缩摆件（图7）在内容上以简单勾勒为主，外形也多借鉴"梅瓶"的造型。

约1610年，荷兰东印度公司根据皇室的旨意，从景德镇等地采购了白瓷釉和青花颜料，由皇室出资筹建了皇家代尔夫特陶瓷厂，雇请荷兰制陶名匠开始仿制中国青花瓷。代尔夫特对制陶手艺人有着严格的限制，他们"有着为期6年的学徒契约"[2]，因此夯实了工匠的手艺技术，所以经过一段时间的试验，代尔夫特对陶瓷的制作材料（锡和铅釉）和钴蓝颜色做出了创新，1634年，代尔夫特生产出白釉蓝花的精细锡釉陶瓷（图8）。"代尔夫特陶瓷（Dutch Delftware）

图7　阿姆斯特丹微缩陶瓷摆件
荷兰阿姆斯特丹市立博物馆藏

图8　代尔夫特白釉蓝花的精细锡釉瓷瓶
荷兰代尔夫特普林霍夫美术馆藏

---

① 孙晶《青花里的中国风：17世纪荷兰代尔夫特陶器的模仿与本土化之路》，载《清华大学学报》（哲学社会科学版）2019年第2期。

② ［德］迈克尔·诺斯著，朱平译《荷兰黄金时代的艺术与商业》第87页，浙江大学出版社，2018年。

通常为米色，有时带一点粉红色……部分代尔夫特陶器只有 3 毫米厚。"① 虽然与中国青花瓷所使用材料有区别但也因为外形酷似而广受市场好评并迅速风靡欧洲。

起初代尔夫特陶瓷的仿制无论是从器形还是纹饰题材选取上多继承和延续着明、清景德镇陶瓷的艺术表现手法，模仿对象主要是早期出口到欧洲的克拉克瓷器和转变期瓷器。此类瓷器的特点就是宽边，在盘、碗的口沿绘分格及扇形、菱花形、椭圆形等开光的山水、人物以及具有佛教或道教吉祥寓意的花卉、果实等，开光之间的间隙铺绘锦地纹，而在盘、碗的中心位置一般绘画有山水、花鸟等图案。②

早期代尔夫特陶瓷几乎与中国早期出口到荷兰的外销瓷器无甚差别，能够准确再现图像内容并且达到与中国原型陶瓷相媲美的程度。代尔夫特的早期仿制陶瓷将东方的自然情怀和艺术表现形式运用在陶瓷制作当中，具有打破本土宗教文化和传统束缚的重要意义。荷兰作为欧洲较早形成资本主义制度的国家，新教的广泛传播不仅解放了人民的思想也使得荷兰的视觉审美艺术逐渐脱离宗教的束缚，艺术家们开始想要摆脱凝重刻意的文艺复兴样式，"欧洲视觉审美进而转向寻求一种清新祥和的新样式"③。17 世纪中国外销青花瓷瓷的不断输入提供了新的审美趣味，使得荷兰的陶瓷由 17 世纪早期的简单挪用开始逐渐转向自觉自发的创新过程。在中国时尚的催生之下，"欧洲陶瓷生产走向独立和自主的进程，另一方面也折射出时代审美趣味的变迁。"④

（四）代尔夫特陶瓷的本土创新

在 17 世纪中后期至 18 世纪初期，随着代尔夫特工匠对制作工艺的掌握，代尔夫特陶瓷出现了多样性的转变，代尔夫特陶瓷以中华艺术为母题，"仿制更明显地出现了欧式发挥与挪用，开始逐渐走向自主创新，制陶技术出现欧式变异，虽仍使用蓝白青花但更倾向于表现欧洲场景展现欧洲审美"⑤。代尔夫特工匠将东方自然情怀表现方式与本国传统题材相结合，发展出独树一帜

---

① 林晓冬《浅谈代尔夫特的陶瓷——荷兰的仿制中国瓷器》，载《美术大观》2012 年第 9 期。
② 《青花里的中国风：17 世纪荷兰代尔夫特陶器的模仿与本土化之路》，载《清华大学学报》（哲学社会科学版）。
③ 王才勇《17—18 世纪欧洲中国风上釉陶器》，载《艺术设计研究》2019 年第 4 期。
④ 《17—18 世纪欧洲中国风上釉陶器》，载《艺术设计研究》。
⑤ 《17—18 世纪欧洲中国风上釉陶器》，载《艺术设计研究》。

的具有荷兰田园浪漫情怀风格的新陶瓷。

1. 在器形上的创新

代尔夫特陶瓷的创新首先是出现了器形方面的变异，主要体现在对中国瓷器外形的进一步调整以适应欧洲实际器皿使用要求，这一点从早期荷兰东印度公司让景德镇制造来样定制的陶瓷就初见端倪。常见的变异方面主要集中在对外形的进一步调整，例如给瓷碗"安装上把手，甚至是双把手"①。在17世纪初生产的小汤碗（图9）是代尔夫特早期的创新尝试之一，代尔夫特匠人们给瓷碗安装上双把手，以符合欧洲人习惯方便器物的拿取，之后出现了大肚状的牛奶罐。代尔夫特陶瓷将始于明代嘉靖年间的将军罐外形稍作调整，扩大了器形容量，使原本具有装饰类型的器形，具有实用性功能。例如17世纪下半叶代尔夫特生产的蓝白牛奶罐（图10）尽管在器形上做了调整但牛奶罐腹部的图案仍然以模仿中国传统装饰纹饰、山水人物景色为主。代尔

**图9　代尔夫特蓝白上釉小汤碗**
荷兰鹿特丹博伊曼斯·范伯宁美术馆藏

**图10　代尔夫特蓝白牛奶罐**
荷兰代尔夫特普林森霍夫博物馆藏

---

① 《17—18世纪欧洲中国风上釉陶器》，载《艺术设计研究》。

夫特在17世纪中期生产的水果托盘（图11）也出现了外形的变异，该水果托盘外形很容易让人联想到清代盔甲陶瓷，代尔夫特工匠很可能是借鉴清代外销镂空瓷（图12）的样式与内容并对其进行一步欧洲化。该水果托盘边缘镂空的纹饰也变为符合荷兰人审美的郁金香、牵牛花、向日葵等装饰花卉。

图11　17世纪中期代尔夫特水果托盘
荷兰代尔夫特普林森霍夫博物馆藏

图12　清代外销镂空瓷
景德镇中国陶瓷博物馆藏

另一种外形的变异方式是在原有青花瓷器的基础上添加银或铜饰，起到装饰和便利的作用。以代尔夫特在1685年至1700年间生产的彩绘鸟笼（图13）为例，这款鸟笼是瓷器与银饰较好结合的典范，其外形酷似中国传统的鸟笼，四周镶嵌银杆但底部中空，很明显这是一个装饰品并不具有实用价值，彩绘鸟笼的绘画部分依旧在模仿中国传统花鸟绘画，笼子边缘加以卷草纹样进行装饰。可见在17世纪下半叶代尔夫特陶瓷的本土创新仍然在不断地实验与尝试中，这也体现出在中国风影响下欧洲视觉艺术与审美趣味逐渐转向新趋向，代尔夫特陶瓷以市场和社会需求为导向开始出现欧洲本土化印迹。

图13　有中国风格的彩绘鸟笼
荷兰代尔夫特普林森霍夫博物馆藏

### 2. 在题材与内容上的创新

其次是在题材内容上的创新，绘画题

材往往取自不同时期的荷兰绘画、版画与《圣经》。常见题材为母与子、神话故事等。以代尔夫特于 1600—1650 年间制造的蓝白上釉小汤碗（图 14）为例，在汤碗的中央描绘着一位妇女抱着一名儿童的图像，该内容与之前欧洲文艺复兴圣母子的绘画样式非常相似。由此可知，这一时期代尔夫特陶瓷进行了格调化处理，在画法上开始不再单纯地模仿中国传统绘画风格，有意"截取中国艺术中的一些图案要素，用以表达欧洲人内心的审美诉求"①。

青花墙壁陶瓷砖在当时主要为装饰作用，常见为 16 块小正方形陶瓷砖拼接样式，内容描绘明显受到了西方绘画的影响，欧洲画法成为主导。从 17 世纪中期生产出的猎人与动物陶瓷砖（图 15）可以看出，此时代尔夫特陶瓷已经逐渐转变为一种新的艺术形式，无论是从装饰纹样、画法还是外形上都几乎完全脱离中华艺术母题的影响。这套猎人与动物的陶瓷砖，描绘了猎人被一众动物包围表现狩猎场景。在第二行，从左至右第三列的位置画上了一个猎人的形象，猎人位置符合正常人类视觉位置，很明显受到了西方美术构图与

图 14　代尔夫特蓝白上釉小汤碗
鹿特丹博伊曼斯·范伯宁美术馆藏

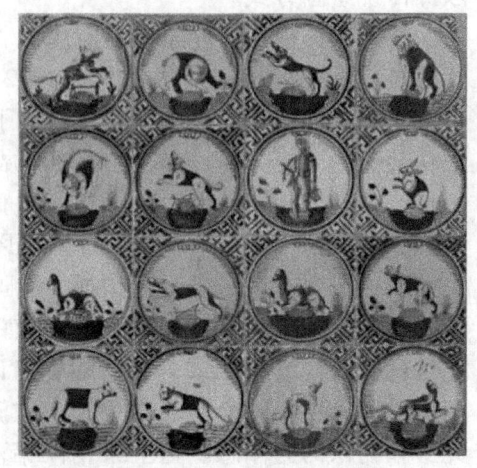

图 15　猎人与动物陶瓷砖
荷兰代尔夫特普林森霍夫博物馆藏

---

① 《17—18 世纪欧洲中国风上釉陶器》，载《艺术设计研究》。

布局规范的影响。同样在男人与女人的陶瓷砖画像中描绘了各式各样的人物，有乡下劳作的妇女，也有佩剑的骑士，但都无一例外地全部采用欧洲风俗画中人物样式，符合现代人体比例。另外在每个小砖的四角，装饰纹饰都按照一定的规律进行位置安排，可以体现出当时盛行的巴洛克几何对称原则逐渐应用到了陶瓷装饰中。因此，无论是从纹饰还是题材内容的选择上，此时的代尔夫特陶瓷几乎已经完全脱离传统中国青花瓷样式，发展出了别具一格的独特的荷兰本土风尚。

3. 在画法上的创新

"欧式画法主导也是18世纪欧洲中国风上釉陶的一个鲜明特点。"① 17世纪中后期至18世纪初期代尔夫特瓷绘开始逐渐向西方艺术审美靠拢，主要表现为有鲜明的立体感和全方位的景深。比如在17世纪中期生产出的青花静物陶瓷砖（图16）中就可以很明显地体会到该瓷绘画法受到了当时静物画的影响，在青花静物陶瓷砖中，几乎每一块砖上都绘有葡萄，其中对于葡萄明暗、虚实的描画严格遵守实物比例。尽管代尔夫特匠人们依旧使用青花颜料作为主要颜料，但在物体刻画上却很明显地出现了明暗对比、投影、近大远小的欧洲传统绘画方式。

景深与透视法在瓷绘中的应用。"丹布里尔号"陶瓷砖（图17）描绘的是威廉三世（William Ⅲ，1650—1702）的"丹布里尔号"帆船驶入鹿特丹港口万人围观的景象，该画法明显借鉴了海洋风景的绘画题材。无论是从构图、浪花甚至是对云彩的描绘上都与小威廉·凡·德·维尔德（Willem van de Velde, the younger, 1633—1707）《微风下的战争》画具有一定的相似性。"丹布里尔号"陶瓷砖的描绘同海洋风景画一样，具有真实还原现场的表现力，严格按照透视法来进行作画，绘画技巧高超很好地体现出生机勃勃之感。现收藏于代尔夫特普林森霍夫博物馆的风景陶瓷盘将代尔夫特瓷绘在景深上的处理表现得淋漓尽致，这个陶瓷盘以荷兰自然风景为蓝本，绘制采用全方位景深和透视相结合的表现手法，欧洲从文艺复兴时期以来就一直在强调的光影和物像的立体感。盘上景物间错落有致、近实远虚的全方位景深和严格规范的透视，使得各景物自身都出现了鲜明的立体视觉成像，形成代尔夫特陶瓷独特的表现风格。经过近一个世纪的创新演变，17世纪末18世纪初的代

---

① 《17—18世纪欧洲中国风上釉陶器》，载《艺术设计研究》。

图 16 青花静物陶瓷砖　　　　　　图 17 "丹布里尔号"陶瓷砖
荷兰代尔夫特普林森霍夫博物馆藏　　荷兰代尔夫特普林森霍夫博物馆藏

尔夫特陶瓷已经从器形、题材、画法上近乎完全独立于中国青花瓷的母题，自主发挥转变成为一种新的艺术代表。成功地实现了由单纯的效仿挪用发展成为自发自觉的装饰艺术，在一定程度上促进了本土艺术的发展。

## 三、外销瓷在欧洲其他国家的发展演变

随着外销青花瓷在荷兰销量的扩大，景德镇青花瓷的典雅样式也随之在欧洲大地上广泛流传并逐渐渗入社会各层。法国作为欧洲艺术文化的交流中心，青花瓷，这个充满异域风情商品的输入对法国的艺术审美发展产生了一定的影响。17 世纪至 18 世纪初，极具动感、色彩强烈、装饰华丽的巴洛克风格正在法国如火如荼地流行着，青花瓷"绘自然万物于工写之间，笔法细腻、华美，极具中国哲学精神和艺术魅力"①，它所带来的中国风也备受法国社会的喜爱与推崇，法国鲁昂 Guillibaud 陶器工厂于 1730 年烧制

---

① 曾晶、袁早华《海上丝绸之路的审美情趣——以景德镇青花瓷为例》，载《陶瓷研究》2020 年第 1 期。

的一只汤碗托盘就是最有力的证明,"陶盘边饰和中央图案明显来自中国陶瓷,但是,花鸟构图,包括边饰上起点缀作用的三个类似花鸟图案,却有着鲜明的视点定位,这使得植物上下清晰,显然是西画定点透视的结果"①。除此之外,让·安东尼·华托(Jean-Antoine Watteau,1864—1721)作为洛可可绘画风格的著名代表,在他的画作中也常见中国元素,"华托的中国风画作在内涵传达上也与整个中国风一样充满着对儒家中国的展现和敬仰,这应景了当时欧洲盛行的中国认知"②。另外,弗朗索瓦·布歇(Francois Boucher,1703—1770)的《中国渔翁》直接描绘了身着中国服饰的特色人物形象,"这样的主题激发了当时欧洲人有关中国的想象"③。可见,中国风柔美温和的色调不仅与洛可可艺术的起源和发展息息相关,更是中国艺术文化对外传播的重要见证。

英国的纹章瓷(Armorial porcelain)也是中国外销瓷器延伸的一个重要分类。纹章瓷的装饰元素带有很明显的西方风格,它是彰显定制者身份背景和地位阶级的有力证据。"大英博物馆现藏有一件清康熙青花博古纹章瓷八方大盘(图18),该盘定制者是 Rt. Reverend William Talbot,在他担任牛津大主教期间定制此盘。"④ 这是康熙时期典型纹饰,纹章放在中国传统的图案纹饰中,和谐而不突兀。随着五彩技法的出现,颜色单一的纹章瓷逐渐变得色彩丰富起来,纹章的原有样貌也能够被较为完整地复制保留。以大英博物馆收藏的一件约烧制于雍正、乾隆年间的定制五彩纹章瓷(图19)为例,瓷盘的定制者为 John Salter 爵士,他曾于 1740 年担任伦敦市长和东印度公司董事。该纹章瓷盘周围依旧保留用青花绘制的中国传统花草和装饰纹饰,纹章瓷中心及一侧边缘部位则用红、黄、蓝、黑等对比鲜明的色彩来凸显出徽章的独特性,纹章瓷从单一的青花瓷向丰富的彩瓷过渡的倾向由此可见一斑。

---

① 《17—18世纪欧洲中国风上釉陶器》,载《艺术设计研究》。
② 王才勇《华托与布歇的中国风绘画》,载《贵州大学学报》(艺术版)2020年第1期。
③ 《华托与布歇的中国风绘画》,载《贵州大学学报》(艺术版)。
④ Regina Krahl, Jessica Harrison-Hall, *Ancient Chinese Trade Ceramics from the British Museum*, Taipei: National Museum of History Press, 1994, p. 44.

图18　清青花博古纹章瓷八方大盘
大英博物馆藏

图19　清五彩青花纹章瓷盘
大英博物馆藏

综上所述，中国外销瓷器随着海上丝绸之路乘风而行对外输出，遍及东亚、西亚和欧洲各国。在一定意义上，独具魅力的中国青花瓷的海外传播与再发展，一方面，为欧洲国家提供了奇异的东方图像与东方想象，促进了欧洲国家审美趣味的转变与文化的多元发展；另一方面，也进一步彰显了中国青花瓷艺术海外拓展的巨大可塑性和无限再生性。代尔夫特陶瓷沿用中国青花瓷样式辐射出的无限影响力，毫无疑问便是代表范例：它既是对中国青花瓷独特中国风韵的一种继承，同时也是一种立足其本土的新生与发展。欧洲这种借中国风来发展自身的新兴工艺美术之趋势，可说是国际视域下各文明间艺术文化交流、融合、发展的见证。

尹成君　北京语言大学艺术学院教授
杨子媛　北京语言大学艺术学院

# 从《金陵十三钗》外译看全球化翻译出版活动中的文化霸权

## ——兼谈当下中国文学译介的"被接受焦虑"*

程弋洋　李彼蔚

**摘　要**：本文结合对小说《金陵十三钗》西班牙语版译者的访谈以及对小说原文、英译本和西译本的文本内外表征对比，从社会翻译学视角深入分析该小说西语译介活动背后的符号资本结构与文化权力关系，并讨论了以英译为范式的多语种译介模式对中国文学外译的潜在影响。英语在西方出版活动中处于中心地位，西方的翻译出版活动实质上反映出西方世界内部中心文化与外围文化的矛盾运动。本文认为，当下历史阶段的中国文学外译应如何在西方出版业的矛盾运动中跳出"被接受焦虑"，寻求和开辟更为长远有效的传播路径，是中国文学"走出去"的一个重要命题。

**关键词**：全球化翻译出版　文化霸权　中国文学　"被接受焦虑"

2012 年 2 月，小说《金陵十三钗》的西译本 *Las flores de la guerra*② 在马德里正式出版，一时间成为热门话题。西班牙当代作家、《国家报》(*El País*) 书评人赫苏斯·费雷罗 (Jesús Ferrero) 评价该作品给读者带来了"令人难忘的人物刻画和挥之不去的阅读震撼"③。也有不同的声音认为，作品"叙事中规中矩，缺乏深度"。当媒体和大众沉浸在对西译本种种表征的热烈讨论之

---

\* 本文为中宣部项目"中华文化对外传播之策略研究"阶段性成果（项目编号：WEH3152004）
② Geling Yan, Nuria Pitarque, *Las flores de la guerra*, Madrid: Alfaguara, 2012.
③ Jesús Ferrero, "*Las flores de la guerra*: sinopsis", (2012-2) [2018-11-8]. https://www.megustaleer.com/libros/las-flores-de-la-guerra/MES-065611.

中，并纷纷表达自己的阅读感受和评价时，极少有读者注意到，在该书信息繁多的版权页，可以看到这样一行简短的文字说明：

> 西班牙语译本译自汉语原著，并按作者授权的英语译本编改。①

与中国文学通过转译的方式向非通用语国家"走出去"不同，从译介研究的角度考虑，这样一行文字足以引发许多疑惑：西译本作为汉语直译本，缘何按照英译本编改？这种编改动机何在？其背后是怎样的文化和传播考量？由谁来主导？如何影响译者身份？为澄清这些问题，笔者首先将英、西译本进行比对，在充分观察到两译本文本表征的基础上，结合上述疑问，采用定性研究的标准化开放式访谈法（Standardized Open-Ended Interview）框架设计问卷提纲，与《金陵十三钗》西译本译者，西班牙汉学家毕塔尔珂（Nuria Pitarque Ledesma）② 展开访问谈话，进而对译本表征背后的生成机制进行探源。

## 一、译本表征背后：被"一刀切"的中国文学外译

《金陵十三钗》英译本作为西译本的编改参照，对其译本表征的观察将有助于从文本内外层面考察其对西译本的影响。《金陵十三钗》英译本名为 *The flowers of war*（意为"战争之花"），译者是英国汉学家韩斌（Nicky Harman）③。英译本一经出版，便因对原著的大胆改写引起国内译学界的关注。朱振武、刘文杰评析韩斌译《金陵十三钗》为"创造性叛逆"，除灵活采用归化、异化和增删处理外，译本还改变了原著的叙事手法，是为"白璧微瑕"。④ 文军、王昕娟从互联网广泛搜集《金陵十三钗》英译本书评以了解英

---

① 由笔者试译。
② Nuria Pitarque Ledesma，西班牙翻译家、汉学家。有多年在西班牙教授中文以及在中国任教经历。精通汉语言文学，译有《十个词汇里的中国》《十爱》《第九个寡妇》《金陵十三钗》等作品。2011年，译者受马德里旺泉出版社委托，于7—11月间完成小说《金陵十三钗》西译本初稿，随后与出版社执行编辑玛利娅·法塞（María Fasce）合作完成对译稿的修订。
③ Geling Yan, Harman, N., *The flowers of war*, London：Harvill Secker, 2012.
④ 朱振武、刘文杰《汉学家韩斌的"创造性叛逆"——以〈金陵十三钗〉的英译为例》，载《外文研究》2017年第5期。

语世界读者和批评界的接受状况,指明读者对译文、原文差异的关注,其中一部分差异实则为翻译改写所致。①

通过将《金陵十三钗》原著、英译本和西译本进行文本比对,笔者发现:英译本对原著的叙事手法、章节安排,及人物、情节设置等均有大幅改写,主要表现为三个方面。第一,删节叙述者"我",将第一人称叙事简化为第三人称叙事;第二,大幅调整原文布局,例如,原作开篇的"引子"在英译本中被置于全书末尾,成为"后记"(Epilogue);第三,成段删节环境描写和改写人物遭遇,例如,英译本增写了美国神父英格曼牺牲的结局,该情节不存在于原作。西译本具有与英译本高度一致的改写表征。如叙事手法的简化,以及沿用英译本对原文篇章布局的改写方式。此外,篇幅较大的文本删节和增添总体上也与英译本保持一致。

不可否认,《金陵十三钗》英译本对原著的改写充分考虑到英语读者的审美意趣、价值观和接受习惯,是将中国现当代文学译介到英语世界的成功案例②。例如,英译本调整小说开篇布局,简化叙事手法,给读者以开门见山、直奔主题的阅读感受。美国汉学家葛浩文所言可证明这一改写的合理性:"英美读者习惯先看小说的第一页,来决定这个小说是否值得买回家读下去;中国作家偏偏不重视小说的第一句话。"③ 其次,英译本对原文环境描写和气氛渲染的成段删节在中国现当代文学译介中也不乏先例。葛浩文曾解释道,对于西方读者而言中国当代小说中的描写太冗长琐碎,易使人生厌;中国小说若想被西方读者接受,就必须采用西方读者习惯的叙事模式。④

针对西译本与英译本文本表征的相似性,西译本译者在访谈中做出如下解释:

> ……毫无疑问西译本是直接译自汉语原文……十月下旬,西语译稿已经完成并等待提交。我接到出版社通知,作者已经审阅完英译本(可见韩斌也同期着手于英译本的翻译)……既然英译本已经通过作者本人

---

① 文军、王晨娟《〈金陵十三钗〉英译本评论研究》,载《外语教育研究》2014年第3期。
② 《汉学家韩斌的"创造性叛逆"——以〈金陵十三钗〉的英译为例》,载《外文研究》。
③ 转引自刘云虹、许钧《文学翻译模式与中国文学对外译介——关于葛浩文的翻译》,载《外国语》2014年第3期。
④ 曹丹红、许钧《关于中国文学对外译介的若干思考》,载《小说评论》2016年第1期。

审阅和认可,并由蕾贝卡·卡特①(兰登书屋编辑)发来,我和出版社便同意了采用那些最为显著的改动。无论如何,仍有一些改动未被我们接受,要么是因为会导致西译本大面积重译,要么是我们觉得英译未传达出同样的效果……②

可见,对西译本的编改,英译本出版方(由责任编辑作为其代表)是主要发起者和推动者。西班牙学者费尔南德斯(Fruela Fernández)在对西班牙翻译文学批评接受的研究中发现,高度全球化的出版业在促进西班牙文学翻译出版量快速增长的同时,也在急剧削减文学翻译活动中语言文化的多样性,并越发强化英语文化的中心地位。③ 占据文化中心地位的文学并不直接限制非中心地位文学的发展,而是对其进行"调整"。面对英语文化权力的干涉,西语译者毕塔尔珂的担忧不仅仅停留于译者主体性的层面,更是对强势语言文化对非通用语文化进行"同化"的合理性的质疑。诚然,中国文学想要成功地向西方世界"走出去",译介活动对西方读者接受的考虑是一个至关重要的环节。然而面对此般情形,我们不得不再次回到对西方文化权力话语的解构中去:当今中国文学译介所面对的"西方"④,是否就是一个不可撼动的文化整体,一个铁板一块的"西方"?用西方的中心文化来代表整个西方文化是否合理?倘若以英语文化之"尺"度量中国文学英译是为合理,那这把"尺"又能否度量非英语语种的中国文学翻译?

## 二、西方翻译出版活动中的"文化霸权"与"符号暴力"

韦努蒂(Lawrence Venuti)对西方的出版活动研究表明,英、美出版商

---

① RebeccaCarter,企鹅兰登书屋文学出版编辑。时任《金陵十三钗》英译本执行编辑。
② 本文所使用的访谈记录原文为西班牙语,由笔者翻译。若无特别说明,下文引文皆同。
③ Fruela Fernández, *La recepción crítica de literatura traducida en España* (1999—2008): *aportaciones a una sociología de la literatura transnacional*, Granada: Universidad de Granada, 2011, pp. 406-407.
④ 菲利普·尼摩的《什么是西方》指出,5个关键基本要素或称"五大奇迹"构筑成当今的西方,它们是:(1)希腊民主制、科学和学校;(2)古罗马法律、私有财产观念、人的个性和个人主义;(3)圣经的伦理学和末世学革命;(4)中世纪教皇革命的人性、理性将雅典、罗马和耶路撒冷三要素融合;(5)启蒙运动的自由民主改革。传统上指欧洲全境、美国、加拿大、澳大利亚和新西兰。

对容易被英语文化同化的作品有特殊偏好。而在非英语国家，如德国和意大利，翻译书籍占据较高的出版比重，且多译自英语。① 这种失衡在他看来是英语文化霸权的证明。葛兰西（Antonio Gramsci，1891—1937）是较早提出"文化霸权"（cultural hegemony）这一概念的西方学者，他指出，占据统治地位的社会文化群体往往会向被统治群体灌输某种"共识"，以维持和巩固中心地位的文化形态或秩序，② 被统治群体则通过改变其自身特质迎合统治群体，该过程称为"同化"（assimilation）③。在此之上，法国社会学家布尔迪厄（Pierre Bourdieu，1930—2002）指出，后工业时代的权力统治，主要实现路径已不再是物质操纵，而是符号操纵（symbolic manipulation），并进而提出"符号暴力"（symbolic violence）一说。布尔迪厄认为符号是一种多元资本，它不仅是经济学意义上的资本（财产），也是社会资本（如人脉、名望）和文化资本（如学术头衔、教育背景）。此类资本在社会活动中以"符号"的形式被感知，并决定着社会成员在其特定活动空间——"场域"（field）中的地位。④ 布尔迪厄通过实证考察61家法国出版社的商业成分、符号资本和翻译活动⑤等要素，充分揭示了文学出版场域的内在结构。⑥ 他发现，大型出版集团翻译出版的外国文学多以英语作品为主，且明显呈现出文学翻译程式化与产品化的特征。在此基础上，法国社会翻译学学者萨丕罗（Gisèle Sapiro）的研究进一步揭示了全球化背景下的西方翻译活动中，英语文化霸权对符号

---

① Lawrence Venuti, *The scandals of translation: Towards an ethics of difference*, London, New York: Routledge, 2002, p. 48.

② 转引自 Jackson T. J. Lears, "The concept of cultural hegemony: Problems and possibilities", *The American Historical Review*, 1985, pp. 567-593.

③ J. Daniel Schubert, "Defending multiculturalism: From hegemony to symbolic violence", *American Behavioral Scientist*, vol. 45, no. 7 (2002), p. 1097.

④ ［法］布尔迪厄著，包亚明译《文化资本与社会炼金术——布尔迪厄访谈录》第92-94页，上海人民出版社，1997年。

⑤ 布尔迪厄总共选取了7项指标、16个变量对法国出版场域进行定性和定量考察。这些指标分别从商业、符号资本和翻译3个主要角度展开分析，故本文将其归纳简化为3个类别。

⑥ Pierre Bourdieu, "A conservative revolution in publishing", *Translation studies*, vol. 1, no. 2, (2008), pp. 123-153.

资本运作的重要影响。①

除在西班牙,小说《金陵十三钗》还被译介到意、法、德、荷等多个西方国家。西语译者毕塔尔珂在解释西译本生成过程时补充道:

> ……按作者授权的英译本修改西语译稿后……由于牡丹文学社②希望小说所有语种的译本均采用统一题目,我们当时正在等题目的最终确定,所以仍然暂称其为 Las trece flores de Nanjing(意为"南京十三花",笔者注),而非 Las flores de la guerra(即"战争之花",译者注)。

从译本题目的生成过程来看,译者主体性被同化,英语在这一同化过程中占据支配地位,西班牙语处于被支配地位。当进一步分析西方出版场域的内部结构,可更为清晰地揭示出语言在翻译活动中被作为符号资本的现实。

布尔迪厄的研究表明,考察出版实体的商业构成、符号资本和翻译活动,有助于揭示出版场域中的权力关系及其运作方式③。商业构成涉及出版实体的法律与财务状况、商业依附和市场权重等因素,影响和制约着作为商业运作的出版活动。《金陵十三钗》英译本由英国哈维塞克(HarvillSecker)出版社出版,该社隶属美国兰登书屋(Random House)④。2012 年,兰登书屋宣布与企鹅出版集团(Penguin Group)合并,成立企鹅兰登书屋(Penguin Random House),总部设立在纽约,目前在北美地区的工作人员数量超过其总数的一半,足见其对该地区市场的重视。企鹅出版集团是英国培生教育出版集团(Pearson PLC)的下属企业。《出版者周刊》(*Publishers' Weekly*)2017 年公布的《全球 54 家最大出版商》("The World's 54 Largest Publishers")报告中,

---

① Gisèle Sapiro, "The literary field between the state and the market", *Poetics*, vol. 31, no. 5 – 6 (2003), pp. 441–464.

② 《金陵十三钗》的文学版权代理商。

③ "A conservative revolution in publishing".

④ 现为企鹅兰登书屋(Penguin Random House)。在英译本出版的 2012 年 1 月,两家出版集团尚未合并(2013 年正式完成合并),故此处暂单独称为"兰登书屋"。

培生教育出版集团以雄厚财力名列榜首①。而西译本出版方——旺泉出版社（Alfaguara）曾隶属西班牙圣迪亚那出版集团（GrupoSantillana）。该集团在被普利萨传媒集团（PRISA）收购后，又被出售至企鹅兰登书屋。简而言之，作为商业活动，西译本和英译本的出版受制于相同的资本力量，而依附于英语文化的商业成分和市场权重统治着该资本的商业构成，西语文化则因商业力量相对薄弱而处于依附地位。

随着全球化的推进，西方出版业当中大型企业集团对文化产品的大规模生产能力和控制其流通的能力日益加强，英语文化的统治地位也日益凸显。联合国教科文组织的世界翻译索引（Index Translationum）② 数据显示，1999年至2019年这20年间，全球英语翻译至西语的文学作品有27055部，而西语翻译至英语仅1388部，前者是后者的近二十倍。因此，从文学翻译的出版情况来看，全球化给西方出版业带来的是一种语言文化极不平衡的繁荣。

出版实体在场域中的综合地位不仅受制于有形的商业资本，还受一种无形资本的影响——符号资本（symbolic capital）。符号资本具体表现为出版实体的历史积淀（antiquity）、地理位置（location）、出版声望（editorial prestige）和获奖数目（prizes）③ 等。主流文化的认可有助于出版社的符号资本积累，文学批评、文学奖项、学界推崇等均是重要途径④。场域地位较低的出版实体，由于掌握更少的本国文学资源，会试图通过翻译和出版重要的外国文学作品以求扩大自身影响力，实现符号资本的积累⑤。因此，场域地位较低的出版实体更加重视译作的文化影响力，倾向于追求译本的忠实度⑥。场域

---

① Milliot, J., "The World's 54 Largest Publishers", *Publishers' Weekly*, 2017. https://www.publishersweekly.com/pw/by-topic/international/international-book-news/article/74505-the-world-s-50-largest-publishers-2017.html.

② Index Translationum: World Bibliography of Translation. https://www.unesco.org/xtrans/bsstatexp.aspx.

③ 布尔迪厄以"出版获诺贝尔文学奖作家的数量"为指标考察出版社的获奖情况。诺贝尔文学奖在后文中简称为"诺奖"。

④ "A conservative revolution in publishing".

⑤ Gisèle Sapiro, "Globalization and cultural diversity in the book market: The case of literary translations in the US and in France", *Poetics*, vol. 38, no. 4 (2010), pp. 419-439.

⑥ Fruela Fernández, *La recepción crítica de literatura traducida en España (1999—2008): aportaciones a una sociología de la literatura transnacional*. Granada: Universidad de Granada, 2011, pp. 406-407.

地位较高的出版实体已经完成符号资本积累，倾向于采取商业化的翻译出版策略，以求更快实现符号资本向商业资本的兑现①。因此，布尔迪厄指出，在全球化的翻译出版活动中，语言本身就是一种符号资本。

由高场域地位、高符号资本的出版实体所主导的翻译出版活动，往往多采用能够快速盈利的译本生成模式，从而导致翻译程式化（routinization）和标准化（standardization），其具体表现为②：

（1）主题标准化，以充分迎合大众读者偏好；
（2）语言标准化，删节非标准语言和方言；
（3）文体标准化，不得偏离特定的叙事风格；
（4）载体标准化，便于生产和分销。

"标准化"的文学翻译模式明显受市场因素驱使③，且往往以牺牲译本文学性和忠实度为代价，英、美出版业是较为典型的代表。④ 著名的"企鹅经典"（Penguin Classics）系列丛书以流畅度高、同质化明显的英语译文为特色，将来自欧洲不同文化群体的文学作品推向英语世界。这样的翻译出版策略在于舍弃忠实度，追求可读性，甚至不惜放弃同持有异议的优秀译者合作⑤。

哈维塞克出版社和旺泉出版社分别代表着《金陵十三钗》翻译出版活动中的英语符号资本和西语符号资本。英语方面，位于英国伦敦的哈维塞克出版社，其前身为塞克沃伯格出版社（Secker&Warburg），成立于1936年，曾因出版英国作家奥威尔（George Orwell，1903—1950）的政治小说而受到西方出版界的广泛关注。该社还出版了美国诺奖作家贝洛（Saul Bellow，1915—2005）、南非诺奖作家库切（J. M. Coetzee，1940—　）的作品。在翻译领域，被其译介到英语世界的作家当中不乏诺奖获得者，如法国作家纪德（André Gide，1869—1951）、德国作家格拉斯（Günter Grass，1927—2015）

---

① Hervé Serry, "Constituer un catalogue littéraire. La place des traductions dans l'histoire des Éditions du Seuil". *Actes de la recherche en sciences sociales*. 2002, pp.70-79.
② John Milton, "The translation of mass fiction", *Benjamins Translation Library*, 2000, p.178.
③ "The literary field between the state and the market".
④ "A conservative revolution in publishing".
⑤ Peter Connor, "Reading literature in Translation", *A Companion to Translation Studies*, Wiley, 2014, pp.425-437.

等。哈维塞克出版社在英语原创文学和翻译文学领域均已完成符号资本积累。西语方面,旺泉出版社于 1964 年成立于马德里,创始人为 1989 年诺奖获得者、西班牙作家塞拉(Camilo José Cela, 1916—2002)。该社曾出版多位著名西语作家的作品,如 2010 年被授予诺奖的秘鲁、西班牙双国籍作家略萨(Mario Vargas Llosa, 1936— )。旺泉出版社在西班牙和拉美的文学出版界极富声望,在西语世界有较高的符号资本积累。西译本译者在访谈中强调:

> 《金陵十三钗》的翻译由旺泉出版社委托我进行……这是西班牙最具声望的出版社之一……他们特别关注《金陵十三钗》的翻译,因为由张艺谋执导的《金陵十三钗》电影也在同期上映,在国际上取得成功指日可待。在西班牙,人们对中国电影知之甚少,但张艺谋的大名就足以吸引不少观众……《金陵十三钗》西译本受到较大干涉正是因为电影备受期待的国际影响力,而且这也会反映在小说销量上。

旺泉出版社将《金陵十三钗》西译视为一种快速兑现西语符号资本以创造商业价值的文化生产活动,这一活动又受制于依附在英语文化之上的商业构成。在两方面因素的协同作用下,效仿英译模式的标准化西译活动几乎是必然结果。英、西译本高度相似的改写表征、译者的访谈内容和西译本版权页(见附录)上"根据英译本编改"的字样可进一步佐证该机制的存在。

### 三、翻译出版活动中的文化多样性考量

近年来,文学翻译标准化在西方受到许多译者、学者和独立出版社的批判与抵制,认为其威胁到文学与文化的多样性和独特性。① 早在 2001 年,联合国教科文组织(UNESCO)便在《世界文化多样性宣言》中提出:

> 文化在不同的时代和不同的地方具有各种不同的表现形式。这种多样性的具体表现是构成人类的各群体和各社会的特性所具有的独特性和

---

① "A conservative revolution in publishing".

多样化。文化多样性是交流、革新和创作的源泉，对人类来讲就像生物多样性对维持生态平衡那样必不可少。从这个意义上讲，文化多样性是人类的共同遗产，应当从当代人和子孙后代的利益考虑予以承认和肯定。①

从文化多样性角度看，依附于英语文化的标准化文学翻译出版模式可能导致多元语言文化的同质化；从翻译活动的生态发展来看，也不利于全面调动非英语国家译者译介中国文学的积极性。标准化翻译出版模式不仅使译者主体性受挫，其产生的多语种译文版本相似度往往很高，使译者因此遭受本无必要的翻译伦理质疑。对此，《金陵十三钗》西译本译者表达出明显的顾虑：

> 对我个人而言，面对这种情形令人很不愉快，不仅是因为它发生在我已经完成译文之后，还因为这确实会使人们质疑我的译文是否为汉语直译。为尽可能避免造成怀疑，我们与出版社达成共识，在版权页进行特别说明……

全球化已导致西方出版界出现大型联合出版集团与小型独立出版社的两极分化，以及所谓商业文学（commercial literature）与高端文学（upmarket literature）分庭抗礼的景象。多语言文学翻译活动不仅具有影响符号资本运动和制衡文化权力关系的作用，也是维系文化多样性、消解文化霸权的重要途径。因此，文学翻译成为西方中小型出版社与大型出版集团博弈的重要阵地。值得庆幸的是，这种矛盾关系也促使越来越多的西方出版实体积极发现、翻译和出版非英语国家文学作品，并呼吁尊重译者的自主性，尊重他国文学与文化。② 如何充分发掘和调动这些外部条件，将其转化为利于中国文学"走出去"的内在动力，是值得认真思考的问题。

---

① 联合国《世界文化多样性宣言（第 1 条）》，2001 年。
② "Globalization and cultural diversity in the book market: The case of literary translations in the US and in France".

## 四、全球化背景下中国文学"被接受焦虑"的再思考

随着我国文化"走出去"战略的实施,中国文学外译越发受到关注,关于中国文学"走出去"在各阶段所面临的机遇和挑战,探讨也越发深入和多维。谢天振[1]、许钧[2]、刘云虹[3]分别对中国文学外译的翻译动机("翻什么")、方法途径("怎么翻")和成效评价("如何才算'走出去'")进行了较为全面的探讨。随着研究的深入,关于中国文学外译的方法途径,观点逐步趋于理性[4]。但也不乏学者指出,关于"走出去"的成效评价,中国文学仍受到"被接受焦虑"的裹挟。这种焦虑往往还伴随着"唯接受论"与"唯市场论"的声音[5]。然而,仅以读者接受来评价文学译介或是仅从市场角度考量翻译活动,均忽略了中国文学译介的历史阶段性和东西方文化交流的不平衡性。功利主义倾向容易导致对特定译介模式的极致推崇,以及将市场销量视为衡量中国文学是否"走出去"的唯一标准[6],进而忽略了翻译在文化交流和传播事业中更为长远的战略意义。

从销量和接受来看,《金陵十三钗》的译介是一次成功的"走出去"。但我们也应看到这一成功背后的文化深意:西方世界的翻译出版活动,本质上也是其内部文化权力关系的矛盾运动。原作与译作间的文化张力、语言文化与翻译生态的多样性均受到这种矛盾运动的深远影响。全球化背景下,英语作为西方世界的通用语(lingua franca),在文学出版活动中的地位难以撼动,以英译为主要范式的文学译介模式在一定时期内将持续存在,这是必须承认的社会文化现实。在中西文化交流仍欠平衡的情况下,中国文学为更快"走出去",往往不得不采取一些"权宜之计"[7]。《金陵十三钗》作者表示自己曾

---

[1] 谢天振《中国文学走出去:问题与实质》,载《中国比较文学》2014 年第 1 期。

[2] 许钧《试论中国文学外译研究的理论思考与探索路径——兼评〈中国现代文学在法国的译介与接受〉》,载《中国比较文学》2018 年第 1 期。

[3] 刘云虹《中国文学对外译介与翻译历史观》,载《外语教学理论与实践》2015 年第 4 期。

[4] 刘云虹《关于新时期中国文学外译评价的几个问题》,载《中国外语》2019 年第 5 期。

[5] 刘云虹《中国文学对外译介与翻译历史观》,载《外语教学理论与实践》。

[6] 许钧《当下翻译研究中值得思考的几个问题》,载《当代外语研究》2017 年第 3 期。

[7] 刘云虹《中国文学对外译介与翻译历史观》,载《外语教学理论与实践》。

主动参与作品改写,并对英译本的"再创作"做出积极评价。① 然而,走向西方世界的中国文学,是否可能成为"一刀切"的标准化文学,中国文学的丰富性和多元性如何规避西方出版业的同质化影响,如何补偿非通用语译者的主体性缺失以充分打开中国文学外译的多语言渠道,均是中国文学与西方出版业合作的重点审视问题。正如葛兰西所说,文化霸权的建立不仅在于强势文化的统治,也在于弱势文化的迎合。② "被接受焦虑"裹挟之下的中国文学,如果因急于"走出去"而成为西方文化内部矛盾的衍生品,那中国文化在海外的自我身份构建便极易陷入困境,甚至遭遇误读或误解。

## 结　语

考虑到当下阶段西方世界的社会文化现实和客观条件,中国文学"走出去"仍然需要通过与大型出版社合作以进一步拓宽传播渠道、扩大传播影响。但在做出必要妥协的同时,也应在合作中争取文化身份的自主独立。中小型出版社、独立出版社在西方出版场域中处弱势地位,维系文化多样性、促进平等交流的理念是他们与大型出版实体抗衡的思想阵地和力量来源。以这类出版实体为传播渠道尽管难以在短期内成就喜人的译本销量,但对于促进中国文学和文化高质量且长远地"走出去",或能起到出人意料的积极作用,是值得进一步开拓和尝试的路径。最后,汉学家们因为热爱中国文化而投身翻译事业,他们大都怀有向世界传播体现存异性、他者性的中国文化的翻译理想。主张"连译带改""为读者翻译"的葛浩文也表示愿重译《骆驼祥子》,以力求忠实地再现老舍作品的精神价值和美学趣味。③ 无奈的是,西方翻译出版活动中,译者常处于文化弱势与符号弱势的双重困境中,话语权被出版社掌控,进而从翻译活动的主体沦为边缘人、"隐身"人。④ 西班牙汉学家毕塔尔珂在访谈末尾感慨万分地说道:

> 作为译者,这些自己投入了如此多时间、情感和心血的文字,对我

---

① 冯樨《〈金陵十三钗〉的版本变迁与主题生成》,载《世界华文文学论坛》2013 年第 4 期。
② "The concept of cultural hegemony: Problems and possibilities".
③ 季进《我译故我在——葛浩文访谈录》,载《当代作家评论》2009 年第 6 期。
④ [美] 韦努蒂《译者的隐身:一部翻译史》,上海外语教育出版社,2004 年。

来说很难割舍，但我不得不接受出版社的要求。

因此，如何从翻译伦理出发，落实到现实操作中，充分尊重译者对于译著的"作者身份"，提高译者的社会尊重度和经济回馈，提升其职业满足感，也是中国文学"走出去"长足发展的基石。中国文学"走出去"，追求的绝不仅仅是畅销书。

程弋洋　复旦大学教授
李彼蔚　西班牙奥维尔多大学博士候选人

## 附：《金陵十三钗》西译本版权信息

ALFAGUARA

Título original en chino: 金陵十三钗
Título original en inglés: Nanjing Heroes
© 2012, Geling Yan
Publicado mediante acuerdo con Peony Literary Agency
© De la traducción: Nuria Pitarque Ledesma
La traductora agradece la colaboración de Beatriz Qu.
© De esta edición:
2012, Santillana Ediciones Generales, S. L.
Torrelaguna, 60. 28043 Madrid
Teléfono 91 744 90 60
Telefax 91 744 92 24
www.alfaguara.com

La edición española es traducción del original chino y ha sido editada de acuerdo a la versión inglesa aprobada por la autora.

ISBN:
Depósito legal:
Impreso en España - Printed in Spain

© Diseño:
Proyecto de Enric Satué

© Imagen de cubierta:
Fotograma de la película *The Flowers of War*, de Zhang Yimou.

Queda prohibida, salvo excepción prevista en la ley, cualquier forma de reproducción, distribución, comunicación pública y transformación de esta obra sin contar con autorización de los titulares de propiedad intelectual. La infracción de los derechos mencionados puede ser constitutiva de delito contra la propiedad intelectual (arts. 270 y ss. Código Penal).

# 一位化学家的"上古中国"研究

## ——陈光宇的"朱砂考古"*

### 赵世昌

**摘　要**：跨学科研究无疑是 21 世纪以来学术研究与科技创新的最重要驱动力之一。美籍华人陈光宇先生首先是一位生物物理化学家，同时又在"上古中国"研究领域取得实绩。除在生物化学的多胺、抗衰老、抗肿瘤等领域的研究贡献外，其在朱砂考古、甲骨文、上古文化等方面所发表的一系列著述，使之成为屈指可数的化学系与东亚语言文化系双聘教授。故对其求学以及学术研究历程进行回顾与评述，可以提供跨学科研究的典范经验，同时亦可反思现有研究学科框架之局限。

**关键词**：陈光宇　上古中国　朱砂考古

在科技文明高度发达、学术分工日益细密成熟的今日，试图通过单一学科的发展或变革，寻求学术研究上的重大突破已经比较困难，而跨学科研究业已成为新的学术增长点。特别是 21 世纪以来，跨学科研究不仅仅局限于传统文史哲范畴内的相近学科交叉研究，人文社会科学与自然科学领域，特别是认知科学领域的交叉研究成为重要突破口。美籍华人科学家陈光宇的"上古中国"研究真正做到了跨学科、跨领域，其不只是局限在传统意义上的"文史哲不分家"一类的相近学科跨域研究，更是做到了人文社会科学与自然科学的跨界研究，这给我们带来了极富挑战性的启示。陈光宇先生的"上古中国"研究，主要视点包括文字起源、朱砂考古、甲骨文、商代文明等领域，特别是将物理化学研究之实验分析方法，引入朱砂研究，特别是甲骨填朱与

---

\* 本文为国家社科基金重大项目"海外藏中国宝卷整理与研究"的成果，批准号 17ZDA266；国家社科基金重大项目"中国民间宗教思想史"的成果，批准号 18ZDA232。

先秦墓葬的朱砂使用研究，提出以科技开创"朱砂考古"的新理念。更为难能可贵的是，其将自然科学与人文社会功能研究相结合，并在全球范围内获取研究资料，取得了一系列别开生面的研究实绩。本文即在回顾陈光宇求学、科研道路的基础上，总结其在"上古中国"研究领域取得的成绩，进而归纳其跨学科研究的典范经验，反思现有研究学科框架之局限与不足。

## 一、陈光宇小传

陈光宇（Kuang Yu Chen），1946年生于云南昆明，成长于台湾，专职为美国新泽西州州立罗格斯大学化学及化学生物系高级教授，并为东亚语言文化系兼任教授。其主要求学、工作经历为：1967年台湾大学理学院化学系学士，1971年耶鲁大学化学系硕士，1972年耶鲁大学化学系博士；1973—1975年于耶鲁大学医学院进行博士后研究，1976年成为耶鲁大学医学院研究员；1977年至新泽西州州立罗格斯大学，起聘为化学系助理教授、本科生教师及博士班导师，1982年升为副教授，并取得终身教职（tenure），1987年升为正教授，1995年成为学校的高级教授（Distinguished Professor）；1998年因为在细胞老化及有关多胺与hypusine酶系统工作的突出贡献，被选入美国科学协进会（American Association for the Advancement of Science）。

早年陈光宇在台湾大学求学时，即师从中文系金祥恒、屈万里及李孝定三位先生学习甲骨文、《尚书》及文字学；在耶鲁大学时又师从张光直、饶宗颐二位先生学习上古文化与商代文明，同时师从辛普森教授（William Kelly Simpson）学习古埃及文；1999年兼任罗格斯大学东亚语言文化系教授，主讲甲骨学，并在学校文理学院"跨领域课程"项目讲授"化学考古与化学艺术"和"文明的凋亡"两门课程。迄今为止，其在自然科学领域发表论文120余篇，并编著有 Hypusine Formation on Eukaryotic Initiation Factor 5A 和 Transcription Factors and Cellular Aging 两部著作；在文史领域发表期刊论文及国际会议论文40余篇，并编著有《商代甲骨中英读本》（上海人民出版社）、《罗格斯商代与中国上古文明国际会议论文专集》、Dialogue of Four Pristine Writing Systems、Traditional Medicine and Contemporary Society 等著作。其中，《商代甲骨中英读本》一书目前已有英文版、法文版及韩文版，并获得了良好的社会评价。这部与中国社科院历史学部宋镇豪、刘源二位先生合作的著作，

"选取120片甲骨刻辞介绍,重点关注甲骨文认读,取得了良好的反响。……采用中法文双语的《商代甲骨法文读本》,既是接续之译作,也是中国古老文明在国际传播的有力推广,有助于中华文明走出国门、走向世界。"①

由上可见,陈光宇的求学、科研经历与国内外多数古文字学者大相径庭。陈光宇高中毕业于台湾新竹中学,毕业时获得保送名额,可以不必参加联考(中国台湾地区高考),而直接进入台湾大学的任何科系就读。据他回忆,因为对自然科学和文史领域都有兴趣,选择科系时颇费踌躇。② 最后决定以化学专业为主,同时旁听台大文史、考古等系相关课程。陈光宇进入台大当年,董作宾先生仙逝,甲骨文课程由董先生的大弟子金祥恒教授接续开课。其从大二开始上甲骨文课程,现在手头还保留有金先生当年的讲义,而金先生的大办公室也成为陈光宇大学四年间常跑去看甲骨文献的地方。此外,他还在文学院旁听过屈万里教授的《尚书》、李孝定教授的文字学课程。陈光宇大学毕业后,先服一年兵役,然后去往耶鲁大学化学系攻读硕博士学位,其博士论文题目为《光合作用的氧释放》,指导教授为王瑞駪先生③。当时之所以选择进耶鲁大学,原因之一是耶鲁大学的中文藏书量在全美排名前五。取得博士学位后,陈光宇在耶鲁医学院药理系做了两年博士后研究,领域主要为细胞膜、细胞多胺以及癌细胞生长机理,1977年离开耶鲁大学去往新泽西州州立罗格斯大学,开始建立实验室,开展属于自己的研究。

陈光宇在台湾大学时,即读过张光直先生的 The Archaeology of Ancient China,并了解到张先生在耶鲁教书。进入耶鲁大学读研之后,有机会向张先生请教,并常常一起讨论商代世系、干支等问题,同时也上过张先生的商代文明课,至今还留存有当时的讲义。在给陈光宇的信中,张光直先生曾言:"……又令我想起过去与兄杂谈古史的乐趣。"④ 据陈光宇回忆,当时张先生还将考古系办公室的钥匙借予他,让其晚上到办公室阅读;1998年最后一次见到张先生是在台湾,其时张先生已为帕金森病所苦,但仍勉力谈其商丘考

---

① 洪飏、张祎航《"绝学"不绝于耳——从近十年国家社科基金选题看甲骨文研究进展》,载《中国社会科学报》2020年10月13日第007版。

② 回忆资料主要来自2021年9月笔者与陈光宇先生的访谈对话,以下相关引述皆不另注。

③ 王瑞駪,1945年毕业于西南联大,1946年由唐敖庆先生经曾昭抡挑选赴美留学,同船还有李政道、朱光亚等诸位先生。

④ 参见陈光宇存张光直信件,日期为1994年2月23日。

古项目。饶宗颐先生在1970—1971年期间，应傅汉思（Hans Frankel，1916—2004）之邀到耶鲁讲学，陈光宇得以上了一年饶先生的课，也保存了当年的课堂笔记。在此期间，他曾陪饶先生参观耶鲁的巴比伦楔形文字泥板收藏、纽约大都会博物馆，以及访问友人[①]等。2018年元旦，陈光宇在香港拜望已经102岁高龄的饶先生，是为最后一别。张、饶二位先生对陈光宇走进汉学研究殿堂，多有鼓励。又由于耶鲁大学在古埃及文、两河流域楔形文字及玛雅文明研究方面位居世界前列，陈光宇也旁听过辛普森教授的古埃及文课程。据他回忆，当时班上另外3个学生分别为古埃及或古希腊语专业，只有陈光宇一人出身理工类专业。

陈光宇在罗格斯大学拿到终身教职后，认为自己可以花费更多时间在汉学研究领域，故申请成为东亚语言文化系的兼任教授，经该系系主任涂经诒教授推荐，在该系开设"汉字的起源与发展"课程；另在本科生通识教育项目中开设以化学手段研究考古与艺术方面的课程，充分利用教学相长的机会，开展跨学科研究。此外，陈光宇也很庆幸能够与国内学者保持交流合作，特别是林沄、宋镇豪、刘源、王士元、黄天树、王蕴智和王晖等诸位教授——按照他的话讲，"时相请觉，助益甚大"。

## 二、陈光宇的"上古中国"研究

陈光宇的"上古中国"研究主要集中于古文字、甲骨学、朱砂考古、上古文化等方面。其中，古文字研究的重点为汉字起源及其未来发展走向。他认为，与其他起源文字（如苏美尔楔形文、古埃及圣体文及奥梅克-玛雅文）相比，汉字起源的考古信息严重不足。但借重其他起源文字已知的产生源头及途径，也许可以用来检视东亚各个文化遗址出土的陶文及刻符，并由此推测汉字起源可能的时空背景。对于汉字研究，他认为要结合时间与空间作四维模式的考量，就时间而言就有3个面向：起源、发展与未来，而考察每个面向的汉字生态，都应结合当时人文自然景观的三维空间。例如汉字起源之

---

[①] 此处指蒋彝先生。蒋彝（Chiang Yee，1903—1977），江西九江县人，画家、诗人、作家、书法家，被誉为"中国文化的国际使者"。由于他对中西文化交流所做出的突出贡献，蒋先生深受西方学者的尊敬，在英国时被选为英国皇家艺术学会会员，并收入20世纪50年代英国编纂的《世界名人辞典》；在美国时，成为哥伦比亚大学终身教授，并被选为美国科学院艺术学院院士。

时,可能与其他原始文字共存(如丁公村陶文、良渚陶文、马家窑陶文等)。此外,陈光宇还开创性地提出"漏斗型模式"理论,借助化学热力学中"熵"的观念,以及生物化学关于初生蛋白质折叠的过程来说明汉字的稳定性。①

  关于汉字起源问题,陈光宇认为,人类文字起源发生于新石器时代,且玉器在东亚石器时代同样占据重要地位,所以除了陶符、石刻外,遗址出土的玉器刻符也可能与汉字起源有关。从神话"仓颉造字"中"惊天地,泣鬼神"的描述,可以觉察文字起源的"神圣性",而玉器的通神功能正与之相合。以玉器之刻符,关联文字之创造,也印证了上古"神话中国"的文化意涵。故考古资料及遗址景观等原始资料,可供寻找刺激文字发明产生的可能因素条件,如一般所见出土陶器刻符,学者难以断定是否为汉字初文,因为缺少较为完整的出土信息,例如出土环境、陶器功能、遗址聚落文化等信息,只靠陶符形状来联系后来的汉字,不足以论证汉字起源。古埃及的文字起源之所以可以追溯到尼罗河中游的涅伽达(Naqada),是因为涅伽达出土的骨牌刻符及陶符,可以借其他遗址信息推断它们表示地名或人名,因此可以确定它们含有音素、符合文字定义。所以汉字研究,特别是起源问题急需与考古、文献相结合。讨论文字起源的世界性眼光和功能论,是陈光宇汉字研究给我们的最大启发:一方面可以借助探讨其他起源文字的情形类比汉字起源的环境,另一方面从功能角度展开文字起源的可能性因素之讨论,凸显出文字的实用性与神圣性。2015 年陈光宇主办了一场 4 种起源文字对话的国际会议——研究远古汉字、苏美尔楔形文、古埃及圣体文及奥梅克-玛雅文的学者,本来极少交流,竟能因此共聚一堂、讨论人类文字起源,极为难得。

  陈光宇认为,汉字发展研究包括了甲骨文、金文、先秦战国简帛、秦汉简帛等领域,除文字释读外,出土文献与传世文献、文物与历史、考古资料

---

① 相关研究可参见陈光宇系列论文:《世界四种古文字的起源时空与文字结构》,载《古文字研究》2008 年第 27 辑;《试论汉字起源定点与世界古文字溯源比较》,载《文博杂志》2008 年第 4 期;《从甲骨文推测汉字起源与发展的模式》,载《首届中国文字发展论坛暨纪念甲骨文发现 110 周年学术研讨会论文集》;《由甲骨文推演汉字起源及世界远古文字溯源比较》,载《甲骨文与殷商史》2017 年新 7 辑;《汉字起源与汉字生态》,载《民俗典籍文字研究》2018 年第 22 辑;《全球化大数据时代的汉字生态学》,载《古文字与出土文献语言研究国际学术研讨会论文集》;《讨论汉字起源与发展的三种模式》,载《汉字与汉字教育》2021 年(待刊)等。

等都是相关研究资料,链接、整合各个领域的数据库是必要的手段。汉代以后,历朝文字发展也受到边疆民族及中亚、南亚文明的影响,这些方面的研究涉及的其他领域也不少,例如敦煌文物、西夏文字等,都与汉字发展有关。至于汉字未来,则涉及计算机、人工智能领域等对汉字发展的影响。由此,陈光宇进一步提出,研究汉字的"四维模式"要以生态学的架构及理论来统摄整合:

> 汉字生态学研究的对象包括汉字系统、汉字生态环境,以及两者之间的关联与互动关系。就三维空间而言,汉字系统包括所有汉字及衍生的词语。汉字生态环境包括所有可能影响汉字系统的自然及人文环境。汉字生态学还有历时与共时的第四维时间层面,即研究汉字历时的生态变化及共时的生态状况。传统汉字研究对象是封闭式的汉字系统,往往局限于文字学一隅,视角比较微观。汉字生态学在传统基础上建立宏观的架构,研究对象为开放式的汉字系统及其生态环境。在全球化大数据时代,我们有条件采取微观及宏观的双重视角,对汉字做四维时空全方位的考量研究。①

裘锡圭先生 2004 年在复旦大学演讲时曾提出,对于古代语文的学习研究应做到:"基础要扎实些,考虑要全面些。"② 所谓"基础"是基本功,是文字学、音韵学等基础知识,所谓"全面"就要靠熟悉、接触相关或相近的领域,例如考古、自然、地理、历史等。即汉字研究,除文字本身的释读解析,还要依赖考古学、文献学、历史学等各类学科,作跨领域、跨科际的交流整合。可以说,陈光宇的汉字研究走出了传统文字学的"园囿",着眼于世界远古人类文字的比较,更属于一种宏观的跨学科研究。

在甲骨学方面,陈光宇正在进行有关甲骨填色的化学及功能研究——此一题目是与台湾"中央研究院"史语所的黄铭崇教授及其团队合作,主要利用显微拉曼光谱仪检测甲骨刻槽可能填色的颜料。该研究希望由甲骨填色延伸到研究甲骨"兆语"的释读与功能。例如"不䚻黽""二告"等甲骨刻辞

---

① 《汉字起源与汉字生态》,载《民俗典籍文字研究》2018 年第 22 辑。
② 裘锡圭《裘锡圭学术文集·语言文字与古文献卷》第 310 页,复旦大学出版社,2012 年。

的意涵究竟为何。① 关于此一部分的谈论，笔者将在"朱砂考古"部分展开。另外一个陈光宇感兴趣的题目是商代人名研究，此一问题牵扯到远古人名问题，包括三代汉字记音的可能性，以及商代先公先王依据什么标准取名，同时也牵扯到干支问题——商王何以用天干为名号？在甲骨文及金文中，时王何以直接用日干相称呼？对于其他一些学者迄今没有达成共识的老大难问题，例如金文中的"多""众""蔑历"等问题也有研究兴趣。②

在"上古文化"研究方面，陈光宇也注重文化元素的传承延续问题。这点颇受张光直先生所提出的"玛雅—中国文化连续体"模式理论的影响。陈光宇认为，即使今日中国文化的一些核心元素，仍然符合张氏连续性模式所描述的特质。陈文曾从文字与宗教两个传统文化元素来检视张氏理论：

> 首先比较汉字与其他文字的起源，然后考察汉字在东亚的发展历史与命运，并讨论在当今剧烈的全球化演变之中，汉字作为中国文化承载体及世界仅存的非拼音文字其前景为何。汉文明是世界仅存的非宗教文明，我们以连续与破裂模式来考察汉文明儒道二家的天人观。特别着重儒道与其他世界宗教在宗教情怀层面的对比。最后我们提出"秦骨犹存，汉魂可招"的看法来探讨汉文明在全球化视野之中，在亨廷顿文明冲突理论笼罩之下，如何自处并与其他文明进行互动互补，以求进一步的发

---

① 相关研究可参见陈光宇系列论文：《从"朱砂"到"不牾鼄"》，载《古文字研究》2012年第29辑；《甲骨刻辞涂朱与商代朱砂》，载张光明、徐义华主编《甲骨学暨高青陈庄西周城址重大发现国际学术研讨会论文集》第335—344页，齐鲁书社，2014年；《甲骨刻辞填色的拉曼光谱分析》，载《纪念甲骨文发现120周年国际学术研讨会论文集》；《兆语"不牾鼄"与甲骨填朱》，载《古文字研究》2020年第33辑；《殷墟出土甲骨、文物、棺土的拉曼光谱分析》，载《古今论衡》2021年第37期等。

② 相关研究可参见陈光宇系列论文：《从玄鸟生商的传说看甲骨文中"隹王"一词》，The Journal of Chinese Linguistics, vol. 22（1994），pp. 101-113；《商王殷庚庙号新解》，The Journal of Chinese Linguistics, vol. 29（2001），pp. 340-350；《商代多伯多臣与肉食者》，载《花园庄东地甲骨论丛》，2006年；《儿氏家谱刻辞之子与花东卜辞之子》，载《纪念王懿荣发现甲骨文110周年国际学术研讨会论文集》第164—173页，社会科学文献出版社，2009年；《儿氏家谱刻辞综述及其确为真品的证据》，载《甲骨文与殷商史》2016年第6辑；《小臣墙刻辞概述与检讨》，载《古文字研究》2018年第32辑；《夷方无敉与古越人名》，载《甲骨文与殷商史》2022年第11辑；《商代夷方人名与古越语关系》，载《古文字研究》2022年第34辑。

扬光大。①

另外，下文要讨论的朱砂，陈光宇也认为是支持张氏理论的一个重要文化元素。

方法论上，陈光宇在上述研究的基础上提出了现代学术研究的基本模式。他认为，实验科学的研究方法与一般文史研究基本上相似：即提出问题、寻找题目、收集相关资料，包括原始的数据资料以及已经发表的古今文献，然后就所提问题在资料中寻找内在联系，提出假设或理论架构，列出可能的检测方法，进行论证看能否解决问题。例如研究儿氏家谱刻辞的真伪问题，20世纪的专家学者分为两派，一派结论是"一望即知其为真"，一派结论是"一望即知其为伪"。为解决此片真伪问题，陈光宇除了参考数十位学者的文章外，直接联系大英图书馆申请观察原片，经东方部馆长葛翰先生（Mr. Graham Hutt）安排，他在该图书馆的典藏实验室花了一整天，用三维显微镜观察照相，并将家谱刻辞原件与已知真伪的甲骨刻辞作比较，取得识别真伪的物理参数，然后再以这些参数来考察儿氏家谱刻辞，科学地证明儿氏家谱刻辞确为真品。此项研究成果首先在2011年罗格斯大学"商代与上古中国文明国际学术研讨会"发布，后发表于复旦大学出土文献与古文字研究中心网站。②

陈光宇先生目前研究计划的主要面向如下：一是利用科技化学结合考古发掘资料，接续探讨文字起源及上古文明问题；二是系统编著介于科普性与专业性之间的古代汉字双语对照读本（如甲骨文、金文、战国简帛、秦代简帛等），关于这方面，陈光宇希望《商代甲骨中英读本》还能有世界其他主要语种，如西班牙语、阿拉伯语、俄语等翻译版本；三是尝试建立汉字生态学的理论基础；四是甲骨出土达15万片，其中可以探索的题目极多，许多字除

---

① ［美］陈光宇《秦骨汉魂：全球视野下考察中国文化的连续与断裂》，载《华夏文化论坛》2016年第16辑。其他相关研究可参见［美］陈光宇《孔子与先秦诸子所行之道》，载《中国古代经典与传统思想：起源、流变与对话论文集》第164–178页，新布朗斯维克：罗格斯大学出版社，2012年。

② 该网站一位读者评论道："学问做到如此精致的程度，实在让人叹为观止。学术加上科学技术，同时有接近实物的便利，这增加了论者研究结论的实证性和权威性，让人佩服、羡慕。"具体内容参见中心网站 http://www.fdgwz.org.cn/Web/Show/1715。

释读问题外,背后还蕴含了大量当时的社会人文背景等信息,值得发掘;五是其商代方国人名问题研究,源起于与张光直先生的讨论[①],上古人名研究还可能联系到方国人物的种族信息,如陈光宇最近对商代夷名的研究,即提出"夷方"属于古侗台语/南岛语族。如该结论正确,"夷方"将是第一个确定为南岛语族建立的方国。[②]

## 三、跨学科视域下的"朱砂考古"

除上古文化研究以外,陈光宇先生"朱砂考古"方面的研究,也已为学界所关注和讨论。例如,一篇评述文章中提到:

> 美国学者陈光宇《秦帝国的朱砂水银工业》,从朱砂的化学性与考古资料、先秦的朱砂工业、汞的化学物性与考古资料、秦始皇陵墓、先秦的制汞业、先秦朱砂产地及可能的运输途径等六个方面入手,分析了秦帝国的朱砂水银工业,在对照20世纪初美国得克萨斯州一个容量10吨焙烧炉的汞产量后,反观水银朱砂在秦帝国的镏金、颜料、丹漆及墓葬等方面的广泛用途,认为可以确定秦帝国的水银朱砂工业的规模极其可观。[③]

"朱砂",是指鲜红色的硫化汞(化学式为 $HgS$)粉末,或指含硫化汞的天然矿石。陈光宇的"朱砂"研究,主要有以下几个面向:一是甲骨填朱现象;二是墓葬施朱现象,以及从中国-玛雅文化连续体模式考察朱砂使用的功

---

① 张光直先生在回信中说:"所提问关于夏周两代祖先的名字,似是音译。这个问题我从来没有想过。兄提出来,可见心细。答案为何,不知道。不过古代神话传说中的名字,都不像后来的人名有板有眼。比如颛顼,共工,伏羲,等等,又何尝不似拼音?这个问题引起我对古人名字的整个的来源,意义,等等一般基本问题。我们不妨继续讨论。"参见陈光宇存张光直信件,日期为1994年2月23日。

② 具体参见陈光宇系列论文:《夷方无狄与古越人名》,载《甲骨文与殷商史》2022年第11辑;《商代夷方人名与古越语关系》,载《古文字研究》2022年第34辑。

③ 卢华语、王诗元《20世纪以来中国古代丹砂研究的学术史回顾》,载《中国社会经济史研究》2020年第1期。

能与文化意涵；三是朱砂工业生产之考察；四是朱砂与道教之关系。

（一）甲骨填朱

殷墟出土商代甲骨十数万片，甲骨研究已成显学，触及领域甚多，可供分析的参数不少，但关于甲骨刻辞填色现象，还没有系统研究。自陈光宇与黄铭崇教授团队合作，始有系统地展开研究——利用显微拉曼光谱仪器迅速无损取得甲骨填色数据，辨识刻辞填色分布。由此，他们证明甲骨刻辞的红色颜料百分之九十是朱砂，百分之十是红赭石。①

我们知道，甲骨贞卜在商代文明进程中占据重要地位，以朱砂涂骨可能不仅仅为了美观醒目。有鉴于甲骨填朱在贞卜过程中可能具有重大意义，陈光宇开始考虑商代甲骨文中是否有对应红色或朱砂的文字。由此，他注意到分布在中国豫、鲁、冀、陕、晋等地的一种俗称为棉花红蜘蛛（carmine spider mite）或红叶螨、红蜘蛛的生物。其身长约半毫米（0.5mm）左右，属蛛形纲，通体泛红。其英文学名为 Tetranychus cinnabarinus，又因为朱砂的英文即 cinnabar，所以中文学名称之为朱砂叶螨。如果将朱砂叶螨这种红蜘蛛按捏在白布上，立显鲜红颜色。虽然现在无法确知远古或者商代的民众，是否会将这些红色蜘蛛或小虫收集作为颜料，但可以确知的是，以昆虫作为颜料并非没有先例。最有名的是用胭脂虫（cochineal insect）来制作胭脂红。胭脂虫（雌性）略似蜘蛛，也是八足属蚧虫，产于中美洲，通体深红。其虫体磨碎即可直接用来制造颜料，也就是今天广泛使用的胭脂红，又称波斯红。5万只胭脂虫可以产生一磅的胭脂红，此系美国唯一被允许作为食物染色剂的天然颜料。所以除植物、矿物外，红色昆虫特别是胭脂虫，同样是历史悠久的宝贵天然颜料资源。可以想见，当先民观察这些成群的朱砂叶螨或红蜘蛛时，可能会很自然地将它们与同样大小也是红色的朱砂粉粒联系起来。②

由此，陈光宇将生物学与文字学知识拉通，创造性地提出了"朱"字的甲骨释读：朱砂古称"朱"，甲骨文字释读为"鼄"，是"蛛"的本字。以俗称红蜘蛛作为颜料的历史很久，最著名的是制造胭脂红的胭脂虫。此类通称红蜘蛛的生物大小不过毫米，古人视细小的一群红蜘蛛（如朱砂叶螨、胭脂

---

① 具体参见《甲骨刻辞填色的拉曼光谱分析》，载《纪念甲骨文发现120周年国际学术研讨会论文集》。

② 《从"朱砂"到"不悟鼄"》，载《古文字研究》2012年第29辑。

虫等）几乎与朱砂粉粒无二，所以从形（虫体大小似朱砂颗粒），音（蛛、朱音同），义（俱为红色）三方面来考量，以蜘蛛之假借为朱砂之"朱"，或朱色之"朱"应该是可能的。释为朱砂之"朱"，为久悬未解的武丁兆语"不牿黿"也提供了破译的新方向。据此，陈光宇认为，如果"黿"字可以释读为朱砂之"朱"，则兆语"不牿黿"当与甲骨刻辞涂朱与否有关，同时此兆语也说明商代甲骨涂朱与否，可能有特殊的选择性与宗教性。① 可以想见，如果陈光宇先生本身不具备生物学知识，或者即使具备，但缺乏跨学科研究的眼光与魄力，很难提出如此创见——这也提醒我们在进行学术研究时，视野一定要开阔，知识储备一定要丰厚。

关于这一方面的研究，陈光宇希望未来可以复原甲骨填色的原来面貌，再结合全版刻辞的安排、内容，看能否将贞人、兆璺、兆语等各种参数相结合，进一步研究殷商占卜过程及刻辞填色的功能。商代甲骨贞卜是商王、贵族与祖先神或与自然神交流的媒介，也是石器时代遗留的巫术在商代文明中的具体表现，甲骨填朱的功能或许可以从巫术仪式的角度去发掘，另外还可以联系远古东亚及中美洲玛雅文明的墓葬施用朱砂的文化意涵来考量。

（二）墓葬施朱

在过去，朱砂一直不是考古发掘者的主要关注对象，考古材料对古代遗址所见红色遗留，往往语词简略、一笔带过。虽然学界很早就注意到墓葬施朱现象②，但还没有将物理化学检测分析法系统地引入田野考古的标准作业程序，并将之与人文社会功能的讨论相关联。陈光宇特别注意到早年一篇殷墟热释汞检测的报告③，他认为该报告在宫殿区、墓葬区所测高于背景值的汞元素来源就是朱砂。换言之，除墓葬（包括车马坑、殉人坑）外，宫室墙壁可能也涂有朱漆。为了比较系统地展开殷墟朱砂考古工作，陈光宇与安阳考古站何毓灵先生、"中研院"史语所黄铭崇先生合作，使用拉曼光谱仪及X射线荧光光谱仪检测2009年发掘的殷墟王峪口南地M103棺土，确定棺土所见红色遗留均为高纯朱砂，并且证明X射线荧光仪所见汞元素来自拉曼光谱所测

---

① 《从"朱砂"到"不牿黿"》，载《古文字研究》2012年第29辑。
② 具体可参见董豫、方辉《先秦遗址出土朱砂的化学鉴定和产地判断方法评述》，载《东南文化》2017年第5期；张国硕、贺俊《试析夏商时期的朱砂奠基葬》，载《考古》2018年第5期等文章。
③ 具体可参见申斌《"热释汞"与中国考古》，载《殷都学刊》1989年第3期。

得的朱砂。这项工作同时说明未来田野考古工作，可以广泛使用 X 射线荧光仪，就地迅速取得有关朱砂在墓葬与宫殿建筑遗址的留存及分布。① 此为使用科学仪器进行人文研究的典型范例，即将物理化学仪器对研究对象之分析结果，服务于人文社会科学研究，由此得出的结论显然更为扎实有力。

陈光宇在梳理商代考古有关朱砂的有限资料前提下，尝试就朱砂在商代的诸多用途，如朱书、甲骨涂朱、朱漆及墓葬等，来探求商代使用朱砂是否可能有更深层的宗教文化意涵。我们知道，自早商至晚商的贵族墓葬，以朱砂遍覆尸身或铺置椁棺的例子相当普遍，类似的习俗也见于美洲玛雅文化的贵族墓葬。人类墓葬使用赭石、朱砂的历史直溯石器时代，商代墓葬施朱的习俗，应为延续旧石器时代墓葬的赭石传统，完全符合张光直先生所提出的"玛雅-中国文化连续体"模式理论，是由旧石器时代留传后世的一个重要文化元素。鲜红的朱砂，可以与鲜血或红色的太阳等联系，二者又与生命及再生有关。由此，陈光宇认为，朱砂在商代的广泛使用，特别是墓葬及棺椁髹漆朱墨对应，确有深层的精神文化层面的考量。② 商代甲骨填色多为朱墨二色，墓葬残留棺椁涂漆也多用红黑二色，故红黑二色在功能与意涵上有无相通之处也是未来可以思考的问题。③

（三）朱砂工业

如前所述，陈光宇利用秦始皇陵墓封土的热释汞数据，间接推算陵墓内藏水银量，得出地宫的汞储量至少有 22 吨，再考虑文献记载地宫其他施用朱砂的用量，从而认为秦帝国的水银朱砂工业的规模极其可观。④ 另在《殷墟出土甲骨、文物、棺土的拉曼光谱分析》一文中，陈光宇与黄铭崇团队就"中央研究院"历史语言研究所藏安阳小屯出土有代表性的商代文物、花土、甲骨，以及安阳王峪口南地出土墓葬棺土所作拉曼光谱分析结果，确定商代施用于甲骨刻辞、文物涂饰、墓葬等所用朱色颜料，几乎全为纯度极高的朱砂粉，但少数甲骨填朱也用红赭石。这也显示出朱砂在商代的广泛用途。该文

---

① 《殷墟出土甲骨、文物、棺土的拉曼光谱分析》，载《古今论衡》2021 年第 37 期。
② 《甲骨刻辞涂朱与商代朱砂》，载《甲骨学暨高青陈庄西周城址重大发现国际学术研讨会论文集》。
③ 《殷墟出土甲骨、文物、棺土的拉曼光谱分析》，载《古今论衡》2021 年第 37 期。
④ 陈光宇《秦帝国的朱砂水银工业》，载《陕西师范大学学报》（哲学社会科学版）2017 年第 2 期。

更利用过去考古发掘报告所提及墓葬红色颜料遗存的面积与厚度，推算出一个中型墓葬平均耗用朱砂量达 500 公斤。再加上朱砂颜料的其他各种用途，殷商时代所用朱砂量应该极为可观。除采矿及制备外，再考虑其运输、储存、分配等问题，规模之大可称为"朱砂工业"。商代朱砂工业的重要性，也许仅次于当时的青铜工业，应有专人负责。所以陈光宇认为，未来考古工作对于与朱砂有关的信息数据，诸如朱砂矿的来源产地、采矿方式，朱砂的运输和存储，处理朱砂矿的方式，朱砂矿的萃取，以及朱砂制备的工作坊等，都应在考古工作计划中加以考虑。①

（四）朱砂与道教

如果说陈光宇所关注的"朱砂考古"是研究朱砂使用的"源"，那么研究商代之后的朱砂使用，则为其"流"。从陈光宇的相关研究中，我们还可以延展出如下研究思路：一是中国古代朱砂使用史铺陈：即搜集、整理中国古代关于朱砂使用的历史场域及记载，勾勒中国古人使用朱砂的历史景观，讨论朱砂的使用在墓葬、祭祀、文字着色、仪式用符设色等方面的重要性；二是朱砂使用与道教发展的关系：汞（水银）是常温下唯一的液态金属，极易挥发，几乎难以在自然界存在，所以朱砂成为制备水银的唯一自然原料。水银能够溶解金、银、铜、锡等，又能与硫黄作用恢复成鲜红色的朱砂，可以想见，这些化学现象在战国秦汉时代极具神秘色彩，所以会被方士利用，发展成为追求长生不老及炼制金银的炼丹术。道教文献言："河上姹女，灵而最神，得火则飞，不见埃尘。鬼隐龙匿，莫知所存。将欲制之，黄芽为根。"② 其中，"河上姹女"指的就是汞，而"黄芽"指的就是硫黄；三是中国古人使用朱砂的功能研究：除陈光宇总结的鲜血重生、太阳崇拜、尸体保护、（沟通）祖灵世界等功能外，联系到后世宗教用朱砂（如道士所画符箓）、中医用朱砂（镇静、辟邪的药引）、宝卷抄写用朱砂（增加宝卷抄写治疗之效果）等情况，建构中国古人将朱砂作为"神圣物"使用的历史；四是中国人"尚红"文化传统之勾陈：无论是旗帜、春联、印章，还是经卷文本，中国人的"尚红"观念源自何时

---

① 具体参见《殷墟出土甲骨、文物、棺土的拉曼光谱分析》，载《古今论衡》；《殷商朱砂考古回顾与展望》，载《殷墟科学发掘九十周年纪念大会暨殷墟发展与考古论坛会议论文集》；Journal of Archaeological Science: Reports, 38. 2022。

② （东汉）魏伯阳《周易参同契》，见孟乃昌、孟庆轩编《〈周易参同契〉三十四家注释集萃》第 286 页，华夏出版社，1993 年。

何地？实际上，不只是汉族民众，少数民族如藏族、蒙古族、仡佬族、苗族等，也在诸多神圣场域使用红色颜料（有时就是朱砂），此种"尚红"文化传统的背后，隐藏的是神圣象征物的禳灾与治疗观念。①

## 结　语

陈光宇先生的求学、科研经历比较特殊，且颇具跨领域特色。其学术生涯开始于生物物理及生物化学领域，但一直维持对上古史及文明起源的研究兴趣，并且开展了跨学科的研究工作。在访谈过程中，虽然可以感受陈光宇对于自己在音韵学及一些文史领域缺乏系统训练，还是若有憾焉，但幸运的是，其在大学及研究生阶段，都有机会接触到几位出类拔萃的学者，也保持与国内学者的密切交流，故能够在自修之余，时相请益。也正因为这样的求学、科研经历，陈光宇得以在人文社会科学领域与自然科学领域之间悠游二艺，比较宏观地考察、思考文史考古问题。总体而言，陈光宇除了在多胺、细胞老化及抗肿瘤等生物化学领域取得一定成就外，在古文字、甲骨学、朱砂考古、商代文明等"上古中国"研究领域，也有所贡献——特别是其长期跨学科研究的经验，值得后来者参考借鉴。

赵世昌　罗格斯大学东亚语言文化系博士后

---

① 这也是笔者加入陈光宇先生课题组，正在开展的博士后研究题目。

·汉语教学国际传播研究·

# 《唐话纂要》的汉语观和汉语教学观透视

刘海燕

**摘 要**：《唐话纂要》是日本江户时代的汉语教材。日本江户时代的汉语教学还没有受到西方语言学和语言教学思想的影响，对于中国语文教学传统也采取了实用主义的处理方法。相较于现阶段全盘西化、割裂历史的做法来说，《唐话纂要》所体现的唐话教学，是日本汉语教学历史上浓墨重彩的一笔，对今天的国际中文教育国别化研究有重要的借鉴价值。教材是联系教师、教法的纽带，本文希望结合特定历史时期的政治经济文化背景，透过这部教材内容安排手法，阐释教材作者对汉语整体系统性认知，阐释当时教学可能采用的教学方法。

**关键词**：世界汉语教育史 国别化教学研究 唐话纂要 汉语观

语言教学伴随着人际交际，是各个历史阶段的人们摆脱"孤独"，互相寻找的一项活动。中外文化交流的历史长河中，日本是东学西渐和西学东渐的中转站。《唐话纂要》是日本江户时代服务长崎口岸贸易翻译工作的汉语教材。纸版教材的背后有编者关于语言的认知和态度，也可以透视彼时彼地课堂教学的风貌。

历史上日本对汉语的称呼有汉文、唐话、清语和中国语几种，我们认为这暗合着日本汉语教学历史的4个阶段，即古典期、转型期、侵华战争时期和现阶段。从"千字文"经由朝鲜传入日本开始至幕府时代，古典期即以四书五经为教学内容全盘接受中华文化的时期；日本江户时代开始至明治维新前是逐渐转向学习西方的转型期，所谓转型，意思是仍然在中国语文教学传统影响之下，但是服务当时当地汉语口语教学开始本土教材编写的时期；从明治维新到侵华战争结束，日本全盘接受西方语言学和语言教学思想并疯狂实行殖民语言政策，侵华战争时期出现了汉语教学一个畸形的"巅峰"；1945年至今为现阶段，现阶段日本的汉语教学全盘笼罩在西方语言学和语言教学思想之下，存在历史的断裂和现实的纠结①。

《唐话纂要》是上述四个时期中的转型期的典型教材，在这个特定的过渡时期，这部教材既保留了中国语文教学优秀传统，又有自身的发展创新，并且没有受到西方语言教学模式影响，完全基于现实需求而作，体现了对汉语体系和汉语教学方式的独特认识。

实际上在吸收中华文化的过程中，日本既有忠实的贯彻也有实用主义的扬弃和改造。《梵蒂冈手稿》记载，公元13世纪西方传教士已经开始了远程东方的跋涉，即"汉学"诞生的时期。而随着大航海时代到来，对于映入眼帘的西方文明，日本比中国更早地接触和了解并开始了对译。早期日本对西方科学的翻译，仍然参照西方传教士与中国学界翻译的成果，坚持用汉字翻译西方科技语，但总体上说这一时期日本全盘接受中华文化的做法已经开始悄然转型。

按照阎纯德②等学者的界定，汉学是外国学者研究中国的学问，是"国学"传播的"回声"。那么日本学者以及日本的汉语教学界所做的工作，是"外国"和"中国"的中间人，日本汉语教学历史上的教材，是"汉学"和"国学"的中间物，这种二语教材，可以供我们分析当时的教师以及学习者的语言观和语言教学观，因此《唐话纂要》可以用来作为汉学（Sinology）研究（Chinese Studies）的素材。

## 一、《唐话纂要》时代背景和卷册分布

日本江户时代的长崎口岸，来自各地的贸易商船中，数来自中国泉州、南京等地最多。担任汉日翻译的官员是"通事"，"唐话"翻译者也负责管理贸易，是待遇丰厚的职位。最早的唐通事多数是来自中国的华侨，为了让出生在日本的子弟世袭唐通事的职位，就编写教本给子弟，从小就进行唐话教学。《唐话纂要》就是这种服务贸易翻译的口语教材。在具体的史实

---

① 史有为《在现实与理念之下——在日汉语教学反思》，载《汉语教学学刊》2021年第1期。
② 阎纯德《弘扬优秀文化 守望文化自信》，载《中国文化研究》2017年第4期。

中，联系政治外交、经济科技、社会文化等要素，分析这类"商务汉语"口语教材组织原则和教学实绩，秉承既不厚古薄今也不厚今薄古的态度进行分析，为今天的汉语教学工作提供借鉴价值，是世界汉语教育史研究学术意义所在。

《唐话纂要》成书于1716年，作者是冈岛冠山。根据史料，他本人是成功的汉语学习者。他的家庭背景使得他从小接受了较好的汉学教育，有良好的汉文基础。同时他在家中常常接触来自中国的商人以及知识分子，耳濡目染学会了汉语口语交际。他既可以跟中国的秀才举人对话，也能流利地进行汉语交际，胜任口语翻译工作。他编写的《唐话纂要》在日本江户时代流行甚广，被日本著名汉语研究学者六角恒广先生认为是日本历史上第一部真正意义上的汉语教科书①。现在日本的早稻田大学保存着其影印本。

《唐话纂要》共6卷。各卷内容和篇幅如下表所示：

表1 《唐话纂要》内容及篇幅简介

| 卷册 | 卷名 | 数量 | 篇幅（丁） | 示例 |
| --- | --- | --- | --- | --- |
| 卷一 | 二字话 | 765 | 13 | 太平，晚了 |
| | 三字话 | 476 | 10 | 天气好，初相见 |
| 卷二 | 四字话 | 741 | 21 | 半信半疑，无所不晓 |
| 卷三 | 五字六字话 | 118段 | 10 | 他是懵懂人 未知怎生措置 |
| | 常言 | 140条 | 11 | 人不可貌相 海水不可斗量 |
| 卷四 | 长短话 | 67段 | 24 | 如今天下武夫 皆能勤谨 若伏事主公有余力 则不管怎的 便在空地里跳出来 或走马射弓 或刺枪使棒 直恁演戏武艺 而打熬气力 比前年大不相同了 |

---

① 转引自王顺洪《六角恒广的日本近代汉语教育史研究》，载《汉语学习》1999年第4期。

续表

| 卷册 | 卷名 | 数量 | 篇幅（丁） | 示例 |
|---|---|---|---|---|
| 卷五 | 语汇和小曲 | 14类 | 24 | 亲属、器具、畜兽、虫介、禽鸟、龙鱼、米谷、菜蔬、瓜果、树竹、花草、船具、数目、布匹 |
| | 小曲 | 6支 | 4 | 青山，崔莺，张君，桃花，一爱，一更，二更，三更，四更，五更，疋头 |
| 卷六 | 短篇小说 | 2篇 | 原文14丁 加译文13丁 | 孙八救人得福 德容行善有报奇谈 |

我们认为，《唐话纂要》经验式地提取汉语中需要教学的内容，可以把这种教材当作汉语全貌的微缩景观进行分析，也就是说，观察编写者"经验"所体现的汉语观。

## 二、《唐话纂要》汉语观分析

（一）语素向量特征

向量特征即分布特征，向量指的是可以计算的分布特征。《唐话纂要》的语料旁边注音和翻译，以近义词→反义词顺序排列（例如"吉祥→吉瑞→吉凶"），起到相互释义的作用。从中计算的向量特征可以反映汉语口语的语素分布规律性。

卷一是二字话和三字话，二字话与"双音节词"相似，但是有的不是现代语言学意义的词，而是词组；三字话与"词组"相似，已出现完整的主谓句，以及连动式、兼语式等格式。卷二是四字话，这里已经实现了由字到句的巧妙过渡，四字话除了四字成语、固定词组，有很多是完整的主谓句。卷三是五字话为上句、六字话为下句的问答，五字六字话组成问答上下句，接近话语成品。卷三还有"常言说得好"的"常言"。从二字话、三字话到四字话和五字六字话，可以进行字数统计，如下表所示：

表 2　二字话到五字六字话统计

| 字话 | 数量（实际有重复） | 字数统计 |
|---|---|---|
| 二字话 | 765 个（实际 762 个） | 1524 |
| 三字话 | 476 个（实际 474 个） | 1422 |
| 四字话 | 741 个（实际 710 个） | 2840 |
| 五字六字话 | 118 段 | 1298 |
| 合计 | | 7084 字 |

卷四是成段表达和回应，内容是贸易工作的最简会话场景，叫作长短话。卷五是 14 类分类语汇和 6 支小曲。卷六是两篇小说。推测整套书大约两万字，如下表所示：

表 3　《唐话纂要》篇幅和字数统计

| 卷名 | 篇幅：表里两页为一丁 | |
|---|---|---|
| 二字话 | 13 丁 | 54 丁，7084 字。 |
| 三字话 | 10 丁 | |
| 四字话 | 21 丁 | |
| 五字六字话 | 10 丁 | |
| 常言 | 11 丁 | 90 丁，1 万多字 |
| 长短话 | 24 丁 | |
| 语汇和小曲 | 24 丁 | |
| 小曲 | 4 丁 | |
| 短篇小说 | 原文 14 丁加译文 13 丁 | |
| 合计 | | 约 18890 字 |

按照词向量①的计算方式，可以观察字词句组合规律性。

---

① 冯志伟《词向量及其在自然语言处理中的应用》，载《外语电化教学》2019 年第 1 期。

## (二）由字话到成段表达之间拆分和组合的关系

卷一的二字话、三字话，卷二的四字话，是怎样选取的呢？由卷三的五字六字话跟卷四的长短话，我们渐渐看出了端倪。赵苗《〈唐话纂要〉中二字话词语的特点》的研究①注意到，为什么卷一的二字话是"太平、吉祥"？对照卷一的二字话和卷四的长短句发现，二字话词语其实源自卷四的长短句。卷一到卷三与卷四是拆分组合的关系，卷一到卷三是从卷四的拆分出来的语言片段。也就是说，卷四的长短话在全书处于中枢位置，等同于现在的汉语教材的课文，二字话三字话等拆分自长短话，等同于课文的生词表，这种体例表现了汉语"语素↔词↔词组↔句子"各层级单位组合与拆分的规律性。

卷四的长短话是贸易工作的常用套话，会话场景分为三类：一是官场门面话，二是亲朋好友问候寒暄，三是贸易工作的行话。

《唐话纂要》没有单字教学，却整体贯穿"字"与"话"的联系。二字话、三字话、四字话和五字六字话的排列，可以体现字话和类语的特点。口语中的"话"是一级语言单位，在口语语法研究中非常重要。而所谓类语，即同素词语，日本和中国都有这种类语词典。

将上述内容整理为下图：

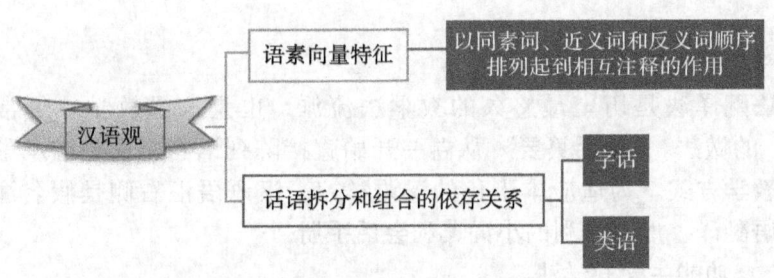

**图1 《唐话纂要》汉语观图示**

上图是《唐话纂要》汉语观的图示，对教材所有语料进行字数、词数、句子数的统计，可以得出字（语素）词向量分布；从话语拆分以及组合可以看出字话体现的组合关系和类语体现的聚合关系，看出汉语字-词-句组合规

---

① 北京外国语大学中国语言文学学院编《人文丛刊》第二辑第30-38页，学苑出版社，2007年。

律性。

（三）语汇扩展和储备

《唐话纂要》卷五是分类语汇，"亲族、器用"等共有 14 类。从《尔雅》《释名》时代，汉族先民就把这种对自然界和人类社会万事万物分类认知，用汉字记录下来。学习汉字即掌握生活本领，《唐话纂要》继承这种系统性，分类语汇即用于话语表达的词汇储备库。例如二字话有"不好""大好"，三字话有"不知道""不要去"，四字话有"不是真的""我要搭船""我实不晓"，五字六字话有"今日天色好""真正大好了"，"不""要""大""好"等高频词含义用法已经明晰，再从卷五"亲族"的语汇中就可以推出"家父大好了""阿弟不要去"等表达。

卷五还有 6 支小曲，体现汉语押韵和语音节律。卷六是 2 篇小说，小曲和小说都是语言的成品，是"超字话"表现，是文化教学的补充读物。

## 三、《唐话纂要》教学法分析

从《唐话纂要》书影的第一页（图 2），可以看到卷一的二字话的样式。虽然没有当时的课堂录影，但是透过教材的这种排列样式，我们可以推测当时的教学法。

（一）语法翻译教学法

语法翻译法是历史最悠久的教学法流派，也是二语教学中最常见、最"本能"的做法。《唐话纂要》从卷一开始直接陈列语料，这是继承了中国传统语文教学方式。为适应本土化的汉语学习，汉语语汇右侧是假名注音，下侧是日语翻译，形同便利的小词典和会话手册。

（二）功能主义教学法

功能主义教学法认为语言的功能就是完成邀请、道歉、赞美等各种交际需求，语言教学从各个交际功能入手，让学生掌握特定场合下必要的问答。

《唐话纂要》从卷一、卷二到了卷三，渐渐有了从语法翻译法的"悄然"转变。语法翻译法注重传授知识，尤其是语法知识，但是《唐话纂要》并没有语法注释。卷三的五字六字话，是上下对应的问答句，而且是贸易翻译中常用的会话，这里已经是功能主义教学法的"会话法""直接法"。相较于传统的语文教学，这是《唐话纂要》的真正特色所在。整理上述内容如图 3：

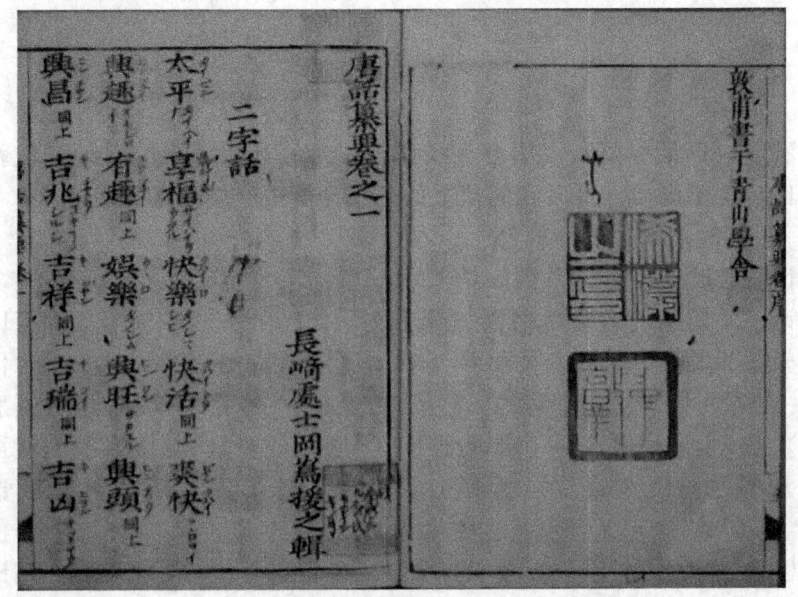

图2 《唐话纂要》卷一第一页书影二字话

图3 《唐话纂要》体现的功能主义教学法图示

根据我们的统计,卷一到卷四最高频次的单音节词是"不",双音节词是"休要",表示意愿的"我要,须要"呈现高频,趋向补语的"起来"和疑问词"什么"也是高频词,说明《唐话纂要》跟中国传统语文教学传统"千字文"式的教学有所不同,呈现出的口语教材特征现在所说的功能主义的外语学习一致。这种教学理念是功能主义的,适应海外环境的商务汉语教学需求;

这种语料组织又符合认知主义的规律性，贴合汉语字词组合规律性。

## 结　语

要看清《唐话纂要》汉语观和汉语教学观，还可以跟同时期其他教材来进行对比。限于篇幅，最后我们从下面两个角度进行简要的比较。

（一）同时期其他唐话教材

唐话教学时代，有一系列汉语教材，包括汉日翻译教材，还有很多教孩子学说话、学功课的教育学书籍、汉语文学作品的日语翻译等，都可以看作跟汉语教学相关。鲁宝元、吴丽君《日本汉语教育史研究——江户时代唐话五种》[1] 收录了冈岛冠山编写的五种教材，除了《唐话纂要》，还有《唐音雅俗语类》《经学字海便览》《唐话便用》《唐译便览》。从书名我们就可以看到，这几部教材以"纂要"为核心，其他几部形成了对《唐话纂要》的补充：

《唐音雅俗语类》以语音教学为重点，分雅语类、长短雅语类、俗语类罗列短语，每字注音并点四声。

《经学字海便览》以汉字（单字）讲解为主，从《朱子语类》中挑选四书五经的句子进行注释和翻译。

《唐话便用》跟"纂要"一样，按照二字话、三字话到五字话罗列，罗列了初相见、平日相会、诸般谢人、望人看顾、诸般借贷等说话内容，比"纂要"更详细。

《唐译便览》按照汉语句子日译的首字排列，方便"日汉"查询。

"唐音"教学服务口语教学的需求，无论汉字教学还是会话教学，都以"便览""便用"为主旨，方便学习者学习、记忆以及使用。

从"唐话五种"的格局来看，编写者具备了语音、词汇、语法三要素的语言学思想，具备了功能主义语言教学的思想，但是就核心教材《唐话纂要》的安排来说，顾及了汉语系统性架构，让字和话有了巧妙的贯通。

（二）威妥玛的《语言自迩集》

《唐话纂要》距今三百多年，而且作者冈岛冠山是《水浒传》的日语翻

---

[1] 鲁宝元、吴丽君《日本汉语教育史研究》，外语教学与研究出版社，2009年。

译者，他的语言风格，以及选择的短篇小说，都有《水浒传》的影响，似乎跟现代汉语的风貌有所不同。实际上汉语的整体风貌的演变没有很大，《唐话纂要》与成书于1867年（1886年二版）的《语言自迩集》仅仅相差160年，如果将二者进行比较就会发现，并非语言风貌有所不同，而是对语言、对汉语的看法有所不同。英国人威妥玛作为驻北京外交官，他的《语言自迩集》当时影响很大。

《语言自迩集》除去序、译序、凡例、第二版序言、第一版序言和学习指南备忘录，全书有8章，第一章是发音，分单元音和复元音、辅音和送气音讲解，还有北京话音节总表。第二章是部首，有汉字部首总表，并设置部首测验练习和答案。第三章是散语章，先介绍中国的度量衡。第四章是问答章，第五章是谈论篇，是功能主义的会话罗列。第六章秀才求婚和践约传是小短文。第七章是声调练习，专门进行关于声调影响韵母的条件的注释，练习燕山平仄，进行声调练习。第八章词类章，分词类介绍汉语的名词、冠词、量词，然后介绍汉语语法中的数（单数与复数）、格、性、形容词及其比较级，然后介绍代词，再介绍汉语动词的情态、时态和语态修饰，然后继续介绍副词（表时间、处所、数量、程度等），最后是介词、连词和叹词。书末附录有北京话音节表和北京话字音表。

《语言自迩集》整体布局符合语言教学的"螺旋式上升"的规律性，所体现的语言观和语言教学观我们用简图进行示意：

如附图所示，"语言知识"体现的是语言观——语言的三要素，"语言技能训练"和"语言储备文化拓展"体现的是语言教学观——以功能主义的口语训练为主导，以书面语教学以及文化拓展为辅助。

可见，《语言自迩集》体现西方语言学的观念，分语音、词汇、语法三要素来安排教学内容，以西方语言的认识架构来对应汉语。《语言自迩集》的二语教学，采用功能主义的教学模式，主要以会话为主，威妥玛拼音成为影响巨大的标音工具。

有关汉语观和汉语教学观的研究，是一个比较大的论题，但是回归历史结合一部教材来阐释，仍然有比较实在的收获。用现代语言学思想观察冈岛冠山的教材系列，较之《语言自迩集》来说，显得比较"综合"，汇总如附图：

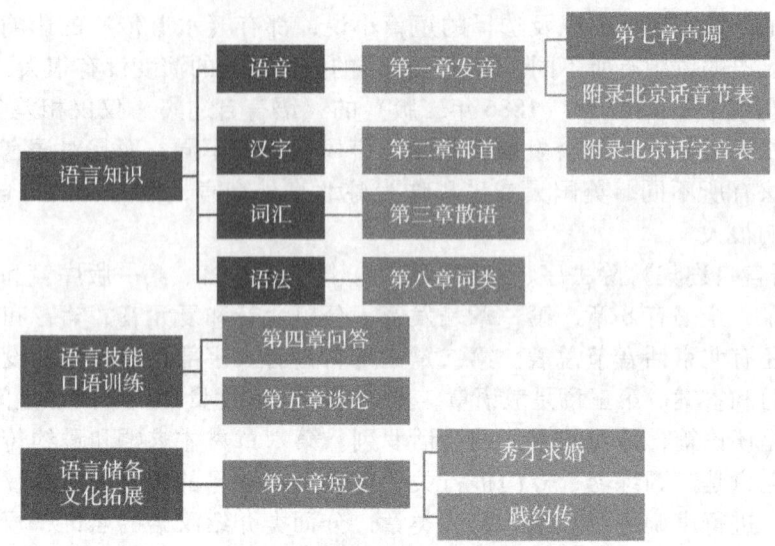

图 4 《语言自迩集》架构图示

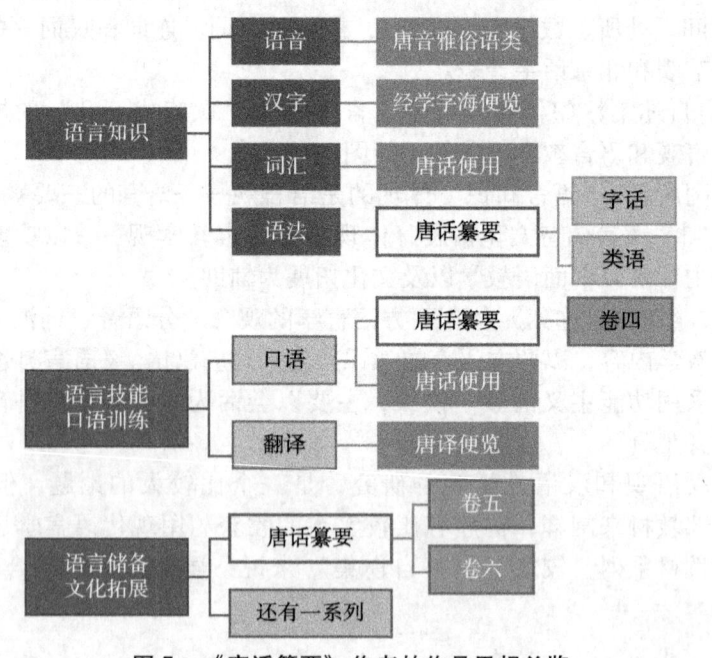

图 5 《唐话纂要》作者的作品思想总览

"综合"主要体现在,汉字教学、语音教学等,"词汇"不仅仅是简单的双音节词,都有"语汇"。我们希望未来结合有关汉语口语语法的计量研究方法和成果,对《唐话纂要》的研究会体现更好的理论意义和现实意义。

刘海燕 中国传媒大学人文学院教授

# 翟理斯《字学举隅》探析*

岳 岚

**摘 要**：针对西方人汉字学习中的困难，特别是形似字带来的困惑，翟理斯结合自己的学习经验编写了《字学举隅》一书。该书的书名及编写理念均来自龙启瑞的同名著作。但与之不同的是，翟理斯选取常用形似字进行辨析，并结合二语学习者的实际，列出异体字、关注多音字、同声旁字，是一部编写目的明确，针对性和实用性都很强的教材，对当今的对外汉字教学和汉字教材编写具有借鉴意义。

**关键词**：《字学举隅》 翟理斯 汉字教学

## 一、英国汉学家翟理斯

翟理斯（H. A. Giles，1845—1935），19世纪后期至20世纪初期英国著名汉学家、曾被誉为英国汉学三大星座之一。1867年，翟理斯通过了英国外交部的选拔考试，远涉重洋，来到中国，成为英国驻华使馆的一名翻译学生，此后，他历任天津、宁波、汉口、广州、汕头、厦门、福州、上海、淡水等地英国领事馆翻译、助理领事、代领事、副领事、领事等职，直至1893年以健康欠佳为由辞职返英，前后历时25年，除五度返英休假之外，其余时间均在中国度过。1897年，翟理斯全票当选为剑桥大学第二任汉学教授，此后35年的时间里①翟理斯在教学之余一直潜心汉学，直至1935年病逝。

翟理斯是一位充满矛盾的人物，他虽然算不上一个声名显赫的外交家，

---

\* 本文获得"2020年度国际中文教育研究课题重点项目"资助，项目批准号：20YH05B。
① 1932年翟理斯请辞剑桥大学汉学教授一职。

却是一位功成名就的汉学家,他不仅写下许多汉学方面的著作,而且在汉语教学、推广与传播方面也做出了不小的贡献。

作为外交部的翻译学生,翟理斯的首要任务就是学习汉语,但他并不盲从权威,而是根据自己的学习经验,悟出一套学习方法。他还从实际需要出发,结合自己的学习心得,编写了一些汉语教材和工具书,如:《汉言无师自明》(Chinese without a Teacher, 1872)、《字学举隅》(Synoptical Studies in Chinese Character, 1874)、《汕头方言手册》(Handbook of the Swatow Dialect, 1877)、《语学举隅》(A Dictionary of Colloquial in the Mandarin Dialect, 1873)、《华英字典》(A Chinese-English Dictionary, 1892)、《百个最好的汉字(一)》(The Hundred Best Characters, 1919)、《百个最好的汉字(二)》(The Second Hundred Best Characters, 1922),等等。

## 二、汉语学习中的汉字问题

汉字是外国人汉语学习中的一大难点,特别是对于非汉字圈的西方学习者而言更是如此。该问题并非始于当代,而是无论什么时代,西方人在汉语学习中都不可避免的一大问题。虽然年代不同,甚至时代相差较远,但他们在汉字学习中存在的问题却非常相似。比如,汉字字形相似问题给西方人带来很大困惑。19世纪来华的翟理斯也清醒地认识到初学汉语的外国人所遇到的困难对于那些准备入翰林院的举人来说,根本就算不上什么困难,比如,外国学生可能觉得"左"和"右"两个字很难区别,但是,对于汉语为母语的本族人而言,两者的区别可以说是显而易见的。为了克服汉字形似问题带来的学习困难,翟理斯专门有针对性地编写了汉语教材《字学举隅》,其中不乏闪光之处,值得在对外汉字教学中借鉴。汉字形似问题带来的汉字学习困扰并非二语学习者独有,母语学习者也同样面临这个问题。英国汉学家翟理斯在序言中也指出,中国人也编有相关的字书或书中部分内容涉及辨似问题,如清人龙启瑞编写的《字学举隅》①、《问奇一览》"分毫字辨"章节、《字林

---

① 后来还有《字学举隅续编》(龙启瑞重编)、《增补字学举隅》(龙启瑞重编)、《增广字学举隅》(龙启瑞撰,铁珊增)、《字学举要》(龙启瑞)。

通考》① 第三卷、《康熙字典》"辨似"章节等。翟理斯应当见过这些书，他编写的汉字教材汉语名称为《字学举隅》，与龙启瑞的《字学举隅》同名。应当说，翟理斯不仅读过这些书，而且在编写自己的汉字教材中借鉴了这些书的编写理念。

## 三、中国字书之辨似

龙启瑞编写的《字学举隅》，是一部正字法类字书，以辨似正伪为目标。该书以唐代颜元孙的《干禄字书》为样本，"以规矩准绳示人，而详而不失之驳，约而不失之陋，俾操觚之士触类以推，可以上窥作者之意而究六书之源"②，此书"中都人士见而爱之"，因之重刊。该书由辨似、正伪、摘误3个部分组成，其中辨似部分篇幅最长，包含二字相似（229组，458字）、三字相似（27组，81字）、四字相似（11组，44字）、五字相似（4组，20字）、八字相似（2组，16字）、偏旁③相似（59组偏旁，514字）、增订辨似（28个二字词），作者从字音、字义、字源等不同角度进行汉字辨析。正伪部分，以平上去入的顺序排列汉字，把正体字写得很大，俗体字则很小，以旁注的形式写在正体字旁边。增订正伪部分当为重刊本添加。摘误为附录。此书主要是龙启瑞顺应当时科举考试的现状，将各种考生容易产生书写错误的词语编辑成册。该书受到考生们的普遍欢迎，被奉为"科举宝典"，流传范围非常广泛。书中虽然形似字如"且—旦，句—勾，爪—瓜"等也是留学生学习中容易混淆的，但更多的是一些非常用字。

《问奇一览》作者李书云在"分毫字辨"中指出，"字画之辨在毫厘之间，少不详认，谬以千里"④。李书云将笔画近似者并列编排，书中"分毫字辨"部分只列举了3个三字组，其余为302组二字组，共计613个汉字。不过容易辨识的不在之列。艹、竹、日、月、示、衣等类字形相似的比较多，只能略举一二，并未全收。因此列举的多数形似字并非常用字，这虽然适合母语学习者，显然并不适合二语学习者的需求。

---

① 名称当为《字林古今正俗异同通考》。
② 《字学举隅》序，第3页。标点符号为笔者所添加。
③ 这里的偏旁与现在意义的偏旁不同，相当于现在的部件。如：易昜之别并不是偏旁的差别。
④ 李书云辑，朱素臣校《问奇一览》上，孝经堂藏板，第1页。

《字林通考》，全称当为《字林古今正俗异同通考》，作者汤容焻，该书旨在识字与正字，邵晋涵序中指出"读书必先识字，字有古今，有正俗，古与今犹可通也，正与俗则多有不可通者"①。该书编写的目的在于辨别篆书、楷书、隶书三种字体以及古今正俗字的不同，"足为初学读书之津梁"。全书分为四卷，后有《六书辨异》（卷上、卷下、补遗），装订时分为三个部分，卷一和卷二、卷三和卷四、《六书辨异》。翟理斯提及的《字林通考》第三卷当为《六书辨异》部分。《六书辨异》部分分卷上、卷下、补遗三部分。全部为二字辨似，共有519组。这519组相似字辨析时，先给出读音，再进行释义。因为该书为母语学习者学习之用，辨析的字组主要也是非常用字。

《康熙字典》中的"辨似"章节中分别列举了二字相似332组、三字相似25组、四字相似9组和五字相似1组，共计780字。同样，"辨似"章节只求辨似，并不关心汉字是否为常用字。这些现有的汉字辨似内容显然并不适合西方人的汉字学习，翟理斯认为，这些母语著作实用性不强，因此他借用了"辨似"的编写思想，编写了适合西方人汉字学习的《字学举隅》。

## 四、翟理斯的《字学举隅》

（一）常用形似字

翟理斯的《字学举隅》与龙启瑞的《字学举隅》同名，在编写体例上有着相似之处。作者在该书中共列举了1318个汉字②，这些汉字根据形似分成445组，其中二字相似的有246组，492字；三字相似的有93组，279字；四字相似53组，212字；五字相似21组，105字；六字相似14组，84字；七字相似9组，63字；八字相似1组，8字；九字相似5组，45字；十字相似2组，20字；十一字相似1组，11字。

每个字先进行字形展示，之后是拼音和英语翻译。这些形似组排列没有规律，不像龙启瑞的《字学举隅》那样按照字数从少到多排列。不过，这些形似字选取与启瑞的《字学举隅》不同，翟理斯的形似字多为常用字，并且

---

① 汤容焻《字林古今正俗异同通考》，四明滋德堂藏版，嘉庆丁巳岁，邵序。
② 标号的汉字共有1317个，另外数字编号中出现420a，加之第1002和1003之间没有标号的汉字，共计1319个汉字，不过第463和560个汉字相同，均为"亮"，因此全书不重复的汉字总计为1318个。

是从西方人汉字学习出发，是他们在汉字学习中容易混淆的汉字，这与翟理斯编写这本汉字教材的目的紧密相关。

与《汉语水平词汇与汉字等级大纲》中的 800 个甲级字、804 个乙级字相对照，这些形似字中共有 371 个甲级字，319 个乙级字，分别占比为 28.13%和 24.18%。从数字来看，《字学举隅》中的甲级字和乙级字占比并不算高，加起来占总数[①]的 52.31%。但是该书编写的出发点是辨似，同一个辨似组中的字，以字形相似为选取标准，其中的一个汉字为甲级字或乙级字，不能保证与之形似的字也在这个范围内；另一方面，因为时代的因素，当时最常用的字不一定也是现在最常用的。例如，"老—考—孝"是一组形似字，"老、考"为甲级字，"孝"则既不属于甲级字也不属于乙级字，但"孝"是中华民族大力提倡的一种美德，由于时代的因素，虽然现在它不是最基本的常用字，但是认识和了解这个汉字是非常必要的，在 19 世纪"孝"的使用频率应该远高于现在。又如，另一组形似字"被—坡—波—玻—破—颇"是一组声旁相同的形似字，其中"被、破"是甲级字，"坡、玻"是乙级字，"波、颇"不在甲级字和乙级字的范围内，但都是较为常用的字，不属于偏僻字。当然，也有一些辨似组，全部汉字都在甲级字和乙级字范围内，例如：三个甲级字的组合"午—牛—年"、甲级乙级汉字混搭的组合"千—干—于"；而另一些辨似组中的字全部都不是甲级字和乙级字，如"川—州""亚—恶""贫—贪"等辨似组中的这些汉字虽然也常用，但都没有在甲级字和乙级字之列。不过这种情况属于少数，在全书 445 组辨似字组中共有 75 组。

（二）列举异体字

翟理斯立足于汉字学习，在书中除了列举形似字之外，还提供了大量的异体字，为我们展现了当时汉字使用的一些风貌。具体如下：

| 濕—溼 | 洒—灑 | 勅—敕 | 狠—很 | 脣—唇 | 俻—備 | 勲—勛 | 剩—賸 |
|---|---|---|---|---|---|---|---|
| 狹—陕 | 雁—鴈 | 裹—裡 | 遊—游 | 懲—惩 | 鮮—觧 | 賓—賔 | 牟—單 |
| 劍—劔 | 刮—切 | 賞—賫 | 粗—麤 | 匆—忽 | 鎖—鎻 | 竪—豎 | |

---

[①] 这里的总数按照 1319 计算，虽然有两个"亮"字，但因为它们在不同的辨似组中，所以计算为 2 个字。

以上的异体字直接在辨似组中列出，还有的异体字字形上相似度不像上面的异体字相似度高，便在注释中进行说明，一般作者会在注释中指出所列举的汉字或者写作另一个，或者和另一个字相同，或者是另一个字的常用形式、旧有形式、缩写形式等。如：允，也写作兂；剋，也写作尅；叉，与爪同；丞，与承同；面，是面的缩写形式；鍼，也写作針；庄，是莊的常用形式；床，也写作牀；亨，烹的旧有形式；泰，与太同；仝，同的常用形式；蚕，也写作蚕；匈，与胸同；郤，与却同；螽，也写作蜂；旂，通常写作旗；訢，与欣同；毡，与氊同；箋，也写作牋；稟，与稿同；塲，与塲同；柒，用于表示七。

（三）关注多音字

多音字也是翟理斯关注的一个部分，书中共有 178 个。其中多数是多个声调的多音字，共有 143 个，占 80% 强；少数是音节不同的多音字，只有 35 个，占不到 20%。这些多音字大多出现在正文中，有的在注释中给出另一个读音，或者是在注释中出现的多音字。具体如下①：

| 汉字 | 读音 | 汉字 | 读音 | 汉字 | 读音 | 汉字 | 读音 |
|---|---|---|---|---|---|---|---|
| 入 | $Ju^{3,4}$ | 乎 | $hu^{1,2}$ | 必 | $pi^{2,4}$ | 川 | $ch'uan^{1,2}$ |
| 曰 | $yüeh^{1,4}$ | 剋 | $k'o^{1,2,3}$ | 押 | $ya^{1,3}$ | 曲 | $ch'ü^{1,3}$ |
| 與 | $yü^{2,3}$ | 興 | $hsing^{1,4}$ | 匹 | $p'i^{2,3}$ | 爪 | $chao^3/chua^3$ |
| 獨 | $tu^{2,4}$ | 息 | $hsi^{1,2}$ | 堂 | $t'ang^{1,2}$ | 當 | $tang^{1,4}$ |
| 黑 | $hei^{1,3}$ | 亟 | $chi^{2,4}$ | 界 | $chieh^{1,4}$ | 華 | $hua^{1,2}$ |
| 呆 | $ai^2/yai^2$ | 梁 | $liang^{1,2}$ | 探 | $t'an^{1,4}$ | 束 | $shu^{2,4}$ |
| 勅/敕 | $ch'ih^{1,4}$ | 朗 | $lang^{3,4}$ | 节 | $chieh^{2,3}$ | 昂 | $ang^{1,2}$ |
| 辱 | $ju^{2,4}$ | 戚 | $ch'i^{1,4}$ | 咸 | $han^{2}/hsien^{2}$ | 渐 | $chien^{1,4}$ |
| 載 | $tsai^{3,4}$ | 廷 | $t'ing^{1,2}$ | 益 | $i^{2,4}$ | 盈 | $ying^{1,2}$ |

---

① 说明：表中的斜体字没有出现在辨似组中，而是作者扩充的。

续表

| 汉字 | 读音 | 汉字 | 读音 | 汉字 | 读音 | 汉字 | 读音 |
| --- | --- | --- | --- | --- | --- | --- | --- |
| 沿 | yen$^{2,3,4}$ | 没 | mei$^2$/mo$^4$/mu$^{2,4}$ | 炙 | chih$^{1,4}$ | 焚 | fên$^{1,2}$ |
| 婪 | Lan$^{2,3}$ | 厌 | yen$^{1,4}$ | 压 | ya$^{1,4}$ | 舞 | wu$^{3,4}$ |
| 么 | mo$^{1,2}$ | 更 | kêng$^{1,4}$ | 拽 | chuai$^{1,4}$ | 脯 | po$^{2,4}$ |
| 论 | lun$^{2,4}$ | 转 | chuan$^{3,4}$ | 晕 | yün$^{1,4}$ | 浑 | hun$^{2,3}$ |
| 连 | lien$^{1,2}$ | 系 | hsi$^{1,4}$ | 饬 | ch'ih$^{1,4}$ | 亨 | hêng$^{1,2}$ |
| 熟 | shu$^2$/shou$^2$ | 亦 | i$^{1,2,3}$ | 赤 | ch'ich$^{1,4}$ | 卷 | chüan$^{3,4}$ |
| 圈 | ch'üan$^{1,4}$ | 察 | ch'a$^{1,2}$ | 亲 | ch'in$^{1,4}$ | 难 | nan$^{2,4}$ |
| 重 | chung$^4$/ch'ung$^2$ | 扳 | pan$^1$/p'an$^1$ | 披 | p'ei$^{1,4}$/p'i$^{1,3}$ | 掷 | chih$^{1,4}$ |
| 番 | fan$^{1,2}$/p'an$^1$ | 审 | Shên$^{3,4}$ | 藩 | fan$^{1,2}$ | 播 | po$^{3,4}$ |
| 婶 | shên$^{3,4}$ | 相 | hsiang$^{1,4}$ | 肃 | su$^{2,4}$ | 累 | Lei$^{2,3,4}$ |
| 略 | lüeh$^{3,4}$ | 复 | fu$^{2,4}$ | 伐 | fa$^{1,2}$ | 夕 | hsi$^{1,2}$ |
| 各 | ko$^{2,3}$ | 答 | ta$^{1,2}$ | 答 | ch'ih$^{1,2,4}$ | 含 | han$^2$/hên$^2$ |
| 汇 | hui$^{3,4}$ | 谏 | chien$^{3,4}$ | 挟 | chia$^{1,2}$ | 往 | wang$^{1,4}$ |
| 应 | ying$^{1,4}$ | 壤 | jang$^{2,3}$ | 籍 | chi$^{2,3}$ | 三 | san$^{1,4}$ |
| 刊 | k'an$^{1,3}$ | 殴 | ou$^{1,3}$ | 矩 | chü$^{1,4}$ | 佛 | fu$^{2,4}$ |
| 假 | chia$^{3,4}$ | 微 | wei$^{1,2}$ | 惩/懲 | ch'êng$^{2,3}$ | 撒 | sa$^{1,2,3}$ |
| 鲜 | hsien$^{1,3}$ | 鲜/解 | chieh$^{3,4}$/hsieh$^4$ | 乳 | ju$^{3,4}$ | 责 | tsê$^{2,4}$ |
| 猜 | ts'ai$^{1,3}$ | 情 | ch'ing$^{1,2}$ | 犊 | tu$^{2,3}$ | 释 | shih$^{2,4}$ |
| 绩 | chi$^{1,4}$ | 积 | chi$^{1,2}$ | 缉 | ch'i$^1$/chi$^1$ | 尚 | shang$^{2,4}$ |

续表

| 汉字 | 读音 | 汉字 | 读音 | 汉字 | 读音 | 汉字 | 读音 |
| --- | --- | --- | --- | --- | --- | --- | --- |
| 商 | shih/ti | 敌 | $ti^{1.2}$ | 降 | $chiang^4$/$hsiang^4$ | 萨 | $sa^{1.4}$ |
| 如 | $ju^{1.2}$ | 劈 | $p'i^1$/$p'i^3$ | 可 | $k'o^{1.2.3}$ | 俭 | $chien^{3.4}$ |
| 教 | $chiao^{1.4}$ | 署 | $shu^{3.4}$ | 两 | $liang^{1.3}$ | 徙 | $hsi^{1.3}$ |
| 击 | $chi^{1.4}$ | 俱 | $chü^{1.4}$ | 宜 | $i^{1.2.3}$ | 脱 | $t'o^{1.3}$ |
| 省 | $shêng^3$/$hsing^3$ | 津 | $chin^1$/$ching^1$ | 甚 | $shên^{2.4}$ | 斟 | $chên^{1.3}$ |
| 乾 | $kan^1$/$ch'ien^1$ | 瓣 | $p'an^1$/$pan^4$ | 旋 | $hsüan^{1.2}$ | 祝 | $chu^{2.4}$ |
| 遂 | $sui^{1.2}$ | 习 | $hsi^{1.2}$ | 翟 | $chai^2$/$ti^2$ | 荣 | $jung^2$/$yung^2$ |
| 萤 | $ying^2$/$yung^2$ | 莹 | $ying^2$/$yung^2$ | 荧 | $ying^2$/$yung^2$ | 乐 | $lê^4$/$yo^4$ |
| 恋 | $lien^4$/$lüan^4$ | 毋 | $wu^{2.4}$ | 爿 | $ch'uang^2$/$p'an^2$ | 曾 | $tsêng^1$/$ts'êng^2$ |
| 会 | $hui^{3.4}$ | 纠 | $chiu^{1.3}$ | 揣 | $ch'uai^{1.3}$ | 世 | $shih^{2.4}$ |
| 料 | $liao^{2.4}$ | 几 | $chi^{1.3}$ | 凡 | $fan^{2.3}$ | 喝 | $ho^{1.4}$ |
| 作 | $tso^{1.2.4}$ | 号 | $hao^{2.4}$ | 亚 | $a/ya^{3.4}$ | 恶 | $ê^4$/$wu^4$ |
| 壶 | $k'un^{1.3}$ | 危 | $wei^{2.4}$ | 折 | $chê^2$/$shê^2$ | 仍 | $jêng^{2.3}$ |
| 扔 | $Jêng^{1.3}$ | 突 | $t'u^1$/$tu^4$ | 乱 | $lan^4$/$luan^4$ | 拈 | $nien^{1.3}$ |
| 驮 | $to^4$/$t'o^2$ | 占 | $chan^{1.4}$ | 沾 | $chan^{1.3}$ | 帖 | $t'ieh^{1.3.4}$ |
| 贴 | $t'ieh^{1.4}$ | 粘 | $chan^1$/$nien^2$ | 锡 | $hsi^{1.2}$ | 场 | $ch'ang^{2.3}$ |
| 墒 | $ch'ang^{2.3}$ | 刻 | $k'o^{1.3.4}$ | | | | |

## （四）同声旁字

在汉字辨析之外，还在注释中进一步列举与之相关的相同声旁的汉字。如：

昌——ch'ang¹, bright; beautiful. Hence 唱 ch'ang⁴, to sing.

冒——mao⁴, to rush blindly; to brave. Hence 帽 mao⁴, a hat.

昌和冒是作者列出的形似字，在释义之后，还列举带有这两个部件的汉字。还有的列出多个同声字，如：

陪——p'ei², to accompany; to keep a person company.

So 倍 pei⁴, fold in fourfold, tenfold &c.; 培 p'ei², to add mould to; 赔 p'ei², to make compensation.

徧——pien⁴, to reach to; to pervade.

So 篇 p'ien¹, leaf of a book。编 pien¹, to plait; to compose.

骗 p'ien⁴, to cheat.

同时，还与文本中的其他字组的互相参照，如第169个汉字"異"——i⁴, strange; different. 参见第346个汉字"戴"。"戴"中包含部件"異"。这种关联有助于学生的复习和对照学习。

另外，作者还从相反方向指出某个汉字的基础部件是什么，用 from 某个部件说明。如：第269个汉字"眼——yen³, the eyes. From 艮 kên⁴, one of the eight diagrams."第368个汉字"熊——hsiung², a bear. From 能 nêng², can." 也有些字的基础部件是本书中所有的，这样就可以直接参见本书了。如第212个汉字"途——t'u², a road. See No. 553."第553个汉字"余——yü², I; me."同时，汉字"余"的说明中还有包含该部件的其他汉字，除 ch'u², to subtract; 餘 yü², surplus.

这些同声字的列举，可以通过相同部件的学习，起到扩展汉字量的作用。

## 五、《字学举隅》的编写特点

### （一）针对性强

作者能根据西方学习者在汉字认知上的特点进行有针对性的汉字教材编写。所辨析的形似字并不是照搬中国相关字书中的内容，而是根据西方人汉语学习中的容易混淆的汉字作为选取的标准，因此有些形似字可能在我们看来并非形似。如："久、尤、允、充、克"是一组，但每个汉字之间在我们看来相似度并不很高。又如，手、毛列为形似字，很多二语学习者对于竖钩笔画的左右方向经常弄反，对他们而言的确是易混淆的汉字，但这些对于中国人来说并不一定需要辨似。当然也有一些是共通的，与中国字书中出现的常见形似字是相同的，如："春—舂、哉—裁—栽"。作者所列举的这些形似字为我们的汉字教学提供了非常好的资料，让我们能更好地了解非汉字圈的二语学习者在汉字认读方面的困难。

（二）实用性强

除了字形辨似以外，作者还同时列举了常见的异体字、多音字、同声字等等，该汉字教材并不仅限于形似字，而是糅合了汉字学习和应用中常见的问题，使得这本汉字教材的实用性更强。同时，除了拼音和英文释义外，一些字组还加上了汉字结构的比较和对比。如：第201个汉字"染"，与"七"的繁体字"柒"是不同的。第202个汉字"梁"，特别指出其右上部件不同于第196个汉字"刃"。作者给出学生特别提示，注意这些汉字的某个部件，这些也是学生容易犯错之处。

《字学举隅》仅仅选用了1000多个常用汉字，并进行了有效的整理和分析，虽有个别之处不符合汉字理据，科学性不够，但非常真实地反映出西方人容易混淆的汉字，他们眼中的形似字或许不完全等同于中国人眼中的形似字，在翟理斯的时代如此，在一百多年后的今天也是一样。因此我们完全可以实行"拿来主义"，将之运用到当今的对外汉字教学中去。这是一部非常值得借鉴的汉字教材，有着汉语母语编写者所不具有的特点和优势。

岳　岚　北京外国语大学中文学院副教授
　　　　北京中外文化交流研究基地研究员

·书评与信息·

# 中西文化的转移空间与文明体侨易问题
## ——以《中西文化关系通史》为例考察学术范式的变化

叶 隽

最初读到张国刚教授（1956— ）的著述，是《德国的汉学研究》，此书虽由系列连载文章组成，但算得是这一领域的首部专著，有着不可抹杀的意义①。此后又读到他的《启蒙时代欧洲的中国观》②，颇受启发，还曾专门撰文讨论由之生发的文化关系研究的范式问题③。到了这部《中西文化关系通史》（以下简称"张著"），则给人一种水到渠成的感觉。说"体大思精"或许仍不及，但确实看得出作者驾驭宏观大势的努力，在相对有限的篇幅内，以简明扼要的语言叙述数千年的文化关系史，而又娓娓道来、要言不烦、纲举目张，实是一部才学并茂之佳作。张著虽以"文化关系"为题，实有全局眼光，将器物、制度、文化等文明体的各个层面都纳入视域，说是40年来中国学界此领域的"集大成之作"也有一定道理。

---

① 张国刚《德国的汉学研究》，中华书局，1994年。德国汉学的学术史研究已经成为一种潮流，虽然德国学者也有自觉的学科史梳理行为（如［德］马汉茂、汉雅娜，张西平、李雪涛主编《德国汉学——历史、发展、人物与视角》，大象出版社，2005年），但来自异域（尤其是对象国）的学术史兴趣则构成别样的著述模式。

② 张国刚、吴莉苇《启蒙时代欧洲的中国观——一个历史的巡礼与反思》，上海古籍出版社，2006年。

③ 叶隽《回到中西平等对话的原点？——兼论文化关系研究的"学术范式"问题》，载《中国图书评论》2009年第2期。

## 一、全球史视域中的"中西文化关系"

依张著之见,中国文化乃一种具有独特性的甚至和西方文化相异最大的文化,此论与法国汉学家于连(Jullien, François, 1951— )之说颇吻合。后者曾剖析自己为了理论创新而采取的策略:"我选择了不是西方国家中的中国,……离开我的希腊哲学家园,去接近遥远的中国。通过中国……发现我们西方人没有注意到的事情,打开思想的可能性。"① 相比于连的"拿来主义",张著则试图从中国立场出发来系统清理和总结数千年的中西文化关系史,并立定以中国文化为主的思路。此举或许不错,但在我看来,一种文化的价值和意义,唯在普遍的比较视域中才能更清楚地彰显出来,如此就须摆脱简单的自我中心意识,而应在全球史的整体格局里锚定一个客观位置。就此而言,我觉得以"东西文化关系"来立论似更符合全球语境的基本架构,也有助于更好地为中国文化定位。目前的"中西文化关系"定义,基本上过于凸显中国文化的主场地位,对于客观理解世界文明史的进程并非上策。作为研究对象,如此命名非不可取,但学理上似应有更为客观的立场,即在世界文明的整体结构中合理安置中国文化的位置。

张著分上下两册,结构上颇像美国学者斯塔夫里阿诺斯(L. S. Stavrianos, 1913—2004)赫赫有名的《全球通史》,其时间分界点都是公元 1500 年,不过相较于后者的叙述直抵当下,张著的探讨则将下限定为 1800 年。这当然不失为一种选择,因为即便以当下为限,也无法穷尽历史本身的过程,但就通史之名来说,无疑是略有遗憾的。不过这无碍于张著的宏观视野,这一点从其选择的节点性人物即可得见:从张骞到郑和,从利玛窦(Matteo Ricci, 1552—1610)到马戛尔尼(George Macartney, 1737—1806)。前者以中国人为旗手,基本上都是官员(彼时仍无正式的外交官一说),后者以欧洲人(意大利、英国)为标志,有传教士、外交官,但他们其实都代表了一种全球化的倾向,在中国是走向世界,在欧洲是寻访东方。值得提及的是,张著将 1500—1800 年作为一册,明显增补了此前较少关注的中欧交流的内容,并使

---

① [法]弗朗索瓦·于连、狄艾里·马尔塞斯著,张放译《〈经由中国〉从外部反思欧洲——远西对话》,大象出版社,2005 年。

之与上册即 1500 年前的内容持平，既符合"厚今薄古"的趋势，也显示出了一种史观。至于 1800 年至今，尤其 1840 年鸦片战争爆发后，世界已是一个"西方"无处不在的世界，处理起来更加复杂而不同以往，这或许也是张著将之规避的原因吧。

《全球通史》"研究的是全球……；关注的是整个人类，而不是局限于西方人或非西方人。本书的观点，就如一位栖身月球的观察者从整体上对我们所在的球体进行考察时形成的观点"①，此论显然是宏大且通达的，即超越了简单的西方中心论，而试图以人类为中心，消解单纯民族国家主体。张著的定位称中西文化关系史"是中国文化与异域文明认识、交往和对话的历史，是中国文化和他者对话的历史"②，强调"本书的宗旨，就是选择历史上中国与西部世界交往和文化关系的相关史实，构成作者赋予的意义序列"③，可见仍以中国为中心，本质上是一部中外文化关系史。当然，这非指作者服膺于中国中心论，更多是研究对象使然。

张著的整体框架设计可谓匠心独运，且能自洽自足，颇不容易，因其要面对的，毕竟是浩如烟海的无穷史料。全书上下两卷，又各为三编：上卷为"西域南海与胡天汉月""商贸互动与文化交流""异域宗教与文明碰撞"；下卷为"自西徂东与天朝应对""传教策略与西学东渐""礼仪之争与邺书燕说"。既简明扼要、提纲挈领，又不乏诗意、意味深长，充分表现出作者的综合学养和驾驭能力。当然，仅仅看结构也是不够的，要了解并确定张著的真正贡献，就必须置之于更为立体与宏观的学术史框架内。

## 二、学术史谱系中的"文化关系史"及其"侨易史视域"

从学术史的角度来看，中西交通史素来乃各界学人云集之地。不仅有中国学者的开辟，如开创潮流的方豪的《中西交通史》、向达的《中西交通史》等，又如张星烺编注《中西交通史料汇编》更是嘉惠学界，让汉语世界对基

---

① [美] L. S. 斯塔夫里阿诺斯著，吴象婴等译《全球通史——1500 年以前的世界》第 54 页，上海社会科学院出版社，1988 年。
② 张国刚《中西文化关系通史——从张骞到郑和（1500 年以前）》第 10 页，北京大学出版社，2019 年。
③ 《中西文化关系通史——从张骞到郑和（1500 年以前）》第 1 页。

本史料能有所凭借；更有海外学者的大展身手，其中既有欧洲学者的发凡起例，如李希霍芬（Richtohfen, Ferdinand von, 1833—1905）提出的"丝绸之路"（Seidenstraßen）①，也有日本汉学家的长袖善舞。但过往著作似乎过于看重以中国划界，即围绕中国来展开研究。作为一种研究进路，这自然无错，但在更为深层的意义上，它又对我们的史观提出了反思要求，即如何认知人类文明史进程中的文化关系史（或交流史）？如何在更为开阔的宏观史视域中来把握具体的文化关系？对之，从汤因比（Arnold Joseph Toynbee, 1889—1975）到亨廷顿（Huntington, Samuel P., 1927—2008），其实已有比较好的研究。汤因比总结出 26 种文明（civilization），得出一套"三阶段说"规律：文明的起源、生长和衰落，最后落脚于西方文明的领导地位，认为其独一无二，不会经历毁灭阶段②；亨廷顿提出"文明的冲突"（The Clash of Civilizations）理论，具体分析了当代世界的 7 个或 8 个文明③，断言"权力正在从长期以来占支配地位的西方向非西方的各文明转移"④。

自斯宾格勒（Spengler, Oswald, 1880—1936）撰《西方的没落》以来，"文化形态论"颇有市场，即将文化视为有机体，亦为历史研究的单位，强调每种文化都有青春、生长、成熟、衰败的周期性，人类历史并不存在，只有各个文化的历史。⑤ 此说影响颇大，如汤因比多少也受其潜移默化。到了 20 世纪末期，福山（Fukuyama, Francis, 1952— ）则以意识形态和制度因素

---

① 德国历史学家赫尔曼（Herrmann, Albert）在《中国和叙利亚之间的古代丝绸之路》一书中对此概念严密论证，将其界定为路线继续向叙利亚方向延伸，并与西方相联系，参见 Herrmann, Albert: *Die Älteren Seidenstraßen zwischen China und Syrien*. Wittenberg,: Druck von Herrosé & Ziemsen, 1910. S. 10.

② 对汤因比的批评，参见［美］索罗金《汤因比的历史哲学》，载［英］汤因比著，曹未风等译《历史研究》第 452-475 页，上海人民出版社，1997 年。

③ ［美］塞缪尔·亨廷顿著，周琪等译《文明的冲突与世界秩序的重建》第 29-31 页，新华出版社，1998 年。

④ 《文明的冲突与世界秩序的重建》第 8 页。西方学者的批评与讨论，参见［德］哈拉尔德·米勒著，郦红等译《文明的共存——对塞缪尔·亨廷顿"文明冲突论"的批判》，新华出版社，2002 年。

⑤ ［德］奥斯瓦尔德·斯宾格勒著，齐世荣等译《西方的没落——世界历史的透视》，商务印书馆，1963 年。

来考量东西方博弈，基本上判定西方胜利，自由民主制度成为人类文明的方向，① 此结论现在看来可能有些匆促。其实，无论是对文化关系的把握，还是对文明前景的判断，都须要纳入一个全球史和思想史的整体格局中去考察，需要长期的积累、深入的研究、缜密的思考，如《黑色雅典娜》《东方启蒙》等著作做出的典范式尝试②；甚至进一步放入整个物理学与宇宙史的大框架中去考察，可能都是必要的。唯借由更大的格局和境界，我们才能更深刻地理解自身之文明的前世今生和未来方向。

稍遗憾的是，张著的导论篇幅略局限了些，学术史梳理也比较简要，对学界已有研究的关注也有遗漏。如奥斯特哈默（Osterhammel, Jürgen, 1952— ）的系列著作，尤其他在《亚洲的去魔化》中提供的"欧-亚对峙"视角，以及一个有趣命题，即"亚洲的去魔化"——"对待大航海时代中找到的'彼端'，18世纪开始试图……去理解。……更重要的是，18世纪欧洲人看见海洋'彼端'的动机慢慢从主观中走出来，试图找出一套客观方法论来"③，"里面固然有逐渐累积增加的亚洲经验，同时也有更多欧洲本身快速变动的矛盾冲突"④。此处非言中国的视角不重要，⑤ 而是想提示一个或许更有力度的场域，即在欧-亚平行的维度中来考察东西方文化关系。又如格尔（Goer, Charis）与霍夫曼（Hofmann, Michael）合编的《德国之东方》，带来一个更为开阔的东方视域，对印度、伊斯兰地区（包括埃及）等都有涉猎。⑥ 此外，在汉语学界，叶舒宪的文学人类学研究对中国古代神话的阐发就

---

① ［美］福山著，陈高华译《历史的终结与最后的人》，广西师范大学出版社，2014年。
② ［美］马丁·贝尔纳著，郝田虎等译《黑色雅典娜：古典文明的亚非之根》第1—3卷，南京大学出版社，2020年；［美］J. J. 克拉克著，于闵梅、曾祥波译《东方启蒙：东西方思想的遭遇》，上海人民出版社，2011年。
③ 杨照《新世界与老亚洲》，载［德］于尔根·奥斯特哈默著，刘兴华译《亚洲的去魔化——18世纪的欧洲与亚洲帝国》第7页，社会科学文献出版社，2016年。
④ 《新世界与老亚洲》，载《亚洲的去魔化——18世纪的欧洲与亚洲帝国》。
⑤ 奥斯特哈默也有关于中国的专著，参见［德］于尔根·奥斯特哈默著，强朝晖译《中国与世界社会：从18世纪到1949》，社会科学文献出版社，2019年。
⑥ Goer, Charis & Hofmann, Michael（Hg.）, *Der Deutschen Morgenland：Bilder des Orients in der deutschen Literatur und Kultur von 1770 bis 1850*（《德国之东方：1770—1850年德国文学和文化中的东方图景》）. München：Fink, 2008.

颇有新见;① 关于上古文化交流的论述,苏雪林也曾提出很富洞见的观点,"至于我,研究屈赋竟发现了一条新的路线,这路线便是屈赋内容必非故纸堆所能解决,必须搜讨域外古代的宗教神话和其文化分子而后可"②,有论者认为"苏女士的屈赋研究……挖出'先秦时代外来文化考'的大矿藏来,而这大矿藏竟又连通着'世界文化同源说'的更庞大的世界矿藏的"③。

以上举证,非要表明张著的视域有限。张著已关注到文学领域的研究,如范存忠、陈铨等人开风气的专著都在其视线中,同时也不缺乏理论眼光和意识,譬如导论中就讨论了"文化交流及其动力机制"问题,进而论及"文明互鉴与创造性误读",指出"文明互鉴,不仅仅是物质层面的取长补短,更重要的是思想文化领域的借鉴与启迪"④。这里将"物质"与"精神"作了两分的阐述,但依侨易学的"物质位移导致精神质变"原理,物质与精神层面上的变化实则也涵盖了彼此相关联的因子,有时不妨等量齐观。张著又言:

> 历史上的文化交流,……误读比比皆是,误读也是一种创造性的转化。因为在不同文化相遇之时,……接触的双方都不由自主地试图透过自己的眼睛审视对方,……这个大量的"眼光"就包含自家的视角、自家的价值、自家的需求⑤。

这段论述强调了"误读"的意义,饶有意味,但其中却又显出"主客二分"的思维前提,似乎与大道归一有所相悖。诚如许倬云所言,"今世所有的文化体系,都将融合于人类共同缔造的世界文化体系之中",而"我们今日正在江河入海之时"⑥。在我看来,"万川归海"与"二元归一",或许正表明了世界文明与其各子文化体的关系和前景。

---

① 叶舒宪《金枝玉叶——比较神话学的中国视角》,复旦大学出版社,2012年。
② 苏雪林《我研究屈赋的经过》,载苏雪林主编《屈赋论丛》第4页,武汉大学出版社,2007年。
③ 糜文开《屈原研究的新发展》,载《祖国周刊》第90号,1954年10月18日,香港。
④ 《中西文化关系通史——从张骞到郑和(1500年以前)》第9页。
⑤ 《中西文化关系通史——从张骞到郑和(1500年以前)》第11页。
⑥ 许倬云《万古江河——中国历史文化的转折与开展·序》第8页,上海文艺出版社,2006年。

如果将"文化关系"命题上升到一个比较高的理论层次，那么像法国学者埃斯帕涅（Espagne, Michel）提出的"文化转移"（Les transfertsculturels）理论似乎也可参考。① 于我而言，文化关系则必然是文化侨易的过程，文化关系史即文化侨易史。设若"中西文化关系"略显局限，必须追根穷源，追考不同文化的前世今生和演变过程，那么"文化侨易史"的思路就值得略加分说。

首先，文化是一种生命体，可理解为不同结构的"文化单元"，而作为生命体的文化单元是有精神的，可称作精神生命体，那么它在物质位移中如何发生"精神质变"，就值得深究。金岳霖曾言："每一文化区有它底中坚思想，每一中坚思想有它底最崇高的概念，最基本的原动力。"② 我们可以进一步引申之，即每个文化单元都有其中坚思想，每种中坚思想都有其崇高概念，而思想与概念是通过具体的"文化载体"来实现的——或曰通过"文化托命之人"（陈寅恪语）。张著在论述"文化载体"时稍显点到为止，譬如谈论魁奈，似不该忽视谈敏的《法国重农学派学说的中国渊源》③；讨论伏尔泰，或该参考孟华的《伏尔泰与孔子》④。又如考论中德文化关系，则陈铨在《中德文学研究》中对歌德与中国文化关系的论述颇应重视，张著在前言中虽有提及，但似乎并未细读，由此造成一些判断略显轻率和臆断，比如论《赵氏孤儿》，称其中的

> 仁爱和道德不仅俘获了伏尔泰，也感动了 18 世纪末的歌德，他于 1781 年 8 月着手将其再次改编为《额尔彭诺》一剧，但可惜只完成了两幕便中途辍笔。事实上，所有这些改编本《赵氏孤儿》都……只是这些欧洲作家抒发自己某方面社会理想的载体⑤。

且不论其他改编，至少歌德创作《埃尔佩诺》（*Elpenor*）是一个复杂而

---

① 关于文化转移的理论和操作，参见 Espagne, Michel, *Les transferts culturels franco-allemands*（法德文化转移）. Paris: Presses Universitaires de France, 1999.
② 金岳霖《论道》第 16 页，商务印书馆，1987 年。
③ 谈敏《法国重农学派学说的中国渊源》，上海人民出版社，1992 年。
④ 孟华《伏尔泰与孔子》，新华出版社，1993 年。
⑤ 《中西文化关系通史——从利玛窦到马戛尔尼（1500 年—1800 年）》下册第 740 页。

极重要的文学史和思想史现象,学界对于它是否改编自《赵氏孤儿》亦持有争议①。就此剧断片而言,我倾向于认同陈铨的判断:"在德国《赵氏孤儿》成了歌德《额尔彭罗》(Elpenor)的重要原料。"② 这是由法到德、由伏尔泰到歌德的重大变化,即不是改编而为"创化"(Nachdichtung)。《埃尔佩诺》的思路或许源自中国,但其创作已"完全是一本欧洲的戏剧"③,内含很多欧洲文学的影响,如《奥德赛》《李尔王》的痕迹。歌德对此剧其实颇有期许,一生中不断试图完成之,直到晚年(1828)仍念念不忘,比如马尔蒂资(Apollonius von Maltitz)曾记录歌德"说了这么一段话:'我自己对这部断片有一种偏爱;如果我真想给德国人馈赠一部戏剧的话,我就应该沿着这条道路继续走下去'"④。可见,歌德视《埃尔佩诺》甚高,但困于调和完全不同的东西方宇宙观与世界观而终不能成⑤。将歌德的写作简单归为"为我所用"的改编,不但不符合历史事实,也低估了大诗人的思想与境界。当然,这更多已属于比较文学史的研究领域了。

其次,文化单元对应着不同层次的接触、碰撞、影响、接受、裂变、创生、组合的过程,难以用一个概念准确描绘,而"侨易"的概念或许相对能够囊括。以侨易视角来审视中西文化关系,则它不仅是静态的平缓过程,更是流动的变化状态,即始终处于一种动态性的高峻状态,以激烈称之或许略有夸张,但至少可说是变动不居的。这种动态侨易在进入近代之后尤为明显。如果说张骞到郑和,1600余年的历史还显得画面凝重平和,那么在利玛窦来华,尤其是马戛尔尼、马礼逊(Robert Morrison,1782—1834)等人入华之后,中西关系则表现出极为激烈紧张的面相,这当然与西方地理大发现,尤其是资本主义制度的全球扩张有关,但根本而言,不能不视为文化单元之间

---

① 卫茂平《歌德〈埃尔佩诺〉是〈赵氏孤儿〉的改编本吗?》,载《中国比较文学》1988年第1期。

② 陈铨《中德文学研究》第54页,辽宁教育出版社,1997年。《额尔彭罗》《额尔彭诺》即《埃尔佩诺》。

③ 《中德文学研究》第54页。

④ 此处为1828年歌德与马尔蒂资的谈话,系作者自译,(需联系作者补浏览日期)参见 Goethe:1828. Goethe: Briefe, Tagebücher, Gespräche, S. 31051 (vgl. Goethe-Gespr. Bd. 6, S. 369) http://www.digitale-bibliothek.de/band10.htm

⑤ 《中德文学研究》第48—49页。

冲突与博弈的展开。照此思路，似可调整"中西文化关系"的叙事方式，从而使人不仅看到一般向度的史实描述和历史思考，也可看到更深层的文明体运动过程及其规律。

最后，作为侨易主体的文化单元，同时也是特定时段的考察对象，必然连接着更为浩瀚的历史时空，或曰作为一种混沌构序的元结构的交叉系统与立体空间，其中不仅有国族问题，也有处于间性的"文化关系"问题。具体言之，"中西文化关系"绝非孤立，也还应有"印西（外）文化关系""日西文化关系"等；反之，从西方国家来看，则有"英东文化关系""德东文化关系""法东文化关系"等；还有地处欧亚交界的俄国、伊朗（包括其他伊斯兰国家）等，可谓东西方文明的"交域"，个中关系则更复杂，不仅有"俄东文化关系"，也有"俄西文化关系"。不过，侨易学另持"消解主体"原则，要求超越原有的侨易主体而追索背后的动力源，即要求进到更为深层的源发之处考论问题，因侨易学之旨趣"不是从中国文化里汲取或选择某些资源以济西方哲学，而应该从本源处质疑哲思发展的路径问题。这或许可能更能逼近问题的本质"①。文化单元彼此关联、层层链接、互鉴新生，恐怕正是人类文明不断演进、衍生开花的重要维度之一，值得细加考察。

文化（文明）侨易史的研究既注重考辨基本的文化交流与关系史，同时追求中观的文化结构的关系，并进一步在更高层次上追问文化单元、文明体之间的关系以及人类文明的元结构问题，实是一个值得注意的路径，由之可使得文化关系史与文明理论研究相融合，逼向更深层的问题。

## 三、中国现代学术语境里的"专题类通史叙事"

中国现代学术虽在创立期就已取得不俗成绩，但比较大手笔的通史叙事仍不多见，寥寥如钱穆（1895—1990）的《国史大纲》被视为经典。20世纪80年代以来，随着时代变化，当代学人以明确的学术史意识承续传统，使得中国学术也发生了长足进步。进入21世纪以来，更是出现了一些重要著述，其中可举为代表的或当数专题类通史著作的成型，如葛兆光的《中国思想

---

① 叶隽《变创与渐常——侨易学的观念》第282页，北京大学出版社，2014年。

史》,另如汪晖的《现代中国思想的兴起》①,虽未以"史"名之,却显通史气象。需要注意到的是,在通史叙事中,相对缺乏关注的或者说更应得到凸显的是"内外互振"的维度,这一点尤其适用于中国这样一个历经忧患、传统不断的文明古国。诚如蒋梦麟所言,"世界上没有任何文化能够不随时吸收外国因素而可维系不坠",具体到中国,"事实上正因为她有伟大的吸收能力,中国才能在几千年的历史过程中历经沧桑而屹立不坠"②。就此而言,有两部书需要予以特别关注,一是周宁的《天朝遥远——西方的中国形象研究》,另一正是张著。如果说前者是以专题形式考察西方的中国形象问题,试图借此深入西方现代性问题的深处,张著则凭借对自古代以降的中外文化关系史的系统梳理而展现出中国接触外部世界的主景图,其贡献自不待言。

上述诸人,最有史家自觉的首推葛兆光,他明言:"在我写的这部《中国思想史》中,我按照我的理解寻找思想史的连续性脉络。"③ 作为一部带着鲜明个体烙印的著作,葛兆光奉献出的是很难得的"有我之作",尽管他令人遗憾地未能续写第三部,即20世纪的历史,但他的放弃也确有难处和考量,因其发现1895年之后的中国"已经不能完全封闭起来写了"。葛兆光的一大优点是对方法论有着非常自觉的思考,撰作了长篇导论,后来又单独增补成书,是为《思想史的写法》,其中有非常精辟的见解:"思想史的不同写法背后,总是有不同的观念、思路和方法,写法的改变常常意味着思想史研究的观念、思路和方法的改变。"④ 周宁也很有理论自觉,他强调"研究西方的中国形象,不是研究中国,而是研究西方,研究西方的文化观念"⑤,还直言"统在一个'西方'概念下研究中国形象,遮蔽了西方不同国家的中国形象的差异""后殖民主义文化批判作为理论工具,激进尖锐,但也偏激尖刻",因而希望能在理论上"建构中国方法"⑥。此类见地,对于现代中国的学术史进程极富

---

① 汪晖《现代中国思想的兴起》,生活·读书·新知三联书店,2004年。
② 蒋梦麟《敌机轰炸中谈中国文化》,载明立志等编《蒋梦麟学术文化随笔》第336页,中国青年出版社,2001年。
③ 葛兆光《中国思想史》第1卷第65页,复旦大学出版社,1998年。
④ 葛兆光《思想史的写法——中国思想史导论·内容提要》第1页,复旦大学出版社,2004年。
⑤ 周宁《天朝遥远——西方的中国形象研究》第13页,北京大学出版社,2006年。
⑥ 《天朝遥远——西方的中国形象研究》第861页。

价值。郑永年曾指出：

> 中国的知识体系还没有经历过我称为"宏大的论述"阶段。西方的知识体系……是建立在一系列"宏大的论述"基础之上的，诸如马克思、韦伯、杜尔凯姆、亚当·斯密等等。这些"宏大的论述"者是那个时代的产物。今天，社会科学，尤其是美国，已经转移到微观研究。欧洲还继续有"宏大的论述"的传统，……这里我们要看到欧洲和美国的分工和合作。美国和欧洲同属一个文化传统。……如果用学术化一些的语言来说，欧洲人建立假设，美国人来检验。这种分工和合作，一直相当有效。①

所谓"宏大叙事"（grand narrative）乃学术史必当经历的一个过程，其实表现出一国学术的气象和精神！

张著应当是有资格列入"宏大叙事名单"中去的，因此作为读者，在享受了张著通篇的自由叙事与通达境界后，无疑期待看到一个高明的、气魄宏大的总结，但略有遗憾的是，结论暂付阙如。这无疑令有心的读者难免困惑，仿佛"只在此山中，云深不知处"，但这又或许是张著的高明，希望读者见仁见智。这样的处理也许与张著的定位有关，其叙述立基于传统的中西交通史，着重于描述史事，所以不太在意"思想之发覆"。不过，好在一部书的成败并不根据是否有结论来决定，比如张著的结尾（第三十章）题为"'中国趣味'与欧洲人的艺术想象"，关注的是"中国趣味"的沉寂，便予人一种别有深意的回味感。针对沉寂之原因，张著分析道：

> 16—18世纪是欧洲动荡不安的变化时期，……洛可可时代也正是欧洲人对基于圣经的文化和历史体系怀疑最甚的时代，新的欧洲价值观虽已萌芽却未成形，……这时期也是对中国的伦理、道德、历史及它们所蕴涵之价值最感兴趣的时期，因为这时的欧洲人或者试图用他们新发现的中国文化来支持传统的价值观和历史观，或者用之来否定这一切并探讨其作为创造新文化体系之参照物的可能性。18世纪后期尤其是末期，

---

① 郑永年《中国的知识重建》第184-185页，东方出版社，2018年。

随着欧洲海外扩张的胜利和内部经济的发展，欧洲人自信地确立起以理性和进步为标志的新价值体系和生活理想，……不需要再迷失于洛可可的水月镜花之中，却需要张扬代表欧洲人精神的古希腊罗马精神。①

这种对异国情调的爱恋在不同时期有不同功用，有时能表达社会主旋律，有时仅是情调而已，但"任何一种异国情调都像'中国趣味'一样或有价值或没价值"②，终会因时势而变化。以中国趣味在欧洲的沉寂结尾，关系着具体国族语境中的异文化博弈现象，认清之，也利于更客观、更理性地看待中国文化在世界文明谱系里的位置和角色。

总体来说，中西文化关系涉及数千年的历史进程，不仅有外来文化的进入与融合，也有中国文化的走向世界，更牵涉到相当复杂、至今是谜的文化间性关系，其难度之大可想而知，作者知难而上，得此一部宏论，值得肯定。就学术范式而言，张著也提供了一个很好的镜鉴，达到了个案研究基础上的出入自如。作为专题通史类著作，张著之出现洵为必要，但其前提在于具备足够的学术分量，而非简单的拼凑。现行的学术制度盛行项目制分工，其实反而可能窒碍了学术本身，因为中国（至少就人文学科而言）素来缺乏优质的分工合作的集体学术工作传统，而当下的制度设计更不利于集体合作，导致产出的成果往往少有精品，甚至不乏粗制滥造之作。在这种情况下，如张著就能显出意义来了。

叶　隽　同济大学特聘教授

---

① 《中西文化关系通史》下册第 791 页。类似的表述，参见《启蒙时代欧洲的中国观——一个历史的巡礼与反思》第 399—400 页；张国刚、吴莉苇《中西文化关系史》第 489 页，高等教育出版社，2006 年。

② 《中西文化关系通史》第 792 页。

# 双向交流  多元书写

## ——评肖玉秋主编《中俄文化交流史》*

张淑娟

从 2004 年至今的十余年中，中俄两国先后举办"中俄国家年""语言年""旅游年""青年友好交流年""媒体交流年"等多个国家层面的文化交流年活动，这一方面是目前中俄两国睦邻友好合作关系的现实需要，另一方面也是对未来继续深化合作、互利共赢的美好展望。在两国战略协作伙伴关系不断深化的大好情势下，在中外文化交流日益成为国家发展软实力的战略决策下，以回顾总结和反思中俄两国文化关系为主题的《中俄文化交流史》适时问世，可谓两国源远流长的文化交流关系的历史见证。

中俄两国已有 400 多年的交流历史。最初交往始于元代，形成于 17 世纪，18、19 世纪日益发展，20 世纪达到极盛，当代中俄文化交流更得到了空前发展。中俄两国因其特殊的地缘政治、经济关系及历史因素在文化交流的内容、规模、类型、影响等方面在中外文化交流史中别具一格，特色鲜明。

《中俄文化交流史》是已出版的数种中国与国别文化交流史中的一种。虽近年来中国学者在这一领域多有成就，研究内容不断丰富，但成果却不能说丰硕。之前已出版并冠以"文化交流史"的中国与国别的著作中只有中法、中日、中印、中阿文化交流史，这分别是耿昇的《中法文化交流史》(2013)、中日双方合编的《中日文化交流史大系》(1996，十卷本)、薛克翘的《中印文化交流史话》(2010) 和宋岘的《中国阿拉伯文化交流史话》(2011)。细数起来，耿昇的《中法文化交流史》是一本作者论述中法文化关系的论文集，严格说来，缺乏"史学"应有的系统性。中日文化交流史的著

---

\* 本文为 2018 年度国家社会科学基金重大项目"俄罗斯版《中国通史》翻译与研究"的阶段性成果，批准号 18ZDA182。

作不在少数，① 但由中国学者撰写的通史性著作尚未出现。中英和中阿文化交流史分别是两本史话性质的著作。另有数种中外文化交流史，如周一良（1987）、马树德（2000）、王介南（2004）、何芳川（2008）的《中外文化交流史》以及张星烺的《中西交通史料汇编》（1930），李喜所的《五千年中外文化交流史》（2002）等，其中都有对中俄初识，中俄文化交流的概要介绍。从对上述作品的梳理中我们可以看出，《中俄文化交流史》的问世在中国与国别交流史著作中具有比较重要的开创意义。

肖玉秋主编《中俄文化交流史》分为上下卷，上卷——清代民国卷由肖玉秋、阎国栋、陈金鹏著，66.5万字，下卷——中华人民共和国卷由岳巍著，48.5万字，2016年由天津人民出版社出版。上卷由"清代篇"和"民国篇"组成，清代篇包括"中俄文化交流的起源"、"早期俄使来华的文化意义"、"18世纪的中国风"、"俄国东正教驻北京传教团"、中俄宗教、语言、教育、图书、美术、医学交流，以及"俄国汉学"、"中国人旅俄行纪中的俄国文化"共12章；民国篇包括"马列主义从苏联到中国的传播"、中苏文学、艺术、教育交流、"中国的俄语教学"、"中苏文化名人访苏"、"民国时期的苏联汉学"、"中苏文化交流机构"共8章；下卷包括"中苏文化交流的动因"、中苏（俄）思想、教育、文学、电影、音乐、美术、舞蹈、戏剧、医学交流共10章。

在此书问世之前，阎国栋与肖玉秋这对学术伉俪在此领域已浸润多年，分别有代表作《俄国汉学史》（2006）和《俄国传教团与清代中俄文化交流》（2009）出版，以上著述以及作者在这一领域发表的多篇学术论文使撰写该书成为可能。作者在著作中提供给读者丰富的信息和珍贵的中俄文史料，展现了作者对中俄文化关系的深刻思考，厘清了目前学术界争论的一些问题，揭示了中俄文化交流的内容和特点。笔者认为，作者在以下几个方面的研究具有创新与特色。

第一，作者充分利用中外文献史料及其档案，又充分发掘俄罗斯学术界的最新研究成果，努力构建一部最全面、最系统的反映中俄文化关系发展历程的通史性著作。

---

① 如王晓秋的《近代中日文化交流史》（2000）、王宝平的《中日文化交流史研究》（2008）、陈小法的《明代中日文化交流史研究》（2011）、滕军的《中日文化交流史——考察与研究》（2011）等。

早期俄国使节来华的记述因作者的爬梳现已比较清晰。巴依科夫（Ф. И. Байков, 1612—1663/1664）回国后的报告；斯帕法里（Н. Г. Спафарий, 1625/1636—1708）的《中国及其省市所在的天下第一洲亚洲记述》《1675—1678年斯帕法里访华使团文案实录》；义杰斯（Эверт Избрант Идес, 1675—1708/1709）使团写出的数份报告和1704年出使中国的笔记《中国三年旅行记》，使团成员勃兰德（Адам Бранд）用德文发表的《出使行程》；1720年来华的伊兹玛伊洛夫（Л. В. Измайлова, 1685—1738）使团成员郎喀（Лренц Ланг, ?—1746年后）、贝尔（Джон Белд, 1691—1780）、翁费尔察格特（Г. И. Унферцагт）的旅行日志；1726年抵北京的萨瓦（СавваЛукич Владиславич-Рагузинский, 约1670—1738）使团的报告和回国后写给安娜（Анна Ивановна, 1693—1740）女皇的《……有关中国国力和现状的机密情报》，萨瓦使团成员皮萨列夫（С. И. Писарев, 1707/1708—1775）留下的珍贵的旅华记录等，正是因作者梳理出来的这些史料并对其细致的解读才得以还原出17、18世纪外国人，特别是俄国人眼中的中国社会与文化，勾勒出当时中国社会的物产与商业、民风民俗与宗教信仰、皇帝与朝廷等细节，对正史起到了很好的补充作用。对于使节报告时期的内容只有李明滨的《中国与俄苏文化交流志》（1998）中提到了上述个别使节的名字，但其著述内容与作用长期不为学术界所知，也就无法再现当时中俄关系及对中俄关系所起的作用。作者写道：

> 俄国人经由蒙古人了解到中国国土辽阔，物产丰富，且对珍贵毛皮有巨大需求。这些信息进一步激发了俄国人来华的欲望。为了开辟前往中国的通道并与中国建立贸易联系，俄国人开始直接向中国派出使团和商队，并成功进入北京……对中国进行观察，是俄国政府赋予来华使节的重要使命。……尽管这些实录文字在当时具有情报价值，但在今天看来，其中所包含的信息具有很高的史料价值，反映了俄国人对中国的认知水平和关注的重点。①

---

① 肖玉秋主编，肖玉秋、阎国栋、陈金鹏著《中俄文化交流史》（清代民国卷）第12、18页，天津人民出版社，2016年。

因作者的梳理与研究，17、18世纪中俄关系的原貌被清晰地还原解读。

作者把俄罗斯学者的副博士论文纳入资料范围加以审视。副博士论文因未正式出版，之前从未受到中国学者的关注，但他们却是俄罗斯学界的扎实研究。作者从交流的角度审视俄罗斯学者的史料和观点，如舒碧娜（С. А. Шубина）副博士论文中有关历年加入东正教的人数、1864年圣务院颁布的指令；安德烈耶娃（С. Г. Андреева）副博士论文中有关第十八届传教团领班英诺肯提乙（Иннокентий）[①]准备为袁世凯称帝祈祷的史实等，我们感慨作者总能为自己的观点找到论证的史实。以往俄罗斯学者也较少参考中国学界的观点，而在以论述"中俄关系"为主的著述中这显然不够全面。

另外，我们必须指出的是，作者把《中国福音报》（Китайский Благовестник）纳入其研究视野。《中国福音报》是俄国东正教驻北京传教团正式出版的刊物[②]，是有关传教团成员除著作外非常重要的俄文史料，但因语言的限制及年代的关系，很少有学者关注于此，李兴耕的《风雨浮萍——俄国侨民在中国（1917—1945）》（1997）只列举了此刊。作者从《中国福音报》中发现很多不曾为学界知晓的史实，如从中梳理出俄国传教团从19世纪初至20世纪初在中国创办教会学堂的缘由、指令、规模、学堂人数、资金来源及办学目的等诸多史料，使读者对传教团的宗教交流了然在目。然而，类似上述对资料的挖掘与解读，书中处处可见。作者充分发掘各类档案、史料、文献，坚持"以史料为基础，用事实说话"的学术原则，因而《中俄文化交流史》能以完整的体系，丰富的内容，坚实的史料，独到的观点展现在读者面前。

第二，作者把中国文化交流的史实放在世界历史发展进程及中俄关系史的大框架下，充分考察中俄文化交流史的背景和动因。

18世纪俄国文化精英的中国文化观既有像诺维科夫（Н. И. Новиков，1744—1818）、杰尔查文（Г. Р. Жержавин，1743—1816）、冯维辛（Д. И. Фонвизин，1745—1792）、拉吉舍夫（А. Н. Радищев，1749—1802）持有理

---

① 此为法号，其原名为约安·阿波罗诺维奇·费古洛夫斯基（Иоани Аполлонович фигуровский，1683—1931）。

② 《中国福音报》从1904年3月25日出版第1期，至1954年传教团关闭而停止出版，其间每月或每两个月出版一期。栏目有"通讯""官方消息""东正教简讯"（后改为"传教团日志"），另外，定期出版传教团中国教会史、传教团成员旅行日记及东正教节日庆祝札记等文章。

想化的中国观，又有像科学家罗蒙诺索夫（М. В. Ломоносов，1711—1765）、诗人苏马罗科夫（А. П. Сумароков，1717—1777）和东方学家米勒（Г. Ф. Миллер，1705—1783）这样持侵华情绪的中国观。作者考察了18世纪欧洲的启蒙运动思想，叶卡捷琳娜二世（Екатерина Ⅱ，1729—1796）的开明专制思想，盛行于欧洲大量有关中国的知识以及俄国的社会现实等因素，分析了俄国文化精英希望效仿中国的时代背景。而18世纪也是俄国继续推行对外扩张，争夺出海口，夺取制海权的时期。北部俄国人同瑞典人打仗，争夺了通往波罗的海的出海口，南部又同奥斯曼土耳其开战，争夺了通往黑海的出海口，而在东部，则瞄准了我国的黑龙江流域。俄国支持准噶尔部叛乱，奴役土尔扈特部，借口挑衅，滋生事端，制造摩擦，希望征服中国。罗蒙诺索夫就持这样一种思想，而且从未改变过。他曾为多位沙皇写过赞歌，是俄国皇权专制制度的热烈维护者。不考虑这些历史因素就无法揭示俄国社会存在的两种截然不同的中国观。

新中国成立以来，中苏（俄）文化交流既有友好年代，也有交恶时期，时紧时疏，不一而论，但两国在思想、教育、文学、电影、音乐、美术、舞蹈、戏剧、医学领域均有广泛交流，成绩卓著。这是中俄两国关系发展的需要，也是两国高层领导人的作用，其中也有美国因素的刺激，这些动因在著作中被清晰地展现出来。

笔者坦言，没有对俄国传教团的认识，没有俄罗斯汉学以及俄罗斯学术史的相关知识，想要毫不费力地读懂上百万言的交流史并非易事，然而创作该书则更加不易。在中俄文化交流过程中，有过无数的人物以及作品，准确介绍这些人物及其在各领域中的地位和作用，给予准确的解读、客观的评价和判断，显然十分重要，且考验作者的能力，更直接影响着对读者的引导和兴趣。如本套书在介绍"俄国对中国宗教的研究——道教"一节内容时，作者这样写道：

格奥尔吉耶夫斯基（С. М. Георгиевский，1851—1893）在其于1892年出版的《中国人的神话观和神话》中对道教神祇、祭祀仪式等进行了系统的介绍，对有关道教神话人物传说进行了细致的描绘。格奥尔吉耶夫斯基试图将中国神话引入世界文化研究体系，在努力确定中国文化主要范畴的同时，确立中国文化在世界历史进程中的作用和地位。这位年轻的学者大胆将老子、杨朱与斯多葛主义者、伊壁鸠鲁主义者进行比较研究。①

作者用简练的语言高度概括了格氏这部有关道教著作的主要研究内容和研究方法，然而只有对 19 世纪晚期俄国的这部用古俄语创作的神话作品有正确的理解，才能得出这样有高度的见解。通过作者的介绍，越发激起我们对作品的探究。与其说《中俄文化交流史》填补了这一领域的空白，不如说它为读者打开了无数的空白。它就像一张展开的大网，使我们可以在任何一个结点驻足、思考与探究。

第三，作者对中俄关系史中的很多问题进行了研究，揭示出实质。

在谈到俄国东正教主教英诺肯提乙希望利用俄政府在中国设立主教区的条件，通过将东正教中国本土化进而扩大东正教的势力范围时，作者做出结论："英诺肯提乙在华扩张东正教的借口与当时俄国侵华势力鼓吹的'黄祸论'和'泛蒙古主义'如出一辙。"作者在注释中进一步阐发了自己的观点："这种虚构出来的中国威胁论在一段时间里成为俄国侵略中国的借口。"② 作者以史论结合的学术研究方法，有史有论，深刻地分析了中国人加入东正教的原因："绝大多数中国人信奉东正教并非为了拯救自己的灵魂，而是为了解决现实生活中的问题。"③ 普通百姓入教有的是为"衣食无忧，还有钱花"④，有的是为在教堂谋份差，还有的是为驱邪避祸。"神父不赏衣裳，我们不能上堂"⑤，通过流行于北京当时的顺口溜印证了百姓入教只是为了得到物质上的回报，而商人信教则是为给自己的生意场带来收益，因为每到商队来之前，入教人数就增多，商队走之后，教堂就无人问津。作者分析了俄国东正教与西方天主教和新教在传入过程、传教对象、传播手段和传教规模及影响 4 个方面的不同，深刻揭示了俄国传教团传教"只是实现其外交利益和商业利益的手段之一"⑥。本套书对诸多中俄文化交流中的现象进行了实质性解读，是

---

① 《中俄文化交流史》（清代民国卷）第 130 页。
② 《中俄文化交流史》（清代民国卷）第 97 页。
③ 《中俄文化交流史》（清代民国卷）第 99 页。
④ 转引自《中俄文化交流史》（清代民国卷）第 99 页。
⑤ 转引自《中俄文化交流史》（清代民国卷）第 99 页。
⑥ 肖玉秋《俄国传教团与清代中俄文化交流》第 92 页，天津人民出版社，2009 年。

全套书的特色之一。

作者具有的史学家的素养使其看问题深刻而非表象，多年从事中俄关系史的研究使作者能以独到的眼光揭露中俄关系中的很多实质性问题。

第四，作者对中俄文化交流的各个领域进行了双向梳理，研究其交流中的人物、著作、机构，揭示中俄文化在对象国的状态和影响。

中俄文化交流的特点是既全面又不平衡，在清代中俄文化交流的史实和民国与共和国时期都有体现。这种全面性在清代表现为两国在哲学与宗教、社会与法律、历史、地理、语言、文学、教育、图书等方面，19世纪上半期又有对中国天文学、医学、美术、植物、农业等不同领域的研究，不平衡性主要表现为俄国传教团对中国文化的研究，交流主要是单向的；而民国与共和国时期，两国在宗教、思想、文学、美术、电影、戏剧、音乐、教育、舞蹈、医学等领域都有交流，但表现为中国对邻国的主动借鉴，如洪流般的借鉴，依然表现出不平衡性。双向梳理有利于发现不同，总结差异，揭示问题。俄国汉学经历了18世纪的发端、19世纪上半期的崛起、19世纪下半期的发展时期，人物众多、作品丰富，成就巨大。而在俄国人开始学习汉语的同时，中国人因与俄国边境、贸易、外交等现实的需要也开始学习俄语。"俄语也就成了中国政府专门设馆教授的第一种欧洲语言。"[①] 作者向我们再现了俄罗斯文馆、京师同文馆俄文馆、广州同文馆、新疆俄文馆、珲春俄文书院、湖北自强学堂、东省铁路俄文学堂的开设缘由、课程设置、教科书、教习、试卷、招生人数、毕业生去向等诸多内容。上述学堂已成为今日中国外语高等教育的巨擘。以史为鉴，原来外语教育中招生人数、考试、课程设置、奖学金制度等都有源可溯。在论述俄国汉学取得的成就的同时，作者也向我们展示了中国人旅俄行纪中的俄国文化：图里琛及其《异域录》、张德彝及其《航海述奇》《四述奇》、缪祐孙及其《俄游汇编》、王之春及其《使俄草》、戴鸿慈及其《出使九国日记》和张庆桐及其《俄游述感》，这本是作者希望多年后撰写的《中国俄罗斯学》的部分内容，然在双向的阐释中，也提前飨与读者。作者总能小到细致入微，娓娓道尽，大而高屋建瓴，拨云见日。

对于本书，我们有一个问题向作者请教，即中俄签订《恰克图条约》的年份。目前学术界普遍认可的年代为1727年，如在李明滨的《中国与俄苏文

---

① 《中俄文化交流史》（清代民国卷）第133页。

化交流志》，蔡鸿生的《俄罗斯馆纪事》（2006）、阎国栋的《俄国汉学史》中，都为1727年，而且日期非常明确，为11月2日，阴历九月初七。此年代学界已经比较认可，而在本书中确定为1728年。在《俄国传教团与清代中俄文化交流》一书中，我们以最挑剔的眼光审视该作，都未曾找到一个标点符号的错误，而对于这样一个有重要意义的年代，因为《恰克图条约》规定俄国政府正式向中国派出传教团，又允许俄国政府可以派遣学生来华学习中国语言和文化，还规范了中俄贸易，我们认为，这不是作者的讹误，而是认真思考后的断定。然不知作者作何考虑？

另外，对于本套书后面章节的写作，笔者以为，如能多些总结分析，阐释出作者观点，揭示各阶段的特征，将更能引领读者对中俄文化交流的认识。如在"苏联汉学的主要成就"一节中，作者仅以个别汉学家的成就概括某一领域，也没有进行阶段式分析或全面总结，这显然不够全面，也无法揭示汉学家在苏联汉学中的地位与作用。然而，苏联汉学在七十多年的历史发展进程中，在中国哲学、宗教、历史、语言、文学、艺术、经济、法律等各领域均取得了令人瞩目的成就，每一领域又分为多个方面，这是数个或数十个博士论文的含量，想要在一小节的内容里述尽其内容，揭示其特点，又谈何容易。然而，以本套书作者所取得的成就，可以要求我们以最严厉的眼光审视该作品，并未因其繁难而让步。

古人云：以古为镜，可以知兴替。学习《中俄文化交流史》，有助于培养我们和俄罗斯打交道的能力，在对俄交往中，保持不卑不亢的心态。英国的哲人培根说"读史可以明智"，《中俄文化交流史》告诉我们诸多史实，更告诉我们如何去看待这些史实，探索解决中俄文化交流的问题。

张淑娟　山东大学翻译学院副研究员

# 悼念严绍璗教授

2022年8月6日12点02分,我们《汉学研究》的编委、"汉学研究大系"顾问严绍璗教授在北京逝世。这一噩耗令北京大学中文系、比较文学与文化研究所的同事及汉学(中国学)研究学界的朋友无比悲痛,我们沉痛地悼念这位把一生都贡献给日本汉学·中国学研究,促进中日文化交流的著名学者,我们祝愿他一路走好!

严绍璗教授1940年生于上海,1964年毕业于北京大学中文系古典文献专业,曾任北大比较文学与文化研究所所长、博士生导师、中文系学术委员会主任、北大东方文学研究中心学术委员会主任、国际比较文学协会东亚研究委员会主席、中国比较文学学会副会长、全国古籍整理与出版规划领导小组成员、宋庆龄基金会"孙平化日本学奖励基金"专家委员会主任、国际中国文化研究会名誉会长及日本京都大学、佛教大学、日本宫城女子大学日本学部客员教授、日本文部省国际日本文化研究中心客座教授。

严绍璗教授在半个多世纪的学术研究中,一直致力于以"中国古典学"教养为基础,由对象国的"汉学"与"中国学"研究达至对象国的本体文化与文学内在构建的探索,最终进入建立适合自己的"跨文化研究"的学术体系,逐步形成"多元文化语境""不正确理解的中间媒体"和"变异体"等内在逻辑的理性观念,并以"多层面原典证实方法"作为实际表述手段,建立自己的学术理念系统。他曾说:"半个多世纪以来,生活在北京大学富含生命之力的人文氛围中,秉承数代师辈的学术精神,无论生存状态发生何种的变化，始终以学术立于世界为终身之任，以推进学术为终身之业，以学术甘苦为终身之乐，坚持'刻苦地学习，踏实的学风；实在地研究，独立的思维'，为己之座右铭。"他还说过，从最基本的原始文献材料积累开始，建立并推进"日本汉学"与"日本中国学"的学科建设，成为当今正在蓬勃发展的"国际汉学（中国学）"的一个重要部分。"他的研究，不仅是"实质"的，而且是理论的。在这一领域中，他以《日本的中国学家》为代表的"基础性资料编纂"，以对日本中国学者的大量的学术论著的翻译为基础，和以《日本中国学史》为代表的学术史研究，构成其独立的研究体系。

严绍璗教授一生著述丰赡，主要有《历代职官表·索引》（与吕永泽、许树安合编；1964年，中华书局上海编辑所）、《李自成起义》（1974年，中华书局）、《关汉卿戏剧集·校本》（与陈铁民、孙钦善校著；1976年，人民文学出版社刊）、《日本中国学家》（1980年，社会科学出版社）、《中日古代文学交流史稿》（1987年，湖南文艺出版社）、《中国文学在日本》（与王晓平合著；1990年，花城出版社）、《汉籍在日本的流布研究》（1992年，江苏古籍出版社）、《中国文化在日本》（1994年，中国新华出版社）、《A Comparison of the Creation Myths Represented in Japanes Ancient Documents（Kojiki and Nihonshoki）with Those of Othose Cultures in East Asia》（1995年，日本文部省国际日本文化研究中心）、《日本藏宋人文集善本钩沉》（1996年，杭州大学出版社）、《中国与东北亚文化志》（与刘渤合著；1999年，上海人民出版社）、《日本藏汉籍善本书录》（2000年，中华书局）、《比较视野中的日本文化——严绍璗海外讲演录》（2004年，北京大学出版社）、《日本藏汉籍珍本追踪纪实》（2005年，上海古籍出版社）、《比较文学与文化"变异体"研究》（2011年，复旦大学出版社）、《日本中国学史稿》（2016年，学苑出版社）、《严绍璗文集》（5卷；2021年，北京大学出版社）等，及编著《中日文化交流史大系·文学卷》（与中西进合编，日文版，1995年，日本大修馆出版社，获1996年亚洲·太平洋出版协会学术类图书金奖·APPA AWARDS-GOLD PRIZE；中文版，1996年，浙江人民出版社）、《中日文流交流史大系·思想卷》（与源了圆合编，日文版，1995年，日本大修馆出版社；中文版，1996年，浙江人民出版社），发表论文一百多篇，并以《汉籍在日本流布的研究》《日本藏宋人文集善本钩沉》和《日藏汉籍善本书录》为标志，对国内外汉籍善本原典追寻、整理和编纂，形成其理论上的原创性见解和在方法论上的原典性实证特征,奠定了他耕耘 50 余年的人文研究领域的重要学术基础。

严绍璗教授曾荣获许多荣誉:北京大学社会科学第 1 届、第 2 届、第 4 届学术成果奖,1990 年中国比较文学全国优秀图书一等奖,1996 年亚洲·太平洋出版协会学术图书金奖(APPAAWAROD GOLD PRIZE),1999 年撰写的《中国与东北亚文化关系志》作为《中华文化通志》的一种,荣获中国国家图书最高奖。

阎纯德<br>
2022 年 8 月 8 日